Lux

Schulung für die juristische Praxis

Band 3 · 6. Auflage

Lux
Schulung für die juristische Praxis

Band 1: Zivilprozeß

Bearbeitet von Klaus Kusch, Kammergerichtsrat in Berlin

Band 2: Zwangsvollstreckung und Konkurs

Bearbeitet von Paul Jansen, Senatspräsident a. D. in Berlin, und Klaus Kusch, Kammergerichtsrat in Berlin

Band 3: Freiwillige Gerichtsbarkeit und Notariat

Bearbeitet von Paul Jansen, Senatspräsident a. D. in Berlin

Band 4: Strafsachen einschließlich Bußgeldverfahren, Schutzaufsicht und Fürsorgeerziehung

Bearbeitet von Dr. Karl Schäfer, Senatspräsident a. D. in Frankfurt a. M.

Band 5: Beim Arbeitsgericht, Bei den Verwaltungsgerichten, Bei den Sozialgerichten, Bei den Finanzgerichten, Beim Rechtsanwalt, Beim Oberlandesgericht

Bearbeitet von Otto Deggau, Oberverwaltungsgerichtsrat in Kassel, Dr. Uwe Jessen, Finanzgerichtspräsident in Berlin, Klaus Kusch, Kammergerichtsrat in Berlin, Dr. Dirk Neumann, Bundesrichter in Kassel und Günther Schroeder-Printzen, Bundesrichter in Kassel

J. Schweitzer Verlag Berlin

Lux

Schulung für die juristische Praxis

Ein induktives Lehrbuch

Band 3

6., neubearbeitete und erweiterte Auflage

Freiwillige Gerichtsbarkeit und Notariat

Bearbeitet von **Paul Jansen,** Senatspräsident a. D. in Berlin

1971

J. Schweitzer Verlag Berlin

Zitierweise: Lux-Jansen, Schulung für die juristische Praxis, Band 3, 6. Auflage

ISBN 3 8059 0121 6

Gesamtherstellung: Druckhaus Sellier OHG Freising vormals Dr. F. P. Datterer & Cie.

Vorwort

Das Anliegen der jetzt in 6. Auflage erscheinenden „Schulung für die juristische Praxis“ ist — wie es in diesem Titel zum Ausdruck kommt — den zu vermittelnden Stoff möglichst praxisnah darzustellen und die gesellschaftlichen Verknüpfungen des Rechts zu verdeutlichen. Der vorliegende 3. Band versucht, diese Anforderungen für das Gebiet der freiwilligen Gerichtsbarkeit zu erfüllen. Die Verfahrensrechtliche Einkleidung bietet Gelegenheit, zugleich in die Anwendung des materiellen Rechts einzuführen; dabei stehen, durch den Gegenstand der freiwilligen Gerichtsbarkeit bestimmt, das Sachenrecht, das Familienrecht, das Erbrecht und das Handelsrecht im Vordergrunde.

In seiner methodischen Anlage verwirklicht dieses Buch die Erkenntnis, daß die theoretische Erörterung „praktischer Fälle“ allein keinen hinreichenden Einblick in die Probleme der Praxis bietet, daß vielmehr die gesellschaftlichen Anforderungen, denen das Recht zu genügen hat, am besten bei dessen Anwendung im Alltag des Rechtslebens veranschaulicht werden. Es werden deshalb unmittelbare Einblicke einerseits in die von den Rechtsuchenden verfolgten Bestrebungen und Interessen, andererseits in die Tätigkeit der mit der Verwirklichung des Rechts befaßten Gerichte, Behörden, Rechtsanwälte und Notare vermittelt. Dieser lebendige Anschauungsunterricht wird, so ist zu hoffen, dazu beitragen, verstärktes Interesse zu wecken, das Verständnis zu fördern und zur Eigeninitiative anzuregen.

Im März 1971 Paul Jansen

Inhaltsverzeichnis

4. Kapitel

5. Kapitel

6. Kapitel

1. Kapitel

Beim Notar

Unser geltendes Privatrecht beruht auf dem Grundsatz der Formfreiheit. Durch Gesetz oder Rechtsgeschäft kann aber die Einhaltung einer bestimmten Form vorgeschrieben sein (§ 125 BGB). Beweiszweck, Warnungszweck und Klarstellungszweck rechtfertigen für bedeutendere Rechtsgeschäfte den gesetzlichen Formzwang. Für die — mehr oder weniger vollkommene — Verwirklichung dieser Zwecke stellt das Gesetz zur Verfügung die Schriftform und öffentliche Formen, die in der Mitwirkung des Notars, des Gerichts oder einer sonstigen Behörde bestehen*).

I. Schriftform (§ 126 BGB). Sie ist am wenigsten geeignet, vor Unbesonnenheiten durch Unterzeichnung eines möglicherweise nicht einmal gelesenen Schriftstücks zu schützen. Der Warnzweck und — da die Mitwirkung einer rechtskundigen Urkundsperson fehlt — der Klarstellungszweck werden nur unvollkommen erreicht. Sie dient hauptsächlich der Beweissicherung. Solche Privaturkunden begründen im Falle ihrer Echtheit, die aber im Gegensatz zu inländischen öffentlichen Urkunden nicht vermutet wird (§§ 437, 440 ZPO), vollen Beweis dafür, daß die in Ihnen enthaltenen Erklärungen von dem Aussteller abgegeben sind (416 ZPO). Zur Wahrung der Schriftform genügt es, daß der Aussteller die Urkunde eigenhändig durch Namensunterschrift unterzeichnet. Die Urkunde selbst kann von anderer Hand oder auf mechanischem Wege hergestellt sein. Auch Angabe von Ort und Zeit der Errichtung ist — selbst beim eigenhändigen Testament (§ 2247^{II}) — nicht wesentlich. Dagegen erfordert diese Testamentsform, daß der Erblasser die ganze Erklärung persönlich eigenhändig geschrieben hat, um zu gewährleisten, daß die Erklärung dem Willen des Erblassers entspricht und um auch nach seinem Tode die Echtheit durch Schriftvergleichung feststellen zu können. Hauptfälle der Schriftform: Miet- und Pachtvertrag über die Dauer eines Jahres hinaus (§§ 566, 581), Leibrentenversprechen (§ 761), Bürgschaftsübernahme (§ 766), Schuldversprechen und Schuldanerkenntnis, wenn sie nicht auf Grund einer Abrechnung oder eines Vergleichs erteilt werden (§§ 780—782), die Anweisung, ihre Annahme oder Übertragungserklärung (§§ 783, 784, 792), das Stiftungsgeschäft (§ 81), Vereins- und Genossenschaftssatzung (§ 59, § 5 GenG).

II. Öffentliche Formen. Rechtsgrundlage des Beurkundungswesens, welches es mit der Herstellung öffentlicher Zeugnisurkunden zu tun hat, ist das am 1. Januar

---

*) Schrifttum: Zum Notariatsrecht: Conrad, Die geschichtlichen Grundlagen des modernen Notariats, DNotZ 1960, 3ff.; Seidl, Die Entwicklung des Notariats in Deutschland, DRiZ 1959, 313; Oberneck, Notariatsrecht, 10. Aufl. 1929; Seybold-Hornig, Bundesnotarordnung, 4. Aufl. 1961; Saage, Bundesnotarordnung, 1961; Göttlich, Amtsführung der Notare, 2. Aufl. 1961; Ehrhardt-Douverne, Wegweiser durch das Notariatsrecht, 2. Aufl. 1968 mit Nachtr. 1970; Daimer-Reithmann, Die Prüfungs- und Belehrungspflicht des Notars, 3. Aufl. 1971; Rohs, Die Geschäftsführung der Notare, 5. Aufl. 1969; Raukes, Notarrecht, in Wagner-Schneider, Bürobuch für Rechtsanwälte und Notare, 27. Aufl. 1970 Bd. III; zum Beurkundungsrecht: Rietsch, Handbuch der Urkundwissenschaft, 2. Aufl. 1904; Enneccerus-Nipperdey, Allg. Teil, §§ 154—157; Höfer-Huhn, Allgemeines Urkundenrecht, 1968; Haegele, Beurkundungsrecht und sonstige freiw. Gerichtsbarkeit, 1968; Kommentare zum Beurkundungsgesetz von Mecke, 1970; Riedel-Feil, 1970; Höfer-Huhn, 1971; Schippel-Weber, 1971; Kommentierung des BeurkG bei Jansen, FGG, 2. Aufl. Bd III 1971.

1970 in Kraft getretene Beurkundungsgesetz vom 28. August 1969 (BGBl. I 1513), geändert durch Gesetz vom 27. Juni 1970 (BGBl. I 911). Das Gesetz hat es sich zur Aufgabe gemacht, die bis dahin nach Bundes- und Landesrecht stark zersplitterten Beurkundungszuständigkeiten zu bereinigen, das Beurkundungsverfahrensrecht zu kodifizieren und zu vereinheitlichen und aus diesem Anlaß hinsichtlich der Anforderungen an die Wirksamkeit der Beurkundung formalistische Übertreibungen des früheren Rechts zu beseitigen und die Formerfordernisse auf dasjenige Maß zurückzuführen, welches im Interesse der Sicherheit des Rechtsverkehrs unerläßlich erscheint. Während bis dahin für die Beurkundung von Rechtsgeschäften unter Lebenden die §§ 168 bis 182 FGG und für die Beurkundung von Testamenten und Erbverträgen die §§ 2232 bis 2246, 2276, 2277 BGB maßgebend waren und die Form der Beurkundung von anderen Vorgängen als Willenserklärungen (Tatsachenbeurkundungen) sich weitgehend nach Landesrecht richtete, soweit nicht in einzelnen Fällen bereits bundesrechtliche Vorschriften bestehen (so für die Aufnahme von Wechsel- und Scheckprotesten nach Art. 80 bis 88 WG, Art. 55 ScheckG, und für die die Beurkundung von Beschlüssen der Hauptversammlung einer Aktiengesellschaft in § 130 AktG), ist die Materie jetzt einheitlich im Beurkundungsgesetz geregelt. Das Gesetz enthält in den § 1 bis 5 allgemeine Vorschriften. Die §§ 6 bis 26 regeln die Form der Beurkundung von Willenserklärungen. Dazu gehört auch die Beurkundung von Verfügungen von Todes wegen, jedoch enthalten insoweit die §§ 27 bis 35 noch ergänzende Bestimmungen. In den §§ 36 bis 43 wird die Form der Beurkundung von anderen Vorgängen als Willenserklärungen geregelt (z.B. von eidesstattlichen Versicherungen, Beglaubigungsvermerken, Lebensbescheinigungen). Die §§ 44 bis 54 enthalten Vorschriften für Nachverfahren, die sich an den Abschluß des eigentlichen Beurkundungsvorgangs anschließen können, sowie über die Rechtsmittel (§ 54). Die Schlußvorschriften (§§ 55 bis 71) bringen zusammen mit der Überleitung des Verfahrensrechts eine Neuordnung der Beurkundungszuständigkeiten. Dabei geht das Gesetz davon aus, daß die Vornahme von Beurkundungen im Sinne der Herstellung von öffentlichen Zeugnisurkunden eine spezifische Aufgabe der Notare ist und ihnen daher grundsätzlich ausschließlich vorbehalten sein soll (vgl. die Regelung der sachlichen Zuständigkeit der Notare in §§ 20 bis 22a BNotO); eine Beurkundungszuständigkeit der Amtsgerichte und anderer Behörden besteht nur noch in wenigen Fällen (vgl. S. 66 „Sonstige Organe des Urkundswesens"). Um die Einheitlichkeit des Beurkundungsverfahrens zu wahren, bestimmt § 1^{II} BeurkG, daß die Vorschriften dieses Gesetzes für die Beurkundungen solcher Stellen, wenn sie neben den Notaren zuständig sind, entsprechend gelten (ausgenommen § 5^{II} BeurkG über Urkundenerrichtung in fremder Sprache).

1. Öffentliche Beglaubigung (§ 129 BGB, §§ 40, 41, 63 BeurkG). Sie ist ein Zeugnis über die Echtheit der Unterschrift und über den Ort und Tag der Beglaubigung. Der Beglaubigungsvermerk ist eine öffentliche Urkunde mit der Beweiskraft des § 415 ZPO und der Vermutung der Echtheit nach § 437 ZPO. Er macht jedoch die unterzeichnete Erklärung nicht zu einer öffentlichen Urkunde (vgl. § 29^{I} S. 1 GBO). Für die Erklärung genügt Schriftform nach § 126 BGB. Die öffentliche Beglaubigung verschafft der Urkunde somit einen erhöhten Beweiswert. Der Beweiszweck steht hier ganz im Vordergrunde, während die Warnfunktion und der Klarstellungszweck zurücktreten, da die Urkundsperson, wie wir noch sehen werden, nicht verpflichtet ist, die Erklärung inhaltlich zu prüfen. Diese Form wird erfordert insbesondere für die Erbausschlagung und deren Anfechtung (§§ 1945, 1955), Ernennung des Testamentsvollstreckers durch einen Dritten (§ 2198), Erklärungen bei fortgesetzter Gütergemeinschaft (§§ 1491^{I}, 1492^{II}), Namenserteilung an das nichteheliche Kind durch den Ehemann der Mutter oder den Vater des Kindes (§ 1616),

Zustimmung des gesetzlichen Vertreters zur Anerkennung der nichtehelichen Vaterschaft (§ 1600e^{I} S. 2), Wiederannahme des Familiennamens durch die geschiedene Frau (§ 55 EheG.). In anderen Fällen sieht das Gesetz vor, daß ein Beteiligter die öffentliche Beglaubigung einer Erklärung oder eines Vermögensverzeichnisses verlangen kann (§§ 371, 403, 444, 929a^{II}, 1035, 1377^{II}, 1154, 2120, 2121, 2215 BGB, § 2^{II} SchiffsRG). Verfahrensrechtlich müssen Bewilligungen in Grundbuch- und Schiffsregistersachen sowie Registeranmeldungen öffentlich beglaubigt sein (§§ 29 GBO, 37, 74 SchiffsRegO, 77, 1560 BGB, 12 HGB, 157, GenG), ebenso Anmeldungen zu dem beim Bundeskartellamt in Berlin geführten Kartellregister (§ 9 des Ges. gegen Wettbewerbsbeschränkungen i.d.F. vom 3. Januar 1966, BGBl. I 37). Vgl. ferner §§ 80^{II}, 726^{I}, 727^{I}, 751^{II}, 756 ZPO, §§ 71^{II}, 81$^{II, III}$, 84^{II}, 91^{II}, 143, 144 ZVG, § 13 S. 3 FGG.

Für die Beglaubigung sind nach § 129 BGB, § 20 Abs. 1 BNotO die Notare zuständig, ferner die Konsuln und Konsularbeamten nach dem KonsularG vom 8. November 1867 i.d.F. des Gesetzes vom 14. Mai 1936 (RGBl I 447), des ÄnderungsG vom 16. Dezember 1950 (BGBl. 784) und des § 57 Abs. 1 BeurkG, §§ 17, 37a, sowie für bestimmte Angelegenheiten auch andere Behörden oder Beamten. Darüber Näheres in dem Abschnitt „Sonstige Organe des Urkundswesens" (S. 66). Das Landesrecht kann nach § 63 BeurkG außer den Notaren auch andere Personen oder Stellen für zuständig erklären. Die Zuständigkeit anderer Stellen gilt aber nicht, wenn das Gesetz ausdrücklich notarielle Beglaubigung erfordert, wie in § 126^{I} BGB für die Beglaubigung eines Handzeichens oder in § 23^{I} S. 2 AktG, § 2^{II} GmbHG (KGJ 25 A 11). Zum Verfahren bei der Beglaubigung vgl. § 40 BeurkG.

2. Die notarielle Beurkundung (§ 128 BGB, §§ 6ff. BeurkG) ist die strengste und höchstrangige Form der Rechtsgeschäfte. Sie zeigt am deutlichsten, daß die Tätigkeit der Notare auf dem Gebiet des Urkundswesens Rechtspflege, nämlich freiwillige „Gerichtsbarkeit" ist. Die Entgegennahme der diesem Formzwang unterliegenden Erklärungen geschieht in einer „Verhandlung" (§ 8 BeurkG). Der Verhandlungsgrundsatz besagt, daß der Notar nicht als dienendes Werkzeug die Erklärungen der Beteiligten lediglich niederzuschreiben hat, sondern daß er mit ihnen verhandelt, also bei der Klarlegung, Gestaltung und Formung der Willenserklärungen (nicht bei der Willensbildung) verantwortlich mitwirkt. § 17^{I} BeurkG bestimmt darüber:

„Der Notar soll den Willen der Beteiligten erforschen, den Sachverhalt klären, die Beteiligten über die rechtliche Tragweite des Geschäfts belehren und ihre Erklärungen klar und unzweideutig in der Niederschrift wiedergeben. Dabei soll er darauf achten, daß Irrtümer und Zweifel vermieden sowie unerfahrene und ungewandte Beteiligte nicht benachteiligt werden."

Hier kommt also neben dem Beweis- und dem Warnzweck dem Klarstellungszweck überragende Bedeutung zu. Die notarielle Beurkundung „zielt auf die richtige Erklärung ...., bei der mit Hilfe einer qualifizierten Urkundsperson gewährleistet wird, daß ihr objektiver Sinn mit dem subjektiven Willen übereinstimmt und daß der wirklich gewollte Rechtserfolg erreicht wird. Der letzte Zweck des Beurkundungszwanges ist die vollkommene Erklärung" (Weber, NJW 1955, 1784; vgl. auch Schollen, Dt. Notartag 1969 S. 52, 56; Jansen FGG 2. Aufl. § 1 BeurkG Rdn. 1; BGH in LM Nr. 2 zu § 21 RNotO).

Die notarielle Beurkundung ist vorgeschrieben:

a) Für eine Reihe einseitiger Willenserklärungen und Vertragserklärungen des einen Teils: Schenkungsversprechen (§ 518), eine Anzahl einseitiger Erklärungen im Rahmen der fortgesetzten Gütergemeinschaft (§§ 1491^{I}, 1516, 1517), für den Antrag auf Ehelicherklärung, die Einwilligung des Kindes, seiner Mutter und der Frau des Vaters dazu (§§ 1726, 1730), die Einwilligung der Eltern des Kindes und des Ehegatten des Annehmenden zur Annahme an Kindes Statt (§ 1748^{III}), die Anfechtung des Erbvertrages durch den Erblasser (§ 2282^{III}), den Rücktritt vom Erbvertrag (§ 2296^{II}), den Widerruf der in einem gemeinschaftlichen Testament getroffenen wechselbezüglichen Verfügung (§ 2271^{I}), die Unterwerfung unter die sofortige Zwangsvollstreckung (§§ 794^{I} Nr. 5, 800 ZPO).

b) Ferner gehören hierher folgende Verträge: Der Vertrag, durch den sich jemand verpflichtet, sein gegenwärtiges Vermögen oder einen Bruchteil davon zu übertragen oder mit einem Nießbrauch zu belasten (§ 311), der Vertrag unter künftigen gesetzlichen Erben über den gesetzlichen Erbteil oder Pflichtteil (§ 312), die Vereinbarung zwischen dem nichtehelichen Kinde und dem Vater über den vorzeitigen Erbausgleich (§ 1934d^{I} S. 1), der Vertrag, durch den sich jemand verpflichtet, das Eigentum an einem Grundstück zu übertragen, ein Erbbaurecht zu bestellen oder zu übertragen (§ 313, § 11 Erbbau VO), Sondereigentum an einer Wohnung einzuräumen oder aufzuheben (§ 4^{III} WEG), oder ein Wohnungseigentum (Teileigentum) zu übertragen (§§ 3 WEG, 313 BGB), vertragsmäßige Aufhebung der fortgesetzten Gütergemeinschaft (§ 1492^{II}), der Vertrag, durch den ein Miterbe über seinen Erbteil verfügt (§ 2033), der Erbverzichtsvertrag (§§ 2348, 2352) und seine vertragsmäßige Aufhebung (§ 2351), der Erbschaftskauf oder sonstige Veräußerungsvertrag über eine Erbschaft oder einen Erbteil (§§ 2371, 2385, 1922^{II}).

In den Fällen zu b) genügt es, wenn zunächst der Antrag und sodann die Annahme des Antrags beurkundet wird (§ 128). Der Vertrag kommt mit der Beurkundung der Annahme zustande, wenn nichts anderes bestimmt ist (§ 152). Anders in den Fällen, in denen der Vertrag bei gleichzeitiger Anwesenheit beider Teile vor einem Notar geschlossen werden muß, wie beim Ehevertrag (§ 1410), der Annahme an Kindes Statt und ihrer Wiederaufhebung (§§ 1750, 1768), dem Erbvertrag und seiner vertragsmäßigen Aufhebung (§§ 2276, 2290).

Erhebliche Bedeutung hat der Beurkundungszwang im Recht der Kapitalgesellschaften, vgl. die §§ 22, 30, 130, 280, 341, 353 AktG, §§ 2, 15, 53^{II} GmbHG.

Beurkundung ersetzt die öffentliche Beglaubigung, Beurkundung und Beglaubigung ersetzen die einfache Schriftform. §§ 126^{III}, 129^{II} BGB. Ein großer Teil aller notariellen Akte wird vorgenommen, ohne daß überhaupt eine Form vorgeschrieben wäre. Die Beteiligten kommen zum Notar, weil sie durch seine Mitwirkung das Zustandekommen eines rechtswirksamen Geschäfts erreichen oder durch Beglaubigung der Unterschriften den Beweis der Echtheit für künftige Streitfälle sichern wollen oder weil sie auf seine Beratung Wert legen.

3. *Öffentliche Beurkundung.* Mit dieser Bezeichnung wird zum Ausdruck gebracht, daß außer den Notaren und den ermächtigten deutschen Berufskonsuln, deren über Erklärungen errichtete Urkunden der notariellen Beurkundung gleichstehen (§§ 16^{IV}, 37a KosularG), noch weitere Behörden für die Beurkundung zuständig sind. Die Form der öffentlichen Beurkundung ist in § 1600e^{I} S. 1 BGB vorgesehen für die Anerkennungserklärung des nichtehelichen Vaters (§§ 1600a, 1600b) und die Zustimmungserklärung des Kindes dazu (§ 1600c). Dagegen genügt gemäß § 1600e^{I} S. 2 die Form der öffentlichen Beglaubigung für die Zustimmung des gesetzlichen Vertreters zu der Anerkennungserklärung des in der Geschäftsfähigkeit beschränkten Vaters (§ 1600d^{I} S. 1) oder zu der Zustimmung des in der Geschäftsfähigkeit beschränkten, über 18 Jahre alten Kindes (§ 1600d^{II} S. 2). Für die Beurkundung oder Beglaubigung dieser Erklärungen sind, um ihre Abgabe nach Möglichkeit zu erleichtern, für zuständig erklärt die Amtsgerichte (§ 62 Nr. 1 BeurkG), und zwar der Rechtspfleger (§ 3 Nr. 1 Buchst. f. RechtspflG), die ermächtigten Beamten und Angestellten jedes Jugendamts (§ 49 JWG i.d.F. des G vom 27. Juni 1970, BGBl. I 920) sowie der Standesbeamte (§ 29a PStG) und die deutschen Auslandsstandesbeamten (§ 1 AuslPStG, § 16 G vom 14. Mai 1936, RGBl. I 447). Für die Form der Beurkundungen und Beglaubigungen dieser Behörden gelten mit Ausnahme der Standesbeamten (vgl. § 58 BeurkG) gemäß § 1^{II} BeurkG die Vorschriften des Beurkundungsgesetzes entsprechend.

Die Rechtsstellung des Notars beruht auf der Reichsnotarordnung vom 15. Februar 1937 (RGBl. I 191) in der Fassung der *Bundesnotarordnung* vom 24. Februar 1961 (BGBl. I 98). Der Notar ist unabhängiger Träger eines öffentlichen Amtes (§ 1 BNotO). Sein Beruf ist kein Gewerbe. Er ist jedoch nicht Beamter, auch soweit er, wie bei seiner Beurkundungstätigkeit, hoheitliche Aufgaben erfüllt, sondern er ist selbständig freiberuflich tätig (RFH RStBl 1942, 1057). Er bedarf der Fähigkeit zum Richteramt und wird zur hauptberuflichen Amtsausübung auf Lebenszeit bestellt (§§ 3, 5). Für seine Tätigkeit erhält er gesetzliche Gebühren, die sich nach der Kostenordnung bestimmen (§ 140 KostO) und die ihm selbst zustehen. Er untersteht der Dienstaufsicht der Justizverwaltung. Die für Landesjustizbeamte geltenden Disziplinarvorschriften finden auf ihn entsprechende Anwendung (§ 96). Er kann seines Amtes enthoben oder durch dienststrafrechtliches Urteil aus seinem Amt entfernt werden; eine strafgerichtliche Verurteilung hat den Amtsverlust in gleicher Weise wie beim Beamten zur Folge (§§ 47, 49, 50, 97 BNotO).

Die Amtstätigkeit der Notare ist geregelt in den §§ 20—25 BNotO und in der in den Ländern bundeseinheitlich als Verwaltungsvorschrift erlassenen Dienstordnung für Notare vom 21. Juli 1970, die in den Amtsblättern der Länder bekanntgemacht ist. Daneben sind Vorschriften des Landesnotariatsrechts in Kraft geblieben (§ 118 BNotO).

Die Bundesnotarordnung hat keine völlige Rechtseinheit gebracht. Sie gilt nicht für die Bezirksnotare in Württemberg und die Notare in Baden (§§ 114, 115 BNotO). Diese sind Beamte und unterstehen dem Beamtenrecht (Behördennotariat). Neben dem grundsätzlich erstrebenswerten freiberuflichen Nurnotariat (in Bayern, Hamburg, Rheinland-Pfalz, Saarland und dem rheinischen Teil von Nordrhein-Westfalen) ist die Verbindung von Anwaltschaft und Notariat (Anwaltsnotariat) bestehen geblieben (§§ 3, 116 BNotO). In der DDR ist die VO über die Errichtung und Tätigkeit des Staatlichen Notariats vom 15. Oktober 1952 (GBl 1055) ergangen. In jedem Kreis wird ein Notariat errichtet, das mit amtlich angestellten Notaren besetzt ist, die nicht die Befähigung zum Richteramt zu haben brauchen.

Beglaubigung einer Hypothekenabtretung. Akten- und Kostenwesen

Es erscheint ein Herr, der sich als Förster Rehbein aus Tannenstein vorstellt und bittet, seine Unterschrift unter einer Abtretung zu beglaubigen.

Der Notar: Ich darf Ihre Unterschrift nur beglaubigen, wenn Sie sich über Ihre Person ausweisen (vgl. § 40^{IV}, § 10^{II} S. 1 BeurkG). Haben Sie einen Paß oder andere Schriftstücke, die zur Feststellung Ihrer Identität dienen können, bei sich? Sind Sie meinem Bürovorsteher bekannt? Oder ist jemand am Ort, der Sie kennt und den ich ebenfalls kenne?

Rehbein: Meinen Personalausweis habe ich nicht mitgebracht, auch bin ich im Büro nicht bekannt. Hier sind aber einige auf die Hypothek bezügliche Grundbuchnachrichten, vielleicht genügen die? Sonst könnten mich Kraftdroschkenbesitzer Fuhrmann oder Kaufmann Seckel ausweisen.

Grundsätzlich soll der Notar auf die zweifelsfreie Feststellung der vor ihm erschienenen Personen die äußerste Sorgfalt verwenden (BGH MDR 1956, 541). Pässe und sonstige mit Lichtbild und Personenbeschreibung versehene amtliche Ausweise genügen stets zur Feststellung der Persönlichkeit, selbst wenn Einzelheiten (Beruf, Wohnung) nicht mehr stimmen, die Abweichung jedoch in unverfänglicher Weise von dem Erschienenen aufgeklärt wird. Der Notar kann sich aber auch mit Urkunden begnügen, die an sich nicht zum Ausweis bestimmt sind, sofern sie zu einer Art gehören, die der Inhaber wegen ihrer Bedeutung nicht aus der Hand zu geben pflegt, wie Vollmachten oder Hypothekenbriefe. Allerdings handelt er dabei meist auf eigene Gefahr (RGZ 156, 82). Dagegen sind Grundbuchnachrichten (§ 55 GBO) ohne urkundlichen Wert und demgemäß als Ausweis ungeeignet, obgleich kleine Leute ihnen erfahrungsgemäß große Wichtigkeit beilegen und sie sorgfältig aufbewahren. Noch weniger standesamtliche Urkunden (§§ 61 a—64 PersStG), denn sie wurden bis zum 31. Dezember 1957 gemäß § 61 PStG a.F. jedermann ohne Nachweis eines besonderen Interesses erteilt; nunmehr verlangt § 61^{I} S. 3 PStG i.d.F. v. 8. August 1957 (BGBl. I 1125), daß ein rechtliches Interesse glaubhaft gemacht wird. RG 81, 125; 124, 62; JW 1928, 1864[17]; Jansen FGG 2. Aufl. § 10 BeurkG Rdn 6.

Notar: Die beiden Herren kenne ich. Sind sie an dem Geschäft beteiligt? Worum handelt es sich in dem Schriftstück, das ich beglaubigen soll?

Rehbein: Es ist eine Urkunde über eine mir gehörende Hypothek von 10000 DM, die ich Herrn Seckel abtrete. Ich hatte die Abtretungserklärung schon vor 10 Tagen ausgestellt und den Brief übergeben, aber nachträglich hat Seckel noch die Beglaubigung verlangt. Fuhrmann hat mit der Sache nichts zu tun, er ist nur ein persönlicher Bekannter von mir.

Notar: Dann bitten Sie Herrn Fuhrmann hierher, damit er Sie vorstellt.

Hat man zwischen einem am Geschäft beteiligten und einem unbeteiligten Erkennungszeugen die Wahl, so wird man den unbeteiligten vorziehen. Doch ist es nicht grundsätzlich ausgeschlossen, daß der Notar sich den Erklärenden durch den Gegenpartner oder Vermittler des Geschäfts vorstellen läßt. Bei der Vorstellung durch Dritte kommt es entscheidend darauf an, daß der Notar die vorstellende Person als vertrauenswürdig kennt. Das ist auch dann zu beachten, wenn ein angebliches Ehepaar erscheint, dessen männlicher Teil sich durch Urkunden ausweist und die Miterschienene als seine Ehefrau vorstellt; der Notar hat mit der Möglichkeit zu rechnen, daß der Mann unlautere Machenschaften hinter dem Rücken seiner wirklichen Frau treibt. Wird jemand vom Bürovorsteher als ihm bekannt dem Notar vorgestellt und liegt kein besonderer Verdachtsgrund vor, daß die Angabe des Bürovorstehers unrichtig sei, so braucht der Notar nicht nachzuforschen, woher die Kenntnis des Bürovorstehers stammt. RG 81, 157; 124, 62. Die bloße Einführung des Beteiligten durch den Bürovorsteher, der ihn gerade erst kennengelernt hat, befreit den Notar jedoch nicht von der eigenen Prüfungspflicht (RG JW 1932, 2864). Kann der Notar sich über die Persönlichkeit eines Beteiligten keine volle Gewißheit verschaffen, so soll er seine Amtstätigkeit in der Regel ablehnen. Nimmt er auf Verlangen, dem er nur in Eilfällen stattgeben wird, die Amtshandlung ohne ausreichende Feststellung der Persönlichkeit vor, so soll er dies in der Niederschrift unter Angabe des Sachverhalts und der zur Feststellung der Persönlichkeit vorgebrachten Unterlagen angeben (§ 10^{II} S. 2 BeurkG). Äußerste Vorsicht ist angebracht, wenn es sich um die Ausstellung einer Generalvollmacht handelt (RG DNotZ 1940, 310).

Fuhrmann wird telefonisch herbeigerufen. Der Bürovorsteher bereitet inzwischen Beglaubigungsvermerk, Kostenrechnung und Aktenregistratur bis auf Siegel und Unterschrift des Notars vor.

In den Fällen der bloßen Unterschriftsbeglaubigung geht der Inhalt der Urkunde den Notar an sich nichts an. Hat er aber Kenntnis von dem Inhalt der Urkunde, so muß er seine Mitwirkung versagen, wenn die Urkunde einen offenbar strafbaren oder ungültigen Inhalt hat (RG 87, 232). Dem Notar liegt jetzt nach § 40^{II} BeurkG eine begrenzte Prüfungspflicht im öffentlichen Interesse ob: er muß seine Amtstätigkeit versagen, wenn mit der Urkunde erkennbar unerlaubte oder unredliche Zwecke verfolgt werden (§ 14^{II} BNotO, § 4 BeurkG). Ferner hat er die Urkunde darauf zu prüfen, ob er von der Ausübung seines Amtes kraft Gesetzes ausgeschlossen ist oder Anlaß hat, sich der Amtstätigkeit wegen Befangenheit zu enthalten (§ 3 BeurkG, § 16^{II} BNotO). Gesetzlich ist der Notar zu einer weitergehenden Prüfung des Inhalts der Urkunde nicht verpflichtet und den Beteiligten wegen dieser Unterlassung in keinen Falle verantwortlich (§ 40^{II} BeurkG). Nur wenn der Notar einen besonderen Auftrag zur Prüfung erhalten hat, die dann ein gebührenpflichtiges Geschäft ist, haftet er ebenso wie bei der Anfertigung eines Urkundenentwurfs (§ 24^{I} BNotO) dem Beteiligten für eine Verletzung seiner Amtspflicht.

Fuhrmann erscheint, stellt Rehbein als ihm bekannt dem Notar vor, und Rehbein erkennt die unter der Abtretungserklärung befindliche Namensunterschrift als die seinige an. Die Beglaubigung wird vollzogen, das Dienstsiegel beigedrückt, Kostenrechnung und Registratur abgeschlossen. Die Beidrückung des Dienstsiegels braucht der Notar nicht persönlich auszuführen, er muß sie aber überwachen; überläßt er, wie das vielfach geschieht, das Siegel während der Geschäftsstunden dem Bürovorsteher zur freien Verfügung, so haftet er für Mißbrauch. RG 81, 130.

Wir sehen uns jetzt die beglaubigte Abtretungsurkunde an:

„Hypothekenabtretung.

Für mich, den Förster *Kuno Rehbein* in Tannenstein, Kreis Arnheim, sind im Grundbuch von Lichterfelde Band 2 Blatt 47 in Abteilung III unter Nr. 2 10000 DM (zehntausend Deutsche Mark) Restkaufgeldforderung, zu 6% verzinslich, hypothekarisch eingetragen. Diese Forderung trete ich mit den Zinsen seit dem 1. Oktober 1970 unter Übergabe des Hypothekenbriefes an den Kaufmann *Dagobert Seckel* in Lichterfelde, Arletiusstraße 1, ab. Ich bewillige die Eintragung des neuen Gläubigers in das Grundbuch und die Aushändigung des Briefes an ihn.

Tannenstein, den 20. September 1970

Kuno Rehbein.

Die vorstehende, vor mir anerkannte Unterschrift des Försters *Kuno Rehbein* aus Tannenstein beglaubige ich. Die Persönlichkeit des Herrn *Rehbein* wurde zur Gewißheit des Notars durch den persönlich bekannten Kraftdroschkenbesitzer *Heinz Fuhrmann* aus Lichterfelde festgestellt.

Der Hypothekenbrief hat nicht vorgelegen.

Nr. 536 der Urkundenrolle für das Jahr 1970

Lichterfelde, den 30. September 1970

(Siegel) *Justus Siegel*

Notar

Kostenrechnung

Geschäftswert: 10000 DM

1. Gebühr für Unterschriftsbeglaubigung §§ 141, 32, 45^{I} KostO	10,— DM
2. Ausgleichsbetrag (§§ 151a S. 2, 154^{II} S. 2 KostO)	0,55 DM
	10,55 DM

Siegel, Notar"

Die Feststellung, ob der Brief vorgelegen hat, ist an sich nur vorgeschrieben, wenn die Abrtetung zur Niederschrift des Notars beurkundet wird (§ 21^{II} BeurkG). Das zu der Urkundensammlung des Notars gefertigte Vermerkblatt (§ 18 DOfN) lautet:

„Urkundenrolle Nr. 536 für das Jahr 1970

Heute beglaubigte ich die Unterschrift des Försters *Kuno Rehbein* aus Tannenstein, Kreis Arnheim, unter einer von mir nicht entworfenen Hypothekenabtretung über 10000 DM. Herr *Rehbein* wurde mir durch den persönlich bekannten Kraftdroschkenbesitzer *Heinz Fuhrmann* aus Lichterfelde vorgestellt.

Kostenrechnung. Lichterfelde, den 30. September 1970

.... *Siegel*, Notar"

Der Notar erläutert die Schriftstücke:

„Diese Forderung" ist besser als „diese Hypothek". Vgl. die Ausdrucksweise der §§ 1153, 1154, 1158, 1159 BGB, 830 ZPO, dazu § 401^{I} BGB. Das Gesetz betrachtet die Hypothek — auch die Verkehrshypothek, obgleich hier das dingliche Recht seine eigenen Wege gehen kann — als Akzessorium der Forderung.

„Mit den Zinsen": die Grundbuchpraxis verlangt Angabe des Zeitpunkts des Zinsübergangs (OLG Hamm, JMBlNRW 1957, 185). Mangels abweichender Vereinbarung stehen dem Zessionar gegenüber dem Schuldner (Eigentümer) alle nach der Abtretung fällig werdenden Zinsraten zu. Im Innenverhältnis zwischen Zedenten und Zessionar werden die Zinsen pro rata temporis verteilt (§ 101^{2}, zweiter Satzteil).

„Unter Übergabe des Hypothekenbriefes": Ohne Übergabe des Briefs oder die zugelassenen Übergabesurrogate — Übergabe kurzer Hand (§ 929 S. 2), Besitzkonstitut (§ 930), Abtretung des Herausgabeanspruchs (§ 931), Vereinbarung der Aushändigung durch das Grundbuchamt an den neuen Gläubiger — ist die Abtretung nicht vollendet (§§ 1154^{I} S. 1, 1117). Die Grundbucheintragung kann die schriftliche Form der Abtretungserklärung, nicht jedoch die Briefübergabe ersetzen (§ 1154^{II}).

„Ich bewillige usw.“: Nach den §§ 26, 29 GBO wird die sonst erforderliche Eintragungsbewilligung (§ 19) durch die Abtretungserklärung ersetzt. Der Zusatz hätte daher wegbleiben können.

„Vor mir anerkannt“: Ob die beglaubigte Unterschrift oder das beglaubigte Handzeichen (§§ 126^{I}, 129^{I} S. 2 BGB) vor dem Notar vollzogen oder bloß anerkannt ist, soll der Notar im Beglaubigungsvermerk angeben (§ 40^{III} S. 2 BeurkG). Dagegen dürfen Firmen- und Unterschrifts-„Zeichnungen“ (§§ 29, 35, 53, 108, 148 HGB, §§ 37^{III}, 283 Nr. 1 AktG usw., vgl. Jansen FGG 2. Aufl. § 132 Rdn. 12, § 128 Rdn. 24) gemäß § 41 BeurkG nur beglaubigt werden, wenn sie vor dem Notar gefertigt sind; entsprechend soll bei ihnen der Beglaubigungsvermerk gefaßt sein. Kennt der Notar den Beteiligten nicht, so soll er auch im Beglaubigungsvermerk angeben, wie er sich Gewißheit über dessen Persönlichkeit verschafft hat (§§ 40^{IV}, 10^{II} S. 1 BeurkG; DNotZ 1937, 782).

Urkundenrolle und Urkundensammlung: In die Urkundenrolle werden sämtliche Beurkundungen in Form einer Niederschrift nach §§ 8, 36, 38 BeurkG und Beurkundungen in Form eines Vermerks nach § 39 BeurkG mit Ausnahme der Wechsel- und Scheckproteste eingetragen, und zwar zeitlich geordnet, unter jahrgangsweise fortlaufender Nummer. Die Nummer der Urkundenrolle nebst Jahreszahl stellt das Aktenzeichen des Notars dar und ist auf jeder notariellen Urschrift, Ausfertigung, Beglaubigung oder einfacher Abschrift zu vermerken (§§ 7—10 DOfN).

Die Urkundensammlung enthält, in der Reihenfolge der Nummern der Urkundenrolle geheftet, die Urschriften, beglaubigte Abschriften der vom Notar entworfenen und beglaubigten Urkunden und Vermerkblätter über diejenigen Urkunden, von denen er weder Urschrift noch beglaubigte Abschrift zurückbehält, wie bei Beglaubigung von Unterschriften unter einer nicht von ihm entworfenen Urkunde. Außerdem ist zur Urkundenrolle ein alphabetisches Namensverzeichnis zu führen (§§ 7^{III}, 17—19 DOfN).

Die übrigen Schriftstücke (Schriftwechsel, Entwürfe usw.) werden in Blattsammlungen für die einzelnen Angelegenheiten oder in Sammelakten aufbewahrt. Sie können nach sieben Jahren vernichtet werden (§ 21 DOfN). Erlischt das Amt des Notars, so hat das Amtsgericht die Bücher und Akten des Notars in Verwahrung zu nehmen. Der Oberlandesgerichtspräsident kann die Verwahrung auch einem Notar übertragen (§ 51^{I} BNotO).

Besondere Behandlung der Proteste: S. 62.

Kosten: Die Kosten der Notare bestimmen sich nach dem Gesetz über die Kosten in Angelegenheiten der freiwilligen Gerichtsbarkeit (Kostenordnung) i.d.F. v. 26. Juli 1957 (BGBl. I 960). Der Notar muß über jeden Notariatsakt eine Kostenrechnung zu seinen Akten nehmen, und jede Ausfertigung oder Beglaubigung muß die Kostenrechnung enthalten (§ 154^{III} KostO).

Die Gebührentabelle der Anlage zu § 32 KostO enthält die „vollen Gebühren“, für die der jeweilige Geschäftswert maßgebend ist. Für die Beurkundung „einseitiger Erklärungen“ (z.B. Abtretungen, Schenkungsversprechen) wird die volle Gebühr erhoben, wobei es unerheblich ist, ob die Erklärung von einer oder mehreren Personen abgegeben wird (§ 36^{I} KostO). Für die Beurkundung von Verträgen (Kauf, Miete, Gesellschaft), Erbverträgen, gemeinschaftlichen Testamenten, Beschlüssen von Hauptversammlungen usw. wird das Doppelte der vollen Gebühr erhoben (§§ 36^{II}, 46^{I}, 47). Werden Angebot und Annahme eines Vertrages getrennt beurkundet, so kostet der Vertragsantrag $^{15}/_{10}$, die Annahme $^{5}/_{10}$ (§§ 37, 38^{I} Nr. 2). Für die Beurkundung eines Testaments entsteht die volle Gebühr (§ 46^{I}). Die Hälfte der vollen Gebühr wird erhoben für die Beurkundung einer Vollmacht, von Grundbuch- und Schiffsregisterbewilligungen, Anmeldungen zum Handels- und ähnlichen Registern sowie für die Auflassung, wenn das zugrundeliegende Rechtsgeschäft bereits beurkundet ist (§ 38^{I} Nr. 4 bis 7). Diese Beträge stehen dem Notar auch zu, wenn er nur den Entwurf der Urkunde fertigt. Die Entwurfsgebühr wird auf die später entstehende Beurkundungs- oder Beglaubigungsgebühr angerechnet (§ 145). Die Gebühr für eine bloße Beglaubigung beträgt $^{1}/_{4}$, höchstens 250 DM (§ 45). Für Anträge und Beschwerden auf Verlangen eines Beteiligten, die zum Vollzuge eines beurkundeten Geschäfts erforderlich werden und rechtlicher oder tatsächlicher Begründung bedürfen, erhält der Notar nach § 146 Abs. 2 eine halbe Gebühr; dazu Tschischgale, JR 1958, 165. Die Vorschriften der Rechtsanwaltsgebührenordnung finden hierauf keine Anwendung, auch wenn der Notar zugleich Rechtsanwalt ist (OLG Oldenburg, NJW 1958, 2024).

Nach § 155 KostO erteilt sich der Notar die Vollstreckungsklausel zu seiner Kostenberechnung selbst. Die zweijährige Verjährungsfrist des § 196^I Nr. 15 BGB wird bei Kostenbeträgen von 20 DM aufwärts durch die in § 17^III S. 2 KostO für Gerichtskosten vorgesehenen Maßnahmen, insbesondere eine Zahlungsaufforderung oder Stundungsmitteilung, unterbrochen (§§ 141, 143). Einwendungen gegen die Kostenberechnung, gegen die Zahlungspflicht und gegen die Erteilung der Vollstreckungsklausel sind mit der Beschwerde nach der ZPO beim Landgericht geltend zu machen. Beanstandet der Zahlungspflichtige die Kostenberechnung dem Notar gegenüber, so kann dieser die Entscheidung des Landgerichts herbeiführen. Die weitere Beschwerde an das Oberlandesgericht ist als Rechtsbeschwerde binnen einer Notfrist von einem Monat zulässig, wenn und das Landgericht sie wegen der grundsätzlichen Bedeutung der Sache zuläßt. Der Landgerichtspräsident kann den Notar in jedem Falle anweisen, die Entscheidung des Landgerichts herbeizuführen und weitere Beschwerde einzulegen (§ 156 KostO).

Gebührenvereinbarungen nach oben oder unten sind unzulässig und nichtig (§ 143 KostO). Verzichten darf der Notar auf Gebühren nur, wenn er vorher die Zustimmung der Notarkammer eingeholt hat (Anordnung d. Präs. d. Reichsnotarkammer v. 24. Juni 1938 — DNotZ 410; AV d. RJM v. 14. Juli 1938 — DJ 1143). Der Zustimmung bedarf es nicht, wenn der Notar nach der Sachlage, etwa wegen fehlerhafter Sachbehandlung, zur Nichterhebung der Gebühr verpflichtet ist (DNotZ 1940, 381).

Bundes- und landesrechtliche Vorschriften, die Gebühren- oder Auslagenfreiheit gewähren, gelten grundsätzlich nicht für den Notar, dem die Gebühren für seine Tätigkeit selbst zufließen (§ 144^I). Die Gebühren ermäßigen sich jedoch um 80 v.H., wenn das Geschäft unter eine sachliche oder persönliche Gebührenbefreiungsvorschrift (vgl. § 11 KostO) fällt (§ 144^III KostO i.d.F. des § 57^XVI Nr. 1 BeurkG). Wo die Gebühren in die Staatskasse fließen (Baden-Württemberg), gelten die gesetzlichen Befreiungsvorschriften unmittelbar.

Unbemittelten Beteiligten, denen nach den Vorschriften der Zivilprozeßordnung das Armenrecht zu bewilligen wäre, hat der Notar seine Urkundstätigkeit vorläufig gebührenfrei zu gewähren (§ 17^II BNotO). Darüber entscheidet der Notar selbst, im Falle der Ablehnung eine Zivilkammer des Landgerichts (§ 15 BNotO). Ein Anspruch auf Gebührenersatz aus der Staatskasse steht dem Notar nicht zu (KG/JW 1931, 2036).

Die Abtretungserklärung wird Rehbein gegen Bezahlung der Kosten ausgehändigt, das Vermerkblatt nimmt der Notar zu seiner Urkundensammlung. —

Der Notar zum Referendar: Aus welchen Gründen mag Seckel wohl auf Beglaubigung bestanden haben, obwohl doch nach § 1154 BGB die schriftliche Abtretungserklärung in Verbindung mit Briefübergabe genügte?

Der Referendar: Wahrscheinlich will er die Hypothek im Grundbuch auf sich umschreiben lassen, dazu gehört eine beglaubigte Urkunde. §§ 19, 26, 29 GBO.

Notar: Richtig. Außer der Legitimation gegenüber dem Grundbuchamt hat aber Seckel durch die Unterschriftsbeglaubigung noch andere, praktisch höchst wichtige Vorteile erlangt: 1. Legitimation gegenüber dem Grundstückseigentümer. Dieser kann nämlich der Geltendmachung der Hypothek widersprechen, wenn nicht der Brief vorgelegt wird; ist der Gläubiger nicht im Grundbuch eingetragen, so muß er mit dem Brief eine lückenlose Reihe öffentlicher oder öffentlich beglaubigter Urkunden vorlegen, aus denen sein Rechtserwerb vom letzten eingetragenen Gläubiger hervorgeht. §§ 1160/1 BGB. Wenn Seckel sich auf die unbeglaubigte Abtretungsurkunde eingelassen hätte, müßte er bei jeder Kündigung, Mahnung, Hypothekenklage befürchten, wegen Fehlens der Beglaubigung zurückgewiesen zu werden. Das Einzige, was er ungehindert hätte tun können, ist die Einziehung der Hypothekenzinsen. § 1160^III. 2. Legitimation gegenüber Rechtsnachfolgern. Wird Seckel durch den

Besitz des Briefes und eine Kette mindestens öffentlich beglaubigter Urkunden ausgewiesen, und verfügt er durch weitere Abtretung oder in sonstiger Weise über die Hypothek, so werden nach § 1155 die Nachmänner in ihrem guten Glauben ebenso geschützt, wie wenn Seckel im Grundbuch eingetragen wäre, d h. sie haben die Gewißheit, die Hypothek trotz etwaiger unbekannter Mängel seines Rechts wirksam zu erwerben. Ohne Beglaubigung der Rehbeinschen Zession würde der gute Glaube an das Recht Seckels dem Nachmann nichts helfen. Denn es gibt keinen Rechtssatz, daß der redliche Erwerber allgemein geschützt wird, sondern nur ein System von Vorschriften, nach denen man kraft guten Glaubens Rechte von einem Nichtberechtigten herleiten kann, falls bestimmte Voraussetzungen erfüllt sind. Dazu gehört stets, daß das Recht der Person, von welcher der Gutgläubige sein Recht ableitet, in einer dem Publizitätsgrundsatz entsprechenden Weise nach außen in die Erscheinung getreten ist. Im Liegenschaftsrecht ist Träger des Rechtsscheins die Grundbucheintragung (§ 892) oder die Urkundenkette in Verbindung mit dem Besitz des Hypothekenbriefs (§ 1155), im Fahrnisrecht der Besitz (§§ 932ff., 851). Trifft keine Sondervorschrift zu, so bleibt es bei der Regel: nemo plus iuris transferre potest, quam ipse habet. Vgl. Westermann, Die Grundlagen des Gutglaubensschutzes, JuS 1963, 1.

Stört es den Schutz des gutgläubigen Dritten, wenn in der Reihe öffentlich beurkundeter oder beglaubigter Abtretungen eine — etwa die soeben auf den Namen Rehbeins beglaubigte — nicht von dem angeblichen Aussteller, sondern unter dessen Namen von einem Unbefugten erklärt war? Überall wo das Gesetz (wie in §§ 370, 409, 1155) Vertrauen auf Urkunden schützt, setzt es echte Urkunden voraus. War nun die unter Identitätstäuschung zustande gekommene Abtretung in Form einer notariellen Beurkundung errichtet, so gelangt nur die vom Notar hergestellte, als solche einwandfrei echte Ausfertigung in den Verkehr. Im Fall der Beglaubigung wird allerdings die Urkunde mit der gefälschten Unterschrift weitergegeben. Es würde jedoch dem Zweck des öffentlichen Urkundswesens, zuverlässige Grundlagen für den rechtsgeschäftlichen Verkehr zu schaffen, wenig entsprechen, wollte man aus diesem formalen Unterschied praktische Folgerungen ziehen. Daher muß es genügen, wenn die öffentlich beurkundeten oder beglaubigten Erklärungen äußerlich den Anschein echter Urkunden erwecken. RG 85, 58; 93, 41; RGR-Komm 2 zu § 1155; str., vgl. Baur, Sachenrecht, § 38 V 2.

Referendar: Kommen unbeglaubigte Hypothekenabtretungen überhaupt vor?

Notar: Fast nur als Provisorium. Man will eine Briefhypothek abtreten, der Notar ist nicht sofort zu erreichen: dann wird der Brief nebst privatschriftlicher Abtretung übergeben, und die Beglaubigung der Unterschrift später nachgeholt. Oder eine Bank läßt sich von ihrem Schuldner Hypotheken fiduziarisch als Sicherheit abtreten in der Erwartung, daß binnen kurzem die Schuld bezahlt werden und die Rückabtretung erfolgen werde: hier begnügt man sich häufig mit unbeglaubigten Erklärungen, um die Beglaubigungskosten zu sparen. Im gewöhnlichen Hypothekenverkehr ist die Beglaubigung so selbstverständlich, daß — abweichend von der Regel des § 403 — die durch sie entstehenden Kosten dem Zedenten auferlegt sind. § 1154 I S. 2.

Sicherungsvertrag

„Lichterfelde, den 28. September 1970

Herrn Notar *Siegel*, hier.

Der Mann der verstorbenen Schwester meiner Frau, Sägewerksbesitzer *August Gallwitz* in Schöneberg, der mir schon wiederholt bei Ablösung meiner Brauereischulden mit Geldbeträgen ausgeholfen hat, will das Darlehn jetzt erhöhen. Als Sicherheit verlangt er eine Sicherungsübereignung bzw. -zession auf meine Wohnungseinrichtung, Inventar, Weinlager, Lebensversicherungsschein, Sparkassenbuch und Außenstände. Ich bitte Sie, den Vertrag so aufzusetzen, daß nicht daran gerüttelt werden kann, damit mein Schwager absolut gesichert ist und er die Sachen eintretendenfalls bloß wegzuholen braucht. Ich lege ein Verzeichnis sowie den Sicherungskaufvertrag bei, den ich s. Zt. mit der Brauerei *Hopf* geschlossen hatte und den der Buchhalter des Herrn *Hopf* abgefaßt hat. Morgen Nachmittag werden wir zur Unterschrift hinkommen.

Hochachtungsvoll

Alex Fichtner

Restauration, Stadtküche und Weingroßhandlung."

Sicherungsübereignung und -abtretung sind „fiduziarische" Geschäfte, d. h. solche, bei denen die juristische Form über den wirtschaftlichen Inhalt hinausgeht. Nach außen hin räumt ein Teil (der „Treugeber") dem anderen (dem „Treuhänder") eine umfassende dingliche Rechtsstellung ein, vereinbart aber zugleich mit ihm im Innenverhältnis obligatorisch (durch das „pactum fiduciae"), daß der Treuhänder von seiner Machtstellung nur beschränkten, der wirtschaftlichen Sachlage entsprechenden Gebrauch machen darf. Fiduziarische Rechtsgeschäfte kommen zu Sicherungs-, Inkasso-, Verwaltungs- und anderen Zwecken vor. Bei der Sicherungsübereignung und -abtretung wählt man die fiduziarische Form wegen des im Pfandrecht herrschenden strengen Publizitätsgrundsatzes. Die Begründung von Pfandrechten setzt nämlich einen nach außen in die Erscheinung tretenden Akt voraus: bei beweglichen Sachen Übergabe oder zum mindesten Beendigung des Alleinbesitzes des Verpfänders (§§ 1205 f.), bei Forderungen Anzeige an den Drittschuldner (§ 1280). Sehr oft können die Schuldner die Sachen, mit denen sie Sicherheit bestellen wollen, nicht aus der Hand geben, und ihr Kredit wäre erschüttert, wenn die Verpfändung der außenstehenden Forderungen den Kunden des Geschäfts mitgeteilt würde. So sucht man das wirtschaftliche Ziel einer Verpfändung durch fiduziarische Übereignung der beweglichen Sachen oder Abtretung der Forderungen zu erreichen. Denn Eigentum kann auch durch constitutum possessorium übertragen werden, und die Forderungsübertragung erfordert keine Benachrichtigung des Schuldners. Obgleich die fiduziarische Sicherheit den pfandrechtlichen Publizitätsgrundsatz praktisch hinfällig macht, wird sie von der Praxis als zulässig anerkannt, weil das Besitzkonstitut durch die §§ 1205 f. nur für die Verpfändung, nicht aber für die Bestellung sonstiger dinglicher Rechte zu Sicherungszwecken ausgeschlossen sei; ein gesetzliches Verbot, mit beweglichen Sachen unter Aufrechterhaltung des Alleinbesitzes des Schuldners dingliche Sicherheit zu bestellen, bestehe nicht, und folglich könne auch von einem Handeln in fraudem legis nicht die Rede sein. RG 57, 175; 59, 146; 62, 126; Staudinger-Berg, BGB, 11. Aufl. § 929 Anm. 31 ff.

Im Verkehr kommt die fiduziarische Übertragung von Eigentum zu Sicherungszwecken als Sicherungskauf und als Sicherungsübereignung vor. Bei dem (von Buchhaltern, Rechtskonsulenten und Bürovorstehern bevorzugten) Sicherungskauf „verkauft" der Schuldner dem Gläubiger die Sachen. Der Kaufpreis, der immer in Höhe der Forderung des Gläubigers festgesetzt wird, wird durch Aufrechnung gegen diese Forderung getilgt. Demnächst überläßt der Gläubiger die Gegenstände dem Schuldner gegen eine „Miete", die den Zinsen der Forderung des Gläubigers entspricht. Da aber der Gläubiger nicht die Sachen, sondern Geld vom Schuldner haben will, wird schließlich eine „Rückkaufsverpflichtung" des Schuldners vereinbart; der Rückkaufspreis ist gleich der ursprünglichen Schuldsumme, bedeutet also eine Wiederherstellung der durch die Aufrechnung erloschenen Forderung. Bei der viel einfacheren und klareren Sicherungsübereignung, die der Notar in seinem Entwurf anwendet, bleibt die zu sichernde Forderung des Gläubigers bestehen. Die Rechtsprechung erkennt beide Formen als zulässig an.

Es können ganze Warenlager mit wechselndem Bestande sicherungshalber übereignet werden. Dabei bedient man sich der Konstruktion eines „antizipierten Besitzkonstituts": Gläubiger und Schuldner einigen sich im voraus dahin, daß der Schuldner Waren, die er in Zukunft von Dritten erwirbt, sofort durch constitutum dem Gläubiger weiter übereignen und dabei — in erlaubter Abweichung von der Regel des § 181 — den Gläubiger mit vertreten wird. JW 17, 217[6]; 29, 2149[11]; RG 118, 361. Soweit die neu angeschafften Waren bezahlt sind, mag es dem Lieferanten gleichgültig sein, wer neuer Eigentümer wird. RG 109, 167 erklärte den Eigentumserwerb durch verdeckte Stellvertretung nur dann für zulässig, wenn der Verkäufer kein Interesse an der Person des Eigentumserwerbers hat, d. h. also wenn sie bezahlt sind; andere Entscheidungen sehen jedoch von dieser Einschränkung ab. Vgl. Hoeniger JW 1926, 246[8] und 1932, 3814[5]. So verbleiben die unbezahlten Waren nicht im Eigentum des Schuldners, um dessen Aktiva zu vermehren, sondern sie fallen alsbald dem Gläubiger zu, zu dessen Gunsten der Sicherungsvertrag abgeschlossen wurde — meist einer Bank —, es sei denn, daß der Lieferant vorsichtig genug war, sich einen Eigentumsvorbehalt auszubedingen. — Um den Publizitätserfordernissen des Sachenrechts einigermaßen Rechnung zu tragen, verlangt die Rechtsprechung, daß der Kreis der übereigneten Sachen im Vertrage selbst „bestimmt" angegeben, nicht bloß „bestimmbar" sei (vgl. RG 113, 57; 127, 337; 129, 61; 132, 183; BGH MDR 1963, 586). Entsprechend muß bei den Ersatzanschaffungen eine „äußerlich erkennbare Handlung" vorgenommen werden, die aber schon in ihrer Einbringung in das Lager gefunden wird (JW 1929, 2149 11; RG 140, 231; BGH MDR 1958, 509); vorsichtige Gläubiger bedingen sich außerdem die periodische Übersendung von Listen aus, welcher jedesmal die Bedeutung eines Besitzkonstituts beigelegt wird. Vgl. Staudinger-Berg, a.a.O., § 929 Anm. 35. Unschädlich ist es, wenn das Sicherungsgut teils im Eigentum des Sicherungsgebers, teils noch unter Eigentumsvorbehalt des Lieferanten steht; es kann dann vereinbart werden, daß sowohl die Anwartschaft auf den Erwerb des Eigentums als auch das Eigentum an den bei Vertragsschluß oder bei späterer Einbringung in das Lager dem Sicherungsgeber gehörenden Waren übergehen soll. Hinsichtlich der unter Eigentumsvorbehalt stehenden Waren erstarkt das Recht des Sicherungsnehmers mit der Zahlung des Kaufpreises unmittelbar zu Sicherungseigentum. BGHZ 28, 16 = NJW 1958, 1133; Pollems, Betr. 1957, 449.

Als Fichtner und Gallwitz am nächsten Tage sich melden, eröffnet ihnen der Notar, daß er den Vertrag noch nicht ausgearbeitet habe, weil vorher verschiedene Punkte klarzustellen seien. Vor allem: sollen durch den abzuschließenden Vertrag andere Gläubiger Fichtners geschädigt werden? Wie ist Fichtners Vermögenslage? Sind Zwangsvollstreckungen gegen ihn erfolgt, oder stehen sie bevor? Laufen Klagen? Sind Wechsel zu Protest gegangen?

Fichtner und Gallwitz versichern, daß dergleichen nicht in Frage käme. Einmal sei gepfändet worden, weil Fichtner infolge einer Reise die rechtzeitige Bezahlung von Steuern unterlassen habe. Der neue Kredit diene der Vergrößerung des Geschäfts.

Notar: Einen Vertrag, bei dem Sie, Herr Gallwitz, „absolut" gesichert sind, kann ich nicht aufsetzen. Der Notar hat nur dafür zu sorgen, daß ein gültiger Vertrag zustande kommt, das wirtschaftliche Risiko müssen die Parteien selbst tragen. Außerdem sind Sicherheitsübereignung und Sicherheitsabtretung immer eine Sache auf Treu und Glauben. Wenn z. B. Sachen, die Herrn Fichtner nicht gehören, oder nicht bestehende Forderungen im Vertrag stehen, so nützt Ihnen Ihr guter Glaube nichts. Und wenn Herr Fichtner einen Gegenstand, der Ihnen wirksam übereignet war, nachher an gutgläubige Dritte übereignet oder Forderungen einzieht, so ist Ihre Sicherheit dahin. Schließlich müssen Sie an das gesetzliche Pfandrecht des Vermieters denken.

Veräußert ein Nichteigentümer durch constitutum, so erlangt nach § 933 der Erwerber erst dann Eigentum, wenn ihm die Sache später vom Veräußerer tatsächlich übergeben wird und er dann noch in gutem Glauben ist. Denn das Besitzkonstitut entspricht nicht dem Publizitätsgrundsatz, mit welchem, wie wir bei der Hypothekenabtretung gesehen haben, der Schutz gutgläubiger Dritter aufs engste verknüpft ist. Aus dem gleichen Grunde schützt bei Forderungsabtretungen das Gesetz zwar den debitor cessus, welcher in Unkenntnis der Zession an den ihm als Gläubiger bekannten Zedenten leistet oder Rechtsgeschäfte mit ihm vornimmt (§§ 406, 407), nicht aber den Zessionar, dem eine nicht bestehende oder mit Einwendungen behaftete Forderung abgetreten wurde (§ 404). Sobald freilich eine Schuldurkunde über die Schuld vorhanden und damit ein Publizitätsmoment gegeben ist, werden dem debitor cessus zugunsten des gutgläubigen Erwerbers einzelne (§ 405), bei den Skripturobligationen fast alle Einwendungen abgeschnitten (§§ 784 I, 792 III, 796 BGB, § 364 II HGB, Art. 17 WG, Art. 22 ScheckG).

Gallwitz: Ich habe volles Vertrauen zu Alex.

Notar: Nach den in der Aufstellung angegebenen Werten sollen Sie, Herr Gallwitz, für 8600 DM Darlehn Sicherheiten im Betrage von zusammen 0000 DM erhalten. Gewiß muß man mit Verlusten bei der späteren Verwertung rechnen. Ich rate Ihnen aber doch, wenigstens auf einen Teil der Sicherheiten zu verzichten, vor allem auf die Teile der Wohnungseinrichtung, die Herrn Fichtner unentbehrlich sind, und die kleineren Außenstände, weil ihre Einziehung viel zu mühsam ist. Ferner lassen Sie die Waren, welche künftig als Ersatz für die jetzt übereigneten angeschafft werden, lieber aus dem Vertrage heraus; es führt das nur zu Streitigkeiten. Das Sparkassenguthaben soll Herr Fichtner, wenn er Geld braucht, selbst abheben, es hat keinen Sinn, damit Sicherheit zu bestellen. Je geringer Ihre Übersicherung, desto mehr sind Sie vor Angriffen auf die Rechtsgültigkeit des Vertrages geschützt.

Gallwitz: Mir liegt hauptsächlich am großen Büffet, am Bierapparat, dem Versicherungsschein und der Forderung an die „Harmonie". Alles übrige überlasse ich Ihnen.

Notar (nachdem alle Einzelheiten durchgesprochen sind): Da Sie, Herr Fichtner, wie ich mich noch erinnere, die Zugewinngemeinschaft durch die einseitige Gütertrennungserklärung nach Art. 8 I Nr. 3 II GleichberG ausgeschlossen haben, ist die Zustimmung Ihrer Frau, die sonst wegen der Übereignung von Haushaltsgegenständen nach § 1369 BGB erforderlich wäre, entbehrlich. In welcher Form soll aber der Vertrag errichtet werden? Eine gesetzliche Formvorschrift kommt nicht in Betracht. Für die Kosten ist es gleich, ob ich die Urkunde nur entwerfe, oder auch die Unterschriften beglaubige oder endlich den Vertrag zu Protokoll aufnehme. Die Erklärung zu Protokoll hat den Vorteil, daß Sie beliebig viele Ausfertigungen erhalten können; Sie müssen aber zur Protokollierung zusammen herkommen.

Fichtner und Gallwitz erklären, am nächsten Tage nicht gleichzeitig erscheinen zu können. Man einigt sich daher auf Beglaubigung, weil diese nacheinander vorgenommen werden darf.

Die beglaubigte Abschrift des von ihm entworfenen und beglaubigten Sicherungsvertrags, die der Notar gemäß § 17 DOfN für seine Urkundensammlung zurückbehält, sieht folgendermaßen aus:

„Urkundenrolle Nr. 537 für 1970

Beglaubigte Abschrift

Sicherungsvertrag

Herr Restaurateur *Alex Fichtner* in Lichterfelde, Moltkestraße 15, schuldet Herrn Sägewerksbesitzer *August Gallwitz* in Schöneberg aus Darlehen 1100 DM (i. W.). Ein weiteres Darlehen bis zu 7500 DM (i. W.) ist ihm von Herrn *Gallwitz* zugesagt. Zur Sicherung des Herrn *Gallwitz* wegen aller seiner gegenwärtigen und zukünftigen Darlehnsansprüche an Herrn *Fichtner* werden ihm nachstehende Sicherheiten bestellt:

§ 1. Herr *Fichtner* überträgt hiermit auf Herrn *Gallwitz* zu Eigentum: (es folgen Inventar- und Wohnungseinrichtungsgegenstände, Musiktruhe, Fernsehapparat, Weine usw.),

Die Übergabe der Sachen wird dadurch ersetzt, daß Herr *Gallwitz* sie Herrn *Fichtner* bis auf weiteres zur leihweisen Benutzung überläßt. Über die Weine darf Herr *Fichtner* auch im regelmäßigen Geschäftsbetrieb verfügen."

Sicherungsübereignungen, die von juristisch nicht geschulten Verfassern herrühren, enthalten gewöhnlich auch die Angabe, daß die Sachen dem Gläubiger „übergeben" worden seien. Zu einer wirklichen Übergabe im Sinne des § 929 BGB ist aber erforderlich, daß der Erwerber wenigstens für gewisse Zeit „tatsächliche Gewalt" (§ 854) erlangt (RG 57, 138). Hiervon kann nicht die Rede sein, wenn die Parteien bloß eine gemeinschaftliche Besichtigung der zu übereignenden Sachen vorgenommen haben, an deren Schluß der Schuldner dem Gläubiger rein formal erklärt: „Also ich übergebe Ihnen die Sachen." An das Vorliegen eines konkreten Besitzmittlungsverhältnisses im Sinne des § 930 BGB, also eines bestimmten Rechtsverhältnisses, auf Grund dessen der Veräußerer dem Erwerber den Besitz vermittelt, werden keine allzu hohen Anforderungen gestellt. Die Auffassung, schon der Sicherungsvertrag selbst sei ein konkretes Besitzmittlungsverhältnis, während die im Geschäftsverkehr daneben getroffene Abrede einer Leihe, Miete oder Verwahrung rein fiktiv sei (so Wolff-Raiser, Sachenrecht, 10. Bearb., § 67 Anm. 4, § 180 II 3; Palandt-Degenhart, § 868 Anm. 2c bb, § 930 Anm. 4), ist bisher noch nicht allgemein anerkannt. Es genügt jedoch irgendein Rechtsverhältnis, auf Grund dessen der Schuldner dem Kreditgeber gegenüber auf Zeit zum Besitz berechtigt und verpflichtet ist, z.B. ein auftrags- oder kommissionsähnliches Verhältnis. Es ist weder erforderlich, daß die Parteien das Besitzmittlungsverhältnis rechtlich kennzeichnen, noch daß sie die Bedeutung und Wirkung ihrer Abrede klar erkennen (RGZ 118, 364; BGH NJW 1958, 302 = WM 1958, 70; BGH NJW 1959, 2206).

„§ 2. Herr *Fichtner* tritt Herrn *Gallwitz* folgende ihm zustehende Forderungen ab:
(folgt eine Anzahl von Forderungen an Gastwirte, Geselligkeitsvereine und größere Privatkunden) sowie ferner alle Forderungen, die er im Betriebe seines Geschäfts durch Lieferung von Weinen und Spirituosen an Restaurateure in Zukunft erwerben wird."

Es ist möglich, künftige Forderungen im voraus mit der Wirkung abzutreten, daß sie bei ihrer Entstehung sofort dinglich dem Zessionar zustehen. Zwar wird die Abtretung erst mit der Entstehung der Forderung voll wirksam. Jedoch gehört diese Wirksamkeitsvoraussetzung der Vorausabtretung nicht zum Abschlußtatbestand, sondern ist nur spätere Wirkung des Rechtsgeschäfts. Die Parteien brauchen sich weder bei Entstehung der Forderung neu zu einigen noch muß ihr Einigsein bis zu diesem Zeitpunkt fortbestehen. Schon durch die Abtretung selbst wird der Zedent derart gebunden, daß er die Erwerbsaussicht des Zessionars nicht durch gegenteilige Verfügungen vereiteln kann und daß bei mehrfacher Abtretung nur die erste Wirksamkeit erlangt (BGHZ 30, 151; 30, 240; 32, 357; 32, 361). Das RG erforderte, daß die abgetretene künftige Forderung für jeden denkbaren Fall so bestimmt bezeichnet wird, daß im Zeitpunkt der Wirksamkeit der Abtretung über ihren Umfang kein Zweifel besteht (RG JW 1939, 563). Der BGH stellt weniger strenge Anforderungen und läßt es genügen, wenn die von der allgemeinen Vorausabtretung mit umfaßte Einzelforderung genügend individualisiert ist (BGHZ 7, 365; 26, 178).

Schwierigkeiten entstehen bei mehrfacher Abtretung künftiger Forderungen, insbesondere beim Zusammentreffen eines verlängerten Eigentumsvorbehalts, nämlich der Vorausabtretung der Forderung des Vorbehaltskäufers gegen seinen Abkäufer an den Vorbehaltsverkäufer (Warenlieferanten), mit einer allgemeinen Vorausabtretung an den Geld-Kreditgeber (Bank), sog. Globalzession. Hier kommt es zu einer Kollision von Geld- und Warenkredit. Vorausgesetzt, daß eine volle rücksichtslose Globalzession nicht bereits an § 138 BGB scheitert (BGHZ 30, 149; 32, 361; BGH NJW 1968, 1516 mit Anm. v. Werhahn = JZ 1968, 529 mit Anm. v. Esser; NJW 1971, 372), geht die im Schrifttum erörterte Frage dahin, ob das grundsätzlich maßgebliche Prioritätsprinzip durch ein anderes Prinzip korrigiert werden kann, z.B. durch eine Aufteilung des Sicherungsobjekts unter den mehreren Konkurrenten nach ihrer wertmäßigen Beteiligung (Franke, Woeste, Erman BB 1959, 542, 618, 1109; Flume NJW 1959, 913; Dempewolf MDR 1959, 801; Serick, von Braunbehrens, Zilias BB 1960, 141, 156, 612; Nebelung, NJW 1960, 510; Finger JZ 1970, 642; Kötter Die Tauglichkeit der Vorausabtretung als Sicherungsmittel, 1960; Erman, Die Globalzession in ihrem Verhältnis zum verlängerten Eigentumsvorbehalt, 1960). Der BGH lehnt eine Aufteilung nach Wertanteilen in Ermangelung einer gesetzlichen Grundlage und als praktisch nicht durchführbar ab (BGHZ 32, 361; so auch Baur, Sachenrecht, § 59 VI). Zu Globalzession und verlängertem Eigentumsvorbehalt auch Dieckmann, JuS 1961, 219 und Esser, JZ 1968, 281. Über weitere Probleme bei der Sicherungsübereignung beachte die Schrifttumsberichte in JA (Jur. Arbeitsblätter) 1969, 453.

„Herr *Gallwitz* gestattet Herrn *Fichtner* bis auf weiteres, die ihm sicherungshalber abgetretenen Forderungen im eigenen Namen einzuziehen."

Sogenannte „stille" Zession, RG 136, 102. Daß Fichtner die Einziehungsbefugnis behält, steht der Wirksamkeit der Abtretung nicht entgegen. Nur endgültiger und bedingungsloser Verzicht des Zessionars auf eigene Einziehung würde sie nichtig machen. RG 90, 273; 92, 105, 238, RG JW 1938, 1329[34]; DR 1939, 865.

„§ 3. Herr *Fichtner* verpfändet Herrn *Gallwitz* unter Übergabe des Versicherungsscheins Nr. 83920 alle Ansprüche gegen die Lebensversicherungs-Aktiengesellschaft Sekuritas in Hamburg aus dem mit dieser über eine Versicherungssumme von 10000 (i.W.) DM im Jahre 1959 abgeschlossenen Lebensversicherungsvertrage. Er wird innerhalb 10 Tagen eine Bescheinigung der Gesellschaft beibringen, daß ihr die Verpfändung angezeigt und die Bestimmung der Ehefrau *Fichtner* als Bezugsberechtigten in Höhe der Verpfändung widerrufen ist."

Bei den ausgesprochenen Wertpapieren (Inhaber- und Orderpapiere, Scheck) folgt das Recht aus dem Papier (die Forderung) dem Recht am Papier (dem Eigentum). Dagegen steht nach § 952 BGB das Eigentum an Schuldrkunden dem Gluäbiger als solchem zu, und das Pfandrecht an der Forderung erstreckt sich auf die Urkunde; wenn es zwischen Sachen und Rechten ein Zubehörverhältnis gäbe, könnte man sagen, daß hier das Papier „Zubehör" des Forderungsrechts sei. Unter § 952 fallen auch die „hinkenden Inhaber-" oder „Legitimationspapiere" des § 808, deren wichtigste Vertreter Sparkassenbuch und Versicherungsschein (mit Ausnahme der indossablen Transportversicherungspolice, § 363 II HGB) sind. Es wird also nicht „die Police" oder „das Sparkassenbuch" nach Sachenrecht, sondern der Anspruch aus der Police oder dem Sparbuch nach Forderungsrecht übertragen und belastet. Die Übertragung derartiger Forderungen geschieht formlos, ohne notwendige Übergabe der Urkunde (§ 398 BGB). Mithin bedarf es zur Verpfändung eines Vertrages zwischen Verpfänder und Pfandgläubiger sowie der Verpfändungsanzeige an den Drittschuldner (§ 1280). Da bei der Lebensversicherung eine Gefährdung von Fichtners Kredit durch die Anzeige nicht eintreten kann, hat der Notar den Weg der Verpfändung gewählt.

Frau Fichtner, zu deren Gunsten die Lebensversicherung genommen war, hat ein eigenes Recht auf die Leistung (§ 330), aber sie erwirbt es erst mit dem Tode des Versicherungsnehmers (§ 331 I). Bis dahin kann der Ehemann als Versicherungsnehmer allein über die Rechte aus dem Versicherungsvertrag verfügen, z.B. den Vertrag durch Rückkauf aufheben, die Versicherung bei der Gesellschaft beleihen, sie einem Dritten verpfänden, die Bestimmung des begünstigten Dritten widerrufen oder abändern (§ 166 VVG). Nach der Rechtsprechung des Reichsgerichts muß der Widerruf der Bezugsberechtigung dem Versicherer gegenüber besonders erklärt werden; er liegt nicht schon in der Verpfändung oder Abtretung. RG 136, 49; dazu als lehrreicher Beitrag zur juristischen Methodenlehre die abl. Anm. von Heck, JW 1932, 2517 und Gerhard, ebenda S. 2519; RG JW 1933, 771 mit Anm. Haymann; RG 140, 30 mit Anm. Titze JW 1933, 2052; RG 153, 225 mit Anm. Prölß JW 1937, 1505; RG DR 1940, 735. Deshalb ist Fichtner zur ausdrücklichen Widerrufserklärung verpflichtet worden.

„§ 4. Sollte in die Herrn *Gallwitz* übereigneten und abgetretenen Gegenstände von dritter Seite vollstreckt werden, so ist Herr *Fichtner* verpflichtet, Herrn *Gallwitz* unverzüglich zu benachrichtigen und ihm alle zur Durchführung der Intervention und Erwirkung der einstweiligen Einstellung erforderlichen Unterlagen, insbesondere eidesstattliche Versicherungen, zur Verfügung zu stellen, auch die durch Widerspruchsklagen und Einstellungsanträge entstehenden Kosten Herrn *Gallwitz* zu erstatten, soweit sie nicht von den Prozeßgegnern einzuziehen sind.

§ 5. Herr *Fichtner* verpflichtet sich, die Feuer- und Einbruchsversicherung der übereigneten Sachen in ausreichender Höhe aufrechtzuerhalten, die Prämien zu bezahlen und die Versicherungsgesellschaften von der Sicherungsübereignung alsbald zu benachrichtigen."

Bei Veräußerung versicherter Sachen tritt nach § 69 VVG der Erwerber kraft Gesetzes in die vom Veräußerer abgeschlossenen Feuer-, Einbruchs-, Glas-, Vieh-, Transport- usw. Versicherungsverträge ein. Anders als nach dem verwandten § 571 BGB steht dem Versicherer aus Anlaß des Eigentumswechsels ein außerordentliches Kündigungsrecht zu, weil die Versicherung auf persönlichem Vertrauen beruht (§ 70 VVG). Deshalb ist die Veräußerung unverzüglich (d. h. ohne „schuldhaftes" Zögern, § 121 I BGB) dem Versicherer anzuzeigen, und wenn später als einen Monat nach dem Zeitpunkt, in welchem ihm die Anzeige hätte zugehen müssen, ein Schadensfall eintritt und der Versicherer nicht anderweit Kenntnis vom Eigentumswechsel erlangt hatte, ist er von der Entschädigungspflicht frei (§ 71). Alles das gilt auch für Sicherungsübereignungen. Wird hier die Anzeige aus Rechtsirrtum unterlassen, so ist zu prüfen, ob Fahrlässigkeit vorliegt; bei Verneinung der Fahrlässigkeit (z. B. weil die Beteiligten sich auf die unrichtige Belehrung durch den Versicherungsagenten verließen) tritt der Rechtsverlust aus § 71 nicht ein. RG 117, 270; 125, 193.

„§ 6. Herr *Fichtner* versichert, daß mit Ausnahme des großen Restaurationsbüffets und des Fernsehapparats, welche unter Eigentumsvorbehalt erworben und auf welche noch 1500 DM bzw. 500 DM zu zahlen sind, alle übereigneten Sachen sein freies und unbeschränktes Eigentum sind, daß auch die abgetretenen Forderungen bestehen und keinem Dritten abgetreten oder für ihn belastet sind.

Das Eigentum am großen Restaurationsbüffet und dem Fernsehapparat wird unter der aufschiebenden Bedingung, daß Herr *Fichtner* die Restkaufpreise bezahlen wird, schon jetzt auf Herrn *Gallwitz* übertragen."

Fichtner ist selbst Eigentümer unter der aufschiebenden Bedingung der vollständigen Bezahlung des Kaufpreises geworden (§ 455 BGB). Mithin kann er nur unter entsprechender Bedingung über die Sachen verfügen, bzw. das ihm darauf zustehende Anwartschaftsrecht weiter übertragen. Über das Wirksamwerden von Verfügungen, die der Käufer vor Erledigung des Eigentumsvorbehalts trifft, sowie von Pfändungen vgl. OLG Breslau JW 1929, 2958[1] mit Anm. Rosenberg und über die Pfändung des Anwartschaftsrechts des Vorbehaltskäufers BGH NJW 1954, 1325. Streitig ist, wie sich in unserem Falle die Rechtslage gestalten würde, wenn Fichtner in Konkurs fiele, bevor die unter Eigentumsvorbehalt gekauften Gegenstände restlos bezahlt sind. Nach der einen Auffassung geht das Eigentum dann zunächst auf den Vorbehaltskäufer über und erst über ihn — wenn auch im unmittelbaren Anschluß daran — auf den zweiten Erwerber (so RG 140, 223 = JW 1933, 1762 mit Anm. Schwister; Mentzel-Kuhn, KO, 6. Aufl. § 15 Anm. 9). Demnach könnte der Konkursverwalter durch Zahlung des Restkaufgeldes (§ 17 KO) die Sache zur Masse ziehen, so daß sie Eigentum des Gemeinschuldners wird, während die Konkurswirkungen den Übergang auf den zweiten Erwerber ausschließen, sogar wenn dieser selbst, um sein Recht zu retten, den Kaufpreisrest an den Vorbehaltsverkäufer zahlen würde (Mentzel-Kuhn, a.a.O., § 1 Anm. 16f.). Nach anderer Ansicht (OLG Stettin, HRR 1937, 1074; Jaeger-Lent, KO, 8. Aufl. § 15 Anm. 13a; BGHZ 20, 88; 28, 16) geht das Eigentum von dem Vorbehaltsverkäufer unmittelbar auf den zweiten Erwerber über und der Konkursverwalter könnte auch durch Eintritt in den Vertrag nach § 17 KO den Gegenstand nicht zur Masse ziehen. Dazu Münzel, Reinicke, MDR 1959, 345, 613, 904.

Belehrungspflicht des Notars: Über diese möglichen Auswirkungen brauchten die Beteiligten hier aber nicht belehrt zu werden. Unter die Amtspflicht des Notars fällt zwar nicht nur die äußerlich ordnungsmäßige Erledigung des einzelnen Urkundsaktes, sondern im Rahmen vorsorgender Rechtspflege liegt ihm auch allgemein eine Pflicht zur rechtlichen Betreuung der Beteiligten ob. Diese Verpflichtung erstreckt sich auf außerhalb des zu beurkundenden Vorgangs liegende rechtliche Erfordernisse und kann den Notar veranlassen, den Beteiligten die nötige Aufklärung zu geben, um sie vor nicht bedachten rechtlichen Folgen ihrer beurkundeten Erklärungen oder vor dem Ausbleiben der erwarteten Folgen zu bewahren. Der Notar darf es nicht untätig geschehen lassen, daß die Beteiligten in die Gefahr eines folgenschweren Schadens geraten, der durch wenige aufklärende Worte hätte verhindert werden können. Das gilt aber nur, wenn besondere Umstände vermuten lassen, daß ein solcher Schaden droht und der Beteiligte sich dessen namentlich wegen mangelnder Kenntnis der Rechtslage nicht oder nicht voll bewußt ist (BGH LM Nr. 2 zu § 21 RNotO; Betrieb 1961, 403). Hier besteht aber kein hinreichender Anlaß zu der Besorgnis, daß Fichtner schon vor der Zahlung des Kaufpreisrestes zahlungsunfähig werden könnte (§ 102 KO). Vgl. ferner S. 27.

„§ 7. Falls Herr *Fichtner* die in §§ 4 und 5 übernommenen Verpflichtungen verletzen, oder falls entgegen der in § 6 abgegebenen Versicherung übereignete bzw. abgetretene Gegenstände im Werte von mehr als 500 (i. W.) DM Herrn *Fichtner* nicht zustehen oder mit Rechten Dritter belastet sein sollten, ist Herr *Gallwitz* berechtigt, unter Widerruf der leihweisen Überlassung und des Einziehungsrechts sofortige Herausgabe der ihm übereigneten Sachen zu verlangen und die Schuldner der abgetretenen Forderungen von der Abtretung zu benachrichtigen. Zu diesem Zwecke übergibt ihm Herr *Fichtner* bereits jetzt die erforderliche Anzahl von ihm unterschriebener Blanko-Abtretungsnachrichten."

Die Benachrichtigung der Schuldner zerstört deren guten Glauben (§§ 409^{I} S. 2, 410^{I}), die „stille" Zession wird zur „lauten". Der Gläubiger wird nunmehr die abgetretenen Forderungen einziehen und den Erlös auf seine Forderung gegen den Schuldner, wenn sie fällig ist, verrechnen. Bei der Verwertung des übrigen Sicherungsguts ist der Gläubiger, auch wenn Vereinbarungen darüber nicht getroffen sind, nicht gehalten, die Vorschriften über den Pfandverkauf (§§ 1234 bis 1240 BGB) zu beachten; denn bei freihändigem Verkauf werden regelmäßig günstigere Erlöse erzielt. Die öffentliche Versteigerung braucht der Sicherungsnehmer nur zu wählen, wenn sie offensichtlich ein besseres Ergebnis erwarten läßt. Allerdings darf er nicht mehr verwerten, als zu seiner Befriedigung nötig ist (BGH WM 1961, 243). Die Beweislast dafür, daß eine andere Art der Verwertung kein besseres Ergebnis erbracht hätte, trägt der Sicherungsnehmer, weil die Verwertung seinem Gefahrenbereich zuzurechnen ist; er muß mithin entsprechend §§ 282, 285 BGB nachweisen, daß er alles unternommen hat, um den Treugeber vor Schaden zu bewahren (Serick BB 1970, 541 gegen BGH WM 1962, 673; zum Verwertungsrecht vgl. ferner Baur Sachenrecht § 57 VIII; Simon BB 1957, 600; Höh AcP 150, 532; Trinkner BB 1962, 80; Derleder BB 1969, 730). Zulässig ist auch eine Verfallklausel (lex commissoria), nach welcher der Sicherungsnehmer, falls er nicht oder nicht rechtzeitig befriedigt wird, frei von fiduziarischer Bindung und ohne Zwischenschaltung eines Kaufvertrages Erwerber des Sicherungsguts wird und in der vorgesehen ist, in welcher Höhe dadurch die gesicherte Forderung getilgt wird (Serick a.a.O.); jedoch sind solche Klauseln nicht üblich.

„§ 8. Nach Fälligkeit der Darlehnsforderung stehen Herrn *Gallwitz* ebenfalls die in § 7 bezeichneten Rechte zu. Er kann die übereigneten Sachen entweder im Wege des Pfandverkaufs oder nach vorheriger Aufstellung einer Taxe durch einen öffentlich beeidigten Taxator zum Taxpreis freihändig verkaufen oder selbst in Anrechnung auf seine Forderung übernehmen.

§ 9. Nach vollständiger Tilgung der Darlehnsforderung ist Herr *Gallwitz* verpflichtet, die ihm sicherungshalber übertragenen Gegenstände auf Herrn *Fichtner* zurückzuübertragen."

Der Sicherungsgeber hat nach Befriedigung des Sicherungsnehmers in der Regel nur einen schuldrechtlichen Anspruch auf Rückübertragung des Sicherungsguts. Es kann auch ausbedungen sein, daß die Sicherungsübereignung durch das Erlöschen der gesicherten Forderung auflösend bedingt ist, so daß das Eigentum mit dem Eintritt der Bedingung unmittelbar an den Sicherungsgeber zurückfällt (§ 158 II). Jedoch ist beim Schweigen des Vertrages eine solche Bedingung nicht zu vermuten (RGZ 102, 380; a.M. Wolff-Raiser, Sachenrecht, 10. Bearb. § 179 zu Fußn. 16, § 180 II 2; dazu Schütz, NJW 1957, 1541; Baur, Sachenrecht, § 57 III 1b).

„§ 10. Erfüllungsort und Gerichtsstand für alle Ansprüche aus diesem Vertrage ist Schöneberg."

Gallwitz' ursprünglicher Wunsch, wegen des ihm aus §§ 7, 8 des Vertrages zustehenden Herausgabeanspruchs alsbald einen Vollstreckungstitel zu erhalten, ließ sich nicht erfüllen, weil die vollstreckbare Urkunde des § 794^{I} Nr. 5 ZPO auf Geld und andere vertretbare Sachen beschränkt ist, während es sich hier um Spezies-Sachen handelt. Aus dem gleichen Grunde kann der Gläubiger den Herausgabeanspruch nicht einmal im Urkundenprozeß geltend machen (§ 592 S. 1). Steht die Höhe der gesicherten Forderung fest, so bedingt sich der Gläubiger zweckmäßigerweise wenigstens die sofortige Vollstreckbarkeit seines Geldanspruchs gemäß § 794^{I} Nr. 5 aus. Auch diese Möglichkeit fiel für Gallwitz fort, denn er hat (abgesehen von den ersten 1100 DM) keine „bestimmte" Geldsumme von Fichtner zu fordern.

„§ 11. Die Kosten trägt Herr *Fichtner*.

Lichterfelde, den 30. September 1970

(gez.) *August Gallwitz* (gez.) *Alex Fichtner*.

Die vorstehenden vor mir vollzogenen Unterschriften: 1. des Sägewerksbesitzers *August Gallwitz* aus Schöneberg, 2. des Restaurateurs *Alex Fichtner* aus Lichterfelde, Moltkestraße 15, beide persönlich bekannt, beglaubige ich.

Nr. 537 der Urkundenrolle für 1970 Lichterfelde, den 30. September 1970
(Siegel) (gez.) *Justus Siegel*
Notar

Kostenrechnung

Geschäftswert: 8600 DM

1. Gebühr für den Entwurf eines Vertrages und Unterschriftsbeglaubigung, §§ 141, 145, 36^{II}, 32 KostO ($^{20}/_{10}$) . . . . 80,— DM
2. Ausgleichsbetrag (§§ 151a S. 2, 154^{II} S. 2 KostO) . . . . 4,40 DM

84,40 DM

(gez.) *Siegel*, Notar

Vorstehende Abschrift stimmt mit der Urschrift, die dem Gläubiger *Gallwitz* ausgehändigt ist, wörtlich überein.

Lichterfelde, den 30. September 1970

(Siegel) *Justus Siegel*
Notar"

Grundstückskaufvertrag

„Urkundenrolle Nr. 538 für 1970

Verhandelt in Lichterfelde, den 1. Oktober 1970

Vor dem unterzeichneten Notar im Bezirk des Kammergerichts zu Berlin

Justus Siegel

erscheinen:

1. die verwitwete Frau Landwirt *Pauline Haacke* geborene *Schimmel* aus Kohlhasenbrück,
2. der Landwirt *Roman Knoll* ebendaher.

Frau *Haacke* legte den auf ihren Namen lautenden, mit Lichtbild versehenen Personalausweis Nr. 475/67, ausgestellt von dem Polizeipräsidenten in Berlin, vor. Herr *Knoll* wurde durch den dem Notar persönlich bekannten Grundstücksvermittler *Fritz Lauter* aus Lichterfelde vorgestellt. Hierdurch erlangte der Notar Gewißheit über die Persönlichkeit der Erschienenen."

Die Niederschrift „soll" (nicht „muß") nach § 10^{II} S. 1 BeurkG eine Angabe darüber enthalten, ob die beteiligten Personen dem Notar bekannt sind bzw. wie sie sich ausgewiesen haben — womit nicht gesagt ist, daß die Erkennungszeugen das Protokoll oder den Feststellungsvermerk unterschreiben müßten.

„Herr *Knoll* erklärte, daß er in dieser Verhandlung für den Landwirt *Alfred Schimmel* aus Altenbrook, Kreis Itzehoe, auftrete. Er versprach, eine öffentlich beglaubigte Vollmacht nachzubringen, weil er erst heute von dem plötzlich erkrankten Herrn *Schimmel* telefonisch zum Vertreter bestellt worden sei. Die Erschienenen wurden über die Rechtsnachteile, die sich aus dem Fehlen einer Vollmachtsurkunde ergeben können, belehrt."

Sachlich-rechtlich unterliegt die Vollmacht keiner besonderen Form (§ 167^{II} BGB). Frau Haacke kann also auf Grund des an sich formgerechten Kaufvertrages Schimmel mit der Behauptung, daß er dem Knoll formlos Vollmacht erteilt habe, auf Erfüllung verklagen und die Vollmachtserteilung auf jede prozessual zulässige Art beweisen. Für das Grundbuchamt ist dagegen beglaubigte Vollmacht erforderlich (§ 29 GBO). Weist Knoll seine Vollmacht nicht nach, so haftet er der Verkäuferin gemäß § 179 BGB als Vertreter ohne Vertretungsmacht: grundsätzlich auf die Erfüllung oder das positive Interesse, bei Gutgläubigkeit nur auf das negative Interesse.

„Hierauf schlossen sie, Herr *Knoll* namens seines Vollmachtgebers *Schimmel*, nachstehenden

Kaufvertrag:

§ 1. Frau *Haacke* verkauft an Herrn *Schimmel* vorbehaltlich der Erteilung der Genehmigung nach § 2 GrdstVG sowie vorbehaltlich des dem gemeinnützigen Siedlungsunternehmen nach dem Reichssiedlungsgesetz vom 11. August 1919 (RGBl. I 1429) etwa zustehenden gesetzlichen Vorkaufsrechts das ihr gehörende im Grundbuch des Amtsgerichts Zehlendorf von Kohlhasenbrück Band 4 Blatt 121 verzeichnete Grundstücke zum Preise von 125000 DM (i. W.)."

Der Verkehr mit Grundstücken unterliegt zahlreichen Beschränkungen durch das Bestehen behördlicher oder gerichtlicher Genehmigungserfordernisse oder gesetzlicher Vorkaufsrechte. Teils bedarf die Veräußerung, Teilung, Belastung von Grundstücken der Genehmigung, teils der Erwerb von Grundbesitz durch bestimmte Personen. Diese Vorschriften gehören dem öffentlichen Bodenrecht an, wenn sie im Interesse der Planung und Lenkung der Bodenverteilung und -bewirtschaftung ge schaffen sind. Auf diesem Gebiet wird durch Verwaltungsakte tiefgehend in den privaten Rechtsverkehr eingegriffen. In anderen Fällen ist die Genehmigung einer Aufsichtsbehörde erforderlich; dann handelt es sich, ähnlich wie bei der vormundschaftsgerichtlichen Genehmigung, um eine Beschränkung der Vertretungsmacht. Im einzelnen kommen als wichtigste Fälle in Betracht (Weiteres bei Jansen FGG, 2. Aufl. Bd. III 1971 Bem. zu § 18 BeurkG sowie Haegele, Beschränkungen des Grundstücksverkehrs, 3. Aufl. 1969):

1. Nach § 19 des Bundesbaugesetzes vom 23. Juni 1960 (BGBl I 341) bedürfen der behördlichen Genehmigung a) innerhalb des räumlichen Geltungsbereichs eines Bebauungsplans i. S. des § 30 BBauG und innerhalb der im Zusammenhang bebauten Ortsteile: die Teilung eines Grundstücks; b) außerhalb des unter a) bezeichneten Bereichs (Außenbereich): die Teilung eines Grundstücks, wenn es bebaut oder seine Bebauung genehmigt ist, ferner die Auflassung eines Grundstücks, die Einigung über die Bestellung eines Erbbaurechts und die Teilung eines Grundstücks, wenn sie zum Zwecke der Bebauung oder kleingärtnerischen Dauernutzung vorgenommen werden. Das Grundbuchamt darf eine Eintragung auf Grund dieser Rechtsvorgänge erst vornehmen, wenn der Genehmigungsbescheid vorgelegt ist (§ 23 BBauG). Dazu Eppig, DNotZ 1960, 509; Haegele, Rpfleger 1960, 327, 1961, 3; Ripfel, BB 1960, 1184; Frohberg, JR 1961, 1.

2. Nach §§ 2, 3 des Grundstücksverkehrsgesetzes vom 28. Juli 1961 (BGBl. I 1091) ist bei land- und forstwirtschaftlichen Grundstücken die Genehmigung der landesrechtlich bestimmten Genehmigungsbehörde (Landwirtschaftsbehörde) erforderlich zur rechtsgeschäftlichen Veräußerung des Grundstücks, zur Einräumung oder Veräußerung eines Miteigentums daran, zur Bestellung eines Nießbrauchs sowie zur Veräußerung eines Erbanteils außer an einen Miterben, wenn der Nachlaß im wesentlichen aus einem land-(forst-) wirtschaftlichen Betrieb besteht. Die Versagungsgründe ergeben sich aus § 9 GrdstVG. In jedem Fall ist die Versagung der Genehmigung mit der Eigentumsgarantie des Art. 14^{I} S. 1 GG nur vereinbar, wenn durch das Veräußerungsgeschäft nachteilige Folgen für die Agrarstruktur eintreten (BVerfGE 26, 215). Gegen die Versagung der Genehmigung oder ihre Erteilung nur unter Auflagen (§ 10) oder Bedingungen (§ 11) kann innerhalb von zwei Wochen seit der Zustellung Antrag auf gerichtliche Entscheidung durch das Landwirtschaftsgericht gestellt werden (§ 22 GrdstVG). Das Grundbuchamt darf auf Grund eines genehmigungsbedürftigen Rechtsgeschäfts eine Rechtsänderung erst eintragen, wenn die (unanfechtbar gewordene) Erteilung der Genehmigung nachgewiesen ist (§ $7^{I,V}$); unter Umständen kann die Grundbucheintragung den Mangel der Genehmigung heilen (§ 7^{III}). Im räumlichen Geltungsbereich eines Bebauungsplans i. S. des § 30 des Bundesbaugesetzes vom 23. Juni 1960 (BGBl. I 341) beachte ferner § 22 BBauG.

3. Nach § 1 I der VO über die Veräußerung von Entschuldungsbetrieben vom 6. Januar 1937 (RGBl I 5) bedarf der Genehmigung die Veräußerung eines Grundstücks oder jedes Rechtsgeschäft, durch das ein der Veräußerung ähnlicher Rechtserfolg herbeigeführt werden soll, wenn über das Grundstück ein Entschuldungsverfahren nach dem Schuldenregelungsgesetz vom 1. Juni 1933 durchgeführt worden ist. In der Regel sind solche Grundstücke daran kenntlich, daß in Abt. II des Grundbuchs der Entschuldungsvermerk (§§ 80, 81 SchRG) eingetragen ist. Das Entschuldungsamt (Amtsgericht) kann die Erteilung der Genehmigung von der Erfüllung einer Auflage abhängig machen, die häufig in dem Verlangen auf Zahlung eines angemessenen Betrages als „Opferausgleich" an die landwirtschaftliche Rentenbank besteht (§ 10 IV des Gesetzes zur Abwicklung der landwirtschaftlichen Entschuldung vom 25. März 1952 (BGBl. I 203). Nach der LöschungsVO vom 31. Januar 1962 (BGBl. I 67) eröffnen die Entschuldungsämter allgemein ein Verfahren zur Löschung noch bestehender Entschuldungsvermerke und ordnen ihre Löschung unter Ansetzung eines vom Eigentümer zu erbringenden Ausgleichsbetrages an. Hier wird der Notar besonderen Anlaß haben, die Beteiligten über die Gefahren einer Vorauszahlung des Kaufpreises zu belehren.

4. Nach § 11 der VO zur beschleunigten Förderung des Baues von Heuerlings- und Werkwohnungen sowie von Eigenheimen für ländliche Arbeiter und Handwerker vom 10. März 1937 (RGBl I 292) ist die Genehmigung erforderlich zur Veräußerung, Teilung oder Belastung eines im Grundbuch als „Rentenstelle für ländliche Arbeiter und Handwerker" gekennzeichneten Eigenheims. Als Belastung gilt nach § 1 V der 2. DVO vom 27. Januar 1938 (RGBl I 107) auch die Veräußerung oder Belastung einer Eigentümergrundschuld.

5. Nach § 75 des Bundesversorgungsgesetzes i. d. F. vom 20. Januar 1967 (BGBl. I 142) ist zur Veräußerung oder Belastung eines mit einer Kapitalabfindung erworbenen Grundstücks die Genehmigung des Versorgungsamts erforderlich, wenn eine entsprechende Verfügungsbeschränkung im Grundbuch eingetragen ist.

6. Gesetzliche Vorkaufsrechte bestehen:

a) auf Grund des § 4 des Reichssiedlungsgesetzes vom 11. August 1919 (BGBl. III 2331—1) i. d. F. des § 27 Nr. 2 GrdstVG vom 28. Juli 1961 (BGBl. I 1091) steht dem gemeinnützigen Siedlungsunternehmen (oder nach § 4^{V} einer landesrechtlich bestimmten anderen Stelle) ein gesetzliches Vorkaufsrecht zu, wenn ein landwirtschaftliches Grundstück in Größe von mindestens 2 ha durch Kaufvertrag (oder Umgehungsgeschäft) veräußert wird, sofern die Veräußerung nach § 2 GrdstVG genehmigungsbedürftig ist (oben zu 2) und die Genehmigung nach Auffassung der Genehmigungsbehörde nach § 9 GrdstVG zu versagen wäre. Das Vorkaufsrecht entfällt bei Verkauf an eine öffentlichrechtliche Körperschaft, an Ehegatten oder nahe Verwandte oder Verschwägerte (§ 4 II). Die Durchführung des Vorkaufsrechts wird dadurch gesichert, daß seine Ausübung mit dem Genehmigungsverfahren nach § 2 GrdstVG verknüpft ist. Eine Eintragung im Grundbuch ist nach § 7 GrdstVG erst zulässig, wenn die unanfechtbare Genehmigung dem Grundbuchamt nachgewiesen ist. Einwendungen, die sich darauf gründen, daß die Veräußerung nicht genehmigungspflichtig sei oder keine Versagungsgründe vorlägen und das Vorkaufsrecht deshalb nicht bestehe, sind gemäß § 10 RSiedlG, § 22 GrdstVG von den Beteiligten binnen zwei Wochen seit Zustellung durch Antrag auf gerichtliche Entscheidung an das Landwirtschaftsgericht geltend zu machen.

b) nach § 11 des Reichsheimstättengesetzes i. d. F. vom 24. November 1937 (RGBl I 1289) i. V. m. der AusfVO vom 19. Juli 1940 (RGBl I 1027) zugunsten des Heimstättenausgebers. Zur Veräußerung, Teilung oder Belastung der Heimstätte ist die Zustimmung des Ausgebers erforderlich. Die Eintragung im Grundbuch darf erst erfolgen, wenn die Nichtausübung des Vorkaufsrechts nachgewiesen ist (§ 11 III RHeimstG). Hierauf soll der Notar bei der Beurkundung hinweisen (§ 20 BeurkG).

c) Weitere gesetzliche Vorkaufsrechte bestehen oder können durch Satzung begründet werden zugunsten der Gemeinde nach den §§ 24, 25 und 26 des Bundesbaugesetzes vom 23. Juni 1960 (BGBl. I 341). Diese Vorkaufsrechte begründen keine Grundbuchsperre (KG NJW 1962, 1446 = DNotZ 1962, 555 = Rpfleger 1962, 267; BayObLGZ 1967, 77 = DNotZ 1968, 117).

7. Im Umlegungsverfahren zur Verwirklichung eines Bebauungsplans nach den §§ 45 ff. des Bundesbaugesetzes vom 23. Juni 1960 (BGBl I 341) dürfen von der Bekanntmachung des Umlegungsbeschlusses bis zur Bekanntmachung des Umlegungsplans im Umlegungsgebiet nur mit schriftlicher Genehmigung der Umlegungsstelle Verfügungen über Grundstücke oder Rechte an Grundstücken getroffen oder Vereinbarungen abgeschlossen werden, durch die einem anderen ein Recht zur Nutzung oder Bebauung eines Grundstücks oder Grundstücksteils eingeräumt wird (§ 51 BBauG). Diese Grundstücke sind daran kenntlich, daß im Grundbuch ein „Umlegungsvermerk" eingetragen ist (§ 54 BBauG).

8. Gemeinden und Kreise bedürfen zur Veräußerung oder Belastung von Grundstücken vielfach der Genehmigung der Aufsichtsbehörde nach den in den Ländern erlassenen Gemeindeordnungen (angeführt bei Jansen, FGG, 2. Aufl. § 18 BeurkG Rdn. 39), Kirchengemeinden auch zum Erwerb von Grundbesitz der innerkirchlichen Genehmigung des Bischofs oder Konsistoriums nach Maßgabe der Kirchengesetze (dazu Meikel-Imhof-Riedel, § 18 Anm. 176ff.; Ehret, NJW 1959, 1090).

9. Zum Erwerb eines Grundstücks bedürfen der Genehmigung: a) Versicherungsaktiengesellschaften, Versicherungsvereine auf Gegenseitigkeit und Bausparkassen nach den §§ 54, 112 PrivVersAufsG vom 6. Juni 1931 (RGBl I 315), ausgenommen zum Erwerb eines von ihnen beliehenen Grundstücks in der Zwangsversteigerung; dagegen berühren die Genehmigungserfordernisse nach § 5 des HypothekenbankG i.d.F. vom 5. Februar 1963 (BGBl. I 81) und § 5 des SchiffsbankG i.d.F. vom 8. Mai 1963 (BGBl. I 302) nur das Innenverhältnis. b) Sozialversicherungsträger nach den §§ 26 II, 27c, 27d RVO. c) Ausländische juristische Personen auf Grund des Vorbehalts des Art. 88 EGBGB, z.B. in den ehemals preußischen Gebieten außer Hessen nach Art. 7 § 2 II AGBGB, in Hessen nach den §§ 5, 8 des Ges. vom 13. August 1948 (GVBl. 96), in Bayern und dem RegBez. Pfalz des Landes Rheinland-Pfalz nach Art 10 BayAGBGB. d) Handwerksinnungen und Kreishandwerkerschaften bedürfen für den Erwerb, die Veräußerung oder Belastung von Grundeigentum der Genehmigung der Handwerkskammer (§ 61 II Nr. 7, III, § 89 I Nr. 3 HandwO), Handwerkskammern für die Belastung von Grundeigentum und die Aufnahme von Anleihen der Genehmigung der obersten Landesbehörde (§ 106 I Nr. 6, II HandwO). Über Innungen, die keine Handwerksinnungen sind, vgl. Art. V des 4. Gesetzes zur Änderung der GewerbeO vom 5. Februar 1960 (BGBl. I 61).

Genehmigungserfordernis und gesetzliches Vorkaufsrecht beständen auch dann, wenn sie im Vertrag keine Erwähnung gefunden hätten. Durch den Vorbehalt will der Notar 1. die Verkäuferin davor schützen, daß sie im Fall der Ausübung des Vorkaufsrechts sowohl vom Käufer Schimmel wie vom Vorkaufsberechtigten (§§ 505,

1098 BGB) auf Überlassung und Übereignung des Grundstücks in Anspruch genommen wird, 2. zeigen, daß er seiner Belehrungspflicht (§§ 18, 20 BeurkG) genügt hat, 3. verhindern, daß rechtsunkundige Dritte auf Grund der notariellen Urkunde den Vertrag für endgültig rechtsbeständig halten.

„Die Verkäuferin ist mit dem Käufer im vierten Grad der Seitenlinie verwandt."

Die Feststellung der Verwandtschaftsverhältnisse ist für Grundstückskaufverträge wichtig, weil bestimmte Grade vom Vorkauf und der Grunderwerbsteuer befreit sind (§ 6 II RSG und unten S. 26). Vgl. ferner wegen des Geschäftswerts lebenslänglicher Berechtigungen zwischen nahen Angehörigen § 24 III KostO.

„§ 2. Mitverkauft sind das lebende und tote Inventar sowie die Erntevorräte. Die Möbel, Vorhänge, Teppiche, Bilder und Beleuchtungskörper des Wohn- und Schlafzimmers sowie die Kücheneinrichtung sind vom Verkauf ausgenommen."

Kraft Gesetzes erstreckt sich die Übereignungspflicht des Verkäufers auf alles vorhandene „Zubehör", d. s. die Sachen, welche dem wirtschaftlichen Zweck des Grundstücks — nicht bloß persönlichen Bedürfnissen des Eigentümers — dauernd zu dienen bestimmt sind (§§ 314, 97, 98² BGB).

„Alle beweglichen Sachen, die hiernach der Käufer zu beanspruchen hat, haben wir in dem hiermit als Anlage zum Protokoll überreichten Verzeichnis, datiert Kohlhasenbrück, den 1. Oktober 1970, zusammengestellt."

Die Anlage bildet einen Teil der Niederschrift (§ 9I S. 2 BeurkG), mit der sie vorgelesen, genehmigt und ausgefertigt wird. Ihr Inhalt ist Gegenstand der Verhandlung mit den Beteiligten und muß vom Notar auf seine Schlüssigkeit und rechtliche Zulässigkeit geprüft werden.

„Von dem vereinbarten Kaufpreis entfallen auf das Grundstück 103 000 DM, auf Inventar 15000 DM und auf die Erntevorräte 7000 DM.

§ 3. Der Kaufpreis wird, wie folgt, belegt:

I. Herr *Schimmel* hat an Frau *Haacke* bar angezahlt . . . . (i. W.)	20 000 DM
II. Bei der Übergabe am 2. Januar 1971 sind weitere . . . . (i. W.) zu zahlen.	10 000 DM
III. In Anrechnung auf den Kaufpreis übernimmt Herr *Schimmel* die auf dem verkauften Grundstück eingetragenen Hypothekenschulden	
a) der Stadtsparkasse in Zehlendorf Abteilung III Nr. 1 von	12 500 DM
b) des Rentners *Goebel* in Diez, Abteilung III Nr. 2 von	1 500 DM
c) des Fräuleins *Golda Lutz* in Berlin-Dahlem, Abteilung III Nr. 3 von . .	9 000 DM

zusammen 23 000 DM (i. W.) nebst den zugrunde liegenden persönlichen Schuldverbindlichkeiten als Selbstschuldner. Die Vertragschließenden wurden darüber belehrt, daß die Genehmigung der Hypothekengläubiger zum Wirksamwerden der Schuldübernahme gehört."

Wie ist die Genehmigung der Hypothekengläubiger herbeizuführen? Das formalistisch geregelte Verfahren des § 416 BGB hat sich im Rechtsleben nicht eingebürgert. Immerhin bietet es dem Veräußerer den sichersten Weg, von seiner Verbindlichkeit freizukommen. Daneben bleibt § 415 offen, der auch schlüssige Handlungen zuläßt. Man muß das Zustandekommen der Schuldübernahme des Käufers erleichtern, weil es dem normalen Rechtszustand entspricht, daß Eigentümer und persönlicher Schuldner eine Person sind; weite Kreise wissen nicht einmal, daß es einen Unterschied von dinglicher und persönlicher Haftung gibt. Daher genügt es, wenn der Gläubiger mit dem Willen der Kaufparteien von dem Kauf und der dabei vereinbarten Übernahme der Hypothekenschulden Mitteilung erhält und daraufhin seinen Willen zum Ausdruck bringt, in Zukunft nichts mehr mit dem früheren Eigentümer und persönlichen Schuldner zu tun haben zu wollen. Der auf die Genehmigung abzielende Wille des Gläubigers muß allerdings klar zum Ausdruck gekommen sein. Zinszahlung durch den Erwerber kann für sich allein nicht schon als Mitteilung der Schuldübernahme gewertet werden (RG JW 1937, 1233; über „Ketten-Schuldübernahme" und deren Genehmigung RG 121, 315). — Wird die Genehmigung nicht herbeigeführt oder vom Gläubiger verweigert („mißglückte Schuldübernahme"), so bleibt Schimmel im Innenverhältnis der Kaufparteien verpflichtet, die Gläubiger zu befriedigen (§ 415 III), und wenn die Verkäuferin auf Grund ihrer fortbestehenden persönlichen Haftung zahlen muß, gehen die Hypotheken auf sie über (§ 1164 I S. 1).

„IV. Der Rest des Kaufpreises mit . . . . 72000 DM (i. W.) wird dem Käufer gestundet. Er ist vom 1. November 1970 ab mit jährlich 6% (i. W.) in vierteljährlichen Teilbeträgen nachträglich zu verzinsen und sechs Monate nach Kündigung zurückzuzahlen. Die Kündigung darf nur zum Ersten eines Kalendervierteljahrs erfolgen. Sie ist seitens des Gläubigers frühestens für den 1. Januar 1979 zulässig. Sollte eine Zinsrate am achten Tag des Fälligkeitsmonats noch nicht bezahlt sein, so ist die Verkäuferin berechtigt, sofortige Zahlung des gesamten Restkaufgeldes ohne Einhaltung einer Kündigungsfrist zu verlangen.

Für die vorstehend bezeichnete Restkaufgeldforderung von 72000 DM nebst Zinsen ist der Verkäuferin an dem Kaufgrundstück Hypothek im Range unmittelbar hinter den gegenwärtig eingetragenen Belastungen zu bestellen.

Damit ist der Kaufpreis von. 125000 DM belegt.

§ 4. Ohne Anrechnung auf den Kaufpreis gewährt Herr *Schimmel* Frau *Haacke* für ihre Lebenszeit folgendes Altenteil, das zu gleichem Range mit der Kaufgeldhypothek auf dem Grundbuchblatt des Kaufgrundstücks einzutragen ist:

a) freie Wohnung in sämtlichen Räumen des alten Auszugshauses,
b) ausschließlichen Gebrauch und Nutzung des Gemüsegartens westlich vom Durchgang,
c) täglich 1 Liter Milch,
d) wöchentlich 1 kg Butter,
e) jährlich 30 kg Speisekartoffeln, 10 kg Weizenmehl, 200 Eier, 50 kg Schweinefleisch,
f) jährlich 15 Zentner Kohle und 2 Raummeter Brennholz,
g) freies Backen in der Backstube des Wohnhauses,
h) monatlich 45 DM (i. W.) Taschengeld.

Den Jahreswert der Leistungen zu a bis g geben die Vertragschließenden auf insgesamt 1200 DM (i. W.), das Alter der Verkäuferin auf 59 Jahre an."

Über rechtliche Natur und grundbuchmäßige Behandlung des Altenteils vgl. 4. Kap. (zur Eintragung Abt. II Nr. 3 des Grundbuchblatts).

„§ 5. Die Verkäuferin verpflichtet sich, den Käufer von der auf dem Grundstück ruhenden öffentlichen Last für die Hypothekengewinnabgabe freizustellen und die Abgabeschuld zur Ablösung zu bringen. Nach der vorliegenden Auskunft des Finanzamts Zehlendorf beträgt der auf den 1. Januar 1971 berechnete Ablösungswert 9900 DM. Der Käufer wird den nach § 3 II des Vertrages am 2. Januar 1971 fälligen Teil des Kaufpreises an den beurkundenden Notar zahlen mit der Bestimmung, ihn zur Ablösung der Hypothekengewinnabgabeschuld an das Finanzamt abzuführen.

Die Verkäuferin gibt dem Käufer die Zusicherung, daß auf dem Grundstück keine sonstigen außergewöhnlichen öffentlichen Lasten ruhen. Die Vermögensabgabe wird vom Käufer nicht übernommen. Über die Bestimmungen der §§ 111, 60, 61 LAG, 419 BGB wurden die Erschienenen belehrt.

Etwaige in Abteilung II des Grundbuchs eingetragene Belastungen übernimmt der Käufer ohne Anrechnung auf den Kaufpreis.

~~Brief und Löschungsbewilligung über die vom Käufer nicht übernommene Hypothek *Blümel* Abteilung III Nummer 4 von 7300 DM werden überreicht.~~

20 Worte gestrichen.
Siegel, Notar.

Soweit der Käufer die in Abteilung III eingetragenen Hypotheken, Grund- und Rentenschulden nicht in Anrechnung auf den Kaufpreis übernommen hat, sind sie von der Verkäuferin bis zum 1. April 1971 auf ihre Kosten zur Löschung zu bringen."

Hinsichtlich der Gewährleistung für Rechtsmängel ist nach dem Gesetz zwischen öffentlichen Lasten, Hypotheken — einschließlich der Grund- und Rentenschulden — und sonstigen privatrechtlichen Lasten zu unterscheiden. Für öffentliche Lasten haftet der Verkäufer nicht, gleichviel ob sie der Käufer kennt oder nicht (§ 436). Etwas anderes gilt für die öffentliche Last für die Hypothekengewinnabgabeschuld (§ 111 LAG; vgl. 4. Kap. „Umstellung" S. 228). Hier ist die Haftung des Verkäufers ebenso geregelt wie für Hypotheken, Grundschulden und Rentenschulden (§ 439 II): Für die Freiheit des Grundstücks von der öffentlichen Last des § 111 LAG haftet der Verkäufer auch dann, wenn der Käufer die Belastung kennt (§ 123 II LAG). Abweichende Vereinbarungen sind zulässig (§ 123 III LAG), würden aber nur im Innenverhältnis wirken und den Erwerber nicht davor schützen, daß wegen der öffentlichen Last in das Grundstück mit dem Range des § 10 I Nr. 3 ZVG und, da er für die während der Dauer seines Eigentums fällig werdenden Leistungen nach § 111 III LAG persönlich haftet, auch in sein sonstiges Vermögen vollstreckt wird. Erfüllt der Verkäufer die Verpflichtung zur Beseitigung der öffentlichen Last nicht, dann bestimmen sich die Rechte des Käufers nach § 440 BGB, bei Schenkungen nach § 523 BGB. Dagegen ist die Vermögensabgabe eine rein persönliche Abgabeverpflichtung, die nach dem Stande des Vermögens am 21. Juni 1948 bemessen wird und als zu Beginn dieses Tages entstanden gilt (§§ 16, 17ff., 20, 21 LAG). Veräußerungsgeschäfte, die über Gegenstände des der Vermögensabgabe unterliegenden Vermögens geschlossen werden, berühren daher die Abgabepflicht grundsätzlich nicht. Eine Übernahme der Vermögensabgabe kann jedoch nach § 415 BGB vereinbart und vom Finanzamt genehmigt werden (§ 60 LAG). Eine gesetzliche Haftung des Erwerbers kann im Falle eines unentgeltlichen Erwerbs nach § 61 LAG, im Fall einer Vermögensübernahme nach § 419 BGB begründet sein. Hierauf bezieht sich der Hinweis im Protokoll über die Belehrung der Beteiligten.

Bei den Lasten der II. Grundbuchabteilung kommt es auf die Kenntnis des Käufers an: sie sind zur Löschung zu bringen, wenn nicht (Beweislast des Verkäufers!) der Käufer sie beim Vertragsschluß kannte (§§ 434, 439 I). In gleicher Weise wie wirklich bestehende sind auch gegenstandslos gewordene Eintragungen nicht mehr bestehender Belastungen zu beseitigen. § 435. Gelingt dem Verkäufer nicht die Beschaffung der ordnungsmäßigen Löschungsunterlagen, so kann er bei Hypotheken, Grund- und Rentenschulden, Reallasten, dinglichen Vorkaufsrechten und Vormerkungen das Aufgebotsverfahren betreiben. §§ 887, 1104, 1112, 1170, 1171. Bisweilen hilft auch die Amtslöschung gegenstandsloser Eintragungen nach §§ 84—89 GBO.

Die Art, wie der Notar an dieser Stelle den ursprünglichen Vertragstext geändert hat, entspricht dem § 30 DOfN. Es ist unstatthaft, in notariellen Urkunden etwas unkenntlich zu machen oder zu radieren, vielmehr soll die Änderung als solche erkennbar bleiben. Zusätze, Verbesserungen, Streichungen sind am Schluß vor den Unterschriften oder durch Randvermerk, im letzteren Fall mit besonderer Unterschrift des Notars (nicht der Beteiligten), zu bescheinigen (Jansen, FGG, 2. Aufl. § 8 BeurkG Rdn. 15). Durch Nichtbeachtung dieser Bestimmungen wird aber die Gültigkeit der Beurkundung nicht berührt; denn Verwaltungsvorschriften über die Form öffentlicher Urkunden haben nur instruktionelle Bedeutung. Ihre Verletzung beeinträchtigt deshalb auch nicht einmal die Beweiskraft der Urkunde (Knur, DNotZ 1956, 645; Jansen, a.a.O. Rdn. 16; a.M. BGH DNotZ 1956, 643).

„§ 6. Jede Gewährleistung für die Beschaffenheit der Gebäude, insbesondere für Schwamm, Trockenfäule und sonstige bauliche Mängel, wird ausgeschlossen. Herr *Schimmel* hat die

Baulichkeiten eingehend besichtigt und weiß, daß sich im Fußboden des Leutehauses ein möglicherweise auf Schwamm beruhendes Loch befindet.

Die Größe des Grundstücks gibt die Verkäuferin mit 30 ha 17 a 12 qm an. Sie sichert dem Käufer zu, daß davon mindestens 95 Morgen Ackerland sind.

Die gesetzliche Sachmängelhaftung des Verkäufers bezieht sich 1. auf Fehler, welche den Wert oder die Tauglichkeit der Kaufsache zu dem gewöhnlichen oder nach dem Vertrage vorausgesetzten Gebrauch aufheben oder mindern (§ 459 I BGB, sog. „Gebrauchsmängel"), 2. auf zugesicherte Eigenschaften (§ 459 II), beides für den Zeitpunkt des Gefahrübergangs. Hier haben die Beteiligten die Gewährleistung für Gebrauchsmängel, soweit es sich um bauliche Mängel handelt, ausgeschlossen. Bei Arglist des Verkäufers ist nach § 476 jeder Haftungsausschluß hinfällig, so daß es keinen unbedingten Schutz des Verkäufers gegen Gewährleistungsansprüche gibt. Deshalb hat der Notar in der „Schwammklausel" die Besichtigung und das schwammverdächtige Loch hervorgehoben. War nämlich dem Käufer ein Sachmangel beim Vertragsschluß infolge eigener grober Fahrlässigkeit unbekannt, so stehen ihm Gewährleistungsrechte nur bei Zusicherung oder bei Arglist des Verkäufers zu; kannte er sie positiv, so darf er sich nicht einmal auf Arglist berufen (§ 460).

Wegen der Grundstücksgröße vgl. § 468.

„§ 7. Frau *Haacke* steht Herrn *Schimmel* dafür ein, daß die übernommenen Hypotheken be- Erfüllung der vertraglichen Bedingungen frühestens zum 1. Januar 1974 kündbar sind."

Schimmel übernimmt die Hypotheken so, wie sie tatsächlich auf dem Grundstück ruhen, und muß eine etwa an Frau Haacke erklärte Kündigung gegen sich gelten lassen. Durch die getroffene Vereinbarung sichert er sich wenigstens den Rückgriff an die Verkäuferin, den er nach dem Gesetz nicht hätte. Ähnlich läßt sich bei Grundstücken, die durch Vermietung oder Verpachtung genutzt werden, der Käufer häufig Zusicherungen über den Inhalt der laufenden Miet- und Pachtverträge geben.

„§ 8. Herr *Schimmel* tritt in die laufenden Verträge mit der Feuer- und Haftpflichtversicherung, dem Milchpächter *Schrader*, dem Melker und den Gutsarbeitern ein. Frau *Haacke* verpflichtet sich, ihm die Versicherungsscheine und alle übrigen auf die Verträge bezüglichen Urkunden auszuhändigen. Die Anzeige an die Versicherungsgesellschaften wird Herr *Schimmel* selbst vornehmen."

Nach den §§ 571, 580, 581 tritt der Grundstückserwerber kraft Gesetzes in laufende Miet- oder Pachtverträge über das Grundstück oder Grundstücksräume ein, wenn das Grundstück dem Mieter (Pächter) überlassen war. Die Milchpacht fällt natürlich nicht unter diese Vorschrift. Dagegen finden die Vorschriften der §§ 571 bis 579 BGB entsprechende Anwendung auf die Jagdpacht, wenn das veräußerte Grundstück einen Eigenjagdbezirk bildet, also mindestens 75 ha groß ist (§§ 7, 14 BJagdG), und auf Fischereipachtverträge (§ 29 V PrFischG v. 11. Mai 1916, GS 55).

Für den Eintritt in Arbeitsverträge fehlt es an gesetzlichen Vorschriften. Die Rechtsprechung nimmt überwiegend an, daß der Erwerber eines Betriebes zur Übernahme der Arbeitnehmer nicht genötigt werden könne, so daß ihre Weiterbeschäftigung allein von seinem Willen abhängt und es Sache des Veräußerers ist, sich durch Kündigung von seinen Verpflichtungen zu befreien. In der Rechtslehre dagegen gewinnt unter Hinweis auf das Wesen des Betriebes und das heutige Sozialempfinden die Auffassung an Boden, daß der Erwerber mit dem Betriebe auch die darin tätigen Arbeitnehmer übernimmt (vgl. Nikisch, ArbR, 3. Aufl. § 46 III; BAG JZ 1960, 449; JZ 1963, 758 mit Anm. v. Brecher).

„§ 9. Die Auflassung erfolgt sofort im Anschluß an den Kaufvertrag, die Übergabe am 2 Januar 1971. Nutzungen und Lasten gehen am 1. Januar 1971 auf den Käufer über.

§ 10. Die Vertragschließenden verpflichten sich zur Erfüllung der Auflagen, von denen die behördliche Genehmigung dieses Vertrages etwa abhängig gemacht werden sollte."

Inwieweit die Vertragsparteien ohne ausdrückliche Vereinbarung zur Erfüllung behördlicher Auflagen verpflichtet sind, kann zweifelhaft sein. Bei richtig beurkundeten, also bis auf die ausstehende Genehmigung wirksamen, Verträgen besteht nach RG 115, 35; 121, 154; JW 26, 1427 eine gegenseitige Treuepflicht, zur Herbeiführung der Genehmigung das Erforderliche zu tun, insbesondere die vorgeschriebenen Versicherungen gegenüber der Behörde abzugeben. Ein Zwang zur Abgabe eidesstattlicher Versicherungen darf jedoch hieraus nicht hergeleitet werden. Vielmehr ist, wenn die Genehmigungsbehörde eidesstattliche Erklärungen fordert, die ein Teil verweigert, Klage auf Feststellung zu erheben, daß der Vertrag mit den wirklichen Vereinbarungen übereinstimmt und daß keine weiteren Nebenabreden getroffen sind; das Feststellungsurteil wird dann der Behörde vorgelegt. Zur Erfüllung von Auflagen, die materielle Opfer erfordern (Sicherstellung der ordnungsmäßigen Bewirtschaftung, Aufbringung von Mehrleistungen u. dgl.) sind die Vertragschließenden sicherlich nicht verpflichtet. RGZ 129, 376; BGH BB 1956, 869; NJW 1960, 523; Palandt, § 275 Anm. 9a; Soergel-Siebert, § 242 Anm. 96.

„§ 11. Die durch diesen Vertrag und seine Ausführung entstehenden Kosten und Abgaben trägt der Käufer. Der Käufer trägt insbesondere die Kosten der erforderlichen Grundbucheintragungen und die Grunderwerbsteuer mit allen Zuschlägen. Dagegen hat die Verkäuferin die Kosten zu tragen, die durch Löschung der vom Käufer nicht mitübernommenen Belastungen entstehen. Die Beteiligten wurden darüber belehrt, daß die hier vereinbarte Verteilung der Steuerpflicht für die Steuerbehörde nicht maßgebend ist."

Die Verpflichtung des Käufers, die Kaufvertrags-, Auflassungs- und Eintragungskosten zu tragen, ergibt sich schon aus § 449 BGB. Für die Grunderwerbsteuer haften dem Steuerfiskus Käufer und Verkäufer als Gesamtschuldner (§ 15 Nr. 1 GrEStG, § 7 I StAnpG). Über das Innenverhältnis ist nichts Besonderes bestimmt, so daß nach § 426 I BGB jeder zur Hälfte beteiligt wäre; doch entspricht wohl die Tragung der vollen Grunderwerbsteuer durch den Käufer der Verkehrsanschauung (vgl. RG JW 1931, 1025[2]).

Die Grunderwerbsteuerpflicht entsteht nicht erst durch den Eigentumswechsel, sondern schon durch den Abschluß des Kaufvertrages oder eines anderen Rechtsgeschäfts, das den Anspruch auf Übereignung begründet. Wenn ein solches Rechtsgeschäft nicht vorausgegangen ist, knüpft sich die Steuerpflicht an die Auflassung oder an den Eigentumsübergang, wenn es auch keiner Auflassung bedarf (§ 1 GrEStG). Ist der Rechtsvorgang von dem Eintritt einer Bedingung abhängig oder bedarf er der Genehmigung einer Behörde, so entsteht die Steuerschuld erst mit dem Eintritt der Bedingung oder der Erteilung der Genehmigung (§ 3 V Nr. 5 StAnpG). Der regelmäßige Steuersatz beträgt 3 v.H. (§ 13). Hierzu treten Zuschläge für die Stadt- und Landkreise von regelmäßig 2 v. H. und als Ersatz für die fortgefallene Wertzuwachssteuer von weiteren 2 v.H., insgesamt also 7 v. H. Die Steuer wird vom Wert der Gegenleistung, hilfsweise vom Einheitswert des Grundstücks berechnet (§ 10). Zubehör, Maschinen und sonstige Vorrichtungen aller Art, die zu einer Betriebsanlage gehören, unterliegen nicht der Grunderwerbsteuer, mögen sie Grundstücksbestandteile sein oder nicht (§ 2 I Nr. 1). Ihr Wert ist also von der Gegenleistung abzusetzen, wobei das Finanzamt an die im Vertrage vorgenommene Aufteilung des Kaufpreises (§ 2 III) natürlich nicht gebunden ist. Insoweit kommt aber eine Umsatzsteuerpflicht in Betracht (§ 1 I Nr. 1 Umsatzsteuergesetz vom 29. Mai 1967, BGBl. I 545, in Verbindung mit der Befreiungsvorschrift in § 4 Nr. 9 Buchst. a). § 11 IV bestimmt, daß die Grunderwerbsteuer selbst der Gegenleistung weder hinzugerechnet noch von ihr abgezogen wird. — Das Gesetz sieht eine Reihe von Steuerbefreiungen vor, so für den Erwerb im Wege der Erbfolge, auf Grund einer Schenkung, im Wege der Erbauseinandersetzung, durch Ehegatten bei der

Begründung der allgemeinen Gütergemeinschaft, bei Erwerbsgeschäften zwischen Verwandten in gerader Linie. Eine Steuerbefreiung besteht unter gewissen Voraussetzungen auch für den Erwerb in der Zwangsversteigerung zur Rettung eines Grundpfandrechts (§ 9).

Mit der Kostenklausel schließt der eigentliche Kaufvertrag ab. Anschließend hat der Notar, um sich vor dem Vorwurf zu schützen, daß er die Parteien nicht genügend beraten habe, eine Reihe von Hinweisen und Belehrungen aufgenommen:

„Die Erschienenen wurden darauf hingewiesen, daß der Käufer erst mit der Grundbucheintragung das Eigentum erlangt, daß die Eintragung erst nach Beibringung der Grunderwerbsteuerbescheinigung erfolgt und von der Vorauszahlung oder Sicherstellung der Kosten abhängig gemacht werden kann,"

— vgl. § 189d RAO, § 8^{II} KostO, § 19 BeurkG —

„sowie daß die Rechte des Käufers auf Eigentumsverschaffung durch Vormerkung gesichert werden können."

Vgl. 4. Kap. „Auflassungsvormerkung" über die besondere Bedeutung, welche eine Auflassungs- bzw. Eigentumsverschaffungs-Vormerkung sogar nach Erklärung der Auflassung noch haben kann und über die Pflicht des Notars, gerade hierauf die Beteiligten hinzuweisen.

„Der Notar hat das Grundbuch eingesehen."

Wenn der Notar Geschäfte über im Grundbuch eingetragene oder einzutragende Rechte zu beurkunden hat, ist er auch ohne besonderen Auftrag verpflichtet, den Grundbuchinhalt festzustellen, indem er das Grundbuch entweder selbst einsieht oder durch eine ihm als sachkundig und zuverlässig bekannte Person (Bürovorsteher) einsehen läßt oder indem er in eine beglaubigte Grundbuchabschrift jüngsten Datums Einsicht nimmt. Daß dies geschehen ist, soll der Notar in der Urkunde angeben. Nur auf ausdrückliches Verlangen der Beteiligten, das in der Niederschrift festzustellen ist, darf der Notar von der Feststellung des Grundbuchinhalts absehen (§ 21^{I} BeurkG). Auch in diesem Fall muß der Notar die Beteiligten, wenn sie nicht rechts- und geschäftskundig genug sind, um es selbst zu erkennen, auf die Gefahren hinweisen, die daraus entstehen können, daß der Inhalt des Grundbuchs nicht zuverlässig feststeht (RG 95, 299). Um vollständige Klarheit über die dingliche Rechtslage zu erlangen, genügt übrigens nicht die Einsicht in das Grundbuch oder das Handblatt, sondern es bedarf außerdem einer Prüfung der Grundakten auf unerledigte Eingänge. Zur Einsichtnahme in das Grundbuch oder die Grundakten bedarf der Notar keiner Vollmacht (§§ 43^{II}, 46^{II} GBVerf).

Wie weit geht die Belehrungspflicht des Notars? Überholt ist die Ansicht, daß die Beratung der Beteiligten sich auf dasjenige beschränke, was zum Zustandekommen einer wirksamen Beurkundung, nicht aber eines wirksamen Rechtsgeschäfts, gehöre. Andererseits braucht der Notar nicht, wie das Publikum vielfach glaubt, von sich aus auf besondere Formen und Wege hinzuweisen, durch die man den angestrebten wirtschaftlichen Erfolg unter Ersparung von Kosten und Abgaben erreichen könnte. Denn der Notar ist kein Steuerberater. Falls allerdings die Beteiligten erkennbar mit nur niedrigen Aufwendungen rechnen, und der von ihnen beabsichtigte Vertrag besonders hohe Kosten, Grunderwerb-, Kapitalverkehr-, Schenkungssteuer od. dgl. zur Folge hat, muß er sie aufklären. Ähnlich verhält es sich mit dem Hinweis auf materielle Rechtsfolgen. Er wird z.B. geboten sein, wenn die Gefahr besteht, daß ein geschäftlich Unerfahrener die schuldrechtliche Verpflichtung mit der dieser Verpflichtung entsprechenden dinglichen Rechtsänderung gleichsetzt (Kauf und Eigentumserwerb, Löschungsverpflichtung und tatsächliche Löschung u. dgl.), oder wenn ein Widerspruch zwischen materieller und formeller Rechtslage besteht. — Bei Arglist der Beteiligten und bloßer Fahrlässigkeit des Notars trifft diesen allerdings keine Haftung. Ebenso trifft die Verantwortung die Beteiligten, wenn sie ihren Willen dem Notar nicht vollständig offenbart oder den Sachverhalt unrichtig dargestellt oder auf Belehrung, Grundbucheinsicht, Hinterlegung usw. verzichtet haben (vgl. Daimer-Reithmann, Die Prüfungs- und Belehrungspflicht des Notars, 3. Aufl. 1971).

Es folgen die zur Ausführung des Kaufvertrags bestimmten dinglichen Erklärungen:

„Im Anschluß hieran erklärten sie — Herr *Knoll* namens des Herrn *Schimmel* — folgende Auflassung: Wir sind darüber einig, daß das Eigentum an dem im Grundbuch von Kohlhasenbrück Band 4 Blatt 121 verzeichneten Grundstück auf Herrn *Schimmel* übergeht. Ich, Frau *Haacke*, bewillige, daß der Landwirt *Alfred Schimmel* als Eigentümer in das Grundbuch eingetragen wird."

Ist die Beurkundung der Auflassung überhaupt notwendig? Das Gesetz bezeichnet als Auflassung „die zur Übertragung des Eigentums nach § 873 BGB erforderliche Einigung" und schreibt vor, daß sie bei gleichzeitiger, wenn auch nicht gerade persönlicher, Anwesenheit beider Teile ohne Hinzufügung von Bedingungen oder Zeitbestimmungen vor einer zuständigen Stelle „erklärt" werden muß (§ 925 BGB), Nach der h.M. (RGZ 99, 65; 132, 406; BGHZ 22, 312) wird damit nicht ein Fall qualifizierter öffentlicher Beurkundung aufgestellt, sondern es genügt für die Wirksamkeit nach materiellem Recht, wenn der Akt vor der zuständigen Stelle erklärt wurde, mag auch eine Urkunde darüber entweder gar nicht oder in mangelhafter Form errichtet worden sein. Das Verhältnis von Erklärung und Beurkundung ist also ähnlich wie bei der Eheschließung (§ 13 gegen § 14 II EheG). Hat das Grundbuchamt auf Grund einer nicht oder nichtig beurkundeten, aber richtig erklärten Auflassung den Erwerber eingetragen, so kann sein Eigentum nicht mehr beanstandet werden. Verfahrensrechtlich verlangt jedoch das Grundbuchamt für die Umschreibung den Nachweis durch öffentliche Urkunde (§§ 20, 29 GBO). Deshalb muß die Auflassung beurkundet werden, was gewöhnlich in der Verhandlung über den Kaufvertrag geschieht. Beachte auch § 925 a BGB.

Die Gebühr für die im Anschluß an den Kaufvertrag erklärte Auflassung wird nämlich durch die doppelte Gebühr des § 36 II KostO abgegolten, weil Kaufvertrag und Auflassung denselben Gegenstand haben (§ 44 I), während durch die besondere Auflassungsverhandlung eine Gebühr von $^5/_{10}$ entsteht (§ 38 I Nr. 6 KostO). Die besondere Auflassung kommt hauptsächlich in folgenden Fällen vor: 1. Der Käufer sucht noch Abkäufer, und die Auflassung soll später unmittelbar vom ersten Verkäufer an den letzten Käufer erfolgen. 2. Die Auflassung soll Zug um Zug gegen Zahlung einer noch nicht fälligen Kaufpreisrate geschehen. 3. Das abverkaufte Trennstück hat noch keine katastermäßige Parzellenbezeichnung (vgl. 4. Kap. „Parzellierung").

Die Auflassung wird nicht einheitlich formuliert. Die „Einigung" (s. oben) kann auf verschiedene Art ausgedrückt werden, z. B. auch so, daß statt der abstrakten Gesetzesworte einfach gesagt wird: „ich lasse auf, ich nehme die Auflassung an". Eine Eintragungsbewilligung ist neben der Einigungserklärung nicht erforderlich (RG 141, 376). Der Antrag auf Eintragung der Eigentumsänderung kann in einer formlosen Niederschrift besonders gestellt werden (§ 30 GBO).

An die Auflassung schließen sich im Protokoll weitere dingliche Erklärungen:

„Herr *Knoll* erklärte:

Namens des Herrn *Schimmel* bewillige und beantrage ich die Eintragung einer Hypothek für die Restkaufgeldforderung der Verkäuferin, Frau *Pauline Haacke* geborenen *Schimmel* in Kohlhasenbrück, von 72000 (i. W.) DM nebst 6% Zinsen seit dem 1. November 1970 im Grundbuch des aufgelassenen Grundstücks zu den in § 3 Absatz IV des Kaufvertrags bezeichneten Bedingungen, sowie die unmittelbare Aushändigung des zu bildenden Hypothekenbriefs durch das Grundbuchamt an die Gläubigerin Frau *Haacke.*

Ferner bewillige und beantrage ich namens des Herrn *Schimmel* die Eintragung des in § 4 des Kaufvertrages bezeichneten Altenteils für Frau *Haacke* im Grundbuch des aufgelassenen Grundstücks.

Restkaufgeldhypothek und Altenteil sollen gleichen Rang erhalten."

Da Schimmel noch nicht als Eigentümer eingetragen ist, bestellt er Hypothek und Altenteil als Nichtberechtigter. Seine Verfügung ist jedoch wirksam, weil sie mit Einwilligung der zur Zeit dinglich berechtigten Frau Haacke geschieht (§ 185^{I} BGB). Wird Schimmel später als Eigentümer eingetragen, so konvalesziert sie überdies nach § 185^{II} BGB.

„Es wird beantragt, die Verhandlung einmal für Frau *Haacke* und einmal für Herrn *Schimmel* auszufertigen und außerdem zwei beglaubigte Abschriften zu erteilen."

Die Urschrift bleibt in der Verwahrung des Notars (Ausnahme: bei Verwendung im Ausland, § 45 BeurkG), und wird nach der Nummernfolge der Urkundenrolle geordnet in die Urkundensammlung eingeheftet. Die Beteiligten können nur Ausfertigungen erhalten. „Ausfertigung" ist eine mit öffentlichem Glauben versehene Abschrift solcher Schriftstücke, deren Urschrift in den Akten des Gerichts oder Notars verbleiben muß (wie Urteile, Beschlüsse, Testamente, gerichtliche und notarielle Verhandlungen). Sie hat die Aufgabe, im Verkehr die Urschrift zu ersetzen, und trägt einen entsprechenden „Ausfertigungsvermerk". Dadurch unterscheidet sie sich von der bloßen „beglaubigten Abschrift", welche nur den Wortlaut der Urschrift nachweist, ohne an deren Stelle treten zu können. Den Personen, die selbst im eigenen Namen oder durch einen Vertreter die beurkundete Erklärung abgegeben haben, und ihren Rechtsnachfolgern sind Ausfertigungen auf ihren Antrag jederzeit zu erteilen (§ 51^{I} Nr. 1 BeurkG). Deshalb braucht man den Antrag auf Ausfertigung nicht in die Urkunde selbst aufzunehmen.

„Hierauf ist die Verhandlung nebst Anlage vorgelesen, von den Beteiligten genehmigt und eigenhändig, wie folgt, unterschrieben worden:

Pauline Haacke ,geb. *Schimmel* *Roman Knoll*

Justus Siegel
Notar"

Die Mußvorschriften, auf deren Einhaltung der Notar bei Vermeidung der Nichtigkeit zu achten hat, sind: Bezeichnung der „Beteiligten" (d.h. Erklärungen Abgebenden, vgl. § 6^{II} BeurkG) und des Notars; Vorlesung und Genehmigung durch die Beteiligten; eigenhändige Unterschrift der Beteiligten und des Notars (§§ 9^{I} Nr. 1, 13^{I} S. 1^{III} BeurkG). Lautes Diktieren ersetzt die Vorlesung nicht (KG DNotZ 1944, 153); ein Verzicht der Beteiligten auf sie ist, von dem Sonderfall des § 14 BeurkG abgesehen, unstatthaft und würde den Mangel nicht heilen (RG JW 1914, 410). Außerdem soll die Niederschrift enthalten Ort und Tag der Verhandlung (§ 9^{II}), die Angabe, ob der Notar die Beteiligten kennt oder wie er sich Gewißheit über ihre Person verschafft hat (§ 10^{II} S. 1), die Feststellung, daß die Niederschrift den Beteiligten in Gegenwart des Notars vorgelesen, von ihnen genehmigt und eigenhändig unterschrieben ist (§ 13^{I} S. 2), sowie die Unterschrift etwa hinzugezogener Zeugen oder eines zweiten Notars (§ 22^{II}). Diese Bestimmungen sind aber, soweit es sich nicht um die Hinzuziehung eines Schreibzeugen handelt (§ 25), nur Sollvorschriften, die von dem Notar zwar zu beachten sind, deren Verletzung aber nicht die Gültigkeit der Beurkundung berührt. In dem Verzicht auf die zwingende Natur dieser Bestimmungen liegt einer der wesentlichen Fortschritte des Beurkundungsgesetzes.

Der besonderen Erwähnung der Anlage im Abschlußvermerk bedurfte es nicht, weil die Anlage zum Protokoll gehört; sie geschieht vorsichtshalber, um den Gegenbeweis, daß ihre Vorlesung verabsäumt worden sei, zu erschweren.

„Anlage zur Verhandlung vom 1. Oktober 1970, Urk.-Rolle Nr. 538/1970

Siegel, Notar

Auf dem Grundstück müssen zur Übergabe am 2. Januar 1971 vorhanden sein:

I. lebendes Inventar:
1. 6 Pferde und 1 Fohlen,
2. 18 Kühe,
....

Kohlhasenbrück, den 1. Oktober 1970

Pauline Haacke für *Alfred Schimmel*
geb. *Schimmel* *Roman Knoll*“

Die Anlage wird mit dem übrigen Protokoll durch Schnur und Siegel verbunden (§ 44 BeurkG). Mithin war der besondere „Anlage“-Vermerk des Notars am Kopf nicht notwendig. Er wird hauptsächlich gemacht, um Verwechslungen bis zum Heften zu verhüten.

„Kostenrechnung.

Geschäftswert: 125 000 DM (§ 1) + 11 × 1740 DM (§ 4) = 144 140 DM.

1. Gebühr für Beurkundung eines Vertrages §§ 141, 36 II, 32 KostO (20/10) . . .	550,— DM
2. Schreibgebühr für 10 Seiten zu je 1.— DM (§§ 136 I Nr. 1, 152 KostO) . . .	10,— DM
3. Postgebühren § 152 II Nr. 1 KostO	—,60 DM
4. Umsatzsteuer	30,80 DM
zus.	591,40 DM

Siegel, Notar“

Die Ausfertigung ist eine wörtliche Abschrift der vom Notar aufgenommenen Urkunde einschließlich der Anlagen, die Bestandteil der Niederschrift sind, und der Kostenrechnung. In der Urschrift gestrichene Worte und der Streichungsvermerk bleiben fort. Die Ausfertigung kann stets nur vom Notar oder dem die Urschrift verwahrenden anderen Notar oder Amtsgericht (§ 45 II BNotO) erteilt werden. Das geschieht durch folgenden Ausfertigungsvermerk (§ 49 II BeurkG):

Vorstehende Verhandlung nebst Anlage wird hiermit zum ersten Male ausgefertigt und diese Ausfertigung, die mit der Urschrift übereinstimmt, der Frau *Pauline Haacke* geborene *Schimmel* in Kohlhasenbrück erteilt.

Lichterfelde, den 3. Oktober 1970

(Siegel) *Justus Siegel*
Notar“

Entsprechend lautet die zweite Ausfertigung für Schimmel. Vermerk auf der Protokollurschrift (§ 49 IV BeurkG):

„Erste Ausfertigung an Frau *Haacke*, zweite Ausfertigung an *Schimmel* erteilt. 3. 10. 70 *Siegel*.“

Das Fehlen der beglaubigten Vollmacht auf Knoll steht der Erteilung der Ausfertigung nicht entgegen.

Steuerliche Beistandspflicht des Notars: Den Notaren ist eine umfassende allgemeine steuerliche Beistandspflicht auferlegt (§§ 188 ff. RAO), insbesondere zur Sicherung der Erbschafts-

(Schenkungs-)steuer, der Grunderwerbsteuer und der Kapitalverkehrssteuer. Rechtsvorgänge über ein inländisches Grundstück oder grundstücksgleiches Recht hat der Notar binnen zwei Wochen dem zuständigen Finanzamt anzuzeigen, wenn er den Rechtsvorgang entweder beurkundet oder eine Urkunde entworfen und bei ihr eine Unterschrift beglaubigt hat (§ 189b RAO, §§ 2ff. GrEStDVO). Die Prüfung der Steuerpflicht ist nicht Sache des Notars. Die „Veräußerungsanzeige" geschieht unter Verwendung eines Musters (§ 4 GrEStDVO), dem eine einfache Abschrift der Urkunde beizufügen ist. Die Absendung der Anzeige ist auf der Urschrift zu vermerken. Das Finanzamt hat den Empfang der Anzeige sofort zu bestätigen. Das Bestätigungsschreiben ist mit der Urschrift der Urkunde zu verbinden. Bis zum Eingang der Empfangsbestätigung besteht eine Urkundensperre: Vorher darf der Notar den Beteiligten die Urkunde (Urschrift, Ausfertigung, beglaubigte Abschrift) nicht aushändigen. Diese Vorschrift soll aber den Grundbuchverkehr nicht behindern. Deshalb darf der Notar die Urkunde gleichzeitig mit der Absendung der Anzeige dem Grundbuchamt zwecks Erledigung der Anträge zuleiten (§ 6^{II} GrEStDVO).

Der Gutachterausschuß erhält eine Abschrift des Vertrages für seine Kaufpreissammlung (§ 143^{I} BBauG).

Genehmigung, gesetzliches Vorkaufsrecht: In der Regel führt der Notar auch die erforderlichen Genehmigungen sowie die Entscheidung über Ausübung oder Nichtausübung des gesetzlichen Vorkaufsrechts herbei. Eine amtliche Mitteilungspflicht trifft ihn dabei jedoch nicht, sondern er wird lediglich als Beauftragter der Beteiligten auf deren Verlangen tätig. Dadurch entsteht allerdings die Vollzugsgebühr des § 146^{I} S. 1 KostO.

Gesellschaftsvertrag einer offenen Handelsgesellschaft

„Urkundenrolle Nr. 539 für 1970

Verhandelt zu Lichterfelde, den 1. Oktober 1970

Vor dem unterzeichneten Notar im Bezirk des Kammergerichts zu Berlin

Justus Siegel

erschienen:

1. der Kaufmann *Gustav Prause*,
2. der Kaufmann *Josef Ohlhoff*,

beide aus Lichterfelde, dem Notar von Person bekannt, und schlossen folgenden

Gesellschaftsvertrag:

§ 1. Die Herren *Prause* und *Ohlhoff* errichten unter der Firma

Prause & Ohlhoff

eine offene Handelsgesellschaft mit dem Sitz in Berlin zu dem Zweck, für gemeinschaftliche Rechnung:

a) mit Nutz- und Bauholz zu handeln,
b) das gegenwärtig Herrn *Anders* gehörende Sägewerksgrundstück Lichterfelde Band 2 Blatt 43 zu erwerben und daselbst ein Sägewerk zu betreiben,
c) alle damit zusammenhängenden Handelsgeschäfte zu betreiben.

Die Gesellschaft hat ihre Geschäfte am 15. September 1960 begonnen."

Der Gesellschaftsvertrag der offenen Handelsgesellschaft als solcher ist formfrei. Bringt jedoch ein Gesellschafter Grundstücke ein, die in seinem Eigentum stehen, so liegt darin eine Verpflichtung zur Eigentumsübertragung (§ 313 BGB). Die Vereinbarung unter b begründet keine solche Verpflichtung, sie ist überhaupt nicht auf die Veräußerung eines Grundstücks, sondern auf den Erwerb eines solchen für die Gesellschaft gerichtet und demgemäß formfrei. RG 68, 260; 82, 299; JW 1935, 3259; BGH WM 1967, 609.

Entsprechendes gilt beim Auftrag. Soll B als Mandatar des A ein Grundstück des C im eigenen Namen, aber für Rechnung des A, durch Kauf oder in der Zwangsversteigerung erwerben, so folgt seine Verpflichtung, das Grundstück dem A zu übereignen, als actio mandati directa aus § 667. Der Auftrag ist Vertrag über Handlungen und bedarf keiner Form. RG 54, 75; BGH DNotZ 1961, 583. — Bezweckt eine gemeinnützige Baugenossenschaft satzungsgemäß die Überführung der von ihr ausgebauten Grundstücke ins Eigentum der Genossen, so hat jeder Genosse einen mitgliedschaftlichen Anspruch darauf, nach Maßgabe der vom Vorstand aufgestellten besonderen Bedingungen ein Grundstück übereignet zu erhalten, ohne daß noch ein Veräußerungsvertrag nach § 313 abgeschlossen zu sein braucht. Der Beitritt zur Genossenschaft unterliegt nur den gewöhnlichen Formen des Genossenschaftsrechts. RG 110, 241; BGHZ 15, 177; 31, 37; vgl. jedoch RG JW 1930, 2695[2].

Eine Personenvereinigung, die ein vollkaufmännisches Handelsgewerbe betreibt, kann sich nur der vom Gesetz zugelassenen Gesellschaftsformen bedienen. Der in § 22 BGB für wirtschaftliche Vereine vorgesehene Konzessionszwang schließt die Möglichkeit aus, auf einem anderen Wege als in den Formen der AG, GmbH oder eGen. die Rechtsfähigkeit der Vereinigung oder die beschränkte Haftung oder Nichthaftung der Mitglieder zu erreichen (BGHZ 22, 240 [244]). Deshalb ist eine Personenvereinigung, die unter gemeinschaftlicher Firma über den Umfang des Kleingewerbes hinausgehende Handelsgeschäfte betreibt, eine offene Handelsgesellschaft, selbst wenn die Beteiligten diese Rechtsform für sich nicht wünschen und selbst wenn die Firma nicht dem § 19[1] HGB entspricht (BGHZ 10, 91 [97]; 22, 240; dazu Ganßmüller, GmbHRdsch. 1957, 49). Auch unsere Gesellschaft ist daher durch die Aufnahme der Geschäfte schon vor der Eintragung, die nicht konstitutiv ist, entstanden.

„§ 2. Die Einlage des Herrn *Prause* beträgt 100000 DM (i.W.), die des Herrn *Ohlhoff* 50000 DM (i. W.).

§ 3. Herr *Prause* leistet seine Einlage in barem Gelde, und zwar in vier gleichen Teilbeträgen bis zum 15. Oktober, 15. November, 15. Dezember 1970 und 15. Januar 1971

Ohne Anrechnung auf seine Einlage bringt er in die Gesellschaft seine Ansprüche gegen den Weingroßhändler *Wunderlich* in Berlin auf käufliche Überlassung des Eigentums an dem Grundstück Lichterfelde, Am Hafen 79 — Lichterfelde Band 9 Blatt 257 — aus dem Vertrage vom 22. September 1970 (Nr. 505 der Urkundenrolle für 1970 des beurkundenden Notars) ein. Die Gesellschaft übernimmt die Herrn *Prause* aus dem Vertrage obliegenden Verpflichtungen.

Herr *Prause* verpflichtet sich ferner, der Firma *Prause & Ohlhoff* das ihm gehörende Grundstück Lichterfelde, Am Hafen 81 — Lichterfelde Band 9 Blatt 258 — auf die Dauer von 30 Jahren gegen eine Jahresmiete von 8000 DM (i.W.) zu vermieten. Eine Erhöhung dieser Miete ist nur bei Erhöhung der öffentlichen Lasten im entsprechenden Betrage zulässig.

Schließlich bestellt Herr *Prause* an dem vorbezeichneten Grundstück Lichterfelde Band 9 Blatt 258 der Firma *Prause & Ohlhoff* ein dingliches Vorkaufsrecht. Er bewilligt und beantragt die Eintragung des Vorkaufsrechts, dessen Wert die Beteiligten auf 5000 DM angeben, im Grundbuche."

Verkauf des schuldrechtlichen Anspruchs auf Übertragung von Grundstückseigentum ist kein unter § 313 BGB fallendes Geschäft (RG 53, 268; 111, 300; a.M. Donau, MDR 1956, 532). Dagegen wird die Bestellung persönlicher und die Verpflichtung zur Begründung dinglicher Vorkaufsrechte von der herrschenden Ansicht dem Formzwang unterworfen. Denn sobald der Vorkaufsverpflichtete einen Kaufvertrag mit einem Dritten abschließt, kommt durch einseitige formlose Erklärung des Vorkaufsberechtigten (§ 505) der Kauf mit diesem zustande. Eine bedingte Bindung des Vorkaufsverpflichteten besteht daher schon von Anfang an. Verträge, durch die sich jemand zum Erwerb eines Grundstücks verpflichtet, ohne daß eine entsprechende Veräußerungspflicht des Eigentümers begründet wird (pactum de emendo, Kaufanwärtervertrag) sind richtigerweise ebenfalls dem Formzwang des § 313 BGB zu unterstellen (Winkler, NJW 1971, 401; str.).

Für die Grunderwerbsteuerpflicht werden die Fälle der Einbringung von Rechten auf Auflassung und der Bestellung eines Vorkaufsrechts gerade umgekehrt behandelt, als bezüglich der Anwendung des § 313. Das Steuerrecht entscheidet auch nach wirtschaftlichen, nicht allein nach rechtlichen Gesichtspunkten. Wirtschaftlich ist aber die Übertragung der Rechte aus einem Kaufvertrag genau so Umsatz des Grundstücks wie ein Grundstücksverkauf, und daher steuerpflichtig (§ 1[1] Nr. 4 bis 7 GrEStG, wo u. a. auch Abtretung der Rechte aus dem Meistgebot und in Abs. 2 die Ermächtigung zur Veräußerung für eigene Rechnung der Steuer unterworfen werden). Dagegen bedeutet die Bestellung von Vorkaufsrechten wirtschaftlich noch keinen Grundstücksumsatz: also entsteht die Grunderwerbsteuer erst mit der Vorkaufserklärung.

Da die im letzten Absatz des § 3 ausgesprochene Bestellung des Vorkaufsrechts unter § 313 BGB fällt, war der Vertrag mit seinem gesamten Inhalt notariell zu beurkunden. Der Formzwang des § 313 beschränkt sich nämlich nicht auf die eigentliche Verpflichtung zur Grundstücksübertragung. Er umfaßt den Vertrag, zu dem die Verpflichtung gehört, mit allen Vereinbarungen und Nebenabreden, aus denen sich nach dem Willen der Parteien das schuldrechtliche Veräußerungsgeschäft zusammensetzt: Preisvereinbarung, Übernahme von Hypothekenschulden, Zusicherung von Eigenschaften, Kostenklauseln usw. Wird eine Bestimmung nicht beurkundet, so ist nach § 139 im Zweifel der ganze Vertrag nichtig (RG 145, 247; BGH DNotZ 1954, 188; BGH Rpfleger 1961, 432).

Die Erfüllung der Verpflichtungen, die Prause in § 3 des Vertrages der Gesellschaft gegenüber übernommen hat, könnte der andere Gesellschafter durch Klage auf Leistung an die Gesellschaft erzwingen (BGH WM 1956, 88). Bei diesen sog. „Sozialansprüchen" billigt der BGH jedem Gesellschafter die Klagebefugnis auf Grund des § 432 BGB auch ohne Zustimmung der anderen zu (BGHZ 25, 47).

„§ 4. Herr *Ohlhoff* bringt in die Firma *Prause & Ohlhoff* seinen Geschäftsanteil an der Zehlendorfer Gerüstbau-Gesellschaft mit beschränkter Haftung in Zehlendorf im Nennbetrag von 10000 DM (i. W.) ein und überträgt den Geschäftsanteil auf die offene Handelsgesellschaft, welche die Übertragung annimmt. Diese Einbringung wird ihm mit 15000 DM (i. W.) auf seine Einlage angerechnet.

Den Rest der Einlage hat Herr *Ohlhoff* in Höhe von 20000DM (i. W.) bis zum 15. November 1970, in Höhe von 15000 DM (i. W.) bis zum 15. Januar 1971 in barem Geld zu leisten"

Hätte sich die Notwendigkeit notarieller Beurkundung nicht schon durch das Vorkaufsrecht (§ 3 IV) ergeben, so wäre sie durch Einbringung des GmbH.-Anteils nach § 15 IV GmbHG entstanden. Auch die dingliche Übertragung des GmbH.-Anteils bedurfte der gleichen Form (§ 15 III).

„§ 5. Vom jährlichen Reingewinn erhält jeder Gesellschafter vorweg denjenigen Hundertsatz seines Kapitalguthabens, den die Gesellschaft ihrer regelmäßigen Bankverbindung als Debetzinsen zu zahlen hat. Von dem verbleibenden Gewinn erhält bis zum 31. Dezember 1973 Herr *Prause* $^3/_5$, Herr *Ohlhoff* $^2/_5$, vom 1. Januar 1974 ab jeder Gesellschafter die Hälfte.

Bezieht ein Gesellschafter als Geschäftsführer, Vorstands- oder Aufsichtsratsmitglied bei der Zehlendorfer Gerüstbau-Gesellschaft mit beschränkter Haftung oder bei anderen Gesellschaften, an denen die Firma *Prause & Ohlhoff* beteiligt ist, Gehalt oder Tantieme, so werden diese Bezüge wie Gewinne der offenen Handelsgesellschaft behandelt.

Zinsen werden den Gesellschaftern auf die Kapitalguthaben nur insoweit gutgebracht, als Gewinn erzielt ist.

Einen etwaigen Verlust haben bis 31. Dezember 1973 Herr *Prause* zu $^3/_5$, Herr *Ohlhoff* zu $^2/_5$, vom 1. Januar 1974 ab beide Gesellschafter je zur Hälfte zu tragen."

Der nicht mehr zeitgemäße Zinssatz des § 121 I HGB ist im Vertrag erhöht, damit die Gesellschafter ihren abhebungsfähigen Gewinn (§ 6 des Gesellschaftsvertrags) der guten Verzinsung wegen freiwillig im Geschäft stehen lassen und das Unternehmen dadurch von Bank- und Lieferantenkredit unabhängiger gemacht wird.

„§ 6. Herr *Prause* darf monatlich bis 1000 DM (i. W.), Herr *Ohlhoff* monatlich bis 700 DM (i. W.) zu Lasten seines Kapitalkontos für private Zwecke einschließlich persönlicher Steuern entnehmen. Außerdem dürfen die Gesellschafter den für sie bilanzmäßig festgestellten Gewinnanteil des Vorjahrs, soweit er die Geldentnahmen übersteigt, abheben, es sei denn, daß die Abhebung der Gesellschaft zum offenbaren Schaden gereicht."

Die gesetzliche Dispositivregelung der Geldentnahme in § 122 genügt dem praktischen Bedürfnis nicht, besonders bei Gesellschaften mit geringem Kapital und in gewinnlosen Jahren.

„§ 7. Die Gesellschafter verpflichten sich gegenseitig, weder Börsentermingeschäfte zu machen noch Wechsel mit der Firma oder ihrem persönlichen Namen für andere Zwecke als die des Geschäfts zu zeichnen."

Manche Gesellschaftsverträge dehnen die „Soliditätsklausel" auf Börsengeschäfte überhaupt (mit Ausnahme von Effektengeschäften zur Vermögensanlage), Glücksspiel und Totalisatorwetten aus und sichern sie durch Vertragsstrafe. Ihre Verletzung kann (aber muß nicht unbedingt) „wichtiger Grund" im Sinne des § 133 sein. —

Prause: Wollen wir im Vertrage nicht auch Geschäftsjahr, geschäftliche Funktionen der Gesellschafter, Vertretung und Geschäftsführung der Gesellschaft regeln?

Der Notar: Das hätte wenig Zweck. Geschäftsjahr ist im Zweifel das Kalenderjahr. Eine genaue Abgrenzung, was die einzelnen Gesellschafter zu tun haben, läßt sich im voraus nicht aufstellen. Die gesetzlichen Dispositivvorschriften über Vertretung und Geschäftsführung werden Sie kaum abändern wollen, denn es ist praktisch, daß jeder Sozius die Firma nach außen allein vertritt (§ 125 I) und daß im Innenverhältnis normale geschäftliche Handlungen von jedem Gesellschafter selbständig vorgenommen werden können, unbeschadet des Vetorechts des anderen (§ 115 I). — Dagegen empfehle ich Ihnen, die Bestimmungen über Dauer und Auflösung der Gesellschaft so zu fassen, daß das Geschäft von einem der Gesellschaft übernommen und die Liquidation möglichst vermieden wird.

Daß die Liquidation alle Beteiligten schädigt, lehrt die kaufmännische Erfahrung. Man verwertet ein Geschäft am vorteilhaftesten durch Verkauf im ganzen, der aber im Liquidationsfall nur bei Übereinstimmung der Liquidatoren statthaft ist (§ 150). Können sich die Liquidatoren über die Kauf- bzw. Übernahmebedingungen nicht einigen, so kommt es zur Einzelverwertung und den damit notwendig verbundenen Verlusten. Zudem entstehen zwischen den Gesellschaftern, welche zunächst die Liquidatoren sind (§ 146 I), leicht Streitigkeiten; dann werden Anträge auf Abberufung von Liquidatoren aus „wichtigem Grunde" und Ernennung außenstehender Personen zu Liquidatoren beim Registergericht gestellt (§§ 146 II, 147 HGB, 145 f. FGG). Bei Beendigung der Gesellschaft durch Konkurs eines Gesellschafters, Pfändung seiner Privatgläubiger oder aus wichtigem Grunde gewährt bereits das Gesetz dem anderen Teil ein Recht auf liquidationslose Übernahme (§§ 140, 141, 142 HGB), während bei Tod und Kündigung nach dem Gesetz Liquidation eintritt (§ 145).

Die Formulierung des Übernahmerechts führt alsbald zu einem Dilemma. Bei gutem Geschäftsgang und vorsichtiger Bilanzierung werden nämlich die buchmäßigen Kapitalkonten der Gesellschafter hinter dem wahren Wert zurückbleiben. Stellt man das Guthaben des Ausscheidenden lediglich nach den Büchern fest, so verliert er diesen Mehrwert. Soll aber die Abfindungssumme nach dem „wahren" Wert unter Berücksichtigung der „stillen Reserven", womöglich gar des Firmen- oder Geschäftswerts („goodwill") berechnet werden, so hängt alles von der ganz unsicheren Bewertung durch Sachverständig oder das Gericht ab. Dazu Knöchlein, DNotZ 1960, 452; Sudhoff, Gesellschaftsrechtliche Abfindungsklauseln —, Betr. 1965, 655; Knöchlein/van Randenborgh, Das negative Kapitalkonto in der Auseinandersetzung von Personenhandelsgesellschaften, DNotZ 1961, 361; Schopp, Der immaterielle Geschäftswert (good will) des Unternehmens, Rpfleger 1961, 222; allgemein Merkel, Mängel in Personengesellschaftsverträgen, BB 1963, 455. Die Vertragschließenden entscheiden sich für eine mittlere Lösung:

„§ 8. Die Gesellschaft wird für die Zeit bis zum 31. Dezember 1977 geschlossen. Sie verlängert sich um weitere je fünf Jahre, wenn sie nicht spätestens sechs Monate vor Ablauf von einer Seite gekündigt wird.

§ 9. Wird gekündigt, so kann der Kündigungsempfänger spätestens drei Monate vor Ablauf der Kündigungsfrist erklären, daß er das gesamte Vermögen der Gesellschaft mit der Firma und den Verbindlichkeiten ohne Liquidation übernehmen und den anderen Gesellschafter abfinden will. Macht er von dem Recht keinen Gebrauch, so geht es auf den Kündigenden über.

Das Auseinandersetzungsguthaben des ausscheidenden Gesellschafters wird durch eine auf den Tag des Ausscheidens zu ziehende Abschichtungsbilanz festgestellt. Hierbei sind Aktiven und Passiven nach ihrem wirklichen Wert, unter Berücksichtigung des Fortbestandes des Unternehmens, einzusetzen. Der Firmenwert bleibt außer Ansatz.

Die Auszahlung des Guthabens des Ausgeschiedenen erfolgt an Herrn *Prause* in drei, an Herrn *Ohlhoff* in zwei gleichen Jahresraten, von denen die erste am 1. April nach Auflösung der Gesellschaft fällig ist. Bis zur Auszahlung wird das Guthaben gemäß § 5 Absatz I Satz 1 verzinst. Die Zinsen sind vierteljährlich nachträglich zahlbar. Sicherstellung kann der ausscheidende Gesellschafter nicht verlangen.

§ 10. Kommt es zur Liquidation, so darf Herr *Ohlhoff* den von ihm eingebrachten Geschäftsanteil an der Zehlendorfer Gerüstbau-Gesellschaft mit beschränkter Haftung aus der Liquidationsmasse gegen Zahlung von 150% des Nennbetrages erwerben.

§ 11. Die in § 9 über Berechnung, Auszahlung und Verzinsung des Guthabens aufgestellten Grundsätze beziehen sich auch auf den Fall, daß es anders als durch Kündigung zum Ausscheiden eines Gesellschafters kommt."

Gemeint sind: Privatkonkurs eines Gesellschafters, wichtiger Grund, Kündigung durch Privatgläubiger. §§ 131^5, 133, 135, 140/2 HGB.

„Ebenso gilt das Recht des Nichtausscheidenden zur Weiterführung der Firma in allen Fällen der liquidationslosen Übernahme."

Eine nähere Regelung erfordert noch der Todesfall, zumal den Erben meist jede Sachkunde fehlt und sie daher gegenüber dem überlebenden Teilhaber benachteiligt sind:

„§ 12. Verstirbt ein Gesellschafter, so wird die Gesellschaft"

— zur Vermeidung der sonst für den Todestag aufzustellenden Zwischenbilanz —

„bis zum Ende des laufenden Geschäftsjahrs mit den Erben fortgesetzt.

Erklärt ein Erbe spätestens einen Monat vor Ablauf des Geschäftsjahrs, daß er ausscheiden wolle, so ist sein Guthaben gemäß § 9 zu ermitteln, auszuzahlen und zu verzinsen. Scheiden alle Erben aus, so übernimmt der Überlebende Geschäft und Firma ohne Liquidation.

Soweit die Erben die vorbezeichnete Erklärung nicht abgeben, bleiben sie sieben Jahre lang Kommanditisten mit dem buchmäßigen Kapitalkonto ihres Erblassers als Einlage, während der Überlebende das Geschäft als persönlich haftender Gesellschafter weiterführt, In diesem Fall sind die Erben am Gewinn und Verlust während der ersten vier Jahre mit 40%, nachher mit 25% des Gewinn- und Verlustanteils ihres Erblassers beteiligt. Hat die Gesellschaft länger als 10 Jahre bestanden, so erhöhen sich die Anteile auf 50% bzw. 35%.

Nach Ablauf der kommanditistischen Beteiligung wird den Erben ihre Kommanditeinlage gemäß § 9 ausgezahlt, und der Überlebende übernimmt Geschäft und Firma als Alleininhaber."

Eine Erbengemeinschaft als solche kann nicht Mitglied einer offenen Handelsgesellschaft sein. Wenn der Gesellschaftsvertrag die Fortsetzung der Gesellschaft mit den Erben vorsieht, gehen die Mitgliedschaftsrechte des Erblassers unmittelbar kraft Erbgangs in der Weise auf jeden der Miterben über, daß die Mitgliedschaftsrechte sich vervielfältigen. Der Erbe wird ohne sein Zutun persönlich haftender Gesellschafter und bleibt es, wenn er innerhalb der Frist des § 139^{III} HGB nicht von seinem Recht Gebrauch macht, sein Verbleiben in der Gesellschaft von der Einräumung der Stellung eines Kommanditisten abhängig zu machen oder andernfalls aus der Gesellschaft auszuscheiden. Die Rechte aus § 139 HGB. kann jeder Miterbe ohne Rücksicht auf das Verhalten der andern ausüben, ohne also den erbrechtlichen Bindungen unterworfen zu sein, die für Miterben hinsichtlich des ungeteilten Nachlasses nach § 2040 BGB bestehen (KG DNotZ 1955, 418). Für diese im Ergebnis unbestrittene rechtliche Gestaltung werden verschiedene Erklärungen gegeben: Die gesellschaftliche Beteiligung des Erblassers wird als ein Zweckvermögen aufgefaßt, dessen gesellschaftsrechtliche Gebundenheit dem in die Mitgliedschaftsrechte eintretenden Erben eine Sonderstellung einräumt (so RG 145, 289); oder sie wird als ein Sondergut angesehen, das sich rechtlich von dem sonstigen Vermögen des Erblassers abhebt (so Liebisch, ZHKR Bd. 116, S. 137); oder man nimmt an, daß die Mitgliedschaft Gegenstand einer Sondererbfolge sei (so Siebert, Gesellschaftsvertrag und Erbrecht bei der oHG, 1954, S. 24). Für die letztgenannte Auffassung könnte sprechen, daß das Recht der offenen Handelsgesellschaft im alten deutschen Recht wurzelt, das im Gegensatz zum römischen Recht auf dem Grundsatz der Sondererbfolge beruhte. — Durch § 12 des Gesellschaftsvertrages ist die Regelung des § 139 HGB abgewandelt. Die den Erben in dem Vertrage gewährten Befugnisse kann nach den dargelegten Grundsätzen jeder Miterbe selbständig für sich ausüben.

Aus dem Schrifttum hierzu beachte *Stötter*, Die Nachfolge in Anteile an Personengesellschaften, Betr. 1970, 525, 573; *Eisenhardt*, Sondererbfolge in einen Gesellschafteranteil bei der Personalgesellschaft, MDR 1969, 521; *Finger*, Die Vererbung von Anteilen einer Personengesellschaft, JR 1969, 409.

„§ 13. Wird ein Gesellschafter länger als drei Monate durch Krankheit an der Tätigkeit im Interesse der Gesellschaft verhindert, so muß er zu seiner Vertretung auf seine Kosten eine Arbeitskraft stellen. Dauert die Krankheit länger als achtzehn Monate, so kann der gesunde Gesellschafter fordern, daß er mit Schluß des laufenden Geschäftsjahres das Geschäft mit Firma zu den Bedingungen des § 9 als Alleininhaber übernimmt. Alsdann hat der kranke Gesellschafter die in § 12 Absatz II, III, IV den Erben gewährten Rechte."

Durch diese Sonderregelung verliert der Krankheitsfall den Charakter eines „wichtigen Grundes" für die Auflösung der Gesellschaft oder die Ausschließung des Kranken. §§ 133, 140.

„§ 14. Nach Auflösung der Gesellschaft darf, wenn das Geschäft von einem Gesellschafter übernommen worden ist, der Ausgeschiedene bis zur vollständigen Auszahlung seines Guthabens in den Geschäftszweigen der Gesellschaft weder selbst ein Geschäft betreiben, noch es durch andere betreiben lassen, oder eine leitende Stellung darin bekleiden, sofern das Geschäft in Berlin seinen Sitz oder eine feste Vertretung hat. Der Abschluß einzelner Geschäfte steht ihm frei. Der Inhaber des Geschäfts kann von dem Ausgeschiedenen für jeden Fall der Zuwiderhandlung eine Vertragsstrafe von 10000 DM (i. W.) fordern, vorbehaltlich der Geltendmachung eines ihm entstandenen höheren Schadens."

Die für Handlungsgehilfen erlassenen Vorschriften der §§ 74f. finden auf Wettbewerbsklauseln selbständiger Kaufleute keine Anwendung. Es ist also keine Form für sie notwendig und ihre Zulässigkeit wird lediglich durch § 138 BGB begrenzt. —

Prause: Ich habe in Gesellschaftsverträgen häufig die Bestimmung gelesen, daß etwaige Streitigkeiten durch Schiedsrichter zu schlichten sind. Ich möchte in unserem Vertrag auch eine solche Klausel haben. Ohlhoff stimmt zu.

Der Notar: Ich rate Ihnen vom Schiedsgericht ab.

Ohlhoff: Das Schiedsverfahren ist aber doch schneller und billiger als ein Prozeß?

Notar: Der Vorzug der größeren Schnelligkeit geht leider bisweilen auf Kosten der Genauigkeit und Richtigkeit des Spruches. Im übrigen beruht er darauf, daß (in der Regel) nur eine einzige schiedsrichterliche Instanz vorhanden ist. Wer beim Schiedsgericht verloren hat, gelangt schnell zu der Erkenntnis, daß das Fehlen von Rechtsmitteln in lebenswichtigen Fragen einen schweren Mangel darstellt. Mit der Billigkeit der Schiedsgerichte ist es auch nicht weit her; wenn sie mit Juristen besetzt sind, kann die eine und einzige Schiedsgerichtsinstanz sogar teurer sein, als eine Instanz beim ordentlichen Gericht, weil jeder Schiedsrichter als Honorar die Gebühren zu berechnen pflegt, die einem Anwalt für die Führung des Rechtsstreits zuständen, der Obmann das doppelte. Daß gerade bei gesellschaftsrechtlichen Streitigkeiten Schiedsgerichte in der Herbeiführung von Vergleichen gute Erfolge haben und daß die Mitwirkung erfahrener Kaufleute in derartigen Sachen von Nutzen sein kann, will ich nicht in Abrede stellen.

Prause und Ohlhoff bestehen auf dem Schiedsgericht.

Notar: Dann wollen wir die Klausel jedenfalls so fassen, daß die Konstituierung des Schiedsgerichts beschleunigt wird:

„§ 15. Alle Streitigkeiten aus dem Gesellschaftsverhältnis zwischen den Gesellschaftern oder ihren Rechtsnachfolgern werden unter Ausschluß des Rechtsweges durch ein Schiedsgericht entschieden, zu dem jeder Gesellschafter einen Schiedsrichter ernennt. Rechtsnachfolger eines Gesellschafters ernennen gemeinschaftlich einen Schiedsrichter. Die Aufforderung zur schiedsrichterlichen Ernennung muß durch eingeschriebenen Brief geschehen; nach Ablauf der in § 1029 I ZPO bestimmten Frist ernennt auf Antrag der betreibenden Partei die Industrie- und Handelskammer den zweiten Schiedsrichter. Die Schiedsrichter wählen einen Obmann, welcher die Fähigkeit zum Richteramt haben muß. Können sie sich über die Person des Obmanns nicht einigen, so wird er von der Industrie- und Handelskammer bestimmt.

Für die in § 1045 I ZPO bezeichneten Entscheidungen sind das Amtsgericht Lichterfelde oder das Landgericht Berlin zuständig."

Schiedsverträge müssen grundsätzlich schriftlich in einer besonderen Urkunde geschlossen werden, die keine anderen Vereinbarungen enthält als solche, die sich auf das Schiedsverfahren beziehen (§ 1027 I ZPO). Eine Ausnahme gilt, wenn der Schiedsvertrag für beide Teile ein Handelsgeschäft (§§ 343, 344 HGB) und keiner der Vertragsparteien Minderkaufmann ist (§ 1057 II). Als vorbereitendes Geschäft ist der Gesellschaftsvertrag ein Handelsgeschäft jedenfalls dann, wenn die Gesellschaft zur Entstehung kommt. Daher ist die besondere Form des § 1027 I ZPO hier entbehrlich. Fraglich ist, ob auch wirksam hätte vereinbart werden können, daß das Recht zur Ernennung des zweiten Schiedsrichters bei fruchtlosem Ablauf der Frist des § 1029 I ZPO. auf die betreibende Partei übergeht. Das RG hat eine solche Abrede für wirksam gehalten, weil dadurch allein der Tatbestand des § 1025 II noch nicht verwirklicht werde (RG JW 1934, 362; DR 1942, 186). Mit Rücksicht auf das dadurch einer Partei zufallende Übergewicht werden hiergegen aber gewichtige Bedenken geltend gemacht (Schönke, DR 1942, 186; Habscheid, JR 1958, 363; KTS 1959, 171; 1960, 177; Sudhoff, Schiedsklausel und Gesellschaftsstatut, GmbHRdsch. 1963, 229). Der BGH hat jetzt eine solche Klausel für nichtig erklärt (NJW 1971, 139).

Die Zuständigkeit des Schiedsgerichts umfaßt auch Gestaltungsklagen aus dem Gesellschaftsverhältnis (§§ 133, 140, 142, 117, 127 HGB): denn die Voraussetzung des § 1025 ZPO, daß die Parteien über den Gegenstand des Streits einen Vergleich schließen können, trifft auf sie zu (RG 71, 254). Für Arreste und einstweilige Verfügungen bleibt, wie allgemein anerkannt wird, das ordentliche Gericht zuständig.

Wenn es sich nur darum handelt, Zweifel über die Höhe des Auseinandersetzungsguthabens zu beheben, hätte man statt des Schiedsvertrages auch einen Schiedsgutachtervertrag schließen können. Der Schiedsvertrag hat einen das gerichtliche Urteil ersetzenden Spruch zum Ziel, der Schiedsgutachtervertrag dagegen einen für die Parteien verbindlichen Ausspruch über eine Frage, die im Rechtsstreit als Tatbestandselement erheblich ist (Jonas, JW 1936, 820). Der Schiedsgutachtervertrag bedarf nicht der Form des § 1027 ZPO; es werden auf ihn die Grundsätze des § 319 BGB entsprechend angewendet (RGZ 152, 201 [204]). Schiedsgutatcherklauseln finden sich häufig gerade in Gesellschaftsverträgen zur Bestimmung des Abfindungsguthabens (vgl. z.B. BGH NJW 1957, 1834).

„§ 16. Die Beteiligten erklären, über § 1365 BGB belehrt, daß sie im gesetzlichen Güterstand der Zugewinngemeinschaft leben, daß sie jedoch außer den Vermögenswerten, über welche in diesem Vertrage verfügt wird, noch weiteres Vermögen besitzen."

Durch diese Erklärung sollen Bedenken gegen die Gültigkeit des Gesellschaftsvertrages ausgeräumt werden, die sich aus der güterrechtlichen Verwaltungsbeschränkung des § 1365 BGB ergeben könnten. Auch als Kaufmann unterliegt der Ehegatte dieser Beschränkung, deren Auswirkung auf das Gesellschaftsrecht freilich umstritten ist. Sicher ist, daß die Veräußerung eines Handelsgeschäfts, wenn es das ganze oder nahezu ganze Vermögen des Geschäftsinhabers ausmacht, dem Anwendungsbereich des § 1365 BGB unterfällt. Die Zweifel beginnen bereits bei der Frage, ob das auch für die Aufnahme eines Teilhabers oder für die Einbringung des Einzelhandelsgeschäfts oder des (nahezu) gesamten Vermögens in eine Handelsgesellschaft gilt; umstritten ist auch, inwieweit eine Änderung oder Kündigung des Gesellschaftsvertrages eine „Verfügung über das Vermögen im ganzen" sein kann (vgl. zum Streitstand Boesebeck, Betrieb 1958, 1147; Tiedau, MDR 1961, 721; Eiselt, JZ 1960, 562; Reinicke, BB 1960, 1002; Rittner, FamRZ 1961, 1; Beitzke, Betr. 1961, 21; HGB RGRK 3. Aufl. § 105 Anm. 25d; Jansen FGG 2. Aufl. § 125 Rdn. 24; Staudinger-Felgenträger BGB 11. Aufl. § 1365 Anm. 58—67; vgl. zum Grundbuchverfahren S. 242). Der Notar wird bei Zweifeln den Beteiligten anraten, die Zustimmung des Ehegatten vorsorglich beizubringen, wenn sie ohne Schwierigkeiten zu beschaffen ist, und einen Hinweis auf die erteilte Belehrung in die Urkunde aufnehmen (§ 17 BeurkG).

„§ 17. Der Notar wies die Beteiligten auf die Börsenumsatz- und Grunderwerbsteuerpflicht sowie darauf hin, daß die Eintragung in das Handelsregister von der Vorauszahlung oder Sicherstellung der Kosten abhängig gemacht werden kann."

Vgl. § 19 BeurkG, § 8 II KostO.

„§ 18. Die Kosten dieses Vertrags und seiner Ausführung übernimmt die offene Handelsgesellschaft *Prause & Ohlhoff*. Der Gegenstand des Vertrags wird auf 150000 DM angegeben. (folgen die Anträge auf Erteilung von Ausfertigungen und beglaubigten Abschriften).

Hierauf ist die Verhandlung vorgelesen, von den Beteiligten genehmigt und eigenhändig, wie folgt, unterschrieben worden:

Gustav Prause *Josef Ohlhoff*
Justus Siegel,
(Kostenrechnung) Notar"

Außer dem Gesellschaftsvertrag wird noch eine beglaubigte Anmeldung zum Handelsregister gemäß den §§ 106, 108, 12 HGB aufgenommen:

„An
das Amtsgericht Berlin-Charlottenburg.

Wir haben unter der Firma „*Prause & Ohlhoff*" eine offene Handesgesellschaft mit dem Sitz in Berlin errichtet. Zweck der Gesellschaft ist der Handel mit Nutz- und Bauholz, Erwerb und Betrieb eines Sägewerkgrundstücks und aller damit zusammenhängenden Handelsgeschäfte für gemeinschaftliche Rechnung.

Wir zeichnen die Firma und unsere Namensunterschrift wie folgt:

1. *Gustav Prause:* *Prause & Ohlhoff*
G. Prause

2. *Josef Ohlhoff:* *Prause & Ohlhoff*
Josef Ohlhoff

Die Gesellschaft hat ihre Geschäfte am 15. September 1970 begonnen.
Die Geschäftsräume befinden sich in Lichterfelde, Am Hafen 81.

Lichterfelde, den 1. Oktober 1970
Gustav Prause. Josef Ohlhoff.

Die vorstehenden 1. von dem Kaufmann *Gustav Prause* aus Lichterfelde, Lenaustraße 35, 2. von dem Kaufmann *Josef Ohlhoff* aus Lichterfelde, Flurstraße 8, beide persönlich bekannt, vor mir gefertigten Firmenzeichnungen und Namensunterschriften beglaubige ich.

Nr. 540 der Urkundenrolle für 1970. Lichterfelde, den 1. Oktober 1970

(Siegel) *Justus Siegel,*
(Kostenrechnung)[1]) Notar"

Der Referendar: Warum haben die Beteiligten nicht der Einfachheit halber die Anmeldung in den Gesellschaftsvertrag aufgenommen, da doch die für Anmeldungen vorgeschriebene Beglaubigungsform auch durch die Beurkundung gewahrt wird?

Der Notar: Das wäre denkbar gewesen, wenn nicht nach § 108^{II} die Gesellschafter die Firma sowie ihre Namensunterschrift „zur Aufbewahrung bei dem Gericht" zeichnen müßten. Eine Anmeldung mit Firmenzeichnung in notariell beurkundeter Form hätte diesen Zweck nicht erfüllt, weil nur die Ausfertigung des notariellen Protokolls eingereicht werden könnte und man dann die Zeichnungen nicht bei den Registerakten hätte. Im übrigen wird kein Kaufmann innere Angelegenheiten seines Geschäfts ohne Not zu den Registerakten mitteilen. Einreichung des Gesellschaftsvertrages oder der Satzung ist nicht bei OHG und KG, sondern nur bei AktG, GmbH., Genossenschaft, eingetragenem Verein, überhaupt bei allen registerpflichtigen juristischen Personen, vorgeschrieben (§§ 29^{II} AktG, 8 GmbHG, 11 GenG, 59 BGB). Anmeldungen ohne Firmen- und Unterschriftszeichnung (z. B. die Anmeldung von satzungsändernden Hauptversammlungsbeschlüssen) sind in Protokollform möglich. —

Beglaubigte Abschrift der Anmeldung behält der Notar für seine Akten zurück.

Mitteilungen an Steuerbehörden: In Betracht kommen Kapitalverkehr- und Grunderwerbsteuer.

Das Kapitalverkehrsteuergesetz (KVG) i.d.F. vom 24. Juli 1959 (BGBl. I 530), mehrfach geändert, zuletzt durch Gesetz vom 15. August 1969 (BGBl. I 1182), unterwirft nicht sämtliche denkbaren Kapitalbewegungen der Steuerpflicht, sondern will nur „die Zusammenballung und Bewegung unpersönlichen (anonymen) Kapitals" steuerlich erfassen (amtl. Begr. RStBl. 1934, 1460). Diesen Begriff sieht es nicht als gegeben an bei den Personengesellschaften, wie der offenen Handelsgesellschaft, der Kommanditgesellschaft, der Gesellschaft bürgerlichen Rechts, dem Verein und der Genossenschaft. Rechtsvorgänge bei diesen Personenvereinigungen sind also steuerfrei. Das Gesetz kennt, nachdem die Wertpapiersteuer (§§ 11 bis 16 KVG) durch Art. 3 des Gesetzes vom 25. März 1965 (BGBl. I 147) beseitigt worden ist, zwei Arten der Kapitalverkehrsteuer:

1. Der Gesellschaftssteuer unterliegt die Zusammenfassung von haftendem Kapital bei einer Kapitalgesellschaft (Begriff: § 5 KVG), unter Umständen auch die Stärkung der Kapitalkraft durch Darlehen zur Finanzierung inländischer Kapitalgesellschaften und diesen gleichgestellter Zusammenschlüsse (§§ 2—10 KVG).

2. Der Börsenumsatzsteuer unterliegen nicht die einmaligen Kapitalbildungs- und Finanzierungsgeschäfte, sondern die laufenden Wertpapierbewegungen in der Gestalt von Anschaffungsgeschäften über Schuldverschreibungen und Dividendenwerte, gleichgültig, ob sie über eine Börse abgewickelt werden oder nicht (§§ 17—25 KVG). Als Dividendenwerte gelten Aktien, Kuxe und andere Anteile

---

[1]) Geschäftswert der Anmeldung ist nicht das Gesellschaftskapital, sondern er richtet sich nach dem Einheitswert des Betriebsvermögens (§ 26$^{II, III}$ KostO). Ist der Einheitswert noch nicht festgestellt, so ist er vorläufig zu schätzen und der Geschäftswert später zu berichtigen (§ 26^{VI} KostO)

an inländischen und ausländischen Kapitalgesellschaften, Zertifikate über Shares, Aktienanteile, Genußscheine sowie Bezugsrechte auf diese Werte (§ $19^{II, III}$ KVG).

Der hier beurkundete Gesellschaftsvertrag ist daher als solcher nicht steuerpflichtig. Jedoch unterliegt die Einbringung des GmbH.-Anteils (§ 4^{I} des Vertrages) der Börsenumsatzsteuer in Höhe von ¼% (§§ 19^{II}, 24 KVG). Die Steuer wird nur von ²/₃ des Wertes des „Gerüstbau"-Anteils erhoben. Denn die oHG ist keine juristische Person. Wenn der Anteil auf sie übertragen wird, bleibt er wirtschaftlich zu ¹/₃ in Ohlhoffs Vermögen (maßgebend ist das Verhältnis der beiderseitigen Kapitalbeteiligung, 100000 gegen 50000, nicht dasjenige der Gewinn- und Verlustanteile). Der zwischen Gesamthands- und Bruchteilsgemeinschaft bestehende rechtliche Unterschied ist für die Besteuerung nach § 11 Nr. 5 StAnpG ohne Bedeutung. — Daß die Einbringung der Rechte auf Eigentumsübertragung (§ 3^{II} des Vertrages) Grunderwerbsteuerpflicht auslöst, wurde bereits festgestellt. Gemäß den §§ 11 Nr. 5 StAnpG, 5^{II} GrEStG ist ein Drittel des Werts des Anspruchs zu versteuern.

Die für die Grunderwerbsteuer bereits dargestellte steuerliche Beistandspflicht des Notars (Anzeigepflicht, Urkundensperre) besteht auch bei der Kapitalverkehrsteuer (§§ 189b Nr. 1, 189c RAO, §§ 3, 38 KVDurchfVO i.d.F. der Bek. vom 20. April 1960, BGBl I 243).

Vermerke auf der Urschrift des Gesellschaftsvertrags:

„1. Beglaubigte Abschrift dem Finanzamt, Abt. für Verkehrssteuern, zwecks Festsetzung der Börsenumsatzsteuer übersandt.

2. Veräußerungsanzeige dem Grunderwerbsteueramt übersandt. 3. 10. 70 *Siegel.*"

Die Eingangsbestätigungen des Finanzamts werden mit Urk.-Rolle Nr. 539/1960 verbunden.

Vollstreckbare Schuldurkunde und Hypothekenbestellung

„Urkundenrolle Nr. 541 für 1970

Verhandelt Lichterfelde, den 3. Oktober 1970

Vor dem unterzeichneten Notar im Bezirk des Kammergerichts zu Berlin

Justus Siegel

erschien:

die Hausbesitzerin Fräulein *Katharina Zabel* aus Lichterfelde, Posener Straße 28, dem Notar persönlich bekannt, und erklärte:

Ich bekenne, von der ‚Sekuritas' Lebensversicherungs-Aktiengesellschaft in Hamburg ein Darlehn von 12000 (i.W.) Deutschen Mark gegen die Verpflichtung zu hypothekarischer Sicherstellung erhalten zu haben, für welches die nachstehenden Bedingungen gelten:"

Der Geldgeber zahlt das Darlehn gewöhnlich erst aus, wenn die Hypothek eingetragen und ihm der Brief ausgehändigt ist, frühestens nach Einreichung des Antrags beim Grundbuchamt. Er läßt sich aber vom Schuldner das Empfangsbekenntnis im voraus geben. Da die Hypothek bis zur wirklichen Auszahlung der Darlehnsvaluta Eigentümergrundschuld bleibt (§ 1163^{I} S. 1 BGB) und man bei solchen großen Anstalten nicht damit rechnet, daß sie die Post vorher an einen Gutgläubigen abtreten werden, können dem Schuldner daraus keine Nachteile entstehen.

„I. Das Darlehn ist vom 1. Oktober 1970 ab mit 6% (i.W.) jährlich in Vierteljahrsraten am Ersten eines jeden Kalendervierteljahrs nachträglich zu verzinsen.

II. Wird eine Zinsrate oder das Darlehn nicht binnen 10 Tagen nach Fälligkeit gezahlt, so erhöhen sich die Zinsen um 1% (i.W.) des Kapitals."

Die Zinserhöhung ist als Vertragstrafe für den Fall nicht rechtzeitiger Erfüllung (§ 341 BGB) aufzufassen, wobei jedoch abweichend von § 339 nicht Verzug (§ 285: Verschulden!) vorausgesetzt wird, sondern die objektive Nichtzahlung genügen soll. Die Hypothek für die Strafzinsen ist aufschiebend bedingt; soweit die Bedingung ausfällt, der Mehrzinsanspruch also nicht zur Entstehung gelangt, entsteht auch keine Eigentümergrundschuld (JFG 9, 272).

„III. Das Darlehn ist beiderseits mit Frist von sechs Monaten zum Ersten eines Kalendervierteljahrs kündbar, das erste Mal zum 1. Oktober 1980."

Für die Kündigung des Gläubigers gibt es keine gesetzliche Höchst- oder Mindestfrist. Die Kündigungsbefugnis des Eigentümers kann nach Landesrecht auf längstens 20 Jahre ausgeschlossen werden. Art. 117^{II} EG, vgl. auch § 247 BGB.

„IV. In den nachstehend zu a bis h aufgeführten Fällen ist die Gläubigerin befugt, schon vor dem in § III bezeichneten Zeitpunkt das Darlehn ganz oder teilweise ohne Einhaltung einer Kündigungsfrist zurückzufordern:

a) wenn die Zinsen nicht spätestens am zehnten Tage nach Fälligkeit bezahlt werden,

b) wenn durch Verfügungen über Bestandteile, Erzeugnisse oder Zubehörstücke oder durch sonstige unwirtschaftliche Maßnahmen der Wert des Pfandgrundstücks so sehr verringert wird, daß die Sicherheit der Hypothek gefährdet ist,

c) wenn Mieten des Hypothekengrundstücks abgetreten oder gepfändet werden und die Pfändung nicht binnen zwei Wochen aufgehoben wird,

d) wenn die Zwangsversteigerung oder Zwangsverwaltung des verpfändeten Grundstücks angeordnet wird,

e) wenn der Schuldner oder der Eigentümer des Pfandgrundstücks in Konkurs gerät oder seine Zahlungen einstellt,

f) wenn ohne Zustimmung der Gläubigerin ein Nießbrauch am Hypothekengrundstück bestellt wird,

g) wenn die Gebäude, Erzeugnisse und Zubehörstücke des verpfändeten Grundstücks nicht zum höchsten zulässigen Betrag versichert sind oder der Schuldner die Versicherung ablaufen läßt oder ihren Fortbestand durch Verzug mit der Prämienzahlung oder in sonstiger Weise gefährdet, oder wenn der Gläubigerin die von ihr geforderten Nachweise über das Bestehen der Versicherung und die Bezahlung der Prämie nicht innerhalb der gestellten Frist vorgelegt werden,

h) wenn sich ergibt, daß die zu bestellende Hypothek nicht den ersten Rang hat und der Schuldner ihr nicht binnen einem Monat nach Aufforderung den Vorrang vor allen anderen Belastungen verschafft.

Wird das Hypothekengrundstück zu einem Kaufpreis veräußert, der weniger als fünf Drittel des Darlehns beträgt, so ist das Darlehn, soweit es drei Fünftel des Kaufpreises übersteigt, bei der Auflassung zurückzuzahlen."

Die Vereinbarung zu a wird auch sonst häufig getroffen. Im übrigen ist die Fälligkeitsvereinbarung typisch für die „Anstaltsbedingungen" der großen Kreditinstitute (Sparkassen, Landschaften, Hypothekenbanken, Versicherungsgesellschaften usw.). Ihr Inhalt hängt mit den Vorschriften über die Haftung der Zubehörstücke, Mieten usw. zusammen. Nach den §§ 1120/31 BGB, Art. 52, 53, 67 EG erstreckt sich die Hypothek auf wesentliche und nicht wesentliche Bestandteile, Erzeugnisse, Zubehör, Miet- und Pachtzinsforderungen, Ansprüche aus subjektiv-dinglichen Rechten, Versicherungsforderungen, Enteignungsentschädigungen und Bergschadenansprüche. Die Haftung dieser sog. „Immobiliarmasse" ist zunächst eine bloß latente, denn man kann und will dem Eigentümer nicht die Möglichkeit nehmen, sein Grundstück ordnungsmäßig zu verwalten und dabei auch über die für die Hypothek verhafteten Mobilien und Forderungen zu verfügen. Z. B. werden Früchte und Zubehör von der hypothekarischen Haftung frei, wenn der Eigentümer — vor der Beschlagnahme — sie veräußert und vom Grundstück entfernt hat, gleichviel ob der Erwerber hinsichtlich der Hypothek gut- oder bösgläubig war (§ 1121^{I} BGB); die vor der Beschlagnahme erfolgte Einziehung und Abtretung von Mieten durch den Eigentümer muß der Hypothekengläubiger gegen sich gelten lassen (§ 1124^{I}) usw. Kommt es zu einer Beschlagnahme, so verwandelt sich die latente Haftung in eine aktuelle. Jetzt kann der Grundstückseigentümer nicht mehr mit Wirkung gegen die Hypotheken über

Erzeugnisse und Zubehör verfügen oder Mieten einziehen. Hatte er vor der Beschlagnahme Mieten eingezogen oder abgetreten, so bleiben diese Verfügungen regelmäßig nur bis zum Ende des laufenden Kalendermonats in Kraft (§ 1124^{II} BGB). Pfändungen von Grundstückserzeugnissen oder -mieten durch persönliche Gläubiger des Eigentümers werden wie Verfügungen behandelt.

Deshalb will die Gläubigerin bei Eintritt gefahrdrohender Ereignisse wie Devastation, Mietpfändung, Zwangsversteigerung, Konkurs in der Lage sein, ihre Forderung und Hypothek sofort fällig zu machen, um ihrerseits die Beschlagnahme herbeizuführen oder einer etwa anhängigen Zwangsversteigerung oder -verwaltung beitreten zu können.

Im Konkursfall (Absatz e) nimmt die herrschende Meinung an, daß der Konkursverwalter, solange keine Beschlagnahme erfolgt ist, zwar keine Zubehörstücke für die Masse verwerten, wohl aber die Mieten zur Konkursmasse einziehen darf und sogar muß. RG 52, 138; 69, 85. Infolgedessen können die Hypothekengläubiger leicht zu kurz kommen. Die Zahlungseinstellung ohne Konkurs bringt die Gefahr wilder Mietpfändungen durch Privatgläubiger des Eigentümers.

Auf Versicherungen (Absatz g) erstreckt sich die Hypothek, falls der versicherte Gegenstand für die Hypothek haftet (z. B. Ernte, Gebäude, lebendes und totes Inventar). Das Gesetz stuft die Rechte des Hypothekengläubigers an der Versicherungssumme verschieden ab, je nachdem es sich um Gebäude oder andere Objekte, um Feuer- oder sonstige Schadensversicherung handelt, und der Gläubiger seine Hypothek der Versicherung angemeldet hat oder nicht. Am stärksten ist seine Stellung bei Feuerversicherung von Gebäuden nach Anmeldung. Alsdann muß eine Kündigung sowie die im Falle des Prämienverzugs dem Versicherungsnehmer vom Versicherer zu setzende Zahlungsfrist (§ 39 VVG) auch dem Hypothekengläubiger mitgeteilt werden, widrigenfalls sie ihm gegenüber wirkungslos bleibt (§ 101). Der Gläubiger kann dann schlimmstenfalls die Versicherung für eigene Rechnung fortsetzen (§ 105). Eine Auszahlung der Versicherungssumme an den Eigentümer ist dem Hypothekengläubiger gegenüber nur wirksam, wenn er der Zahlung schriftlich zugestimmt hat (§ 1128^{II} BGB), es sei denn, daß es sich um eine Versicherung mit Wiederaufbauabrede handelt und die bestimmungsmäßige Verwendung des Geldes gesichert ist (§§ 97, 100, VVG, 1130 BGB). Ja sogar wenn der Eigentümer durch vorsätzliche oder grob fahrlässige Brandstiftung gemäß § 61 VVG seine Versicherungsansprüche verwirkt hat, bleibt die Entschädigungspflicht der Versicherungsgesellschaft im Verhältnis zum Hypothekengläubiger bestehen (§ 101)! — Gewöhnlich lassen sich die Gläubiger der ersten Hypotheken von der Versicherungsgesellschaft einen „Hypothekensicherungsschein" („Feuerversicherungs-Gewährschein") ausstellen.

Absatz h beruht darauf, daß Gelder, die von Lebensversicherungen als Anlage für den Prämienreservefonds ausgeliehen werden, grundsätzlich die erste Rangstelle haben und in den ersten $^3/_5$ des Wertes stehen müssen. § 69 PrivVersAufsG. Für Darlehen der Hypothekenbanken, die zur Pfandbriefdeckung dienen: § 11 HypBkG.

„V. Wird auf Grund der Bestimmungen zu IV die Hypothek vor dem 1. Oktober 1980 fällig, so ist für jedes Jahr der dadurch entstehenden Verkürzung der vereinbarten Darlehnsdauer eine Entschädigung in Höhe von 1% (i. W.) des Hypothekenkapitals zu zahlen."

Bei dieser sog. Vorfälligkeitsentschädigung handelt es sich ebenso wie bei den Strafzinsen um eine bedingte Nebenleistung, die auch dinglich zu einer nur bedingten Belastung des Grundstücks führt und im Falle des Nichtentstehens sich einfach erledigt, ohne eine Eigentümergrundschuld zu hinterlassen (RG 136, 74). Der Geldbetrag der Nebenleistung, der auch nach Hundertsatz und Dauer der Leistung angegeben werden kann, muß jedoch nach § 1115^{I} BGB ebenso wie ihre Bedingtheit im Grundbuch selbst eingetragen sein. Bezugnahme nach § 874 BGB würde nicht genügen (KG Rpfleger 1966, 305; BGHZ 47, 41).

„VI. Alle Zahlungen sind kostenfrei an der Kasse der Gläubigerin oder der von ihr zu bezeichnenden Stelle zu leisten."

Hypothekenbedingungen sind stets darauf zu prüfen, ob sie ihrer Art nach Inhalt des dinglichen Rechts sein oder nur mit schuldrechtlicher Wirkung vereinbart werden können. Die Bestimmungen zu IV der Urkunde begründen mittelbar eine Reihe von Leistungs- und Unterlassungspflichten des Schuldners, die nach § 1113 BGB nicht Gegenstand der Hypothek sein können. Ihre Nichterfüllung kann aber zur Voraussetzung der Kündigungsbefugnis des Gläubigers gemacht werden. Enthält eine Schuldurkunde nicht eintragungsfähige Verpflichtungen rein schuldrechtlicher Art, wie z. B. die Verpflichtung, die Einsichtnahme in Miet- und Pachtverträge oder die Besichtigung des Grundstücks durch den Gläubiger zu gestatten, so müssen sie besonders als nur schuldrechtlich wirkend hervorgehoben und dabei bemerkt werden, daß sie nicht dinglich zu sichern sind (LG Kassel, NJW 1953, 189). Verpflichtungen dieser Art müssen also bei der Eintragung in das Grundbuch von der Bezugnahme auf die Eintragungsbewilligung (§ 874 BGB) ausgenommen werden, damit sie nicht unzulässigerweise Inhalt des Grundbuchs werden (BGH NJW 1956, 1196). Der Ausschluß der Befriedigung des Gläubigers durch Hinterlegung oder Aufrechnung ist im Hinblick auf § 1142^{II} BGB als Inhalt der Hypothek unzulässig und kann nur mit schuldrechtlicher Wirkung vereinbart werden (OLG München, JFG 13, 275; OLG Hamburg, Rpfleger 1959, 379). Die oben unter VI vorgesehene Klausel enthält kein unzulässiges Hinterlegungs- oder Aufrechnungsverbot, sondern eine Bestimmung über den Leistungsort und wohl auch den Ausschluß der Zahlung durch Scheck, Postscheck, Wechsel oder Anweisung (JFG 11, 199; OLG Düsseldorf, NJW 1958, 1142). Zu Inhalt und Form von Hypothekenbestellungsurkunden Bruhn, Rpfleger 1957, 101; 1959, 53; vgl. auch § 14 BeurkG.

„VII. Der Geltendmachung der Ansprüche aus der Hypothek oder einer Kündigung oder Mahnung des Gläubigers kann nicht aus dem Grunde widersprochen werden, weil der Hypothekenbrief und die in § 1155 BGB bezeichneten Urkunden nicht vorgelegt sind."

Der Verzicht des Schuldner-Eigentümers auf die Befugnisse aus den §§ 1160/1 BGB ist zulässig und eintragungsfähig (RG 57, 344; OLG Köln, Rpfl. legor 1956, 30).

„Für das vorbezeichnete Darlehn von 12000 Deutschen Mark nebst Zinsen und allen Nebenleistungen bestelle ich der Gläubigerin an dem mir gehörenden, im Grundbuch von Lichterfelde Band 12 Blatt 351 verzeichneten Grundstück Posener Straße 28 Hypothek."

Nunmehr folgt diejenige Erklärung, welche die Aufnahme der ganzen Schuldverschreibung und Hypothekenbestellung zu notariellem Protokoll nach den §§ 794^{I}, Nr. 5, 800 ZPO notwendig gemacht hat:

„Wegen des Darlehns von 12000 Deutschen Mark nebst Zinsen und Nebenleistungen unterwerfe ich mich der sofortigen Zwangsvollstreckung aus dieser Urkunde in mein gesamtes Vermögen und in Ansehung der Hypothek auch in der Weise, daß die Zwangsvollstreckung in das belastete Grundstück gegen den jeweiligen Eigentümer zulässig sein soll.

Ich willige darein, daß der Gläubigerin jederzeit auf ihren einseitigen Antrag eine vollstreckbare Ausfertigung dieser Verhandlung wegen Hauptforderung, Zinsen und Nebenleistungen ohne den urkundlichen Nachweis der Tatsachen, von denen die Fälligkeit der Forderung oder die Entstehung der Nebenleistungen abhängt, erteilt wird."

Bei der Prüfung, ob der Notar berechtigt ist, dem Gläubiger eine vollstreckbare Ausfertigung einer notariellen Urkunde zu erteilen, sind die beiden Fragen auseinanderzuhalten, ob der Notar berechtigt ist, dem Gläubiger eine einfache Ausfertigung der Schuldurkunde auszuhändigen und ob er befugt ist, ihm eine Vollstreckungsklausel zu erteilen. Die erste Frage ist eine Angelegenheit der freiwilligen Gerichtsbarkeit und findet ihre Beantwortung in § 51 BeurkG. Danach können nur diejenigen Personen, deren eigene oder durch einen Vertreter abgegebene Erklärungen beurkundet sind, oder ihre Rechtsnachfolger eine Ausfertigung fordern, sofern nicht in der Urkunde oder durch eine besondere Erklärung gegenüber dem Notar eine abweichende Bestimmung getroffen ist. Die demnach erforderliche Zustimmung des

Schuldners zur Erteilung der Ausfertigung an den Gläubiger kann aber, wie es hier geschehen ist, schon im voraus in der Urkunde erteilt werden (KG JW 1929, 1891; OLG München, DNotZ 1954, 552). Für die Prüfung der Frage, wann, unter welchen Voraussetzungen und in welcher Form der Notar die Vollstreckungsklausel erteilen darf, sind dagegen die Bestimmungen der ZPO maßgebend. Denn hierbei handelt es sich um die Vorbereitung und Einleitung der Zwangsvollstreckung, die zur streitigen Gerichtsbarkeit gehört, während das Beurkundungsgesetz für die Erteilung der Vollstreckungsklausel und vollstreckbarer Ausfertigungen notarieller Protokolle keine Bestimmungen trifft (§ 52 BeurkG). Für die Erteilung vollstreckbarer Ausfertigungen notarieller Urkunden müssen daher sowohl die Voraussetzungen des § 51 BeurkG als auch die der ZPO erfüllt sein (Jansen, DNotZ 1966, 267 zu B; Jansen, FGG, 2. Aufl. Bd. III, § 52 BeurkG Rdn. 21; h.M., a.M. Röll DNotZ 1970, 144 zu 5)

Nach § 726 ZPO darf der Notar die vollstreckbare Ausfertigung erst erteilen, wenn ihm die Fälligkeit der Forderung oder hinsichtlich der Nebenleistungen der Eintritt der aufschiebenden Bedingung durch öffentliche oder öffentlich beglaubigte Urkunden nachgewiesen ist. Der Schuldner kann jedoch dem Gläubiger im voraus von der Führung des urkundlichen Nachweises Befreiung erteilen (KG DNotZ 1933, 571).

Weigert sich der Notar, dem Gläubiger eine vollstreckbare Ausfertigung zu erteilen, so entscheidet darüber nach § 54 BeurkG das Landgericht. Nach dem Ausscheiden des Notars aus dem Amt, z.B. durch Tod, erteilt die vollstreckbare Ausfertigung das Amtsgericht, das gemäß § 51 BNotO die Urkunden des Notars verwahrt (§ 797^{II} S. 2 ZPO). In sonstigen Fällen der Verweigerung der Urkundstätigkeit durch den Notar ist als Rechtsbehelf die Anrufung einer Zivilkammer des Landgerichts gegeben, das im Verfahren der freiwilligen Gerichtsbarkeit entscheidet (§ 15 BNotO).

„Ich bewillige und beantrage die Eintragung der Hypothek und der Unterwerfung unter die Zwangsvollstreckung in das Grundbuch sowie die unmittelbare Aushändigung des zu bildenden Briefes an die Gläubigerin.

(folgt Antrag auf Erteilung von Ausfertigungen und beglaubigten Abschriften).

Hierauf ist das Protokoll vorgelesen, von der Beteiligten genehmigt und eigenhändig, wie folgt, unterschrieben worden:

Katharina Zabel

Justus Siegel
(Kostenrechnung) Notar"

Ehevertrag

Hausbesitzer Busch hat vor einigen Wochen dem Notar geschrieben:

„Meine älteste Tochter *Hermine* heiratet Anfang Oktober. Sie erhält als Ausstattung von mir das Hausgrundstück Lindenstraße 39 und eine Wäscheaussteuer, außerdem besitzt sie 20000 Mark in 6%igen Pfandbriefen als großmütterliches Erbteil. Der Bräutigam, Kaufmann *Walter Duncker* in Köln, ist Inhaber einer Rohhäute- und Wollehandlung. Obgleich ich zu seinem Charakter volles Vertrauen habe und ihn für einen sehr gewiegten und vorsichtigen Kaufmann halte, möchte ich meine Tochter doch sichern, damit sie nicht für die Schulden ihres Mannes haftbar gemacht werden und ihre Mitgift nicht in seinen Konkurs hineingezogen werden kann. Ich bitte Sie, einen geeigneten Ehevertrag auszuarbeiten und meine Tochter zur Vollziehung zu bestellen. Mein Schwiegersohn wird seinen Beitritt vor einem Kölner Notar erklären, da unsicher ist, ob er vor der Hochzeit noch einmal nach Lichterfelde kommt. Er hat übrigens von sich aus angeboten. eine hohe Lebensversicherung zugunsten meiner Tochter zu nehmen.

Hochachtungsvoll
Emil Busch, Hausbesitzer"

Der Brief zeigt, wie wenig die güterrechtlichen Vorschriften in das allgemeine Bewußtsein gedrungen sind. Bei der Gütergemeinschaft haftet in der Tat das Ver-

(mögen der Frau — soweit es nicht Vorbehalts- oder Sondergut (§§ 1418, 1417 BGB ist — für sämtliche Verbindlichkeiten des Mannes, der das Gesamtgut allein verwaltet (§ 1437I), so daß die Frau eines Kaufmanns bei diesem Güterstande leicht alles verlieren kann. Bei gemeinschaftlicher Verwaltung des Gesamtguts durch Mann und Frau (§ 1421) haftet der mitverwaltende Ehegatte für die Gesamtgutsverbindlichkeiten und damit für viele Schulden des anderen Ehegatten auch persönlich, also auch mit Vorbehaltsgut und Sondergut (§ 1459II). Gütergemeinschaft tritt aber nur noch auf Grund Ehevertrags ein. Ein anderer weit verbreiteter Irrtum geht dahin, daß die „Mitgift" Eigentum des Mannes werde, während sie doch beim früheren gesetzlichen Güterstand nur seiner Verwaltung und Nutznießung unterlag und er nicht einmal ohne Zustimmung der Frau über das Eingebrachte verfügen konnte, ausgenommen Geld, Wertpapiere und andere verbrauchbare Sachen (§§ 1373/76 a.F.). Wenn indessen auch die Rechte des Mannes am Frauenvermögen nicht so weit reichten, wie das rechtsunkundige Publikum meinte, so waren sie doch groß genug, um die Frau unter Umständen erheblich zu gefährden. Das Recht auf Sicherheitsleistung und Aufhebung des Güterstandes (§§ 1391, 1418I a.F.) ließ sich praktisch erst geltend machen, wenn es zu spät war. Auf der anderen Seite hatte die Frau nach gesetzlichem Güterrecht keinen Anteil an dem Vermögen, das der Mann während der Ehe erwirbt, obgleich sie ihm dabei häufig geholfen, zum mindesten durch ihre häusliche Tätigkeit ihn in Stand gesetzt hat, ungestört seinem Beruf nachzugehen. Die vielen Testamente, in denen die Frau zur alleinigen Erbin oder Vorerbin ernannt wird, stellten eine Reaktion gegen diese das Rechtsgefühl nicht befriedigende Regelung dar.

Der gesetzliche Güterstand der Verwaltung und Nutznießung des BGB war mit dem in Art. 3II GG niedergelegten Grundsatz der Gleichberechtigung von Mann und Frau, der nach Art. 117 GG seit dem 1. April 1953 unmittelbar geltendes Recht ist, nicht vereinbar (BVerfG 3, 225). In der „gesetzlosen Zeit" bis zum 1. Juli 1958, dem Inkrafttreten des GleichberG, galt, wenn kein vertraglicher Güterstand vereinbart war, Gütertrennung, wie überwiegend angenommen wurde (BGH NJW 1954, 349). Allerdings verwirklicht die reine Gütertrennung den Grundsatz der Gleichberechtigung nur der Form nach, nicht im wirtschaftlichen Ergebnis. In der normalen Ehe wird die als Hausfrau tätige Ehefrau durch den Ausschluß vom Zugewinn des Mannes bei Gütertrennung ebenso benachteiligt wie beim Güterstand der Nutzverwaltung. Die Grenzen der Rechtsprechung wären jedoch überschritten worden, wenn der Richter in der Übergangszeit rechtsschöpferisch einen Güterstand hätte entwickeln wollen, der den Grundsatz der Gleichberechtigung voll verwirklicht. Mit Rücksicht auf die Rechtssicherheit und die Notwendigkeit, klare Verhältnisse zu schaffen, blieb nur die Gütertrennung als gesetzlicher Güterstand übrig (vgl. dazu Staudinger-Felgentraeger BGB 11. Aufl. Einl. 21 ff. zu § 1363).

Das Gleichberechtigungsgesetz überläßt es grundsätzlich den Ehegatten, ihre güterrechtlichen Verhältnisse durch einen Ehevertrag zu regeln, für dessen Inhalt eine durch Typenzwang mehr oder weniger beschränkte Vertragsfreiheit gilt; andernfalls gilt ein subsidiärer gesetzlicher Güterstand (dispositives Ehegüterrecht mit gesetzlichem Güterstand). Als gesetzlich normierte Wahlgüterstände werden nur noch die Gütergemeinschaft (§§ 1415 bis 1518) und die Gütertrennung (§ 1414) zur Verfügung gestellt. Die Gütertrennung ist in gewissen Fällen zugleich hilfsweiser gesetzlicher Güterstand (§§ 1388, 1449, 1470, 1414).

Als gesetzlichen Güterstand hat das GleichberG die Zugewinngemeinschaft eingeführt, die trotz ihres Namens keine Vermögensgemeinschaft begründet, sondern auf dem Grundsatz der Gütertrennung, abgewandelt durch einen Ausgleich des während der Ehe erarbeiteten Vermögens und durch gewisse Verwaltungsbeschränkungen, beruht. Jeder Ehegatte bleibt Eigentümer seines Vermögens, mag er es vor oder nach der Eheschließung erworben haben (§ 1363 II S. 1). Er verwaltet sein Vermögen auch selbständig (§ 1364). Allerdings ist jeder Ehegatte einigen zum Teil weitgehenden Beschränkungen seiner Verpflichtungs- und Verfügungsfähigkeit unterworfen. Jeder Ehegatte kann sich nur mit Einwilligung des andern verpflichten, über sein Vermögen im ganzen zu verfügen (§ 1365 I). Diese Beschränkung kann sich bei Übergabeverträgen, Geschäftsveräußerungen oder Einbringung des Vermögens in eine Handelsgesellschaft auswirken. Ähnlich sind die Gegenstände des ehelichen Hausrats gegen Verfügungen des Eigentümer-Ehegatten, z. B. durch Veräußerung einschließlich der Sicherungsübereignung oder durch Belastung, geschützt (§ 1369 I.) In beiden Fällen kann das Vormundschaftsgericht die Zustimmung des anderen Ehegatten auf Antrag ersetzen (§§ 1365, 1369II, § 53 FGG).

Wird der Güterstand der Zugewinngemeinschaft durch Auflösung der Ehe infolge Nichtigerklärung, Aufhebung oder Scheidung oder durch Ehevertrag oder durch Urteil auf vorzeitigen Ausgleich des Zugewinns beendet, so kommt es zu einem geldlichen Ausgleich. Der Ehegatte, der keinen oder den geringeren Zugewinn gemacht hat, erwirbt gegen den anderen Ehegatten, welcher den alleinigen oder höheren Zugewinn erzielt hat, eine schuldrechtliche Ausgleichsforderung in Höhe der Hälfte des Betrages, um den der Zugewinn des einen Ehegatten den des anderen übersteigt (§§ 1372, 1378 I). Der Zugewinn wird ermittelt durch seinen Vergleich des Anfangsvermögens mit dem Endvermögen (§ 1373). Diese Rechnungsposten können durch Zu- und Abrechnungen modifiziert werden (§§ 1374, 1375).

Wird der Güterstand durch Tod eines Ehegatten aufgelöst, so wird der Zugewinnausgleich in der Regel in der Weise verwirklicht, daß der gesetzliche Erbteil des überlebenden Ehegatten sich um ein Viertel erhöht, und zwar ohne Rücksicht darauf, ob der Vorverstorbene einen Zugewinn erzielt hat oder nicht (sog. erbrechtliche Lösung, § 1371).

Dieser Güterstand ist ersichtlich auf den Fall zugeschnitten, daß die Ehe in jungen Jahren geschlossen wird, nennenswertes Anfangsvermögen nicht vorhanden ist, das Vermögen vielmehr erst während der Ehe erarbeitet und die Ehe durch den Tod, meistens des Mannes, aufgelöst wird. Unter diesen Verhältnissen führt der Güterstand zu einer befriedigenden Lösung. Wird aber wesentliches Anfangsvermögen eingebracht oder ist mit erheblichem Zugewinn zu rechnen oder sind einseitige (eheliche oder nichteheliche) Kinder vorhanden, so empfiehlt es sich, durch Abschluß eines Ehevertrages, ergänzt durch eine Verfügung von Todes wegen, die vermögensrechtlichen Folgen der Eheschließung den gegebenen Verhältnissen anzupassen. Der Ehevertrag hat dadurch an Bedeutung gewonnen[1]).

Der Ehevertrag kann den Güterstand im ganzen regeln oder innerhalb eines bestehenden (gesetzlichen oder vertraglichen) Güterstandes nur in einzelnen güterrechtlichen Beziehungen Abweichungen von nicht zwingenden Rechtssätzen vorsehen (genereller und spezieller Ehevertrag).

Durch generellen Ehevertrag können unter Ausschluß des gesetzlichen Güterstandes Gütertrennung oder Gütergemeinschaft vereinbart oder Zugewinngemeinschaft, Gütergemeinschaft oder Gütertrennung durch einen anderen Güterstand ersetzt werden. Der Ehevertrag kann auch rein negativ zum Inhalt haben, daß der bestehende Güterstand lediglich aufgehoben wird; dann tritt nach der Auslegungsregel des § 1414 Gütertrennung ein.

Durch speziellen Ehevertrag können sowohl der vertragliche Güterstand der Gütergemeinschaft als auch der gesetzliche Güterstand in gewissen Grenzen in einzelnen Beziehungen geändert werden. Bei der Gütergemeinschaft können Gegenstände zum Vorbehaltsgut erklärt (§ 1418 II Nr. 1), die Verwaltungsbefugnis am Gesamtgut geregelt (§ 1421) oder Zustimmungen zu Rechtsgeschäften erteilt werden (§§ 1423—1425, 1450—1456), z. B. der das Gesamtgut allein verwaltende

[1]) Vgl. *Knur*, Probleme der Zugewinngemeinschaft, 1959.

Ehegatte zu Verfügungen über Gesamtgutsgrundstücke ohne Einwilligung des anderen (§ 1424) ermächtigt werden (BGB-RGRK § 1424 Anm. 36). Auch die Zugewinngemeinschaft kann vielfältig abgewandelt werden. Die Verfügungsbeschränkungen des § 1365 oder des § 1369 oder beide können insgesamt oder in bezug auf einzelne Gegenstände (insoweit str.) ausgeschlossen werden. Die Beteiligungsquote am Zugewinn kann niedriger, etwa auf ein Drittel oder ein Viertel festgesetzt oder durch einen Höchstbetrag begrenzt werden. Der Zugewinnausgleich kann sogar von Bedingungen oder Befristungen abhängig gemacht werden; es könnte vereinbart werden, daß er erst bei zehnjähriger und (oder) bekindeter Ehe eintritt oder daß er für den Fall der Eheschließung schlechthin oder nur für den allein oder überwiegend für schuldig erklärten Ehegatten ausgeschlossen sein soll. Es können vom Gesetz abweichende Vereinbarungen über Umfang und Bewertung des Anfangs- und Endvermögens und über die Erfüllung der Ausgleichsforderung (Hingabe von Sachwerten, Zahlungsaufschub. Sicherstellung) getroffen werden. Streitig ist, ob bei gänzlichem Ausschluß des Zugewinns die Verfügungsbeschränkungen der §§ 1365, 1369 aufrecht erhalten werden können oder ob dann nach § 1414 S. 2 zwingend Gütertrennung eintritt; eine solche Vereinbarung wird aber wohl für unzulässig zu erachten sein (BGB-RGRK § 1414 Anm. 5; Dölle FamR § 43 C III Fn. 140; Staudinger-Felgentraeger BGB 11. Aufl. § 1408 Rdn. 70; a.M. Beitzke FamR § 12 IV 5, § 14, 1).

Steuerrechtliche Auswirkungen Einen nicht unwesentlichen Anreiz zur Aufrechterhaltung der Zugewinngemeinschaft schaffen die erbschaftssteuerlichen Vorteile, die § 6 ErbStG i.d.F. der Bek. vom 1. April 1959 (BGBl I 187) bietet. Danach bleibt das Viertel der Erbschaft, um welches sich der gesetzliche Erbteil des überlebenden Ehegatten nach § 1371 I BGB erhöht (Zusatzerbteil), steuerfrei, wenn die Zugewinngemeinschaft durch den Tod eines Ehegatten beendet wird und es nicht zur güterrechtlichen Lösung kommt. Das gilt unabhängig davon, ob ein Zugewinn erzielt worden ist oder nicht. Die allgemeinen Ehegatten-Freibeträge nach § 16 oder § 17 ErbStG, nämlich 250000 DM bei bekindeter Ehe, sonst 30000 DM (unten S. 471) bleiben daneben bestehen, Bei einem steuerpflichtigen Nachlaß mit einem steuerlichen Wert von 1000000 DM beträgt hiernach der Freibetrag des überlebenden Ehegatten 500000 DM bei bekindeter, 280000 DM bei kinderloser Ehe anstatt 250000 DM oder 30000 DM bei Geltung eines anderen Güterstandes. Der Erwerb des überlebenden Ehegatten ist nur insoweit steuerpflichtig, als er den Freibetrag übersteigt. Die bei güterrechtlicher Lösung entstehende Ausgleichsforderung ist in keinem Fall schenkungs- oder erbschaftssteuerpflichtig (§ 6 II ErbStG). Dazu Troll, FamRZ 1959, 385. Diese steuerlichen Auswirkungen dürfen bei der Beratung der Beteiligten durch den Notar nicht übersehen werden.

Brief an Busch:

„Auf das Schreiben vom 1. d. M. teile ich Ihnen mit, daß Eheverträge bei gleichzeitiger, aber nicht notwendig persönlicher Anwesenheit beider Teile zur Niederschrift eines Notars geschlossen werden (§ 1410 BGB). Es kann also nicht Ihre Tochter in Lichterfelde das Angebot und Herr *Duncker* in Köln die Annahme erklären. Zulässig ist Abschluß durch einen Bevollmächtigten, doch rate ich Ihnen hiervon ab, weil ich es für notwendig halte, eine so einschneidende Vereinbarung mit den Nächstsbeteiligten selbst zu besprechen. Außerdem kann die Eintragung ins Güterrechtsregister nur erfolgen, wenn die Vollmacht des beim Ehevertrag mitwirkenden Vertreters öffentlich beglaubigt ist oder aber nachher ein besonderer Antrag auf Eintragung in beglaubigter Form gestellt wird. Dadurch entstehen Mehrkosten, die vermieden werden können. Es wird sich also empfehlen, den Abschluß des Ehevertrages bis zur nächsten Anwesenheit des Herrn *Duncker* in Lichterfelde hinauszuschieben."

§ 1560 S. 2 BGB., 161 FGG. Für die materiell-rechtliche Wirksamkeit genügt Abschluß des Ehevertrags durch einen formlos Bevollmächtigten (§ 167 II BGB). Selbstkontrahieren eines Ehegatten, den der andere von den Beschränkungen des § 181 befreit hat, ist auch beim Ehevertrag nicht ausgeschlossen (BGB-RGRK § 1410 Anm. 4). Für den Vertragsschluß durch einen gesetzlichen Vertreter enthält § 1411 eine Sonderregelung.

Der Rat des Notars wird befolgt und der Vertrag geschlossen, als Duncker zur Hochzeit nach Lichterfelde gekommen ist. Die steuerlichen Vorteile der Zugewinngemeinschaft leuchten den Verlobten ein. Andererseits ist die Verfügungsbeschränkung des § 1365 BGB dem Duncker als Kaufmann sehr lästig. Auch befürchtet er, daß sein Betriebskapital durch die Erfüllung der Ausgleichsforderung im Fall einer

Auflösung der Ehe durch Richterspruch zu sehr geschwächt werden könnte. Man entschließt sich daher zu einer Abwandlung des gesetzlichen Güterstandes. Ehevertrag:

„Urkundenrolle Nr. 542 für 1970.
Verhandelt
Lichterfelde, den 4. Oktober 1970
Vor dem unterzeichneten Notar im Bezirk des Kammergerichts zu Berlin
Justus Siegel

erschienen:

1. der Kaufmann *Walter Duncker* aus Köln, Luisenstraße 22,
2. das volljährige Fräulein *Hermine Busch* aus Lichterfelde, Lindenstr. 39,

dem Notar von Person bekannt, und schlossen folgenden

Ehevertrag:

§ 1. Wir beabsichtigen, die Ehe miteinander einzugehen. Der für unsere Ehe geltende gesetzliche Güterstand der Zugewinngemeinschaft wird nach Maßgabe der nachstehenden Bestimmungen abgeändert.

§ 2. Jeder von uns kann ohne Einwilligung des anderen über sein Vermögen im ganzen verfügen.

§ 3. Der Ausgleich des Zugewinns wird ausgeschlossen, wenn die Beendigung des Güterstandes vor Ablauf von zehn Jahren seit der Eheschließung eintritt, es sei denn, daß zu diesem Zeitpunkt ein gemeinschaftliches eheliches Kind vorhanden ist.

§ 4. Im Fall der Auflösung der Ehe durch Richterspruch wird der Ausgleich des Zugewinns für den allein oder überwiegend für schuldig erklärten Ehegatten ausgeschlossen.

§ 5. Abweichend von § 1378I BGB wird die Ausgleichsforderung bei Auflösung der Ehe durch Richterspruch oder bei Beendigung des Güterstandes durch auf vorzeitigen Ausgleich des Zugewinns erkennendes Urteil auf ein Drittel des Betrages bemessen, um den der Zugewinn des einen Ehegatten den Zugewinn des anderen übersteigt, höchstens auf 100000 DM.

§ 6. Das Anfangsvermögen der Frau besteht aus:
   a) dem Hausgrundstück Lichterfelde, Lindenstraße 39, Grundbuch von Lichterfelde Band 15 Blatt 443, im Werte von 60000 DM,
   b) nominell 20000 (i.W) DM 6%igen Norddeutschen Hypothekenbank-Pfandbriefen Serie V Buchst. D Nr. 2011 bis 2030 im Werte von 20000 DM,
   c) Schmucksachen, nämlich ..... im Werte von 5000 DM,
   d) Wäsche im Werte von 3000 DM,
   e) .... im Werte von 2000 DM.

§ 7. Das Anfangsvermögen des Mannes besteht aus:
   a) der Rohhäute- und Wollhandlung in Firma *Walter Duncker* in Köln im Werte von 200000 DM,
   b) zwei Personenkraftwagen Marke ... im Werte von 10000 DM.

§ 8. Für Umfang und Wert der Anfangsvermögen werden die vorstehend in den §§ 6 und 7 enthaltenen Angaben vertraglich als maßgebend vereinbart. Nach Abzug der Verbindlichkeiten beträgt hiernach das Anfangsvermögen des Mannes 210000 DM, das der Frau 90000 DM.“

Die Aufzählung der Vermögensstücke in den §§ 6 und 7 hat nicht die Bedeutung eines Vermögensverzeichnisses im Sinne des § 1377, welches im Verhältnis der Ehegatten zueinander die Vermutung der Richtigkeit für sich hat, sondern sie enthält, wie § 8 klarstellt, eine vertragliche Abänderung der §§ 1374I, 1376I über Umfang und Wert des Anfangsvermögens. Im Verhältnis zu Dritten hat die Aufzählung hinsichtlich der Eigentumsverhältnisse keine konstitutive Bedeutung; allenfalls kann sie ein Beweisanzeichen sein. Denn die praesumtio Muciana (§ 1362), nach welcher zugunsten der Gläubiger jedes der Ehegatten vermutet wird, daß die im Besitz eines der Ehegatten oder im Mitbesitz beider befindlichen beweglichen Sachen dem Schuldner gehören, gilt für alle Güterstände und ist zwingendes Recht.

Die gesetzliche Regelung des Zugewinnausgleichs wird noch in weiteren Punkten geändert:

„§ 9. Unsere gegenseitigen Zuwendungen werden auf die Ausgleichsforderung nicht angerechnet. Auch wird der Wert der Zuwendung bei der Berechnung der Ausgleichsforderung dem Zugewinn des zuwendenden Ehegatten nicht hinzugerechnet."

Abweichung vom § 1380. Unentgeltliche Zuwendungen an Dritte ohne Einverständnis des benachteiligten Ehegatten werden dem Endvermögen des Schenkers hinzugerechnet und so zur Ausgleichung gebracht (§ 1375 II Nr. 1).

„§ 10. Bei Beendigung des Güterstandes außer durch Tod ist die Ausgleichsforderung in drei gleichen Jahresraten zahlbar, deren erste ein Jahr nach der Beendigung des Güterstandes fällig wird, und bis zur Zahlung mit 4 v.H. zu verzinsen. Der Gläubiger kann Sicherheitsleistung verlangen."

Die Ratenzahlungen sollen den Schuldner vor wirtschaftlichen Schwierigkeiten schützen. Das Gesetz sieht die Gewährung richterlicher Vertragshilfe zur Regelung der Ausgleichsforderung durch das Vormundschaftsgericht in den §§ 1382, 1383 BGB, 53a FGG vor.

Wie wir aus dem einleitenden Brief des Vaters wissen, sind Grundstück und Wäsche als Ausstattung gegeben. „Ausstattung" ist nach § 1624 I alles, was einem Kind (Sohn oder Tochter!) mit Rücksicht auf seine Verheiratung oder auf die Erlangung einer selbständigen Lebensstellung (Geschäftseinrichtung!) von den Eltern zugewandt wird. Es sind auseinanderzuhalten: 1. Aussteuer, 2. diejenige Ausstattung, die nicht Aussteuer ist, aber im Rahmen der Verhältnisse bleibt, 3. Ausstattung, die das den Umständen entsprechende Maß übersteigt. Den Rechtsanspruch der Töchter auf „Aussteuer" (d.h. die zur Einrichtung des Haushalts notwendigen Möbel, Wäschestücke u. dgl.) hat das GleichberG durch Aufhebung des § 1620 BGB a.F. beseitigt. Diese Zuwendungen fallen jetzt unter den Oberbegriff der Ausstattung, die immer freiwillig und unentgeltlich gewährt wird, doch gilt nach ausdrücklicher Bestimmung des § 1624 I die Ausstattung nicht als Schenkung. Folge: zu 1 und 2 ist ein formloses Versprechen der Eltern rechtsverbindlich. Aber auch zu 3 braucht nicht unbedingt ein der Formvorschrift des § 518 I unterliegendes Schenkungsversprechen vorzuliegen, denn zu den Begriffsmerkmalen der Schenkung (§ 516 I) gehört neben objektiver Unentgeltlichkeit die subjektive Einigkeit der Parteien über die Unentgeltlichkeit, und an dem zweiten Moment kann es bei Zuwendung aus Anlaß einer Eheschließung fehlen. Anderes Beispiel, bei dem die Schenkung aus subjektiven Gründen verneint wird: das nachträgliche Versprechen einer Vergütung für Dienste, die von dem anderen Teil aus reiner Gefälligkeit bereits geleistet worden sind. Vgl. RG 72, 191; 94, 322; a. M. Staudinger-Ostler, 11. Aufl. § 516 Anm. 14.

„§ 11. Herr *Duncker* verpflichtet sich, innerhalb eines Monats zugunsten seiner künftigen Frau bei einer deutschen Lebensversicherungsgesellschaft sein Leben mit 30000 DM (i. W.) dergestalt zu versichern, daß die Bestimmung der Begünstigten ohne ihre Zustimmung nicht abgeändert werden kann. Er verpflichtet sich, die Versicherungsprämien, so lange die Ehe besteht, aus seinen Mitteln zu bezahlen."

Die Lebensversicherung zugunsten der Ehefrau dient der zusätzlichen Sicherung. Bei Gütertrennung wird sie häufig vereinbart als Ersatz für die fehlende Beteiligung der Frau am Vermögenszuwachs. Die sonst dem Versicherungsnehmer zustehende Befugnis zum Widerruf und zur Änderung der Bezugsberechtigung kann ausgeschlossen werden.

„§ 12. Eine Eintragung in das Güterrechtsregister kommt nicht in Betracht."

Maßgebend für die güterrechtlichen Verhältnisse ist der formgerechte Abschluß des Ehevertrags (§ 1408). Die Eintragung ins Güterrechtsregister wirkt nur rechtsbekundend und nimmt, wo es auf die Kenntnis güterrechtlicher Verhältnisse ankommt, dem Dritten die Möglichkeit, sich auf seine Unkenntnis zu berufen (§ 1412; vgl. dazu S. 327 „Entziehung der Schlüsselgewalt"). In unserem Fall ist der Ehevertrag nicht eintragungsfähig. Eintragungsfähig sind nur Rechtsverhältnisse, die nach dem Gesetz zu ihrer Wirkung gegenüber gutgläubigen Dritten der Eintragung bedürfen (Jansen, FGG, § 161 Rdn. 8). Dazu gehört weder die Änderung des Zugewinnausgleichs, weil sie nur das Innenverhältnis der Ehegatten berührt, noch die Beseitigung der Verfügungsbeschränkungen der §§ 1365, 1369, weil sie den Rechtsverkehr mit Dritten erleichtert (BGHZ 41, 370).

„§ 13. Die Beteiligten wurden auf die mögliche Schenkungssteuerpflicht der Zuwendung in § 11 hingewiesen.

§ 14. Den Geschäftswert geben wir auf 300 000 DM[1]) an.

(folgt Antrag auf Erteilung von Ausfertigungen, Vorlesungs- und Genehmigungsvermerk).

Walter Duncker *Hermine Busch*

Justus Siegel
Notar"

Schenkungssteuer: Der Notar prüft den Vertrag auf schenkungssteuerpflichtige Bestimmungen, um gegebenenfalls dem für den Schenker zuständigen Finanzamt beglaubigte Abschrift zu übersenden und seiner Hinweispflicht zu genügen (§ 189a$^{I, II}$ Nr. 3 RAO, § 13$^{I, II, V}$ der ErbStDV i. d. F. vom 19. Januar 1962 (BGBl. I 18). Von Einzelheiten abgesehen, werden Schenkungen wie Erwerb von Todes wegen besteuert (§ 1 ErbStG), damit jede Versuchung wegfällt, durch Schenkungen unter Lebenden der Erbschaftssteuer zu entgehen. Dabei ist der steuerliche Begriff der Schenkung weiter als der des bürgerlichen Rechts, er umfaßt jede „freigebige Zuwendung, soweit der Bedachte durch sie auf Kosten des Zuwendenden bereichert wird" (§ 3^2), ohne daß es auf die subjektive Einigung über die Unentgeltlichkeit ankäme. Die Verpflichtung des Bräutigams, sein Leben zugunsten der künftigen Frau unwiderruflich zu versichern und die Versicherung durch Zahlung der Prämien aufrechtzuerhalten, stellt darnach eine steuerpflichtige Schenkung dar. Der Erwerb der freigebigen Zuwendung durch den unwiderruflich Begünstigten tritt jedoch erst im Zeitpunkt des Versicherungsfalls ein (BFH in BStBl 1952 III, 240). Die Bereicherung besteht in der vereinnahmten Versicherungssumme, nicht in der Summe der Prämienzahlungen des Schenkers (RFH 23, 242), § 2^1 Nr. 3 ErbStG. Die Versicherungssumme wird aber bei der Berechnung des steuerfreien Zusatzerbteils nach § 6^1 ErbStG (oben S. 47) mitgerechnet werden müssen (Troll, FamRZ 1959, 386).

Für die Zuwendung des Hauses und der Wäscheaussteuer durch den Vater kommen drei verschiedene Befreiungsvorschriften in Betracht. § $18^1$1a befreit „Hausrat" einschließlich Wäsche und Kleidungsstücke bei Verwandten der Steuerklassen I und II, soweit der Wert 20000 DM nicht übersteigt; § 18^{15} Zuwendungen zum Zwecke des „angemessenen Unterhalts"; § 3^V Ausstattungen, die Abkömmlingen „zur Einrichtung eines den Vermögensverhältnissen und der Lebensstellung der Beteiligten angemessenen Haushalts gewährt werden." Da Busch die Aussteuer in Natur gibt, fällt sie unter § $18^1$1a. Recht unklar ist nach der Rechtsprechung die Tragweite des § 3^V. Faßt man den Begriff der Einrichtung des Haushalts eng, so deckt er sich mit dem Aussteuerbegriff, würde also etwa zur Anwendung gelangen, wenn bares Geld zur Anschaffung von Möbeln u. dgl. gegeben wird. Es kann aber auch die Zuwendung eines Hauses, in dem die Tochter wohnen soll, steuerfrei sein. Einmal wurde sogar bei Überlassung einer Hypothek von 75000 DM an einen kranken Sohn Steuerfreiheit zugebilligt, weil die Hypothek teils zur Einrichtung eines Haushalts, teils zum Unterhalt bestimmt sei. RFH 7, 30, 332; 12, 98; 16, 236; 25, 3.

Im vorliegenden Fall sind die Zuwendungen Buschs an seine Tochter nicht im Vertrage beurkundet. Die beglaubigte Abschrift braucht daher nur wegen § 11 des Vertrages übersandt zu werden. Vermerk auf der Urschrift des Protokolls:

„Beglaubigte Abschrift dem Hauptfinanzamt Berlin übersandt. 6. 10. 60 *Siegel*"

Die Ausstattung soll durch Anzeige der Beteiligten (§ 26$^{I, II}$) zur Kenntnis ds Finanzamts gelangen. Falls die Überlassung des Grundstücks einer Schenkungssteuer unterliegt, wird dabei nicht

[1]) Maßgebend ist das zusammengerechnete Nettovermögen beider Ehegatten (§ 39^{III} KostO).

(wie bei der Grunderwerbsteuer) der Bruttowert, sondern nur der nach Abzug der übernommenen Belastungen verbleibende Wert der Bereicherung versteuert. — Grunderwerbsteuer für die Überlassung des Grundstücks kommt keinesfalls in Betracht, weil es sich um den Erwerb eines Abkömmlings handelt (§ 3[6] GrEStG).

Testament

Gutsbesitzer Heidenreich, schwer herzkrank in einer Privatklinik liegend, will seinen letzten Willen erklären und setzt dem Notar seine Wünsche und Absichten auseinander: Erstens soll das Testament so gefaßt sein, daß möglichst wenig Erbschaftssteuer zu zahlen ist.

Der Notar: Wir werden zunächst feststellen, was Sie den einzelnen Beteiligten zuwenden wollen, und darnach die Form suchen, bei der ein jeder die ihm gebührende Rechtsstellung erhält. Entstehen dadurch mehr Erbschafts- oder sonstige Steuern, als unbedingt notwendig, und gibt es einen anderen Weg, mit geringerem steuerlichen Aufwand annähernd die gleiche rechtliche Wirkung zu erzielen, so werde ich Sie auf diese Möglichkeit hinweisen, und Sie können dann wählen. Bloß wegen der Steuerverbilligung ein Testament, einen Vertrag oder ein sonstiges Rechtsgeschäft zu errichten, das nicht für die sachlichen Bedürfnisse des gegebenen Falles paßt, wäre ein arger Fehler. Sie können ja nicht einmal wissen, ob nicht durch Änderung der Steuergesetze der erhoffte Vorteil wegfallen wird, während die materiell-rechtlichen Nachteile bleiben!

Für die Erhebung der Erbschaftssteuer werden die Erwerber nach dem Grade der Verwandtschaft zum Erblasser in fünf Steuerklassen eingeteilt (§ 10 ErbStG). Der am meisten begünstigten Steuerklasse I gehören der Ehegatte, die Kinder und Stiefkinder des Erblassers an. Bei ihnen ist der Erwerb steuerpflichtig, der einen Freibetrag von 30000 DM übersteigt (§ 17[I] Nr. 1). Außerdem werden sie nach dem niedrigsten Steuersatz veranlagt (je nach der Höhe des Erwerbs 2—15%, in Steuerklasse V dagegen 14—60%). Sind gemeinsame Abkömmlinge vorhanden, so erhöht sich der Freibetrag des Ehegatten auf 250000 DM (§ 16). Zweck dieser Bestimmung ist, bei der Vererbung kleiner und mittlerer Familienvermögen den Erwerb des überlebenden Ehegatten zur Vermeidung einer doppelten Besteuerung zunächst unversteuert zu lassen und ihn erst beim Übergang vom letztversterbenden Ehegatten auf die gemeinsamen Abkömmlinge der Steuer zu unterwerfen. Hieraus ergeben sich, wenn der erhöhte Freibetrag nicht überschritten wird, bei „bekindeter Ehe“ folgende Folgerungen: 1. Erbt die Frau neben den Kindern, so sind zunächst nur die Erbteile der Kinder und, wenn später die Frau ihr Vermögen ebenfalls den Kindern vererbt, auch der darin enthaltene Ehegattenerbteil zu versteuern. Insgesamt wird also Erbschaftssteuer vom einmaligen Betrag des Nachlasses des Familienvaters erhoben. 2. Ist die Frau Vorerbin und sind die Kinder Nacherben auf den Todesfall, so versteuern die Kinder den Nachlaß, sobald er ihnen anfällt, entsprechend dem dann vorhandenen Wert (§ 7[I, II]). Die Höhe der Steuer richtet sich grundsätzlich nach dem Verhältnis des Nacherben zum Vorerben (Abs. II S. 1); ist die Verwandtschaft zum Erblasser näher, so wird auf Antrag nach dem hieraus sich ergebenden niedrigeren Satz versteuert (Abs II S. 2). 3. Setzt der Erblasser seine Kinder zu Alleinerben, die Frau als Nießbraucherin des Nachlasses ein, so haben die Kinder nach § 31[I] ein Wahlrecht. Entweder beantragen sie die Aussetzung der Versteuerung ihres Erwerbs bis zum Erlöschen des Nießbrauchs, also bis zum Tod der Witwe, dürfen aber dann keinen Abzug wegen des Nießbrauchs machen. Oder sie versteuern sofort unter Abzug des als Belastung aufzufassenden Nießbrauchs. Dabei wird der Wert des Nießbrauchs durch Kapitalisierung des jährlichen Reinertrags ermittelt; der Vervielfältiger ist dem § 16 BewG zu entnehmen. Die zweite Methode ermöglicht eine Steuerersparnis, die sehr wesentlich sein kann. Steht z.B. die Witwe beim Tod des Erblassers im Alter von 60—63 Jahren und verzinst sich der Nachlaß zu 6%, so werden als kapitalisierter Nießbrauch $10 \times 6 = 60\%$ des Nachlaßwerts abgezogen, bei einem Lebensalter von 45—49 Jahren sogar $14 \times 6 = 84\%$! Soll die Frau außer der Nutznießung auch die Verwaltung des Nachlasses haben, so wird sie zur Testamentsvollstreckerin bestellt. Allerdings hat das ganze Rechtsverhältnis etwas Gekünsteltes, und schon wegen der Möglichkeit der Entlassung (§ 2227 BGB) ist die Stellung der Nießbraucherin-Testamentsvollstreckerin derjenigen einer Vorerbin nicht gleichwertig. Schrifttum bei Staudinger-Spreng, BGB, 11. Aufl. Vorbem. 9 vor § 1030, § 1089 Anm. 9. — Wegen der Erhöhung des Ehegatten-Freibetrages bei Zugewinngemeinschaft s. S. oben 47.

Heidenreich: Zweitens will ich meinem Sohn Egon den Pflichtteil entziehen und ihm, wenn es geht, nur eine Rente aussetzen. Er darf kein Geld in die Hand bekommen, denn er ist leichtsinnig und verschwenderisch, obgleich ich schon mehrere Male seine Schulden bezahlt habe und er mir dabei Besserung gelobt hat. Ist es erforderlich, ihm ein Kapital zu hinterlassen, so soll es nach seinem Ableben an meine Kinder zurückfallen. Bitte denken Sie sich eine Form aus, die Egon unbedingt anerkennen muß.

Notar: Was Sie ihrem Sohn vorwerfen, wird zur Pflichtteilsentziehung kaum ausreichen, denn Sie können nicht sagen, daß er mit seinem leichtsinnigen Schuldenmachen „einen ehrlosen oder unsittlichen Lebenswandel wider den Willen des Erblassers geführt“ habe (§ 2333[5]). Dagegen ist es möglich, durch sog. „Enterbung in guter Absicht“ den Pflichtteil festzulegen. Am besten werden Sie Ihr Ziel erreichen, wenn Sie Egon mehr als den Pflichtteil zuwenden, das Hinterlassene mit Testamentsvollstreckung und Nacherbenrecht belasten und weiter für den Fall der Anfechtung des Testaments anordnen, daß er dann zur Strafe nur seinen Pflichtteil, und zwar ebenfalls mit Testamentsvollstreckung und Nacherbfolge beschwert, erhält.

Abgesehen von der exheredatio bona mente kann dem pflichtteilsberechtigten Sohn das Recht, auf sofortiger Auszahlung seines Pflichtteils zur freien Verfügung zu bestehen, durch testamentarische Zuwendungen, die mit Testamentsvollstreckung, Auflagen, Nacherbfolge usw. beschwert sind, nicht genommen werden, wenn auch der Sohn die zur Erhaltung seines Pflichtteilsanspruchs notwendigen Fristen und Formen beachten muß (2. Kap.,„Pflichtteilspflegschaft“). Übersteigt aber die testamentarische Zuwendung den Pflichtteil erheblich, so wird sie der Sohn aus Nützlichkeitsgründen fast immer annehmen. Werden vollends exheredatio bona mente und Pflichtteils-(Ungehorsams-)klausel mit einander verbunden, wie der Notar rät, so besteht die größte Wahrscheinlichkeit, daß Egon Heidenreich sich beim väterlichen Testament beruhigt. Denn sobald er die Geltendmachung des Pflichtteilsanspruchs versucht, verliert er endgültig den Mehrbetrag des testamentarisch Hinterlassenen, und ob er den ihm alsdann verbleibenden Pflichtteil von den Beschränkungen des § 2338 freibekommt, hängt von einem ungewissen Rechtsstreit ab.

Heidenreich: Drittens möchte ich einen Teil meines Vermögens, ungefähr 50 bis 70000 Mark, für alle Zeiten festlegen, damit meine Nachkommen vor Not geschützt sind.

Notar: Das BGB gestattet die Bindung des Nachlasses mit erbrechtlichen Mitteln, von Ausnahmen abgesehen, nur für die ersten 30 Jahre. Genügt Ihnen diese Frist nicht, so müssen Sie durch Errichtung einer Familienstiftung ein neues Rechtssubjekt schaffen. Ich rate Ihnen von derartigen Maßnahmen dringend ab. Die Festlegung des Nachlasses schlägt nicht immer zum Besten der Beteiligten aus. Familienstiftungen erfordern einen umständlichen und schwerfälligen Apparat.

Den „Grundsatz der 30 Jahre“ enthalten die §§ 2044 (Teilungsbeschränkung), 2109 (Nacherbfolge), 2162/3 (Vermächtnis), 2210 (Testamentsvollstrecker mit Verwaltungsbefugnis). Wird ein in der Person eines Beteiligten eintretendes Ereignis — vor allem sein Tod — für maßgebend erklärt, so verlängert sich die 30-Jahresfrist.

Will Heidenreich eine Familienstiftung errichten und als (Teil-)Erben einsetzen, so empfiehlt sich die Bestellung von Testamentsvollstreckern, welche den Erbteil der Stiftung bis zur Aushändigung an sie zu verwalten haben Denn Stiftungen treten erst mit ihrer Genehmigung durch die Aufsichtsbehörde ins Leben (§ 80 S. 1). Allerdings wirkt die Genehmigung nach § 84 auf den Zeitpunkt des Erbfalls zurück, wodurch gemäß § 1923 ihre Erbfähigkeit als „embryo moralis“ hergestellt wird („moralische Person“ im älteren Sprachgebrauch = „juristische Person“). Zunächst steht aber noch nicht fest, ob genehmigt werden wird; beim Fehlen von Testamentsvollstreckern würde daher eine gerichtliche Nachlaßpflegschaft wegen Ungewißheit des Erben (§ 1960[II]) angeordnet werden müssen. — Familienstiftungen stehen unter Aufsicht des Amtsgerichts, dessen Zustimmung zu allen wichtigeren Handlungen einzuholen ist (Art. 1 PrAGBGB). Bei Stiftungen anderer Art ist der Regierungspräsident Aufsichtsinstanz. Über die Grundlagen des staatlichen Aufsichtsrechts vgl. OLG 7, 200 (KG); Staudinger-Coing XIII vor § 80. Zweckänderung, Aufhebung und Zusammenlegung von

(Familien- und sonstigen) Stiftungen wegen wesentlicher Änderung der Verhältnisse: pr. Ges vom 10. Juli 1924 (GS 575).

Nachdem alle Einzelfragen durchgesprochen sind, fertigt der Notar einen Entwurf, der die Billigung des Erblassers findet. Alsdann wird zur förmlichen Errichtung des Testaments geschritten:

„Verhandelt

Lichterfelde, den 5. Oktober 1970,

in der *Dr. Unblutig*schen Privatklinik, Tiergartenstraße 128, in welche sich der Notar zwecks Aufnahme dieser Verhandlung begeben hatte[1]).

Vor dem unterzeichneten Notar im Bezirk des Kammergerichts zu Berlin

Justus Siegel

und den auf Verlangen des Erblassers zugezogenen, dem Notar von Person bekannten Zeugen, nämlich

1. dem Referendar *Dr. Lothar Junghans*,
2. der Krankenpflegerin Fräulein *Martha Winkler*,

beide aus Lichterfelde, welche ebenso wie der Notar während der ganzen nachstehenden Verhandlung zugegen waren, erschien, von Person bekannt:

der Gutsbesitzer *Ferdinand Heidenreich* aus Buchwald, Kreis Münsterberg,

krank zu Bett liegend, aber nach der Überzeugung des Notars zweifellos geschäftsfähig. Er erklärte, daß er ein Testament durch Übergabe einer Schrift errichten wolle. Er übergab dem Notar die diesem Protokoll beigefügte, aus einem Bogen bestehende offene Schrift, welche mit seinem Vor- und Zunamen unterschrieben war, und erklärte mündlich:

Die übergebene Schrift enthält meinen letzten Willen.

Ich bin weder durch Erbvertrag noch durch gemeinschaftliches Testament in der letztwilligen Verfügung über mein Vermögen beschränkt. Ich widerrufe alle bisher von mir errichteten letztwilligen Verfügungen.

Den Wert meines Vermögens gebe ich auf 450000 DM an

Hierauf ist das Protokoll vorgelesen, von dem Erblasser genehmigt und, wie folgt, eigenhändig unterschrieben worden:

Ferdinand Heidenreich

Dr. Lothar Junghans *Martha Winkler*

Justus Siegel

Notar"

Von den beiden Formen des ordentlichen öffentlichen Testaments (§ 2232 BGB) wird meist die Errichtung durch Übergabe einer Schrift bevorzugt, weil bei ihr die sachlichen Anordnungen des Erblassers nicht zur Kenntnis der Testamentszeugen zu gelangen brauchen. Nur in besonderen Fällen — z. B. wenn man bei sehr alten oder schwer kranken Personen dem späteren Einwand vorbeugen will, daß der Testator sich der Bedeutung seiner Erklärungen nicht bewußt gewesen oder daß er in unzulässiger Weise beeinflußt worden sei — wird der Notar den letzten Willen ins Protokoll selbst aufnehmen. Notwendig ist dies, wenn der Testator nach seinen Angaben oder nach der Überzeugung des Notars Geschriebenes nicht lesen kann (§ 2233^{II}). Ein Minderjähriger kann, da er der beratenden Hilfe des Notars bedarf, ein Testament nur öffentlich mündlich oder durch Übergabe einer o f f e n e n Schrift errichten (§§ 2247^{IV}, 2233^{I}). Nur durch Übergabe einer Schrift kann öffentlich testieren, wer nach seinen Angaben oder nach der Überzeugung des Notars stumm oder sonst am Sprechen verhindert ist (§ 2233^{III}).

---

[1]) Zu den regelmäßigen Gebühren tritt hier die „Weggebühr" von $^5/_{10}$, Höchstbetrag 60 DM (§ 58 KostO).

Testamentszeugen: Die Zuziehung zweier Zeugen oder eines zweiten Notars steht nicht mehr im Belieben des Notars; nur auf Verlangen des Erblassers soll er diese Personen zuziehen (§ 29 BeurkG). Durch Sollvorschrift geboten ist die Zuziehung, wenn der Erblasser nach seinen Angaben oder nach der Überzeugung des Notars an einem der in § 22^{I} BeurkG angeführten Gebrechen leidet, sofern der Beteiligte (§ 6^{II} BeurkG) nicht darauf verzichtet. Der Zeuge soll wegen § 22^{II} BeurkG schreiben können (§ 26^{II} Nr. 5 BeurkG); wegen der Ausschließungsgründe, deren Verletzung nicht die Unwirksamkeit der Beurkundung begründet, vgl. §§ 26, 27 BeurkG. Der zur Ausbildungüberwiesene Referendar steht nicht in einem „ständigen Dienstverhältnis" zu dem Notar (§ 26^{II} Nr. 1 BeurkG) und darf daher Zeuge sein. Die Krankenschwester hätte sogar dann als Zeugin mitwirken können, wenn der Erblasser und nicht die Privatklinik ihr Dienstherr wäre (Jansen FGG, 2. Aufl. § 26 BeurkG Rdn. 10).

Die Formvorschriften für die Testamentsniederschrift stimmen mit den allgemeinen Vorschriften über die Beurkundung von Willenserklärungen (§§ 6 bis 26 BeurkG) überein, werden aber durch die weiteren Vorschriften der §§ 27 bis 35 BeurkG ergänzt. Die Angabe von Ort und Tag der Verhandlung ist nur Sollvorschrift (§ 9^{II}); eine unrichtige Tagesangabe steht also der Gültigkeit des Testaments nicht entgegen. Bei Vermeidung der Nichtigkeit erforderlich ist die Bezeichnung des Erblassers und des Notars, die Aufnahme der Erklärungen des Erblassers und bei der Übergabe einer Schrift die Feststellung der Übergabe (§ 9^{I} Nr. 1, 2, § 30). Die Niederschrift muß vorgelesen, vom Erblasser genehmigt und von ihm eigenhändig unterschrieben sein, und zwar in Gegenwart des Notars (§ 13^{I} S. 1). Aber die Feststellung, daß dies geschehen ist, ist nur als Sollvorschrift vorgeschrieben (§ 13^{I} S. 2). Die übergebene Schrift wird nicht vorgelesen, auch wenn sie offen übergeben wird (RGZ 84, 165); in diesem Fall erstreckt sich die Belehrungspflicht des Notars (§ 17) aber auch auf den Inhalt der Schrift (§ 30 S. 4). Schließlich bedarf es zwingend der Unterschrift des Notars (§ 13^{III}), deren versehentliches Unterbleiben jedoch nach der (bedenklichen) Vorschrift des § 35 unschädlich sein kann. Die Unterschrift der Zeugen, die natürlich ebenfalls während der ganzen Dauer der Verhandlung zugegen sein sollen, ist nur noch als Sollvorschrift bestimmt (§ 22^{II}).

Kann der Erblasser seinen Namen nicht schreiben, so muß bei der Vorlesung und Genehmigung ein Zeuge oder ein zweiter Notar hinzugezogen werden, sofern diese nicht schon wegen Gebrechlichkeit nach § 22 hinzugezogen sind (§ 25). Maßgeblich für die Schreibunfähigkeit ist die Angabe des Beteiligten oder die Überzeugung des Notars. Die Unterschrift des Schreibzeugen ist zwingend vorgeschrieben (§ 25 S. 3).

Für die Prüfung der Testierfähigkeit wird die allgemeine Vorschrift des § 11 BeurkG durch § 28 BeurkG ergänzt, wonach der Notar seine Wahrnehmungen über die erforderliche Geschäftsfähigkeit in jedem Fall in der Niederschrift vermerken soll.

Errichtungsakt: Beim Protokolltestament muß der Erblasser zunächst seinen letzten Willen mündlich erklären (§ 2232 S. 1 BGB) und nachher das ihm vorgelesene Protokoll genehmigen (§ 13^{I} S. 1 BeurkG). Da die wenigsten Testatoren imstande sind, ihre Anordnungen in zusammenhängender Rede mitzuteilen, geschieht die „mündliche" Erklärung gewöhnlich in der Weise, daß der Notar die Bestimmungen des Testaments einzeln abfragt oder sie vorliest und sich vom Erblasser durch Worte bestätigen läßt, was auf zweimalige Vorlesung und Genehmigung des sachlichen Testamentsinhalts hinausläuft.[1]) Beim Übergabetestament hingegen beschränkt sich die Erklärung des Erblassers darauf, daß in der überreichten Schrift sein letzter Wille stehe (§ 2232 S. 1), und die Rechtsprechung gestattet es, diese an sich schon kurze und einfache Erklärung mit der Genehmigung des Protokolls, in dem sie bescheinigt wird, zusammenzuziehen. Auch genügt es, wenn der Testator die Frage des Notars, ob die Schrift seinen letzten Willen enthalte, mit „ja" beantwortet, oder wenn er dem Notar die Worte „das ist mein Testament" nachspricht. RG 85, 120; 92, 27; 108, 397. Bloße zustimmende Zeichen oder Gebärden reichen allerdings nicht aus (BGH 2, 172). Körperliche Übergabe der Urkunde von Hand zu Hand wird nicht mehr unbedingt erfordert, wie noch in RG 81, 34; hat der Notar das Schriftstück selbst gefertigt und so vor dem Erblasser bereit gehalten, daß dieser in der Lage war, es an sich zu

[1]) Vgl. über die Mindesterfordernisse der „mündlichen" Erklärung durch Vorlesung und wörtliche Genehmigung eines vorbereiteten Entwurfs KG DNotZ 1960, 485.

nehmen, so ist es mit dem Willen des Erblassers in den Besitz des Notars gelangt, wenn der Übergabewille durch die Beantwortung einer entsprechenden Frage des Notars zum Ausdruck gekommen ist (RG 150, 189). Die Unterzeichnung der übergebenen Schrift durch den Erblasser ist nicht notwendig.

Widerruf der älteren letztwilligen Verfügungen: Unterläßt der Erblasser den ausdrücklichen Widerruf früherer Testamente, so entsteht nach seinem Tode die schwierige Frage, ob die Bestimmungen seiner alten Testamente mit dem letzten Testament „im Widerspruch" stehen und aus diesem Grunde als aufgehoben anzusehen sind (§ 2258 I). Hierbei ist aus der Gesamtheit der vorhandenen Testamente zu entnehmen, ob eine bestimmte Verfügung nach dem Willen des Erblassers in Kraft bleiben sollte. Regelt ein Testament die erbrechtlichen Verhältnisse offenbar erschöpfend (wie das Heidenreichsche), so wird man frühere Verfügungen ohnehin als aufgehoben anzusehen haben.

Vor der Beurkundung eines Testaments ist es geboten, mit dem Testator eingehend zu erörtern, ob er etwa schon letztwillig gebunden ist, nämlich durch Erbvertrag oder durch wechselbezügliche Verfügungen eines gemeinschaftlichen Testaments (RG DNotZ 1940, 152).

Die übergebene Schrift lautet:

„Mein letzter Wille.

§ 1. Zu Erben meines Vermögens ernenne ich:

I. meine Ehefrau *Klara* geborene *Mellenthin* zu einem Viertel,

II. unsere gemeinschaftlichen Kinder beziehungsweise Kindeskinder:

a) Landwirt *Hubert Heidenreich* in Rosenhag a. d. Weser,

b) *Emma*, verehelichte Oberarzt *Dr. Mertin* in Heidelberg,

c) *Agnes Dahlmann*, geboren am 15. Februar 1961, Tochter unserer verstorbenen Tochter *Elfriede* aus ihrer Ehe mit dem ebenfalls verstorbenen Generalagenten *Raimund Dahlmann* in Mainz,

d) Student der Landwirtschaft *Egon Heidenreich* in Berlin,

je zu drei Sechzehnteln.

Eine Ausgleichung soll zwischen meinen Abkömmlingen nicht stattfinden."

Die Ausgleichung ist auf Abkömmlinge des Erblassers beschränkt, der Ehegattenerbteil wird durch sie nicht berührt (§ 2050, vgl. § 2316).

„§ 2. Meine Ehefrau erhält außerdem ihr eingebrachtes Vermögen im Betrage von 40000 DM (i. W.) sowie die Versicherungssumme der von mir auf den Todesfall bei der ‚Sekuritas' Lebensversicherungs-Aktiengesellschaft in Hamburg abgeschlossenen Lebensversicherung im Betrage von 30000 DM (i. W.). Falls die Versicherung zugunsten anderer Personen lauten sollte, bestimme ich hiermit ausdrücklich, daß meine Ehefrau Begünstigte ist."

Bestimmung oder Änderung des Bezugsberechtigten im Testament: § 332.

Steuerlich werden die Versicherungssummen, obgleich sie auf Rechtsgeschäften unter Lebenden beruhen, wie Erwerb von Todes wegen behandelt, weil es hierfür auf die wirtschaftliche Sachlage ankommt, während die Rechtsform keine entscheidende Rolle spielt. Aus diesem Grunde besteht auch zwischen der Besteuerung von Erbteil, Vermächtnis und Pflichtteil kein Unterschied. § 2 I Nr. 1, 3 ErbStG. —

Die weiteren Bestimmungen enthalten eine Teilungsanordnung (Übernahmerecht) für den älteren Sohn Hubert, die Anordnung der Verwaltung des Erbteils der Enkeltochter durch Testamentsvollstrecker sowie die Beschränkungen des jüngeren Sohnes Egon:

„§ 3. Mein Sohn *Hubert* ist berechtigt, das mir gehörende Gut Buchwald, Kreis Münsterberg, mit allem lebenden und toten Inventar, jedoch unter Ausschluß der Möbel und Einrichtungsgegenstände der von mir und meiner Ehefrau bewohnten Zimmer, zum Preise von 530000 DM (i. W.) zu übernehmen. Die eingetragenen Hypotheken, Grund- und

Rentenschulden sind in Anrechnung, die Belastungen der II. Grundbuchabteilung ohne Anrechnung auf den Übernahmepreis zu übernehmen. Die auf die Miterben entfallenden Teile des Übernahmepreises sollen auf dem Gute unmittelbar hinter den vorhandenen Belastungen hypothekarisch eingetragen, je zu einem Drittel fünf, neun und dreizehn Jahre nach meinem Tode ausgezahlt und bis zur Auszahlung mit 6% (i. W.) verzinst werden. Bei unpünktlicher Zinszahlung können die Gläubiger den ganzen ihnen zustehenden Betrag fristlos kündigen.

§ 4. Der Erbteil meiner Enkeltochter *Agnes Dahlmann* wird durch meinen Testamentsvollstrecker so lange verwaltet, bis sie das 25. Lebensjahr vollendet hat.

§ 5. Mein Sohn *Egon* hat sich in solchem Maß der Verschwendung ergeben und ist in solchem Maß überschuldet, daß sein späterer Erwerb erheblich gefährdet wird. Deshalb ordne ich an, daß sein Erbteil:

a) so lange er lebt, durch meinen Testamentsvollstrecker verwaltet wird und
b) nach seinem Tod seinen gesetzlichen Erben als Nacherben im Verhältnis ihrer gesetzlichen Erbteile zufällt."

Grundsätzlich hat der Testamentsvollstrecker nur die letztwilligen Verfügungen des Erblassers auszuführen und die Auseinandersetzung unter den Erben vorzunehmen (§§ 2203/4). Hat er das getan, so ist damit sein Amt erledigt. Verwaltung, Verfügung, Prozeßführung, Eingehung von Verbindlichkeiten für den Nachlaß (§§ 2205 f.) stehen ihm lediglich als Hilfsmittel zur Erfüllung der Aufgaben der §§ 2203/4 zu. Der Erblasser kann jedoch auch die Verwaltung gemäß §§ 2209/10 zum Selbstzweck machen, und hierauf beruhen die beiden angeordneten Dauer-Testamentsvollstreckungen.

Bei der Enkeltochter kam es Heidenreich wohl darauf an, den Erbteil durch eine Person seines Vertrauens und ohne vormundschaftsgerichtliche Mitwirkung verwalten zu lassen. Die Testamentsvollstreckung eignet sich hierfür, weil sie Verwaltung, Verfügung und Prozeßführung dem Erben entzieht (§ 2211) und auf den Vollstrecker als Träger eines privatrechtlichen Amtes, das er unabhängig von dem Erben ausübt, überträgt (§§ 2205, 2212, 2213). Da der Testamentsvollstrecker nicht als Vertreter des Erben, sondern kraft eigenen Rechts, wenn auch im fremden Interesse tätig wird, ist für seine Rechtsstellung die Persönlichkeit des Erben, dessen Voll- oder Minderjährigkeit, unerheblich. Auch Verfügungen, zu denen der gesetzliche Vertreter des minderjährigen Erben vormundschaftsgerichtlicher Genehmigung bedürfte, kann der Testamentsvollstrecker mithin selbständig treffen (RGZ 61, 144; KGJ 51, 176; Backs, DFG 1937, 45). Lebt der Erbe im Güterstand der Zugewinngemeinschaft, so unterliegt der Testamentsvollstrecker nicht der Verfügungsbeschränkung des § 1365 BGB (Staudenmaier und Haegele, Rpfleger 1960, 385).

Gehört zum Nachlaß ein Handelsgeschäft, so führt die Anordnung einer Dauer-Testamentsvollstreckung zu einem Widerstreit zwischen erb- und handelsrechtlichen Interessen. Der Testamentsvollstrecker kann Verbindlichkeiten nur „für den Nachlaß" eingehen, d. h. für die Erben unter Beschränkung ihrer Haftung auf den Nachlaß. §§ 2206/7. Es würden also alle im Laufe der Verwaltung durch den Testamentsvollstrecker (oder die von ihm angestellten Personen) geschlossenen Geschäfte eine beschränkte Haftung des Erben als Geschäftsinhabers begründen, was mit den Grundsätzen des Handelsrechts unvereinbar wäre. Der Testamentsvollstrecker hat aber die Möglichkeit, das Geschäft im eigenen Namen und unter eigener persönlicher Haftung als Treuhänder für Rechnung des Erben zu führen. Es ist aber auch möglich, daß der Testamentsvollstrecker wie jeder andere Bevollmächtigte das Geschäft unter dem Namen des Erben und dessen persönlicher Haftung führt, wenn die Testamentsauslegung eine so weitgehende Ermächtigung des Testamentsvollstreckers zu Lasten des Erben ergibt (BGH 12, 100). Ohne Zustimmung der Erben dürfte diesen aber eine so weitgehende Belastung durch die Geschäftstätigkeit des Testamentsvollstreckers, auf dessen Auswahl und Geschäftsführung sie keinen Einfluß haben, wohl schwerlich zuzumuten sein (KG JW 1937, 2599). Der Vollstrecker kann dann von dem Erben die treuhänderische Übertragung des Handelsgeschäftes verlangen (BGHZ 24, 106). Dazu Einmahl, AcP 160, 29; Johannsen WM 1970, 570.

Wenn nicht, wie in unserem Fall, der Großvater, sondern Vater oder Mutter zugunsten ihrer minderjährigen Kinder testieren, kommt als Mittel zur Ausschaltung des Vormundschaftsgerichts auch die Anordnung einer befreiten Vormundschaft (§§ 1852f., besonders § 1856 mit § 1777), in Betracht. Jedoch sind, wie später zu zeigen sein wird (S. 138f.), die durch befreite Vormundschaft erreichbaren Befreiungen ziemlich geringfügig.

Bei der Testamentsvollstreckung über den Erbteil des Egon wird eine andere Seite der Testamentsvollstreckung bedeutungsvoll: die Sperrung des Nachlasses gegen Vollstreckungen der Eigengläubiger des Erben (§ 2214). Sie hängt damit zusammen, daß zur Zwangsvollstreckung in einen unter Testamentsvollstreckung stehenden Nachlaß ein Titel gegen den Vollstrecker unerläßlich ist (§§ 748 ZPO, 2213 BGB: entweder Leistungstitel gegen den Vollstrecker, oder Leistungstitel gegen den Erben und Duldungstitel gegen den Vollstrecker). Einen solchen Titel kann sich wohl der Nachlaßgläubiger (§ 2213 I, III) verschaffen, nicht aber der Eigengläubiger. Macht also Egon Heidenreich weiter Schulden, so ist seinen Gläubigern der Zugriff auf die Substanz seines Erbteils durch die Testamentsvollstreckung entzogen. Sie können sich nur an die (nicht zum Nachlaß, sondern zum freien Vermögen des Erben gehörenden) Nutzungen halten.

Eine Vollstreckungssperre führt auch die Nacherbeinsetzung herbei. Verfügungen im Wege der Zwangsvollstreckung über eine Vorerbschaftsmasse zugunsten von Eigengläubigern des Vorerben sind nämlich beim Eintritt des Nacherbfalls unwirksam, ohne Unterscheidung zwischen gewöhnlicher und befreiter Vorerbschaft. Praktisch wird das so durchgeführt, daß dem Nacherben gegenüber der Versteigerung oder Überweisung (nicht gegenüber der Pfändung!) eine Widerspruchsklage zusteht (§§ 2115, 2136 BGB, 773 ZPO, vgl. 128 KO). Macht der Nacherbe hiervon Gebrauch, so bleibt dem Eigengläubiger wiederum nur die Vollstreckung in die Nutzungen, die unbeschränkt pfändbar sind (RG 80, 7).

Für den besonderen Fall der exheredatio bona mente sieht § 863 ZPO ein Vollstreckungsprivileg dahin vor, daß hier dem Schuldner der „standesmäßige", nicht bloß der notdürftige Unterhalt für sich und die Seinen verbleibt. Gilt das auch dann, wenn dem Schuldner (wie in unserem Falle) in den Formen des § 2338 BGB mehr als sein Pflichtteil hinterlassen ist? Wortlaut und Aufbau des Gesetzes lassen die Enterbung in guter Absicht als eine gegen den Pflichtteilsberechtigten gerichtete Maßnahme erscheinen, bei welcher ihm nur gerade sein Pflichtteil zugewandt werden darf. Aber die Rechtsprechung wendet § 863 ZPO ohne Rücksicht auf die Höhe der gemäß § 2338 BGB beschwerten Zuwendung an (RG 85, 347), so daß die Beschränkung eigentlich weniger den Sohn als vielmehr seine Gläubiger trifft.

Die für die Anordnung vorgeschriebene Form ist gewahrt. Wie bei gänzlicher Entziehung des Pflichtteils, muß auch bei Enterbung in guter Absicht der „Grund der Anordnung" im Testament angegeben werden (§§ 2336 II, 2338 II S. 1). Dabei braucht der Erblasser nicht die „Familienschande" in aller Ausführlichkeit im Testament kundzutun, sondern es genügt Wiederholung der Gesetzesworte. RG 95, 24. Als Nacherben sind in § 5 Abs. b des Testaments Egons gesetzliche Erben schlechthin, also einschließlich einer etwaigen Ehefrau, ernannt; die Beschränkung auf seine Kinder oder Geschwister hätte gegen § 2338 I S. 1 verstoßen („dessen gesetzliche Erben").

„§ 6. Zu meinem Testamentsvollstrecker ernenne ich in erster Linie meinen Schwiegersohn, Oberarzt *Dr. Hans Mertin* in Heidelberg, in zweiter meinen Sohn *Hubert*, in dritter den von *Dr. Hans Mertin*, in vierter den von meinem Sohn *Hubert* zu bestimmenden Nachfolger. Für den Fall, daß es hiernach an einem Testamentsvollstrecker fehlt, ersuche ich das Nachlaßgericht um die Ernennung.

Der Testamentsvollstrecker hat meine letztwilligen Anordnungen zur Ausführung zu bringen und die Erbteile meiner Enkelin *Agnes Dahlmann* sowie meines Sohnes *Egon* gemäß §§ 4, 5 zu verwalten. Er ist befugt, in Ausführung der Testamentsvollstreckung

Rechtsgeschäfte mit sich selbst vorzunehmen. Die Vergütung des Testamentsvollstreckers darf nicht mehr als 5% (i.W.) der Jahresnutzungen der zu verwaltenden Erbteile betragen. Die von mir selbst ernannten Testamentsvollstrecker haben keine Vergütung, sondern lediglich Ersatz ihrer Auslagen zu beanspruchen."

Gegen die Ernennung des Miterben Hubert Heidenreich und des Ehemanns der Miterbin Frau Mertin zu Testamentsvollstreckern besteht kein Bedenken. Völlige Uninteressiertheit des Vollstreckers wird nicht verlangt. Als unzulässig gilt es aber, den Alleinerben oder alleinigen Vorerben zum (Allein-)Vollstrecker zu machen. RG 61, 139; 77, 177. — Ernennung der Nachfolger durch den früheren Vollstrecker oder das Gericht: §§ 2198—2200 BGB, §§ 80, 81 FGG.

Heidenreich hatte dem Notar zunächst vorgeschlagen, er solle sich in dem von ihm aufzunehmenden Testament als Testamentsvollstrecker ernennen lassen. Das wäre nach § 27 BeurkG unzulässig gewesen.

Hat bei einem Rechtsgeschäft unter Lebenden oder von Todes wegen als Notar ein „Beteiligter" oder naher Angehöriger eines Beteiligten mitgewirkt, so ist der ganze Akt nichtig (§ 6I BeurkG). Enthält die Urkunde Verfügungen „zugunsten" solcher Personen, bzw. werden sie im Testament „bedacht", so beschränkt sich die Nichtigkeit auf die in Betracht kommende Einzelverfügung oder Zuwendung. §§ 7, 27 BeurkG. Eine Vollmacht auf sich selbst darf der Notar beurkunden, wenn die Vollmachtserteilung lediglich die Macht, für einen anderen zu handeln, begründet, ohne daß eine sonstige Verbesserung seiner wirtschaftlichen oder rechtlichen Lage daraus hervorgeht. Das wäre aber z.B. der Fall bei der Beurkundung einer Prozeßvollmacht oder einer Vollmacht zur Vermögensverwaltung. Denn hier liegt in der Regel eine entgeltliche Geschäftbesorgung zugrunde (RG 121, 30; 155, 172; Oberneck, JW 1928, 2138). Zulässig ist hiernach die Bevollmächtigung des Notars zur Beschaffung und Entgegennahme der vormundschaftsgerichtlichen Genehmigung zu einem von ihm beurkundeten Rechtsgeschäft und zu ihrer Mitteilung an den anderen Vertragsteil nach § 1829 BGB. Es soll sogar eine Amtspflichtverletzung des Notars sein, wenn er die Beteiligten über diese Möglichkeit, die Herbeiführung der Wirksamkeit des Geschäfts sicherzustellen, nicht belehrt hat (BGH NJW 1956, 259; dazu kritisch Weber, DNotZ 1956, 285).

Das Verbot des Selbstkontrahierens (§ 181 BGB) ist auf den Testamentsvollstrecker entsprechend anzuwenden. Denn wenn er auch nicht Vertreter des Erben ist, so handelt er doch mit Wirkung für und gegen den Erben als Träger des ein Sondervermögen bildenden Nachlasses. Die Wirkungen seiner rechtsgeschäftlichen Betätigung gleichen also denen der unmittelbaren Stellvertretung. Das Selbstkontrahieren ist aber zulässig, wenn der Erblasser es — wenn auch stillschweigend — gestattet hat und der Testamentsvollstrecker in ordnungsmäßiger Verwaltung des Nachlasses (§ 2216I) handelt. Eine Gestattung in diesem Umfange wird in der Regel bei Bestellung eines Testamentsvollstreckers anzunehmen sein, der zugleich Miterbe ist (BGHZ 30, 67; von Lübtow, JZ 1960, 151). Der Miterben-Testamentsvollstrecker kann also die Auseinandersetzung bewirken und sich selbst Nachlaßgegenstände zuteilen (RG 61 145; KG JFG 12, 202; 21, 240; Mattern, In-sich-Geschäfte des Testamentsvollstreckers, BWNotZ 1961, 149). Überschreitet er jedoch die Grenzen ordnungsmäßiger Verwaltung, dann ist das Insichgeschäft unwirksam.

§ 7. Sechs Monate nach meinem Tod sind folgende Vermächtnisse zu zahlen:
a) 3000 DM (i.W.) an die evangelische Kirchengemeinde in Buchwald,
b) 2000 DM (i.W.) an den Gutsinspektor *Fritz Lebbin* daselbst.
Die durch das Vermächtnis zu b entstehende Erbschaftssteuer hat mein Nachlaß zu tragen."

Da Heidenreich den eigentlichen Steuerschuldner des Lebbinschen Vermächtnisses, nämlich den Erwerber (§ 15I ErbStG), von der Steuerlast befreit hat, wird der Vermächtnisnehmer auch um den Betrag der Steuerschuld bereichert. § 12I bestimmt jedoch ausdrücklich, daß eine Erhöhung der Erbschaftssteuer durch Auflage der Steuer an die Erben nicht eintritt. Übernimmt hingegen bei einer Schenkung unter

Lebenden der Schenker die Zahlung der Schenkungssteuer, so ist der Betrag der Steuer als Erhöhung der Schenkung aufzufassen und mit zu versteuern (§ 12^{II}).

Das Vermächtnis an die Kirche ist erbschaftssteuerfrei (§ 18^{19}).

„§ 8. Wer von meinen Erben dieses Testament nicht anerkennt und im Prozeßwege etwas anderes oder mehr fordert, als ihm nach meinem letzten Willen zusteht, erhält nur seinen Pflichtteil und muß sich auf diesen sowie auf seinen Erbteil anrechnen lassen, was anrechnungsfähig ist, während den übrigen Erben nur die ihnen gewährten Ausstattungen angerechnet werden. Ich bemerke dazu, daß meine Töchter *Emma* und *Elfriede* von mir bei ihrer Verheiratung je 60000 DM als Ausstattung erhalten haben. Ferner habe ich für meinen Sohn *Egon* in den Jahren 1956 und 1958 Schulden im Gesamtbetrage von 22000 DM bezahlt und dabei bestimmt, daß die Zahlungen auf seinen Erbteil und seinen Pflichtteil anzurechnen sind. Die in § 5 für den Erbteil meines Sohnes *Egon* gegebenen Anordnungen gelten aus den dort angegebenen Gründen auch für den hiernach ihm zugewandten Pflichtteil.

z. Z. Lichterfelde, den 5. Oktober 1970

Ferdinand Heidenreich."

Die „Ungehorsamsklausel" geht in der Beschränkung des Pflichtteilsrechts bis zum äußersten Maß des gesetzlich Zulässigen, um jede Auflehnung gegen den letzten Willen des Erblassers im Keim zu ersticken. Der Pflichtteil eines Abkömmlings beträgt die Hälfte dessen, was dem Abkömmling unter Berücksichtigung der Ausgleichung als gesetzlicher Erbteil zukäme (§ 2316^{I} BGB). Während aber die Ausgleichung nach §§ 2050f. vom Erblasser sowohl ausgeschlossen oder eingeschränkt, wie auch erweitert werden kann, sind dem freien Willen des Testators Grenzen gezogen, soweit Pflichtteilsrechte in Betracht kommen. Nach § 2316^{III} dürfen Ausstattungen (§ 2050^{I}), die ein anderer empfangen hat, niemals zum Nachteil des Pflichtteilsberechtigten von der Ausgleichung ausgeschlossen werden, dagegen ist das bei den Vorempfängen des § $2050^{II, III}$ möglich.

Um den Zweck der Beschränkung des Egon voll zu erreichen, wird es notwendig sein, daß Frau Heidenreich in entsprechender Weise testiert. Hätte übrigens der Erblasser sein Testament lediglich im Hinblick auf die pflichtteilsrechtliche Stellung Egons abgefaßt, so würde er seiner Frau weder das Nachlaßviertel noch die Lebensversicherung zugewandt, sondern sie zur Nießbraucherin oder Vorerbin eingesetzt haben. Dann wäre nämlich bei ihrem Tod Egons Pflichtteilsanspruch bloß von ihrer Mitgift und etwaigem sonstigen Eigenvermögen zu berechnen, während Egon jetzt (vorausgesetzt, daß in der Hand von Frau Heidenreich keine Verringerung des Vermögens eintritt) auch von dem auf sie vererbten Viertel des väterlichen Nachlasses und der Versicherungssumme nochmals den Pflichtteil fordern kann. —

Testamente werden aktenmäßig ganz anders behandelt als Rechtsgeschäfte unter Lebenden. Der Notar legt nach § 34 BeurkG die Urschrift des Protokolls und die übergebene Schrift, nicht notwendig in Gegenwart des Erblassers und der Zeugen, in einen Briefumschlag, der mit dem Prägesiegel verschlossen und mit einer Aufschrift nach dem amtlichen Muster der Anlage 1 zur bundeseinheitlichen AV über Benachrichtigung in Nachlaßsachen vom 2. Januar 1964 (JMBlNRW S. 61), zur Anpassung an das BeurkG geändert durch AV vom 5. Dezember 1969 (JMBl NRW S. 279), zu versehen ist, die der Notar unterschreibt. Zu seiner Urkundensammlung nimmt der Notar folgendes Vermerkblatt (§ 16 DOfN):

„Nr. 543/1970 der Urkundenrolle

Vermerkblatt

über die Errichtung einer Verfügung von Todes wegen

Der Gutsbesitzer *Ferdinand Heidenreich*, wohnhaft in Buchwald Kreis Münsterberg, hat am 5. Oktober 1970 vor mir durch Übergabe einer offenen Schrift die unten näher bezeichnete Verfügung von Todes wegen errichtet.

Ich habe als Zeugen zugezogen:

1. den Referendar *Dr. Lothar Junghans* in Lichterfelde,
2. die Krankenpflegerin Fräulein *Martha Winkler* in Lichterfelde.

Grund der Zuziehung: Verlangen des Erblassers, um eine Anzweifelung der Testierfähigkeit des Erblassers, der krank zu Bett lag, auszuschließen.

Die Aufschrift des das Protokoll enthaltenden Umschlags, den ich mit dem Prägesiegel versiegelt habe, lautet:

(folgt die Aufschrift des Umschlags)

Die Urkunde habe ich auf Verlangen des Erblassers am 5. Oktober 1970 bei dem Amtsgericht in Münsterberg zur besonderen amtlichen Verwahrung eingereicht.

Lichterfelde, den 5. Oktober 1970

(Kostenrechnung) *Justus Siegel*, Notar"

Den Hinterlegungsschein (§ 2258 b^{III}) erhält Heidenreich vom Amtsgericht in Münsterberg zugesandt. Wenn der Erblasser nicht Verwahrung in Münsterberg beantragt hätte, so hätte der Notar das Testament dem Amtsgericht Lichterfelde als Gericht seines Amtssitzes zur besonderen amtlichen Verwahrung eingereicht, welches dem Amtsgericht des Wohnsitzes des Erblassers (Münsterberg) Nachricht gegeben hätte (§ 2258 a^{II} Nr. 1, ^{III}). Zur Vereinfachung des künftigen Eröffnungs. verfahrens ist die Verwahrung beim Münsterberger Gericht vorzuziehen (3. Kap. „Testamentseröffnung“).

Wechselprotest. Haftung des Notars

Prüfung des Wechsels, Protestaufnahme.

(Vorderseite)

Prima-Wechsel

Gotthard Keller.

„Berlin-Lichterfelde, den 11. Juli 1970.

Drei Monate a dato zahlen Sie mir gegen diesen Wechsel die Summe von 950,00 DM, in Worten:

neunhundertfünfzig Deutschen Mark 00 Pfg.

und stellen Wert in Rechnung laut Bericht.

Herrn Gotthard Keller in Berlin-Steglitz, Moltkestraße 20,

Lichterfelder Sauerkohlfabrik Hermann Essig & Co.

Falls bei Herrn Karl Borger in Berlin-Steglitz, Schillerstraße 59.“

(Rückseite)

„(entwertete Wechselsteuermarke über 1,50 DM.)

Für mich an die Order des H. Eduard Riewer in Berlin-Steglitz.

Berlin-Lichterfelde, den 15. Juli 1970.

Lichterfelder Sauerkohlfabrik Hermann Essig & Co.

Eduard Riewer.

Für mich an die Order der Handelsbank in Berlin.

Berlin-Steglitz, den 31. Juli 1970.

Rudolf Engel.“

Keller ist stadtbekannt unter Hinterlassung einer großen Schuldenlast flüchtig geworden, Borger in Konkurs geraten. Der Wechsel geht am 14. Oktober 1970, einem Mittwoch, von der Landesproduktenhandlung Riewer zur Protesterhebung ein.

Das Papier ist ein „Dato-Wechsel" (Art. 1^{4} WG) „an eigene Order" (Art. 3^{I}) mit einer auf den Zahlungsort lautenden „Notadresse" (Art. 55, 59). Die 8 Erfordernisse des gezogenen Wechsels (Art. 1) sind gewahrt. Insbesondere genügt die Remittentenbezeichnung „zahlen Sie mir", da der Wechsel als „geborenes Orderpapier" keiner positiven Orderklausel bedarf. Die meisten Wechselformulare sagen beim Wechsel an eigene Order: „an die Order von mir selbst".

Wechselsteuer: 15 Pfennig für je 100 DM oder einen Bruchteil dieses Betrages (§ 8 WechsStG i.d.F. der Bek. vom 24. Juli 1959, BGBl I 536, DurchfBest. vom 2. September 1935, RGBl I 1130 i.d.F. der Bek. vom 20. April 1960, BGBl I 274). Sie wird in Markenform entrichtet, doch entwertet die Marken der Steuerschuldner selbst ohne Mitwirkung einer Amtsperson. Statt Marken kann auch die Verwendung eines Steuerstemplers genehmigt werden (§ 14 DVO). Steuerschuldner ist in erster Linie der Aussteller, sobald er das Papier aus den Händen gibt, bei Blankoakzepten der Akzeptant (§§ $1^{1,3}$, 4^{II}, 9^{I}), subsidiär alle übrigen am Wechselumlauf beteiligten Personen (§ 9^{II}). Bei Aufnahme des Wechselprotestes muß die Besteuerung geprüft werden (§ 12^{I}).

Offenbar hat bei Verfall Engel gegenüber der Handelsbank, alsdann Riewer gegenüber Engel den Wechsel ohne förmliche Protestaufnahme eingelöst. Jetzt will Riewer weiteren Rückgriff gegen den Aussteller Essig nehmen, zu welchem Zwecke das „rückläufig" gewordene Papier gegen Bezogenen und Notadressaten zu protestieren ist (Art. 44, 60 WG). Die Protestfrist läuft noch: denn der Verfalltag, der 11. Oktober, fiel auf einen Sonntag, so daß der Montag der 10. „Zahlungstag" war (Art. 36^{I}, 72^{II} WG, § 193 BGB.). „Zweiter Werktag nach dem Zahlungstag" ist also der 14. Oktober (Art. 44^{III} WG)

Vor Erhebung des Protestes prüft der Notar die wechselmäßige Legitimation seines Auftraggebers Riewer. Der im Namen eines Nichtberechtigten erhobene Protest ist nämlich nichtig (RG 114, 368), und der Notar muß die Partei vorher auf diesen Mangel aufmerksam machen (RG JW 1906, 467^{25}). Wäre das letzte Giro ein Blankoindossament, so wäre Riewer ohne weiteres legitimiert (Art. 13^{II}, 16^{I}). Es ist aber ein Vollindossament auf die Handelsbank, mithin ist zunächst nur die Bank aus dem Wechsel legitimiert. Nach Art. 50^{II} kann Riewer, wenn er seine Nachmänner befriedigt hat, sein und seiner Nachmänner Indossamente durchstreichen. In unserem Fall genügt aber schon die Durchstreichung des Engelschen Giros, da Riewer selbst in blanco giriert hatte und er, sobald kein anderes Indossament mehr folgt, durch sein eigenes Blankoindossament in Verbindung mit dem Besitz des Papiers legitimiert wird (er könnte ja den Wechsel auf Grund seines Blankogiros über einen Zwischenmann von neuem erworben haben).

Ohne besonderen Auftrag Riewers darf jedoch der Notar die Durchstreichung nicht an seiner Stelle vornehmen. Bei der Kürze der Zeit bleibt nur der Ausweg, Riewer fernmündlich anzurufen. Riewer wird angerufen, ist aber persönlich nicht zu erreichen. Erst am Nachmittag geht sein Auftrag zur Durchstreichung der beiden letzten Indossamente ein.

Nunmehr durchstreicht der Notar die beiden Indossamente und begibt sich nach Moltkestraße 20, wo er weder ein Geschäftslokal noch eine Wohnung des Keller findet. In solchen Fällen holt der Notar üblicherweise eine Auskunft bei der Polizei ein, um sich gegen den Vorwurf des Verschuldens zu decken (Art. 87^{III} S. 2). Dazu bleibt hier keine Zeit mehr, weil das Einwohnermeldeamt bereits geschlossen ist, und da man das Verschwinden Kellers in der Zeitung gelesen hat, trägt der Notar kein Bedenken, den Protest auf eigene Verantwortung als „Windprotest" aufzunehmen. Sollte sich später herausstellen, daß die Ermittlung Kellers durch Nachfrage bei der Polizei möglich gewesen wäre, so könnte das höchstens eine Haftung des Notars begründen, nicht dagegen der Gültigkeit des Aktes schaden (Art. $87^{II, III}$).

Sodann sucht der Notar kurz vor 6 Uhr, dem Schlusse der gesetzlichen Protestzeit (Art. 86), Borger auf, um gegen die Notadresse zu protestieren (was an sich noch am 15. Oktober in besonderer Urkunde — als sog. „Kontraprotest" — hätte geschehen können, Art. 60^{I}). Borger verweist an seinen Konkursverwalter, Herrn Bender. Aber der Formalismus des Protestwesens zwingt den Notar, gegen den Gemeinschuldner persönlich zu protestieren, soweit es nach Art. 44^{IV} noch einer Protesterhebung bedarf. Sogar wenn der eigentliche Protestat verstorben ist, erfolgen Vorlegung und Protest nicht bei den Erben, sondern es wird lediglich im Protest bescheinigt, daß der — verstorbene — Protestat „nicht angetroffen" wurde (KG JR 1952, 70).

Was wäre geschehen, wenn die Notadresse Zahlung der Wechselsumme sowie der durch den Protest gegen den Bezogenen entstandenen Kosten angeboten hätte? Die Zahlung darf nicht zurückgewiesen werden (Art. 61, 84). Wechsel und Protest sind mit einer Bescheinigung, daß die Zahlung ehrenhalber geleistet wurde, dem Notadressaten auszuhändigen, der damit in die Rechte des Wechselinhabers gegen den „Honoraten", dessen Vormänner und Akzeptanten eintritt (Art. 62, 63). Honorat ist im Zweifel der Aussteller (Art. 62^{I} S. 2). Hätte also Borger gezahlt, so würden ihm Keller und Essig — nicht auch etwaige zwischen Essig und Riewer stehende Wechelverpflichtete — wechselmäßig haften. Dadurch unterscheidet sich die Ehrenzahlung von der Zahlung eines Domiziliaten (Art. 4), welche alle Wechselverbindlichkeiten tilgt und dem Domiziliaten einen Anspruch gegen den Bezogenen nur aus dem zugrundeliegenden Rechtsverhältnis verschafft. Will ein als Domizil bezeichneter Bankier den Wechsel einlösen, ohne Deckung zu haben (wozu er wechselmäßig nicht verpflichtet ist), so tut er es zweckmäßig ausdrücklich als intervenierender Ehrenzahler.

Protesturkunde. Aktenvermerk. Während alle bisher dargestellten notariellen Urkunden rechtsgeschäftliche Erklärungen betrafen, ist der Protest Urkunde über einen tatsächlichen Vorgang, nämlich der Protest mangels Zahlung darüber, daß der protestierende Beamte das Papier dem Bezogenen erfolglos zur Zahlung vorgelegt (normaler Protest) oder daß er ihn nicht angetroffen hat („Wandprotest") oder daß seine Geschäftsräume oder seine Wohnung sich nicht haben ermitteln lassen („Windprotest"). Vgl. Art. 80^{2}. Die Formerfordernisse der Protesturkunde und ihre aktenmäßige Behandlung werden nicht durch das BeurkG, sondern durch Art. 79—88 WG geregelt und weichen von denen der Urkunden über Rechtsgeschäfte wesentlich ab. Namentlich bedarf es keiner Vorlesung, Genehmigung und Unterzeichnung durch die Beteiligten, und die Urschrift wird nicht zu den Notariatsakten genommen.

Der Notar setzt den Protest, weil auf der Rückseite des Wechsels nicht mehr genügender Platz ist, auf ein mit dem Wechsel verbundenes Blatt („Allonge") in nachstehender Fassung:

„Diesen Wechsel, auf welchem die Indossamente von *Eduard Riewer* und *Rudolf Engel* durchstrichen waren, habe ich heut im Auftrag des Herrn *Eduard Riewer*, Landesproduktenhandlung in Berlin-Steglitz, dem Herrn *Gottfried Keller* in Berlin-Steglitz zur Zahlung vorzulegen versucht, jedoch weder seine Geschäftsräume noch seine Wohnung ermitteln können.

Sodann habe ich den Wechsel im gleichen Auftrag dem Herrn *Karl Borger* in Berlin-Steglitz vergeblich zur Zahlung vorgelegt.

Protest-Nr. 75 für 1970. Berlin-Lichterfelde, den 14. Oktober 1970

Kostenrechnung[1]): *Justus Siegel,*

.... Notar

Siegel, Notar"

Das Dienstsiegel wird auf die Verbindungsstelle von Wechsel und Allonge gedrückt (Art. 81^{III}).

---

[1]) Wegen der Gebühren vgl. § 50 KostO.

Daß der angetroffene Notadressat Borger den Notar an seinen Konkursverwalter verweisen wollte, gehört nicht in den Protest. Ebensowenig die üblichen Erklärungen zahlungsunfähiger Akzeptanten: „die Sache wird geregelt werden", „Deckung ist nicht eingegangen" u. dgl. Als Ortsangabe genügt „Berlin-Steglitz" ohne Straße und Hausnummer, denn unter „Ort" im Sinn des Art. 80^3 ist lediglich die Ortschaft zu verstehen (RG 85, 299). Andrerseits verlangt der Windprotest die Bescheinigung, daß der Protestat in der angegebenen Ortschaft, also nicht bloß unter der angegebenen Adresse, unauffindbar war (RG 126, 1).

Die aktenmäßige Behandlung erinnert an die vom Notar entworfenen und beglaubigten Urkunden (S. 8). Die Protesturschrift erhält mit dem Wechsel, auf dem sie steht, der Auftraggeber. Zurückbehalten werden beglaubigte Abschrift des Protestes und ein Vermerk über den Inhalt des Wechsels (Art. 85^{II}), welche aber, statt in die allgemeinen Notariatsakten, in die „Protest-Sammelakten" geheftet werden. Demgemäß werden Proteste nicht in die allgemeine Urkundenrolle eingetragen, vielmehr unter sich fortlaufend gezählt (§ 20 DOfN). In unserem Fall lautet das Blatt der Protest-Sammelakten:

„Protest-Nr. 75 für 1970.

Beglaubigte Abschrift.

Diesen Wechsel, auf welchem die Indossamente (folgt der Wortlaut des Protestes bis:)

Protest-Nr. 75 für 1970. Berlin-Lichterfelde, den 14. Oktober 1970

Kostenrechnung: (gez.) *Justus Siegel*, Notar

....

(gez.) *Siegel*, Notar

Vorstehende Abschrift stimmt mit der Urschrift wörtlich überein. Der Wechsel ist mit 1,50 DM Wechselsteuer versteuert. Wechsel und Protest sind dem Auftraggeber *Riewer* übersandt.

Berlin-Lichterfelde, den 15. Oktober 1970

(Siegel) *Justus Siegel*, Notar

Vermerk:

1. Betrag des Wechsels:	950 DM.
2. Fälligkeit:	11. Oktober 1970.
3. Ort und Zeit der Ausstellung:	Berlin-Lichterfelde, den 11. Juli 1970.
4. Aussteller:	Lichterfelder Sauerkohlfabrik *Hermann Essig & Co.*, Berlin-Lichterfelde.
5. Bezogener:	*Gotthard Keller*, Berlin-Steglitz, Moltkestr. 20.
Andere Personen, durch welche die Zahlung erfolgen soll (Notadressen, Ehrenakzeptanten):	Notadresse: *Karl Borger*, Berlin-Steglitz, Schillerstraße 59.

Siegel, Notar"

Berichtigung. Haftung für Versehen. Bei der Schnelligkeit, mit welcher die meisten Wechselproteste aufgenommen und beurkundet werden müssen, kommen leicht Unrichtigkeiten aller Art vor. Als der Notar am 15. Oktober die am vorhergehenden Tag unterzeichnete Protesturkunde vor der Übersendung an den Auftraggeber Riewer nochmals überprüft, stellt sich heraus, daß der Schreiber, in literarischen Erinnerungen befangen, aus dem Bezogenen „Gotthard" einen „Gottfried" Keller gemacht hat. Nach Art. 85^{I} WG kann der Fehler berichtigt werden, solange der Protest noch nicht ausgehändigt ist. Ist der protestierende Notar zugleich

Rechtsanwalt und mit Erhebung der Wechselklage beauftragt, so daß eine eigentliche „Aushändigung“ nicht stattfindet, so gestattet RG 126, 1 die Berichtigung bis zur Klageerhebung. Berichtigungsvermerk unter dem abgeschlossenen Protest:

„Vorstehender Protest wird dahin berichtigt, daß der Versuch, den Wechsel zur Zahlung vorzulegen, gegenüber Herrn *Gotthard* — nicht *Gottfried* — *Keller* gemacht worden ist.

Berlin-Lichterfelde, den 15. Oktober 1970

(Siegel) *Justus Siegel,*
Notar“

Beglaubigte Abschrift des Vermerks kommt zu den Protest-Sammelakten.

Hätte der Notar den Fehler nicht im letzten Augenblick bemerkt und berichtigt, so wäre zwar eine ordnungsmäßige Nachholung des Protestes nicht mehr möglich gewesen. Gleichwohl hätte Riewer wegen dieses Fehlers seinen Rückgriffsanspruch gegen Essig nicht verloren. Die Bestimmung des Art. 80 ist zwar zwingend, so daß das Fehlen wesentlicher Angaben die Nichtigkeit des Protestes zur Folge hat. Jedoch lehnt die Rechtsprechung eine Überspannung des Formalprinzips ab (RG 68, 427; 100, 230). Wesentlich ist zwar auch die Angabe des Namens des Protestnehmers und des Protestgegners. Jedoch sind Abweichungen und offenbare Schreibfehler unschädlich, wenn sie sich aus dem Zusammenhang mit dem Wechsel, also aus der Urkunde selbst, aufklären lassen (RG 45, 120: unrichtiger Vorname; BGH 5, 372: fehlende, aber durch Auslegung des Wechsels zu ermittelnde Angabe des Protestnehmers; OLG Stuttgart DNotZ 1951, 38: Nichtigkeit trotz ordnungsmäßiger Protesthandlung wegen unrichtiger Beurkundung der Proteststelle). Vgl. Jansen, FGG, 2. Aufl. § 8 BeurkG Rdn. 23.

Der Referendar: Wie wäre die Rechtslage gewesen, wenn Essig auf Grund eines fehlerhaften Protestes Wechselsumme, Zinsen, Provision und Kosten an Riewer gezahlt hätte, bevor die Nichtigkeit entdeckt wurde?

Der Notar: Essig hätte seine Zahlung an Riewer mit der condictio indebiti (§ 812 BGB) zurückfordern können, weil er den Wechsel nur bei Vorliegen eines wirksamen Protestes einzulösen braucht. Ist der Betrag von Riewer nicht wieder beizutreiben und der ohne Protest haftende Akzeptant Keller ebenfalls zahlungsunfähig, so hätte Essig mich in dem unterstellten Falle haftbar machen können. Der Notar darf keine Urkunde aufnehmen, die äußerlich den Anschein eines Protestes erweckt und doch kein richtiger Protest ist.

Referendar: Aber Essig war doch gar nicht Ihr Auftraggeber?

Notar: Ein „Auftrag“ im bürgerlich-rechtlichen Sinne liegt beim Wechselprotest nicht vor. Die Aufnahme von Protesten gehört zur Amtstätigkeit des Notars (Art. 79 WG, § 20^{I} BNotO). Die Erfüllung der Amtspflichten kann für den Notar nicht Gegenstand vertraglicher Bindung sein (KG JW 1937, 239). Grundsätzlich ist jede Tätigkeit, die der Notar als solcher ausübt, Amtstätigkeit. Dazu gehören alle in den §§ 20 bis 25 BNotO angeführten Geschäfte, wie die gesamte Beurkundungstätigkeit (§ 20) einschließlich der damit verbundenen Nebenpflichten, wie der Belehrungs- Prüfungs- und Beratungspflicht und der Pflicht zur Feststellung des Grundbuchinhalts. Darunter fällt auch die Erteilung von Bescheinigungen über das Vertretungsrecht nach § 21 BNotO und nach § 22a BNotO, die Abnahme von Eiden und eidesstattlichen Versicherungen (§ 22), die Tätigkeit bei Unterschriftsbeglaubigungen und die Verwahrung und Ablieferung von Geld, Wertpapieren und Kostbarkeiten (§ 23). Die Amtstätigkeit des Notars umfaßt nach § 24 BNotO aber auch die sonstige Betreuung Beteiligter außerhalb der eigentlichen Beurkundungstätigkeit durch Beratung und Erteilung von Auskünften auf dem Gebiet der vorsorgenden Rechtspflege, wozu auch die Fertigung von Urkundenentwürfen und die Erstattung von Rechtsgutachten gehört, deren Gegenstand das Gebiet vorsorgender Rechtspflege betrifft. Als nicht zur Amtstätigkeit des Notars gehörend kommen nur noch die in § 8II,III BNotO angeführten Nebenbeschäftigungen in Betracht, wie die Tätigkeit als Vorstand, Aufsichtsrat oder sonstiges Organ eines auf Erwerb gerichteten wirtschaftlichen Unternehmens sowie die Übernahme des Amts eines Testamentsvollstreckers, Konkursverwalters, Vormunds oder einer ähnlichen Stellung. Für fehlerhafte Protestaufnahme haftet der Notar daher vertraglich, sondern als Träger eines Amtes aus § 839 BGB. Nun kommt es für die Amtshaftungsklage nicht darauf an, ob die Tätigkeit des Amtsträgers durch den Geschädigten veranlaßt worden ist, sondern die Verantwortlichkeit besteht, sobald der Beamte „die ihm einem Dritten gegenüber obliegende Amtspflicht" verletzt hat (§ 839I S. 1). Die Amtspflicht des Notars besteht nicht nur gegenüber den Beteiligten im Sinne des § 6II BeurkG, sondern gegenüber solchen Personen, deren Interessen die dem Notar zur Amtspflicht gemachte Tätigkeit nach Art und Zweck dienen soll, aber auch gegenüber allen, die im Vertrauen auf die Gültigkeit der Beurkundung und auf die durch das beurkundete Rechtsgeschäft geschaffene Rechtslage tätig werden (RG 78, 241; BGH VersR 1963, 1130). Hierauf könnte sich Essig mit Recht berufen, wenn er gegenüber Riewer den Wechsel auf Grund eines von mir fehlerhaft aufgenommenen Protestes eingelöst hätte.

Wem gegenüber die Amtspflicht besteht, ist jeweils aus dem besonderen Zweck der in Betracht kommenden Amtstätigkeit zu entnehmen. In RG 78, 241 war ein Grundstückskauf mangelhaft beurkundet, der Käufer hatte seine Rechte aus dem Vertrag in eine GmbH. eingebracht, ein Dritter einen Geschäftsanteil an der GmbH. erworben. Diesem Dritten wurde der Regreß an den Notar zugebilligt. Der Makler dagegen, dem durch den Fehler des Notars die Provision entgangen ist, hat keinen Ersatzanspruch an ihn, obgleich seine Provision durch den Abschluß eines rechtswirksamen Kaufs bedingt ist (§ 652I): denn er ist nicht im Vertrauen auf die Gültigkeit des Kaufvertrages tätig geworden. — Bei der Unterschriftsbeglaubigung wird der gleiche Personenkreis geschützt wie bei Beurkundungen (RG 86, 102). — Bei Aufnahme von Testamenten hat der Notar die Amtspflicht gegenüber allen im Testament bedachten Personen. Waren z. B. in einem durch Verschulden des Notars formnichtigen Testament die gesetzlichen Erben enterbt, so können die Personen, die nach dem Willen des Testators erben sollten und nunmehr nichts erhalten, den Notar verantwortlich machen (BGH NJW 1960, 33 zu 4; in diesem Fall war dem Notar jedoch zu Unrecht ein Fehler zur Last gelegt worden, vgl. Jansen ebenda S. 475). Ein Rechtsanwalt dagegen, der den Entwurf eines eigenhändigen Testaments gefertigt hat, würde im entsprechenden Fall nicht haften, weil der geschädigte Dritte weder sein Auftraggeber, noch Rechtsnachfolger des Auftraggebers ist. —

Referendar: Haftet nicht nach Art. 34 GG an Stelle des Notars der Staat?

Notar: Die Ausübung der Beurkundungstätigkeit ist zwar Ausübung eines anvertrauten öffentlichen Amtes im Sinne des Art. 34 GG (vgl. § 1 BNotO). Aber das Grundgesetz ordnet ebenso wie schon der Art. 131 WeimVerf die Staatshaftung nur „grundsätzlich" und deutet damit an, daß Ausnahmen durch Gesetz geschaffen werden können. Nach § 1 der VO über die Haftung des Reichs für Justizbeamte v. 3. Mai 1935 (RGBl I 587) und § 5 Nr. 1 des Gesetzes über die Haftung des Reichs für seine Beamten v. 22. Oktober 1910 (RGBl 798) ist z.B. die Staatshaftung ausgeschlossen, wenn der Beamte lediglich Gebühren bezieht (BGH NJW 1953, 941). Für Notare wird der Ausschluß der Staatshaftung nunmehr in § 19I S. 4 BNotO angeordnet. Die Haftung des Notars ist in gewissen Fällen durch § 19 BNotO sogar verschärft: Bei Verwahrungsgeschäften und sonstiger Rechtsbetreuung auf dem Gebiet der vorsorgenden Rechtspflege (§§ 23, 24 BNotO) ist ihm die sonst nach § 839I S. 2 zulässige Verweisung auf anderweite Ersatzmöglichkeiten im Verhältnis zu seinem Auftraggeber versagt (§ 19I S. 2 BNotO).

Referendar: Hätte Riewer Sie regreßpflichtig machen können, wenn Sie den Wechsel ohne vorherige Durchstreichung der seine Legitimation störenden Indossamente protestiert hätten? Er hätte die Durchstreichung doch selbst vornehmen können.

Notar: In erster Linie ist es Aufgabe des Notars, auf die Gültigkeit und die formalen Voraussetzungen der von ihm aufgenommenen Akte zu achten. Die Beteiligten dürfen sich auf ihn verlassen und brauchen diese Punkte nicht von sich aus nachzuprüfen. Man kann es Riewer nicht als Fahrlässigkeit anrechnen, wenn er, ohne selbst etwas zu durchstreichen, mir den Wechsel zur Protesterhebung eingesandt hat. Nur ausnahmsweise, z.B. wenn der Auftraggeber ein in Wechsel- und Protestsachen erfahrener Bankier ist, besteht eine Prüfungspflicht der Beteiligten, durch deren Vernachlässigung der Rückgriff gegen den Protestbeamten nach § 254 ausgeschlossen wird. JW 1916, 578[6].

Im Fall dieser Entscheidung war der Protestbeamte ein Gerichtsvollzieher gewesen, bei dem ein geringeres Maß von Rechtskenntnissen vorausgesetzt werden muß. Das mitwirkende Verschulden des von dem Auftraggeber als Berater zugezogenen Juristen behandeln für den Regreßanspruch gegen einen Anwalt RG 89, 426, für den Regreß gegen den Notar JW 1928, 1862[16] und BGH VersR 1963, 1126. Sobald die Partei noch einen juristischen Berater hat, an den sie sich halten kann, kommt zugunsten des Notars die Subsidiarität seiner Haftung in Betracht. Hat der Notar eine Sicherungsübereignung beurkundet, die wegen übermäßiger Bindung des Schuldners unsittlich und daher nichtig ist, so wird der Schadensersatzanspruch des Gläubigers auch dadurch ausgeschlossen, daß der Gläubiger selbst den Verstoß gegen die guten Sitten erkennen konnte. RG 130, 1; JW 1930, 2932[7]. Strenger trotz Beratung des Beteiligten durch einen Rechtsanwalt BGH VersR 1959, 997.

Anhang

Sonstige Organe des Beurkundungswesens

Nach dem Zweck des Beurkundungsgesetzes, die Beurkundungszuständigkeit nach Möglichkeit ausschließlich den Notaren zuzuweisen, kommen andere Behörden oder Stellen für öffentliche Beurkundungen und Beglaubigungen nur noch in wenigen Fällen in Betracht. Nach Aufhebung der landesgesetzlichen Vorbehalte in Art. 141, 142, 143^{I} EGBGB und in §§ 191, 198, 200^{II} FGG durch § $57^{IV, V}$ BeurkG bestehen anderweite Zuständigkeiten nur noch, soweit das BeurkG selbst es bestimmt (z.B. § 62) oder abweichendes Bundesrecht aufrechterhält (§§ 58, 59) oder Vorbehalte zugunsten des Landesgesetzgebers enthält (§§ 61, 63).

1. Die Zuständigkeit der Amtsgerichte für selbständige Beurkundungen, die nicht Teil eines gerichtlichen Verfahrens sind, ist nur noch beibehalten für die Beurkundung der eidesstattlichen Versicherung nach § 2356^{II} BGB zur Erwirkung eines Erbscheins oder der in § 2368^{III}, 1507 BGB, §§ 36, 37 GBO, § 42 SchiffsRegO genannten verwandten Zeugnisse (§ 56^{III} S. 2 BeurkG) und für die öffentliche Beurkundung oder Beglaubigung von Erklärungen über die Anerkennung der nichtehelichen Vaterschaft (§ $1600e^{I}$ BGB), von Verpflichtungen zur Erfüllung von Unterhaltsansprüchen eines nichtehelichen Kindes oder zur Leistung einer an Stelle des Unterhalts zu gewährenden Abfindung, einschließlich der Unterwerfung unter die sofortige Zwangsvollstreckung nach § 794^{I} Nr. 5 ZPO und der Unterwerfung in die Festsetzung des Regelunterhalts nach § 642c Nr. 2 ZPO, sowie von Verpflichtungen zur Erfüllung von Ansprüchen einer Frau nach §§ 1615k, 1615^{I} BGB (Entbindungskosten und Unterhalt), die ebenfalls nach § 794^{I} Nr. 5 ZPO vollstreckbar gemacht werden können (§ 62 BeurkG). Diese Beurkundungen sind nach § 3 Nr. 1 Buchst. f. RechtspflG auf den Rechtspfleger übertragen. Für die Form der Beurkundungen gelten gemäß § 1^{II} BeurkG die Vorschriften dieses Gesetzes. Unberührt bleibt die Zuständigkeit des Gerichts, im Rahmen einer ihm zugewiesenen Verrichtung Beurkundungen als Teil des gerichtlichen Verfahrens vorzunehmen, z.B. des Nachlaßgerichts bei der Vermittlung der Erbauseinandersetzung (§§ 91, 93 FGG, vgl. S. 191) oder bei der Entgegennahme von Erbausschlagungserklärungen (§ 1945^{I} BGB). Für die Form dieser Beurkundungen sind die Vorschriften des BeurkG nicht auf Grund des § 1^{II} anwendbar, sondern nur, wenn es besonders bestimmt ist, z.B. in § 1945^{II} BGB (vgl. Jansen, FGG, 2. Aufl. Bd. III 1971 § 1 BeurkG Rdn. 14ff.), und eine Übertragung auf den Rechtspfleger ergibt sich nicht aus § 3 Nr. 1 Buchst. f. RechtspflG, sondern nur aus einer Übertragung der betreffenden Materie, z.B. der Verrichtungen des Nachlaßgerichts nach § 3 Nr. 2 Buchst. c RechtspflG. Beseitigt ist aber die Zuständigkeit des Grund-

buchamts, die zur Eintragung erforderlichen Erklärungen zur Niederschrift entgegenzunehmen (§ 29 GBO n.F.) und die Befugnis des Registergerichts, Anmeldungen und Unterschriftszeichnungen zur Niederschrift des Richters (Rechtspflegers) oder zum Protokoll der Geschäftsstelle des Registergerichts aufzunehmen (§ 12 HGB a.F., § 128 FGG a.F., vgl. auch §§ 147, 159, 161 FGG).

2. Die Konsuln sind zur Beglaubigung von Unterschriften und Handzeichen befugt. Auf Grund besonderer Ermächtigung durch den Bundesminister des Auswärtigen sind die Berufskonsuln zuständig, vor ihnen abgegebene Erklärungen öffentlich zu beurkunden, Auflassungen entgegenzunehmen sowie von deutschen Staatsangehörigen Testamente und Erbverträge aufzunehmen (§§ 16, 16a, 17, 37a KonsularG). Diese Urkundsakte stehen einer inländischen gerichtlichen oder notariellen Beurkundung oder Beglaubigung gleich (§§ 16^{IV}, 17 KonsG). Die Konsuln sind aber nicht befugt, andere Vorgänge als Erklärungen mit der Wirkung zu beurkunden, daß die Beurkundung einer notariellen gleichsteht; sie können daher nicht Beschlüsse der Hauptversammlung einer AG beurkunden, für welche § 130 AktG die notarielle Form vorschreibt (Jansen, FGG 2. Aufl. § 1 BeurkG Rdn. 57).

3. Die Standesbeamten sind außer für die Beurkundung von Geburten, Eheschließungen und Sterbefällen zuständig für die öffentliche Beurkundung von Vaterschaftsanerkenntnissen, der Zustimmung des Kindes dazu und der etwa erforderlichen Zustimmung des gesetzlichen Vertreters nach § $1600e^{I}$ BGB (§ $29a^{I}$ PStG), für die Beurkundung der Anerkennung der Mutterschaft zu einem nichtehelichen Kinde nach ausländischem Recht (§ $29b^{III}$ PStG) sowie für die Entgegennahme oder Beglaubigung der auf Namensänderung gerichteten Erklärungen einschließlich der etwa erforderlichen Einwilligungen oder Zustimmungen eines gesetzlichen Vertreters nach den §§ 55, 56 EheG, §§ 1617^{II}, 1618, $1758a^{V}$ BGB (§§ 15c, 31a PStG). Diese Zuständigkeiten und das Verfahren des Standesbeamten werden durch das BeurkG nicht berührt (§ 58 BeurkG).

4. Die besonders ermächtigten Beamten und Angestellten eines jeden Jugendamts sind nach § 49 i.d.F. des Gesetzes vom 27. Juni 1970 (BGBl. I 920) befugt, Vaterschaftsanerkenntnisse, die Zustimmung des Kindes dazu und die etwa erforderliche Zustimmung des gesetzlichen Vertreters (§ $1600e^{I}$ BGB) zu beurkunden oder, wenn diese Form genügt, zu beglaubigen, die Verpflichtung zur Erfüllung von Unterhaltsansprüchen eines minderjährigen (ehelichen oder nichtehelichen) Kindes oder zur Leistung einer Unterhaltsabfindung (§ 1615e BGB) sowie die Verpflichtung zur Erfüllung von Ansprüchen einer Frau nach §§ 1615k, 1615l BGB zu beurkunden; der Schuldner kann sich auch der sofortigen Zwangsvollstreckung entsprechend § 794^{I} Nr. 5 ZPO oder der Festsetzung des Regelunterhalts nach §§ 642c Nr. 2, 642d ZPO unterwerfen (§ 50 JWG). Vollstreckbare Ausfertigungen erteilt der Beamte des Jugendamts (§ 50^{I} S. 2 Nr. 1 JWG). Die Zuständigkeit erstreckt sich auch auf die Beglaubigung von Erklärungen über den Namen des nichtehelichen Kindes nach §§ 1617^{II}, 1618 BGB (§ 49^{I} Nr. 4 JWG) und auf die Beurkundung von Erklärungen über die Anerkennung der Mutterschaft zu einem nichtehelichen Kinde nach ausländischem Recht (§ $29b^{III}$ PStG).

5. Für die Entgegennahme der Auflassung ist nach § 925 BGB in Verbindung mit § 20^{II} BNotO jeder (deutsche) Notar zuständig, nach §§ 16^{I} S. 2, 37a KonsG auch die ermächtigten deutschen Berufskonsuln, aber nicht mehr das Grundbuchamt oder jedes Amtsgericht; auch der landesgesetzliche Vorbehalt in Art. 143^{I} EGBGB ist durch § 57^{IV} Nr. 3 Buchst. a BeurkG entfallen. Bestehen geblieben ist aber ein Vorbehalt in § 61^{IV} BeurkG zugunsten der württembergischen Ratschreiber und der Grundbuchhilfsbeamten in Baden. Die Auflassung kann auch in einem gerichtlichen Vergleich (der streitigen oder freiwilligen Gerichtsbarkeit) erklärt werden (§ 925^{I} S. 3); der Prozeßvergleich darf aber keinen Widerrufsvorbehalt enthalten, weil die Auflassung nach § 925^{II} bedingungsfeindlich ist (OLG Celle DNotZ 1957, 660). Die Aufnahme einer Niederschrift ist kein wesentliches Erfordernis der Auflassung; sie ist daher auch bei fehlender oder mangelhafter Beurkundung wirksam (RGZ 132, 408; BGHZ 22, 313).

6. Die Vorstände der Vermessungsbehörden und die von ihnen beauftragten Beamten sind zuständig zur öffentlichen Beurkundung und Beglaubigung von Anträgen auf Vereinigung oder Teilung von Grundstücken (Ges. über die Beurkundungs- und Beglaubigungsbefugnis der Vermessungsbehörden vom 15. November 1937, RGBl. I 1257). Vgl. den landesgesetzlichen Vorbehalt in § 61^{I} Nr. 6 BeurkG.

7. Der Bürgermeister oder sein verfassungsmäßig berufener Vertreter ist zuständig für die Beurkundung von Nottestamenten nach § 2249 BGB; eine Delegation auf andere Gemeindeangestellte ist nicht statthaft, weil es sich nicht um eine Angelegenheit der Gemeindeverwaltung, sondern um

eine funktionelle Zuständigkeit auf dem Gebiet der freiwilligen Gerichtsbarkeit handelt; a.M. Der Gemeindetag 1950, 72. In den Ländern der ehemals brit. Zone ist auch der Hauptgemeindebeamte oder sein Vertreter zuständig (VO vom 12. Dezember 1946, VOBlbrZ 1947, 9; Teil 2 Art. 4 Nr. 6 GesEinhG). In Hamburg ist der Standesbeamte zuständig (Jansen, FGG, § 78 HambAGBGB Anm. 1). Der landesrechtliche Vorbehalt des Art. 150 EGBGB ist aufgehoben (§ 50III Nr. 1 TestG, Teil 2 Art. 3 GesEinhG).

8. Die öffentliche Beglaubigung von Unterschriften oder Abschriften kann auf Grund des landesgesetzlichen Vorbehalts in § 63 BeurkG auch anderen Personen oder Stellen (als den Notaren) übertragen werden. Hierbei wurde insbesondere an überkommene Zuständigkeiten von Gemeindebeamten und Ortsgerichten gedacht; es kann aber auch die Zuständigkeit der Amtsgerichte oder von Gerichtsbeamten (UdG) begründet werden (Zimmermann, Rpfleger 1970, 189 zu I d; str.). Auf Grund dieses Vorbehalts ist in Hessen für die Beglaubigung von Unterschriften, Abschriften der Ortsgerichtsvorsteher für zuständig erklärt worden (§ 17 HessOrtsGerG i.d.F. des Gesetzes vom 16. Dezember 1969, Hess. GVBl. S. 316), in Baden-Württemberg für die Beglaubigung von Unterschriften der Ortsgerichtsvorsteher in den Landkreisen Hechingen und Sigmaringen (Art. 115 PrFGG i.d.F. des Gesetzes vom 18. Dezember 1969, GBl. Bad.-Württ. S. 301). Durch § 60 Nr. 68 Buchst. d BeurkG i.V.m. Art. 118 WürttAGBGB und § 61 Abs. 4 BeurkG i.V.m. den Art 32, 33, 34 WürttAGBGB und § 6 Bad.-GB-AusfG ist aufrechterhalten die Befugnis der württembergischen Ratschreiber und der Grundbuchhilfsbeamten in Baden für die Beglaubigung von Unterschriften und für die Beurkundung bestimmter Grundstücksveräußerungen. Für die Form der Beurkundungen und Beglaubigungen sind die Vorschriften des BeurkG maßgebend (§ 1II).

9. Amtliche Beglaubigungen von Unterschriften und Abschriften durch Verwaltungsbehörden werden nach näherer Maßgabe des § 65 BeurkG durch dieses Gesetz nicht berührt.

10 Die Anordnung der Feuerbestattung kann nach § 4 Nr. 2 des Ges. über die Feuerbestattung vom 1.5. Mai 1934 (RGBl I 380) nachgewiesen werden durch eine von dem Verstorbenen mündlich abgegebene Erklärung, die von einer zur Führung eines öffentlichen Siegels berechtigten Person als in ihrer Gegenwart abgegeben beurkundet ist.

11. Nicht um eine öffentliche Beglaubigung im Rechtssinne handelt es sich bei der Bescheinigung der Echtheit einer Unterschrift durch eine zur Führung eines öffentlichen Siegels berechtigte Person nach § 14 der Hinterlegungsordnung vom 10. März 1937 (RGBl I 285).

12. Der nach den Vorschriften der jeweils geltenden Verfahrensordnung abgeschlossene und nach den Vorschriften der ZPO (§§ 159, 160II Nr. 1, 162, 163, 163a) beurkundete gerichtliche Vergleich ersetzt gemäß § 127a BGB jede für das Rechtsgeschäft vorgesehene Beurkundungsform, auch wo die Erklärungen bei gleichzeitiger Anwesenheit beider Teile vor der Urkundsbehörde abzugeben sind (RG 165, 162; BGH NJW 1954, 1886). Wo Vertretung ausgeschlossen ist (§ 2347II), kann die Partei neben ihrem Anwalt die Erklärung persönlich abgeben. Für Eheschließungen kann das allerdings nicht gelten; Testamente und Erbverträge können nicht Gegenstand eines Vergleichs sein und deshalb nicht in einem Prozeßvergleich beurkundet werden (BGH FamRZ 1960, 28). Auch bei der Aufnahme von Grundstückskaufverträgen und Auflassungen in einen Vergleich sollten die Prozeßgerichte Zurückhaltung üben und diese Geschäfte besser dem erfahrenen Notar überlassen.

13. In einem Rechtsstreit der in § 641 ZPO bezeichneten Art kann die Anerkennung der Vaterschaft, die Zustimmung des Kindes dazu und die etwa erforderliche Zustimmung des gesetzlichen Vertreters (§ 1600eI BGB) nach § 641c ZPO auch in der mündlichen Verhandlung zur Niederschrift des Prozeßgerichts erklärt werden. Für die Beurkundung gelten nicht die Vorschriften des BeurkG, sondern die Bestimmungen der §§ 159, 161II Nr. 1, III, 162, 163, 163a ZPO.

2. Kapitel

Beim Vormundschaftsgericht*)

Nichteheliche Kindschaft

Der Richter bei Durchsicht der Eingänge zum Referendar: Hauptaufgabe des Vormundschaftsgerichts ist die rechtliche Fürsorge für Minderjährige und andere schutzbedürftige Personen. Deshalb herrscht grundsätzlich Amtsbetrieb, d.h. das Gericht bedarf für sein Tätigwerden keines förmlichen Antrags eines Beteiligten. Es veranstaltet ferner die zur Feststellung des Sachverhalts erforderlichen Ermittlungen und Beweiserhebungen — gemäß dem nach § 12 FGG für das ganze Gebiet der freiwilligen Gerichtsbarkeit geltenden Amtsermittlungsgrundsatz — von Amts wegen. Um zu wissen, wann Anlaß zu einer vormundschaftsgerichtlichen Maßnahme besteht, müssen wir von anderen Stellen in Kenntnis gesetzt werden. Vielfach geschieht das durch Mitteilungen und „Anregungen" der Eltern, Vormünder, Pfleger, Beistände, bisweilen auch durch Eingaben aus dem Publikum; in der Hauptsache aber erhält das Vormundschaftsgericht seine Unterlagen durch amtliche Anzeigen der Standesämter, Jugendämter, Gerichte, Polizeiverwaltungen usw. Teilweise sind diese Anzeigen in gesetzlichen Bestimmungen, unter denen § 48 FGG die wichtigste ist, ausdrücklich angeordnet, teilweise beruhen sie auf dem Grundsatz der Amtshilfe (Art. 35 GG), wonach die Behörden sich gegenseitig die Unterstützung leisten müssen, deren sie zur Erfüllung ihrer Aufgaben bedürfen. — Wir wollen jetzt sehen, was an Eingängen vorliegt, und Sie werden zu jedem einzelnen Fall sagen, was geschehen soll.

Nichteheliche Geburt.

„Städtisches Jugendamt. Berlin-Steglitz, den 15. Oktober 1970
Geschäftszeichen: Jug. II. a. 2220 H.

Dem Amtsgericht übersenden wir die Geburtsanzeige und eine Durchschrift des Fragebogens betreffend das nichteheliche Kind *Alfred Felix Mücke* und zeigen an, daß nach § 1791c BGB die gesetzliche Amtsvormundschaft des Jugendamtes eingetreten ist. Wir bitten um Übersendung einer Bescheinigung.

I. A.: *Schutz*"

„Standesamt Steglitz von Berlin Berlin-Lichterfelde, den 4. Oktober 1970
Geburtenbuch-Nr. 1844/70

Mitteilung über eine nichteheliche Geburt

nach § 48 des Reichsgesetzes über die Angelegenheiten der Freiwilligen Gerichtsbarkeit vom 17. Mai 1898 und § 44 des Gesetzes für Jugendwohlfahrt i.d.F. vom 6. August 1970.

---

*) Schrifttum: Beitzke, Familienrecht, 15. Aufl. 1970; Henrich, Familienrecht, 1970; Gernhuber, Lehrbuch des Familienrechts, 1964; Dölle, Familienrecht, 2 Bde., 1964/65; Odersky, Komm. z. Nichtehelichengesetz, 1970; Brand-Hensel, Vormsch.-, FamR.-, und FürsorgeErz.-Sachen in der gerichtlichen Praxis, 2. Aufl. 1963; Firsching, Familienrecht (Hdb. d. amtsger. Praxis Bd. V), 3. Aufl. 1971; Maßfeller, Das ges. Familienrecht, 2 Bde. 1962f.; Keidel, FGG 9. Aufl. 1967; Jansen, FGG, 2. Aufl. Bd. I bis III 1969—1971.

Die am 30. Juni 1950 geborene, seit dem 15. September 1969 rechtskräftig geschiedene Wirtschafterin *Hedwig Mücke* geb. *Hurtig*, wohnhaft in Berlin-Lichterfelde, Geranien-Straße 25, Vordhs. 1 Tr., hat am 3. Oktober 1970 in Berlin einen Knaben geboren. Das Kind hat die Vornamen Alfred Felix erhalten.

Die Mutter des Kindes ist ev. Religion.

An

das Jugendamt — Abt. Vormundschaft — (Siegel) Der Standesbeamte
Berlin-Steglitz *Status*."

zur Weitergabe an das Vormundschaftsgericht.

Der als zweite Anlage beigefügte von der Jugendpflegerin Sorge aufgenommene Fragebogen enthält Rubriken über Wohn- und Aufenthaltsort der Mutter (wegen der Zuständigkeit, vgl. §§ 36^{I} S. 1 FGG, 7, 11 BGB). Er gibt an, daß andere nichteheliche Kinder von ihr nicht am Leben sind (wegen des besonderen Geschwistergerichtsstandes, § 36^{I} S. 2 FGG), und sagt bezüglich des Vaters des Kindes:

„Unbekannt. Mutter gibt den Namen nicht an, da für das Kind gesorgt sei. Hausbewohner vermuten, daß der Reisende *Erich Liebetanz*, Bismarckstraße 88, bei *Anton* wohnhaft, der Vater, sei. Andere geben an, daß die *Mücke* in geschlechtlichen Beziehungen zu ihrem Dienstherrn, Rentner und Hausbesitzer *Alfred Frank*, Tulpenstraße 5, stehe und daß das Kind von diesem herrühre."

Der Referendar: Das Kind ist in der Tat nichtehelich; denn es ist erst später als 302 Tage nach der Auflösung der Ehe der Mücke geboren worden (§ 1593 BGB). Auch steht der Mutter nicht nach § 1705 BGB die elterlicher Gewalt über das Kind zu, beschränkt durch die Amtspflegeschaft des Jugendamts nach §§ 1706, 1709 BGB. Denn das Kind bedarf eines Vormundes, weil die Mutter zur Zeit der Geburt des Kindes noch minderjährig war (§§ 1673^{II}, 106, 1773 BGB); nach § 1791c BGB ist mithin die gesetzliche Amtsvormundschaft des nach § 11 JWG zuständigen Jugendamts eingetreten. Gemäß dem Amtsermittlungsgrundsatz des § 12 FGG möchte ich Liebetanz und Frank zur Anerkennung der Vaterschaft über Alfred Felix Mücke — so heißt das Kind nach § 1617^{I} BGB — und Erteilung einer vollstreckbaren Unterhaltsverpflichtung (§ 62 BeurkG) vorladen. Will keiner von ihnen die Vaterschaft anerkennen, so ist durch Zeugenvernehmung der Mutter, der Jugendpflegerin Sorge und sonstiger Auskunftspersonen festzutellen, mit wem die Mutter während der Empfängniszeit verkehrt hat und ob, wenn die Beiwohnung feststeht, gleichwohl schwerwiegende Zweifel an der Vaterschaft verbleiben (§ 1600 o BGB).

Der Richter: Die Vormundschaft wird vom Vormund, nicht vom Vormundschaftsgericht geführt. Wir haben nur die Tätigkeit des Vormunds zu beaufsichtigen, gegen etwaige Pflichtwidrigkeiten einzuschreiten (§§ 1837f.) und, wenn es auch nicht im Gesetz gesagt wird, ihn mit Rat und Tat zu unterstützen. In welcher Weise der Vormund den vermutlichen Vater zur Erfüllung seiner Verpflichtungen gegenüber dem Kinde anhalten will, entscheidet er selbst. Sollen Anerkennung der Vaterschaft und Unterhaltsverpflichtung urkundlich und vollstreckbar festgelegt werden, so kann die Aufnahme des Aktes durch verschiedene Rechtspflegeorgane erfolgen (vgl. dazu S. 66 unter 1 bis 4). Wenn allerdings der Vormund eine Ladung des Vaters durch das Vormundschaftsgericht für besonders wirkungsvoll ansehen und deshalb beantragen sollte, so könnten wir diesem Wunsch entsprechen. Denn das Vormundschaftsgericht soll den Vormund bei der Erfüllung seiner Aufgaben unterstützen. Dagegen gibt uns § 12 FGG weder das Recht noch die Pflicht, ohne Antrag des Vormunds den Vater vorzuladen und mit ihm zu verhandeln; wir würden damit unbefugt in die Führung der Vormundschaft eingreifen. — Auch von einer Beweiserhebung über die Vaterschaft sehe ich ab. Die Unterstützung des Vormundschaftsgerichts darf nicht so weit gehen, daß es dem Vormund seine staatshoheitliche Gewalt bei der

Ermittlung des Erzeugers zur Verfügung stellt. Zur Ausübung des Zeugniszwangs ist das Vormundschaftsgericht nur aus Anlaß solcher Feststellungen und Entscheidungen befugt, die ihm gesetzlich zugewiesen sind (KG JFG 22, 38; Jansen, FGG, 2. Aufl. § 2 Rdn. 11, § 12 Rdn. 34). Überlassen wir die nötigen Schritte ruhig dem Jugendamt, das mit seinen geschulten Hilfspersonen den Sachverhalt mindestens ebenso gut wie das Vormundschaftsgericht bis zur Vorbereitung einer Klage auf Feststellung des Bestehens der nichtehelichen Vaterschaft (§ 641 ZPO) aufklären wird.

Gemäß § 383^{I} Nr. 3 ZPO, der nach § 15 FGG auch für Beweisaufnahmen der freiwilligen Gerichtsbarkeit gilt, hat die nichteheliche Mutter in Angelegenheiten ihres Kindes ein Zeugnisweigerungsrecht. Der Ausnahmefall des § 385^{I} Nr. 3 ZPO liegt nicht vor, weil die Vaterschaft weder eine Vermögensangelegenheit der Mutter noch „durch das Familienverhältnis bedingt" ist (RG 169, 48). Auch § 385^{I} Nr. 2 ZPO ist nicht auf den Fall der Zeugung von Familienmitgliedern zu erstrecken. Eine Pflicht der Mutter, den Vater zu nennen, besteht auch dem Kinde gegenüber nicht; die Mutter kann für ihr Schweigen sittlich achtenswerte Beweggründe haben (BGH FamRZ 1959, 16; Soergel-Siebert § 1707 Anm. 5; str.). Das Verschweigen des Vaters ist weder Personenstandsunterdrückung nach § 169 StGB (RGSt. 72, 214) noch ein Grund zur Entziehung der Personensorge nach § 1666 BGB (Beitzke, FamR, § 33 I 4d), kann aber ein Grund sein, einen Antrag der Mutter nach § 1707 BGB, die Pflegschaft nach § 1706 BGB aufzuheben, abzulehnen; denn das nichteheliche Kind hat einen Anspruch darauf, daß sein Erzeuger festgestellt wird (BTDrucks. V/4179 zu § 1600o: Stammberger DRiZ 1970, 28). Liebetanz und Frank können auf die Frage, ob sie innerhalb der Empfängniszeit der Mutter beigewohnt haben, nach § 384 Nr. 1 ZPO die Antwort ablehnen. Beachte aber § 372a ZPO.

Zur Anpassung des Rechts des nichtehelichen Kindes an die heutigen gesellschaftlichen Anschauungen und zur Erfüllung des Verfassungsgebots des Art. 6^{V} GG (vgl. BVerfGE 25, 167) ist das Gesetz über die rechtliche Stellung der nichtehelichen Kinder vom 19. August 1969 (BGBl. I 1243) ergangen und am 1. Juli 1970 in Kraft getreten. Es hat zahlreiche Änderungen des bürgerlichen Rechts und der einschlägigen Verfahrensordnungen mit sich gebracht, von denen aus dem Gebiet des Familienrechts hier hervorgehoben sind:

1. Verwandtschaft, Anerkennung und Feststellung der Vaterschaft. Die Vorschrift des § 1589 Abs. 2 BGB, nach welcher ein uneheliches Kind und dessen Vater als nicht verwandt gelten, fällt weg. Nach § 1600a BGB n.F. wird die Vaterschaft zu einem nichtehelichen Kinde durch Anerkennung oder gerichtliche Entscheidung mit Wirkung für und gegen alle festgestellt. Während das Vaterschaftsanerkenntnis des früheren Rechts nur die Einrede des Mehrverkehrs ausschloß (§ 1718 BGB a.F.) und diese Frage auch der Nachprüfung im Statusverfahren (§§ 640ff. ZPO) nicht entzog, hat die Anerkennung jetzt dieselben bürgerlichrechtlichen Wirkungen wie ein Abstammungsurteil. Da nach dem Wegfall des § 1589 Abs. 2 BGB das nichteheliche Kind mit dem Vater und den väterlichen Verwandten auch im bürgerlichrechtlichen Sinne verwandt ist, hat die Anerkennung oder gerichtliche Feststellung der nichtehelichen Vaterschaft nunmehr ungleich weitergehende Rechtswirkungen als früher, insbesondere begründet die nichteheliche Vaterschaft ein gesetzliches Erbrecht des nichtehelichen Kindes nach dem Vater und den väterlichen Verwandten und umgekehrt, an dessen Stelle nur unter besonderen Umständen ein Erbersatzanspruch tritt (§ 1934a BGB). Die Anerkennungserklärung und die Zustimmung des Kindes hierzu müssen öffentlich beurkundet werden; die Zustimmung des gesetzlichen Vertreters ist in öffentlich beglaubigter Form abzugeben (§ 1600c BGB n.F.). Für die Beurkundung dieser Erklärungen bestehen auch nach dem Inkrafttreten des Beurkundungsgesetzes außer der Zuständigkeit der Notare (§ 20 BNotO) weitere Zuständigkeiten des Amtsgerichts, des Standesbeamten und des Jugendamts (§ 62 BeurkG, § 29a PStG n.F., § 49 JWG). Die Anerkennung der Vaterschaft ist in der Regel durch Klage anzufechten; nach dem Tode des Kindes oder des Mannes wird die Anerkennung jedoch durch Antrag beim Vormundschaftsgericht angefochten (§ 1600l BGB, § 56c FGG). Das Vormundschaftsgericht ist auch zuständig für die gerichtliche Feststellung der Vaterschaft nach dem Tode des Mannes oder des Kindes (§ 1600n Abs. 2 BGB, § 55b FGG).

2. Unterhalt. Grundsätzlich erhält auch das nichteheliche Kind Verwandtenunterhalt nach den allgemeinen Vorschriften (§ 1615a BGB n.F.). Sonderregelungen finden sich in §§ 1615b bis 1615i, 1615o BGB n.F. Bei der Bemessung des Unterhalts ist die Lebensstellung beider Eltern zu berücksichtigen (§ 1615c BGB n.F.). Das nichteheliche Kind, ebenso dessen Abkömmlinge, können mit dem Vater sowie dessen Verwandten Vereinbarungen über den Unterhalt treffen, insbesondere einen Abfindungsvertrag schließen (§ 1615e BGB n.F.), der der Genehmigung des Vormundschaftsgerichts bedarf. Im allgemeinen hat der Vater bis zur Vollendung des achtzehnten Lebensjahres des Kindes mindestens einen Regelunterhalt zu zahlen (§§ 1615f—1615h BGB n.F.). Die Fortdauer des Unterhaltsanspruchs des nichtehelichen Kindes über den Tod des Vaters hinaus (§ 1712 BGB a.F.) entfällt.

3. Erbausgleichsanspruch. Nach dem vom Rechtsausschuß eingefügten § 1934d BGB n.F. kann das nichteheliche Kind vom 21. bis zum 27. Lebensjahr von seinem Vater einen vorzeitigen Erbausgleich in Geld verlangen. Die Höhe bestimmt sich nicht nach dem Erbrecht im Falle des Todes des Vaters, sondern nach dem zuletzt geschuldeten Unterhalt. In der Regel beläuft sich der Anspruch auf das dreifache, mindestens jedoch das einfache, höchstens das zwölffache des durchschnittlichen Unterhalts der letzten Jahre (§ 1934d Abs. 2 BGB n.F.). Der Vater kann unter Umständen Stundung des Anspruchs verlangen (§ 1934d Abs. 5 BGB n.F.); hierüber ist vom Vormundschaftsgericht im Verfahren nach § 53a FGG zu entscheiden. Ist über den Erbausgleich eine wirksame Vereinbarung getroffen oder der Anspruch durch rechtskräftiges Urteil zuerkannt, so entfallen die durch die nichteheliche Verwandtschaft begründeten Erbberechtigungen (§ 1934e BGB n.F.). Der Anspruch kann nur von dem Kinde geltend gemacht werden; der Vater hat kein Recht, das Kind gegen seinen Willen abzufinden. Eine Vereinbarung zwischen dem Kinde und dem Vater über den Erbausgleich bedarf der notariellen Beurkundung (§ 1934d Abs. 4 Satz 1 BGB n.F.).

4. Elterliche Gewalt. Das nichteheliche Kind steht, solange es minderjährig ist, unter der elterlichen Gewalt der Mutter (§ 1705 BGB n.F.). Sofern es nicht eines Vormundes bedarf, erhält das Kind für bestimmte Angelegenheiten einen Pfleger (§ 1706 BGB n.F.). Zu den Aufgaben des Pflegers gehören die Feststellung der Vaterschaft, die Geltendmachung von Unterhaltsansprüchen (einschließlich einer Abfindung) und die Regelung von Erb- und Pflichtteilsrechten des Kindes nach dem Vater und seinen Verwandten (§ 1706 BGB n.F.). Im Regelfall wird das Jugendamt mit der Geburt des Kindes Pfleger (§ 1709 n.F.) oder Vormund, wenn das Kind eines solchen bedarf (§ 1791c BGB n.F.). Pfleger und Vormund können schon vor der Geburt eines Kindes bestellt werden (§§ 1708, 1774 Satz 2 BGB n.F.). Auf Antrag der Mutter hat jedoch das Vormundschaftsgericht, wenn dies dem Wohl des Kindes nicht widerspricht, anzuordnen, daß keine Pflegschaft eintritt, oder den Wirkungskreis des Pflegers zu beschränken (§ 1707 BGB n.F.). Vgl. dazu Göppinger, Elterliche Gewalt über nichteheliche Kinder, FamRZ 1970, 57ff.

5. Namensrecht. Nach § 1617 Abs. 1 BGB n.F. erhält das nichteheliche Kind den Familiennamen, den die Mutter zur Zeit der Geburt des Kindes führt, auch wenn dies ein durch Eheschließung erworbener Ehename ist. Für Kinder, die vor dem 1. Juli 1970 geboren sind, gilt dies grundsätzlich nicht. Nach Art. 12 § 6 NichtehelG kann aber das Vormundschaftsgericht dem Kinde auf seinen Antrag den Ehenamen der Mutter erteilen. Nach § 1618 BGB n.F. kann ferner der Ehemann der Mutter oder des Vaters des Kindes diesem mit seiner Einwilligung und der Einwilligung der Mutter durch Erklärung gegenüber dem Standesbeamten seinen Namen erteilen; eine Mitwirkung des Vormundschaftsgerichts ist hierzu nicht erforderlich. Schließlich kann das VormG nach § 1740g BGB n.F. der Mutter auf ihren Antrag den Namen des Vaters des Kindes erteilen, wenn das Kind nach dem Tode des Vaters für ehelich erklärt worden ist. Das Verfahren ist geregelt in § 43a und § 56b FGG.

6. Übergangs- und Schlußbestimmungen. Das Gesetz gilt grundsätzlich auch für die vor seinem Inkrafttreten (1. Juli 1970) geborenen Kinder und deren Abkömmlinge (Art. 12 § 1). Wer vor dem Inkrafttreten seine Vaterschaft in einer öffentlichen Urkunde anerkannt oder sich in einem vollstreckbaren Schuldtitel zur Erfüllung des Unterhaltsanspruchs nach § 1708 BGB verpflichtet hat oder in einer rechtskräftigen Entscheidung dazu verurteilt worden ist, ist als Vater im Sinne des neuen Rechts anzusehen, sofern Vater, Mutter und Kind nicht bereits verstorben sind (Art. 12 § 3 Abs. 1). Die Vaterschaft kann jedoch angefochten werden. Besondere Übergangsvorschriften beziehen sich auf den Übergang von der Vormundschaft zur Pflegschaft (Art. 12 § 7), auf die Legitimation durch nachfolgende Ehe und die Ehelicherklärung (Art. 12 § 8) sowie auf die Ehelicherklärung auf Antrag des Kindes (Art. 12 § 9). Erbrechtliche Übergangsbestimmungen enthält Art. 12 § 10. Danach bleiben für die erbrechtlichen Verhältnisse die bisherigen Vorschriften maßgebend, wenn der Erblasser vor dem Inkrafttreten des Gesetzes verstorben ist oder wenn das nichteheliche Kind vor dem 1. Juli 1949 geboren ist, also beim Inkrafttreten des Gesetzes das 21. Lebensjahr bereits vollendet hatte, mag auch der Erblasser erst nach dem 30. Juni 1970 verstorben sein.

Referendar: Dann wird nur die Bescheinigung aus § 1791 c^{III} BGB auszustellen sein, wie es das Jugendamt beantragt hat. Die Amtsvormundschaft des Jugendamts tritt immer unmittelbar kraft Gesetzes ein, ohne daß es einer Verpflichtung durch das Gericht und einer Bestallung bedarf. Ich schlage deshalb als Verfügung vor:

„1. Bescheinigung gemäß § 1791 c^{III} BGB erteilen.
2. Nach 1 Jahr (Bericht)."

Richter: Was Sie über die Stellung des Jugendamtes als tutor legitimus sagen, trifft für seine „gesetzliche" Amtsvormundschaft über nichteheliche Kinder zu. Außerdem gibt es noch die „bestellte" Amtsvormundschaft (§ 1791 b BGB), die Bestellung des Jugendamts zum Mit- oder Gegenvormund, Pfleger, Beistand und die Übertragung einzelner Aufgaben des Vormunds auf das Jugendamt als Pfleger (§ 1791 b, 1915, 1792^{I}, 1691^{I} BGB, §§ 45, 46 JWG). In all diesen Fällen ist das Jugendamt tutor davitus. Allerdings erfolgt niemals eine Verpflichtung durch Handschlag an Eides Statt, wie bei sonstigen Vormündern, und es wird keine Bestallung ausgefertigt, sondern die Bestellung geschieht durch schriftliche Verfügung des Vormundschaftsgerichts, durch deren Vorlegung sich das Jugendamt gegenüber Behörden und Privatpersonen als Vormund ausweist (§ 1791 b^{II} BGB). Für die vorliegende nichteheliche Vormundschaft haben Sie recht, und Ihre Verfügung ist inhaltlich zutreffend. Die Verfügung wird jedoch nicht von mir zu zeichnen sein. Infolge der zur Entlastung der Richter ergangenen Bestimmungen (sog. „kleinen Justizreform") ist nämlich ein Teil der dem „Gericht", d. h. dem Richter, zugewiesenen Geschäfte Beamten ohne Fähigkeit zum Richteramt, den „Rechtspflegern", zur selbständigen Bearbeitung übertragen worden. Die Bescheinigung aus § 1791 c^{III} BGB ist Rechtspflegersache. Ich verfüge also:

„Herrn Rechtspfleger."

Rechtsgrundlage des Rechtspflegerwesens ist das Gesetz über Maßnahmen auf dem Gebiete der Gerichtsverfassung und des Verfahrensrechts (**Rechtspflegergesetz**) vom 8. Februar 1957 (BGBl. I 18), nunmehr vom 5. November 1969 (BGBl. I 2065) i. d. F. des ÄndG vom 27. Juni 1970 (BGBl. I 911). Vorausgegangen war Art. VI des Reichsgesetzes zur Entlastung der Gerichte vom 11. März 1921 (RGBl. I 229). Darin wurden die Landesjustizverwaltungen ermächtigt, gewisse richterliche Geschäfte Urkundsbeamten der Geschäftsstelle zur selbständigen Erledigung zu übertragen. Die in den Ländern ergangenen Vorschriften wurden ersetzt durch die Reichs-Entlastungsverfügung v. 3. Juli 1943 (DJ 339) — EntlV —, geändert durch die AV d. RJM v. 19. September 1944 (DJ 249). **Schrifttum**: Reichel, Die Stellung des Rechtspflegers in der Gerichtsorganisation, 1951; Arndt, Rechtspflegergesetz, 1957; Hofmann-Kersting, Rechtspflegergesetz, 1957; Arnold/Meyer-Stolte, Rechtspflegergesetz, 1970; Herbst, Rechtspflegergesetz, 1970.

Das Rechtspflegergesetz hat das Rechtspflegerwesen auf eine neue Grundlage gestellt. Der Rechtspfleger ist nunmehr ein besonderes Organ der Rechtspflege. Er übt neben dem Urkundsbeamten und dem Richter eigene Funktionen innerhalb der Gerichtsverfassung aus (§ 1). Er entscheidet im Rahmen seines Aufgabenkreises selbständig in eigener Verantwortung und ist nur dem Gesetz unterworfen (§ 9), soweit er nicht an eine ihm bekannte oder mitgeteilte Stellungnahme des Richters gebunden ist (§ 5^{I} Nr. 1, Abs. 2 S. 3). Er ist also sachlich unabhängig. Dagegen fehlt ihm die persönliche Unabhängigkeit; denn er kann jederzeit ohne seine Zustimmung durch die vorgesetzte Dienstbehörde von seinen Rechtspflegeraufgaben entbunden und mit anderen (gleichwertigen) Geschäften der Justizverwaltung, etwa als geschäftsleitender Beamter, als Kassen- oder Kostenbeamter, betraut werden. Bei kleineren Gerichten wird er diese Geschäfte und diejenigen des Urkundsbeamten sogar häufig neben seinen Rechtspflegeraufgaben wahrzunehmen haben (§ 27). Obwohl der Rechtspfleger hiernach richterliche Geschäfte wahrnimmt, ist er kein Richter im Sinne des Verfassungs- und Gerichtsverfassungsrechts (Arndt § 1 Anm. 6).

Für die **Übertragung der Geschäfte** sind nach § 3 drei Arten der Übertragung zu unterscheiden: die Übertragung ganzer Sachgebiete ohne Vorbehalt (**Vollübertragung**), die grundsätzliche Übertragung von Sachgebieten unter dem Vorbehalt einzelner Geschäfte, die dem

Richter verbleiben (Vorbehaltsübertragung) und die Übertragung einzelner Geschäfte aus Sachgebieten des Richters (Einzelübertragung). Die grundsätzliche Übertragung ist in § 3 angeordnet. Auf dem Gebiet der Vorbehaltsübertragung sind die dem Richter vorbehaltenen Geschäfte in den §§ 14 bis 19, auf dem Gebiet der Einzelübertragung die auf den Rechtspfleger übertragenen Geschäfte in den §§ 20 bis 23 katalogartig aufgezählt. Der Umfang der Übertragung ist grundsätzlich gesetzlich bestimmt. In einigen Fällen kann aber der Richter ein ihm gesetzlich vorbehaltenes Geschäft oder ein Geschäft, welches er sich über den gesetzlich vorgesehenen Richtervorbehalt hinaus zunächst zulässigerweise vorbehalten hat, auf den Rechtspfleger übertragen (§§ 16^{II}, 18^{II}, 19^{III}) oder ein gesetzlich übertragenes Geschäft sich im Einzelfall vorbehalten (§ 31^{II}).

In vollem Umfange sind übertragen (§ 3 Nr. 1) die Vereinssachen im Sinne der §§ 29, 37, 55 bis 79 BGB und der §§ 159, 160, 162 FGG, die Verfahren zur Abnahme eidesstattlicher Versicherungen in den Fällen des § 163 FGG, bei der Untersuchung und Verwahrung von Sachen sowie beim Pfandverkauf nach §§ 164 bis 166 FGG, Musterregistersachen im Sinne des GeschmMG (unten S. 330), Pachtkreditsachen (§§ 2, 15, 16 PachtkreditG vom 5. August 1951, BGBl. I 494), Güterrechtsregistersachen im Sinne der §§ 1558 bis 1563 BGB und der §§ 161, 162 FGG, Urkundssachen einschließlich der Entgegennahme der Erklärung, Verschollenheitssachen, Grundbuchsachen, Schiffsregister- und Schiffsbauregistersachen sowie Sachen des Registers für Pfandrechte an Luftfahrzeugen, Zwangsversteigerungs- und Zwangsverwaltungsverfahren, Verteilungsverfahren nach der ZPO und dem ZVG, nach § 75^{II} FlurbereinigungsG, § 54^{III} LandBeschG, § 28^{II} LuftVerkG und nach § 119^{III} BBauG. Ferner sind dem Rechtspfleger übertragen nach § 29 die Ausführung ausländischer Zustellungsanträge, nach § 30 die Hinterlegungssachen nach der Hinterlegungsordnung und nach § 31 in Straf- und Bußgeldsachen die dem Staatsanwalt oder dem Amtsrichter als Vollstreckungsbehörden obliegenden nichtrichterlichen Geschäfte; insoweit ist aber die Zuständigkeit des Rechtspflegers durch die VO über die Geschäfte des Rechtspflegers bei der Vollstreckung in Straf- und Bußgeldsachen vom 26. Juni 1970 (BGBl. I 992) eingeschränkt. Für die Leitung der Vollstreckung im Jugendstrafverfahren besteht ein Richtervorbehalt nach § 31^{IV}; ferner kann in Vollstreckungssachen der Staatsanwalt oder Richter dem Rechtspfleger Weisungen erteilen (§ 31^{V}).

Die Vorbehaltsübertragung umfaßt nach § 3 Nr. 2 mit Ausnahme der in den §§ 14 bis 19 angeführten Richtervorbehalte die Vormundschaftssachen im Sinne der §§ 35 bis 64 FGG, das Kindesannahmeverfahren im Sinne der §§ 65 bis 68c FGG, Nachlaß- und Teilungssachen im Sinne der §§ 72 bis 99 FGG sowie die amtliche Verwahrung von Testamenten und Erbverträgen nach §§ 2258a bis 2264, 2300, 2300a BGB, Handelssachen im Sinne der §§ 125 bis 158 FGG, Verfahren nach der Konkursordnung und nach der Vergleichsordnung.

Im Wege der Einzelübertragung sind nach § 3 Nr. 3, 4 übertragen die in den §§ 20 bis 24 aufgeführten Geschäfte in Verfahren nach der ZPO und dem Mieterschutzgesetz, in Kostenfestsetzungsverfahren, bei gerichtlichen Entscheidungen im Strafvollstreckungsverfahren, in Verfahren vor dem Patentgericht und bei der Aufnahme von verfahrensrechtlichen Erklärungen (§ 24), für die bisher die Geschäftsstelle zuständig war. Zum Gebiet der Einzelübertragung gehören nach § 3 Nr. 4 auch die bereits erwähnten Geschäfte der §§ 29 bis 31 im internationalen Rechtsverkehr, in Hinterlegungssachen und bei der Vollstreckung in Straf- und Bußgeldsachen.

Eine Vorlegungspflicht des Rechtspflegers begründet § 5. Er hat ihm übertragene Geschäfte dem Richter vorzulegen a) wenn er von einer ihm bekannten Stellungnahme des Richters abweichen will, b) wenn sich bei der Bearbeitung rechtliche Schwierigkeiten ergeben, c) wenn die Anwendung von nicht im Geltungsbereich des Gesetzes geltendem Recht (also von ausländischem Recht oder dem der DDR) in Betracht kommt, d) wegen Sachzusammenhangs mit einem dem Richter vorbehaltenen Geschäft. Die weitere Bearbeitung der vorgelegten Sachen obliegt alsdann dem Richter. Der Richter kann sich jedoch darauf beschränken, mit für den Rechtspfleger bindender Wirkung zu bestimmen, wie zu einer Rechtsfrage Stellung zu nehmen ist (§ 5^{II}). Dagegen ist es nicht statthaft, daß der Richter ohne gesetzliche Ermächtigung (vgl. § 16^{II}) nicht übertragene Sachen unter Stellungnahme zu einer Grundsatzfrage dem Rechtspfleger zur Bearbeitung überläßt. Eine Verletzung der Vorlegungspflicht berührt nicht die Wirksamkeit der Verfügung des Rechtspflegers (§ 8^{III}) und kann auch nicht mit dem in Sache gegebenen Rechtsbehelf gerügt werden.

Im Rahmen seiner Zuständigkeit trifft der Rechtspfleger alle zur Erledigung des Geschäfts erforderlichen Maßnahmen (§ 4^{I}). Er hat die für seine Entscheidung erforderlichen Ermittlungen, insbesondere die Anhörung von Beteiligten, Zeugen und Sachverständigen selbst anzustellen und darf um Rechtshilfe ersuchen. Die Anordnung der Beeidigung und die Abnahme von Eiden ist jedoch dem Richter vorbehalten. Auch Ordnungsstrafen in Geld kann er androhen und verhängen (anders § 4^{I} EntlV), jedoch im Hinblick auf Art. 104^{II} GG keine Haftstrafen (§ 4^{I} Nr. 2). Er kann für die von ihm zu erledigenden Geschäfte auch das Armenrecht bewilligen.

Überschreitet der Rechtspfleger seine Zuständigkeit, indem er ein richterliches Geschäft wahrnimmt, das ihm nach dem Gesetz weder übertragen ist noch übertragen werden kann, so ist das Geschäft unwirksam, die Verfügung also nichtig (§ 8^{IV}); vgl. dazu Arndt, § 7 Anm. 10 bis 16; Hofmann-Kersting § 7 Anm 3; Jansen, FGG, 2. Aufl. § 7 Rdn. 17. Deshalb ist sorgfältige Beachtung der Zuständigkeitsgrenzen wichtig. Bloße Billigung des Richters heilt den Mangel nicht (BayObLG NJW 1959, 1042). Die Wahrnehmung eines übertragenen Geschäfts durch den Richter dagegen ist stets wirksam (§ 8^{I}) und begründet auch nicht die Sachbeschwerde.

Rechtsbehelf gegen Entscheidungen (Verfügungen) des Rechtspflegers ist die Erinnerung nach § 11 RechtspflG. Dieser Rechtsbehelf tritt an die Stelle der Beschwerde, die gegen eine entsprechende Entscheidung des Richters gegeben wäre. Aber auch wenn eine entsprechende Verfügung des Richters unanfechtbar oder nur beschränkt anfechtbar wäre (z.B. §§ 20a, 146^{III}, 164^{II} FGG), ist die Erinnerung statthaft, weil aus rechtsstaatlichen Gründen in jedem Fall die Anrufung des Richters ermöglicht werden muß. Findet gegen eine entsprechende Verfügung des Richters kein Rechtsmittel statt, sondern der Rechtsbehelf des Einspruchs oder des Widerspruchs (z.B. §§ 132, 140, 142, 159, 161 FGG, § 19 SchiffsRegO), so ist nicht die Erinnerung an den Richter gegeben, sondern der Einspruch (Widerspruch), über den der Rechtspfleger befindet (vgl. unten S. 281). Erst gegen die Entscheidung über den Einspruch (Widerspruch) kann der Richter mit der Erinnerung nach § 11 angerufen werden.

Unzulässig ist die Erinnerung gegen Verfügungen, die nach den Vorschriften der GBO, der SchiffsRegO, des FGG und nach den für den Erbschein geltenden Bestimmungen wirksam geworden sind und nicht mehr geändert werden können (§ 11^{V} S. 1). Hierunter fallen Eintragungen in öffentliche Bücher (vgl. § 71^{II} S. 1 GBO, § 75 SchiffsRegO), die einem Dritten gegenüber wirksam gewordene Erteilung oder Verweigerung einer Genehmigung (§ 55^{I} FGG) und die Erteilung mit öffentlichem Glauben versehener Zeugnisse (Erbschein, vgl. unten S. 181). Es kann aber die Eintragung eines Amtswiderspruchs oder die Vornahme einer Amtslöschung (§ 53 GBO, § 56 SchiffsRegO), die Einleitung eines Amtslöschungsverfahrens (§§ 142, 147, 159, 161 FGG) oder die Einziehung des Erbscheins angeregt werden, und zwar, soweit hierfür ein Richtervorbehalt besteht, beim Richter, sonst (Vereins- und Güterrechtsregistersachen, Sachen des Handelsregisters Abt. A und des Genossenschaftsregisters) beim Rechtspfleger selbst mit der Maßgabe, daß gegen dessen Entscheidung die Erinnerung stattfindet.

Die Erinnerung ist grundsätzlich unbefristet. Wenn aber gegen die Entscheidung, hätte der Richter sie erlassen, die sofortige Beschwerde stattfände, muß auch die Erinnerung innerhalb der für dieses Rechtsmittel geltenden Frist eingelegt werden (§ 11^{I} S. 2).

Der Rechtspfleger ist befugt, der Erinnerung abzuhelfen. In den Fällen der befristeten Erinnerung ist eine Abhilfe, ebenso wie nach § 577^{III} ZPO, § 18^{II} FGG im Fall der sofortigen Beschwerde, ausgeschlossen (§ 11^{II} S. 1).

Der Richter entscheidet über die Erinnerung, wenn er sie für zulässig und begründet erachtet oder wenn die Entscheidung, wenn er selbst sie erlassen hätte, unanfechtbar wäre. Anderenfalls legt er sie unter Benachrichtigung der Beteiligten dem Beschwerdegericht vor. Die Erinnerung gilt dann als Beschwerde gegen die Entscheidung des Rechtspflegers (§ 11^{II} S. 3—5).

Das Erinnerungsverfahren ist gerichtsgebührenfrei (§ 11^{VI}).

Scheineheliches Kind. Das Standesamt hat unter Verwendung des Vordrucks für die Anzeige einer nichtehelichen Geburt dem Jugendamt angezeigt, daß die verehelichte Fabrikarbeiterin Mathilde Heinze geb. Pohl in Lankwitz am 12. Oktober 1970 eine Tochter Gerda geboren hat. Zusatz:

> „Der Ehemann, Fabrikarbeiter *Bruno Heinze*, verbüßt seit Mai 1968 in der Strafanstalt Tegel eine fünfjährige Zuchthausstrafe wegen schweren Raubes.“

Das Jugendamt übersendet die Anzeige urschriftlich dem Amtsgericht zur weiteren Veranlassung.

Der Referendar: Nach § 1591 II BGB wird vermutet, daß der Ehemann während der Empfängniszeit der Mutter eines in der Ehe geborenen Kindes beigewohnt habe, woraus — vorbehaltlich des Beweises der offenbaren Unmöglichkeit (§ 1591 I) — die Ehelichkeit des Kindes folgt. Da aber Heinze die ganze Empfängniszeit hindurch im Zuchthaus gesessen hat, ist die Beiwohnungsvermutung durch die Tatsachen widerlegt (§ 292 ZPO), das Kind mithin nichtehelich. Wir müssen dem Jugendamt mitteilen, daß es die gesetzliche Amtspflegschaft über das Kind hat, und die Bescheinigung nach §§ 1791 c III 1915 BGB übersenden.

Der Richter, dem der Rechtspfleger die Sache nach § 5 I Nr. 2 RechtspflG vorgelegt hat: Ob ein in der Ehe geborenes Kind als nichtehelich behandelt wird, hängt in erster Linie vom Willen des Ehemanns der Mutter ab. Denn die Nichtehelichkeit darf nur geltend gemacht werden, wenn sie rechtskräftig festgestellt ist. Zur Erhebung der Anfechtungsklage ist der Mann innerhalb einer Frist von zwei Jahren, nachdem er von den für die Unehelichkeit sprechenden Umständen Kenntnis erlangt hat, befugt (§ 1594 II). Der Staatsanwalt kann die Ehelichkeit nicht mehr anfechten. Statt dessen wird dem Kinde in bestimmt umgrenzten Fällen (§§ 1596 bis 1598 BGB), von denen hier allenfalls § 1596 I Nr. 4 in Betracht käme, und nach dem Tode des Mannes seinen Eltern (§ 1595 a BGB) ein Anfechtungsrecht eingeräumt. Mag also das Kind auch nicht von dem Ehemann der Mutter erzeugt sein, so haben wir es doch, solange die Ehelichkeit nicht mit Erfolg angefochten ist, als ehelich zu betrachten. Selbst wenn kein Zweifel an der Unehelichkeit besteht und alle Beteiligten sich hierüber einig sind, darf niemand mit rechtlicher Wirkung sich darauf berufen, bevor die Unehelichkeit nicht im dem Statusverfahren nach §§ 640ff. ZPO rechtskräftig festgestellt worden ist (Boehmer, FamRZ 1960, 213). Das Kind führt also den Namen „Gerda Heinze“ und steht unter elterlicher Gewalt des Bruno Heinze und seiner Mutter.

Referendar: Muß Gerda Heinze nicht einen Pfleger zur Wahrung ihrer Rechte erhalten?

Richter: Welche Rechte sollte der Pfleger wahren? Unterhaltsansprüche gegen den natürlichen Vater stehen dem Kind nicht zu: denn wer zunächst als eheliches Kind eines bestimmten Mannes gilt, kann nicht gegen einen anderen Mann als nichtehelichen Vater Ansprüche erheben. Zur Vertretung gegenüber Bruno Heinze bedarf es eines Pflegers — und zwar eines Ergänzungspflegers (§ 1909) — erst für den Anfechtungsrechtsstreit. Jetzt könnte der Pfleger nichts weiter tun, als Heinze von der Geburt des Kindes Kenntnis zu geben und damit die Anfechtungsfrist in Lauf zu setzen. Auch die Zubilligung eines Anfechtungsrechts an die Mutter wird durch den Grundsatz der Gleichberechtigung nicht gerechtfertigt (OLG Düsseldorf, NJW 1958, 712; Beitzke § 24 II 20; Dölle FamR § 88 V 3; Lehmann § 23 I; a.M. Krüger in Krüger-Breetzke-Nowak, GleichberG, Einl. 175 ff. Man könnte noch daran denken, dem Kinde, da die Mutter und deren Ehemann gemäß §§ 1629 II, 1795 I Nr. 3 BGB von der Vertretung des Kindes gesetzlich ausgeschlossen sind, von Amts wegen einen Pfleger zu bestellen, damit dieser namens des Kindes mit Genehmigung des Vormundschaftsgerichts (§ 1597 I), die grundsätzlich nur bei Einwilligung der Kindesmutter erteilt werden soll (§ 1597 III), Ehelichkeitsanfechtungsklage aus § 1596 I Nr. 4 erhebt. Aber da es zweifelhaft ist, ob schon die Verurteilung zu Freiheitsstrafe diesen Tatbestand begründet, und nicht ersichtlich ist, daß die Eheleute an der Ehe nicht mehr festhalten wollen, übrigens das Anfechtungsrecht des Kindes aus § 1596 I Nr. 4 auch unbefristet ist (§ 1596 II), besteht vorerst zu Maßnahmen kein Anlaß, bevor nicht die Beteiligten oder das Jugendamt mit Anregungen hervortreten; man soll nicht ohne Not von Amts wegen in eheliche Verhältnisse eingreifen.

Die Anfechtungsfrist des § 1594 BGB beginnt für den Ehemann der Mutter auch dann zu laufen, wenn er infolge von Rechtsunkenntnis angenommen hat, das Kind gelte auch ohne Anfechtung als nichtehelich (BGHZ 24, 134; Boehmer, MDR 1957, 539). Wäre aber Gerda Heinze (unter dem Namen Gerda Pohl) vom Vormundschaftsgericht ohne Anfechtungsklage des Ehemanns unter nichteheliche Vormundschaft gestellt worden, so hätte dadurch der Ehemann Heinze zu der Auffassung verleitet werden können, die Nichtehelichkeit sei gerichtlich festgestellt und keine Anfechtungsklage notwendig. Dadurch kann er die Anfechtungsfrist versäumen. Alsdann ist die unrichtige Behandlung der Sache durch die Behörde vom Standpunkt des Ehemanns „höhere Gewalt", so daß die Anfechtungsfrist für ihn erst von dem Zeitpunkt ab läuft, zu welchem er erfährt, daß die Vormundschaft aufgehoben ist und daß seine Ansicht irrig war. §§ 1594^{III}, 203^{II} BGB; dazu RG JW 1927, 1195".

Im Sozialrecht hat das Problem der scheinehelichen Kinder besondere Bedeutung hinsichtlich der Rentenberechtigung des Kindes nach dem Scheinvater, wenn dieser kriegsvermißt oder verschollen und zu einem Zeitpunkt für tot erklärt worden ist, der die Empfängniszeit ganz oder teilweise einschließt. Für das Sozialversicherungsrecht hat das BSozG ausgesprochen, daß die Regelung des bürgerlichen Rechts auch für dieses Rechtsgebiet gilt, die Unehelichkeit von der Versicherungsbehörde also nicht incidenter festgestellt werden kann (BSozGE 12, 139 = FamRZ 1960, 438; vgl. unten S. 338). Für das Bundesversorgungsrecht bestimmt § 52^{II} BVersG, daß ein Kind keinen Anspruch auf Rente hat, wenn der Ehemann der Mutter während der Dauer der Empfängniszeit verschollen war. BVerfGE 9, 201 erachtet diese Vorschrift als mit dem Grundgesetz vereinbar.

Verfügung:

„Keine Vormundschaft oder Pflegschaft."

Legitimation und Namensgebung.

„Standesamt Steglitz von Berlin — Berlin-Lichterfelde, den 12. Oktober 1970

An das Vormundschaftsgericht
in Berlin-Lichterfelde

Der Damenfriseur *Berthold Locke*, evangelisch, staatsangehörig in Deutschland, wohnhaft in Berlin-Lichterfelde, Schillerstr. 12, und die Kellnerin *Anna Hasler*, evangelisch, wohnhaft in Berlin-Lichterfelde, Geranienstr. 10,
haben hier am 12. Oktober 1970 die Ehe geschlossen (Heiratsbuch Nr. 422/70).
Sie haben ein gemeinsames voreheliches Kind *Hellmut*, das am 23. Oktober 1969 in Berlin-Lichterfelde geboren wurde (Geb.-Buch Nr. 883/69, StA. Steglitz von Berlin).
Nach § 460^{I} Buchst. g der Dienstanweisung teile ich dies mit.

(Siegel) Der Standesbeamte
Status."

„Listen-Nr. 108/60.

Der Damenfriseur *Berthold Locke*, wohnhaft in Berlin-Lichterfelde, Schillerstraße 12, hat dem von der Kellnerin *Anna Hasler*, seiner jetzigen Ehefrau, am 1. November 1967 geborenen Kinde *Renate Agnes* nach § 1618 BGB seinen Familiennamen *Locke* erteilt.

Geburtenbuch Nr. 1275/67.

Berlin-Lichterfelde, den 12. Oktober 1970
Der Standesbeamte
Status."

An das Amtsgericht
Hier

(Siegel)

„Städtisches Jugendamt.
Geschäfts-Nr. Jug. II. a. 1895 H. — Berlin-Steglitz, den 15. Oktober 1970
Gerichtliches Aktenzeichen: 6 H VII. 3647.

Der Damenfriseur *Berthold Locke* in Berlin-Lichterfelde, Schillerstraße 12, hat am 12. Oktober 1970 die Kellnerin *Anna Hasler* geheiratet. Er hat die Vaterschaft zu dem am 23. Oktober 1969 geborenen Kinde *Hellmut* der *Anna Hasler* mit unserer Zustimmung anerkannt und dem am

1. November 1967 geborenen Kinde *Renate Agnes* seinen Namen erteilt. *Hellmut Locke* hat damit die Stellung eines ehelichen Kindes erlangt. Unter Rückreichung der uns erteilten Bescheinigung beantragen wir:

gemäß den §§ 1887, 1915 BGB den Damenfriseur *Berthold Locke* als Pfleger für *Renate Agnes Locke* zu bestellen.

An das Amtsgericht

Hier. *Schutz*."

Nicht selten bekennt sich der Ehemann einer nichtehelichen Mutter in der guten Absicht, dem Kind den vermeintlichen Makel der nichtehelichen Geburt abzunehmen, sein Fortkommen zu erleichtern oder ihm eine Versorgung zu verschaffen, zu der Vaterschaft von Kindern, die nicht von ihm erzeugt sind, vielleicht sogar aus einer Zeit stammen, zu der er die Mutter noch gar nicht kannte. Ein solches unwahres Vaterschaftsanerkenntnis konnte nach der bis zum 30. Juni 1970 bestehenden Rechtslage nicht nur die beabsichtigte Legitimationswirkung des § 1719 BGB nicht herbeiführen (JFG 14, 128), sondern setzte den Ehemann obendrein der Bestrafung wegen vorsätzlicher Veränderung des Personenstandes des Kindes (§ 169 StGB) aus. Hierin ist durch § 1600a BGB i.d.F. des Art. 1 Nr. 9 NichtehelG ein grundlegender Wandel eingetreten. Nach § 1600a S. 1 wird die Vaterschaft durch Anerkennung oder gerichtliche Entscheidung mit Wirkung für und gegen alle festgestellt. Die Anerkennung bedarf der Zustimmung des Kindes (nicht auch der Mutter), d.h. des gesetzlichen Vertreters des Kindes, in der Regel also des Pflegers (§ 1706 Nr. 1 BGB), wenn das Kind das 18. Lebensjahr noch nicht vollendet hat (§§ 1600c, 1600d^{II} S. 1). Die Anerkennung hat, wenn sie nicht etwa aus den Gründen der §§ 1600b bis 1600e unwirksam ist (vgl. § 1600f), wie eine gerichtliche Entscheidung konstitutive Wirkung in dem Sinne, daß sie Voraussetzung für die Geltendmachung der Vaterschaft ist (§ 1600a S. 2), soweit sich aus dem Gesetz nichts anderes ergibt (vgl. §§ 1615n, 1615o, 1740e^{II}, 1934c), und die Vaterschrift nicht mehr von jedermann ohne weiteres bestritten werden kann (vgl. § 1600f). Die Wirkungen der Anerkennung sind also vergleichbar mit den Wirkungen, die bezüglich der Ehelichkeit eines Kindes in § 1593 BGB vorgeschrieben sind (oben S. 76). Hieraus ergibt sich, daß auch die bewußt wahrheitswidrige Vaterschaftsanerkennung wirksam und nicht rechtswidrig ist und deshalb auch keine strafbare Personenstandsfälschung (§ 169 StGB) mehr darstellt; sie kann nur im Wege der Anfechtung (§§ 1600f, 1600g) beseitigt werden (Frank, FamRZ 1969, 626, 630; Göppinger, DRiZ 1970 141 Fn. 61a; Jansen, FGG, 2. Aufl. § 69 Rdn. 20). Locke scheint korrekt verfahren zu sein: er hat die Vaterschaft zu dem jüngeren, von ihm erzeugten Kinde anerkannt und es dadurch legitimiert, während er bei dem älteren Kinde, das ihn nichts angeht, sich auf die Namensgebung beschränkte.

Helmut hat mit der Eheschließung seiner Eltern kraft Gesetzes die Stellung eines ehelichen Kindes erlangt. Dagegen ist bei Renate Agnes mit der äußerlichen Änderung des Familiennamens keine Veränderung des Personenstandes verbunden. Dieses Kind ist nichtehelich geblieben und untersteht vorläufig noch der gesetzlichen Amtspflegschaft des Jugendamts. Man könnte in solchem Fall, dem Antrag des Jugendamts entsprechend, von der in §§ 1887, 1915 BGB vorgesehenen Möglichkeit Gebrauch machen, an Stelle des Jugendamts einen Einzelpfleger mit dem Wirkungskreis des § 1706 BGB zu bestellen, und zwar den Ehemann der Mutter, dessen Namen das Mündel führt. Das ist aber höchst unzweckmäßig, wenn der nichtehelichen Mutter nach § 1705 BGB die elterliche Gewalt zusteht, da dann das Sorgerecht zwischen der

Mutter und ihrem Ehemann als Pfleger nach § 1706 BGB aufgeteilt würde. Nach Anhörung des Jugendamts (§ 48a^{I} Nr. 8 JWG). welches einwilligt, wird daher die Mutter vorgeladen und veranlaßt, gemäß § 1707^{I} Nr. 2 BGB den Antrag zu stellen, die Pflegschaft aufzuheben. Da die Mutter sich als vertrauenswürdig und erziehungsfähig erweist, ergeht folgende Verfügung des Rechtspflegers (§ 3 Nr. 2 Buchst. a RechtspflG), durch welche die Mutter alleinige Inhaberin der elterlichen Gewalt wird:

„1. *Beschluß*. Auf Antrag der Mutter, Frau *Anna Locke geb. Hasler* in Berlin-Lichterfelde, Schillerstr. 12, wird die Pflegschaft nach § 1706 BGB über die am 1. November 1967 geborene *Renate Agnes Locke* gemäß § 1707^{I} Nr. 2 BGB aufgehoben.

Berlin-Lichterfelde, den 20. Oktober 1970

Pfleger

Justizinspektor als Rechtspfleger

2. Ausfertigung formlos an a) Jugendamt, b) Mutter.
3. Aufforderung an Jugendamt, Schlußrechnung zu legen.“

Die Verlautbarung der Legitimation durch nachfolgende Ehe (§ 1719 BGB) im Geburtenbuch des Kindes und im Familienbuch der Eltern (§ 15^{I} Nr. 2 PStG i.d.F. des Art. 1 Nr. 3 ÄndG-PStG vom 17. Juli 1970, BGBl. I 1099) ist nicht mehr, wie nach der bis zum 30. Juni 1970 geltenden Rechtslage gemäß § 31 PStG a.F. (dazu Jansen, FGG, 2. Aufl. Anhang I nach § 56a), davon abhängig, daß das Vormundschaftsgericht den Eintritt der Legitimation zuvor rechtskräftig festgestellt hat. Dieses Verfahren ist entbehrlich geworden, weil die Vaterschaft des Ehemanns der Mutter mit Wirkung für und gegen alle (§ 1600a BGB) und die Eheschließung der Eltern regelmäßig durch öffentliche Urkunden nachweisbar sind. Der Standesbeamte hat nach § 31^{I} S. 1 PStG n.F. auf Grund der vorliegenden Urkunden selbständig zu prüfen, ob die Legitimation eingetreten ist, und sie in den Personenstandsbüchern zu vermerken, nicht anders als wenn er sonst nach § 30 PStG einen Randvermerk über eine Veränderung des Personenstandes des Kindes einzutragen hat. Beruht die Feststellung der Vaterschaft auf einer Anerkennung und ist diese noch nicht gemäß § 29^{I} PStG beigeschrieben, so muß dieser Randvermerk bei der Eintragung der Legitimation wegen der heilenden Wirkung des § 1600f^{II} BGB nachgeholt oder mit ihr verbunden werden. Hat der Standesbeamte Zweifel an dem Eintritt der Legitimation, so kann er, wenn er die Eintragung nicht durch Bescheid ablehnt, nach § 45^{II} PStG die Entscheidung des nach § 50 PStG zuständigen Amtsgerichts anrufen. Die Herbeiführung dieser Entscheidung wird dem Standesbeamten durch § 31^{II} PStG n.F. zur Pflicht gemacht, wenn für die Legitimation nach dem Heimatrecht des Vaters zur Zeit der Eheschließung (Art. 22^{I} EGBGB) ausländisches Recht in Betracht kommt. Durch diese vorherige gerichtliche Prüfung soll die Eintragung auf eine sichere Grundlage gestellt werden.

Die Pflegschaft nach § 1706 BGB (oder eine Vormundschaft) endet aber durch den Eintritt der Legitimation nicht kraft Gesetzes, sondern aus Gründen der Sicherheit des Rechtsverkehrs erst mit der Aufhebung durch das Vormundschaftsgericht (§§ 1883, 1915 BGB). Der *Rechtspfleger* hebt daher die Vormundschaft auf, benachrichtigt hiervon die Eltern und das Jugendamt und fordert dieses auf, etwa vorhandenes Vermögen des Kindes den Eltern auszuhändigen und Schlußrechnung zu legen.

Vaterschaftsanerkenntnis. Vormundschaftsgerichtliche Genehmigung. Entlassung des Vormundes

Vaterschaftsanerkenntnis. Verpflichtung zur Zahlung des Regelunterhalts. In der Mückeschen Vormundschaftssache sind die Ermittlungen des Jugendamts nach dem Vater des Mündels bald von Erfolg begleitet, wie das folgende beim Vormundschaftsgericht eingehende Schriftstück beweist:

„Abschrift.

Städtisches Jugendamt. Verhandelt
Geschäftszeichen: Jug. II a, 2220 H. Berlin-Steglitz, den 1. Dezember 1970

Vor dem unterzeichneten, vom Landesjugendamt Berlin auf Grund des § 49^{I} JWG durch Verfügung vom 3. Februar 1969 zur Vornahme von Beurkundungen gemäß den §§ 49, 50 JWG ermächtigten Beamten des städtischen Jugendamts zu Berlin-Steglitz

Stadtamtmann *Wilhelm Schutz*

erschienen unvorgeladen:

1. der Rentner und Hausbesitzer *Alfred Frank* aus Berlin-Lichterfelde, Tulpenstraße 5,
2. der Stadtvormund *Edmund Sorge* aus Berlin-Lichterfelde.

Der Erschienene zu 1) ist dem Urkundsbeamten nicht bekannt; seine Persönlichkeit wurde aber durch Vorlegung seines mit Lichtbild versehenen behelfsmäßigen Personalausweises Nr. 171/307/66, ausgestellt von dem Polizeipräsidenten in Berlin am 7. Mai 1966, zur Gewißheit des Urkundsbeamten festgestellt. Der Erschienene zu 2) ist dem Urkundsbeamten persönlich bekannt.

Herr *Frank* wurde eingehend belehrt,“

nämlich gemäß §§ 1^{II}, 17 BeurkG darüber, daß die urkundliche Anerkennung der Vaterschaft unwiderruflich ist und nach Erteilung der Zustimmung des Kindes die Grundlage für die Geltendmachung der Rechtswirkungen der Vaterschaft darstellt (§§ 1600a, 1600c BGB), in einem Verfahren über die Anfechtung der Anerkennung der Vaterschaft auch die Vermutung begründet, daß das Kind von ihm gezeugt ist (§ 1600m BGB), daß auf Grund der aufzunehmenden Urkunde über die Verpflichtung zur Zahlung des Regelunterhalts der Betrag des Regelunterhalts von dem Gericht ohne Klage vollstreckbar festgesetzt werden kann (§ 50^{II} JWG, §§ 642c, 642d, 642a, 794^{I} Nr. 2a ZPO), daß er aber kraft Gesetzes weder zur Abgabe des Vaterschaftsanerkenntnisses noch zur Unterwerfung in die Festsetzung des Betrages des Regelunterhalts, sondern lediglich, die Feststellung seiner Vaterschaft vorausgesetzt, zur Zahlung des Unterhalts verpflichtet ist,

„und erklärte:

Ich erkenne an, der Vater des von der geschiedenen Wirtschafterin *Hedwig Mücke* geborenen *Hurtig* am 3. Oktober 1970 außerehelich geborenen Kindes *Alfred Felix Mücke* und als solcher kraft Gesetzes verpflichtet zu sein, dem Kinde Unterhalt zu gewähren. Demgemäß verpflichte ich mich, dem Kinde von seiner Geburt an bis zur Vollendung des 18. Lebensjahres den Regelunterhalt zuzüglich eines Zuschlags in Höhe von 20 (i. W.) vom Hundert des Regelbedarfs zu zahlen. Ich unterwerfe mich der Festsetzung des Betrages des Regelunterhalts in einem Verfahren nach den §§ 642a, 642b ZPO.

Der Erschienene zu 2) erklärte:

Das Jugendamt Steglitz von Berlin ist Amtsvormund des Mündels *Alfred Felix Mücke*; die Ausübung der Aufgaben des Vormunds ist gemäß §§ 37 S. 2, 16 JWG auf mich übertragen worden. Als gesetzlicher Vertreter des Mündels erteile ich meine Zustimmung zu der von dem Erschienenen zu 1) erklärten Anerkennung der Vaterschaft.

Hierauf ist die Verhandlung den Erschienenen vorgelesen, von ihnen genehmigt und, wie folgt, eigenhändig unterschrieben worden:

(gez.) *Alfred Frank* (gez.) *Edmund Sorge*
(gez.) *Schutz*, Stadtamtmann“.

Die Urschrift der Verhandlung bleibt in der Verwahrung des Jugendamts. Dieses erteilt auch die erforderlich werdenden Ausfertigungen (§§ 1^{II}, 48, 51 BeurkG). Die Verhandlung ist übrigens gebührenfrei (§ 49^{II} JWG). Der Stadtvormund Sorge hätte, selbst wenn er ebenfalls zu Beurkundungen nach § 49 JWG ermächtigt wäre, die Verhandlung nicht aufnehmen dürfen, weil ihm bei der Angelegenheit die Vertretung eines (materiell) Beteiligten, nämlich des Mündels obliegt (§ 49^{I} S. 2 JWG, Sollvorschrift), und sodann gemäß § 6^{I} Nr. 1 BeurkG, weil er infolge der Abgabe seiner Zustimmungserklärung selbst an der Beurkundung (formell) beteiligt ist;

dieser Verstoß hätte die Unwirksamkeit der Beurkundung der Zustimmungserklärung nach sich gezogen.

Das materielle Unterhaltsrecht hat durch das Nichtehelichengesetz tiefgreifende Änderungen erfahren. Auch für die Unterhaltsansprüche und -verpflichtungen des nichtehelichen Kindes gelten jetzt grundsätzlich die allgemeinen Vorschriften (§§ 1601 bis 1615), abgewandelt für die Unterhaltspflicht des Vaters und der väterlichen Verwandten gegenüber dem Kinde durch die besonderen Vorschriften der §§ 1600a bis 1600o BGB. Der Unterhaltsanspruch des nichtehelichen Kindes ist jetzt ein echter familienrechtlicher Unterhaltsanspruch und dem Unterhaltsanspruch ehelicher Kinder weitgehend angenähert. Nach dem Grundsatz des § 1601 BGB: „Verwandte in gerader Linie sind verpflichtet, einander Unterhalt zu gewähren", sind nunmehr auch die Großeltern dem nichtehelichen Abkömmling ihres Sohnes unterhaltspflichtig und umgekehrt. Der Unterhaltsanspruch des nichtehelichen Kindes ist zeitlich nicht mehr begrenzt. Er ist von der Bedürftigkeit des Kindes abhängig (§ 1602^{I}) und setzt Leistungsfähigkeit des Verpflichteten voraus (§ 1603). Gemäß § 1615c BGB ist bei der Bemessung des Unterhalts die Lebensstellung beider Eltern zu berücksichtigen, solange das Kind noch keine selbständige Lebensstellung erlangt hat, während das frühere Recht ausschließlich auf die Lebensstellung der Mutter abgestellt hatte (§ 1708^{I} BGB a. F.). Bis zur Vollendung des 18. Lebensjahrs des Kindes hat der Vater jedoch durch Entrichtung einer Geldrente mindestens den Regelunterhalt zu zahlen, außer wenn das Kind in den väterlichen Haushalt aufgenommen ist (§ 1615f.). Bis zu diesem Zeitpunkt bleibt die Leistungsfähigkeit des Vaters, die sonst seine Unterhaltspflicht beeinflußt (§ 1603), grundsätzlich außer Betracht, sofern nicht die besonderen Herabsetzungsgründe des § 1615h vorliegen. Für den Regelunterhalt haftet der Vater vorrangig vor der Mutter; diese erfüllt, wie § 1606^{III} S. 2 allgemein bestimmt, ihren anteiligen Unterhaltsbeitrag in der Regel durch Pflege und Erziehung des (minderjährigen unverheirateten) Kindes. Zum Ganzen vgl. Firsching, FamRZ 1970, 41; Göppinger, DRiZ 1970, 141 zu D; Lange, NJW 1970, 297, 300).

Materiellrechtlich unterscheidet das Gesetz in § $1615f^{I}$ S. 2 BGB zwischen dem Regelunterhalt und dem Regelbedarf. Unter Regelbedarf versteht es den „zum Unterhalt eines Kindes, das sich in der Pflege seiner Mutter befindet, bei einfacher Lebenshaltung in der Regel erforderlichen Betrag". Dieser Regelbedarf wird pauschaliert für das ganze Bundesgebiet durch Rechtsverordnung festgesetzt und kann nach dem Alter des Kindes und nach den örtlichen Unterschieden in den Lebenshaltungskosten abgestuft werden(§ 1615^{II}). Dazu ist ergangen die VO zur Berechnung des Regelunterhalts (Regelunterhalt-VO) vom 27. Juni 1970 (BGBl. I 1010); darin wird der Regelbedarf bis zum 6. Lebensjahr auf 108 DM, vom 7. bis 12. Lebensjahr auf 132 DM und vom 13. bis 18. Lebensjahr auf 156 DM monatlich festgesetzt (§ 1). Regelunterhalt ist der Regelbedarf, vermindert um die nach § 1615g BGB anzurechnenden Beträge, die einem anderen als dem Vater zustehen (Kindergeld nach §§ 1, 7^{VI} BKindGG, Kinderzuschläge nach dem Recht des öffentlichen Dienstes, Kinderzulagen auf Grund von Tarifverträgen, Kinderzuschüsse in der Sozialversicherung usw., vgl. §§ 2 bis 4 Regelunterhalt-VO). Gemeint sind also regelmäßig wiederkehrende Sozialleistungen, die zur Deckung des Bedarfs dienen, der in dem Regelbedarf des § 1615f. BGB bereits enthalten ist. Der Regelunterhalt kann erhöht, aber auch herabgesetzt werden (vgl. § 1615h BGB, § 642d ZPO), und zwar auch im Wege eines prozentualen Zuschlags oder Abschlags vom Regelbedarf; die Vorschrift des § 642d ZPO, die dies regelt, enthält insoweit eine Ergänzung des materiellen Rechts (Göppinger, FamRZ 1970, 167 Fn. 4). Dem Kind steht es natürlich frei, anstelle des Regelunterhalts einen bestimmten, nach seiner Bedürftigkeit, der Leistungsfähigkeit des Vaters und unter Berücksichtigung der Lebensstellung beider Eltern individuell bemessenen (höheren oder geringeren) Unterhaltsbetrag zu verlangen; jedoch wird das nur noch in Ausnahmefällen bei besonders günstigen Verhältnissen des Vaters, oder wenn von vornherein mit Herabsetzungsanträgen nach § 1615h zu rechnen ist, vorkommen.

Verfahrensrechtlich kann das Kind, wie bisher, im Unterhaltsprozeß auf Zahlung eines bestimmten Betrages klagen (§ 642 ZPO), der Vater kann sich freiwillig im Wege des gerichtlichen Vergleichs (§ 794^{I} Nr. 1 ZPO) oder in einer gerichtlichen (§ 62 BeurkG) oder notariellen oder vor dem Jugendamt nach den §§ 49, 50 JWG aufgenommenen vollstreckbaren Urkunde im Sinne des § 794^{I} Nr. 5 ZPO zur Zahlung von Unterhalt in einer bestimmten Höhe verpflichten mit der Folge, daß aus einer vollstreckbaren Ausfertigung dieser Urkunde unmittelbar die Zwangsvollstreckung stattfindet (§§ 794, 795, 797, 798 ZPO, § 50^{I} JWG). Das Kind kann aber auch im Unterhaltsprozeß auf Zahlung des Regelunterhalts (zuzüglich eines Zuschlags) klagen (§§ 642, 642d ZPO). Es kann auch mit dem Rechtsstreit auf Feststellung der Vaterschaft den Antrag verbinden, den Vater zur Zahlung des Regelunterhalts zu verurteilen (§ 643 ZPO); Abweichungen vom Regelunterhalt sind aber in diesem Fall, um den Feststellungsrechtsstreit nicht mit Nebenfragen zu belasten, der besonderen Abänderungsklage nach § 643a ZPO vorbehalten. Ferner kann der Vater sich in einem gerichtlichen Vergleich zur Zahlung des Regelunterhalts (mit Zuschlag oder Abschlag) verpflichten oder dieselbe Verpflichtung in einer gerichtlichen oder notariellen oder vor dem Jugendamt errichteten Urkunde übernehmen und sich darin der Festsetzung des Betrages des Regelunterhalts in einem Verfahren nach den §§ 642a, 642b ZPO unterwerfen (§ 642c Nr. 1, 2 ZPO, § 62 Nr. 2 BeurkG, § 50^{II} JWG). Ist der Vater zur Leistung des Regelunterhalts rechtskräftig oder vorläufig vollstreckbar verurteilt oder hat er in einer der erwähnten Urkunden die Verpflichtung dazu übernommen und die angeführte Unterwerfungserklärung abgegeben, so wird der Betrag des Regelunterhalts, den die genannten Titel ja noch nicht enthalten, auf Antrag (des Kindes oder des Vaters) von dem Gericht des ersten Rechtszuges durch Beschluß festgesetzt (§§ 642a, 642c ZPO, § 50^{II} JWG). Die Entscheidung kann ohne mündliche Verhandlung ergehen. Es findet die sofortige Beschwerde statt; die weitere Beschwerde ist ausgeschlossen. Die Festsetzung ist auf den Rechtspfleger übertragen (§ 20 Nr. 10 RechtspflG); entscheidet dieser, so ist also die befristete Erinnerung nach § 11^{I} S. 2 RechtspflG gegeben (vgl. dazu Berner, Rpfleger 1970, 149). Erst dieser Festsetzungsbeschluß ist ein vollstreckbarer Titel nach §§ 794^{I} Nr. 2a, 795, 798 (Wartefrist!) ZPO. Eine Änderung des Beschlusses nach § 642b ZPO ist möglich, auch bleibt der Weg der Abänderungsklage nach § 323 ZPO offen.

Im Begleitschreiben berichtet das Jugendamt:

„Der Mündel befindet sich im Kinderheim zum Guten Hirten. Auf Grund der vom Vater übernommenen Unterhaltsverpflichtung hat das Amtsgericht durch Beschluß vom 20. Dezember 1970 den Regelunterhalt, da Anrechnungen nach § 1615b BGB nicht vorlagen, auf monatlich 129,60 DM sowie die Rückstände festgesetzt. Der Unterhalt wird mit dem von *Frank* gezahlten Betrag bestritten. Gemäß §§ 38^{III} JWG, 1854^{II} S. 2 BGB betragen wir:

zu bestimmen, daß wir eine Übersicht des unserer Verwaltung unterliegenden Vermögens nur alle fünf Jahre einzureichen haben."

Nach den angezogenen Bestimmungen und § 1857a BGB steht dem Jugendamt als — gesetzlichem oder bestelltem — Amtsvormund das Höchstmaß der bei einem Vormund überhaupt zulässigen Befreiungen zu. Also keine Verwaltungsrechnung, sondern nur Einreichung von Vermögensübersichten in Zwischenräumen von 2 bis 5 Jahren. Verfügung des Rechtspflegers:

„1. In der Vormundschaftssache *Alfred Felix Mücke* wird gemäß § 1854^{II} S. 2 BGB, § 38^{III} JWG angeordnet, daß Vermögensübersichten nach Ablauf von je fünf Jahren einzureichen sind, zum ersten Mal am 1. Dezember 1975.
2. Nachricht dem Jugendamt.
3. Vorzulegen am 15. Dezember 1975."

Anfechtung des Vaterschaftsanerkenntnisses. Unterhaltsabfindung. Ein halbes Jahr später berichtet das Jugendamt, daß Frank die von ihm zu Protokoll des Jugendamts am 1. Dezember 1970 abgegebenen Erklärungen wegen arglistiger Täuschung angefochten und, da das Jugendamt den verlangten Verzicht auf die Rechte aus der Urkunde abgelehnt hat, beim Amtsgericht Klage gegen den Mündel, der wegen inzwischen eingetretener Volljährigkeit der Mutter durch das Jugendamt als Amtspfleger nach § 1706 Nr. 1 BGB vertreten wird (§ 1710 BGB), erhoben hat mit dem Antrag:

„festzustellen, daß der Kläger nicht der Vater des Beklagten ist."

Auf Antrag des Jugendamts stellt der Rechtspfleger ein Armutszeugnis aus.

Prozesse, in welchen das nichteheliche Kind Unterhaltsansprüche gegen seinen Vater geltend macht, sind von Beibringung des Armutszeugnisses befreit. § 118^{II} S. 2 ZPO. Hier handelt es sich aber um eine Klage auf Anfechtung der Anerkennung der Vaterschaft. Demgemäß richtet sich auch die Zuständigkeit des Amtsgerichts nach § 23a Nr. 1 GVG, § 640^{II} Nr. 3 ZPO. Dem Wunsch des Klägers, in der Klage zugleich den Antrag zustellen, festzustellen daß die vom Kläger in der Niederschrift des Jugendamts vom 1. Dezember 1970 abgegebenen Erklärungen nichtig sind, und die Zwangsvollstreckung aus dem Festsetzungsbeschluß vom 20. Dezember 1970 für unzulässig zu erklären, konnte sein Rechtsanwalt wegen des Verbindungsverbots des § 640c ZPO (Ausnahme § 643^{I} S. 1) nicht stattgeben. Außerdem setzt die Unwirksamkeit der Anerkennung, wenn sie nicht an den Mängeln der §§ 1600b bis 1600e BGB leidet, nach § 1600f^{I} BGB voraus, daß sie angefochten und rechtskräftig festgestellt ist, daß der Mann nicht der Vater des Kindes ist. Erst wenn diese Voraussetzung vorliegt, kann er die in der Verhandlung übernommene Unterhaltsverpflichtung kondizieren. Gegen den Unterhaltsfestsetzungsbeschluß kann Frank nach §§ 794^{I} Nr. 2a, 795, 767 ZPO Vollstreckungsklage erheben und vielleicht schon vor einem obsiegenden Urteil in dem Anfechtungsrechtsstreit eine einstweilige Einstellung der Zwangsvollstreckung nach § 769^{I} ZPO erreichen, wenn seine Erfolgsaussichten sehr positiv zu beurteilen sind.

Nachdem das Prozeßgericht Beweise erhoben hat, berichtet das Jugendamt weiter:

„Die Beweisaufnahme hat ergeben, daß der Kläger *Frank* der Kindesmutter während der Empfängniszeit nur ein- oder zweimal beigewohnt hat, daß sie dagegen, außer mit dem Handelsvertreter *Liebetanz*, auch mit dem aus ihrem Heimatdorf stammenden Kraftfahrer *Felix Knauer* regelmäßig geschlechtlich verkehrte. Schon vor dem Vaterschaftsanerkenntnis hat *Frank* auf *Liebetanz* Verdacht gehabt. Die Mündelmutter hat, als Zeugin vernommen, zugegeben, daß sie *Frank* seinen Verdacht ausgeredet und ihm hoch und heilig versichert hat, er sei der einzige gewesen, von dem sie das Kind empfangen haben könne. *Frank* behauptet, die Kindesmutter habe ihm damals Briefe des *Liebetanz* vorgelegt, aus denen sich ergeben habe, daß Frau *Mücke* den *Liebetanz* mit seinen Annäherungsversuchen abgewiesen hätte, und bezeichnet die Briefe als Fälschung der Mutter. Die Aussage hierüber hat Frau *Mücke* verweigert. Sie behauptet aber, daß *Frank* von ihren Beteuerungen und von den Briefen nicht völlig überzeugt gewesen sei, was wiederum der Kläger bestreitet.

Durch den vom Gericht bereits erhobenen Blutgruppenbeweis konnte die Vaterschaft des Klägers nicht ausgeschlossen werden, wohl aber die Vaterschaft des Liebetanz, so daß noch der Kläger und der Zeuge Knauer als mögliche Erzeuger in Betracht kommen. Es wird also die Einholung erbbiologischer Gutachten unabweisbar sein, die aber wegen des Alters des Kindes zur Zeit noch nicht möglich ist, so daß es zur Aussetzung des Rechtsstreits nach § 640f ZPO kommen wird. Wegen dieser Weiterungen und seiner nicht sehr günstigen Prozeßsituation hat der Kläger sich bereit erklärt, die Anfechtungsklage zurückzunehmen und die bisherigen Kosten des Rechtsstreits zu tragen, dies aber davon abhängig gemacht, daß das Kind mit ihm einen Unterhaltsabfindungsvertrag schließt, und sich zur Zahlung eines Abfindungsbetrages von 10000 DM erboten, den er bereits bei uns hinterlegt hat. Da wir dieses Angebot nach dem Stande des Prozesses für vorteilhaft halten, beantragen wir:

uns gemäß § 1615e BGB zum Abschluß des Abfindungsvertrages vormundschaftsgerichtlich zu ermächtigen."

Welche Bedeutung hat es, daß der Kläger, anstatt einfach zu bestreiten, daß er das Kind gezeugt hat (§ 1600o^{I} BGB), außerdem geltend macht, daß seine Anerkennungserklärung durch arglistige Täuschung zustande gekommen sei? Im Anfechtungsrechtsstreit wird nach § 1600m S. 1 BGB vermutet, daß das Kind von dem Mann gezeugt ist, der die Vaterschaft anerkannt hat. Diese Vermutung entfällt aber, wenn die Anerkennungserklärung durch Irrtum (§ 119^{I}), Drohung oder Täuschung (§ 123) zustandegekommen ist, wofür der Anfechtende die Beweislast hat. Gelingt der Beweis, so hat der Mann in dem Anfechtungsrechtsstreit die Stellung, als wenn er die Anerkennungserklärung nicht abgegeben hätte (§ 1600m S. 2). Weist nunmehr das Kind die Beiwohnung in der Empfängniszeit nach, so gilt § 1600o^{II} BGB, d.h. die Erzeugung wird vermutet, sofern nicht nach Würdigung aller Umstände schwerwiegende Zweifel an der Vaterschaft verbleiben. Kann die Beiwohnung des Klägers in der Empfängniszeit nicht bewiesen werden, so gilt nur die Vermutung der Zeugung nicht; dann sind alle Beweismöglichkeiten dafür, ob das Kind vom Kläger abstammt, auszuschöpfen, also ein positiver Vaterschaftsnachweis durch erbbiologisches Gutachten nebst Blutgruppengutachten für einen etwaigen Ausschluß. Der Erfolg des Arglisteinwandes hängt zunächst davon ab, ob die Anerkennung der Vaterschaft eine „gegenüber" dem Kinde abgegebene Erklärung ist. Bei Bejahung der Frage würde nämlich die von der Mutter als „Dritter" (§ 123^{II} BGB) begangene Täuschung die

Anfechtung nur dann rechtfertigen, wenn der Vormund als gesetzlicher Vertreter des Kindes sie kannte oder kennen mußte. Die Rechtsprechung sieht das Vaterschaftsanerkenntnis nicht als empfangsbedürftige Erklärung an. Sie stellt jedoch strenge Anforderungen an den Kausalzusammenhang zwischen Täuschung und Erklärung. Wer, als nichtehelicher Vater in Anspruch genommen, sich zur Anerkennung entschließt, tut es gewöhnlich nicht im Vertrauen auf die Richtigkeit der feierlichen Beteuerung der Mutter, sondern in der Erwägung, daß er die Beiwohnung anderer Männer im Rechtsstreit schwer beweisen kann und es daher für ihn das Vernünftigste ist, freiwillig anzuerkennen. Für die Kausalfrage kommt es nicht darauf an, was er bei Kenntnis der wirklichen Sachlage getan, sondern wie er sich ohne jede Beeinflussung, aber auch ohne Aufklärung durch die Mutter verhalten hätte. Immerhin sind Fälle denkbar, in denen die Anerkennung auf eine von der Mutter begangene Täuschung ursächlich zurückgeführt werden kann, z.B. weil sie sich hinterlistiger Kunstgriffe bedient hat; die Vorweisung gefälschter Briefe wäre ein solcher Kunstgriff; RG 58, 348; 107, 175; JW 1931, 1358; KG JR 1949, 383; abweichend hiervon nehmen OLG München HRR 1940 Nr 145, Enneccerus-Nipperdey, § 174 Fußn 6, Staudinger-Coing § 123 Anm. 23i an, daß auch einfaches Ableugnen des Mehrverkehrs die Anfechtung begründen könne, wenn der angebliche Kindesvater dieser Angabe tatsächlich geglaubt hat.

Abfindungsvertrag (§ 1615e BGB): Nach der allgemeinen Vorschrift des § 1614 I BGB kann für die Zukunft auf den Unterhalt nicht verzichtet werden. Demnach ist insoweit über die gesetzliche Unterhaltspflicht kein Abfindungsvertrag zulässig und Unterhaltsvereinbarungen können nur im Rahmen der Angemessenheit geschlossen werden. Über Unterhaltsansprüche eines nichtehelichen Kindes läßt aber § 1615e BGB nach dem Vorbild des § 1714 BGB a.F. eine Unterhaltsvereinbarung oder eine Abfindung wegen der Unterhaltsansprüche zu, untersagt aber einen unentgeltlichen Verzicht. Schließt das Kind mit dem Vater einen solchen Abfindungsvertrag, so sind nach der Auslegungsregel des § 1615e III damit im Zweifel auch die Unterhaltsansprüche des Kindes gegen die Verwandten des Vaters abgegolten. Die erbrechtlichen Ansprüche des Kindes bleiben natürlich unberührt, wenn es nicht außerdem einen Erbverzichtsvertrag (§ 2346 BGB) schließt (dazu Dehenhart, Erbverzicht und Abfindungsvereinbarung, Rpfleger 1969, 145; Speckmann, Der Erbverzicht als „Gegenleistung“ in Abfindungsverträgen, NJW 1970, 117) oder nach Erreichung des 21. Lebensjahrs den vorzeitigen Erbausgleich (§§ 1934d, 1934e BGB) verlangt. Für den Unterhaltsabfindungsvertrag besteht keine gesetzliche Form; das Vormundschaftsgericht wird aber seine erforderliche Genehmigung (§ 1615e II) in der Regel, wenn der Abfindungsbetrag nicht bereits hinterlegt oder bezahlt ist, nur erteilen, wenn die Verpflichtung vollstreckbar übernommen ist, wofür es einer öffentlichen Urkunde bedarf (§ 794 I Nr. 5 ZPO, § 62 Nr. 2 BeurkG, §§ 49 I Nr. 2, 50 I JWG).

Um sich ein Urteil über die Zweckmäßigkeit des geplanten Vertrages zu bilden, läßt der Rechtspfleger (§ 3 Nr. 2 Buchst. a RechtspflG) die Prozeßakten kommen, und da sie die Auffassung des Jugendamts bestätigen, verfügt er:

„1. Beschluß. Gemäß § 1615e II BGB wird das Jugendamt Berlin-Steglitz namens des am 3. Oktober 1970 geborenen *Alfred Felix Mücke* vormundschaftsgerichtlich ermächtigt, mit dem Renter und Hausbesitzer *Alfred Frank* in Berlin-Lichterfelde, Tulpenstraße 5, einen Vertrag über eine an Stelle des Unterhalts zu gewährende Abfindung von 10000 DM abzuschließen.

Berlin-Lichterfelde, den 21. Oktober 1971.

Das Amtsgericht
Pfleger,
Justizinspektor als Rechtspfleger

2. Ausfertigung des Beschlusses dem Jugendamt zustellen mit der Aufforderung, von dem Abschluß des Vertrages zu gegebener Zeit Nachricht zu geben.

3. Nach 1 Monat (Anzeige zu 2)."

Die gesetzliche Vertretung des Kindes beim Abschluß des Abfindungsvertrages und bei der Verfügung über diesen Anspruch gehört zum Wirkungskreis des Pflegers (§ 1706 Nr. 2 BGB). Das Vormundschaftsgericht kann die Genehmigung zu einem Rechtsgeschäft nur dem Vormund (Pfleger, Inhaber der elterlichen Gewalt) gegenüber erklären (§§ 1828, 1915, 1643 BGB). Die Bekanntmachung geschieht nach § 16 FGG entweder durch Verkündung zu Protokoll oder schriftlich; um den Nachweis des Wirksamwerdens der Genehmigung sicherzustellen, ist im Falle schriftlicher Mitteilung förmliche Zustellung zu empfehlen, insbesondere für den Grundbuchverkehr, der den Nachweis des Wirksamwerdens der Genehmigung in der Form des § 29 GBO erfordert (OLG Oldenburg, NdsRpfl. 1957, 117). Bei der Vornahme eines einseitigen Rechtsgeschäfts muß die Genehmigung grundsätzlich vorher erteilt sein (§ 1831; unten S. 107). Bei Verträgen kann die Genehmigung vorher oder nachher erteilt werden. Beim Vorliegen einer Vorgenehmigung wird der Vertrag mit seinem Abschluß wirksam. Die Genehmigung kann nunmehr vom Vormundschaftsgericht nicht mehr geändert, vom Beschwerdegericht nicht mehr aufgehoben werden (§§ 55^{I}, 62, 63 FGG). Bei nachträglicher Erteilung jedoch wird die Genehmigung dem andern Vertragsteil gegenüber erst dadurch wirksam, daß sie ihm durch den Vormund mitgeteilt wird (§ 1829^{I} S. 2). Bis zu dieser Mitteilung besteht ein Schwebezustand. Es liegt im pflichtmäßigen Ermessen des Vormunds, ob er von der Genehmigung dem Vertragsgegner Mitteilung machen und damit die Wirksamkeit des Vertrages herbeiführen will oder nicht. Eine rechtlich erzwingbare Verpflichtung des Vormundes gegenüber dem andern Vertragsteil, ihm die Erteilung der Genehmigung mitzuteilen, besteht nicht (RG 132, 261). Die Mitteilung hat somit nicht nur die Bedeutung der Kundgabe einer Tatsache, so daß sie entbehrlich wäre, wenn der Vertragsgegner die Kenntnis bereits auf andere Weise erlangt hat, sondern sie hat rechtsgeschäftliche Bedeutung, weil der Vormund dadurch kraft seines eigenen Willens das endgültige Wirksamwerden des Vertrages herbeiführt (BGH NJW 1954, 1925). Der Vormund soll zu diesem Zeitpunkt noch Gelegenheit haben, erneut — etwa auf Grund besserer Einsicht oder im Hinblick auf eine inzwischen eingetretene Änderung der Umstände — zu prüfen, ob der Vertrag den Belangen des Mündels entspricht oder nicht. Da es sich um eine Schutzvorschrift zugunsten des Mündels handelt, ist ein Verzicht der Beteiligten auf die Mitteilung durch den Vormund unstatthaft (RG 121, 30; OLG München, DR 1943, 491; OGH NJW 1949, 64; kritisch Wangemann, NJW 1955, 531; Weber, DNotZ 1956, 285).

Genehmigt also das Vormundschaftsgericht einen vom Vormund geschlossenen Grundstückskaufvertrag mit Auflassung und übersendet es die Vertragsurkunde mit dem Genehmigungsbeschluß unmittelbar dem Grundbuchamt zur Eintragung, so sind Kaufvertrag und Auflassung nicht wirksam geworden (RG 59, 277). Andererseits hat der BGH (NJW 1954, 1925) in einem Fall, in welchem eine ausdrückliche Mitteilung der Genehmigung durch den Pfleger an den andern Vertragsteil unterblieben war, ausgeführt, wenn ein Pfleger von der Eintragung im Grundbuch Kenntnis erlange, dies hinnehme und nichts dagegen unternehme, so bringe er für die übrigen Vertragspartner zum Ausdruck, daß er den Vertrag so, wie er geschlossen und genehmigt sei, weiter billige. Ein solches Verhalten genüge den Erfordernissen des § 1829^{I} S. 2, da die Mitteilung auch durch schlüssiges Verhalten des Vormundes erfolgen könne.

Die Schwierigkeiten des Genehmigungsverfahrens nach § 1829 BGB können dadurch ausgeräumt werden, daß die Beteiligten dem Notar eine doppelte Vollmacht erteilen, die vormundschaftsgerichtliche Genehmigung für den Vormund entgegenzunehmen, sie namens des Vormundes allen übrigen Beteiligten mitzuteilen und die Mitteilung für diese entgegenzunehmen. Jedoch muß der Wille des

Bevollmächtigten, nach Eingang der Genehmigung diese sich selbst als dem Vertreter des andern Teils mitzuteilen, nach außen in Erscheinung treten, zweckmäßig durch einen Vermerk auf der Ausfertigung des Genehmigungsbeschlusses (RG 121, 30; s. oben S. 58).

Hätte der Mündel einen Einzelvormund oder Pfleger, so wäre außer dem Vertrag auch die Annahme der Abfindungssumme durch den Vormund zu genehmigen (§§ 1812, 1813 BGB). Das fällt infolge der dem Jugendamt gesetzlich zustehenden Befreiung fort.

Antrag auf Entlassung des Pflegers. Vermögensverwaltung der nichtehelichen Mutter. Frau Mücke schreibt dem Gericht:

„Nachdem Herr *Frank* die 10000 DM Abfindungssumme bezahlt hat, ist es höchste Zeit, einen anderen Pfleger für mein Kind zu bestellen. Das Jugendamt hat durch sein schematisches und bürokratisches Verhalten dem Kinde bereits genug geschadet. Herr *Frank* hätte freiwillig weiter Alimente gezahlt und mich bestimmt geheiratet, wenn man ihn in Ruhe gelassen hätte. Jetzt ist er durch die fortwährenden zwecklosen Einmischungen, besonders des Frl. *Sorge*, und durch den Prozeß verärgert worden und scheint die Heiratsabsicht endgültig aufgegeben zu haben. Ich halte die 10000 DM in den Händen des Jugendamts für sehr gefährdet, da man genug von Veruntreuungen städtischer Beamter gehört hat. Deshalb bitte ich nicht zu warten, bis das Geld verschwunden ist, sondern nach § 1886 BGB das Jugendamt zu entlassen und mich zur Vormünderin zu bestellen. Als Mutter habe ich das nächste Anrecht darauf. Sonst wäre ich auch mit meinem Vater als Vormund einverstanden. Wünscht aber das Gericht durchaus eine amtliche Person, so ist in erster Linie Herr Pfarrer *Mende* als Vorsteher des Kinderheims zum Guten Hirten berufen, in dem das Kind seit seiner Geburt erzogen wird. Soviel ich weiß, sind die Leiter von Erziehungsanstalten gesetzliche Vormünder über alle ihnen anvertrauten Kinder.

Hedwig Mücke, geb. *Hurtig*."

Die Annahme der Frau Mücke, daß der Vorstand des Kinderheims zum Guten Hirten kraft Gesetzes Vormund ihres Kindes sei, ist unrichtig. Art. 136 EGBGB, der unter bestimmten Voraussetzungen eine gesetzliche Anstalts- und Generalvormundschaft vorsah, ist durch § 48 JWG a.F. aufgehoben. Rechtsfähige Vereine, die vom Landesjugendamt für geeignet erklärt sind, können mit ihrem Einverständnis zum Vormund bestellt werden, wenn eine als Einzelvormund geeignete Person nicht vorhanden ist (§ 1791a BGB); dasselbe gilt für die Bestellung zum Pfleger (§ 1915). Das Gesetz spricht hier von Vereinsvormundschaft. Das ist eine Ausnahme von dem Grundsatz, daß, von dem besonderen Fall des Jugendamts als Behörde abgesehen, nur eine natürliche, nicht aber eine juristische Person Vormund sein kann. Die Bestellung des Vereins erfolgt für jede Vormundschaft durch schriftliche Verfügung des Vormundschaftsgerichts (§ 1791a^{II}). Der Verein bedient sich bei der Führung der Vormundschaft einzelner seiner Mitglieder, für deren Verschulden er haftet; ausgeschlossen ist aber ein Mitglied, welches den Mündel in einem Heim des Vereins als Erzieher betreut. Dem Verein stehen wie dem Jugendamt die Befreiungen der §§ 1852^{II}, 1853 1854 zu (§ 1857a); vgl. auch § 1851a BGB.

Durch die Eingabe der Mutter wird aber eine andere Seite ihrer Rechtsstellung deutlich. Nachdem die gesetzliche Amtsvormundschaft des Jugendamts mit dem Eintritt der Volljährigkeit der Mutter kraft Gesetzes geendet hat (§§ 1882, 1773, 1673^{II} BGB) und in eine Pflegschaft nach § 1706 BGB übergeleiter worden ist (§ 1710), steht der Mutter nach § 1705 BGB die elterliche Gewalt über das Kind zu, soweit nicht der Wirkungskreis des Pflegers reicht. Hierfür gelten die Vorschriften über die elterliche Gewalt über eheliche Kinder entsprechend (§ 1705 S. 2). Das bedeutet: Die Mutter hat das Recht und die Pflicht, für die Person und das Vermögen des Kindes zu sorgen, einschließlich der gesetzlichen Vertretung des Kindes (§ 1626 BGB), mit Ausnahme der Angelegenheiten, deren Besorgung dem Pfleger nach

§ 1706 BGB obliegt (§ 1630 BGB). Zu dessen Wirkungskreis gehört aber nach § 1706 Nr. 2 BGB nur die Vertretung des Kindes beim Abschluß des Abfindungsvertrages und die Verfügung über den daraus erwachsenen Anspruch, also die Entgegennahme des Abfindungsbetrages. Der Betrag selbst, nachdem der Pfleger ihn eingezogen hat, unterliegt nunmehr der Vermögensverwaltung der Mutter (Palandt-Lauterbach § 1706 Anm. 2). Das ist bei jungen und unerfahrenen Müttern eine nicht unbedenkliche Folge des neuen Rechts. Das Vormundschaftsgericht kann der Mutter die Vermögensverwaltung nur unter den Voraussetzungen der §§ 1666^{II}, 1669 BGB entziehen. Ein Beistand mit dem Recht der Vermögensverwaltung, wofür auch das Jugendamt in Betracht käme (§ 46 JWG), kann der Mutter nur auf ihren Antrag bestellt werden (§ 1690 BGB). Das Jugendamt wird daher darüber belehrt, daß es die Verwaltung des Abfindungsbetrages der Mutter zu überlassen hat; diese ist allerdings gehalten, das Geld mündelsicher anzulegen (§§ 1705 S. 2, 1642 BGB).

Eine Entlassung aus dem Amt nach § 1886 BGB ist dem Jugendamt gegenüber ausgeschlossen. Eine Überleitung der gesetzlichen Amtsvormundschaft in eine Einzelvormundschaft ist vorgesehen in den §§ 1887, 1889^{II} BGB. Nach § 1889^{II} ist das Jugendamt auf seinen Antrag zu entlassen, soweit dies dem Wohl des Mündels nicht entgegensteht. Diese Vorschrift ist im Interesse der Jugendämter geschaffen; sie soll ihnen die Möglichkeit geben, sich vor Überlastung zu schützen. § 1887 dagegen soll eine Ablösung der Amtsvormundschaft durch eine Einzelvormundschaft im Interesse des Mündels ermöglichen. Dem Jugendamt ist zur Pflicht gemacht, die Bestellung eines Einzelvormunds zu beantragen, wenn dies dem Interesse des Mündels förderlich erscheint. Das Gesetz gibt mit Recht der Einzelvormundschaft den Vorzug vor der Amtsvormundschaft und will die Einzelvormundschaft keinesfalls gänzlich ausschließen. Die Einrichtung der Amtsvormundschaft bewährt sich vor allem bei der Feststellung der Vaterschaft, der Einziehung der Unterhaltsbeträge und erforderlichenfalls der Unterbringung des Kindes. Ihre Nachteile liegen in dem Fehlen jeglicher persönlicher Beziehungen zum Mündel, wodurch ein nachhaltiger erzieherischer Einfluß unmöglich gemacht wird. Die Jugendämter sind daher gehalten, auf die Bestellung eines Einzelvormundes hinzuwirken, wenn die Unterhaltszahlung und die ordnungsmäßige Unterbringung des Kindes gesichert sind (BayObLG NJW 1960, 245; NJW 1961, 1117 mit Anm. v. Webler). Dasselbe gilt für die gesetzliche Amtspflegschaft nach § 1706 BGB. Für die bestellte Amtspflegschaft und Amtsvormundschaft des Jugendamts (§ 45 JWG) gelten die entsprechenden Bestimmungen der §§ 39a, 39b JWG.

Die Bestellung des Einzelvormundes kann nach § 1887^{II} von Amts wegen angeordnet, sie kann aber auch von „jedem, der ein berechtigtes Interesse des Mündels geltend macht", und von dem Mündel selbst beantragt werden, wenn er das 14. Lebensjahr vollendet hat. Der Kreis der Antragsberechtigten ist damit sehr weit gezogen. Eine persönliche Beziehung des Antragstellers zum Kinde wird nicht erfordert. Es genügt, daß der Antragsteller ein verständiges, durch die Sachlage gerechtfertigtes Interesse des Mündels, allerdings nicht sein eigenes oder das eines Dritten, geltend macht. Der Antrag der Frau Mücke scheint zwar nicht frei von eigensüchtigen Beweggründen zu sein, aber es läßt sich nicht ausschließen, daß sie auch im Interesse ihres Kindes zu handeln meint. Der Antrag ist also zulässig und muß sachlich beschieden werden.

Die Besorgnis der Frau Mücke, der Mündel könnte durch Veruntreuungen seitens der Beamten des Jugendamts geschädigt werden, ist allerdings durch nichts gerechtfertigt; im übrigen hätte in einem solchen Falle das Land Berlin für den Schaden einzustehen. Für Pflichtverletzungen, die ein Vertreter des Jugendamts bei der Führung der Amtsvormundschaft dem Mündel gegenüber begeht, haftet der Gemeindeverband, der das Jugendamt erricbtet hat, sowohl nach Art. 34 GG i. Verbdg. mit § 839 BGB als auch nach § 1833 BGB (BGH 9, 255).

Das Jugendamt erhält zunächst Abschrift der Eingabe zur Stellungnahme (§ 1887^{III} S. 2 BGB). Führen die Ermittlungen zur Entlassung des Jugendamts, so endet dessen

Befugnis zur Vertretung des Mündels gemäß § 16 FGG mit der Bekanntgabe dieser Verfügung, unbeschadet des Umstandes, daß dem Jugendamt, wenn es seiner Entlassung widersprochen hat, gegen die Verfügung die sofortige Beschwerde zusteht (§§ 20^{I}, 60^{I} Nr. 3 FGG). Denn die Einlegung der Beschwerde hat nach § 24^{I} FGG keine aufschiebende Wirkung. Da aber der Mündel nicht ohne gesetzlichen Vertreter bleiben darf, muß das Vormundschaftsgericht sofort einen Einzelvormund bestellen, ohne die formelle Rechtskraft seiner Entlassungsverfügung abzuwarten (JFG 12, 122). Wird die Verfügung durch das Beschwerdegericht aufgehoben, so ist der neue Vormund, ohne daß die Voraussetzungen des § 1886 BGB vorzuliegen brauchen, wieder zu entlassen, sobald die Entscheidung des Beschwerdegerichts wirksam geworden ist. Diese Wirksamkeit tritt nach § 26^{I} FGG erst mit der Rechtskraft der Beschwerdeentscheidung ein, d.h. mit dem Ablauf der Frist für die Einlegung der sofortigen weiteren Beschwerde. Denn da die vom Amtsgericht ausgesprochene Entlassung des Jugendamts nach § 60^{I} Nr. 3 mit der sofortigen Beschwerde anfechtbar war, findet auch gegen die Entscheidung des Landgerichts nach § 29^{II} FGG die sofortige weitere Beschwerde statt, obwohl die Beschwerdeentscheidung ihrem sachlichen Gehalt nach die Ablehnung der Entlassung ausspricht, wogegen, wenn das Amtsgericht diese Entscheidung getroffen hätte, die einfache Beschwerde nach § 19 FGG gegeben wäre. Die Entscheidung des Beschwerdegerichts muß also, um die Beschwerdefrist gegenüber dem Mündel in Lauf zu setzen, auch dem neuen Vormund zugestellt werden.

Elterliche Gewalt

Vertretung der Kinder im Unterhaltsrechtsstreit

„An das Amtsgericht, Vormundschaftsgericht, Lichterfelde.

Da mein Mann, der Ingenieur *Peter Hornig* in Lichterfelde, Breite Str. 25, mir untreu geworden ist und mich mißhandelt hat, habe ich die Wohnung mit meinen Kindern Peter, Sabine und Veronika, die jetzt 9, 7 und 3 Jahre alt sind, verlassen und zu meinen Eltern ziehen müssen. Mein Mann hat erklärt, daß er nicht verpflichtet sei, Unterhalt für Kinder zu zahlen, die er nicht bei sich habe. Er will freiwillig für die beiden Mädchen je 75 DM monatlich geben, wenn ich ihm wenigstens den Jungen lasse. Ich habe das abgelehnt. Jetzt hat mein Mann seine Drohung wahr gemacht und zahlt überhaupt nichts. Er ist in der Lage, die Unterhaltspflichten zu erfüllen, da er gut verdient, aber er zieht es vor, seine Einnahmen mit schlechten Freunden und mit Weibern zu vergeuden. Ich bitte, den Kindern einen Pfleger zu bestellen, damit der Unterhalt eingeklagt werden kann.

Gertrud Hornig.

Referendar: § 1629^{II} S. 1 Halbs. 2 BGB bestimmt, daß ein Elternteil Unterhaltsansprüche des Kindes gegen den anderen Elternteil geltend machen kann, wenn die Eltern getrennt leben. Ich halte daher eine Pflegschaft nicht für erforderlich.

Richter: Im Ergebnis könnten Sie recht haben. Die Frage ist jedoch streitig, und aus der von ihnen angeführten Vorschrift ergibt sich diese Rechtsfolge nicht ohne weiteres. Dazu müssen wir uns die Entwicklung der elterlichen Gewalt seit dem Inkrafttreten des BGB vergegenwärtigen. Obwohl auch § 1626 BGB a.F. von „elterlicher Gewalt" sprach, war diese in Wirklichkeit überwiegend eine „väterliche Gewalt". Denn der Mutter stand während der Dauer der Ehe nur die tatsächliche Personensorge, also die tatsächliche Pflege und Erziehung des Kindes, neben dem Vater zu (Nebensorgerecht), und bei einer Meinungsverschiedenheit unter den Eltern ging die Meinung des Vaters vor (§ 1634 a.F.); die anderen Bestandteile der elterlichen Gewalt, nämlich die Vermögenssorge, die gesetzliche Vertretung des Kindes und die Nutznießung am Kindesvermögen, standen allein dem Vater zu. Der Mutter stand die elterliche Gewalt zu, wenn während der Dauer der Ehe die elterliche Gewalt des Vaters ruhte oder er an ihrer Ausübung tatsächlich verhindert war, wenn der Vater gestorben oder für tot erklärt war oder wenn er die elterliche Gewalt verwirkt hatte und die Ehe aufgelöst war (§§ 1684, 1685 a.F.).

Der BGB-Gesetzgeber hatte auch davon abgesehen, der Mutter die elterliche Gewalt für den Fall rechtlicher Verhinderung des Vaters einzuräumen, weil der Gesetzgeber den Einfluß des wegen unterstellten Interessenwiderstreits gemäß den §§ 1630^{II} a.F., 1795 von der Vertretung ausgeschlossenen Vaters auf die Mutter befürchtete. Umgekehrt hat der Gesetzgeber jedoch den Einfluß der Mutter auf den Vater nicht für erheblich gehalten; denn der Vater war nach § 1630^{II} a.F., § 1795^{I} Nr. 1 nicht gehindert, das Kind bei einem Rechtsgeschäft mit Verwandten der Mutter zu vertreten. Von der Vertretung des Kindes in einem Rechtsstreit gerade gegen den Vater wäre aber die Mutter während der Dauer der Ehe, selbst wenn sie Vertretungsmacht gehabt hätte, nach § 1795^{I} Nr. 3 stets ausgeschlossen gewesen, weil der Gewalthaber bei einem Rechtsgeschäft oder Rechtsstreit zwischen seinem Ehegatten und dem Kinde dieses nicht vertreten kann. Mithin mußte zur Führung eines Unterhaltsrechtsstreits gegen den Vater stets ein Pfleger bestellt werden (§ 1909^{I}).

Die Regelung der elterlichen Gewalt durch das BGB war unbestrittenermaßen unvereinbar mit dem Grundsatz der Gleichberechtigung (Art. 3^{II} GG), der einen grundlegenden Wandel vom „Vaterrecht zum Elternrecht" (Bosch) forderte und der gemäß Art. 117^{I} GG, ungeachtet des Ausbleibens des vorgesehenen Anpassungsgesetzes, auch im Bereich von Ehe und Familie mit dem Ablauf des 31. März 1953 Geltung erlangte (BVerfGE 3, 225). In der „gesetzlosen Zeit" bis zum 1. Juli 1958, dem Inkrafttreten des Gleichberechtigungsgesetzes vom 18. Juni 1957 (BGBl I 609), in welcher Wissenschaft und Rechtsprechung die Aufgabe zufiel, das Ehe- und Familienrecht an das Gleichberechtigungsgebot anzupassen, wurde überwiegend anerkannt, daß die elterliche Gewalt von Vater und Mutter gleichberechtigt auszuüben ist und daß auch die gesetzliche Vertretung des Kindes den Eltern gemeinschaftlich als Gesamtvertretungsmacht zusteht (BayObLGZ 1953, 372; BGHZ 30, 306; Siebert, NJW 1955, 1; über abw. Meinungen vgl. Firsching, FamRZ 1956, 136).

Das Gleichberechtigungsgesetz billigt ebenfalls die elterliche Gewalt dem Vater und der Mutter gemeinsam zu und macht es ihnen zur Pflicht, sie in eigener Verantwortung und in gegenseitigem Einvernehmen zum Wohle des Kindes auszuüben (§§ 1626, 1627 n.F.). Das Gesetz glaubte jedoch, die Schwierigkeiten, die sich in einer Zweiergemeinschaft bei der Fassung von Entschließungen ergeben, dadurch lösen zu können, daß dem Mann das Entscheidungsrecht zusteht, wenn ein Einigungsversuch mißlingt, wobei der Vater auf die Auffassung der Mutter Rücksicht nehmen sollte (Stichentscheid, § 1628 n.F.). In Angelegenheiten geringerer Bedeutung sollte es bei der Entscheidung des Vaters verbleiben. In Angelegenheiten von besonderer Bedeutung oder wenn der Vater die Rücksichtnahme auf die Mutter beharrlich außer acht läßt, sollte die Mutter das Vormundschaftsgericht anrufen können (§§ $1628^{II, III}$). Ferner sollte die gesetzliche Vertretung dem Vater allein zustehen (§ 1629^{I}). Durch das Urteil des BVerfG vom 29. Juli 1959 (BVerfGE 10, 59) sind jedoch die §§ 1628, 1629^{I} BGB n.F. für nichtig erklärt worden (dazu Bosch, FamRZ 1959, 406, 430; Schwoerer, NJW 1959, 2089; Beitzke, JR 1959, 401). Die Entscheidung hat gemäß § 31^{II} S. 1 BVerfGG Gesetzeskraft und ist deshalb im BGBl. I S. 633 veröffentlicht worden (zweifelnd hinsichtlich der Nichtigerklärung des § 1628 Bosch, FamRZ 1959, 412). Dadurch sind Stichentscheid und Alleinvertretungsrecht des Vaters beseitigt. Bis zu einer künftigen gesetzlichen Regelung ist nunmehr der für die gesetzlose Zeit vom 1. April 1953 bis 30. Juni 1958 überwiegend anerkannte Rechtszustand wieder eingetreten, nach welchem die elterliche Gewalt einschließlich des Vertretungsrechts beiden Eltern gemeinsam zusteht. Das ergibt sich jetzt auch aus dem gültig gebliebenen § 1626 n.F.

Den Ausschluß des elterlichen Gewalthabers von der gesetzlichen Vertretung regelt der gültig gebliebene § 1629^{II} n.F. Da das GleichberG von der Einzelvertretungsmacht (grundsätzlich des Vaters, ausnahmsweise der Mutter) ausging, bedeutet diese Vorschrift, daß der alleinvertretungsberechtigte elterliche Gewalthaber (also entweder der Vater oder die Mutter) das Kind nicht vertreten kann, soweit in seiner Person Gründe vorhanden sind, die einen Vormund nach § 1795 von der Vertretung ausschließen würden. § 1629^{II} S. 1 Halbs. 2 bestimmt jedoch weiter, daß ein Elternteil gegen den anderen Unterhaltsansprüche des Kindes geltend machen kann, wenn die Eltern getrennt leben. Diese Vorschrift beseitigt nur die Schranke des § 1795; sie setzt voraus, daß der Elternteil die Vertretungsmacht hat. Wenn also bei Alleinvertretungsmacht des Vaters die getrennt lebende Mutter die Unterhaltsansprüche namens des Kindes geltend machen wollte, mußte sie sich zuvor die elterliche Gewalt vom Vormundschaftsgericht in dem erforderlichen Umfange entweder nach § $1628^{II, III}$ oder nach § 1672 (unten S. 536) übertragen lassen (Bosch, NJW 1958, 1954). Es fragt sich, welche Bedeutung § 1629^{II} vom Standpunkt der Gesamtvertretungsmacht der Eltern aus hat. Der Ausschluß eines gesamtvertretungsberechtigten Elternteils von der gesetzlichen Vertretung nach § 1629^{II} S. 1 mit § 1795 zieht nicht den Ausschluß des anderen Elternteils nach sich, in dessen Person keine Hinderungsgründe nach § 1795 vorliegen (Jansen, Anm. zu EJF A I f Nr. 26; a.M. BayObLG FamRZ 1960, 33; Beitzke § 26 I 3). Im Unterhaltsrechtsstreit ist der Elternteil, gegen den der Rechtsstreit geführt wird, nach §§ 1795^{II}, 181 von der Vertretung des Kindes ausgeschlossen; für den namens des Kindes klagenden Elternteil ist das Hindernis des § 1795^{I} Nr. 3 durch § 1629^{II} S. 1 Halbs. 2 beseitigt. Ob er auch die Vertretungsmacht hat, hängt davon ab, ob die Gesamtvertretungsmacht bei rechtlicher Verhinderung eines der Elternteile zur Alleinvertretungsmacht des nicht verhinderten Elternteils „erstarkt". Diese Frage ist mit dem BGH (FamRZ 1958, 178; 1960, 140) unbedenklich zu bejahen. Die Gesamtvertretungsmacht ist nicht zum größeren Schutz des Kindes, sondern nur um der Gleichberechtigung der Eltern willen eingeführt worden; sobald einer der Elternteile wegen rechtlicher Behinderung sein Elternrecht nicht ausüben kann, bleibt der andere zur alleinigen Ausübung berechtigt. Deshalb ist die getrennt lebende Mutter befugt, die Unterhaltsansprüche des Kindes gegen den Vater geltend zu machen, ohne sich zuvor die elterliche Gewalt oder einen Teil derselben übertragen zu lassen (§ 1672), und auch der Bestellung eines Pflegers bedarf es nicht (so auch Arnold, FamRZ 1959, 427; Jansen, Anm. zu EJF A I f Nr. 26; Schaub, NJW 1960, 84; a.M. infolge Ablehnung des Alleinvertretungsrechts des nicht verhinderten Elternteils Krüger, FamRZ 1959, 403; Beitzke, JR 1959, 401 [404]; Göppinger, FamRZ 1960, II und JZ 1960, 82). Im Ergebnis wie hier jetzt die h.M.: Wangemann NJW 1961, 193; Lange NJW 1961, 1889 zu IV 3; Blechschmidt AcP 160, 237; Beitzke FamR § 29 I 4; Palandt-Lauterbach § 1629 Anm. 5; BGH NJW 1965, 394.

Referendar: Hiernach wäre also die Mutter dahin zu bescheiden, daß sie die Kinder selbst vertreten kann und daß die Bestellung eines Pflegers nicht in Betracht kommt.

Richter: Wir müssen noch eine weitere Erwägung anstellen. Solange die Frage nicht unzweifelhaft ist, besteht die Möglichkeit, daß das Prozeßgericht eine andere Auffassung vertritt und die Klage des Kindes wegen mangelnder gesetzlicher Vertretung durch Prozeßurteil abweist (§ 56 ZPO), und nach Eintritt der Rechtskraft könnte sogar eine Nichtigkeitsklage nach § 579^{I} Nr. 4 ZPO darauf gestützt werden. Wenn aber bei zweifelhafter Rechtslage damit gerechnet werden muß, daß andere Stellen eine rechtliche Verhinderung des Gewalthabers annehmen, reichen diese Zweifel bereits aus, im Einverständnis mit dem Gewalthaber einen Pfleger zu bestellen, um im Interesse des Kindes klare Verhältnisse zu schaffen (KG JFG 12, 230). Denn an die Auffassung des Vormundschaftsgerichts über die Vertretungsbefugnis der Mutter ist das Prozeßgericht nicht gebunden; dagegen kann es die Pflegerbestellung als rechtsgestaltende Verfügung nicht auf ihre Richtigkeit nachprüfen (Jansen, FGG, 2. Aufl. § 16 Rdn. 22). Unter diesem Gewichtspunkt kann also die Bestellung eines Pflegers in Betracht kommen. Zuvor aber muß der Vater gehört werden (Art. 103^{I} GG).

Der Vater, zur Stellungnahme mit kurzer Frist aufgefordert, macht geltend, daß er seine Unterhaltspflicht den Kindern gegenüber nicht bestreite, daß er aber die Gewährung von Unterhalt in Geld ablehne. Die Kinder könnten den Unterhalt in seinem Haushalt in Natur entgegennehmen, wo sie für die Dauer der Abwesenheit der Mutter von seiner Wirtschafterin ordnungsgemäß betreut würden.

Referendar: Dieses Vorbringen des Vaters greift nicht durch. Nach § 1612^{II} kann der unterhaltspflichtige Elternteil, dem die Sorge für die Person des Kindes zusteht, zwar grundsätzlich eine solche Bestimmung treffen; wenn aber die Kinder nach Alter und Verstandesreife gar nicht in der Lage sind, sich selbständig der Gewalt der Mutter zu entziehen und sich in den Haushalt des Vaters zu begeben, dann ist die Bestimmung unwirksam (RGZ 57, 69; BayObLGZ 1958, 13 = EJF A Ie Nr. 2 m. Anm. v. Jansen).

Richter, dem die Sache gemäß § 5^{I} Nr. 2 RechtspflG vorgelegt worden war: Einverstanden. Verfügung:

„1. Unterhaltspflegschaft wird angeordnet.
2. Pfleger: Rechtsanwalt *Walter*.
3. Wirkungskreis: Wahrnehmung der Unterhaltsansprüche der Kinder gegen den Vater.
4. Herrn Rechtspfleger zur weiteren Veranlassung."

Vgl. §§ 1909^{I} S. 1, 1915, 1789 BGB, § 14 Nr. 4 RechtspflG.

Verheiratete minderjährige Tochter.

„An das Vormundschaftsgericht
in Berlin-Lichterfelde. Südende, den 15. Oktober 1970

Meiner Frau *Helene* geb. *Probst* gehört eine Hypothek auf der Besitzung des verstorbenen Fleischermeisters *Pander* in Zehlendorf, die gekündigt und in meinem Geschäft verwendet werden soll, weil der Erbe des *Pander* schlecht wirtschaftet und die Hypothek bei ihm gefährdet sein könnte. Meine Frau ist erst 19 Jahre alt. Man hat mir gesagt, daß ich die löschungsfähige Quittung nicht ohne Zustimmung meiner Frau ausstellen kann. Da sie durch die Verheiratung aus der elterlichen Gewalt ihres Vaters, des Gastwirts *Anton Probst* in Zehlendorf, ausgeschieden ist, so beantrage ich Einleitung einer Pflegschaft, damit die Sache erledigt werden kann.

Erwin Hielscher
Gastwirt."

Der Referendar: Ob Frau Hielscher wirklich aus der elterlichen Gewalt — allerdings nicht ihres Vaters, wie Hielscher meint, sondern beider Eltern — ausgeschieden und ob eine Pflegschaft notwendig ist, wird mir nach dem Gesetz nicht klar. Ich finde nur Einzelvorschriften über die Einwirkung der Verheiratung auf Personensorge und Vermögensnutzung (§§ 1633, 1649^{II} S. 2 BGB).

Der Richter: Sie müssen davon ausgehen, daß die elterliche Gewalt sich zusammensetzt aus 1. der Sorge für die Person, 2. der Sorge für das Vermögen (§ 1626^{II}). Die Sorge für die Person zerfällt wiederum in a) die Vertretung des Kindes in den seine Person betreffenden Angelegenheiten, b) die sonstige (tatsächliche) Sorge für die Person, auch „Erziehungsrecht" genannt (§§ 1631, 1632). Entsprechend umfaßt die Sorge für das Vermögen a) die Vertretung des Kindes in Vermögensangelegenheiten, b) die sonstige (tatsächliche) Sorge für das Vermögen (Vermögensverwaltung, §§ 1638 bis 1649). Seit dem 1. April 1953 steht, wie wir gesehen haben, die elterliche Gewalt einschließlich der gesetzlichen Vertretung im Hinblick auf Art. 3^{II}, 117^{I} GG beiden Eltern gemeinsam zu.

Nach dem BGB macht Heirat nicht mündig. Nur beschränkt § 1633 die Personensorge der Eltern bei verheirateten minderjährigen Töchtern sowie bei Töchtern, die verheiratet gewesen sind und das 18. Lebensjahr vollendet haben, auf die Vertretung in den die Person betreffenden Angelegenheiten (1 a unserer Einteilung), deren praktische Bedeutung gering ist, weil die wichtigsten personenrechtlichen Rechtsgeschäfte und Rechtsstreitigkeiten von beschränkt Geschäftsfähigen ohne Mitwirkung ihrer gesetzlichen Vertreter vorgenommen bzw. geführt werden können (unten S. 137). Beispiele für Vertretung in persönlichen Angelegenheiten sind: namensrechtliche

Erklärungen, Abschluß eines Adoptionsvertrags, Antrag auf Entlassung aus dem Staatsverband. Das Erziehungsrecht (1 b) erlischt mit der Verheiratung gänzlich. Die verheiratete minderjährige Tochter kann ferner nach § 8 II BGB ihren Wohnsitz selbständig bestimmen. Außerdem endigt nach § 1649 II S. 2 mit der Eheschließung das beschränkte Recht der Eltern zur Verwendung der Einkünfte des Kindesvermögens, welches als Rest des durch das GleichberG aufgehobenen Nutzungsrechts des elterlichen Gewalthabers am Kindesvermögen bestehen geblieben ist (unten S. 95). Denn nach der Verheiratung der Tochter sollen die Einkünfte ihres Vermögens nur noch ihrer eigenen Familie zugute kommen. Da der gesetzliche Güterstand der Verwaltung und Nutznießung des Ehemannes nicht mehr geltendes Recht ist und die Ehefrau ihr Vermögen selbst verwaltet, wenn nicht durch Ehevertrag Gütergemeinschaft mit Verwaltung des Gesamtguts durch den Mann eingeführt worden ist (§ 1421), bleibt das Verwaltungsrecht der Eltern im übrigen in vollem Umfange bestehen; denn die minderjährige Ehefrau kann ihr Vermögen nicht selbst verwalten. Diese Vorschriften über die Stellung der minderjährigen Ehefrau sind durch den Gleichberechtigungsgrundsatz nicht berührt worden, da der Mann, anders als die Frau, bei der Eheschließung stets volljährig sein muß (§ 1 EheG).

Steht die minderjährige junge Frau nicht unter elterlicher Gewalt, sondern unter Vormundschaft so gilt hinsichtlich des Wegfalls des Erziehungsrechts das gleiche (§§ 1800, 1633).

Referendar: Wie gestaltet sich die elterliche Gewalt der minderjährigen Mutter neben der des Vaters?

Richter: Die elterliche Gewalt des in der Geschäftsfähigkeit beschränkten Elternteils ruht nach § 1673 II. Der Vater übt sie also allein aus (§ 1678 I). Die tatsächliche Sorge für die Person des Kindes, wenn auch nicht dessen Vertretung in diesen Angelegenheiten, verbleibt der Mutter neben dem Vater, jedoch geht die Meinung des Vaters vor; nur neben einem Vormund oder Pfleger als gesetzlichem Vertreter hat die Meinung der Mutter den Vorrang (§ 1673 II S. 2, 3). Im Rahmen dieses Nebensorgerechts hat die minderjährige Mutter im Verfahren vor dem Vormundschaftsgericht ein selbständiges Antrags- und Beschwerderecht (Jansen, FGG, 2. Aufl. § 13 Rdn. 19, § 59 Rdn. 8); vgl. Müller, Zur Rechtsstellung der minderjährigen Ehefrau und Mutter, JR 1961, 121.

Hielscher erhält folgenden Bescheid:

„Auf die Eingabe vom 15. d. M.

Die elterliche Vermögensverwaltung Ihrer Schwiegereltern ist durch die Verheiratung nicht erloschen. Ihre Schwiegereltern können also die erforderlichen Erklärungen für Ihre Frau abgeben.

Die Bestellung eines Pflegers ist mithin nicht erforderlich."

Konkurs des Gewalthabers.

„Das Amtsgericht. Berlin-Charlottenburg, den 13. Oktober 1970

53 N 59/70.

Über das Vermögen des Filmverleihers *Max Heilmann* in Lichterfelde, Kirchstraße 12, ist heute am 13. Oktober 1970 um 13 Uhr das Konkursverfahren eröffnet worden. Das wird gemäß § 50 FGG mit dem Bemerken angezeigt, daß der Gemeinschuldner eine 15 jährige Tochter *Pamela* hat und außerdem Gegenvormund über die minderjährigen Kinder des Optikermeisters *Hieronymus* ist.

An das Amtsgericht
Lichterfelde.

Auf richterliche Anordnung:
Urkund
Justizsekretär."

Der Rechtspflegeranwärter: Von den Bestandteilen der elterlichen Gewalt bleibt die Sorge für die Person durch den Konkurs unberührt. Dagegen endet mit Rechtskraft des Eröffnungsbeschlusses die Vermögensverwaltung des Gemeinschuldners am Kindesvermögen (§ 1670I) und damit als Bestandteil der Vermögensverwaltung auch die Befugnis, die Überschüsse der Einkünfte des Kindesvermögens im Interesse der Familie zu verwenden (§ 1649II). Nach Aufhebung des Konkurses kann — nicht: muß — das Vormundschaftsgericht nach freiem Ermessen die Vermögensverwaltung durch rechtsgestaltende Entscheidung auf ihn zurückübertragen (§ 1647II), wenn es seine Persönlichkeit für unbedenklich und seine Vermögensverhältnisse als geordnet ansieht. — Vormundschaften, Gegenvormundschaften und Pflegschaften des Gemeinschuldners enden mit seinem Konkurs nicht von selbst; die Konkurseröffnung, nicht erst die Rechtskraft des Eröffnungsbeschlusses, ist aber ein Grund zur Entlassung aus diesen Ämtern (§§ 1886, 1781³, 1915, 1792IV, 1895).

Verfügung des Rechtspflegers in der Vormundschaftssache Hieronymus:

„1. Beschluß: Der Filmverleiher *Max Heilmann* wird aus seinem Amt als Gegenvormund entlassen, weil er in Konkurs geraten ist (§§ 1895, 1886, 1781³ BGB).

2. Zuzustellen usw."

Ein Richtervorbehalt besteht nach § 14 RechtspflG weder für die Entlassung des Vormundes nach § 1886 BGB, die auf Grund der Generalklausel „Gefährdung der Mündelinteressen" ausgesprochen wird, noch wenn sie wegen Eintritts der Untauglichkeitsgründe des § 1781 erfolgt. Auch für die weiteren, nach den §§ 1680, 1679 zu treffenden Maßnahmen besteht kein Richtervorbehalt mehr.

Der Rechtspfleger: Wer soll aber jetzt befugt sein, das Kindesvermögen zu verwalten?

Der Rechtspflegeranwärter: In dem früher geltenden Recht des BGB war ein Übergang der Vermögensverwaltung auf die Mutter im Falle des Konkurses des Vaters nicht vorgesehen. Es war daher nach § 1909I S. 1 ein Pfleger zu bestellen. Da nach dem Gleichberechtigungsgrundsatz das Verwaltungsrecht den Eltern gemeinschaftlich zusteht, wurde in der „gesetzlosen Zeit" vom 1. April 1953 bis 30. Juni 1958 überwiegend angenommen, daß das Erlöschen des Mitverwaltungsrechts des Vaters kraft Gesetzes dazu führe, daß die Mutter das Verwaltungsrecht allein ausübe (vgl. Knöchlein, Rpfleger 1958, 5), ohne daß es einer Übertragung dieses Rechts durch das Vormundschaftsgericht bedürfe. In den §§ 1680, 1679 BGB i.d.F. des GleichberG ist jedoch bestimmt, daß das Vormundschaftsgericht zu entscheiden hat, ob der andere Elternteil die Vermögensverwaltung allein ausüben soll oder ob ein Pfleger zu bestellen ist. Ich möchte daher vorschlagen, Ermittlungen darüber anzustellen, ob die Übertragung der Vermögensverwaltung auf die Mutter mit dem Wohl des Kindes vereinbar ist.

Der Rechtspfleger: Grundsätzlich stimme ich Ihrer Auffassung zu. Es ist aber noch zu bedenken, daß die Regelung der §§ 1679, 1680 i.d.F. des GleichberG von der Auffassung ausgeht, daß die elterliche Gewalt zwar grundsätzlich von den Eltern gemeinsam ausgeübt wird, daß aber der Vater das Alleinvertretungsrecht hat. Von diesem Standpunkt aus wäre die „Anordnung" nach § 1679I S. 1 im Sinne einer rechtsgestaltenden Entscheidung zu verstehen, durch welche das Vormundschaftsgericht die bisherige alleinige Vertretungsmacht des Vaters, die dieser nach § 1670I in bezug auf die Vermögensverwaltung verloren hat, der Mutter zuteilt, während deren bisherige Mitgewalt hinsichtlich der tatsächlichen Vermögenssorge schon durch den Verlust der Mitgewalt des Vaters infolge der Rechtskraft der Konkurseröffnung eine Alleingewalt geworden ist. Andererseits ist es auch denkbar, daß über das Vermögen einer erwerbstätigen Mutter das Konkursverfahren eröffnet wird. Dann kann in Ermangelung einer gesetzlichen Grundlage, wie sie jedenfalls in § 1679I S. 1 nicht enthalten ist, der Verlust der bloßen Mitgewalt bei der tatsächlichen Vermögenssorge in der Person der Mutter nicht dazu führen, daß der Vater die Alleinvertretungsmacht verliert, die das GleichberG in § 1629I ihm zugebilligt hat. Insofern hätte mithin die Anordnung des Vormundschaftsgerichts nach § 1679I S. 1 nur feststellende Bedeutung (so Siebert, JR 1955, 241; dagegen Schwoerer, FamRZ 1958, 42). Vom Standpunkt der Gesamtvertretungsmacht der Eltern jedoch, wie sie durch das Urteil des BVerfG vom 29. Juli 1959 eingetreten ist (oben S. 89), erhält auch die Regelung des § 1679I S. 1 eine andere Bedeutung. Es ergibt sich daraus, daß nach der Regelung des Gesetzes die bisherige Mitgewalt des von dem Beendigungsgrunde nicht betroffenen Elternteils nicht, wie es in dem gesetzlich nicht geregelten Fall der rechtlichen Behinderung an der Besorgung einer einzelnen Angelegenheit vertretbar ist (oben S. 90), kraft Gesetzes ohne weiteres zur Alleingewalt erstarken, sondern daß das Vormundschaftsgericht in jedem Einzelfall besonders prüfen soll, ob diese Folge mit dem Wohl des Kindes vereinbar ist, und, wenn es zu einer Bejahung dieser Frage kommt, dem nicht betroffenen Elternteil durch eine rechtsgestaltende Entscheidung die alleinige volle elterliche Gewalt zuzuteilen hat. Bis zu dieser Anordnung hat der nicht betroffene Elternteil nur die unvollkommene Mitgewalt eines von mehreren Gesamtvertretern; er kann tatsächliche Verwaltungshandlungen vornehmen, z.B. das in seinem Besitz befindliche Kindesvermögen weiter in Verwahrung behalten, dagegen keine Vertretungshandlungen (a.M. Müller, JR 1960, 330 zu I 2). Kommt das Vormundschaftsgericht bei seiner Prüfung zu dem Ergebnis, daß die Ausübung der Alleingewalt durch den nicht betroffenen Elternteil mit dem Kindeswohl nicht vereinbar ist, und bestellt es demgemäß einen Pfleger, so verliert auch der von dem Beendigungsgrunde nicht unmittelbar betroffene Elternteil durch diese rechtsgestaltende Verfügung seine bisherige Mitgewalt (§ 1679I S. 3) und er ist ebenso wie der unmittelbar betroffene Elternteil zur Rechenschaftsablegung und zur Herausgabe des Kindesvermögens an den Pfleger verpflichtet (§ 1698).

Die Regelung der elterlichen Gewalt für den Konkursfall durch die §§ 1680, 1679 ist auch vom Standpunkt der Gesamtvertretung durchaus sinnvoll. Bei fortbestehender Ehe und häuslicher Gemeinschaft der Eltern würde die Belassung der Vermögensverwaltung in der Hand des einen Elternteils, der sich vielleicht einem schädlichen Einfluß seines in Vermögensverfall geratenen Ehegatten nicht entziehen kann, sehr oft bedenklich sein. Auch vom Standpunkt der für die Zwischenzeit vom 1. April 1953 bis 30. Juni 1958 vertretenen Auffassung aus wäre regelmäßig zu prüfen gewesen, ob nicht in der Person des anderen Elternteils die Voraussetzungen für eine Beschränkung oder Entziehung der Vermögensverwaltung nach den §§ 1667, 1669 gegeben sind. Außerdem ist es möglich, daß der Gemeinschuldner-Elternteil bereits das Kindesvermögen angegriffen hat, wodurch dem Kinde Ansprüche erwachsen sein könnten, die im Konkurse das Vorrecht des § 61 Nr. 5 KO genießen. Bei der Geltendmachung dieser Ansprüche des Kindes könnte der eine Elternteil das Kind gegenüber dem anderen nicht vertreten (§§ 1629II S. 1, 1795). Die Vorschrift des § 1679 schafft demgegenüber eine einheitliche, elastische Rechtsgrundlage für die allein nach dem Kindeswohl auszurichtenden Maßnahmen des Vormundschaftsgerichts. Ähnliche Gesichtspunkte gelten für die Verwirkung der elterlichen Gewalt (§ 1679). Vgl. dazu allgemein Schwoerer, FamRZ 1958, 41, 88.

Zur Aufklärung des Sachverhalts werden die Konkurs-Akten herbeigezogen und die Eltern über die Verhältnisse gehört (§ 12 FGG, § 1695 BGB).

Da die Eltern in ihrer Eigenschaft als Inhaber der elterlichen Gewalt der Aufsicht des Vormundschaftsgerichts unterstehen, kann auch ihr persönliches Erscheinen angeordnet und notfalls durch Ordnungsstrafen oder unmittelbaren Zwang (§ 33 FGG) erzwungen werden, ebenso bei Vormündern, Pflegern, Beiständen. Dagegen ist das Gericht der freiwilligen Gerichtsbarkeit nicht allgemein. wie nach § 141 ZPO das Prozeßgericht, befugt, das persönliche Erscheinen eines Beteiligten zu erzwingen (Nußbaum, ZZP 29,472; Jansen, FGG, 2. Aufl. § 12 Rdn. 66, 69; a.M. Keidel, FGG, § 13 Rdn. 7.

Testamentarische Ausschließung der Verwaltung der Eltern.

„Das Amtsgericht. Garding, den 14. Oktober 1970
2 IV 83/70.

In der Anlage wird beglaubigte auszugsweise Abschrift des am 2. ds. Mts. hier eröffneten eigenhändigen Testaments des am 25. September 1970 zu Petersdorf verstorbenen Sägewerksbesitzers *Martin Wagenknecht* zur Kenntnisnahme übersandt.

An
das Amtsgericht
Berlin-Lichterfelde.

Pfleger,
Justizoberinspektor
als Rechtspfleger."

„Beglaubigte Abschrift.

§ 1. Erbe meines Vermögens ist mein Sohn, Kaufmann *Erich Wagenknecht* in Kiel.

§ 2. Mein Erbe soll folgende Vermächtnisse auszahlen; . . . .

b) 5000 DM (i.W.) dem am 17. September 1956 geborenen *Franz Hartwig*, Sohn des Handelsvertreters *Johann Hartwig* in Berlin-Lichterfelde, und meiner verstorbenen Schwester *Franziska Hartwig* geb. *Wagenknecht*. Das Vermächtnis soll freies Kindervermögen sein. Als Pfleger benenne ich meinen Neffen, den Studienrat *Viktor Liebig* in Berlin-Dahlem

. . . .

Petersdorf, den 15. April 1958
(gez.) *Martin Wagenknecht*.

(Beglaubigungsvermerk.)"

Der Referendar: Das BGB hatte in den §§ 1649 bis 1663 dem Inhaber der elterlichen Gewalt ein nießbrauchsähnliches Nutzungsrecht am Kindesvermögen eingeräumt, welches seit dem 1. April 1953 beiden Eltern gesamthänderisch zustand. Das GleichberG hat dieses Nutznießungsrecht beseitigt, und zwar mit Wirkung vom 1. Juli 1958 (Art. 8 I Nr. 8^{I} GleichberG). Das Testament geht noch von der Geltung dieses Rechts aus, wie sich aus der Anordnung ergibt, daß das Vermächtnis freies Kindesvermögen sein solle. Das freie Kindesvermögen war von der Nutznießung der Eltern ausgeschlossen (§§ 1650/1 a.F.), unterlag aber im allgemeinen ihrer Verwaltung. Zuwendung zum freien Kindesvermögen bedeutete zunächst nur, daß die Zinsen zum Kapital geschlagen werden sollen, damit das Kind bei erreichter Volljährigkeit eine größere Summe vorfindet; ein Mißtrauen gegen die Verwaltung der Eltern brauchte nicht vorzuliegen. Umgekehrt konnte ein Dritter, der die Eltern zur Verwaltung für ungeeignet hielt, ihnen jedoch den Zinsgenuß gönnte, dem Kind Zuwendungen machen, die der elterlichen Verwaltung entzogen sind (§ 1638), ohne zum freien Kindesvermögen zu gehören. Da das Nutznießungsrecht forgefallen ist und der Erblasser nur bestimmt hat, daß die 5000 DM freies Kindesvermögen sind, nicht aber den Ausschluß der Eltern von der Verwaltung, halte ich die Anordnung im Testament und die Benennung des Pflegers für gegenstandslos.

Der Richter, dem die Sache wegen der mit der Testamentsauslegung verbundenen Fragen gemäß § 5^{I} Nr. 2 RechtspflG vorgelegt worden ist: Was Sie sagen, ist grundsätzlich richtig. Ganz ersatzlos ist jedoch das Nutznießungsrecht der Eltern nicht fortgefallen. § 1649^{II} BGB n.F. gewährt den Eltern in gewissem Umfange die Befugnis, überschüssige Einkünfte des Kindesvermögens für die Bedürfnisse der Gesamtfamilie zu verwenden (Verwendungsbefugnis). Die Einkünfte des Kindesvermögens, die der Vater bisher zu eigenem Recht erwarb, fallen künftig dem Kinde selbst zu. Für ihre Verwendung durch die verwaltenden Eltern stellt § 1649^{I} eine Rangordnung auf. Danach sind die Nutzungen in erster Linie für die Kosten der Verwaltung und zur Bestreitung der Lasten des Kindesvermögens zu verwenden. Soweit sie hierzu nicht benötigt werden, sind sie zum Unterhalt des Kindes zu verwenden, und zwar vor einem etwaigen Einkommen des Kindes aus Arbeit oder Erwerbstätigkeit, so daß unter Umständen, soweit der Unterhalt aus

Vermögenseinkünften gedeckt wird, das Arbeitseinkommen des Kindes angesammelt werden muß (über die zweifelhafte Billigkeit dieser Regelung s. Beitzke, Familienrecht, § 28 II 3). Soweit hiernach noch Überschüsse verbleiben, können sie nach § 1649^{II} im Rahmen der Billigkeit für den Unterhalt der Eltern und minderjähriger unverheirateter Geschwister des Kindes verwendet werden. Diese Regelung wird von der Erwägung getragen, daß es mit einer vernünftigen Erziehung nicht vereinbar wäre, wenn ein Kind in besseren wirtschaftlichen Verhältnissen lebt als seine Eltern und Geschwister; die Mitglieder der Familie sollen in ihrer wirtschaftlichen Lebensführung gleichgestellt sein (amtl. Begr. z. RegEntw. I, BTDrucks. 3802/49 S. 76). Deshalb besteht diese Verwendungsbefugnis nicht erst dann, wenn die Eltern außerstande sind, sich selbst und ihre anderen Kinder zu unterhalten §§ 1602^{I} 1603^{II}), wenn also das die Einkünfte beziehende Kind gesetzlich unterhaltspflichtig wäre (so Paulick, FamRZ 1958, 6), zumal unter Geschwistern keine gesetzliche Unterhaltspflicht besteht und auch nicht durch § 1649^{II} begründet wird; sondern die Eltern können die Überschüsse im Rahmen der Billigkeit auch zur Verbesserung des Lebensstandards der Gesamtfamilie heranziehen. Soweit die Geschwinster im Rahmen des § 1649^{II} in den Genuß der Einkünfte kommen, besteht kein Rückforderungsrecht des Kindes gegen seine Geschwister, weil der Rechtsgrund der Zuwendung in dem Eingriffsrecht der Eltern aus § 1649^{II} besteht. Diese Auffassung führt nicht zu einer Erweiterung der Unterhaltspflicht unter Verwandten auf Geschwister; denn § 1649^{II} gewährt den Eltern nur eine Befugnis, die in ihrem freien Ermessen steht und auf deren Ausübung die Geschwister keinen Anspruch haben (Zöllner, FamRZ 1959, 393; Palandt § 1649 Anm. 2 b; teilw. abw. Paulick a.a.O.).

Über die Verwendung der Nutzungen brauchen die Eltern nicht Rechenschaft abzulegen, es sei denn, daß Grund zu der Annahme besteht, daß sie die Nutzungen entgegen § 1649 verwendet haben (§ 1698). Dadurch wird die Verwendungsbefugnis der früheren Nutznießung angenähert.

Die Befugnis des Zuwendenden, die Verwendungsbefugnis der Eltern auszuschließen, ergibt sich aus § 1639, wonach er die Eltern mit Anordnungen für die Verwaltung versehen kann. Nach wie vor kann ferner der Zuwendende bestimmen, daß die Eltern von der Verwaltung des Zugewendeten ausgeschlossen sein sollen (§ 1638). Diese Anordnung ist hier, wie eine Auslegung des Testaments nach dem wirklichen Willen (§ 133) ergibt, in der Benennung des Pflegers enthalten. Gemäß § 1909^{I} S. 2 ist also eine Pflegschaft anzuordnen. Die Anordnung hat zugleich zur Folge, daß auch die Verwendungsbefugnis aus § 1649^{II} als Ausfluß der Vermögensverwaltung entfällt.

Als Pfleger wird, wenn keine Untauglichkeitsgründe entgegenstehen, Viktor Liebig bestellt werden (§§ 1917^{I}, 1778). Vorher werden wir aber bei den Eltern anfragen, ob sie das Vermächtnis namens ihres Kindes angenommen haben (§§ 2176, 2180 BGB). Denn von der Vertretung des Kindes bei der Annahme oder Ausschlagung der Zuwendung kann der Zuwendende die Eltern nicht ausschließen (Kipp, Familienrecht, § 80 I 1; OLG Karlsruhe OLGZ 1965, 260). Zur weiteren Bearbeitung gebe ich die Sache dem Rechtspfleger mit dieser Stellungnahme zurück (§ 5^{II} RechtspflG).

Inventar. Auseinandersetzungspflegschaft

Todesanzeige.

„Standesamt Steglitz von Berlin
Sterbebuch-Nr. 1120/70

Berlin-Lichterfelde, den 15. Oktober 1970

Anzeige nach § 48 des Reichsgesetzes über die Angelegenheiten der freiwilligen Gerichtsbarkeit

Der Grundschulrektor *Reinhold Hofmann*, wohnhaft in Berlin-Lichterfelde, ist am 15. Oktober 1970 in Berlin-Lichterfelde im Elisabethinerinnen-Krankenhaus verstorben.

Der Verstorbene hat drei minderjährige Kinder hinterlassen aus der Ehe mit *Marie* geb. *Wiesner*, wohnhaft in Berlin-Lichterfelde, Schulstraße 5.

Der Vater der Kinder war ev. Konfession.

Der Standesbeamte
Status.

An (Siegel)
das Amtsgericht Lichterfelde
Abt. für Vormundschaftssachen

Nach der Anzeige des Standesbeamten sind die hinterlassenen minderjährigen Kinder leibliche Kinder der Witwe. Infolgedessen ist die elterliche Gewalt auf die Mutter übergegangen (§ 1681^{I}), eine Vormundschaft also nicht einzuleiten. Ein Beistand wird dem Elternteil, dem die elterliche Gewalt oder die Sorge für die Person oder das Vermögen des Kindes allein zusteht, nur auf seinen Antrag bestellt (§ 1685^{I}). Die Mutter ist lediglich aufzufordern, das Vermögensverzeichnis nach § 1682 einzureichen.

Verfügung des Rechtspflegers:

„1. Aufforderung an Mutter zur Einreichung des Vermögensverzeichnisses nach § 1682 BGB. Frist: 3 Wochen.
2. Anfrage an Nachlaßabteilung, ob ein Testament des Vaters vorhanden ist.
3. Nach 1 Monat."

Verfügung bei Inventareingang. Das Vermögensverzeichnis geht ein. Da Hofmann keine Verfügung von Todes wegen hinterlassen hat und mit seiner Frau in Gütertrennung lebte, weist das Verzeichnis in erster Linie die gesetzlichen Erbteile der Kinder am väterlichen Nachlaß von je $^{1}/_{4}$ aus (vgl. § 1931^{IV} BGB i.d.F. des Art. 1 Nr. 87 NichtehelG). Der Nachlaß setzt sich aus einer Lebensversicherung, landschaftlichen Pfandbriefen, Aktien, Sparguthaben, verschiedenen Wertsachen u. dgl. im Gesamtwert von rund 12000 DM zusammen, während die Beerdigungskosten (§ 1968) 850 DM, Arztkosten und sonstige Nachlaßschulden etwa 500 DM betragen. An Sondervermögen besitzen die Kinder Bücher, Sportsachen, Musikinstrumente, Sparkassenbücher, Kurt außerdem eine von einem Onkel geschenkte AEG.-Obligation, Hildegard eine Hypothek von 1500 DM, die ihr von ihrer Patin vererbt worden ist. Das Inventar ist äußerlich in Ordnung, die vorgeschriebene Versicherung der Vollständigkeit und Richtigkeit (1682^{I} S. 1) am Schluß abgegeben.

Der elterliche Gewalthaber braucht nicht, wie ein Vormund, seine Vermögensverwaltung durch Inventareinreichung und periodische Rechnungslegung ständig dem Vormundschaftsgericht offenzulegen. Nur wenn ein Elternteil verstorben ist sowie im Falle der Wiederverheiratung besteht für Vater oder Mutter die Pflicht zur Angabe des vorhandenen oder dem Kinde später zufallenden Vermögens (§§ 1682, 1683). Außerdem kann das Gericht bei Gefährdung des Kindesvermögens auf Grund des § 1667 den Eltern sowohl Inventarisierung wie Rechnungslegung als außergewöhnliche Maßregeln aufgeben. Nach dem Grundgedanken des § 1682 sollen die Beteiligten veranlaßt werden, sich bei Aufstellung des Verzeichnisses über die Eigentumsverhältnisse an den der Familie gehörenden Gegenständen klar zu werden, außerdem will man den Kindern für spätere Streitfälle (z.B. Interventionen) den Beweis ihres Eigentums sichern. Das wirkliche Leben zeigt indessen, daß die Verzeichnisse fast immer flüchtig und oberflächlich aufgestellt werden, so daß es mit ihrem Beweiswert nicht weit her ist. Wird z.B. später eine Auseinandersetzung zwischen Witwer und Kindern vorgenommen, so muß fast immer das eingereichte Verzeichnis berichtigt werden. Die Vorschrift macht dem Gericht und den Parteien eine Menge nutzloser Arbeit:

1. Kommt die Witwe (der Witwer) der gerichtlichen Aufforderung nicht nach, so kann sie gemäß § 33 FGG durch Ordnungsstrafen in Geld dazu angehalten werden (RGZ 57, 134), auch ist die Aufnahme des Inventars durch den Gerichtsvollzieher (§ 1682^{II}) oder, wenn diese Zwangsmittel vergeblich sind, die Entziehung der Vermögensverwaltung mit nachfolgender Bestellung eines Ver-

mögenspflegers (§§ 1684, 1773, 1909) vorgesehen. Meist ist das vorhandene Kindesvermögen viel zu gering, um so scharfe Anordnungen zu rechtfertigen.

2. Wird das Verzeichnis eingereicht, so ist die Prüfung des Vormundschaftsgerichts im wesentlichen eine formale. Ermittlungen über die sachliche Richtigkeit des Inhalts sind ohne die Voraussetzungen des § 1667 unzulässig. Ergibt sich aus dem Inventar die Nichtbefolgung gesetzlicher Vorschriften (z.B. der auch für elterliche Gewalt maßgebenden Mündelsicherheit, § 1642), so hat freilich das Gericht einzugreifen. Es ist aber zu beachten, daß § 1642 — ebenso wie die Parallelbestimmungen der §§ 1806f., 2119 usw. für Vormünder, Vorerben — sich nur auf das „Geld" des Kindes bezieht, wobei Bank- und Sparkassenguthaben dem baren Geld gleichzusetzen sein werden. Die §§ 1642 II, 1811 betreffen ferner nur die Anlegung des Mündelgeldes in Geldforderungen, dagegen nicht die Anlegung in Grundstücken oder sonstigen Sachwerten. Solche Gegenstände können Gewalthaber und Vormund ohne Genehmigung erwerben, soweit die Genehmigung nicht etwa nach anderen Vorschriften (§§ 1643 I, 1812f., 1821, 1822) erforderlich ist (JFG 14, 501; OLG Frankfurt, NJW 1953, 67). Ob Frau Hofmann die — nicht mündelsichere — Industrieobligation des Kurt in eine mündelsichere Anlage umtauschen will, ist ihrem pflichtmäßigen Ermessen überlassen (diligentia quam suis rebus: §§ 1664, 277). Die Sparkassenbücher können ungesperrt, die Wertpapiere in offener Verwahrung bleiben: denn Vater und Mutter haben nicht die Sperrpflicht des Vormunds. Das Vormundschaftsgericht verläßt sich darauf, daß es gegebenenfallls durch das Jugendamt oder durch Privatpersonen auf die Notwendigkeit eines Einschreitens aufmerksam gemacht werden wird (§ 1694 BGB).

3. Man könnte noch daran denken, die Mutter zu belehren, daß sie nicht nur das beim Tod des Vaters vorhandene, sondern auch das später erworbene Vermögen der Kinder zu inventarisieren hat (§ 1682 I S. 1), oder über die Pflicht zur mündelsicheren Anlegung (§ 1642). Jedoch haben solche Hinweise wenig praktischen Wert.

Verfügung:

„Zu den Akten."

Einleitung der Auseinandersetzungspflegschaft. Es erscheint Frau Hofmann in Begleitung des Gärtnereibesitzers Jaeckel: Wir wollen heiraten und sind vom Standesbeamten hierher gewiesen worden, um das Wiederverheiratungszeugnis zu beschaffen. Der Standesbeamte hat uns gesagt, daß die Auseinandersetzung zwischen Witwe und Kindern mit Erlaubnis des Vormundschaftsgerichts hinausgeschoben werden kann.

Der Rechtspfleger: Das wäre allerdings nach § 9 EheG, § 1683 BGB möglich. Da aber nach den Akten Ihr Sohn bereits in 1½ Jahren volljährig wird, halte ich es für richtig, die Nachlaßteilung alsbald vorzunehmen. In welcher Weise soll die Auseinandersetzung erfolgen? Können Sie nötigenfalls für jedes Kind eine geeignete Person als Pfleger in Vorschlag bringen?

Da zum Nachlaß weder Grundstücke noch GmbH-Anteile gehören, besteht kein Zwang zur notariellen Beurkundung (§ 313 BGB, § 15 GmbHG). Die Erfahrung lehrt jedoch, daß rechtsunkundige Parteien selten imstande sind, selbständig einen brauchbaren Auseinandersetzungsvertrag aufzusetzen; deshalb zieht man ungeachtet der damit verbundenen Kosten den Abschluß zu gerichtlichem Protokoll unter vorbereitender Mitwirkung des Rechnungsbeamten vor. Mit dem nachstehend geschilderten Verfahren darf die Vermittlung der Auseinandersetzung gemäß §§ 86f. FGG (Beispiel S. 191 f.) nicht verwechselt werden. Sie gehört immer vor das Nachlaßgericht, ist formalistisch geregelt und erfordert gerichtliche Beurkundung der Verhandlungen nach den Vorschriften des BeurkG (vgl. Jansen, FGG, 2. Aufl. § 91 Rdn. 3) ohne Rücksicht darauf, ob Grundstücke u. dgl. zum Nachlaß gehören. Dieses Verfahren wird angewandt, wenn die Erben nicht von vornherein über die Teilung einig sind.

Die Notwendigkeit der Pflegschaft folgt aus § 181 BGB. Darnach kann ein Vertreter im Namen des Vertretenen grundsätzlich keine Rechtsgeschäfte mit sich im eigenen Namen oder als Vertreter eines Dritten vornehmen. Frau Hofmann ist selbst Vertragspartner des Auseinandersetzungsvertrags und darf deshalb nicht zugleich als Vertreterin ihrer Kinder auftreten. Ebensowenig darf aber der Pfleger des Kurt mit sich als Vertreter von Else oder Hildegard abschließen, vielmehr muß jedes Kind einen besonderen Ergänzungspfleger nach § 1909 erhalten. Nach der Rechtsprechung können die gesetzlichen Vertreter des Familienrechts nicht von den Beschränkungen des § 181 befreit werden, wie das für andere Vertreter im Gesetz vorgesehen ist („soweit nicht ein anderes ihm gestattet ist"); daher ist es nicht möglich, einen einzigen Pfleger für alle Kinder zu bestellen und ihm durch ausdrückliche Anordnung des Gerichts die Befugnis zur Mehrvertretung zu verleihen. RGZ 67, 61; 71, 162 (Plenarentscheidung); 93, 334; BGHZ 21, 229; BGH FamRZ 1968, 245; BayObLG NJW 1959, 989. Im Schrifttum setzen sich allerdings beachtliche Stimmen dafür ein, daß das Vormundschaftsgericht die Mehrvertretung gestatten könne (Enneccerus-Nipperdey, 15. Aufl., § 181 II 1 mit Schrifttumsangaben in Fußn. 14). Solange aber die angeführte Rechtsprechung nicht aufgegeben ist; ist sie für das Vormundschaftsgericht maßgebend.

Wie läßt sich die Bestellung von Einzelpflegern vermeiden? 1. Wenn die Auseinandersetzung so erfolgt, wie die §§ 752/4, 2042 es in Ermangelung anderweitiger Vereinbarungen vorschreiben: also durch Zwangsversteigerung der Grundstücke, Pfandverkauf der beweglichen Sachen, gemeinschaftliche Einziehung der Forderungen und Teilung des Erlöses. Dann besteht nämlich das Rechtsgeschäft „ausschließlich in der Erfüllung einer Verbindlichkeit", so daß § 181 nicht zur Anwendung gelangt und die Mutter die Kinder mit vertreten kann (RG 93, 336). 2. Die Auseinandersetzung wird nur zwischen der Mutter auf der einen und der Gesamtheit der Kinder auf der andern Seite vorgenommen, indem die Mutter ihren Erbanteil auf die Kinder überträgt (§ 2033 I). Alsdann ist zwischen den Kindern kein Rechtsgeschäft abgeschlossen, und es genügt ein einziger Pfleger. Dadurch ist das Eigentum an den Nachlaßgegenständen auf die Kinder in ungeteilter Erbengemeinschaft übergegangen. Zur Überführung des Gesamthandseigentums in Bruchteilseigentum jedoch bedarf es einer Einigung der Kinder untereinander, also wiederum nach § 181 BGB der Bestellung von Einzelpflegern (BGH NJW 1956, 1433 = EJF A I a Nr. 2 mit Anm. Guggumos). 3. Der Nachlaß wird nicht unter den Erben geteilt, sondern die Kinder, vertreten durch den Pfleger, verkaufen und übertragen der Mutter ihre Anteile am väterlichen Nachlaß; durch den Erwerb der Erbteile vereinigen sich sämtliche Anteilsrechte in der Hand der Mutter, die infolgedessen über die Nachlaßgegenstände als alleinige Eigentümerin verfügt. Die den Kindern für Überlassung der Erbteile zu gewährende Gegenleistung kann bares Geld sein, kann aber auch in einzelnen Sachwerten aus dem Nachlaß bestehen. Bei dieser Gestaltung liegt wiederum kein Vertrag zwischen den Kindern vor, und man kommt mit einem Pfleger für alle Kinder aus (BGH NJW 1954, 1925). — Die erste Methode zwingt dazu, den ganzen Nachlaß in Geld umzusetzen, während die Beteiligten doch regelmäßig die vorhandenen Werte zu behalten wünschen. Die Kinder im gemeinschaftlichen Eigentum zu belassen, hat wenig Sinn, weil sie in nicht ferner Zeit volljährig werden und dann ihr kleines Vermögen abgesondert haben wollen. Der Erbteilskauf endlich ist gekünstelt und erfordert außerdem nach den §§ 2033, 2371 BGB notarielle Beurkundung.

Frau Hofmann: Der Vater und zwei Brüder meines verstorbenen Mannes werden sicherlich das Pflegeramt übernehmen.

Rechtspfleger: Der Großvater kann aus Rechtsgründen nicht Pfleger sein. Nennen Sie für ihn einen anderen, möglichst einen Fremden.

Das Vertretungsverbot des § 181 wird für alle gesetzlichen Vertreter des Familienrechts dahin erweitert, daß sie auch von der Vertretung des Kindes bei Geschäften mit ihrem Ehegatten oder gradlinigen Verwandten sowie bei Prozessen gegen solche Personen ausgeschlossen sind (§§ 1795, 1629 II, 1915). Mithin kann der Großvater Hofmann nicht eines der Geschwister bei einem Vertrag vertreten, an dem ein anderes seiner Enkelkinder als Vertragsgegner des Pflegebefohlenen beteiligt ist. Für die Oheime der Kinder als Seitenverwandte besteht keine entsprechende Beschränkung.

Frau Hofmann: Ich will Rektor Niedner fragen, der ein Kollege und guter Freund meines Mannes war.

Rechtspfleger: Sprechen Sie zunächst mit den in Aussicht genommenen Pflegern und machen Sie eine schriftliche Eingabe, in der Sie die Aufnahme der Auseinandersetzung durch das Gericht unter Zuziehung des Rechnungsbeamten beantragen und die dadurch entstehenden Kosten übernehmen. —

Nachdem der Antrag eingegangen ist, fragt das Gericht beim Jugendamt wegen der Tauglichkeit der Vorgeschlagenen an (§§ 1779, 1915, 1849 BGB, § 47 JWG). Die Auskunft lautet bejahend. Die Anordnung der Pflegschaft, die Auswahl des Pflegers unter Beachtung der Grundsätze des § 1779 II und die Bestimmung des

Wirkungskreises sind nicht mehr dem Richter vorbehalten (§ 14 Nr. 4 RechtspflG i.d.F. vom 27. Juni 1970, BGBl. I 911). Die Vorgeschlagenen werden vom Rechtspfleger zur Verpflichtung (§ 1789 BGB) vorgeladen:

„Gegenwärtig: Justizinspektor *Pfleger* als Rechtspfleger — Berlin-Lichterfelde, den 23. Mai 1971

Es erschienen:

1. Der praktische Arzt *Dr. Friedrich Hofmann* aus Berlin ....,
2. der Druckereibesitzer *Oswald Hofmann* aus Berlin ....,
3. der Rektor *Emanuel Niedner* aus Berlin ....,
4. die verwitwete Frau Rektor *Marie Hofmann* geb. *Wiesner* aus Berlin ....,
5. der Gärtnereibesitzer *Ernst Jaeckel* aus Berlin ....,

zu 4 und 5 dem Rechtspfleger von Person bekannt, zu 1, 2, 3 durch Vorlegung ihrer Ladungen und Vorstellung seitens der Erschienenen zu 4 und 5 ausgewiesen.

Die Erschienenen zu 1 bis 3 sollen als Pfleger für die minderjährigen Geschwister *Hofmann* zur Vertretung der Pflegebefohlenen bei der Auseinandersetzung über den väterlichen Nachlaß bestellt werden, und zwar

Herr *Dr. Friedrich Hofmann* für den am 8. Mai 1951 geborenen Banklehrling *Kurt Hofmann*,
Herr *Oswald Hofmann* für die am 20. August 1952 geborene Seminaristin *Else Hofmann*,
Herr Rektor *Niedner* für die am 17. Mai 1957 geborene Schülerin *Hildegard Hofmann*.

Der Bestellung steht, soviel ermittelt ist, keiner der in §§ 1780 bis 1782, 1784 BGB bezeichneten Hinderungsgründe entgegen. Die Erschienenen zu 1 bis 3 werden daher zu treuer und gewissenhafter Führung des Amtes mittels Handschlags an Eides Statt verpflichtet.

Die Sachlage wurde mit den Anwesenden besprochen. Frau *Hofmann* wird innerhalb 2 Wochen den Pflegern einen Entwurf für die Auseinandersetzung vorlegen, der nach Zustimmung der Pfleger vom gerichtlichen Rechnungsbeamten zu prüfen ist. Alsdann wird Termin zur gerichtlichen Verlautbarung des Vertrages angesetzt werden. Alle entstehenden Kosten übernehmen Frau *Hofmann* und Herr *Jaeckel* als Gesamtschuldner.

Vorgelesen, genehmigt, unterschrieben:

Dr. Friedrich Hofmann — *Marie Hofmann* geb. *Wiesner*
Oswald Hofmann — *Ernst Jaeckel* — *Emanuel Niedner*
Pfleger"

War die Aufnahme eines Protokolls über die Verpflichtung der Pfleger und die abgegebenen Erklärungen notwendig? Die freiwillige Gerichtsbarkeit kennt keinen allgemeinen Protokollzwang, wie Zivil- und Strafprozeß (§§ 159f., 510a ZPO — die Bestimmung gilt auch für Termine in Zwangsvollstreckungs-, Konkurs- und Aufgebotssachen —, §§ 86, 115 d^{V}, 168, 187/8, 224, 233^{III}, 271f. StPO). Die Vorschriften der §§ 6ff. BeurkG sind nur zu beachten, wenn die Form der öffentlichen Beurkundung gewahrt werden muß und entweder die Gerichte neben den Notaren zuständig sind (§ 1^{II} BeurkG) oder die Anwendbarkeit der Vorschriften des BeurkG auf die gerichtliche Niederschrift besonders bestimmt ist, z.B. in § 1945^{II} BGB. Soweit in echten Streitsachen ein gerichtlicher Vergleich vorgesehen ist (§ $53a^{IV}$ FGG, § 14 VertrHG, § 16^{III} HausratsVO, § 45^{III} WEG, §§ 16 S. 3, 19, 20^{II}, 31 LwVG) sind für die Form der Vergleichsniederschrift die Vorschriften der ZPO für maßgebend erklärt worden. Im übrigen braucht zur Gültigkeit von Vorgängen der freiwilligen Gerichtsbarkeit nichts Schriftliches aufgenommen zu werden. Will man sie „aktenkundig" machen, so genügt eine formlose kurze Notiz („Registratur"), die der Richter (Rechtspfleger, Urkundsbeamte) selbst unterschreibt oder von der Person, die Erklärungen vor ihm abgegeben hat, nach Vorlesung und Genehmigung unterschreiben läßt. Doch wird gerade bei Verpflichtung von Vormündern, Pflegern und

Beiständen allgemein die Protokollform angewandt, weil die Wirksamkeit des Bestellungsaktes von der Beachtung des § 1789 BGB abhängt und der Wirkungskreis eindeutig feststehen muß. Die Zuziehung eines Protokollführers in der freiwilligen Gerichtsbarkeit ist grundsätzlich nicht notwendig (Art. 2^{II} PrFGG). Umgekehrt kann in Zivilprozeßsachen von der Zuziehung eines Protokollführers auf Anordnung des Vorsitzenden abgesehen werden (§ 163^{III} ZPO). Zu der Anordnung ist auch der ersuchte Richter befugt. RG 114, 1.

Sachlich ist die genaue Umschreibung des Wirkungskreises der Pfleger in der Verpflichtungsformel und im Protokoll wichtig. Die Pflegschaft hat nicht, wie elterliche Gewalt oder Vormundschaft, einen für alle Fälle gleichen Inhalt; daher muß der Aufgabenkreis des Pflegers vom Gericht besonders bestimmt werden.

Die Bestallungen (§§ 1791, 1915 BGB) werden vom Rechtspfleger ausgefertigt.

Nachlaßteilung. Nachdem alle Vorarbeiten erledigt sind, werden die Beteiligten zu einem neuen Termin vorgeladen, den diesmald der Richter wahrnimmt, und zwar weil ein Richtervorbehalt für die Erteilung der vormundschaftsgerichtlichen Genehmigung besteht (§ 14^{9} RechtspflG, § 1822^{2} BGB), die zweckmäßig sogleich im Termin bekannt gegeben wird (§ 16^{III} FGG). Daß das Vormundschaftsgericht zur Unterstützung von Eltern, Vormündern und Pflegern Erklärungen, die keiner Form bedürfen, zu Protokoll entgegennimmt, obwohl es für die öffentliche Beurkundung dieser Erklärungen nicht zuständig wäre (oben S. 66), ist unbedenklich und ihm auch durch das BeurkG nicht verwehrt. Die Vorschriften der §§ 6ff. BeurkG brauchen hierbei nicht beachtet zu werden.

„Die Erschienenen erklärten:

I.

Am 15. Oktober 1970 ist zu Berlin-Lichterfelde, seinem Wohnsitz, der Grundschulrektor *Reinhold Hofmann* ohne Hinterlassung einer Verfügung von Todes wegen verstorben. Er lebte mit seiner Ehefrau im Güterstande der Gütertrennung. Gemäß §§ 1924, 1931 BGB sind daher die Witwe *Marie Hofmann* geb. *Wiesner*, der minderjährige Banklehrling *Kurt Hofmann*, die minderjährige Seminaristin *Else Hofmann* und die minderjährige Schülerin *Hildegard Hofmann*, sämtlich in Lichterfelde, gesetzliche Erben je zu ¼ geworden. Ein Erbschein ist nicht erteilt.

II.

Der Bestand des Nachlasses am Todestage ergibt sich aus dem von der Witwe am 5. November 1970 zu den Akten 6 H X 837/60 eingereichten Verzeichnis des den Kindern gehörenden Vermögens. Die dort gemachten Angaben sind jedoch in folgenden Punkten zu berichtigen:

....

III.

Der Teilung wird der Bestand vom 1. Juli 1971 mit der Maßgabe zugrunde gelegt, daß sämtliche Vertragschließenden die für den 10. Juni 1971, den Tag der Aufstellung dieses Teilungsplans, festgestellten Kurs- und sonstigen Werte als maßgebend anerkennen. Vom Todestag bis zum 1. Juli 1971 sind folgende Veränderungen eingetreten:

....

Daraus ergibt sich für den 1. Juli 1971 folgender Nachlaßbestand:

....

Mithin ein Wert des reinen Nachlasses von 10240 DM.

Hiervon steht jedem der 4 Erben ¼ mit 2560 DM zu."

Nur Veränderungen der Substanz werden berücksichtigt, da Frau Hofmann die Einkünfte des Kindesvermögens gemäß § 1649^{II} BGB zum Unterhalt der Familie verwenden durfte.

„IV.

Zwecks Teilung des Nachlasses erhalten die Erben die nachstehend aufgeführten Werte, und zwar durchweg mit den seit 1. Juli 1971 laufenden Zinsen:

..............."

Die Zuteilung beruht auf dem Grundsatz, den Minderjährigen, besonders den jüngeren, in erster Linie mündelsichere oder sonstige solide Vermögensstücke, den älteren und der Witwe die riskanteren Gegenstände zu überlassen. Sonst könnte das Vormundschaftsgericht die Genehmigung der Auseinandersetzung (§§ 1822², 1915) verweigern.

„V.

Die Vertragschließenden sind darüber einig, daß die vorstehend zugeteilten Werte sofort ins Eigentum der Erben übergehen, denen sie zugeteilt sind. Die den Erben *Kurt*, *Else* und *Hildegard Hofmann* zugewiesenen baren Geldbeträge hat die Witwe innerhalb 10 Tagen auf die den Erben gehörenden Sparkassenbücher Nr. 53985 bzw. 53986 bzw. 53987 der hiesigen Sparkasse einzuzahlen.

VI.

Alle durch diesen Vertrag, seine Vorbereitung und die Pflegschaften entstehenden Kosten übernehmen Frau *Hofmann* und Herr *Jaeckel* als Gesamtschuldner."

Damit ist die eigentliche Auseinandersetzung abgeschlossen. Es folgt die vormundschaftsgerichtliche Genehmigung:

„Die Pfleger beantragten gemäß § 1822² BGB die vormundschaftsgerichtliche Genehmigung ihrer Erklärungen. Den Pflegern wurde eröffnet, daß die von dem Pfleger *Dr. Friedrich Hofmann* abgegebenen Erklärungen namens des minderjährigen *Kurt Hofmann*, die Erklärungen des Pflegers *Oswald Hofmann* namens der minderjährigen *Else Hofmann*, und die Erklärungen des Pflegers Rektor *Niedner* namens der minderjährigen *Hildegard Hofmann* vormundschaftsgerichtlich genehmigt werden.

Die Pfleger teilten die Genehmigung der Witwe sowie sich wechselseitig mit.

Die Pfleger werden dem Gericht anzeigen, ob ihnen die Einzahlung der Barbeträge auf die Sparkassenbücher nachgewiesen worden ist.

(Vorlesungs- und Genehmigungsvermerk, Unterschriften.)"

Auseinandersetzungszeugnis. Aufhebung der Pflegschaft. Der Rechtspfleger erteilt der Witwe nunmehr das zur Wiederverheiratung nach § 9 EheG erforderliche Zeugnis:

„Die verwitwete Frau Rektor *Marie Hofmann* geb. *Wiesner* in Berlin hat gegenüber ihren minderjährigen Kindern aus der Ehe mit dem am 15. Oktober 1970 verstorbenen Rektor *Reinhold Hofmann* die Pflichten erfüllt, welche ihr nach § 1683 BGB mit Rücksicht auf die von ihr beabsichtigte Wiederverheiratung obliegen."

Die Pflegschaft wird, nachdem die Pfleger die Einzahlung der Gelder auf die Sparkassenbücher dem Gericht bestätigt haben, gemäß § 1919 aufgehoben, weil der Anlaß für ihre Anordnung lediglich der Umstand gewesen war, daß die Mutter beim Abschluß der Auseinandersetzung die Kinder nicht vertreten konnte (§ 181), und weil dieser Anlaß nunmehr weggefallen ist. Die Sparkassenbücher und sonstigen den Kindern zugeteilten Nachlaßgegenstände gehen wieder in die Verwaltung der Mutter über. Für eine Sperrung der Bücher besteht kein gesetzlicher Grund; sie der Mutter als Bedingung für die vormundschaftsgerichtliche Genehmigung der Teilung aufzuerlegen, wäre unstatthaft gewesen (OLG Frankfurt, NJW 1953, 67).

Wird demnächst die Ehe geschlossen, so hat das Vormundschaftsgericht nichts zu veranlassen. § 1697 BGB a.F., wonach die Mutter die elterliche Gewalt verlor, wenn sie eine neue Ehe einging, ist durch Art. I Nr. 22 GleichberG aufgehoben worden.

Vormundschaft mit Vermögensverwaltung

Verpflichtung. Nach einiger Zeit geht eine Anzeige des Standesamts ein, daß Frau Jaeckel verw. Hofmann am 10. Oktober 1971 verstorben ist. Der Rechtspfleger ersucht das Jugendamt um Benennung eines geeigneten Vormunds. Das Jugendamt schlägt den Stiefvater Jaeckel vor und teilt mit, daß der noch lebende Großvater von väterlicher Seite hiermit einverstanden ist (§ 1779^{II}).

Eine Berufung zur Vormundschaft, die nach Maßgabe des § 1778 ein Recht auf Bestellung zum Vormund gewährt, kennt das Gesetz nur noch für den Fall der Benennung des Vormundes durch letztwillige Verfügung der Eltern (§§ 1776, 1777). Die in § 1776 BGB a.F. vorgesehen gewesene gesetzliche Berufung der Großväter ist durch das GleichberG in Fortfall gekommen. Der berufene Vormund darf ohne seine Zustimmung gegenüber einem anderen Einzelvormund nur unter den Voraussetzungen des § 1778 übergangen werden, insbesondere wenn seine Bestellung das Interesse des Mündels gefährden würde. Zugunsten des Jugendamts jedoch darf der Berufene schon dann übergangen werden, wenn er nach dem Ermessen des Gerichts nicht geeignet ist (§ 45 JWG). Sofortige Beschwerde gegen Übergehung: § 60^{I} Nr. $1,^{II}$ FGG.

Nachdem der Rechtspfleger verfügt hat, daß Jaeckel zum Vormund zu bestellen ist und daß kein Gegenvormund (§ 1792) bestellt werden soll, wird Jaeckel durch den Rechtspfleger verpflichtet:

„Die Sachlage wurde mit dem Vormund besprochen. Er berichtete, daß das Mündel *Hildegard*, welches blutarm und kränklich ist, sich in seinem Haushalt befinde, während die Mündel *Kurt* und *Else* bei den Geschwistern des verstorbenen Vaters untergebracht seien.

Er versprach, innerhalb von 2 Wochen die zum Vermögen der Mündel gehörenden Inhaberpapiere bei der Bank mit der Bestimmung zu hinterlegen, daß die Herausgabe der Papiere nur mit Genehmigung des Vormundschaftsgerichts verlangt werden kann, ferner bei den Sparkassenbüchern der Kinder die Bestimmung zu treffen, daß zur Erhebung des Geldes die Genehmigung des Vormundschaftsgerichts erforderlich ist, und beides durch Vorlegung der gesperrten Niederlegungsbescheinigung bzw. der gesperrten Sparkassenbücher nachzuweisen, ferner innerhalb eines Monats ein Verzeichnis des Vermögens seiner Mündel einschließlich des Nachlasses der Mutter einzureichen und nach Ablauf eines Jahres Rechnung zu legen.

Er wird innerhalb eines Jahres über die Mündel berichten.

(Vorlesungs- und Genehmigungsvermerk, Unterschriften.)"

Der Stiefvater Jaeckel hat gegenüber den Mündeln keine unmittelbare gesetzliche Unterhaltsverpflichtung. Der Regierungsentwurf II des Gleichberechtigungsgesetzes sah in § 1360c BGB eine subsidiäre Unterhaltspflicht gegenüber Stiefkindern vor. Doch ist die Bestimmung nicht Gesetz geworden. Statt dessen enthält § 1371^{IV} BGB eine besondere Regelung, wenn die Ehegatten im Güterstande der Zugewinngemeinschaft gelebt haben und der Überlebende gesetzlicher Erbe nach Maßgabe des § 1371^{I} wird, also zu einem um $^1/_4$ erhöhten gesetzlichen Erbteil. Dann haben erbberechtigte Stiefkinder bei Bedürftigkeit einen Anspruch auf Gewährung einer angemessenen Ausbildung. Mit dem Anspruch wird jedoch nur das zusätzlich gewährte Viertel beschwert. Während bestehender Ehe kann sich eine Haftung des einen Ehegatten für die Unterhaltspflichten des anderen aus den güterrechtlichen Vorschriften ergeben (vgl. insbes. §§ 1604, 1459, bei Errungenschafts- und Fahrnisgemeinschaften, die nach Art. 8 I Nr. 7 GleichberG fortgelten, §§ 1534, 1530^{II}, 1549 BGB a.F., für den früheren gesetzlichen Güterstand §§ 1386, 1388; dazu Boehmer, FamRZ 1955, 125). Eine vertragliche Übernahme der Unterhaltspflicht der Mutter gegenüber kann sich daraus ergeben, daß der Mann die minderjährigen Kinder seiner Frau in die häusliche Gemeinschaft aufnimmt (LG Berlin, FamRZ 1955, 267; BVerwG NJW 1960, 1267; zum Ganzen Boehmer, a.a.O. und FamRZ 1960, 213 zu 3; Gernhuber, FamRZ 1955, 193; Johannsen, FamRZ 1961, 163).

Nach den §§ 1809, 1814 muß der Vormund Sparkassenbücher sperren lassen und Inhaberpapiere — gleichviel ob sie mündelsicher sind oder nicht — gesperrt hinterlegen. Eine Pflicht zur gesperrten Hinterlegung des Briefes über die dem Mündel Hildegard gehörende Hypothek besteht nach dem Gesetz nicht: denn, wie wir bald sehen werden, ist der Vormund ohnehin nicht imstande, allein über die Hypothek zu verfügen. „Aus besonderen Gründen" kann das Gericht dem Vormund einerseits Befreiung von der gesperrten Hinterlegung erteilen (§ 1817), andrerseits die gesperrte Hinterlegung auch von Hypothekenbriefen aufgeben (§ 1818); von der ersten Möglichkeit wird man z.B. wegen Geringsfügigkeit Gebrauch machen.

Die Sperrung von Sparkassenguthaben und Wertpapierdepots tritt weder unmittelbar kraft Gesetzes ein, noch kann das Vormundschaftsgericht sie (etwa durch einen „Außerkurssetzungsvermerk") herbeiführen; vielmehr bildet sie einen Bestandteil des vom Vormund mit der Sparkasse bzw. Hinterlegungsstelle abzuschließenden Vertrags. Der Sperrvermerk, den die Sparkasse auf Antrag des Jaeckel auf die Bücher zu setzen hat, lautet dahin, daß zur Abhebung die Genehmigung des Gegenvormunds oder des Vormundschaftsgerichts erforderlich ist, weil bei Vorhandensein eines Gegenvormunds dessen Zustimmung genügt (§ 1809). Verfügungen über Sperrdepots müssen immer vom Vormundschaftsgericht selbst genehmigt werden (§ 1814).

Die Pflicht zur Einreichung des Inventars und zur Rechnungslegung beruht auf den §§ 1802, 1840f. Bei Vermögensverwaltungen von geringem Umfang wird die Rechnungsperiode bis auf 3 Jahre verlängert, aber erst nachdem der Vormund seine erste Verwaltungsrechnung binnen Jahresfrist vorgelegt hat (§ 1840^{III}). Nach § 1839 hat der Vormund (Gegenvormund) dem Gericht auf Verlangen jederzeit allgemeine oder besondere Berichte, z.B. über Erziehung und sonstige persönliche Verhältnisse der Mündel, zu erstatten.

Jaeckel erhält eine Bestallung (§ 1791). Zur Kontrolle der Sperrnachweise, der Einreichung des Inventars, der Rechnung und des Berichts werden Fristen vermerkt.

Aufsicht des Vormundschaftsgerichts. Die versprochene Vorlegung der Sparkassenbücher und der Niederlegungsbescheinigung wird nicht innegehalten. Verfügung des Rechtspflegers:

„Eilt!

1. An Vormund: Sie haben das bei Ihrer Verpflichtung gegebene Versprechen, binnen 2 Wochen die mit Sperrvermerk versehenen Sparkassenbücher Ihrer Mündel sowie die gesperrte Niederlegungsbescheinigung der Bank vorzulegen, nicht erfüllt. Es wird Ihnen deshalb eine von der Zustellung dieser Verfügung ab laufende Nachfrist von 3 Tagen bestimmt, nach deren Ablauf das Gericht genötigt wäre, Zwangsmittel gegen Sie anzuwenden. Innerhalb der 3tägigen Frist wollen Sie ferner angeben, aus welchem Grund Sie die erste Frist nicht innegehalten haben.
2. mit Zustellungsurkunde."

Ob die Nichteinreichung der Sperrnachweisungen auf bloßer Nachlässigkeit beruht, oder ob Jaeckel die Sperrung gar nicht herbeigeführt oder gar Abhebungen von den Sparbüchern gemacht bzw. Papiere verkauft hat, kann man nicht wissen. So wenig angebracht bürokratisches Vorgehen des Vormundschaftsgerichts im allgemeinen ist, so ist doch ein derartiger Fall unbedingt ernst zu nehmen. § 33 FGG gestattet in Angelegenheiten der freiwilligen Gerichtsbarkeit dem Gericht, seine Verfügungen durch Ordnungsstrafen oder unmittelbaren Zwang durchzusetzen. Bringt also Jaeckel in den 3 Tagen nicht die geforderten Nachweise, so wird ihm die sofortige Herausgabe der in Betracht kommenden Gelder, Sparkassenbücher, Wertpapiere und Kostbarkeiten an das Gericht aufgegeben und zugleich bestimmt, daß die Herausgabe durch den Gerichtsvollzieher zu bewirken ist. Der Gerichtsvollzieher durchsucht auf Grund dieser Anordnung die Räume des Vormundes, und wenn die Vermögensstücke des Kindes überhaupt noch vorhanden sind, werden sie in kürzester Zeit der Verfügungsgewalt des Vormundes entzogen.

Ohne dieses Amtsverfahren müßte zunächst den Mündeln zur Wahrnehmung ihrer Rechte gegen den Vormund (§ 1833 BGB) ein Ergänzungspfleger nach § 1909 bestellt werden, der dann durch Klage, Arrest und einstweilige Verfügung die Sicherstellung des Mündelvermögens zu versuchen hätte. Denn das Vormundschaftsgericht ist an sich nicht gesetzlicher Vertreter der Mündel. Nur bei der rechtsgeschäftlichen Bestellung von Sicherheiten seitens des Vormunds, ihrer Änderung und

Aufhebung wird die Mitwirkung des Mündels (bzw. eines für den Mündel zu bestellenden besonderen Vertreters) durch die Anordnung des Vormundschaftsgerichts ersetzt (§ 1844^II, entsprechend für elterliche Gewalt § 1668^II). Nach § 54 FGG kann das Vormundschaftsgericht, wenn es einen Fall der Sicherheitsstellung für gegeben erachtet, kurzerhand das Grundbuchamt um Eintragung einer Sicherungshypothek auf den Grundstücken des Vormunds (Pflegers, Beistandes, nicht jedoch des elterlichen Gewalthabers) ersuchen; praktisch ist mit dieser Vorschrift selten etwas anzufangen. — Geht der Richter (Rechtspfleger) nicht mit genügender Energie vor, so macht er sich dem geschädigten Mündel nach § 1848 BGB verantwortlich. Die Haftung des Justizfiskus für Vormundschaftsrichter beschränkt sich nicht auf Vorsatz, wie beim Spruchrichter (§ 839^II BGB).

Am dritten Tag bringt Jaeckel Sparkassenbücher und Niederlegungsbescheinigung und entschuldigt sich, daß er einmal Sparkasse und Stadtbank geschlossen gefunden habe und dann infolge einer Erkrankung verhindert gewesen sei. Da die Sperrvermerke in Ordnung sind, ist der Zwischenfall erledigt. Von der Niederlegungsbescheinigung wird beglaubigte Abschrift zu den Akten genommen, über die Sparkassenbücher ein Aktenvermerk gefertigt.

Die Prüfung des Inventars und der Verwaltungsrechnungen gehört zu den Dienstaufgaben des Rechtspflegers. Die Beauftragung besonderer Rechnungsbeamten, die zur Entlastung der Richter von Rechnungsarbeiten zugelassen war (AV d. RJM vom 25. April 1938 [DJ 654] i.d.F. der AV vom 24. Oktober 1938 [DJ 1702], aufgehoben durch Art. XI § 4^II Nr. 1 KostÄndG vom 26. Juli 1957 [BGBl. I 861]), durch den Rechtspfleger kommt nicht in Betracht. Der Rechtspfleger erledigt diese Arbeiten in seinem Zuständigkeitsbereich selbst. Der Richter kann in Verfahren, die er selbst bearbeitet, den Rechtspfleger oder einen durch den Geschäftsverteilungsplan bestimmten Rechnungssachverständigen heranziehen (AV d. JM NRW vom 17. Mai 1960 [JMBlNRW 122]; AV d. Nds. MdJ vom 3. März 1959 [NdsRpfl. 55]). In Bayern dagegen kann auch der Rechtspfleger Rechnungsbeamte heranziehen (Bek. d. BayStMdJ vom 9. Oktober 1957 [BayJMBl 499]). Wegen der Rechnungsgebühren vgl. § 139 KostO.

Vormundschaftsgerichtliche Genehmigung. Mündelsichere Anlegung

„An das Amtsgericht Lichterfelde, den 20. Dezember 1971
Lichterfelde.

Ich bitte um vormundschaftsgerichtliche Genehmigung zur Kündigung der meiner Stieftochter *Hildegard Hofmann* gehörenden Darlehnshypothek von 1500 DM, eingetragen im Grundbuch von Neudorf Band 3 Blatt 82 in Abt. III unter Nr. 4. Der Eigentümer und persönliche Schuldner, Gärtnereibesitzer *Seibold*, hat die Zinsen wiederholt mit Verspätung von mehreren Wochen bezahlt und gilt in Kreisen seiner Kollegen nicht als kreditwürdig. Außerdem steht die Hypothek an dritter Stelle hinter 33000 DM und wird nur mit 6% verzinst. Wenn ich nicht jetzt zum 1. April n. J. kündige, bleibt das Geld nach den Bedingungen mindestens bis zum 1. April 1973 fest. Gleichzeitig bitte ich mir mitzuteilen, ob ich das Kapital künftig in mein Geschäft nehmen kann, da ich es mit 8% verzinsen will, oder wie ich es sonst anlegen soll.

Erst Jaeckel
als Vormund."

Der Referendar: Für die vormundschaftsgerichtliche Genehmigung sind die §§ 1821/2 maßgebend. In Betracht kommt zunächst § 1821^1, wonach der Vormund zur „Verfügung über ein Grundstück oder ein Recht an einem Grundstück" vormundschaftsgerichtlicher Genehmigung bedarf. „Verfügungen" sind alle Rechtsgeschäfte, die unmittelbar mit dinglicher Wirkung auf den Bestand der Sache oder des Rechts, über welche verfügt wird, einwirken: Übertragung, Belastung, Veränderung und Aufhebung von Rechten. Der dinglichen Verfügung wird die obligatorische „Verpflichtung zu einer Verfügung" gegenübergestellt (§ 1821^3). Durch Kündigung „verfügt" der Gläubiger über die Hypothek, indem er sie fällig macht und damit in ihrem Bestand verändert. Nun erklärt aber § 1821^II, daß Hypotheken keine „Rechte an einem Grundstück" im Sinne dieser Vorschrift sind. Also kann Jaeckel die beabsichtigte Kündigung selbständig vornehmen.

Der Richter: Sie übersehen, daß das BGB noch an einer anderen Stelle, nämlich in der Lehre von der Gegenvormundschaft, allgemeine Genehmigungsvorschriften enthält. Zu Verfügungen über Forderungen oder sonstige Rechte, kraft deren der Mündel eine Leistung verlangen kann, verlangt § 1812^{I} die Genehmigung des Gegenvormunds. Wenn, wie in unserem Fall, kein Gegenvormund vorhanden ist, die Vormundschaft auch nicht von mehreren Mitvormündern geführt wird, muß nach § 1812^{III} das Vormundschaftsgericht genehmigen. Im Ergebnis braucht also der Vormund doch unsere Genehmigung, und zwar erstens zur Kündigung, später nochmals zur Annahme des Hypothekenkapitals und Ausstellung der löschungsfähigen Quittung. Denn auch die Annahme der geschuldeten Leistung wird, wie § 1813 zeigt, vom Gesetz als Verfügung über das getilgte Recht betrachtet.

Die Genehmigungsfälle der elterlichen und vormundschaftlichen Verwaltung gliedert man am besten in folgender Weise:

1. Geschäfte, zu denen sowohl Eltern als auch Vormund (oder Pfleger: § 1915) die Genehmigung des Vormundschaftsgerichts brauchen: § 1643 mit §§ $1821^{1, 2, 3, 4}$, $1822^{1, 3, 5, 8, 9, 10, 11}$. Ferner gehört unter gewissen Voraussetzungen (S. 148) nach §§ 1643^{II}, 1822^{2} die Erbschaftsausschlagung hierher. „Verfügung über ein Grundstück" (§ 1821^{1}) ist auch ein Vergleich, in dem der gesetzliche Vertreter auf Herausgabe des Grundstücks und Berichtigung des Grundbuchs verzichtet. RG 133, 259. Für den Verkauf eines dem Kind gehörenden Grundstücks gilt Genehmigungszwang, weil er die Verpflichtung zu einer Verfügung über das Grundstück, nämlich zur Eigentumsübertragung, begründet (§ 1821^{4}). Hieraus folgt, daß das Kind für eine außerhalb des notariellen Vertrags vom gesetzlichen Vertreter dem Käufer gemachte Zusicherung nicht vertraglich haftet: diese Zusage wird nicht durch die vormundschaftsgerichtliche Genehmigung gedeckt, und ohne Genehmigung kann der gesetzliche Vertreter den Minderjährigen zu derartigen Verträgen nicht verpflichten. Aber auch aus dem Gesichtspunkt der unerlaubten Handlung ist das Kind dem Käufer nicht verantwortlich, weil Minderjährige außerhalb eines Vertragsverhältnisses grundsätzlich nicht für Handlungen ihrer gesetzlichen Vertreter haften. § 831 ist nicht anwendbar. RG 67, 154; 121, 118; 132, 76.

2. Geschäfte, bei denen die Eltern genehmigungsfrei sind, während der Vormund immer der Genehmigung des Vormundschaftsgerichts bedarf: die in § 1643 nicht angeführten übrigen Fälle der §§ 1821/2. Besonders wichtig: a) Ankauf von Grundstücken für das Kind (§ 1821^{5}). Wird im Kaufvertrag für das Restkaufgeld Hypothek bestellt, eine bestehende Hypothekenschuld vom Käufer übernommen, die Auflassung erteilt, so wären, streng genommen, diese Vorgänge aus §§ $1821^{1, 2}$, 1822^{10} (Verfügung über das Grundstück, Verfügung über den Auflassungsanspruch, Übernahme fremder Verbindlichkeiten) genehmigungspflichtig. Doch gestatten RG 108, 356; 110, 173; BGHZ 24, 372 den Eltern, den Kauf einschließlich dieser üblichen Nebenerklärungen ohne Genehmigung abzuschließen. Abgabe von Geboten in der Zwangsversteigerung wird dem rechtsgeschäftlichen Ankauf gleichgestellt. b) Erbteilung (§ 1822^{2}). Daß die Auseinandersetzung zwischen Mutter und Kindern genehmigt werden muß (S. 102), beruht darauf, daß die Mutter hierbei nicht Vertreterin, sondern Vertragsgegner der Kinder ist, während die Kinder durch Pfleger vertreten werden. c) Lehrvertrag auf längere Zeit als ein Jahr (§ 1822^{6}). d) Vergleich über Gegenstände von mehr als 300 DM (§ 1822^{12}).

3. Geschäfte, zu denen die Eltern keiner Genehmigung bedürfen und beim Vormund Genehmigung des Gegenvormunds genügt, so daß nur in Ermangelung von Gegen- und Mitvormündern das Vormundschaftsgericht zu genehmigen hat: § 1812. In einigen Fällen, z. B. für Beträge bis 300 DM sowie für Zinsen, ist die Annahme der geschuldeten Leistung — nicht aber eine sonstige Verfügung über die Forderung — nach § 1813 genehmigungsfrei. Wird das Erfordernis der besonderen Genehmigung zur Annahme der Leistung übersehen, zahlt z. B. der Hypothekenschuldner im Vertrauen auf die dem Vormund zur Kündigung erteilte Genehmigung das Kapital aus und es wird vom Vormund veruntreut, so muß der Schuldner nochmals zahlen! Der Verfügung wird die schuldrechtliche Verpflichtung zur Verfügung (Hypothekenverkauf u. dgl.) auch hier gleichgestellt.

Besonderheiten für befreite Vormundschaft: S. 138.

Daß Verfügungen über Hypotheken aus den für Verfügungen über Grundstücksrechte geltenden Vorschriften herausgenommen und der dritten (statt der ersten) Gruppe zugeteilt werden, ist wirtschaftlich gerechtfertigt. Hypotheken sind eine von den Arten der Geldanlage, sie gehören wirtschaftlich zum „mobilen“ Vermögen, geradeso wie Aktien, Schuldverschreibungen, Sparkassenguthaben usw.

4. Innengenehmigung. Mitunter sieht das Gesetz als Ordnungsvorschrift vor, daß der Gewalthaber oder Vormund zu bestimmten Handlungen die Genehmigung des Vormundschaftsgerichts einholen soll. In diesen Fällen ist das vorgenommene Geschäft wirksam, auch wenn die Genehmigung fehlt oder verweigert ist. Der Vormund oder Gewalthaber kann sich aber wegen pflichtwidrigen Verhaltens schadensersatzpflichtig machen und dem Vormundschaftsgericht Anlaß zum Einschreiten nach § 1837 geben. Die allgemeinen Vorschriften der §§ 1828—1831 BGB, 55 FGG finden auf diese Art der Genehmigung (besser Erlaubnis, vgl. §§ 1642^II, 1811) keine Anwendung. Hierher gehören: Beginn oder Auflösung eines Erwerbsgeschäfts, §§ 1823, 1645; Abweichung von Anordnungen des Erblassers oder eines Dritten, §§ 1803^II, 1639^II; Anlegung von Mündelgeld, §§ 1642, 1810, 1811, 1817, 1818; Gestattung des Aufschubs der Auseinandersetzung bei Wiederverheiratung, §§ 1493^II, 1683, 1845, 1897, 1915.

5. Unterbringung in Heil- oder Pflegeanstalt. Das BVerfG hat entschieden, daß der Vormund, der kraft seines Aufenthaltsbestimmungsrechts (§§ 1631^I, 1897) einen volljährigen Entmündigten in einer Heil- oder Pflegeanstalt unterbringen will, dazu der Genehmigung des VormG bedarf, damit der durch Art. 104^II GG erforderte Rechtsschutz gewährleistet ist (BVerfGE 10, 302). Diese Entscheidung hat bindende Kraft i.S. des § 31^I BVerfGG (vgl. zum Umfang dieser Bindung BGH GSZ in BGHZ 13, 265). Durch das FamRÄndG ist deshalb § 1800^II BGB in das BGB eingefügt worden; das Verfahren regelt § 55a FGG. Diese Vorschriften gelten auch für die Vormundschaft über Minderjährige und für die Pflegschaft. Dagegen würde eine Erstreckung auch auf die elterliche Gewalt dem Sinn des durch Art. 6^II, III GG geschützten Elternrechts widersprechen; für die Ausübung des der staatlichen Gemeinschaft zugewiesenen „Wächteramts“ (Art. 6^II S. 2 GG) genügt bei Mißbräuchen die Möglichkeit vormundschaftsgerichtlichen Eingreifens nach § 1666 BGB (str., vgl. Maurer, FamRZ 1960, 468; Saage, Beil. z. BAnz. Nr. 122/60; Jansen FGG, 2. Aufl. § 55a Rdn. 3.

Vormundschaftsgerichtliche Genehmigungen nach § 1812^III sind in den Katalog der Richtervorbehalte des § 14 Nr. 9, 10, 14, 17 RechtspflG nicht aufgenommen. Zuständig ist daher nach § 3 Nr. 2 Buchst. a der Rechtspfleger. Sachlich ist gegen die Kündigung nichts einzuwenden. Verfügung:

„1. Beschluß. Der Vormund *Ernst Jaeckel* wird gemäß den §§ 1812, 1831 BGB namens der minderjährigen *Hildegard Hofmann* vormundschaftsgerichtlich ermächtigt, die im Grundbuch von Neudorf Band 3 Blatt 82 in Abt. III unter Nr. 4 hypothekarisch eingetragene Darlehnsforderung von 1500 DM zu kündigen.

2. An *Jaeckel:* In der Anlage erhalten Sie Ausfertigung der von Ihnen beantragten vormundschaftsgerichtlichen Genehmigung. Sie werden darauf hingewiesen, daß *Seibold* die Kündigung zurückweisen kann, wenn ihm nicht der Hypothekenbrief (§ 1160/1 BGB) und die gerichtliche Ermächtigung zur Kündigung (§ 1831) vorgelegt werden. Zur Vermeidung von Rechtsnachteilen für Ihr Mündel werden Sie also gut tun, entweder die Kündigung möglichst bald zu erklären, damit die Vorlegung der Urkunden, falls *Seibold* sie verlangt, noch vor Ablauf der Kündigungsfrist nachgeholt werden kann, oder aber gemäß § 132^I die Kündigung durch den Gerichtsvollzieher zustellen zu lassen und dem Gerichtsvollzieher den Hypothekenbrief und die Ausfertigung des Beschlusses auszuhändigen, damit er sie *Seibold* bei der Zustellung vorlegt.“

Der Empfänger einer Kündigung oder sonstigen auf einem Gestaltungsrecht beruhenden einseitigen Willenserklärung (Anfechtung, Rücktritt, Aufrechnungserklärung usw.) muß sofort wissen, woran er ist. Das erfordert der Grundsatz der Rechtsgewißheit. Deshalb darf die Rechtswirksamkeit solcher einseitigen Erklärungen nicht, wie bei Verträgen, in der Schwebe bleiben, sondern alle Zustimmungserklärungen u. dgl. müssen vorher erteilt sein. §§ 1831 S. 1, 111 S. 1, 180, 1367 gegen §§ 1829, 108, 177, 1366. Aus demselben Grunde kann, wenn die Zustimmung erteilt ist, der Empfänger der Erklärung sofortigen schriftlichen Nachweis fordern und mangels Vorlegung die Erklärung zurückweisen. §§ 1831 S. 2, 111 S. 2, 3, 174. Die Zurückweisung muß stets „unverzüglich“ geschehen. Der Grundsatz, daß genehmigungsbedürftige einseitige Rechtsgeschäfte ohne vorherige vormundschaftsgerichtliche Genehmigung unzulässig sind, erleidet eine Ausnahme, wenn das einseitige Rechtsgeschäft innerhalb einer gesetzlich bestimmten Frist vorzunehmen ist (Erbausschlagung!). Hier genügt es, daß die Erteilung der Genehmigung gegenüber dem Vormund bis zum Fristablauf nachgewiesen wird (RG 118, 145). Auch bei Eintragungsbewilligungen gegenüber dem Grundbuchamt ist nachträgliche Beibringung statthaft, da das Grundbuchamt die Ungewißheit durch Zwischenverfügung nach § 18 GBO beseitigen kann (JFG 13, 393).

„Ob Sie im übrigen von der erteilten Ermächtigung zur Kündigung Gebrauch machen wollen, bleibt Ihrem eigenen Ermessen überlassen.

Sie wollen alsbald anzeigen, ob und wann Sie gekündigt haben. Wenn es am 1. April n. J. zur Auszahlung der Hypothekensumme kommt, wird Ihnen auf Antrag die vormundschaftsgerichtliche Genehmigung zur Annahme der Zahlung und Ausstellung einer löschungsfähigen Quittung erteilt werden.

Die Anlegung des Geldes in Ihrem Geschäft ist unzulässig.“

Eine Hypothek nur deshalb, weil sie nicht mündelsicher ist, zu kündigen, ist nicht nötig. Wenn sich aber jetzt infolge der Kündigung die Hypothek in „Geld“ verwandeln wird, sind bei der anderweiten Anlegung der Hypothekensumme nunmehr die Grundsätze der Mündelsicherheit zu beachten. Ausnahmsweise darf nach § 1811 das Vormundschaftsgericht dem Vormund eine nicht mündelsichere Anlegung gestatten, sofern sie den Regeln einer „wirtschaftlichen Vermögensverwaltung“, d.h. kaufmännisch-wirtschaftlichen Gesichtspunkten, nicht zuwiderläuft. Dem genügt die Anlage in einem kleineren, wenn auch vielleicht gutgehenden Betrieb ohne dingliche Sicherheit nicht; vgl. dazu Stöber, Rpfleger 1965, 100. Vor allem steht der Absicht des Jaeckel das Verbot des § 1805 entgegen.

„Sie werden selbst unter den zahlreichen mündelsicheren Anlagen die Wahl zu treffen haben. Wahrscheinlich eignen sich am besten mündelsichere Wertpapiere, über die Ihnen jedes Bankgeschäft Auskunft gibt. Sie wollen mitteilen, für welche neue Anlage Sie sich entschieden haben.

3. Am 5. Januar (Bericht zu 2).“

Das Gericht kann und soll dem Vormund, unbeschadet seiner rechtlichen Selbständigkeit, gegebenenfalls die Führung seines Amtes durch Ratschläge und Meinungsäußerungen erleichtern. Gerade in der Frage der mündelsicheren Anlegung wäre aber ein Rat wegen der Mannigfaltigkeit der Anlagemöglichkeiten unangebracht.

Von der Auszahlung der Hypothekenvaluta über die Wiederanlegung bis zur Hinterlegung der neu angeschafften Wertpapiere auf Sperrdepot hat der Vormund das Geld in seiner freien Verfügung. Das Gericht wird natürlich bestrebt sein, dieses gefährliche Interim so sehr wie möglich abzukürzen, und bei Verzögerung des Nachweises der Neuanlegung seine Zwangsbefugnisse zur Anwendung bringen. Kann sich der Vormund aus besonderen Gründen, z.B. weil die Kurse der mündelsicheren Papiere gerade unverhältnismäßig hoch sind, nicht alsbald zu einer dauernden Anlage entschließen, so ist ihm die vorläufige Einzahlung auf gesperrte Sparbücher aufzugeben.

Beendigung der Vormundschaft. Am 8. Mai 1972 werden die Akten wegen Volljährigkeit des Kurt vorgelegt. Verfügung des Rechtspflegers:

„1. Die Vormundschaft über *Kurt Hofmann* ist beendigt.

2. Nachricht dem Vormund mit Aufforderung, seine Bestallung zwecks Berichtigung einzureichen.

Sie werden ferner gebeten, über die Verwaltung des Vermögens des Mündels *Kurt* innerhalb von 3 Wochen eine mit Belegen versehene Schlußrechnung einzureichen.“

Vgl. §§ 1773, 1882, 1890f., 1893 II. Teil 1 der Verfügung hat nicht (wie bei Legitimation durch nachfolgende Ehe nach § 1883) konstitutive Bedeutung, sondern stellt lediglich die mit der Volljährigkeit des Mündels kraft Gesetzes eingetretene Rechtslage fest. Rückgabe und Berichtigung der Bestallung geschehen im vorliegenden Fall mehr der Ordnung wegen; denn die Bestallung enthält die Geburtstaten der Mündel, so daß die Beendigung des vormundschaftlichen Amtes aus ihr abgelesen und kein Mißbrauch mit ihr getrieben werden kann. Anders, wenn eine Vormundschaft ohne Erreichung des 21. Lebensjahrs (durch Volljährigkeitserklärung, Legitimation, Adoption, Aufhebung einer Entmündigung) endigt, oder wenn nur der Vormund entlassen wird, während die Vormundschaft weiterbesteht. Hier muß man nötigenfalls wieder mit den Zwangmitteln des § 33 FGG gegen den Vormund vorgehen, um ihn zur Rückgabe der Bestallung anzuhalten, es sei denn, daß er ihren Verlust glaubhaft macht.

Kann ein Dritter, mit dem der frühere Vormund unter Vorlegung der Bestallung namens des Mündels in rechtsgeschäftlichen Verkehr getreten ist, sich auf seinen guten Glauben berufen? Im Verkehr wird die Bestallung sowohl von Privatpersonen wie von Gerichten und anderen Behörden als vollgültiger Ausweis über die Vertretungsbefugnis des Vormunds behandelt. Dabei fehlt es für sie an einer den §§ 172/3 BGB entsprechenden Vorschrift. Wer also sich über die Vertretungsmacht eines Vormunds, Pflegers oder Beistandes zuverlässig vergewissern will, darf sich eigentlich nicht auf die Bestallung verlassen, sondern muß beim Vormundschaftsgericht anfragen. Weil die Bestallung keinen öffentlichen Glauben besitzt, findet ferner im Falle des Verlustes nicht ihre öffentliche Kraftloserklärung entsprechend § 176 statt. Mit diesen Unterschieden zwischen Bestallung und Vollmacht hängt es zusammen, daß auch § 174 unanwendbar ist: kündigt ein gesetzlicher Vertreter, so hat der Kündigungsempfänger kein Recht, die Kündigung wegen Nichtvorlegung der Bestallung zurückzuweisen. RG 74, 263.

Geht die Schlußrechnung ein, so prüft sie der Rechtspfleger rechnerisch und sachlich und lädt sodann Jaeckel und Kurt Hofmann zur Rechnungsabnahme vor:

„Die von dem Vormund am 19. Mai 1972 über das Vermögen des *Kurt Hofmann* gelegte Schlußrechnung mit Prüfungsbericht des Rechtspflegers vom 30. Mai 1972 lag vor und wurde mit den Erschienenen besprochen. *Kurt Hofmann* erklärte:

Ich erkenne an, daß mir die Schlußrechnung vollständig und richtig gelegt ist, und erteile dem Vormund Entlastung. Ich erkenne ferner an, mein Vermögen ausgehändigt erhalten zu haben.

Jaeckel erklärte: Ich nehme diese Erklärungen an.

Dem *Kurt Hofmann* wurden Entsperrbescheinigungen über............... ausgehändigt.

(Vorlesungs- und Genehmigungsvermerk, Unterschriften.)“

Die Abnahme der Schlußrechnung erfolgt durch den früheren Mündel, nicht durch das Gericht, welches vielmehr nur die Abnahme zu „vermitteln“ hat (§ 1892 II S. 1). Ergeben sich Streitpunkte, so entscheidet der Prozeßrichter. Lehnt also der Mündel die Entlastung ab und behauptet er Ansprüche aus der Vermögensverwaltung des Vormunds zu haben, so bleibt es dem Vormund überlassen, negative Feststellungsklage nach § 256 ZPO anzustrengen. Eine Klage auf Verurteilung zur Abgabe der Entlastungserklärung wäre unkorrekt, weil das BGB dem Vormund absichtlich keinen Rechtsanspruch auf Entlastungserklärung gewährt hat; das hindert nicht die freiwillige Abgabe einer solchen Erklärung durch den Mündel. RG 115, 368.

Gänzlich außerhalb des Bereichs der vormundschaftsgerichtlichen Tätigkeit liegt die Herausgabe des Vermögens an den Mündel (§ 1890 S. 1). Sie muß vom Mündel, wenn nötig, im Prozeßwege erzwungen werden. Hat der Mündel sein Vermögen bis zum Schlußtermin noch nicht ausgehändigt erhalten, so wird in der Abnahmeverhandlung festgestellt, ob es ihm wenigstens „nachgewiesen“ ist. Im übrigen hat das Gericht nur insofern mitzuwirken, als es die durch Beendigung der Vormundschaft gegenstandslos gewordene Sperrung der Sparbücher und Effektendepots des Kurt außer Kraft setzt. Manche Gerichte geben die Entsperrbescheinigung dem früheren Vormund, damit dieser abheben und die Vermögensstücke frei von jeder Sperre dem Mündel ausliefern kann: damit wird aber dem Vormund noch im letzten Augenblick Gelegenheit zur Veruntreuung gegeben. Deshalb verdient das hier angewandte Verfahren der Aushändigung an den Mündel selbst den Vorzug.

Ohne Einreichung der Schlußrechnung und ohne gerichtliche Vermittlung der Rechnungs-Abnahme wird die Vormundschaft abgeschlossen: 1. wenn Vormund und Mündel darauf verzichten, 2. wenn der Mündel vermögenslos ist. Das Gericht gibt dann dem volljährig Gewordenen von der Beendigung der Vormundschaft Kenntnis mit dem Bemerken, daß nach Angabe des Vormunds kein Vermögen für ihn verwaltet wurde. Beruhigt sich der Mündel dabei, so ist die Sache für das Gericht erledigt. Natürlich verbleiben dem Mündel seine Ansprüche an den Vormund auf Rechnungslegung, Herausgabe des Vermögens, gegebenenfalls auch auf Schadensersatz.

Annahme an Kindes Statt

Die Tänzerin Eva Holle hat im Jahre 1962 eine Tochter Ursula geboren. Als Vater wurde der Maler Stach in Anspruch genommen und zur Unterhaltszahlung verurteilt, doch fiel die Zwangsvollstreckung fruchtlos aus, so daß das Mädchen auf Kosten der Fürsorge im städtischen Kinderhort untergebracht werden mußte. Im Oktober 1970 meldet sich beim Vormundschaftsrichter der Gestütsverwalter Graf Falkenau aus Beverhusen und teilt mit, daß er Ursula Holle zu adoptieren beabsichtige. Er habe das Kind, als es 3 Jahre alt war, mit seiner Frau aus dem Kinderhort zu sich genommen und wie ein eigenes erzogen. Da er das Kind liebgewonnen habe, wolle er davor geschützt sein, daß die Mutter es eines Tages von ihm zurückfordere.

Der Richter: Haben Sie eheliche Kinder?

Falkenau: Nein.

Adoptio naturam imitatur. Das künstliche Eltern- und Kindesverhältnis wird vom Gesetz grundsätzlich nur beim Fehlen leiblicher Abkömmlinge zugelassen (§ 1741 S. 1 BGB). Das Gesetz sieht jedoch in § 1745 BGB eine Befreiung vom Erfordernis der Kinderlosigkeit vor, worüber das Amtsgericht entscheidet, das für die Bestätigung des Annahmevertrages zuständig ist (§§ 65, 66 FGG).

Richter: Ist Ihre Frau einverstanden?

Falkenau: Ja, wir wollen Ursula sogar als gemeinschaftliches Kind annehmen.

Gegen den Willen des Ehegatten könnte keine Adoption zustande kommen (§ 1746^{I}). Ist der Ehegatte des Annehmenden aus besonderen Gründen, beispielsweise wegen Geisteskrankheit, zur Abgabe einer Erklärung dauernd außerstande, so bedarf es ausnahmsweise nicht seiner Einwilligung (§ 1746). Annahme als gemeinschaftliches Kind eines Ehepaares: § 1749.

Richter: Ist auch die nichteheliche Mutter einverstanden?

Falkenau: Die hat sich seit Jahren nicht mehr sehen lassen.

Richter: Es werden Nachforschungen nach der Mutter angestellt werden müssen, damit man entweder ihre Zustimmung zur Adoption erlangt oder feststellt, daß sie unauffindbar ist.

Für die leiblichen Eltern des Adoptivkindes — einschließlich der nichtehelichen Mutter, nicht aber für den nichtehelichen Vater (vgl. § 1747a BGB) — gilt dasselbe wie für den Ehegatten des Annehmenden insofern, als sie für den Fall dauernder Verhinderung übergangen werden können (§§ 1747^{I} S. 2, 1746 II). Außerdem aber kann das Vormundschaftsgericht nach dem durch das FamRÄndG eingefügten § 1747^{III} BGB die Einwilligung der ehelichen Eltern oder der nichtehelichen Mutter auf Antrag ersetzen, wenn der Eingriff in das Elternrecht unter den Voraussetzungen dieser Vorschrift erforderlich ist, um eine bereits eingetretene oder drohende Gefahr für die Entwicklung des Kindes abzuwenden; nach BVerfGE 24, 119 ist die Vorschrift mit dem Grundgesetz vereinbar. Insofern besteht jetzt eine gewisse Übereinstimmung mit der Ehelicherklärung, mit der sie sonst manche Ähnlichkeiten besitzt. Die Ehelicherklärung beruht auf einem bereits vorhandenen natürlichen Band zwischen pater legitimans und legitimandus und ist gerade auf solche Fälle berechnet, in denen der Vater die Mutter des Kindes nicht heiraten kann (weil er bereits verheiratet ist) oder mit gutem Grund nicht heiraten will: deshalb sieht dort das Gesetz die Ersetzung der Einwilligung der nichtehelichen Mutter durch das Gericht im Interesse des Kindes unter weniger strengen Voraussetzungen als § 1747^{III} BGB vor (§ 1727^{I}). — Da nichteheliche Mütter bisweilen an die Adoptionslustigen erpresserische Forderungen für die Gewährung ihrer Einwilligung stellen und auch die Erziehung des Kindes durch die Adoptiveltern stören könnten, sucht man den Namen des Annehmenden vor ihnen geheim zu halten. Eine Blanko-Zustimmung der Mutter ist unzulässig; dagegen genügt es, wenn sie in ihrer Erklärung den Annehmenden nicht mit seinem Namen, sondern nach anderen objektiv nachprüfbaren Merkmalen bezeichnet, z.B. nach der Nummer, unter welcher er in der Liste einer Adoptionsvermittlungsstelle geführt wird (sog. Inkognitoadoption; RG 121, 37; BGHZ 2, 287; dazu Machleid, zur Nieden, JZ 1959, 145, 401; Guggumos, NJW 1958, 2121).

Falkenau: Kann der nichteheliche Vater keine Schwierigkeiten machen?

Richter: Es ist richtig, daß Stach auf Grund der Verurteilung im Jahre 1962 zur Unterhaltszahlung nach § 1708 BGB a.F. als nichtehelicher Vater im Sinne des § 1600a BGB anzusehen ist, solange die Vaterschaft nicht mit Erfolg angefochten ist (Art. 12 § 3 NichtehelG). Seine Einwilligung zur Kindesannahme ist aber nicht erforderlich; allenfalls kann er vor der vormundschaftsgerichtlichen Genehmigung der Kindesannahme gehört werden (§ 1747a BGB). Wenn er das Kind zu seinem ehelichen machen wollte, hätte er es legitimieren oder selbst adoptieren müssen. — Wie alt sind Sie und Ihre Frau?

Falkenau: Ich bin 42, meine Frau ist 33 Jahre alt.

Richter: Wie lange sind Sie verheiratet?

Falkenau: Seit 9 Jahren.

Richter: Nach dem Gesetz sollen die Adoptiveltern eigentlich 35 Jahre alt sein, jedoch kann Ihrer Frau Befreiung bewilligt werden. Diese muß sie sich beim Amtsgericht ihres Wohnsitzes verschaffen.

Vgl. §§ 1744 S. 1, 1745, 1745b BGB, §§ 68b, 68c FGG. Es entscheidet das für die Bestätigung des Annahmevertrages nach § 66 FGG zuständige Amtsgericht.

Altersdispens. Adoptionsvertrag und vormundschaftsgerichtliche Genehmigung. Bestätigung. Abgesehen vom eigentlichen Adoptionsvertrag und den Einwilligungserklärungen der Eltern und Ehegatten, welche notarieller Beurkundung bedürfen (§§ 1750, 1748^{III}), kommen in unserem Fall drei verschiedene gerichtliche Tätigkeiten in Betracht: Altersdispens, vormundschaftsgerichtliche Genehmigung und Bestätigung. Sind die Vertragschließenden voll geschäftsfähig und die gesetzlichen Alterserfordernisse des 35. Lebensjahrs erfüllt, so muß das Gericht zwar ebenfalls bestätigen, außerdem aber noch vom Erfordernis der Minderjährigkeit des Anzunehmenden befreien (§§ 1744 S. 3, 1745, 1745c BGB, § 68b FGG).

Der Altersdispens nach §§ 1745, 1745b BGB ist kein Gnadenakt, sondern ein Rechtspflegeakt der freiwilligen Gerichtsbarkeit. Der Nachweis voraussichtlicher Kinderlosigkeit kann nicht gefordert werden, sondern es ist entsprechend § 1745a BGB zu prüfen, ob der Annahme überwiegende Interessen etwa noch zu erwartender leiblicher Abkömmlinge entgegenstehen und ob eine Gefährdung der Interessen des Anzunehmenden durch noch zu erwartende Nachkommenschaft zu besorgen ist (Jansen, FGG, 2. Aufl. § 68b Rdn. 3). Vor der Bewilligung stellt man im Hinblick auf Art. 22^{I} EGBGB und die internationale Zuständigkeit der deutschen Gerichte (dazu Jansen, a.a.O. § 66 Rdn. 8ff.) die Staatsangehörigkeit des Annehmenden durch polizeiliches Staatsangehörigkeitszeugnis, Aufnahmeurkunde des Regierungspräsidenten oder dgl. fest. Auch die Staatsangehörigkeit des Kindes muß auf gleiche

Art nachgewiesen werden: denn Adoption ist nach deutschem Recht kein Grund für den Erwerb der Staatsangehörigkeit (§ 3 RuStAG), wenn auch die Einbürgerung durch § 13 RuStAG erleichtert wird. Jedoch ist die Staatsangehörigkeitsverschiedenheit kein Grund zur Versagung der Bestätigung.

Um den Annahmevertrag mit dem städtischen Jugendamt abzuschließen, zu dessen Wirkungskreis als Pfleger nach § 1706 Nr. 1 BGB diese Angelegenheit gehört, muß das Ehepaar Falkenau nach Lichterfelde kommen, weil § 1750 BGB die gleichzeitige Anwesenheit beider Vertragsteile vorschreibt. Der Annahmevertrag kann nach § 1751a BGB zwar auch durch einen Vertreter geschlossen werden, jedoch bedarf es dann einer besonderen notariell beurkundeten Vollmacht. Früher bat man oft den Vormundschaftsrichter um die Beurkundung des Vertrages. Diese Form des Abschlusses bot den Vorteil, daß im Protokoll zugleich die Erteilung der vormundschaftsgerichtlichen Genehmigung und ihr Wirksamwerden (§§ 1828, 1829 BGB) mit beurkundet werden konnten. Dieser Weg ist seit dem Inkrafttreten des BeurkG (1. Jaunar 1970) nicht mehr gangbar, weil die Gerichte zur Beurkundung des Annahmevertrages nicht mehr zuständig sind. Die Beteiligten begeben sich daher zum Notar, der im Auftrage des Jugendamts dem Vormundschaftsgericht nachstehende Verhandlung zur Erteilung der vormundschaftsgerichtlichen Genehmigung (§ 1751^{I} BGB) einreicht:

„Urkundenrolle Nr. 598 für 1970

Verhandelt in Lichterfelde, den 28. November 1970.

Vor dem unterzeichneten Notar im Bezirk des Kammergerichts zu Berlin

Justus Siegel

erscheinen:

1. der Gestütsverwalter *Ottokar Graf Falkenau* aus Beverhusen, Kreis Burgstädt,
2. dessen Ehefrau *Luise* geborene *Detering* ebendaher,
3. der Stadtamtmann *Wilhelm Schutz* aus Lichterfelde."

Wäre Ursula Holle bereits 14 Jahre alt, so hätte sie zum Vertrag selbst zugezogen werden müssen; die Adoption wäre dann von ihr mit Zustimmung des Pflegers und Genehmigung des Vormundschaftsgerichts abgeschlossen worden (§ 1751^{II}). Auch sonst begründet die Vollendung des 14. Lebensjahres auf familien- und personenrechtlichem Gebiet eine gewisse Geschäftsfähigkeit: Entscheidungsbefugnis für Religionswechsel (S. 124), selbständiges Beschwerderecht gegen Entscheidungen des Vormundschaftsgerichts in den die Person betreffenden Angelegenheiten (§ 59 FGG) und in Fürsorgeerziehungssachen (§ 67^{II} JWG).

„Die Persönlichkeiten der Erschienenen zu 1) und 2) wurde durch ... zur Gewißheit des Notars festgestellt. Herr Stadtamtmann Schutz ist dem Notar als Mitglied des städischen Jugendamts bekannt. Als solcher vertritt er die am 10. Juli 1962 geborene *Ursula Holle*, außereheliche Tochter der Tänzerin *Eva Holle*, welche unter der gesetzlichen Amtspflegschaft des Jugendamts steht.

Die Erschienenen, und zwar Herr Stadtamtmann *Schutz* namens der *Ursula Holle* schließen folgenden

Annahmevertrag:

Die Erschienenen zu 1 und 2, *Ottokar Graf Falkenau* und dessen Ehefrau *Luise* geborene *Detering* nehmen mit gegenseitiger Einwilligung *Ursula Holle* als gemeinschaftliches Kind an Kindes Statt an.

Die Kosten dieses Vertrages übernehmen die Eheleute Graf *Falkenau*.

Herr Stadtamtmann *Schutz* beantragt als gesetzlicher Amtspfleger von *Ursula Holle* die vormundschaftsgerichtliche Genehmigung des geschlossenen Annahmevertrags.

Hierauf ist die Verhandlung vorgelesen, von den Beteiligten genehmigt und eigenhändig, wie folgt, unterschrieben worden:

Ottokar Graf Falkenau. Luise Gräfin Falkenau, geb. *Detering. Wilhelm Schutz.*

Justus Siegel, Notar"

Bei der Entscheidung über die Genehmigung ist das Wohl des Mündels maßgebend. Aus dem Bericht des Jugendamts (§ 48a^{I} Nr. 10 JWG) und den sonstigen vom Vormundschaftsgericht nach § 12 FGG angestellten Ermittlungen geht hervor, daß das Kind an den Adoptierenden hängt und sie für seine richtigen Eltern hält, daß auch den Adoptiveltern durch die Adoption keinerlei Vermögensvorteile erwachsen. Sowohl das Ehepaar Graf Falkenau wie das Kind sind evangelisch; es besteht also nicht die Gefahr, daß etwa die Annehmenden das ihnen nach erfolgter Adoption mit der elterlichen Gewalt zustehende Religionsbestimmungsrecht (§ 2 des Ges. über die religiöse Kindererziehung vom 15. Juli 1921, RGBl. 939) dazu benutzen könnten, das Kind einem anderen Glauben zuzuführen. Von der Anhörung des nichtehelichen Vaters sieht das Vormundschaftsgericht ab, weil er sich noch nie um das Kind gekümmert hat (§ 1747a^{III} BGB). Die vormundschaftsgerichtliche Genehmigung erteilt der Rechtspfleger (§ 3 Nr. 2 Buchst. a RechtspflG).

Nachdem der Amtspfleger die Erteilung der Genehmigung den Annehmenden mitgeteilt hat (§ 1829^{I} S. 2), steht jetzt noch die Bestätigung des Annahmevertrages (§§ 1741 S. 2, 1754 BGB, §§ 65 ff. FGG) und die Befreiung der annehmenden Ehefrau vom Alterserfordernis aus; das erfolgt durch das für den Wohnsitz der Annehmenden zuständige Amtsgericht. Das ist keine Verrichtung des Vormundschaftsgerichts. Während bei der Befreiung vom Alterserfordernis Zweckmäßigkeitserwägungen, bei der vormundschaftsgerichtlichen Genehmigung das Wohl des Kindes maßgebend waren, muß die Bestätigung erteilt werden, wenn keine gesetzlichen Versagungsgründe vorliegen (§ 1754^{II}). Die Prüfung des Gerichts ist aber nicht lediglich auf die Wahrung der Förmlichkeiten beschränkt (§ 1754^{II} Nr. 1), sondern es stellt auch eine sachliche Prüfung darüber an, ob die Herstellung eines Familienbandes zwischen den Vertragschließenden ernsthaft gewollt ist (§ 1754^{II} S. 1 Nr. 2). Typisch sind z. B. die Namensadoptionen, bei denen die Vertragsteile gar nicht beabsichtigen, ein Eltern- und Kindesverhältnis mit den daraus folgenden Rechten und Pflichten zu begründen, vielmehr das Adoptivkind lediglich den klangvollen Namen des Annehmenden erstrebt und dieser sich dafür bezahlen läßt. Gelangt das Bestätigungsgericht, das gegebenenfalls Ermittlungen nach § 12 FGG anstellen kann, zu der Überzeugung, daß ein solcher verdeckter Namenskauf vorliegt, so lehnt er die Bestätigung ab.

Wird ein Volljähriger adoptiert, so fällt von den gesetzlichen Wirkungen der Annahme (§§ 1757 ff. BGB) die elterliche Gewalt des Annehmenden fort. Erb- und Pflichtteilsrecht des Kindes können vertraglich ausgeschlossen werden (§ 1767^{I}). Ein gesetzliches Erbrecht des Annehmenden gibt es schon nach § 1759 nicht. Die gegenseitige Unterhaltspflicht (§ 1757 mit § 1601) kann nach den Vermögensverhältnissen der Vertragschließenden im Einzelfall bedeutungslos sein oder durch Sicherstellung von Renten ungefährlich gemacht werden. Dann bleibt als einzige Rechtsfolge das Namensrecht übrig. Der Umstand, daß gerade auf die Namensübertragung Wert gelegt wird, steht jedoch der Annahme einer lauteren Absicht nicht schlechthin entgegen, wenn etwa der Name des Annehmenden vor dem Aussterben bewahrt werden soll (RG 147, 220). Andererseits macht die Leistung einer Vergütung an den Annehmenden das Geschäft nicht ohne weiteres anstößig, wenn bei der Annahme mittelloser Kinder dadurch ein teilweiser Ausgleich für die mit der Adoption verbundene Unterhaltslast gewährt werden soll und im übrigen ein wirkliches Eltern- und Kindesverhältnis bezweckt ist. Erst ein Zusammentreffen beider Umstände wird begründete Zweifel im Sinne des § 1754^{II} S. 1 Nr. 2 erwecken.

Die Bestätigung heilt alle Formmängel (§ 1756^I^), von sachlichen Mängeln nur die in § 1756^II^ genannten und die Nichtbeachtung der Sperrfrist des § 1747^II^ BGB. Sie enthält also keine rechtskraftfähige oder gar wie eine Personenstandsentscheidung (§§ 636a, 640h, 641k ZPO) für und gegen alle wirkende Feststellung, daß der Adoptionsvertrag wirksam ist. Eine solche Folgerung würde der Vertragsnatur der Kindesannahme widerstreiten. Auch nach der Bestätigung könnte also die Nichtigkeit des Vertrages, etwa wegen Verstoßes gegen die guten Sitten (§ 138 BGB) von den Parteien oder Dritten (z.B. den Verwandten des Annehmenden, die dem Adoptivkind den Familiennamen streitig machen) im Prozeßweg geltend gemacht werden. Auch der Standesbeamte ist befugt, bevor er nach § 30 PStG die Beischreibung eines Randvermerks auf der Geburtsurkunde des Kindes vornimmt, die Wirksamkeit des Vertrages selbständig zu prüfen (Beitzke, FamRZ 1956, 172; ders., StAZ 1968, 19 und 215 zu VI; einschränkend Baur, FamRZ 1957, 124; 1959, 78; BGH FamRZ 1957, 122). Lehnt der Standesbeamte die Eintragung ab, so kann er auf Antrag eines Beteiligten in dem Verfahren nach § 45 PStG durch das nach § 50 PStG zuständige Amtsgericht — das nicht das Bestätigungsgericht oder das Vormundschaftsgericht zu sein braucht — dazu angehalten werden, auch kann er nach § 45 Abs. 2 PStG bei Zweifeln selbst die Entscheidung des Amtsgerichts herbeiführen (vgl. Jansen, FGG, Erl. zu § 45 PStG und Vorbem. vor § 65 Rdn. 39.

In unserem Fall bestehen keine Bedenken. Dagegen muß das bestätigende Gericht prüfen, ob bezüglich der Mutter Eva Holle, deren Einwilligung nicht beigebracht wurde, die Voraussetzungen des § 1746^II^ nachgewiesen sind. Nach Anstellung von Ermittlungen (§ 12 FGG) ergeht der Bestätigungsbeschluß, den der Rechtspfleger erläßt, da seit dem 1. Juli 1970 ein Richtervorbehalt nur noch für die Befreiung vom Erfordernis der Kinderlosigkeit besteht (§ 3 Nr. 2 Buchst. b, § 15 RechtspflG):

„Das Amtsgericht. Burgstädt, den 20. Dezember 1970
Geschäftsnummer: 1 II 31/70.

Der zwischen dem Gestütsverwalter *Ottokar Grafen Falkenau* und seiner Ehefrau *Luise* geb. *Detering*, beide in Beverhusen, Kreis Burgstädt, als Annehmenden und der am 10. Juli 1962 zu Berlin geborenen *Ursula Holle*, nichtehelichen Tochter der Tänzerin *Eva Holle*, früher in Berlin, jetzt unbekannten Aufenthalts, vertreten durch das städtische Jugendamt in Berlin-Steglitz geschlossene Annahmevertrag vom 28. November 1970 (Urk.-Rolle Nr. 598/70 des Notars Justus Siegel in Berlin) über die Annahme der *Ursula Holle* an Kindes Statt als gemeinschaftliches Kind der Eheleute *Graf Falkenau* wird gemäß §§ 1741 S. 2, 1754 BGB, 66 FGG gerichtlich bestätigt. Zugleich wird der annehmenden Ehefrau gemäß § 1745 BGB Befreiung vom Alterserfordernis des § 1744 S. 1 BGB erteilt.

Pfleger,
Justizinspektor als Rechtspfleger"

Wirkungen der Annahme. Das Kindesannahmeverhältnis tritt mit der Bestätigung des Annahmevertrages in Kraft (§ 1754^I^ S. 1 BGB); der Bestätigungsbeschluß wiederum wird wirksam mit der Bekanntmachung an das annehmende Ehepaar (§ 67^I^ FGG). Ursula hat alsdann die Stellung eines gemeinschaftlichen ehelichen Kindes der Annehmenden erlangt und ist unter die elterliche Gewalt ihrer Adoptiveltern getreten (§ 1757 BGB). Die Pflegschaft hat damit ihr Ende gefunden. Eine etwaige Schlußrechnung des Jugendamts wird von den Adoptiveltern als nunmehrigen gesetzlichen Vertretern des Kindes abgenommen. Nach § 1760 haben die Adoptiveltern ein Inventar einzureichen, doch gehört diese Angelegenheit bereits zur Zuständigkeit des Amtsgerichts Burgstädt, da das Kind den Wohnsitz der Adoptiveltern teilt (§§ 11 BGB, 43, 36 FGG).

Das Kind erhält den Familiennamen des Annehmenden (§ 1758^I, III^ BGB). Seit Art. 109^III^ S. 2 RVerf gilt der Adel nur als Teil des Namens, wobei aber die Adelsprädikate „Graf", „Freiherr" usw. nicht starr und unveränderlich sind, sondern gemäß den Regeln der deutschen Sprache dekliniert werden und bei Frauen die weibliche Form erhalten, RG 113, 107. Mithin heißt das Kind jetzt „Ursula Gräfin Falkenau". Nach § 1758^{II} BGB darf es sich auch „Ursula Gräfin Falkenau-Holle" nennen. Vgl. dazu RG 109, 243.

Kann Stach noch auf Unterhaltszahlung in Anspruch genommen werden? Grundsätzlich bleiben Adoptivkinder und ihre nach der Annahme geborenen Abkömmlinge (§ 1762),unbeschadet der neuen verwandtschaftlichen Beziehungen zu den Adoptiveltern, auch in ihrem alten Familienkreise mit den daraus folgenden Erb- und Unterhaltsrechten und -Pflichten (§ 1764). Nach ausdrücklicher Bestimmung des § 1766 haften jedoch die Annehmenden dem Kind vor seinen leiblichen Verwandten auf Unterhalt. Seit der Aufhebung des § 1589 ^{II} BGB durch Art. 1 Nr. 3 NichtehelG gilt diese Bestimmung auch zugunsten des nichtehelichen Vaters.

Anfechtung der Adoption. Im Jahre 1971 taucht Eva Holle wieder auf, verlangt von den Adoptiveltern für ihre nachträgliche Zustimmung zur Adoption 1000 DM und ruft, als die Forderung abgelehnt wird, die Hilfe des Vormundschaftsgerichts an:

„Ausweislich der beiliegenden Bescheinigungen habe ich zur Zeit der gerichtlichen Bestätigung des Annahmevertrages in Berlin-Charlottenburg, Droysenstraße 48 bei *Klupsch* gewohnt und war polizeilich gemeldet. Wenn das Gericht damals auf Anfrage vom Einwohnermeldeamt die Auskunft erhalten hat, ich sei nicht gemeldet und unauffindbar, so beruhte das auf einem Versehen. Es ist also zu Unrecht angenommen worden, daß mein Aufenthalt dauernd unbekannt sei, und es fehlte der Adoption eine wesentliche Grundlage, nämlich meine Zustimmung, so daß mir gemäß §§ 1705 S. 2, 1631, 1632 BGB nach wie vor das Recht und die Pflicht zustehen, für die Person meines Kindes zu sorgen, seinen Aufenthalt zu bestimmen und die Herausgabe von den angeblichen Adoptiveltern zu verlangen."

Dieses Vorbringen wird dem Vormundschaftsrichter keinen Anlaß zum Einschreiten geben, obwohl er trotz der Bestätigung nicht gehindert wäre, die Unwirksamkeit des Annahmevertrages und das Fortbestehen der gesetzlichen Amtspflegschaft nach § 1706 BGB festzustellen. Auch durch eine Klage gegen die Adoptiveltern wird Eva Holle nichts erreichen, wenn sie nicht andere Mängel des Annahmevertrages anführen kann. Denn gerade die Übergehung der Mutter wird durch die Bestätigung geheilt (§§ 1747, 1756^{II}). Die irrige Annahme des Todes einer Person, deren Einwilligung nach den §§ 1746, 1747 erforderlich ist, wird allerdings durch § 1756^{II} nicht gedeckt (KG, DNotZ 1953, 418). Ein Rechtsmittel gegen den Bestätigungsbeschluß steht der Mutter nach § 67^{III} FGG gleichfalls nicht zu (vgl. zu dieser durch die Übertragung auf den Rechtspfleger zweifelhaft gewordenen Frage Jansen, FGG, 2. Aufl. § 67 Rdn. 13).

Über die Herausgabeklage der nichtehelichen Mutter gegen die Adoptiveltern wird im ordentlichen Streitverfahren entschieden; § 1632^{II} BGB dürfte nicht entsprechend anwendbar sein (vgl. BGHZ 40, 1). Die Klage setzt nicht voraus, daß vorher über das durch den Annahmevertrag begründete Eltern- und Kindesverhältnis und das Bestehen der elterlichen Gewalt ein Statusprozeß (§ 640^{II} Nr. 1, 4 ZPO) zwischen Ursula und ihren Adoptiveltern geführt worden ist. Das in einem solchen Rechtsstreit ergehende Urteil würde übrigens nach § 640h S. 2 ZPO gegenüber der nichtehelichen Mutter nur wirken, wenn sie an dem Rechtsstreit teilgenommen hat; die frühere gegenteilige Rechtsprechung (RGZ 102, 358; 122, 24) ist durch die veränderte Rechtsstellung der nichtehelichen Mutter überholt. — § 1755 BGB setzt die Anfechtbarkeit des Annahmevertrages oder einer dazu erteilten Einwilligung nach den allgemeinen Vorschriften voraus und unterwirft die Anfechtung wegen ihres höchstpersönlichen Charakters bestimmten Anforderungen. Obwohl die Adoption ein enges Familienband schafft, das man hinsichtlich seiner Auflösbarkeit nicht mit einem Kauf- oder Mietvertrage auf eine Stufe stellen sollte, wird die Anfechtung wegen Willensmängeln auch nach der gerichtlichen Bestätigung zugelassen, z.B. wegen Eigenschaftsirrtums (§ 119^{II}), etwa wenn sich später erhebliche Anlagemängel des Kindes herausstellen (RGZ 147, 310, dazu Süß, JW 1935, 3033 RGZ 152, 228; 155, 348; RG JW 1938, 376; OLG Hamburg, MDR 1956, 295). Diese rückwirkende

Vernichtung des Vertrages (§ 142^I) führt zu einem Zwiespalt zwischen Recht und Wirklichkeit, der nicht unbedenklich ist; kritisch Larenz, ZAkDR 1939, 11; Machleid, FamRZ 1956, 361.

Der Mutter steht jedoch ein anderer Rechtsbehelf zur Verfügung. Nach § 1770b BGB hat das Vormundschaftsgericht durch eine rechtsgestaltende Entscheidung das Annahmeverhältnis während der Minderjährigkeit des Kindes auf Antrag des übergangenen Elternteils, ohne dessen Einwilligung das Kind an Kindes Statt angenommen worden ist, aufzuheben, gleichgültig, ob der Tatbestand des § 1746^II mit Recht oder zu Unrecht angenommen worden ist. Das Verfahren regelt § 56d FGG. Das Antragsrecht ist allerdings davon abhängig, daß die Mutter das Kind nicht im Stich gelassen hat (§ 1770b^II S. 2 Halbs. 2); auch sachlich kann der Antrag nach § 1970b^I S. 2 nur Erfolg haben, wenn das Wohl des Kindes durch die Aufhebung des Annahmeverhältnisses nicht erheblich gefährdet würde. Dieser Tatbestand wird häufig vorliegen, wenn Mutter und Kind inzwischen entfremdet sind und das Kind bei den Adoptiveltern eine Heimstatt gefunden hat, deren Aufgabe mit einer seelischen Schädigung verbunden wäre.

Eine vertragliche Aufhebung des durch die Kindesannahme begründeten Rechtsverhältnisses mit Wirkung für die Zukunft ist in § 1768 BGB vorgesehen. Die Möglichkeit einer gerichtlichen Aufhebung des Annahmeverhältnisses aus Gründen des Kindeswohls durch Entscheidung des Vormundschaftsgerichts eröffnet § 1770a BGB mit § 56d FGG. Dieses Verfahren wird (anders § 1770b) von Amts wegen eingeleitet, sobald das Vormundschaftsgericht von Tatsachen Kenntnis erlangt, welche die Aufhebung rechtfertigen können. Anregungen dazu können vom Jugendamt, dem Kinde, den leiblichen Eltern oder einer beliebigen anderen Person oder Stelle ausgehen, auch von dem Annehmenden. Vorausgesetzt wird, daß das Kind noch minderjährig und die Aufhebung aus schwerwiegenden Gründen zum Wohl des Kindes erforderlich ist; dazu KG FamRZ 1961, 85; BayObLGZ 1968, 142; Dölle FamR § 115 VI 2; Jansen, FGG, 2. Aufl. § 56d Rdn. 3. Beachte ferner § 1765^II BGB.

Regelung der elterlichen Gewalt bei Eheauflösung und Getrenntleben*)
Religiöse Kindererziehung

„Landgericht, 11. Zivilkammer. Berlin, den 26. Oktober 1970
Geschäftsnummer: 11 R 95/70.

An das Amtsgericht — Vormundschaftsgericht — Lichterfelde.

In Sachen des Ingenieurs

Peter Hornig in Lichterfelde, Breite Str. 25, Klägers und Widerbeklagten,
Prozeßbevollmächtiger: RA. *Schwarz* in Lichterfelde,
gegen seine Ehefrau *Gertrud Hornig* geb. *Berndt* in Lichterfelde, Kreuzstraße 60,
Beklagte und Widerklägerin,
Prozeßbevollmächtigter: RA. *Weiss* in Lichterfelde,
wegen Ehescheidung

wird mitgeteilt, daß die Ehe der Parteien durch Urteil vom 9. Juli, rechtskräftig geworden am 18. Oktober 1970, unter Abweisung der Klage auf die Widerklage geschieden worden ist. Der Kläger und Widerbeklagte trägt die alleinige Schuld an der Scheidung. Eine Ausfertigung des Urteils wird beigefügt. Aus der Ehe sind drei minderjährige Kinder hervorgegangen.

Urkund
Justizsekretär."

Schon während des Ehescheidungsrechtsstreits wird sich wegen der Uneinigkeit und der Trennung der Eltern häufig die Notwendigkeit ergeben, die Verhältnisse der Kinder zu regeln. § 627 ZPO gibt dem Prozeßgericht die Befugnis, auf Antrag für die Dauer des Rechtsstreits durch eine einstweilige Anordnung über die Ausübung der Sorge für die Person der gemeinschaftlichen minderjährigen Kinder Bestimmung zu treffen, also die tatsächliche Sorge — nicht auch die gesetzliche Vertretung in den

*) Schrifttum: Schwoerer, FamRZ 1958, 433; Müller-Freienfels, JZ 1959, 339, 396; Riedel, Das Recht der Kinder aus geschiedenen Ehen, 1960.

persönlichen Angelegenheiten — auf einen der Ehegatten allein zu übertragen und den persönlichen Verkehr des anderen Elternteils mit dem Kinde zu regeln. Anordnungen dieser Art bleiben gemäß § 627a ZPO im Falle der Scheidung oder Aufhebung der Ehe so lange wirksam, bis das Vormundschaftsgericht eine andere Anordnung getroffen hat. Unbeschadet dieser Zuständigkeit des Prozeßgerichts bleibt aber auch während des Scheidungsrechtsstreits die sachliche Zuständigkeit des Vormundschaftsgerichts bestehen, über Meinungsverschiedenheiten der Eltern über den Aufenthalt des Kindes zu entscheiden oder Anordnungen nach den §§ 1632^{II}, 1634, 1666, 1672 BGB zu treffen. Die Zuständigkeit des Vormundschaftsgerichts ist sogar die primäre und umfassendere; es kann unabhängig von einer bereits ergangenen einstweiligen Regelung des Prozeßgerichts eine andere Anordnung erlassen (KG FamRZ 1958, 230; OLG Karlsruhe, FamRZ 1959, 68; Habscheid, FamRZ 1960, 319 zu VI 6).

Nach der Scheidung der Ehe und der damit verbundenen Beendigung der ehelichen Lebensgemeinschaft kann die elterliche Gewalt nicht mehr von beiden Eltern gemeinsam ausgeübt werden. Das BGB beließ auch in diesem Fall die Sorge für das Vermögen und die Vertretung des Kindes in den die Sorge für die Person und das Vermögen betreffenden Angelegenheiten stets beim Vater (§ 1635^{II} a.F.). Nur die tatsächliche Sorge für die Person wurde durch die Scheidung berührt. Sie stand bei Alleinschuld des einen dem anderen Ehegatten zu, während bei beiderseitigem Verschulden Söhne unter 6 Jahren und Töchter zur Mutter, Söhne über 6 Jahren zum Vater kamen. Jedoch konnte das Vormundschaftsgericht eine abweichende Anordnung treffen, wenn dies aus besonderen Gründen im Interesse des Kindes geboten war (§ 1635^{I} a.F.). Das Ehegesetz 1938 sah in § 81 von dieser schematischen Regelung ab und machte es dem Vormundschaftsgericht zur Pflicht, von Amts wegen in jedem Einzelfall eine an dem Wohl des Kindes ausgerichtete Entscheidung über die Personensorge einschließlich der gesetzlichen Vertretung zu treffen; dabei wurde auch der Scheidungsschuld Bedeutung beigemessen. Das Ehegesetz 1946 behielt diese Regelung in § 74 grundsätzlich bei, ergänzte sie aber durch die Berücksichtigung einer Einigung der Eltern, die dem Vormundschaftsgericht zur Billigung vorzulegen war. Das Gleichberechtigungsgesetz hat die Vorschrift als § 1671 wieder in das BGB eingefügt. Hiernach ist grundsätzlich die gesamte elterliche Gewalt einem Elternteil allein zuzuweisen, also die Personensorge und die Vermögenssorge einschließlich der gesetzlichen Vertretung. Ausnahmsweise kann, wenn das Wohl des Kindes es erfordert, die elterliche Gewalt in der Weise aufgeteilt werden, daß ein Elternteil die Sorge für die Person, der andere die für das Vermögen erhält, (KG FamRZ 1962, 432), z.B. wenn die Mutter zwar zur Betreuung des Kindes geeignet, zur Vermögensverwaltung aber zu unerfahren ist (§ 1671^{IV}). Dagegen ist eine Trennung der tatsächlichen Sorge von der Vertretung oder eine Aufspaltung der Personensorge oder der Vermögenssorge nach Sachgebieten unstatthaft.

Auch eine zeitliche Aufteilung des Sorgerechts in der Weise, daß es zunächst dem einen, von einem bestimmten Lebensalter des Kindes an dem anderen Elternteil zusteht, ist im Hinblick auf die Kontinuität der Erziehung nicht statthaft (BGH NJW 1952, 1254; KG FamRZ 1957, 176; BayObLG FamRZ 1962, 165 zu IV 2; OLG Frankfurt FamRZ 1962, 171). Der berechtigte Elternteil kann aber dem anderen die Ausübung des Erziehungsrechts widerruflich überlassen (RG JW 1938, 1262).

Oberste Richtschnur für die Entscheidung ist das Wohl des Kindes. Daneben räumt das Gesetz auch einem gemeinsamen Vorschlag der Eltern sowie der Scheidungsschuld Einfluß auf die Entscheidung ein. In der Erwartung, daß die Eltern die aus der Eheauflösung dem Kinde drohenden Schäden nach Möglichkeit zu verhüten bestrebt sein und den dazu geeigneten Weg selbst am ehesten finden werden (BGHZ 1, 216), sowie dem Grundrecht des elterlichen Erziehungsprimats (Art. 6 II GG) Rechnung tragend, bestimmt § 1671 II, daß das Vormundschaftsgericht von einem gemeinsamen Vorschlag der Eltern nur abweichen soll, wenn dies zum Wohl des Kindes erforderlich ist. Es kann sein, daß die Eltern unabhängig von einander dem Gericht übereinstimmende Vorschläge machen oder daß der eine dem von dem andern dem Gericht gegenüber gemachten Vorschlag zustimmt. Die Eltern können aber den Vorschlag auch zum Gegenstand einer Einigung machen, z.B. in einem Vergleich vor dem Scheidungsgericht. Dann sind sie an ihre Vereinbarung, vorbehaltlich der Billigung des Vormundschaftsgerichts, gebunden, können also nicht einseitig widerrufen, sondern allenfalls wegen Willensmangels (§§ 119, 123) anfechten (KG FamRZ 1959, 508; 1960, 163; BGHZ 33, 54). Ein Abweichen von dem elterlichen Vorschlag ist zum Wohl des Kindes erforderlich, wenn triftige, das Wohl des Kindes nachhaltig berührende Gründe vorliegen und wenn andernfalls eine ungünstige Entwicklung des Kindes zu besorgen wäre, wenn auch nicht gerade eine Gefährdung seines geistigen oder leiblichen Wohls oder seines Vermögens (KG FamRZ 1958, 423; 1959, 508).

Wenn die Eltern innerhalb einer Frist von zwei Monaten nach der Rechtskraft des Scheidungsurteils keinen Vorschlag gemacht haben, entscheidet das Vormundschaftsgericht selbständig (§ 1671 III S. 1). Diese Frist ist keine Ausschlußfrist (str.), sondern bedeutet nur, daß das Vormundschaftsgericht die Frist abwarten muß, bevor es entscheidet. Es hat aber einen nach Fristablauf eingegangenen Vorschlag ebenso zu berücksichtigen wie einen rechtzeitigen (Schwoerer, FamRZ 1958, 433 zu B II 2; BayObLG NJW 1963, 589; BGHZ 44, 220).

Wird ein gemeinsamer Vorschlag nicht gemacht oder billigt das Vormundschaftsgericht ihn nicht, so trifft es die Regelung, die unter Berücksichtigung der gesamten Verhältnisse dem Wohl des Kindes am besten entspricht (§ 1671 III S. 1). Hierbei gewinnt auch die Scheidungsschuld Bedeutung. Dem alleinschuldigen Elternteil darf die elterliche Gewalt nur aus schwerwiegenden Gründen übertragen werden (§ 1671 III S. 2); ein überwiegendes Mitverschulden bleibt außer Betracht (anders noch § 74 EheG). Maßgebend ist für das Vormundschaftsgericht der Schuldausspruch des Scheidungsurteils, den es — ein Fall von Tatbestandswirkung — nicht nachprüft (BGHZ 3, 52), wenn es auch den Vorgängen, die zur Scheidung geführt haben, Anhaltspunkte für die erzieherische Eignung der Eletrn entnehmen kann. Diese Verknüpfung von Scheidungsschuld und Erziehungsrecht beruht nicht auf der Annahme geringerer erzieherischer Eignung des schuldigen Elternteils, denn beides liegt auf verschiedener Ebene (Schwoerer, FamRZ 1954, 120; 1958, 439; NJW 1957, 1594), sondern beruht auf dem Gedanken, daß der schuldlose Teil nicht auch noch den Verlust des Kindes soll hinnehmen müssen (BGHZ 3, 59); außerdem kommt darin die soziale Mißbilligung der Ehescheidung zum Ausdruck (Müller-Freienfels, JZ 1959, 339 zu II E). Zur Annahme schwerwiegender Gründe genügt nicht die Feststellung, daß das Kind bei dem schuldigen Teil besser untergebracht ist (KG JFG 19, 269; 22, 271). Ausgangspunkt der Prüfung ist deshalb die Eignung des schuldlosen Elternteils; bestehen gegen seine Verhältnisse und erzieherischen Fähigkeiten keine Bedenken, so kommt es auf die Person des schuldigen Teils nicht mehr an. Schwerwiegende Gründe sind solche, die in ihrer Gesamtheit schwer genug wiegen, das Vorrecht des schuldlosen Elternteils auszuschalten, ohne daß jedoch das Wohl des Kindes bei dem schuldlosen Elternteil bereits gefährdet sein müßte (KG FamRZ 1959, 509 = NJW 1960, 486; abw. OLG Karlsruhe FamRZ 1958, 424 = JZ 1959, 365).

Kann die elterliche Gewalt keinem der Eltern anvertraut werden, so kann das Gericht eine Vormundschaft anordnen; bestehen die Bedenken nur in bezug auf Teile der elterlichen Gewalt, so ist insoweit ein Pfleger zu bestellen, z.B. für die

Personensorge oder die Vermögenssorge oder für ein Teilgebiet, z.B. das Recht zur Aufenthaltsbestimmung. Die verbleibenden Bestandteile der elterlichen Gewalt sind dann einem der Eltern zuzuweisen. Im Hinblick auf Art. $6^{II, III}$ sind diese Maßnahmen aber nur statthaft, um eine Gefahr für das geistige oder leibliche Wohl oder das Vermögen des Kindes abzuwenden (§ 1671^{V}). Von einem Eingriff nach § 1666 BGB unterscheidet sich diese Regelung nur darin, daß sie kein Verschulden voraussetzt. Der Gesetzgeber hat damit der besonders ungünstigen Lage und dem erhöhten Schutzbedürfnis der „Scheidungswaisen" Rechnung getragen (Schwoerer, FamRZ 1958, 439 zu V; KG FamRZ 1959, 256). Andererseits ist die Vormundschaft oder Pflegschaft bereits dann gemäß den §§ 1882, 1919 (nicht etwa gemäß § 1696) aufzuheben und nach § 1671 erneut über die elterliche Gewalt zu befinden, sobald die Bedenken gegen die Person auch nur eines der Elternteile wegfallen (KG FamRZ 1962, 435; BayObLG FamRZ 1970, 666).

Der Richter fordert zunächst die Ehescheidungsakten an. Sie ergeben, daß ein 9jähriger Sohn Peter, eine 7jährige Tochter Sabine und eine 3jährige Tochter Veronika vorhanden sind. Die Scheidung ist wegen grober Beschimpfungen und Mißhandlungen der Beklagten durch den Kläger und wegen Ehebruchs des Klägers mit einer Kellnerin ausgesprochen worden. Die Klage war auf Unwirtschaftlichkeit und Vernachlässigung des Haushalts durch die Beklagte sowie auf Klatschereien über den Kläger gestützt. Die erste Beschuldigung wurde im Prozeß gar nicht, die zweite zum Teil bewiesen. Da aber Frau Hornig nach dem Gutachten des ärztlichen Sachverständigen eine leicht erregbare Frau ist, hat die Klage keinen Erfolg gehabt.

Sodann wird den Eltern Gelegenheit zu Stellungnahme gegeben und das Jugendamt um Bericht ersucht (§ $48a^{I}$ Nr. 6 JWG). Nach dem Eingang des Berichts, der eine Darstellung der Verhältnisse beider Elternteile und ihrer Eignung zur Erziehung der Kinder enthält, wird Termin zur Anhörung der Eltern anberaumt (§ 1695). Im Termin beanspruchen sowohl der Vater als auch die Mutter die Kinder für sich. Der Vater hat wegen des Schuldausspruchs nur geringe Aussichten, und da sich gegen die Eignung der Mutter keine begründeten Bedenken ergeben, erläßt der Richter (§ 14 Nr. 15 RechtspflG) folgenden

„Beschluß.
In der Familienrechtssache

betreffend die minderjährigen Geschwister *Hornig*, nämlich

1. *Peter*, geb. am 10. März 1961,
2. *Sabine*, geb. am 16. Mai 1963,
3. *Veronika*, geb. am 28. Juni 1967,

Vater: Ingenieur *Peter Hornig* in Lichterfelde, Breite Str. 25,
Mutter: Frau *Gertrud Hornig* geb. *Berndt* in Lichterfelde, Kreuzstr. 60,
— seit dem 19. Oktober 1970 rechtskräftig geschieden — wird die elterliche Gewalt über die Kinder auf die Mutter übertragen.

Die Gerichtskosten werden dem Vater auferlegt.
Kosten der Beteiligten werden nicht erstattet.
Der Geschäftswert beträgt 3000 DM.

Gründe:

(Es folgt ein kurzer Sachverhalt und die Darlegung der für die Entscheidung maßgebenden Gründe; entbehrlich, wenn die Regelung im Einvernehmen mit den Eltern erfolgt)."

Durch diese rechtsgestaltende Entscheidung, die keiner Vollziehung bedarf, wird die elterliche Gewalt nur der Ausübung nach abgewandelt; der Vater wird von ihrer Ausübung ausgeschlossen und die elterliche Gewalt der Mutter wird zur Alleinausübung verstärkt. Denn nur über die Betätigung des Elternrechts wacht die staatliche Gemeinschaft (Art. 6^{II} GG); ihrer Substanz nach ist die elterliche Gewalt unentziehbar (Beitzke, FamRZ 1958, 9; Lehmann, Familienrecht, § 29 I 1; a.M. Schwoerer, FamRZ 1958, 41). Die gerichtliche Entscheidung kann jederzeit geändert werden (§ 1696) und beim Tode der Mutter steht die Ausübung kraft Gesetzes wieder dem Vater zu (§ 1681^{I}).

Die Entscheidung wird mit der Bekanntgabe an die Mutter wirksam (§ 16^{I} FGG). Eine Beschwerde hätte keine aufschiebende Wirkung (§ 24^{I} FGG). Die Wiederaufhebung im Beschwerdewege hätte keine rückwirkende Kraft. Wird der Schuldausspruch des Scheidungsurteils im Wiederaufnahmeverfahren geändert, so entfällt die verfahrensrechtliche Grundlage der Entscheidung und das Gericht ist nach § 18 FGG zur Änderung und zur anderweiten Entscheidung nach Maßgabe des § 1671 befugt (KG FamRZ 1959, 259).

Kosten: § 94^{I} Nr. 4, Abs. III S. 2 KostO, § 13a^{I} S. 1 FGG. Geschäftswert: §§ 94^{II}, 30^{II} KostO. Anfechtung der Kostenentscheidung: § 20a^{I} FGG.

Bei Getrenntleben der Eltern haben diese die Möglichkeit, sich über den Verbleib des Kindes in der Weise zu verständigen, daß der eine die Erziehung dem anderen widerruflich überläßt. Dadurch wird allerdings der Überlassende, da ein Verzicht auf die elterliche Gewalt nicht statthaft ist, von seiner Verantwortung für die Erziehung des Kindes nicht befreit. Da oft eine Verständigung nicht zu erzielen sein wird und um klare Verhältnisse zu schaffen, eröffnet § 1672 BGB die Möglichkeit, schon während bestehender Ehe bei nicht nur vorübergehendem Getrenntleben der Eltern die elterliche Gewalt durch Zuweisung an den einen oder anderen Ehegatten durch eine Entscheidung des Vormundschaftsgericht zu regeln. Das Gericht wird hier aber, abweichend von § 1671 BGB, nur auf Antrag tätig. Die Grundsätze des § 1671^{I-IV} sind entsprechend anwendbar. Das bedeutet, daß die Eltern einen gemeinsamen Vorschlag mit der Wirkung des § 1671^{II} machen können und daß auch die alleinige Trennungsschuld entsprechend § 1671^{III} S. 2 zu berücksichtigen ist. Die letztgenannte Notwendigkeit ist sehr unbefriedigend, nicht nur wegen des Umfangs der dem Vormundschaftsgericht unter Umständen obliegenden Beweiserhebungen, sondern vor allem, weil die Ermittlungen des Vormundschaftsgerichts über die Trennungsschuld geeignet sind, die eheliche Gesinnung endgültig zu zerstören, und der Schuldfeststellung im Scheidungsrechtsstreit vorgreifen. Donau, MDR 1958, 7; Schwoerer, FamRZ 1958, 443.

Ist eine Regelung nach § 1672 getroffen, so ist im späteren Scheidungsrechtsstreit für eine einstweilige Anordnung des Prozeßgerichts nach § 627 ZPO kein Raum mehr. Denn die rechtsgestaltende Entscheidung des Vormundschaftsgerichts ist für das Prozeßgericht bindend, und eine einstweilige Anordnung kann nicht mehr ergehen, wenn bereits eine endgültige Regelung vorliegt (a.M. Palandt § 1672 Anm. 1). Bei Änderungsbedürfnis gilt § 1696. Nach rechtskräftiger Scheidung ist das Verfahren nach § 1671 einzuleiten.

Verkehrsrecht*). Kurz vor Weihnachten kommt ein neuer Eingang:

„Meine frühere Frau, die jetzt in Kohlhasenbrück bei ihren Eltern lebt und die Kinder dorthin mitgenommen hat, verkürzt mir systematisch mein Recht, mit den Kindern zusammen zu sein. Im Verlauf der letzten 6 Wochen habe ich die Kinder nur zweimal zu Gesicht bekommen. Ich habe deshalb verlangt, daß mir die Kinder zu Weihnachten überlassen werden. Das hat sie verweigert und erklärt, sie würde die Kinder selbst dann nicht zu mir schicken, wenn das Gericht es bestimmt. Ich bitte mir zu meinem Rechte zu verhelfen.

Peter Hornig.“

Nach § 1634 BGB kann das Vormundschaftsgericht den Verkehr des nicht sorgeberechtigten Elternteils mit dem Kinde näher regeln. Das Verkehrsrecht ist ein dem nicht sorgeberechtigten Elternteil verbliebener Rest der Personensorge (RG 141, 320; 153, 142; Gernhuber FamR § 53 III 1), nach anderer Auffassung ein Ausfluß des natürlichen Elternrechts (KG RJA 11, 254; BGHZ 51, 219, 221; Staudinger-Schwoerer BGB 11. Aufl. § 1634 Anm. 4; Beitzke, FamRZ 1958, 10). Es soll dem Berechtigten die Möglichkeit geben, sich von der Entwicklung und dem Wohler-

*) Schrifttum: Schnitzerling, FamRZ 1958, 444; Riedel, Das Recht der Kinder aus geschiedenen Ehen, 1960.

gehen des Kindes zu überzeugen und das bestehende Familienband zu pflegen. Frau Hornig, zur Erklärung mit kurzer Frist aufgefordert, behauptet unter Benennung von Zeugen, daß ihr früherer Mann die Kinder in seiner Wohnung nur mit „der Person“ zusammenbringen wolle und daß sie dort sittlich gefährdet seien. Darauf werden die Eltern und die vorgeschlagenen Zeugen auf den 22. Dezember vorgeladen.

Im Termin vernimmt der Richter (§ 14 Nr. 16 RechtspflG), nachdem ein Ausgleichsversuch am Widerstand der Mutter gescheitert ist, die Zeugen in Gegenwart der Eltern. Denn auch im Verfahren der freiwilligen Gerichtsbarkeit haben die Beteiligten nach § 15 FGG, § 397 ZPO das Recht, der Beweisaufnahme beizuwohnen und Fragen zu stellen (Jansen, FGG, 2. Aufl. § 15 Rdn. 8; anders früher RG 63, 275; KGJ 26 A 175; 42, 286). Außerdem erfordert der Grundsatz des rechtlichen Gehörs (Art. 103^{I} GG), daß den Beteiligten Gelegenheit gegeben wird, sich vor der Entscheidung zu dem ihr zugrunde zu legenden Sachverhalt zu äußern (KG NJW 1954, 1410; BVerfG, NJW 1957, 17; überholt Schlegelberger, FGG, § 12 Anm. 19). Deshalb erhalten die Eltern Gelegenheit zu Vorhaltungen an die Zeugen. Die Beeidigung der Zeugen steht im Ermessen des Gerichts (§ 15^{I} S. 2 FGG). — Die Behauptungen der Mutter sind beweislos geblieben; Hornig hat nur eine bejahrte Wirtschafterin im Haus, und von „Damenverkehr“ ist keine Rede. Das Gericht versucht nochmals eine Verständigung der Eltern über die Regelung des Verkehrsrechts herbeizuführen, wiederum ohne Erfolg.

„Herr *Hornig* beantragte Regelung des Verkehrs mit den Kindern im allgemeinen und besonders für das bevorstehende Weihnachtsfest dergestalt, daß ihm die Kinder vom Nachmittag des 24. bis zum Abend des 26. Dezember einschließlich überlassen werden.

Fr. *Hornig* erklärte:

Ich beantrage, dem Vater den Verkehr mit den Kindern gänzlich zu entziehen.“

Mit diesem Antrag schießt sie in jedem Fall über die zulässigen Grenzen hinaus; das Vormundschaftsgericht kann zwar nach § 1634^{II} S. 2 BGB den Verkehr für eine bestimmte Zeit oder sogar dauernd ausschließen, aber dafür fehlt es nach der Sachlage an triftigen Gründen.

„Dem Antrag des Vaters widerspreche ich. Sollte ihm das Gericht stattgeben, so werde ich Beschwerde einlegen und nachweisen, daß die Zeugen die Unwahrheit ausgesagt haben. Ich behalte mir vor, ob ich vor Entscheidung der höchsten Instanz einer Anordnung des Gerichts, die Kinder dem Vater herauszugeben, nachkommen werde.

Vorgelesen, genehmigt.

Hierauf wurde der Beschluß verkündet:

1. Der Verkehr des Ingenieurs *Peter Hornig* in Lichterfelde mit den aus seiner geschiedenen Ehe mit *Gertrud Hornig* geb. *Berndt* in Kohlhasenbrück hervorgegangenen Kindern: .... wird auf Grund des § 1634^{II} BGB, wie folgt, geregelt:

a) Zum Weihnachtsfest darf der Vater die Kinder am 25. Dezember vormittags 9 Uhr in der Wohnung der Mutter abholen oder durch eine zuverlässige erwachsene Person abholen lassen und hat sie bis abends 7 Uhr zur Mutter zurückzuschaffen.

b) c) .... (folgen entsprechende Bestimmungen für die übrigen Feiertage sowie die Geburtstage des Vaters).

d) Die Kinder besuchen den Vater am ersten Sonntag nach Neujahr 1971 und sodann ababwechselnd an jedem zweiten Sonntag, wobei die Festsonntage nicht mitgezählt werden. Er ist berechtigt, sie am Sonntag Nachmittag 14 Uhr in der Wohnung der Mutter gemäß Ziff. a abzuholen und muß sie spätestens am Sonntag Abend 19 Uhr in gleicher Weise zurückbringen.“

Angesichts des angekündigten Widerstandes der Mutter ist zu befürchten, daß sie diese salomonische Entscheidung für das bevorstehende Weihnachtsfest nicht befolgt. Deshalb macht das Gericht weiterhin von den Zwangsbefugnissen des § 33 FGG Gebrauch:

„2. Gemäß § 33 FGG wird Frau *Hornig* bei Vermeidung einer Ordnungsstrafe von 100 DM für jeden Fall aufgegeben, die Abholung der Kinder gemäß Ziff. 1 dieses Beschlusses zu dulden. Herr *Hornig* wird gemäß § 33 II FGG ermächtigt, die Kinder zu den unter 1 bestimmten Zeitpunkten nötigenfalls mit Hilfe des Gerichtsvollziehers abzuholen."

3. Die Gerichtskosten werden den Eltern je zur Hälfte auferlegt.
Außergerichtliche Kosten werden nicht erstattet. Der Geschäftswert beträgt 3000 DM."

Die Ordnungsstrafe, die nur in Geld bestehen darf, setzt voraus, daß die zu erzwingende Handlung ausschließlich vom Willen der Frau Hornig abhängt; hierauf ist bei der Fassung des Beschlusses Rücksicht genommen worden. Für den unmittelbaren Zwang gilt diese Einschränkung nicht.

Änderung der Sorgerechtsregelung.

„An das Vormundschaftsgericht, hier. Lichterfelde, den 20. Juli 1971

Antrag

des Ingenieurs *Peter Hornig*, vertreten durch den RA. *Schwarz* in Lichterfelde, auf Übertragung des Sorgerechts.

Vollmacht des Antragstellers überreichend, beantrage ich:

auf Grund des § 1696 BGB in Abänderung des Beschlusses vom 30. November 1970 die elterliche Gewalt für die aus der geschiedenen Ehe des Antragstellers mit Fr. *Gertrud Hornig* geb. *Berndt* hervorgegangenen minderjährigen Kinder dem Antragsteller zu übertragen."

Wie fast alle Tätigkeiten des Vormundschaftsgerichts, so ergehen auch die Entscheidungen nach den §§ 1671, 1696 BGB von Amts wegen. Hornigs „Antrag" ist in Wahrheit eine bloße „Anregung".

„Zur Begründung überreiche ich

„1. eidesstattliche Versicherung des Gärtners *Jänsch* in Kohlhasenbrück, nach welcher die Mutter den Kindern, als sie vergangene Weihnachten von der Bescherung beim Antragsteller zurückgekehrt waren, gesagt hat: ‚Das ist eurem Vater recht, daß er euch mit dem Gerichtsvollzieher hat wegholen lassen müssen, so ein Lump, nicht einmal satt zu essen gibt er euch und verjubelt alles mit seinen Weibern.'

2. Nach den weiterhin überreichten eidesstattlichen Versicherungen der Frau *Reimann* geb. *Hornig* in Südende und des Maschinenmeisters *Gottlieb* in Kohlhasenbrück versucht die Mutter auch sonst die Kinder gegen den Vater zu verhetzen (wird näher ausgeführt.)"

An sich sind die überreichten eidesstattlichen Versicherungen keine Beweise, sondern Mittel der „Glaubhaftmachung" (§§ 294 ZPO, 15 II FGG). Daß im Sorgerechtsverfahren die streitigen Tatsachen glaubhaft zu machen seien, ist nirgends bestimmt. Aus dem Grundsatz der Amtsprüfung (§ 12 FGG) ergibt sich aber, daß der Richter der freiwilligen Gerichtsbarkeit an ein förmliches Beweisverfahren nicht unbedingt gebunden, sondern berechtigt ist, sich seine Überzeugung auf beliebige Weise zu verschaffen. Er kann z. B. bei Behörden, etwa dem Jugendamt oder der Polizei, oder bei Privatpersonen mündliche oder schriftliche Auskünfte einholen (OLG 21, 261), Akten herbeiziehen und die in einem anderen Verfahren gemachten Bekundungen oder polizeiliche Vernehmungen verwerten (OLG 23, 361; KGJ 38, A 86; 42, 61; JFG 3, 80). Nur darf er die Erforschung des Sachverhalts nicht gänzlich einer anderen Behörde zur selbständigen Erledigung überlassen. Auch Versicherungen an Eides Statt darf der Richter als Beweismittel berücksichtigen (Jansen, FGG 2. Aufl. § 12 Rdn. 43). Genügen also dem Gericht die eidesstattlichen Versicherungen, um den Sachverhalt als erwiesen anzusehen, so bedarf es keiner Zeugenvernehmungen mehr. Das Gericht muß dabei freilich berücksichtigen, daß eidesstattliche Versicherungen erfahrungsgemäß oft einseitig abgefaßt sind und die Tatsachen nur insoweit wiedergeben, als sie zugunsten des einreichenden Beteiligten sprechen. Ein förmliches Beweisverfahren nach den Vorschriften der ZPO, auf die § 15 FGG verweist, kommt in Betracht, wenn es auf die Erweisbarkeit bestimmter Einzeltatsachen ankommt, die für die Entscheidung ausschlaggebend sind (Jansen, a. a. O. § 12 Rdn. 39).

„Daß Fr. *Hornig* überhaupt zu Herabsetzungen und Verdächtigungen des Antragstellers neigt, wurde schon im Ehescheidungsprozeß festgestellt. Eine Verurteilung auf die Scheidungsklage konnte lediglich deshalb nicht erfolgen, weil der Sachverständige begutachtet hat, daß Fr. *Hornig* krankhaft erregbar und für ihre Äußerungen nicht voll verantwortlich zu machen sei. Dieser Gesichtspunkt muß für das vorliegende Verfahren ausscheiden."

Die Anordnung nach § 1696 BGB setzt kein Verschulden voraus, sondern ergeht, wenn das Vormundschaftsgericht sie im Interesse des Wohls der Kinder für angezeigt hält. Auch Handlungen oder Veranlagungen der Mutter, für die sie weder im juristischen noch im moralischen Sinn verantwortlich ist, können die Übertragung des Sorgerechts auf den Vater begründen. Eine wesentliche Änderung der Verhältnisse, die für die ursprüngliche Entscheidung maßgebend waren, braucht nicht eingetreten zu sein; es genügt, wenn in der Zwischenzeit Umstände zutage getreten sind, die eine andere Beurteilung des der früheren Entscheidung zugrunde gelegten Sachverhalts rechtfertigen (OLG Bremen, MDR 1954, 179; BayObLG FamRZ 1964, 640). Zur Vermeidung eines dem Kinde grundsätzlich abträglichen Wechsels in der Person des Erziehungsberechtigten kommt aber eine beliebige Wiederaufrollung nicht in Betracht. Triftige, das Kindeswohl nachhaltig berührende Gründe müssen die Änderung angezeigt erscheinen lassen (JFG 20, 366). Dazu genügt nicht schon die nunmehr eingetretene oder erkannte bessere Eignung des anderen Elternteils, sondern es müssen Gründe vorliegen, die geeignet sind. die Bedenken gegen einen dem Kindeswohl abträglichen Wechsel der Verhältnisse aufzuwiegen (KG FamRZ 1958, 423; 1967, 411; OLGZ 1968, 115; OLG Hamm OLGZ 1968, 226).

Referendar: Muß zur Vertretung der Kinder in diesem Verfahren nicht ein Pfleger bestellt werden?

Richter: Das Kind ist im Sorgerechtsverfahren Gegenstand amtlicher Fürsorge Einer besonderen „Vertretung" des Kindes in diesem Verfahren durch einen Pfleger bedarf es nicht (RG 62, 132; 64, 16). Das Interesse des Kindes hat der Richter von Amts wegen wahrzunehmen. Auch ohne Pflegschaft fehlt es nicht an Personen, die im Interesse des Kindes gegen die Entscheidung des Vormundschaftsgerichts Beschwerde einzulegen befugt sind: jeder, der ein „berechtigtes Interesse" hat, diese Angelegenheit des Kindes wahrzunehmen (§ 57^{I} Nr. 9 FGG), vor allem also die Verwandten des Kindes, und wenn ein Kind bereits das 14. Lebensjahr vollendet hat, sogar dieses selbst (§ 59 FGG). Zudem wird in § $48a^{I}$ Nr. 4 JWG dem Richter die Anhörung des Jugendamts zur Pflicht gemacht, das ebenfalls nach § 57^{I} Nr. 9 FGG beschwerdeberechtigt ist (BGH FamRZ 1954, 219). Das Verbot der Schlechterstellung gilt in diesem Verfahren nicht (KG OLGZ 1969, 92; Jansen, FGG, 2. Aufl. § 25 Rdn. 10).

Frau Hornig antwortet durch RA. Weiß und sucht die Angaben des Antragstellers zu widerlegen. Nachdem weitere Schriftsätze gewechselt, Zeugen und Sachverständige vernommen sind, ein Termin zur Erörterung der Sachlage stattgefunden hat und der Bericht des Jugendamts eingegangen ist, wird die Änderung der Sorgerechtsregelung durch begründeten Beschluß abgelehnt.

Beschwerde. Religiöse Kindererziehung. Gegen den Beschluß des Vormundschaftsgerichts legt RA. Schwarz für den Vater Beschwerde ein, die er zunächst mit Ausführungen zur Beweiswürdigung begründet. Sodann fährt er fort:

„Dem Beschwerdeführer ist jetzt bekannt geworden, daß Fr. *Hornig* ihr Sorgerecht dazu mißbraucht, die Kinder der Mormonensekte zuzuführen.

(folgen Einzelheiten und Beweismittel.)

Sowohl der Beschwerdeführer wie seine frühere Frau stammen aus frommer katholischer Familie. Das Verhalten der Frau beruht zweifellos auf der Absicht, den Beschwerdeführer zu kränken und zu schikanieren. Es wird ihr daher zum mindesten das Recht der religiösen Erziehung zu nehmen sein."

Das Rechtsmittel des Sorgerechtsverfahrens, wie der freiwilligen Gerichtsbarkeit im allgemeinen, ist die einfache Beschwerde, bei welcher das Gericht erster Instanz seine Entscheidung abändern kann. § 18 FGG. Für den Vormundschaftsrichter ergibt sich hieraus die Verpflichtung, das neue Vorbringen Hornigs daraufhin zu prüfen, ob der Beschwerde abgeholfen werden soll.

Der Referendar: Das Recht der religiösen Erziehung ist ein Bestandteil des Personensorgerechts. Das Gesetz über die religiöse Kindererziehung vom 21. Juli 1921 (RGBl I 939) hat in den §§ 1, 4 die religiöse Erziehung grundsätzlich der freien Einigung der Eltern überlassen, weil nur so die Gewissensfreiheit gewährleistet erscheine und zugleich die Gleichberechtigung der Eltern verwirklicht werde (Kipp, Familienrecht, § 132). Der Grundsatz der Gleichberechtigung war jedoch gesetzlich nicht gewährleistet; denn wenn eine Einigung nicht zustande kam oder widerrufen wurde, galt das Letztentscheidungsrecht des Vaters nach § 2^{I} RKEG i.V.m. § 1634 S. 2 BGB a.F. Nur ein Wechsel des Bekenntnisses konnte auch vom Vater nicht einseitig, sondern nur mit Zustimmung der Mutter bestimmt werden, bei deren Verweigerung das Vormundschaftsgericht angerufen werden konnte (§ $2^{II, III}$). Das Letztentscheidungsrecht des Vaters nach § 2^{I} RKEG, § 1634 S. 2 BGB a.F. ist mit dem Grundsatz der Gleichberechtigung ebensowenig vereinbar wie das Recht des Vaters zum Stichentscheid nach dem durch BVerfGE 10, 59 für nichtig erklärten § 1628^{I} BGB n.F. Das Recht, die Religion der Kinder zu bestimmen, steht daher während bestehender Ehe beiden Eltern als Inhabern der elterlichen Gewalt gemeinsam zu (§ 1626^{I} BGB, Art. 3^{II} GG). Nach der Scheidung der Ehe jedoch entfällt die Bindung an den anderen Ehegatten, und Frau Hornig hat als Inhaberin der elterlichen Gewalt an sich das uneingeschränkte Bestimmungsrecht. Die Kinder haben noch nicht mitzusprechen. Denn keines von ihnen hat das 14. Lebensjahr vollendet, mit welchem Zeitpunkt die Religionsmündigkei teintritt, oder das 12. Lebensjahr, von wann ab ein Bekenntniswechsel nicht mehr gegen den Willen des Kindes statthaft ist (§ 5). Nur der 10jährige Peter müßte in einem gerichtlichen Verfahren bereits gehört werden (§ 2^{III} S. 5). Trotzdem kann, wie die §§ 2, 3, 7 des Gesetzes zweifelsfrei ergeben, mißbräuchliche Ausübung des religiösen Erziehungsrechts die Anwendung des § 1666 BGB begründen (OLG München, JFG 14, 52), und sie kann auch entscheidend dafür ins Gewicht fallen, ob eine Änderung der Sorgerechtsregelung zum Wohle des Kindes angezeigt ist (§ 1696 BGB). Ein Mißbrauch wäre es aber, wenn Frau Hornig die Kinder zum Glauben der Mormonen bekehren will, der den allgemeinen sittlichen Anschauungen des deutschen Volkes widerspricht. Gelten doch im Volke die Mormonen sogar noch immer als heimliche Anhänger der Vielweiberei, wenn sie auch seit dem Jahre 1895 im Staate Utah verboten ist.

Der Richter: Unduldsamkeiten in Glaubenssachen werden immer damit gerechtfertigt, daß die unterdrückte Religion oder ihre Anhänger sittlich minderwertig seien. Wir müssen uns hüten, die in Art. 4^{I} GG verbürgte Freiheit des religiösen oder weltanschaulichen Bekenntnisses (vgl. auch § 6 RKEG) auch nur im kleinsten zu verletzen. Wer soll schließlich darüber entscheiden, ob eine Religion den „allgemeinen sittlichen Anschauungen" entspricht? Wer den Grundsatz der Gewissensfreiheit durchführen will, hat jeder ernsten religiösen Überzeugung, ohne sich über ihren Inhalt ein Werturteil anzumaßen, die gleiche Achtung entgegenzubringen. Allerdings nur der ehrlichen und ernsthaften Überzeugung, und deshalb wird festzustellen sein, ob Frau Hornig tatsächlich, wie der Beschwerdeführer behauptet, den Glaubenswechsel der Kinder nur vornehmen will, um den Mann zu kränken.

Referendar: Wie verhält sich der in der Beschwerdeschrift neu gestellte Antrag Hornigs zu dem ursprünglichen?

Richter: In erster Linie ist zu prüfen, ob der Mutter gemäß § 1696 BGB die elterliche Gewalt im ganzen genommen und auf den Vater übertragen werden soll. Das Personensorgerecht ist auch bei geschiedener Ehe rechtlich nicht teilbar (BGH 3, 220). Auf Grund des § 1671 BGB kann daher das Sorgerecht nicht in der Weise aufgeteilt werden, daß einem Elternteil das Recht der religiösen Kindererziehung, dem andern der übrige Inhalt des Sorgerechts übertragen wird. Eine solche Maßnahme ist nur unter den Voraussetzungen des § 1666 BGB zulässig (BayObLG NJW 1963, 590); sie hätte zur Folge, daß nach § 1909 ein Pfleger für das entzogene Sorgerecht zu bestellen wäre.

In religiösen Mischehen ergeben sich aus dem Grundsatz der Gleichberechtigung kaum überwindliche Schwierigkeiten, wenn eine Einigung der Eltern nicht zustande kommt. Die Anrufung des Vormundschaftsrichters entsprechend § 2^{III} RKEG, die BVerfGE 10, 59 empfiehlt, stellt diesen vor injudiziable Fragen; vgl. dazu LG Bad Kreuznach, FamRZ 1957, 326; LG Traunstein, FamRZ 1960, 37; Heußner, FamRZ 1960, 6 zu III; 1960, 201; Potrykus, ZBlJugR 1959, 100; Glässing, FamRZ 1962, 350; Hofmann, FamRZ 1965, 21.

Das RKEG hat rein privatrechtlichen Inhalt. Daneben bestehen Rechtssätze über Religionsausübung und -Unterricht im öffentlichen Schulrecht. Das Bindeglied zwischen beiden Materien bildet Art. 7^{II} GG, nach welchem die Erziehungsberechtigten das Recht haben, über die Teilnahme des Kindes am Religionsunterricht zu bestimmen. Vgl. RG 134, 1*. Dort hat der Staatsgerichtshof entschieden, daß die Abmeldung eines Kindes zwischen 12 und 14 Jahren vom Religionsunterricht der Zustimmung des Kindes bedarf.

Frau Hornig bestreitet die Angaben der Beschwerdeschrift. Nach Erhebung der angebotenen Beweise wird verfügt:

„1. Der Beschwerde wird nicht abgeholfen.
2. Urschriftlich mit Akten

dem Landgericht, Beschwerdekammer,

zur Entscheidung vorgelegt."

Das Landgericht gelangt auf Grund neuer Beweise zu der Ansicht, daß der Sohn Peter von einer tiefen Abneigung gegen die Mutter erfüllt sei, dagegen sehr am Vater hänge, und überträgt unter teilweiser Aufhebung des vormundschaftsgerichtlichen Beschlusses die elterliche Gewalt für dieses Kind auf den Vater. Hiergegen läßt Frau Hornig durch ihren Anwalt die auf Gesetzesverletzung gestützte ebenfalls unbefristete weitere Beschwerde beim Kammergericht einlegen (§§ 27, 29 FGG) mit dem Ergebnis, daß die Vorentscheidung aufgehoben und die Sache an das Landgericht zurückverwiesen wird. Nach nochmaliger Beweiserhebung weist das Landgericht die Beschwerde Hornigs zurück, und die nunmehr vom Vater eingelegte weitere Beschwerde an das Kammergericht bleibt erfolglos.

Die weitere Beschwerde nach § 27 FGG ist eine Rechtsbeschwerde. Sie gewährt wie die Revision nur eine rechtliche Nachprüfung. Deshalb muß die Beschwerdeschrift, wenn die weitere Beschwerde nicht zum Protokoll eines der mit der Sache befaßten Gerichte oder von einer Behörde oder einem Notar eingelegt wird, von einem Rechtsanwalt unterzeichnet sein (§§ 29$^{I, IV}$, 21^{II} FGG). Das Rechtsmittel unterscheidet sich mithin wesentlich von der weiteren Beschwerde nach der

ZPO; diese eröffnet, wenn sie wegen Vorliegens eines neuen selbständigen Beschwerdegrundes zulässig ist, eine neue Tatsacheninstanz (§§ 568^{II}, 570 ZPO) und es gilt kein Anwaltszwang (§§ 569^{II} S. 2, 78^{II} ZPO). Die weitere Beschwerde nach § 27 FGG kann demnach nur auf Gesetzesverletzung gestützt werden, nicht auf neue Tatsachen, es sei denn, daß es sich um Tatsachen handelt, aus denen sich eine Verletzung von Verfahrensvorschriften ergibt, und die verfahrensrechtlich einwandfrei getroffenen tatsächlichen Feststellungen des Landgerichts sind im dritten Rechtszuge bindend (§ 27 S. 2 FGG, §§ 561, 554^{III} Nr. 2 Buchst. b ZPO). Begründungszwang besteht nicht; die Gesetzmäßigkeit der angefochtenen Entscheidung wird auch ohne Rüge von Amts wegen in jeder Hinsicht geprüft. Hinsichtlich des Umfangs der rechtlichen Nachprüfung sind gerade Entscheidungen nach § 1671 BGB lehrreich wegen der darin vorkommenden Begriffe „schwerwiegende Gründe" oder „zum Wohle des Kindes erforderlich". Das sind unbestimmte Rechtsbegriffe, deren Anwendung nicht Ermessensausübung, sondern Rechtsanwendung ist und deshalb der Nachprüfung im dritten Rechtszuge unterliegt. Tatfrage ist die Feststellung der einzelnen Tatumstände; die Frage aber, ob diese in ihrer Gesamtheit die Merkmale des unbestimmten Rechtsbegriffs erfüllen, ist eine Rechtsfrage und ihre unrichtige Beantwortung eine Gesetzesverletzung (Enneccerus-Nipperdey, 15. Aufl. ,§ 50 II, § 191 I 1^{I}; Jansen, FGG, 2. Aufl. § 27 Rdn. 25). — Auf Grund der Vorlegungspflicht nach § 28^{II} FGG kann im Interesse einheitlicher Rechtsprechung auch der Bundesgerichtshof zur Entscheidung über weitere Beschwerden berufen sein.

Streit um die Herausgabe des Kindes. Weigert sich der nicht sorgeberechtigte Elternteil, das Kind an den Inhaber des Sorgerechts herauszugeben, so war nach früher h. M. der Herausgabeanspruch (§ 1632 BGB) im Wege der Klage geltend zu machen. Das Prozeßgericht konnte lediglich unter Zugrundelegung der durch die Entscheidung des Vormundschaftsgerichts geschaffenen Rechtslage entscheiden, ohne diese Entscheidung nachprüfen oder Erwägungen darüber anstellen zu dürfen, ob die Herausgabe an den Kläger dem Wohl des Kindes dient. Andererseits konnte selbst dem rechtskräftigen Herausgabeurteil durch eine spätere Entscheidung des Vormundschaftsgerichts der Boden entzogen werden (§ 767 ZPO). Denn die rechtsgestaltende Entscheidung des Vormundschaftsgerichts ist zwar für das Prozeßgericht bindend, nicht aber umgekehrt. Da also die sachliche Entscheidung des Streits ohnehin beim Vormundschaftsgericht liegt, war es naheliegend, diesem auch die Entscheidung uber das Herausgabeverlangen und dessen Durchsetzung durch die Zwangsmittel des § 33 FGG zu überlassen. Nachdem zunächst die Rechtsprechung (BGHZ 19, 185) entschieden hatte, daß lediglich das Vormundschaftsgericht berufen ist, über die Herausgabe gemeinschaftlicher Kinder im Verhältnis der Ehegatten zueinander zu entscheiden und diese Entscheidung zu vollstrecken, ist diese Zuständigkeit nunmehr durch § 1632^{II} BGB i.d.F. des GleichberG auch gesetzlich dem Vormundschaftsgericht zugewiesen worden. Dazu auch BGHZ 40, 1.

Tod eines Elternteils. Das Standesamt zeigt nach § 48 FGG den Tod der Frau Hornig an. Sie hat ein eigenhändiges Testament folgenden Inhalts hinterlassen:

> „Damit meine Kinder *Peter*, *Sabine* und *Veronika* durch ihren gewissenlosen Vater nicht seelisch und körperlich geschädigt werden, bestimme ich, daß mein Bruder, Stadtsekretär *Valentin Berndt* in Berlin, nach meinem Tode das mir zustehende Sorgerecht ausüben soll. Ich ernenne ihn ferner zum Vormund meiner Kinder."

Die Anordnungen der Mutter sind gegenstandslos. § 1671 bedeutet nicht, daß der Elternteil, dem die elterliche Gewalt nicht übertragen worden ist, dieses Recht dauernd verwirkt hat. Der Tod des Elternteils hat vielmehr zur Folge, daß die gesamte elterliche Gewalt sich in der Hand des noch lebenden Elternteils vereinigt (§ 1681^{I}). Es kann nur im Einzelfall die Frage entstehen, ob der Übergang der elterlichen Gewalt auf den noch lebenden geschiedenen Ehegatten dem Wohl des Kindes so abträglich ist, daß das Kind diesem Elternteil nicht anvertraut werden und die elterliche Gewalt einem Vormund übertragen werden muß. Dafür müssen die Voraussetzungen des § 1666^{I} BGB vorliegen, nämlich ein Verschulden des Elternteils und eine dadurch verursachte Gefährdung des Kindeswohls in einem solchen Maße, daß bei weiterer Entwicklung der Dinge eine erhebliche Schädigung des geistigen oder leiblichen Wohls des Kindes mit ziemlicher Sicherheit zu erwarten ist. Unter den erleichterten, ein Verschulden nicht erfordernden Voraussetzungen des § 1671^{V} BGB (oben S. 119) ist jetzt die Bestellung eines Vormundes oder Sorgerechtspflegers nicht mehr statthaft (RG DR 1944, 617; BayObLG FamRZ 1957, 177 = EJF A III Nr. 11 mit Anm. v. Schwoerer; OLG Frankfurt MDR 1960, 227).

Wird die Benennung des Vormunds wenigstens beim künftigen Tode des Vaters praktisch werden? Das Benennungsrecht setzt nach § 1777 voraus, daß dem benennenden Elternteil zur Zeit seines Todes die elterliche Gewalt mit voller Vertretungsbefugnis in persönlichen und Vermögensangelegenheiten zustand und daß durch den Tod des Benennenden die Voraussetzungen für die Einleitung einer Vormundschaft (§ 1773 I) eingetreten sind. Hieran fehlt es. Das schließt aber nicht aus, daß das Vormundschaftsgericht im Falle eines späteren Todes des Vaters, wenn dieser von seinem Benennungsrecht keinen Gebrauch gemacht hat, den von der Mutter vorgeschlagenen Vormund nach § 1779 berücksichtigt.

Möglich ist natürlich, daß die zuerst versterbende geschiedene Mutter den Vater testamentarisch von der Verwaltung des Vermögens, welches sie den Kindern vererbt, gemäß § 1638 ausschließt oder daß sie für dieses Vermögen Testamentsvollstreckung anordnet.

Gemäß § 1682 muß der Vater jetzt das Vermögensverzeichnis einreichen. Die Scheidung als solche begründet zu Lebzeiten beider Eltern keine Inventarpflicht; erst wenn der Elternteil, der das Kindesvermögen verwaltet, sich wieder verheiratet, ist zur Erlangung des Zeugnisses aus §§ 9 EheG, § 1683 BGB das Inventar aufzustellen.

Wohnungs- und Hausratsauseinandersetzung nach geschiedener Ehe

„Rechtsantragsstelle
des Amtsgerichts.

Lichterfelde, den 11. Januar 1971

Gegenwärtig:
Referendar *Klug*
als Urkundsbeamter der Geschäftsstelle.

Es erscheint Frau *Gerda Rohloff* geb. *Schaffert* aus Lichterfelde, Tulpenstr. 7, und erklärt:

Meine Ehe mit dem Schlosser *Fritz Rohloff* in Lichterfelde, Tulpenstr. 7, ist durch das Urteil des Landgerichts Berlin vom 19. Mai 1970 aus beiderseitigem Verschulden rechtskräftig geschieden worden. Das Vormundschaftsgericht hat die Sorge für die Person unseres gemeinschaftlichen Kindes *Rolf*, geb. 20. Oktober 1966, auf mich übertragen.

Ich bitte, die Rechtsverhältnisse an der Wohnung und am Hausrat zu regeln, da mein Versuch, eine gütliche Einigung herbeizuführen, gescheitert ist.

Der Hausrat besteht aus einem Schlafzimmer, einem Wohnzimmer, der Kücheneinrichtung und sonstigen Haushaltsgegenständen gemäß der anliegenden Aufstellung. In der Hauptsache stammt diese Einrichtung aus dem Nachlaß meiner Eltern und ist von mir in die Ehe eingebracht worden. Hochzeitsgeschenke sind: 1 Ölgemälde (Königssee), 1 Ölgemälde (Stilleben), 1 Stehlampe. Während der Ehe sind angeschafft worden: 1 Couch, 1 Radioapparat, 1 Nähmaschine, 1 Kinderbett mit Federbetten, 4mal Bettwäsche, 2 Fenster Gardinen, 1 Tischlampe. Die Anschaffung dieser Gegenstände ist nur durch meine sparsame Wirtschaftsführung ermöglicht worden. Ich bin aber bereit, meinem geschiedenen Mann die Couch zu überlassen.

Die eheliche Wohnung Tulpenstr. 7 besteht aus 1½ Zimmern, Küche und Nebengelaß zum monatl. Mietzins von 79,65 DM. Ich bitte, die Wohnung mir zuzuweisen, weil ich mit dem Kind schwerer eine andere Wohnung finde als der alleinstehende Antragsgegner.

v. g. u.
Gerda Rohloff
Klug, Referendar."

Die Auflösung der Ehe durch Scheidung, Aufhebung und Nichtigkeitserklärung stellt die bisherigen Ehegatten hinsichtlich der weiteren Gestaltung ihrer künftigen Lebensverhältnisse vor nicht geringe Schwierigkeiten. Insbesondere gilt dies wegen der Beendigung der bisherigen gemeinschaftlichen Haushaltsführung für die rechtlichen Beziehungen zur Ehewohnung und zum Hausrat. Nach dem Recht des BGB konnte eine befriedigende Lösung dieser Fragen nicht gefunden werden (vgl. RG

DJ 1943, 591). Das Bedürfnis einer gesetzlichen Regelung wurde durch die Kriegsverhältnisse besonders dringend. Als 6. DurchfVO zum Ehegesetz erging die VO über die Behandlung der Ehewohnung und des Hausrats nach der Scheidung (HausratsVO) vom 21. Oktober 1944 (RGBl 256), über deren Fortgeltung kein Zweifel besteht. Sie ermächtigt den Richter, im Verfahren der freiwilligen Gerichtsbarkeit (§ 13 I) durch eine rechtsgestaltende Entscheidung auf Antrag die Rechtsverhältnisse an der Wohnung und am Hausrat zu regeln (§ 1), wobei der Richter nach billigem Ermessen zu entscheiden, insbesondere das Wohl der Kinder, die Erfordernisse des Gemeinschaftslebens und die Ursachen der Eheauflösung zu berücksichtigen hat (§ 2). Zuständig ist das Amtsgericht, in dessen Bezirk sich die letzte gemeinsame Wohnung der Ehegatten befunden hat, beim Fehlen dieser Voraussetzung das Amtsgericht am Sitz des Landgerichts, bei dem der Scheidungsstreit anhängig war (§ 11). Der Antrag, der von jedem Ehegatten gestellt werden kann, ist an keine Frist gebunden, jedoch darf der Richter in die Rechte des Vermieters oder eines anderen beteiligten Dritten nicht eingreifen, wenn der Antrag auf Auseinandersetzung über die Ehewohnung nicht innerhalb eines Jahres nach der Rechtskraft des Scheidungsurteils gestellt wird (§ 12). Unzulässig ist der Antrag, wenn die Ehegatten sich über den Gegenstand des Verfahrens bereits geeinigt haben. Bei Streit über die Ausführung dieser Vereinbarung entscheidet das Prozeßgericht (OLG Schleswig, SchlHAnz. 1955, 203; teilw. abw. Giencke, FamRZ 1970, 224). Antrag in diesem Sinne ist der Verfahrensantrag, der den Zweck hat, das Tätigwerden des Gerichts herbeizuführen. Zu unterscheiden ist hiervon der Sachantrag, d.h. das Begehren eines Beteiligten, über eine bestimmte Angelegenheit in bestimmter Weise zu entscheiden. Solche Sachanträge, die zu einer Bindung des Richters ähnlich wie im Erkenntnisverfahren nach § 308 ZPO führen, gibt es auch im Verfahren der freiwilligen Gerichtsbarkeit, z.B. im Erbscheinsverfahren, in welchem der Richter von dem gestellten Antrag nicht abweichen darf (S. 179), und meistens in den sogenannten echten Streitverfahren, z.B. im Vertragshilfeverfahren (Saage, VHG, § 15 Anm. II 1 d). Das Hausratsverfahren zählt zwar ebenfalls zu dieser Art von Angelegenheiten, in denen über streitige Rechtsverhältnisse entschieden wird. Gleichwohl kommt hier dem Antrag eines Beteiligten, z.B. ihm bestimmte einzelne Gegenstände zuzuweisen, keine den Richter bindende Wirkung zu. Solche Anträge sind rechtlich nur Vorschläge des Beteiligten über die von ihm erstrebte Art der Teilung (BGHZ 18, 143; dazu Keidel, JZ 1955, 707). Denn der Richter kann der ihm durch den Verfahrensantrag gestellten Aufgabe, den Hausrat durch eine rechtsgestaltende Entscheidung „gerecht und zweckmäßig" zu verteilen (§ 8 I), nur genügen, wenn der gesamte Hausrat als einheitlicher Sachinbegriff Gegenstand seiner Entscheidung ist. Deswegen darf der Richter notfalls auch in einen Teilvergleich eingreifen (Keidel, a.a.O.; a.M. BGH a.a.O.). Eine Einigung im Sinne des § 6 ist nur eine solche, durch die die Rechtsverhältnisse, sei es an der Ehewohnung, sei es am Hausrat, erschöpfend geregelt werden und durch die deshalb eine richterliche Entscheidung nach der HausratsVO überflüssig wird (BayObLGZ 1953 Nr. 23).

Verfügung:

„1. Abschrift dem Antragsgegner zur Stellungnahme binnen zehn Tagen.
2. Zwei Wochen."

Es geht folgender Schriftsatz ein:

„*Georg Weiß*
Rechtsanwalt

Lichterfelde, den 20. Januar 1971

In der Auseinandersetzungssache *Rohloff*
6 II 12/71

überreiche ich Vollmacht des Antragsgegners. Ich werde beantragen:

1. Die Verteilung des Hausrats in der Weise vorzunehmen, daß dem Antragsgegner zugewiesen werden: 1 Ölgemälde (Stilleben), 1 Stehlampe, 1 Couch, 1 Radioapparat, 1 Nähmaschine, 1 Federbett, 2 mal Bettwäsche, 2 Fenster Gardinen.
2. Den Antrag auf Zuweisung der Ehewohnung abzuweisen, hilfsweise festzustellen, daß dem Antragsgegner allein das Recht zur Benutzung der Ehewohnung zusteht, und anzuordnen, daß die Antragstellerin die Wohnung bis zum 1. Februar 1971 zu räumen hat.

Es ist richtig, daß die Antragstellerin die Schlafzimmer-, Wohnzimmer- und Küchenmöbel in die Ehe eingebracht hat. Hierbei handelt es sich um altes Mobiliar von geringem Wert. Die Antragstellerin mag es behalten. Den eigentlichen Wert der Wohnungseinrichtung machen die von der Antragstellerin richtig angegebenen, während der Ehe angeschafften Gegenstände sowie die Hochzeitsgeschenke aus. Die Anschaffungen sind allein von dem Arbeitsverdienst des Antragsgegners, insbesondere aus seinen Überstundenvergütungen, bestritten worden. Der Radioapparat ist im übrigen unter Eigentumsvorbehalt gekauft worden und noch nicht voll bezahlt. Es steht noch ein Restbetrag von 120 DM offen. Der Antragsgegner ist allenfalls bereit, der Antragstellerin das Ölgemälde (Königssee), die Kinderbettstelle und 2 mal Bettwäsche zu belassen, verlangt dafür aber ein vollständiges Federbett.

Der Antrag auf Zuweisung der Ehewohnung ist unstatthaft. Es handelt sich nicht um eine Mietwohnung, sondern um eine Genossenschaftswohnung. Der Antragsgegner ist seit dem 25. Juni 1965 Mitglied des Erbbauvereins Lichterfelde eGmbH. Er hat den Genossenschaftsanteil im Betrag von 300 DM aus eigenen Mitteln eingezahlt. Auf Grund dieser Mitgliedschaft hat die Genossenschaft am 26. Juni 1965 mit ihm einen Nutzungsvertrag im Sinne des § 34 MSchG über die Ehewohnung geschlossen. Das Recht an der Wohnung ist eng mit der Mitgliedschaft bei der Genossenschaft verbunden und kann nicht auf die Antragstellerin übertragen werden, da diese nicht Mitglied ist. Auch die Genossenschaft widerspricht der Zuweisung der Wohnung an die Antragstellerin.

Weiß
Rechtsanwalt."

Der Referendar: Unter diesen Umständen scheint mir der Antrag der Frau, abgesehen von ihren eingebrachten Möbeln, wenig Aussicht auf Erfolg zu haben. Wenn es zutrifft, daß die während der Ehe angeschafften Gegenstände mit Mitteln des Mannes erworben worden sind, dürfte dessen Alleineigentum feststehen. Nur die Hochzeitsgeschenke möchte ich als gemeinsames Eigentum ansehen und insoweit eine Verteilung vornehmen. Dagegen scheint es mir nicht zulässig zu sein, in das Mitgliedschaftsverhältnis des Antragsgegners zu der Wohnungsgenossenschaft einzugreifen. Die HausratsVO sieht einen solchen Fall nicht vor. Ich möchte die Bestimmung des § 4 entsprechend anwenden, nach der eine Ehewohnung, die einem der Ehegatten auf Grund eines Dienst- oder Werkvertrages eingeräumt worden ist, dem anderen nur mit Zustimmung des dritten Vertragsteils zugewiesen werden darf.

Der Richter: Gegenstand der Regelung ist der Hausrat, der entweder beiden Ehegatten gemeinsam gehört (§ 8^{I}) oder während der Ehe für den gemeinsamen Haushalt angeschafft worden ist (§ 8^{II}) oder der zwar im Alleineigentum eines Ehegatten steht, während der Ehe aber für den gemeinsamen Haushalt benutzt worden ist (§ 9^{I}). Für die Hochzeitsgeschenke stimme ich Ihrer Auffassung zu, daß man Miteigentum der Ehegatten annehmen muß (vgl. Staudinger-Ostler, BGB, 11. Aufl. § 516 Anm. 43). Für Hausrat, der während der Ehe für den gemeinsamen Haushalt angeschafft worden ist, gilt nach § 8^{II} für die Verteilung die Vermutung, daß er gemeinsames Eigentum ist. Durch diese Regelung will der Gesetzgeber den Richter der Notwendigkeit entheben, schwierige Beweiserhebungen über die meist unklaren Eigentumsverhältnisse vorzunehmen. Das Gesetz unterstellt also, daß der Ehegatte, der während der Ehe Haushaltsgegenstände für den gemeinsamen Haushalt anschafft, in der Regel nicht die Absicht hat, Alleineigentum daran für sich oder den anderen Ehegatten zu erwerben, sondern daß er in der Regel für das Ehepaar erwerben will.

Auf den Willen des Verkäufers wird es, insbesondere bei Barkäufen, nach den Grundsätzen des Geschäfts „wen es angeht“ weder für den Abschluß des schuldrechtlichen Vertrages noch für den Eigentumserwerb ankommen. Die Vermutung ist jedoch widerlegt, wenn „das Alleineigentum eines Ehegatten feststeht“. Ich möchte sie für widerlegt halten, wenn der Nachweis erbracht wird, daß die Gegenstände mit Mitteln angeschafft worden sind, die aus dem in die Ehe eingebrachten Vermögen eines der Ehegatten stammen oder die als Ersatz für von einem der Ehegatten in die Ehe eingebrachte Sachen angeschafft worden sind (§ 1370 BGB). Dagegen ist die Vermutung des § 8 II nicht schon durch den Nachweis widerlegt, daß der Gegenstand aus dem während der Ehe erzielten Einkommen eines der Ehegatten erworben worden ist. Es muß dann vielmehr noch der weitere Nachweis hinzukommen, daß der Ehegatte für sich allein erwerben wollte (OLG Freiburg, Rpfleger 1950, 569). Die Vermutung gilt aber nur „für die Verteilung“, also im Hausratsverfahren, nicht auch sonst, z. B. für die Erbfolge nach einem der Ehegatten oder gegenüber den Gläubigern der Ehegatten (OGHZ 3, 372 = NJW 1950, 593; Reinicke, NJW 1955, 1359; a. M. Bosch, FamRZ 1954, 153 u. Alebrand, FamRZ 1955, 348 die Gesamthandseigentum annehmen). Hier gelten vielmehr die allgemeinen Grundsätze, also den Gläubigern des Mannes oder der Frau gegenüber die Vermutung des § 1362. — Wegen der Wohnung möchte ich zunächst die Genossenschaft hören, die nach § 7 als Beteiligte hinzuzuziehen ist. Außerdem soll der Richter mit den Beteiligten mündlich verhandeln und dabei auf eine gütliche Einigung hinwirken (§ 13 II).

Verfügung:

„1. Termin zur mündlichen Verhandlung am 2. Februar 1971 9 Uhr.
2. Das persönliche Erscheinen der geschiedenen Eheleute wird angeordnet.
3. Laden: a) RA. *Weiß*
b) *Gerda Rohloff* } mit Nachricht von 2
c) *Fritz Rohloff*
d) Erbbauverein Lichterfelde eGmbH.
4. Abschrift des Schriftsatzes vom 20. Januar 1971 an Frau *Rohloff* zur Kenntnisnahme.
5. An Erbbauverein Lichterfelde: (Es folgt eine kurze Darstellung des Sachverhalts hinsichtlich der Ehewohnung mit der Bitte um Stellungnahme).“

Am Tage vor dem Termin geht folgendes Schreiben des Erbbauvereins ein:

„Erbbauverein Lichterfelde
eingetragene Genossenschaft mit beschränkter Haftpflicht

Lichterfelde, den 31. Januar 1971
Siedlerweg 7

An das Amtsgericht Lichterfelde.

In der Wohnungsauseinandersetzungssache *Rohloff* — 6 II 12/61 — teilen wir mit, daß eine Zuweisung der Wohnung an die geschiedene Ehefrau unseres Mitglieds *Fritz Rohloff* unzulässig sein dürfte. Nach der Satzung unserer Genossenschaft dürfen die Wohnungen nur an Mitglieder vergeben werden. Auch die Wohnungsämter sind nach § 18 V des Wohnraumbewirtschaftungsgesetzes gehalten, bei der Zuweisung von Wohnraum dieser Satzungsbestimmung Rechnung zu tragen. Unser Mitglied hat nach der Satzung aus dem mit ihm allein geschlossenen Nutzungsvertrag ein Recht darauf, die ihm überlassene Wohnung zu behalten. Selbst wenn Frau *Rohloff* Mitglied unserer Genossenschaft würde, hätte sie kein Anrecht auf die streitige Wohnung, sondern sie müßte auf die Zuweisung einer Wohnung unter Berücksichtigung ihres Beitrittsdatums warten, da noch eine große Anzahl älterer Mitglieder als Wohnungsbewerber vorhanden sind. Wir bedauern daher, unsere Zustimmung zu einer Zuweisung der Wohnung an Frau *Rohloff* nicht erteilen zu können.“

Verhandlungsniederschrift:

„Das Amtsgericht
6 II 12/71.

Lichterfelde, den 2. Februar 1971

Gegenwärtig:
Amtsgerichtsrat *Richter* als Richter
Referendar *Klug* als Urkundsbeamter der Geschäftsstelle.

In der Wohnungsauseinandersetzungssache
(volles Rubrum)

erscheinen bei Aufruf:

1. die Antragstellerin,
2. der Antragsgegner und für ihn Rechtsanwalt *Weiß*.

Nach Erörterung der Sach- und Rechtslage schließen die Beteiligten über den Hausrat folgenden Vergleich:

1. Der Antragsgegner erhält zum alleinigen Eigentum: 1 Ölgemälde (Stilleben), 1 Stehlampe, 1 Couch, 1 Stand Federbetten, 1 Radioapparat Marke Opta, 2 mal Bettwäsche.
2. Die Beteiligten erkennen an, daß der gesamte übrige Hausrat Alleineigentum der Antragstellerin ist bzw. wird.

v. u. g.

Den Beteiligten wurde das Schreiben des Erbbauvereins Lichterfelde vom 31. Januar 1971 bekanntgegeben. Die Antragstellerin erklärte dazu: Es ist zwar richtig, daß mein geschiedener Ehemann allein Mitglied der Genossenschaft ist und den Nutzungsvertrag abgeschlossen hat. Ich wohne jedoch schon seit dem Jahre 1949 in der Wohnung. Mitglied der Genossenschaft und Nutzungsberechtigter war damals mein verwitweter Vater. Der Antragsgegner ist erst anläßlich der Eheschließung im Frühjahr 1965 in die Wohnung zugezogen. Bald darauf heiratete mein Vater, kündigte die Mitgliedschaft bei der Genossenschaft und zog aus der Wohnung aus. Auf diese Weise kam es zum Beitritt des Antragsgegners zu der Genossenschaft und zum Abschluß des Nutzungsvertrages mit ihm. Ich habe also ältere Rechte an der Wohnung.

Rechtsanwalt *Weiß* erklärt, daß diese Umstände das alleinige Recht des Antragsgegners an der Wohnung nicht beeinträchtigen könnten.

Ein Güteversuch scheiterte.

Es wurde folgender Beschluß verkündet:

Die bisherige Ehewohnung der Beteiligten in Lichterfelde, Tulpenstr. 7, wird mit Wirkung vom 1. April 1971 der Antragstellerin zur alleinigen Benutzung zugewiesen. Dem Antragsgegner wird aufgegeben, die Wohnung bis zum 31. März 1971 zu räumen.

Das zwischen dem Erbbauverein Lichterfelde und dem Antragsgegner bestehende Nutzungsverhältnis wird zum 31. März 1971 aufgehoben. Zwischen der Antragstellerin und dem Erbbauverein Lichterfelde wird vom gleichen Zeitpunkt an ein Mietverhältnis zu den Bedingungen des bisherigen Nutzungsvertrages begründet.

Die gerichtlichen Kosten des Verfahrens werden zu 1/3 der Antragstellerin, zu 2/3 dem Antragsgegner auferlegt. Außergerichtliche Kosten werden nicht erstattet.

Der Geschäftswert beträgt für den Streit um die Wohnung 960 DM, für den Streit um den Hausrat 1500 DM."

Der Referendar nach Schluß der Verhandlung: Der Entscheidung muß ich entnehmen, daß es rechtlich möglich ist, Genossenschaftswohnungen den Ehegatten zuzuweisen, der der Genossenschaft nicht angehört.

Der Richter: Die Frage war streitig. Es wurde die Auffassung vertreten, daß die Verknüpfung des Rechtsverhältnisses an der Ehewohnung mit dem Mitgliedschaftsrecht eines der Ehegatten bei einer Genossenschaft die Regelung der Wohnverhältnisse der geschiedenen Eheleute nach der HausratsVO ausschließe oder nur unter erschwerten Voraussetzungen zulasse. Das Kammergericht hat jedoch ausgesprochen (NJW 1955, 185), daß das Bestehen eines solchen Mitgliedschaftsrechts nur einer der Umstände ist, die im Rahmen der Ermessensentscheidung nach § 2 HausratsVO bei der rechtsgestaltenden Entscheidung zu berücksichtigen sind. Dieser Auffassung hat sich das BayObLG angeschlossen (NJW 1955, 753). Es ist zwar nicht zu verkennen, daß der „Nutzungsvertrag“, den die Wohnungsgenossenschaft mit ihrem Mitglied schließt, sowohl nach dem Mieterschutzgesetz (§ 34) wie auch im öffentlichen

Wohnraumbewirtschaftungsrecht (§ 18 WohnBewG) eine Sonderstellung genießt. Aber aus den §§ 5 II, 7, 12 HausratsVO ergibt sich, daß der Richter sogar in die Rechte eines Grundstückseigentümers eingreifen darf. Sicher ist es für die Genossenschaft unerwünscht, wenn ihre Wohnungen von Personen benutzt werden, die nicht Mitglied der Genossenschaft sind. Aber im Hausratsverfahren erfolgt die Zuweisung der Wohnung immerhin an eine Person, die schon bisher zu dem Mitglied und zu der Wohnung in einem persönlichen Verhältnis gestanden hat. Der satzungsgemäße Zweck der Wohnungsgenossenschaften, den Wohnbedarf ihrer Mitglieder zu befriedigen, dient ja auch deren Familienangehörigen. Meist wird auch in den Nutzungsverträgen der Witwe des Mitglieds ein Eintrittsrecht eingeräumt. Ein solches Eintrittsrecht sollten die Genossenschaften nach der Scheidung der Ehe auch dem Ehegatten einräumen, dem die Wohnung zugewiesen wird. Das durch unsere Entscheidung begründete Rechtsverhältnis ist allerdings nach § 5 II HausratsVO ein reiner Mietvertrag. Weder ist die Antragstellerin dadurch Mitglied der Genossenschaft geworden, noch der Antragsgegner aus ihr ausgeschieden. Denn in die Mitgliedschaftsrechte zu der Genossenschaft kann der Hausratsrichter nicht eingreifen. — In unserem Falle sprechen alle Gesichtspunkte für die Ehefrau. Diese hat nicht nur wegen des Kindes den größeren Wohnbedarf, sondern es fällt zu ihren Gunsten auch ins Gewicht, daß sie schon seit vielen Jahren in der Wohnung wohnt und der Ehemann gleichsam nur „eingeheiratet" hat, wenn auch der Nutzungsvertrag auf seinen Namen geschlossen wurde. Ich bitte Sie, die Entscheidungsgründe in diesem Sinne zu entwerfen.

Die Entscheidung wird nach § 16 I erst mit der Rechtskraft wirksam. Um die Frist für die sofortige Beschwerde in Lauf zu setzen, muß die Entscheidung nach § 16 II FGG förmlich zugestellt werden, § 187 S. 2 ZPO, der bei Notfristen eine Heilung von Zustellungsmängeln nicht zuläßt, gilt auch im Verfahren der freiwilligen Gerichtsbarkeit, obgleich das FGG den Begriff der Notfrist (§ 223 III ZPO) nicht kennt (Jansen, FGG, 2. Aufl. § 16 Rdn. 37). Die Zustellung an den Antragsgegner muß zu Händen seines Verfahrensbevollmächtigten erfolgen. Zwar wird in der freiwilligen Gerichtsbarkeit angenommen, daß eine Bekanntmachung an den Beteiligten selbst auch dann wirksam erfolgen könne, wenn er im Verfahren durch einen Bevollmächtigten vertreten war, so daß das Gericht die Wahl habe, ob es an den einen oder anderen zustellen wolle (Keidel, FGG, 7. Aufl., § 16 Anm. 8). In echten Streitsachen, zu denen auch das Hausratsverfahren zählt, ist jedoch § 176 ZPO anzuwenden (BGH NJW 1952. 1136; 1953, 222). Für diese Verfahrensart hat der BGH den Grundsatz aufgestellt, daß die unmittelbare oder entsprechende Anwendung von Vorschriften des Verfahrens der streitigen Gerichtsbarkeit geboten ist, wenn es sich um einen allgemeinen Rechtsgedanken handelt, der in der ZPO lediglich seinen Niederschlag gefunden hat (BGHZ 14, 183, Jansen, FGG 2. Aufl/ Vorbem. vor § 8 Rdn. 54, 59). Jedoch ist vor einer kritiklosen Übertragung zivilprozessualer Vorschriften auf das Verfahren der freiwilligen Gerichtsbarkeit zu warnen. Die Eigenständigkeit dieses Verfahrens muß gewahrt bleiben (Jansen a. a. O. vor § 8 Rdn. 59). — Die rechtskräftige Entscheidung des Hausratsrichters ist ein Vollstreckungstitel (§ 16 III). Die materielle Rechtskraft ist jedoch eingeschränkt. Die Entscheidung des Gerichts und ein gerichtlicher Vergleich können auf Antrag beim Eintritt einer wesentlichen Änderung der tatsächlichen Verhältnisse geändert werden, wenn dies notwendig ist, um eine unbillige Härte zu vermeiden (§ 17).

Vorläufige Vormundschaft. Gebrechlichkeitspflegschaft

„Amtsgericht. Lichterfelde, den 26. Oktober 1970
Geschäftsnummer: 4 E 6/70.

Die verwitwete Frau *Helene Herzog* geb. *Ritter* in Lichterfelde hat am 23. Oktober 1960 beantragt, ihren Sohn, den volljährigen verheirateten Kaufmann und Ingenieur *Bruno Herzog* in Lichterfelde, Hauptstraße 23, wegen Geistesschwäche und Verschwendung zu entmündigen. Hiervon wird gemäß § 657 ZPO. dem Vormundschaftsgericht Mitteilung gemacht.

An
das Amtsgericht
hier.

Auf richterliche Anordnung:
Urkund
Justizsekretär."

„An das Amtsgericht, Vormundschaftsgericht,
hier.

Lichterfelde, den 26. Oktober 1970

Vollmacht der verwitweten Frau *Helene Herzog* geb. *Ritter* in Lichterfelde überreichend beantrage ich:

den Kaufmann und Ingenieur *Bruno Herzog* in Lichterfelde, Hauptstraße 23, gemäß § 1906 BGB unter vorläufige Vormundschaft zu stellen.

Zur Begründung beziehe ich mich auf die beiliegende Abschrift des bei der Abteilung für Entmündigungssachen eingereichten Entmündigungsantrags und die dort beigefügten Beweisstücke. Es ist zu befürchten, daß *Bruno Herzog* bis zur Entmündigung sein Vermögen, vielleicht auch seine Person durch unvernünftige Maßnahmen schädigt, wenn keine vorläufige Vormundschaft angeordnet wird (wird näher dargelegt).

Schwarz
Rechtsanwalt."

Beide Schriftstücke gehen gleichzeitig ein. Auch ohne den „Antrag" des Anwalts, der in Wahrheit nur eine „Anregung" ist, hätte das Vormundschaftsgericht von Amts wegen prüfen müssen, ob die Anordnung einer vorläufigen Vormundschaft zulässig und erforderlich ist. Zulässigkeitsvoraussetzung ist das Vorliegen eines von einem Antragsberechtigten bei dem (nach § 648 ZPO ausschließlich) zuständigen Gericht gestellten Entmündigungsantrags. Die Einleitung des Entmündigungsverfahrens (§§ 648, 649 ZPO) braucht jedoch noch nicht angeordnet zu sein. Die Begründetheit und die Erfolgsaussichten des Antrags hat das Vormundschaftsgericht grundsätzlich nicht zu prüfen; nur wenn der Antrag offensichtlich unbegründet ist, kann es die Anordnung ohne weiteres ablehnen (BayObLG 34, 503), sofern das Verfahren noch nicht eingeleitet ist. Dagegen hat es selbständig und unabhängig von dem Stande des Entmündigungsverfahrens die sachliche Voraussetzung des § 1906 BGB zu prüfen, nämlich ob die vorläufige Vormundschaft „zur Abwendung einer erheblichen Gefährdung der Person oder des Vermögens" des zu Entmündigenden erforderlich erscheint. Hierzu hat es den Sachverhalt gemäß § 12 FGG von Amts wegen zu erforschen.

Die Befugnis zur Stellung des Entmündigungsantrags haben für alle Arten der Entmündigung: Ehegatten, gesetzliche Vertreter, denen die Vertretung in den die Person betreffenden Angelegenheiten zusteht, Verwandte ohne Rücksicht auf Gradesnähe (nicht dagegen Verschwägerte). §§ 646^{I} S. 1, 680^{III} ZPO. Im übrigen sind zwei Gruppen auseinanderzuhalten: 1. Entmündigungen wegen Geisteskrankheit oder -schwäche liegen im Interesse der Allgemeinheit, deshalb hat hier außer den vorbezeichneten Personen auch der Staatsanwalt das Antragsrecht (§ 646^{II}) und er ist Passivpartei für Anfechtungs- und Wiederaufhebungsklagen (§§ 666^{I}, 679^{IV}). Für Fürsorgezöglinge steht auch der Fürsorgeerziehungsbehörde das Antragsrecht zu (§ 69^{V} JWG). 2. Entmündigungen wegen Verschwendung oder Trunksucht gelten als Angelegenheit der Beteiligten, deshalb findet bei ihnen keine Mitwirkung der Staatsanwaltschaft statt (§ 680^{IV}). Wenn nach Landesrecht der Fürsorgeverband solche Entmündigungen beantragen darf (§ 680^{V} ZPO, § 3 PrAGZPO, dazu RG 154, 129, und das weitere bei Jansen, FGG, 2. Aufl. § 57 Rdn. 9 angeführte Landesrecht), so handelt er damit in Ausübung öffentlicher Fürsorge. Nur im Notfall, nämlich wenn der ursprüngliche Antragsteller verstorben oder sein Aufenthalt unbekannt oder im Ausland ist, übernimmt bei Verschwendung und Trunksucht der Staatsanwalt die Parteirolle für Anfechtungs- oder Wiederaufhebungsprozesse. §§ 684^{III}, 686^{III} ZPO. — Eine Einschränkung des Antragsrecht der Verwandten gilt nach § 646^{I} S. 3 ZPO, wenn der Antrag sich gegen einen Ehegatten richtet. Frau Herzog kann hier die Entmündigung ihres Sohnes beantragen, obwohl er verheiratet ist, weil, wie wir noch erfahren werden, seine Ehefrau ihn verlassen hat, ohne einen Grund zum Getrenntleben zu haben.

Im Entmündigungsantrag gibt Frau Herzog an, daß ihr Sohn schon während der Schulzeit Zeichen von Schwachsinn gezeigt habe. Nach dem Tod des Vaters habe er von dem ererbten Vermögen 20 bis 30000 DM mit sinnlosen kaufmännischen und technischen Projekten vergeudet, alsdann ohne Wissen seiner Familie eine Kabarettsängerin schlechten Rufes geheiratet, die ihn nach wenigen Monaten verlassen und die Beziehungen zu einem früheren Liebhaber wieder aufgenommen habe. Scheidungsklage habe ihr Sohn noch nicht eingereicht. Von minderwertigen Leuten werde seine Gutmütigkeit und geringe Urteilskraft ausgebeutet, um ihm Geld abzunehmen, wofür die Antragstellerin verschiedene Einzelfälle aus den letzten Monaten anführt. Er habe sich auch dem Trunk ergeben.

Der Vormundschaftsrichter läßt die Entmündigungsakten beifügen. Der Entmündigungsantrag ist Bruno Herzog mit Frist von zwei Wochen zur Erklärung mitgeteilt worden, und die Staatsanwaltschaft hat Kenntnis erhalten (§§ 653^1 S. 2, 652 S. 2). Eine Beweisaufnahme hat noch nicht stattgefunden. Doch befinden sich, von der Mutter überreicht, in den Entmündigungsakten ärztliche Atteste, die Schwachsinn auf epileptischer Grundlage bescheinigen, ferner sind einige Fälle von Ausbeutung durch Vorlegung von Briefen wahrscheinlich gemacht. Daraus läßt sich natürlich noch kein abschließendes Urteil über die Berechtigung der beantragten Entmündigung gewinnen. Der Vormundschaftsrichter sagt sich aber, daß die vorliegenden Tatsachen eine erhebliche Vermögensgefährdung befürchten lassen, wenn man den zu Entmündigenden weiter gewähren ließe, daß dessen vorherige Anhörung grundsätzlich zwar angezeigt, jedoch bei Gefahr im Verzuge nicht unbedingt erforderlich ist (OLG Köln, NJW 1961, 609), und verfügt:

„1. Beiakten trennen.

2. Beschluß. Der Kaufmann und Ingenieur *Bruno Herzog* in Lichterfelde wird gemäß § 1906 BGB unter vorläufige Vormundschaft gestellt, weil seine Entmündigung wegen Geistesschwäche und Verschwendung beantragt und weil nach den in den Entmündigungsakten 4 E 6/70 befindlichen ärztlichen Zeugnissen....... und den Briefen .... zu besorgen ist, daß *Bruno Herzog* sein Vermögen durch nachteilige Maßnahmen schädigen wird, so daß die vorläufige Vormundschaft zur Abwendung einer erheblichen Gefährdung seines Vermögens erforderlich ist.

Lichterfelde, den 28. Oktober 1970.

Das Amtsgericht.

Richter.

3. Zustellen an *Bruno Herzog.*

4. Nachricht an a) RA. *Walter,*
   b) Kreispolizeibehörde (AV d. RJM vom 12. Januar 1943, DJ S. 14)."

Gegen den Beschluß findet die sofortige Beschwerde statt (§§ 60^5, 22^1 FGG). Die Wirksamkeit der vorläufigen Vormundschaft tritt aber schon vor der formellen Rechtskraft, also der Unanfechtbarkeit der Verfügung ein, und zwar mit der Zustellung an den zu Entmündigenden (§§ 52, 16^1 FGG). Dieser kann sein Beschwerderecht (§ 20^1 FGG) nach § 59^1 FGG selbst oder durch einen von ihm beauftragten Anwalt ausüben; auch der vorläufige Vormund könnte namens seines Mündels Beschwerde erheben. Die Beschwerde hat nach § 24^1 keine aufschiebende Wirkung. Sollte das Beschwerdegericht die Anordnung aufheben, so würde diese Entscheidung erst mit der Rechtskraft wirksam (§ 26 FGG). Die vorläufige Vormundschaft bliebe bis dahin also in Kraft, wenn nicht das Beschwerdegericht die sofortige Wirksamkeit seiner Entscheidung anordnet (§ 26 S. 2 FGG). Wäre das Ziel des Antrags Entmündigung wegen Geisteskrankheit, so würde die vorläufige Vormundschaft nicht mit der Zustellung, sondern erst mit Bestellung des Vormundes wirksam (§ 52).

Welches sind die materiellen Folgen? Nach § 114 BGB hat Bruno Herzog seine volle Geschäftsfähigkeit verloren und ist nur noch beschränkt geschäftsfähig, so daß seine Willenserklärungen ohne Genehmigung des Vormunds unwirksam sind. Wenn aber das eingeleitete Entmündigungsverfahren nicht zur Entmündigung führen oder der Entmündigungsbeschluß auf Anfechtungsklage aufgehoben werden sollte, kann die Wirksamkeit der von ihm in der Zwischenzeit vorgenommenen Rechtsgeschäfte nicht auf Grund der vorläufigen Vormundschaft in Frage gestellt werden (§ 115^{II}), d.h. es sind in diesem Fall sowohl die eigenen Handlungen des Bruno Herzog wie diejenigen seines vorläufigen Vormunds rechtsgültig. Die Testierfähigkeit hat er bereits mit Stellung des Entmündigungsantrags eingebüßt, allerdings unter der aufschiebenden Bedingung, daß die Entmündigung beschlossen und der Beschluß noch zu seinen Lebzeiten unanfechtbar, also eine etwaige Anfechtungsklage rechtskräftig abgewiesen wird; insoweit bedarf es also keiner vorläufigen Vormundschaft, §§ 2229/30. Dagegen behält ein wegen Geistesschwäche, Verschwendung oder Trunksucht Entmündigter die Befugnis, ein vorher errichtetes Testament zu widerrufen (§ 2253^{II}; dazu lehrreich OLG Köln NJW 1955, 466).

„4. RA. *Walter* ist kurzerhand zur Verpflichtung zu bestellen."

Das Gericht hat in der Auswahl des vorläufigen Vormunds freie Hand, es gibt hier keine „berufenen" Personen (§ 1907). Wegen der verwickelten Rechtsfragen, vor die sich der Vormund voraussichtlich gestellt sehen wird, ist die Bestellung eines Anwalts das Gegebene.

Rechtsanwalt Walter wird verpflichtet, setzt sich in den Besitz des Vermögens, reicht die Sperrnachweisungen ein (S. 103) und erstattet von Zeit zu Zeit Bericht. Über die Sorge für die Person des Mündels ist nicht viel zu sagen: der Vormund hat ihn in einer einfachen Pension untergebracht (§ 1901). Ein Grund zur Unterbringung in einer Heilanstalt für Geistesgestörte liegt nicht vor. Der Vormund müßte übrigens zu dieser Maßnahme im Hinblick auf Art. 104^{II} GG gemäß § 1800^{II} BGB die Genehmigung des Vormundschaftsgerichts einholen (oben S. 107). Die Vermögensverwaltung hat eine Reihe von Schwierigkeiten ergeben.

„I. Am 20. Oktober 1970, kurz vor Stellung des Entmündigungsantrags und Anordnung der vorläufigen Vormundschaft, hat der Mündel dem Chemiker *John* 5000 DM als Einlage für eine zu gründende Gesellschaft versprochen, die gewisse nach Ansicht von Fachleuten absolut wertlose Erfindungen des *John* herstellen soll. Ich habe die Zahlung der Einlage verweigert und mache gegenüber der Klage *John*s in erster Linie geltend, daß die freie Willensbestimmung des Mündels an dem genannten Tag ausgeschlossen war, in zweiter, daß *John* die geistige Minderwertigkeit seines Vertragspartners in unsittlicher Weise ausgebeutet hat. Auch habe ich den Vertrag wegen arglistiger Täuschung angefochten."

War infolge der geistigen Defekte des Bruno Herzog seine freie Willensbestimmung beseitigt, so ist das Geschäft, obgleich vor der vorläufigen Vormundschaft liegend, nach den §§ 104^{2}, 105^{II} nichtig. „Geistesschwäche" und „Geisteskrankheit" sind nicht begrifflich, sondern nur dem Grade nach verschieden; ausschlaggebend ist der durch die Störung herbeigeführte Ausschluß der freien Willensbestimmung, den der Vormund zu beweisen hat. RG 74, 110; 130, 69. Die Geschäftsfähigkeit kann wegen einer geistigen Störung auch nur für einen beschränkten Kreis von Angelegenheiten (Querulantenwahn!) ausgeschlossen sein (BGH NJW 1955, 1714). Gelingt der Beweis nicht, so sind möglicherweise die Voraussetzungen des § 138 gegeben, wenn nämlich John die verringerte Urteilsfähigkeit und leichte Beeinflußbarkeit des Bruno Herzog erkannt und bewußt zum eigenen Vorteil ausgenutzt hatte. RG 67, 393; 72, 61; JW 1915, 392^{2}.

„II. Nach Wirksamwerden der vorläufigen Vormundschaft, am 30. Oktober 1960, hat der Mündel, obgleich ich ihm die Vornahme irgendwelcher Geschäfte streng untersagt hatte, der hiesigen Eigenheim-Siedlungs-Gesellschaft Eintracht eGmbH. 150 Öfen, Marke „Eskimo", zum Preis von 83 DM je Stück verkauft. Die Öfen sind für 76 bis 77 DM im Großhandel zu haben. Ich habe daher den Kauf gegenüber der Siedlungsgesellschaft genehmigt. Die Gesellschaft hat nachträglich versucht, sich von dem Vertrage loszusagen, weil sie die vorläufige Vormundschaft beim Abschluß nicht gekannt habe; ich will jedoch auf Abnahme bzw. Zahlung der Differenz bestehen und nötigenfalls klagen."

Wer in Unkenntnis der beschränkten Geschäftsfähigkeit des anderen Teils einen Vertrag schließt, ist zum Widerruf berechtigt. Kommt ihm aber der gesetzliche Vertreter mit der Genehmigung zuvor, so fällt das Widerrufsrecht weg (§ 109), und das Geschäft wird voll wirksam. §§ 114, 108, 182.

„III. Am 29. Oktober 1970 hat der Mündel ferner von Bankier *Schilling*, bei dem er ein Bankguthaben unterhielt, 8000 DM Rheinisch-Westfälische Elektrizitätswerke-Aktien zum damaligen Kurs von 169½ gekauft. Die Kurse der Elektrizitätswerke sind seitdem stark gesunken, und es ruht z. Z. ein Verlust von rund 1750 DM auf dem Geschäft. *Schilling* beruft sich darauf, es habe sich um ein vollkommen reguläres Geschäft gehandelt, wie es von *Herzog* wiederholt abgeschlossen und glatt ausgeführt worden sei, er habe von der vorläufigen Vormundschaft nichts gewußt, und man habe *Herzog* keine Zeichen einer geistigen Störung anmerken können. Ich halte das für unerheblich, habe dem Abzug des Kaufpreises vom Bankguthaben widersprochen und werde, falls *Schilling* nicht nachgibt, auf Zahlung des vollen Guthabens klagen."

Entmündigungen wegen Verschwendung oder Trunksucht (nicht auch wegen Geisteskrankheit und Geistesschwäche) werden nach § 687 ZPO öffentlich bekanntgemacht. Bei der vorläufigen Vormundschaft sieht das Gesetz eine Veröffentlichung nicht vor. Daher können dritte Personen leicht in die Lage kommen, in Unkenntnis der vorläufigen Vormundschaft mit einem nicht voll Geschäftsfähigen zu kontrahieren. Die Rechtslage ist dann die gleiche, wie wenn der Geschäftsgegner ein unerkennbar Geisteskranker (§ 104^2) wäre. Ein Schutz des guten Glaubens an die Geschäftsfähigkeit ist im BGB nicht vorgesehen. Willenserklärungen eines Geisteskranken im Sinne des § 104^2 BGB sind gemäß § 105 BGB auch dann nichtig, wenn die Geisteskrankheit im Verkehr oder für den Vertragspartner nicht erkennbar ist (RG 120, 171), selbst wenn es sich um ein Geschäft verständigen Inhalts handelt. Vorschläge im Schrifttum, die Geschäftsunfähigkeit auf erkennbar Geisteskranke zu beschränken, haben sich nicht durchsetzen können, weil sie die Schutzbedürftigkeit des Kranken und seiner Angehörigen vernachlässigen. Nach herrschender Meinung wird jedoch durch den Gutglaubensschutz der Art. 16^{II} WG und 21 ScheckG auch die mangelnde Geschäftsfähigkeit des Veräußerers eines Wechsels oder Schecks geheilt (BGH NJW 1951, 402; a. M. Hueck, Wertpapierrecht, 6. Aufl. S. 51). — In jedem Fall bleibt aber die Bereicherungshaftung. Bei wegen Verschwendung oder Trunksucht Entmündigten wird meist Deliktsfähigkeit vorliegen und daher eine Haftung nach den §§ 823^I, 826 gegeben sein. In anderen Fällen kann die Billigkeitshaftung nach § 829 in Betracht kommen. Ferner ist eine in geschäftsfähigem Zustand übernommene Verpflichtung, für durch mangelnde Geschäftsfähigkeit entstehende Schäden aufzukommen, für verbindlich zu erachten (BGHZ 52, 61). Eine solche Klausel findet sich in Nr. 23 der allgemeinen Geschäftsbedingungen der Banken (abgedr. bei Baumbach-Duden, HGB, Anh. I nach § 346).

„IV. Die in Berlin lebende Ehefrau des Mündels hat von mir Unterhalt in Höhe von monatlich 300 DM beansprucht."

Denn der Unterhaltsanspruch gehört zu den gesetzlichen Schuldverhältnissen. Vertragsansprüche setzen beim Schuldner Geschäftsfähigkeit, Ansprüche aus unerlaubter Handlung Deliktsfähigkeit (§§ 827/8) voraus. Für gesetzliche Schuldverhältnisse, zu denen neben den Unterhaltsforderungen auch die ungerechtfertigte Bereicherung gehört, besteht kein entsprechendes Erfordernis, sondern es genügt Rechtsfähigkeit und die Erfüllung des gesetzlichen Tatbestandes.

„Ich habe versucht, den Mündel zur Erhebung einer Scheidungsklage zu bestimmen, für welche es an Gründen nicht fehlt, da Frau *Herzog* einen leichtsinnigen Lebenswandel führt. Der Mündel weigert sich jedoch, auf Scheidung zu klagen, so daß es nicht möglich sein wird, ihn auf diesem Weg von der Unterhaltslast zu befreien.“

Die Bestimmungen des allgemeinen Teils des BGB und der ZPO über Geschäfts- und Prozeßfähigkeit, nach denen für nicht unbeschränkt Geschäftsfähige der gesetzliche Vertreter handelt, passen nicht auf Angelegenheiten höchstpersönlicher Natur. Deshalb sind für eine Reihe wichtiger Rechtsgeschäfte des Familien- und Erbrechts sowie statusrechtliche Prozesse Sonderregelungen getroffen, welche auf dem gemeinsamen Gedanken beruhen, die Mitwirkung des gesetzlichen Vertreters nach Möglichkeit einzuschränken (namentlich im Eherecht, für die Anfechtung der Ehelichkeit eines Kindes oder der Anerkennung der nichtehelichen Vaterschaft, Einwilligung Dritter zur Ehelicherklärung oder Adoption, Anfechtung, Aufhebung, Rücktritt von Erbverträgen, Erbverzicht auf seiten des Erblassers, Ehe- und Kindschaftsprozesse, § 3 EheG, §§ 1595, 1595a^{III}, 1597^{IV}, 1600k^{I} S. 1, 1728^{III}, 1748^{II} S. 2, 2282, 2290, 2296, 2347 BGB, §§ 612, 640b ZPO):

1. Bloße Beschränkung der Geschäftsfähigkeit wird durchweg nicht beachtet. Der beschränkt Geschäftsfähige kann ohne Mitwirkung seines gesetzlichen Vertreters die Ehelichkeit, die Anerkennung der nichtehelichen Vaterschaft oder einen Erbvertrag anfechten, auf Scheidung, Aufhebung, Herstellung, Nichtigkeit der Ehe klagen usw.

2. Bei Geschäftsunfähigkeit gibt es drei verschiedene Lösungen:

a) Hätte der Geschäftsunfähige durch das Unterbleiben des Aktes Rechtsnachteile zu erleiden, so wird an seiner Stelle der gesetzliche Vertreter — fast immer mit vormundschaftsgerichtlicher Genehmigung — tätig: Anfechtung der Ehelichkeit oder der Anerkennung der nichtehelichen Vaterschaft, des Erbvertrags, Scheidungs-, Aufhebungs- und Ehenichtigkeitsklage.
b) Handelt es sich nur um die Zustimmung als Dritter zur Ehelicherklärung oder Adoption, so wird der Geschäftsunfähige übergangen (weil er „zur Abgabe einer Erklärung dauernd außerstande“ ist).
c) Sonst ist das Rechtsgeschäft oder der Rechtsstreit gänzlich unmöglich; Eheschließung, Bestätigung der Ehe, Antrag auf Ehelicherklärung, Adoption. Eine Schädigung des Geschäftsunfähigen kann daraus nicht entstehen. Ferner ist die Erhebung der Eheherstellungsklage durch den gesetzlichen Vertreter unzulässig (§ 612^{II} S. 2).

Der Umstand, daß der wegen Geistesschwäche Entmündigte oder unter vorläufige Vormundschaft Gestellte grundsätzlich beschränkt geschäftsfähig ist, schließt nicht aus, daß er sich zur Zeit der Vornahme eines bestimmten Rechtsgeschäfts in einem die freie Willensbestimmung ausschließenden Zustand der Geistesstörung befand und daher nach § 104^{2} BGB geschäftsunfähig war (RG 130, 69). Erhebt also der Mündel persönlich Scheidungsklage, so müßte das Prozeßgericht, wenn Anlaß dazu besteht, gemäß § 56 ZPO diese Frage von Amts wegen prüfen. Ist der Mündel aus dem tatsächlichen Grunde des § 104^{2} BGB geschäftsunfähig, dann ist der vorläufige Vormund der berufene gesetzliche Vertreter auch in den Angelegenheiten, in denen der Mündel als beschränkt Geschäftsfähiger selbständig handeln könnte (Stein-Jonas-Schönke, 18. Aufl., § 612 II 1; anders OLG München JW 1938, 1244).

Unter dieser Voraussetzung könnte also der Vormund (mit Genehmigung des Vormundschaftsgerichts) Klage auf Scheidung der Herzogschen Ehe erheben.

„Ich habe aber geltend gemacht, daß die Gewährung von Unterhalt wegen unberechtigter Verweigerung des ehelichen Lebens entfalle und jedenfalls nach den Umständen nicht der Billigkeit entspreche (§ 1361 BGB).

V. Einen Ehevertrag hatten die Eheleute *Herzog* nicht geschlossen.

Weiteren Bericht werde ich innerhalb drei Monaten erstatten.

Walter, RA., als Vormund."

Güterrechtliche Wirkungen hat die Anordnung der vorläufigen Vormundschaft im allgemeinen nicht. Bei Gütergemeinschaft mit gemeinschaftlicher Verwaltung des Gesamtguts verwaltet jedoch ein Ehegatte das Gesamtgut allein, wenn der andere unter Vormundschaft steht (§ 1458). Wenn ein Ehegatte entmündigt ist und der Beschluß nicht mehr angefochten werden kann, kann der andere auf Aufhebung der Gütergemeinschaft klagen (§§ 1447^{4}, 1469^{5})).

Wenn Bruno Herzog Kinder hätte, so würde seine elterliche Gewalt kraft Gesetzes ruhen (§§ 1673^{II}, 114) und von der Mutter allein ausgeübt werden (§ 1678^{I}). Ist die Mutter verstorben, so wird dem Kinde nach der Regel des § 1773^{I} ein Vormund bestellt.

Entmündigung. Vormundschaft über Volljährige.

„Amtsgericht. Lichterfelde, den 18. Juni 1971
Geschäftsnummer: 4 E 6/70.

In der *Herzog*schen Entmündigungssache hat das Amtsgericht beschlossen:

Der Kaufmann und Ingenieur *Bruno Herzog* in Lichterfelde wird wegen Verschwendung entmündigt. Der Antrag auf Entmündigung wegen Geistesschwäche wird abgelehnt.

Der Beschluß ist dem Entmündigten am 16. Juni 1971 zugestellt worden. Hiervon wird gemäß §§ 660, 683 ZPO zu den Akten 6 H VII 5693 Mitteilung gemacht.

An
das Amtsgericht
hier.

Auf richterliche Anordnung:
Urkund
Justizsekretär."

Gegen den Beschluß haben, weil der Antrag teilweise abgelehnt ist, Antragstellerin und Staatsanwalt die sofortige Beschwerde, Bruno Herzog Anfechtungsklage innerhalb eines Monats (keine Notfrist!). §§ 663, 664, 684. Die Wirksamkeit der Entmündigung ist von ihrer Unanfechtbarkeit unabhängig, sie tritt (entsprechend der vorläufigen Vormundschaft) mit der Zustellung an den Entmündigten ein; nur bei einer Entmündigung wegen Geisteskrankheit tritt die Wirkung mit der Zustellung an den gesetzlichen Vertreter oder mit der Bestellung des Vormundes ein. §§ 661, 683^{II} S. 1.

Die „vorläufige Vormundschaft" wird nunmehr in eine endgültige „Vormundschaft über Volljährige" (§§ 1896f. BGB) übergeleitet. Nach § 1899 ist die Mutter Helene Herzog als Vormund „berufen"; wird sie bestellt, so hat sie kraft Gesetzes die Stellung eines befreiten Vormunds. §§ 1903, 1904. Das Gericht kann nach seinem Ermessen die Ehefrau des Mündels vorziehen (§ 1900), doch gehört die Ehefrau nicht zu den „berufenen" Personen, wird auch nicht befreiter Vormund.

Worin bestehen die Besonderheiten der befreiten Vormundschaft? 1. Es wird kein Gegenvormund bestellt. § 1852^{I}. 2. Die Inventarisierungspflicht aus § 1802 wird nicht berührt. Dagegen tritt an Stelle der Rechnungslegung die Einreichung von „Übersichten über den Bestand des Vermögens" in Zeitabschnitten von 2 bis 5 Jahren. § 1854. Natürlich prüft das Vormundschaftsgericht diese Übersichten und vergleicht sie mit der vorangegangenen Übersicht. Fallen dabei Veränderungen auf, so fragt man bei dem Vormund an, der nach § 1839 Aufklärung geben muß. Dem Mündel gegenüber ist der befreite Vormund wie ein anderer Vormund zur Rechenschaftslegung verpflichtet, so daß er schon aus diesem Grund bis zur endgültigen Entlastung alle Belege aufzubewahren hat.

3. Die Pflicht zur mündelsicheren Geldanlegung besteht grundsätzlich. Nach § 1811 kann das Gericht eine anderweitige Anlage gestatten. Beruht die befreite Vormundschaft auf testamentarischer Anordnung, so kann außerdem der Vater gleichzeitig Bestimmungen über die Geldanlegung treffen, die von den Grundsätzen der Mündelsicherheit abweichen; hiernach hat sich dann — soweit es sich um das vom Vater vererbte Vermögen handelt — der Vormund zu richten. § 1803. 4. Keine Sperrpflicht für Sparkassengelder und Wertpapiere. §§ 1852^{II}, 1853. 5. Die Rechtsgeschäfte der §§ 1812/3 (Gruppe 3 der Einteilung oben S. 106) sind genehmigungsfrei. Die Genehmigungspflicht bleibt immer noch recht lästig. Z. B. bedarf der befreite Vormund zu Geschäften, die im Betrieb eines kaufmännischen Geschäfts alltäglich sind, wie Aufnahme von Geld auf den Kredit des Mündels, Wechselzeichnung, Bürgschaft, Vergleich über 300 DM, der Genehmigung. § $1822^{8, 9, 10, 12}$. Der Vormundschaftsrichter hat aber die Möglichkeit, dem Vormund gemäß § 1825 eine allgemeine Ermächtigung zu erteilen. Das wird insbesondere in Betracht kommen, wenn zum Mündelvermögen ein Geschäft gehört. Auch kann der Vormund einen Prokuristen bestellen, der dann auf Grund seiner Prokura das Geschäft selbständig führen kann. Die Erteilung der Prokura selbst ist genehmigungspflichtig (§ 1822^{11}).

Alle Befreiungen können, wenn sie zu einer Gefährdung des Mündels führen, vom Vormundschaftsgericht außer Kraft gesetzt werden (§ 1857).

Die befreite Vormundschaft zufolge testamentarischer Anordnung ist durch die Testamentsvollstreckung fast völlig aus dem Rechtsleben verdrängt. Gesetzlich befreit sind, außer Vater und Mutter als Vormund über ihr entmündigtes volljähriges Kind, das Jugendamt als (gesetzlicher oder bestellter) Amtsvormund oder Amtspfleger und der Vereinsvormund (§§ 1857a, 1915 BGB, § 38^{III} JWG).

Gebrechlichkeitspflegschaft: Die auf § 1910^{II} beruhende ziemlich häufige Gebrechlichkeitspflegschaft über Geisteskranke findet ihre Grundlage nicht in einer schwebenden oder abgeschlossenen Entmündigung. Zum Unterschied von vorläufiger Vormundschaft und Entmündigung führt sie keine Minderung der Geschäftsfähigkeit des Pflegebefohlenen herbei, dessen rechtsgeschäftliche Handlungen vielmehr gültig bleiben, soweit nicht im Einzelfall die tatsächlichen Voraussetzungen der §§ 104^{2}, 105^{II} vorliegen. Daraus folgt, daß die Gebrechlichkeitspflegschaft sich nur für solche Fälle eignet, in denen die Gefahr der Vornahme unvernünftiger Rechtsgeschäfte durch den Kranken praktisch nicht besteht, vielmehr lediglich eine Person gebraucht wird, die einwandfrei wirksame Erklärungen in seinem Namen abgeben kann. Z. B. der Geisteskranke, dem wegen seiner dauernden Invalidität eine Rente zusteht, ist in der Irrenanstalt untergebracht. Der Fürsorgeverband will zur teilweisen Deckung seiner Kosten die Rente haben und läßt den Pfleger bestellen, damit er die Rente bei der Landesversicherungsanstalt abhebt und den Betrag namens des Pflegebefohlenen an den Fürsorgeverband abführt. Oder der Kranke soll einem Vertrag beitreten, es soll ein Prozeß in seinem Namen geführt werden u. dgl. mehr. Zu Passivprozessen bedarf es der Einleitung einer Pflegschaft nicht, weil hier der Vorsitzende des Prozeßgerichts einen Prozeßvertreter bestellen kann (§ 57 ZPO). Demgemäß wechselt der Aufgabenkreis des Pflegers von Fall zu Fall.

Damit nicht geistig Gesunde mit Hilfe des § 1910^{II} BGB ohne die gesetzlichen Garantien des Entmündigungsverfahrens unter die Gewalt eines familienrechtlichen Vertreters gestellt werden können, wird die Einleitung der Pflegschaft davon abhängig gemacht, daß entweder der Gebrechliche einwilligt oder eine Verständigung mit ihm laut ärztlicher Äußerung unmöglich ist (§ 1910^{III}). Aus demselben Grunde ist eine Totalpflegschaft (für alle persönlichen und Vermögensangelegenheiten) auf Grund des § 1910^{II} unzulässig. Vgl. Jansen, FGG, § 38 Rdn. 1; Beitzke, FamRZ 1960, 506.

Dem Pflegebefohlenen steht gegen die Anordnung der Gebrechlichkeitspflegschaft gemäß § 20^{I} FGG das Beschwerderecht zu. Wer geschäftsunfähig ist, kann zwar in der Regel sein Beschwerderecht weder selbst noch durch einen Bevollmächtigten wirksam ausüben (vgl. auch § 59^{II} FGG). Wegen der Schwere des Eingriffs in das Persönlichkeitsrecht ist jedoch der Pflegebefohlene unabhängig von seinem Geisteszustand für die Beschwerde gegen die Anordnung der Pflegschaft oder für den auf ihre Aufhebung gerichteten Antrag aus § 1920 BGB als geschäftsfähig anzusehen (BGHZ 35, 1 auf Vorlegung des KG in FamRZ 1960, 503 unter Aufgabe von BGHZ 15, 262). Wenn ferner der Wirkungskries des Pflegers auch eine Angelegenheit der Personensorge umfaßt, hat nach § 57^{I} Nr. 9 FGG ein Beschwerderecht jeder, der ein berechtigtes Interesse hat, diese Angelegenheit des Pflegebefohlenen wahrzunehmen, insbesondere also ein naher Angehöriger. Wegen des Beschwerderechts gegen die Ablehnung oder Aufhebung der Gebrechlichkeitspflegschaft vgl. § 57^{I} Nr. 3 FGG. — Ebenso wird allgemein angenommen, daß der von einer Freiheitsentziehung durch Unterbringung in einer Heilanstalt betroffene angeblich Geisteskranke nach Analogie des Entmündigungsverfahrens (§§ 664, 675, 679^{III}, 686^{II} ZPO) in dem Verfahren nach Art. 104^{II} GG als prozeßfähig zu behandeln ist (OVG Berlin, DVBl. 1952, 764; BVerwG 1, 231; BVerfGE 10, 306; Jansen, FGG, 2. Aufl. § 13 Rdn. 20).

Pflichtteilspflegschaft

Die Nachlaßabteilung übersendet beglaubigte Abschrift des von ihr eröffneten eigenhändigen Testaments des Landwirts Hildebrand aus Lankwitz:

„Mein Testament.

Zu meiner alleinigen Erbin ernenne ich meine Ehefrau *Ida* geb. *Reich*.

Nach dem Tode meiner Frau sollen unsere gemeinschaftlichen Kinder:

1. *Ida*, geboren den 7. Oktober 1957,
2. *Paul*, geboren den 25. März 1959,

als Nacherben auf den Überrest je die Hälfte des Nachlasses erhalten.

Lankwitz, den 9. September 1970

Gustav Hildebrand."

Hildebrand hat, wie die Mehrzahl aller testierenden Familienväter, den Wunsch gehabt, seine Frau nicht mit dem gesetzlichen Erbteil von 1/3 abzufinden (§ 1931^{IV})[1]), sondern das Vermögen in ihrer Hand zusammenzuhalten. Dabei hat er das Pflichtteilsrecht der Kinder verletzt. Denn wenn auch der gesetzliche Erbteil jedes Kindes 1/3, der Pflichtteil 1/6, der testamentarische Erbteil dagegen 1/2 beträgt, so ist doch der Pflichtteil sofort fällig, während die Kinder als Nacherben erst nach dem Tod der Mutter in den Besitz der Erbschaft gelangen. Wird nun einem Pflichtteilsberechtigten ein Erbteil hinterlassen, der größer ist als der Pflichtteil, aber durch Testamentsvollstreckung, Teilungsanordnungen, Einsetzung von Nacherben oder dadurch, daß der Pflichtteilsberechtigte erst als Nacherbe hinter einem Vorerben berufen ist, beschränkt oder durch Vermächtnisse und Auflagen beschwert ist, so gewährt § 2306^{I} S. 2, Abs. II BGB dem Pflichtteilsberechtigten ein Wahlrecht (sog. „cautela Socini"): er kann entweder den testamentarischen Erbteil mit der Beschränkung — hier: das Nacherbrecht — annehmen, oder aber den Erbteil ausschlagen und den Pflichtteil fordern. Im ersten Fall sind keine besonderen Handlungen vorzunehmen. Im zweiten müssen die Ausschlagungsfrist für das Nacherbrecht und die Verjährungsfrist für den Pflichtteilsanspruch gewahrt werden. Die sechswöchige Ausschlagungsfrist beginnt für die Geschwister Hildebrand nicht vor dem Eintritt des Falles der Nacherbfolge, d.i. dem Tod der Mutter (§§ 1944, 2139), unbeschadet ihres Rechts, die Erbschaft schon vom Erbfall, d.h. vom Tode des Vaters, an auszuschlagen (§ 2142^{I}). Die dreijährige Pflichtteilsverjährung beginnt schon vor der Ausschlagung des Nacherbrechts (§ 2332^{III}). Da aber der Pflichtteilsanspruch der Kinder sich gegen die eigene Mutter als Erbin richtet, ist die Verjährung bis zur Volljährigkeit gehemmt (§ 204 S. 2). Ein Rechtsverlust kann also den Kindern vorläufig nicht entstehen.

Dagegen sind tatsächliche Schädigungen der Kinder durch schlechte Wirtschaft der Witwe oder absichtliche Benachteiligung denkbar, besonders wenn sie sich wieder verheiratet und unter den Einfluß eines Mannes gerät, der die Kinder verkürzen will. Denn abweichend von vielen ähnlichen Testamenten hat Hildebrand die Wiederverheiratung der Witwe nicht als Nacherbfall ihrem Tode gleichgestellt.

Der Vormundschaftsrichter steht daher vor der Frage, ob er den Kindern gemäß den §§ 1681^{I}, 1629^{II} S. 2, 1796, 1909 einen vom Jugendamt vorzuschlagenden Pfleger bestellen soll (Ergänzungspflegschaft). Auf die Pflichtteilsverjährung wäre die Pfleger-

[1]) Oder 1/2, falls die Eheleute im Güterstand der Zugewinngemeinschaft gelebt haben (§§ 1931^{III}, 1371^{I}). In diesem Fall reduziert sich der Erbteil der beiden Kinder auf je 1/4, ihr Pflichtteil mithin auf je 1/8 (Bosch, FamRZ 1960, 96).

bestellung ohne Einfluß, da § 204 nicht auf die gesetzliche Vertretung des einen Beteiligten durch den andern, sondern auf das Eltern- und Kindesverhältnis und die Minderjährigkeit abstellt.

Die Bestellung eines Pflegers nach § 1909 setzt voraus, daß der Mutter die elterliche Gewalt für diese Angelegenheit gemäß § 1796 entzogen worden ist. Diese Entziehung soll nur erfolgen, wenn das Interesse des Kindes zu dem der Mutter in einem erheblichen Gegensatz steht. Das ist aber nur der Fall, wenn die Verfolgung des Pflichtteilsanspruchs geboten ist. Diese Prüfung hat somit der Vormundschaftsrichter selbst vorzunehmen und darf sie nicht dem Pfleger überlassen (KG OLG 14, 273; KG JW 1936, 2748). Es gibt also grundsätzlich keinen „Überlegungspfleger". Solange nach dem Ergebnis der Ermittlungen die Möglichkeit nicht ausgeschlossen ist, daß die Erhebung des Pflichtteilsanspruchs nicht im Interesse der Kinder liegt, fehlt es an einem Interessenwiderstreit und an einer Grundlage für ein Einschreiten gegen die Mutter. Dabei ist zu bedenken, daß im Verhältnis der Kinder zu ihren Eltern der die Beziehungen zu fremden Personen beherrschende wirtschaftliche Gesichtspunkt, eine bestehende Forderung auch geltend zu machen, nicht unbedingt in den Vordergrund gestellt zu werden braucht (daher die Vorschrift des § 204 BGB), vielmehr auch der ideelle Gesichtspunkt der Einheit und des Zusammenhalts der Familie Beachtung verdient (KG JFG 13, 187; JW 1937, 2205; BayObLG FamRZ 1963, 578; OLG Frankfurt FamRZ 1964, 154 = NJW 1964, 552).

Für die Entscheidung, ob die Kinder überhaupt ein Interesse an der Feststellung, Sicherung oder Auszahlung des Pflichtteils haben, kommt es somit darauf an, ob die Mutter das durch das Testament in sie gesetzte Vertrauen des Erblassers nach Charakter, Wirtschafts- und Lebensführung verdient oder ob die Besorgnis besteht, daß der Bestand des Nachlasses durch ihr Verhalten gefährdet werden könnte. Um sich hierüber ein Bild zu machen, hört das Vormundschaftsgericht nach § 1695 BGB die Mutter sowie Verwandte und Verschwägerte des Kindes. — Nach Prüfung der Verhältnisse kommt der Richter zu dem Ergebnis, daß zur Ausschlagung des Nacherbenrechts und zur Inanspruchnahme des Pflichtteils kein Anlaß besteht.

Soll nun eine Pflegschaft zur Ausübung der den Nacherben zustehenden sehr bescheidenen Kontrollrechte (§§ 2113^{II}, 2115, 2120/2, 2136 BGB, dazu § 773 ZPO, § 128 KO) angeordnet werden? Auch eine solche bloße Beobachtungspflegschaft ist nicht statthaft (KG RJA 10, 103; 16, 10; BayObLG Recht 1913 Nr. 66). Denn § 1909 erfordert eine bestimmte für das Kind zu besorgende Angelegenheit. Zur Geltendmachung des den Kindern gegen die Mutter als Vorerbin zustehenden Anspruchs aus § 2121 BGB auf Vorlegung eines Verzeichnisses der zur Erbschaft gehörenden Gegenstände ist das nicht erforderlich, denn die Mutter hat schon nach § 1682 BGB dem Vormundschaftsgericht ein Verzeichnis des ihrer Verwaltung unterliegenden Vermögens der Kinder, wie es beim Tode des Vaters vorhanden war, einzureichen. In dieses Verzeichnis sind auch die Gegenstände aufzunehmen, die zu der zunächst der Mutter als Vorerbin angefallenen, später aber den Kindern als Nacherben herauszugebenden Erbschaft gehören (RG 65, 142). Das Vormundschaftsgericht hat auch genügend Machtmittel, die Vorlegung des Verzeichnisses notfalls zu erzwingen. Ist das Verzeichnis ungenügend, so kann es anordnen, daß es durch einen zuständigen Beamten (Gerichtsvollzieher) oder einen Notar aufgenommen wird (§ 1682^{II}). Es kann auch ein Ordnungsstrafverfahren nach § 33 FGG einleiten. Die Einleitung einer Pflegschaft mit dem gleichen Ziel erübrigt sich daher regelmäßig, es sei denn, daß das Nacherbrecht der Kinder ersichtlich gefährdet erscheint (KG in EJF A I 1 Nr. 1).

Wie verhält sich das Vormundschaftsgericht bei anderen häufigen Pflichtteilsverkürzungen Minderjähriger?

1. Der Vater hat die Frau zur Alleinerbin ernannt, ohne die Kinder überhaupt zu bedenken.

Hier haben die Kinder den gewöhnlichen Pflichtteilsanspruch aus § 2303 BGB. Der Anspruch ist sofort fällig; da er aber der elterlichen Verwaltung und Nutznießung der Mutter unterliegt, besteht (abgesehen von § 1667) kein Grund, etwa zur Herbeiführung der alsbaldigen Auszahlung und gesonderten Anlegung eine Pflegschaft durchzuführen. Hält der Vormundschaftsrichter eine Sicherstellung des Pflichtteilsanspruchs nach dem Ergebnis seiner Ermittlungen für angebracht, so bestellt er einen Pfleger, der sich jedoch lediglich über die Höhe des Pflichtteils mit der Mutter einigt, damit die Kinder nicht den später schwierigen Beweis der Höhe des Nachlaßwertes erbringen müssen. Die vertragsmäßige Feststellung des Pflichtteilsanspruchs bedarf vormundschaftsgerichtlicher Genehmigung (§§ 1812, 1822[2, 12]). Alsdann wird die Pflegschaft wieder aufgehoben, und die festgestellten Pflichtteilsansprüche treten unter die Verwaltung der Mutter zurück.

2. Der Vater ernennt die Kinder zu Erben, die Frau zum Testamentsvollstrecker mit dauernder Verwaltungsbefugnis (oder umgekehrt die Frau den Mann zum Testamentsvollstrecker über das von ihr den Kindern zugewandte Vermögen).

Das geschieht z. B., wenn der überlebende Elternteil verschuldet ist, so daß man seinen Gläubigern den Zugriff verwehren will. Die Anordnung der Testamentsvollstreckung eröffnet den Kindern die Rechte aus § 2306 I S. 1. Ist die Mutter nicht vertrauenswürdig, so wird der zu bestellende Pfleger (mit vormundschaftsgerichtlicher Genehmigung, § 1822[1]) ausschlagen und den Pflichtteil beanspruchen: denn sie könnte zufolge der dem Testamentsvollstrecker eingeräumten freien Stellung die Erbrechte der Kinder aufs Schwerste schädigen. Entscheidet sich der Pfleger für die Annahme der Erbschaft, so führt das Gericht die Pflegschaft, wenn nennenswertes Vermögen vorhanden ist, weiter: der Pfleger nimmt die Interessen der Kinder bei Aufstellung des Nachlaßverzeichnisses (§ 2215) wahr, läßt sich vom Testamentsvollstrecker alljährlich Rechnung legen (§ 2218) und reicht dann Inventar und Rechnung dem Vormundschaftsgericht weiter, so daß es zu einer mittelbaren ständigen Kontrolle des Vormundschaftsgerichts kommt.

3. Der Vater setzt die Kinder zu Erben seines Nachlasses ein, hat aber sein Leben zugunsten der Frau hoch versichert.

Rechtlich gehört die Versicherungssumme nicht zum Nachlaß (§§ 166 II, 167 II VVG), sondern der Erwerb beruht auf einem Rechtsgeschäft unter Lebenden. Wirtschaftlich kann sie eine Art Schenkung darstellen, wenn die Prämien vom Mann bezahlt worden sind. Für die Berechnung des Pflichtteils wird zwar nicht die Versicherungssumme, wohl aber die Summe der vom Mann während der Dauer der Ehe geleisteten Prämienzahlungen gemäß § 2325 wie eine Schenkung dem Nachlaß hinzugerechnet (RG 128, 187). Hieraus kann sich eine Pflichtteilsverkürzung ergeben. Der Pflichtteilsergänzungsanspruch („außerordentliches Pflichtteilsrecht") steht, ebenso wie der ordentliche Pflichtteilsanspruch, unter der elterlichen Verwaltung der Mutter, so daß die Aufgabe des Pflegers sich in der Festlegung seiner Höhe erschöpft (oben zu 1).

Deszendenzpflegschaft

Gemüsegroßhändler Stenzel hat zu Erben ernannt:

„die Nachkommenschaft meiner Nichte *Berta Hochmuth* geb. *Stenzel* aus ihrer Ehe mit dem Gutsbesitzer *Friedrich Hochmuth* in Dahmsdorf, welche beim Tode meiner Nichte vorhanden sein wird, und zwar nach Stämmen."

Beglaubigte Testamentsabschrift geht von der Nachlaßabteilung ein mit dem Bemerken, daß gegenwärtig 5 Kinder im Alter von 18, 11, 9, 5 und 3 Jahren am Leben sind. Nach § 1913 muß ein Pfleger bestellt werden. Die Pflegschaft hat ihren Grund nicht, wie die bisher besprochenen, in der Minderjährigkeit oder sonstigen Schutzbedürftigkeit des Pflegebefohlenen, sondern in der Ungewißheit, wer der Beteiligte ist; sie wäre in gleicher Weise anzuordnen, wenn alle in Betracht kommenden Personen bereits volljährig wären. Die Ungewißheit folgt daraus, daß der von Stenzel zur Erbfolge berufene Personenkreis, die „Deszendenz", erst mit dem Tod der Frau Hochmuth abgeschlossen sein wird. Die vorhandenen 5 Kinder können die einzigen sein und bleiben, es können weitere Kinder geboren werden, ein Kind kann mit oder ohne Hinterlassung von Abkömmlingen vor der Mutter versterben. Bei den künftig geborenen Kindern ist wieder zu unterscheiden, ob sie beim Tod des Erblassers Stenzel bereits erzeugt waren oder nicht: im ersten Fall sind sie unmittelbar Erben (§ 1923 II), im zweiten können sie nur Nacherben werden (§ 2108 I), und demgemäß wird die Einsetzung der nondum concepti in eine Nacherbeinsetzung umgedeutet. § 2101 I, sog. „konstruktive Nacherbfolge". Wer Erbe und wer Nacherbe und welches die Quoten jedes einzelnen sein werden, ist also noch völlig ungewiß.

Das Gericht verpflichtet den vom Jugendamt benannten Lehrer Merkel in Dahmsdorf als Pfleger:

„für diejenigen Abkömmlinge der Frau *Berta Hochmuth* geb. *Stenzel* aus ihrer Ehe mit dem Gutsbesitzer *Friedrich Hochmuth* in Dahmsdorf, welche beim Tode der Frau *Hochmuth* vorhanden sein werden, zur Wahrnehmung der ihnen aus dem Testament des am 10. Oktober 1970 verstorbenen Gemüsegroßhändlers *August Stenzel* in Lichterfelde zustehenden Rechte."

Rechtlich wäre es zulässig gewesen, den Deszendenzvater Friedrich Hochmuth zum Pfleger zu bestellen, doch weist das Jugendamt darauf hin, daß er dem Erblasser erheblich verschuldet war. Nach mehreren Wochen reicht Merkel Vermögensverzeichnis und Sperrnachweise (§§ 1802, 1809, 1814, 1915) ein und berichtet:

„Den Hauptbestandteil des Nachlasses bildet eine fällige Darlehnsforderung an *Friedrich Hochmuth*, die sich nach meinen Feststellungen auf 23 200 DM beläuft. Der Schuldner hat die geliehenen Beträge dem Erblasser während der letzten Jahre hoch verzinst. Irgendwelche dinglichen Sicherheiten bestehen nicht. Die Rückzahlung der Forderung oder auch nur eines größeren Teils zwecks anderweiter, und zwar mündelsicherer, Anlegung des Kapitals kommt nicht in Betracht, weil der Schuldner keine flüssigen Mittel besitzt und von anderer Seite keinen erheblichen Kredit erhalten kann. Das Verlangen nach Rückzahlung würde also dazu führen, die wirtschaftliche Existenz des Schuldners zu erschüttern und die vom Erblasser bedachten Abkömmlinge des Schuldners zu schädigen. *Hochmuth* hat angeboten, auf seinem Grundstück Dahmsdorf Blatt 74, welches nur mit 3500 DM belastet ist, für die Deszendenz eine mit dreimonatiger Frist kündbare Grundschuld von 23 200 DM eintragen zu lassen und mit 6% zu verzinsen. Ich halte die Grundschuld für sicher. (wird näher dargelegt)

Deshalb werde ich auf den Vorschlag eingehen, wenn mir nicht vom Vormundschaftsgericht mitgeteilt wird, daß Bedenken bestehen.

Merkel als Pfleger."

Die Rechtsfähigkeit des nasciturus und in noch höherem Maße die des nondum conceptus sind Erweiterungen des § 1, so daß man geneigt sein könnte, sie auf die im Gesetz ausdrücklich vorgesehenen Fälle — §§ 1923 II, 2101, 2106, 2108, 2109, 2126, 2178 im Erbrecht, §§ 331 II, 844 II S. 2 BGB, § 3 II S. 2 HaftpflichtG, § 10 II S. 2 StrVerkG, § 35 II S. 2 LuftVerkG im Schuldrecht — zu beschränken. Wenn aber für Ungeborene oder Unerzeugte als Erben oder Nacherben Rechte erworben werden können und diesen erst für die Zukunft erwarteten Rechtssubjekten, zunächst für diese Rechtsverhältnisse, eine gewisse rechtlich geschützte Stellung eingeräumt wird, so muß es auch zugelassen werden, daß zur Sicherung oder Verwirklichung ihrer erbrechtlichen Befugnisse unter Lebenden Rechte erworben, Verfügungen getroffen und Rechtsstreitigkeiten geführt werden. Der Annahme einer juristischen Persönlichkeit bedarf es dazu nicht (Enneccerus-Nipperdey, § 84 Fußn. 12). Deshalb ist die Bestellung der Grundschuld für die Deszendenz zulässig (RG 61, 355; 65, 277). Merkel wird entsprechend beschieden. Falls er später die Grundschuld abtreten, kündigen, ihren Rang ändern, Parzellen aus der Haftung entlassen oder sonstige Verfügungen treffen will, muß er die Genehmigung des Vormundschaftsgerichts einholen.

Aus dem Schrifttum vgl. Deynet, Die Rechtsstellung des nasciturus und der noch nicht erzeugten Person, 1960; Rohwer-Kahlmann, Die Rechtsstellung des nasciturus in der Unfallversicherung, JuS 1961, 285; zum Deliktschutz des Ungeborenen Laufs, NJW 1965, 1053; Roth-Stielow, MDR 1965, 969; Heldrich, JZ 1965, 593.

Wegen der häufig notwendig werdenden vormundschaftsgerichtlichen Genehmigung ist die Deszendenzpflegschaft eine schwerfällige und unpraktische Einrichtung. Stenzel hätte die gerichtliche Mitwirkung verhindern können, indem er für die Zeit bis zum Tode der Frau Hochmuth die Verwaltung des Nachlasses gemäß § 2209 einem Testamentsvollstrecker übertragen hätte. — Vielfach setzt der Erblasser die Deszendenz nicht als unmittelbaren Erben, sondern als Nacherben hinter einem Vorerben (z.B. dem Vater oder der Mutter der Deszendenz) ein. Dann hat der Deszendenzpfleger keine verwaltende Tätigkeit, er übt lediglich die dem Nacherben gegenüber dem Vorerben zustehenden Rechte aus. Ein solcher Pfleger kommt oft in die Lage, namens der Nacherben seine Zustimmung zu grundbuchmäßigen und anderen Verfügungen des Vorerben zu geben. Die Zustimmungserklärung ist selbst „Verfügung" über das Grundstück, die Hypothek oder das sonst betroffene Recht, und als solche genehmigungspflichtig (S. 105). Da der Vormundschaftsrichter ohne sorgfältige Prüfung eine Mitverantwortung nicht übernehmen kann, verlangt er vor der Genehmigung die erforderlichen Nachweisungen oder stellt Ermittlungen aus § 12 FGG an. Über die Frage, wann der Pfleger seine Zustimmung zu einem Geschäft des Vorerben erteilen, der Vormundschaftsrichter sie genehmigen darf, vgl. RG JW 1936, 38. Den hieraus sich ergebenden Schwierigkeiten hätte der Erblasser vorgebeugt, wenn er gemäß § 2222 BGB einen Testamentsvollstrecker ernannt hätte, dem lediglich die Wahrung der Nacherbenrechte der Deszendenz bis zum Nacherbfall obliegt. Der Vollstrecker aus § 2222 („Nacherben-Vollstrecker") ist, wie jeder Testamentsvollstrecker, von dem Erfordernis vormundschaftsgerichtlicher Genehmigung befreit, weil er aus eigenem Recht handelt.

Die Pflegschaft wird so lange fortgeführt, bis der Grund zu ihrer Anordnung, die Unbestimmtheit des Personenkreises, beseitigt, die Deszendenz „geschlossen" ist, also bis zum Tode der Frau Hochmuth (§§ 1913, 1919).

3. Kapitel

Beim Nachlaßgericht*)

Sicherung des Nachlasses. Erbschaftsausschlagung. Nachlaßpflegschaft

Siegelung. Die Ortspolizeibehörde meldet gemäß Art. 19 PrFGG, daß der frühere Mechaniker Peter Düring, geb. am 25. Januar 1891 in Kiel, Wohnung Westendstr. 220, am 30. Oktober 1970 im Allerheiligen-Hospital verstorben und daß über seine Erben nichts bekannt ist.

In der amtlichen Verwahrungsstelle des Gerichts liegt keine Verfügung von Todes wegen.

Nach § 1960 BGB muß das Amtsgericht des letzten Wohnsitzes als Nachlaßgericht (§ 73 FGG) von Amts wegen für die Sicherung des Nachlasses sorgen, soweit ein Bedürfnis besteht. Nach der Todesanzeige liegt Gefahr vor, daß der Nachlaß von Unbefugten beraubt werden könnte. Verfügung des Rechtspflegers:

„Eilt!

1. Siegelungsauftrag an den zuständigen Gerichtsvollzieher — durch die Verteilungsstelle — mit folgendem Zusatz:

   Nach Auskunft des Polizeireviers soll Schuhmachermeister *Gebauer*, Westendstraße 220 wohnhaft, die Wohnungsschlüssel verwahren und sich im Besitz baren Geldes befinden, das ihm vom Erblasser übergeben worden ist. Die Siegelung kann unterbleiben, wenn in der Zwischenzeit volljährige Verwandte, die zu den gesetzlichen Erben gehören, den Nachlaß in Besitz genommen haben.
2. Nach 5 Tagen (Protokoll)."

Nach Landesrecht sind meist die Gerichtsvollzieher zuständig, im Auftrage des Amtsgerichts Siegelungen durchzuführen und Vermögensverzeichnisse, insbesondere Nachlaßinventare, aufzunehmen (§ 21^{I} Nr. 2 Brem. AGGVG, Art. 45^{I} Nr. 3, 5 HessFGG, Art. 25^{I} Nr. 3, 5 NdsFGG, § 74^{I} Nr. 3 PrAGGVG). Die bundeseinheitliche Geschäftsanweisung für Gerichtsvollzieher behandelt diesen landesrechtlichen Aufgabenkreis jeweils in einem Anhang zur GVGA. Auf Grund des Vorbehalts in Art. 147 EGBGB können auch nichtgerichtliche Behörden (Orts-, Dorf- oder Gemeindegerichte) zuständig sein, im Auftrage des Gerichts oder ohne gerichtlichen Auftrag Maßnahmen zur Sicherung des Nachlasses zu treffen, so in den ehemals preußischen Gebietsteilen des Landes Rheinland Pfalz auf Grund der Art. 104ff. PrFGG die Ortsgerichte (vgl. Jansen, FGG, 2. Aufl., Vorbem. vor Art. 104 PrFGG), in Baden die Ortsgerichte auf Grund der §§ 5, 34 BadLFGG, in Hessen gemäß § 20 OrtsGerG der Ortsgerichtsvorsteher. Ähnlich begründet Art. 105 BayAGBGB die Zuständigkeit des Bürgermeisters, Art. 11 NdsFGG die der Gemeinde, § 29 HambFGG die der Polizeibehörde.

Am 3. November siegelt Gerichtsvollzieher Pfänder den Nachlaß. Die Wertgegenstände — einige Hundert DM Bargeld, mehrere goldene Uhren, Uhrketten, Ringe, Schuldverschreibungen der Bodenkreditanstalt — liefert er entsprechend seinen Dienstvorschriften bei der Hinterlegungsstelle des Amtsgerichts ab. Den übrigen

*) Schrifttum: Bartholomeyczik, Erbrecht, 8 Aufl. 1968; Kipp-Coing, Erbrecht, 12. Bearb. 1965; Brox, Erbrecht, 1966; Lange, Lehrbuch des Erbrechts, 1962; Boschan, Der Nachlaßrichter und seine Abteilung, 2. Aufl. 1941; Brand-Kleeff, Die Nachlaßsachen in der gerichtl. Praxis, 2. Aufl. 1961; Firsching, Nachlaßrecht (Hdb. der Rechtspraxis Bd. VI), 4. Aufl. 1971; Glaser, Das Nachlaßwesen, 1952.

Nachlaß beläßt er in der mit dem Dienstsiegel verschlossenen Wohnung. Vermerk im Protokoll:

„Eine Verfügung von Todes wegen wurde in der Wohnung nicht gefunden.

Nach Angabe des Hausmeisters hat eine Schwester des Verstorbenen, Frau *Lorenzen* oder *Lornsen* aus Wildemann, die Beerdigung besorgt und dabei die Absicht geäußert, die Erbschaft auszuschlagen."

Das Protokoll reicht der Gerichtsvollzieher zu den Nachlaßakten ein.

Einleitung der Nachlaßpflegschaft. Sind die Erben unbekannt oder steht nicht fest, ob sie angenommen haben, und bedarf der Nachlaß eines Fürsorgers, so ist nach § 1960 BGB die Nachlaßpflegschaft einzuleiten. Zum Unterschied von der Pflegschaft aus § 1961, welche einem Nachlaßgläubiger die Geltendmachung seiner Ansprüche vor Annahme der Erbschaft durch den Erben (vgl. § 1958) ermöglichen soll, sowie von der Nachlaßverwaltung (S. 154) handelt es sich dabei um einen Akt der Fürsorge für den Nachlaß, weshalb die Pflegschaft von Amts wegen angeordnet wird. Die Voraussetzungen der Pflegschaft sind hier gegeben, denn wie das Siegelungsprotokoll zeigt, muß mit Erbschaftsausschlagung gerechnet werden und wird die Feststellung der Erben auf Schwierigkeiten stoßen. Der Rechtspfleger (§ 3 Nr. 2 Buchst. c, § 16^{I} Nr. 1, § 14 Nr. 4 RechtspflG i. d. F. vom 27. Juni 1970, BGBl. I 911) ordnet also die Pflegschaft an, bestimmt RA Walter zum Pfleger und verpflichtet ihn

„als Pfleger für diejenigen, welche Erben des am 30. Oktober 1970 verstorbenen früheren Mechanikers *Peter Düring* aus Lichterfelde werden, zur Ermittlung der Erben und zur Verwaltung des Nachlasses."

Da es nach dem BGB keine hereditas iacens gibt, müßte es eigentlich heißen: „für diejenigen, von denen sich herausstellen wird, daß sie Erben geworden sind".

Bei der Nachlaßpflegschaft liegen die vormundschaftsgerichtlichen Aufgaben dem Nachlaßgericht ob (§ 1962).

GV. Pfänder erhält Auftrag, den Nachlaß zu entsiegeln und ihn dem Pfleger zu übergeben, die Hinterlegungsstelle Auftrag zur Aushändigung der bei ihr verwahrten Gegenstände an den Pfleger. RA. Walter zahlt das bare Geld mit Ausnahme eines zur Bestreitung von Ausgaben zurückbehaltenen Betrages auf ein gesperrtes Buch der städtischen Sparkasse für Peter Dürings unbekannte Erben ein (§§ 1806, 1807^{5}, 1809, 1915), ferner hinterlegt er die Inhaberpapiere bei der städtischen Bank auf Sperrdepot (§ 1814), während er Gold- und Schmucksachen in eigene Verwahrung nimmt. Das gesperrte Sparbuch sowie die gesperrte Depotbescheinigung der Bank werden dem Gericht vorgelegt. In den ersten Wochen der Pflegschaft reicht der Pfleger ein Vermögensverzeichnis ein. Ferner kündigt er mit nachlaßgerichtlicher Genehmigung (§§ 1812, 1915, 1962) den Mietvertrag zum nächsten zulässigen Termin. Mit dem Verkauf der vorhandenen Möbel, Kleidungsstücke, Wertsachen usw. wartet der Pfleger, bis sich übersehen läßt, ob nähere Angehörige des Erblassers zur Erbfolge gelangen werden, denen vielleicht an diesen Sachen gelegen sein könnte.

Erbschaftsausschlagung.

„An das Amtsgericht, Abteilung für Nachlaßsachen, Lichterfelde.

Am 30. Oktober 1970 ist zu Lichterfelde, seinem Wohnsitz, der frühere Mechaniker *Peter Düring* verstorben und hat als alleinige gesetzliche Erbin seine Schwester, Frau Hofbesitzer *Erna Lornsen*, geb. *Düring* in Nieder-Wilhelmshagen, Kreis Husum, meine Ehefrau, hinterlassen. Wie meine Frau bei der Beerdigung gehört hat, erhebt die städtische Armenverwaltung Ansprüche an den Nachlaß, und es ist eine sehr hohe Steuerstrafe zu bezahlen. Für den Fall, daß diese Forderungen zu Recht bestehen, schlage ich auf Grund der hiermit überreichten Vollmacht namens meiner Ehefrau die Erbschaft zugunsten ihrer Kusine, Frau *Rosa Klein* in Frankfurt a. M., Bismarckstraße 15, aus.

Ferner schlagen wir, meine Ehefrau und ich, die Erbschaft als gesetzliche Vertreter unserer minderjährigen Kinder *Johann* und *Paula* Geschwister *Lornsen*, denen die Erbschaft durch die Ausschlagung meiner Ehefrau anfällt, auch in deren Namen aus.

Nieder-Wilhelmshagen, den 4. Dezember 1970.

Johann Lornsen.

Die vorstehende, von mir anerkannte Namensunterschrift des mir persönlich bekannten Landwirts *Johann Lornsen* aus Nieder-Wilhelmshagen, Kreis Husum beglaubige ich.

Husum, den 4. Dezember 1970

(Siegel) *Siegler*,

Notar."

„Hierdurch erteile ich meinem Ehemann, Hofbesitzer *Johann Lornsen* in Nieder-Wilhelmshagen, Kreis Husum, Vollmacht, über die mir am Nachlaß meines Bruders *Peter Düring* zustehenden Erbrechte nach seinem Ermessen zu verfügen, insbesondere die Erbschaft in meinem und meiner Kinder Namen auszuschlagen.

z. Zt. Wildemann (Harz), den 3. Dezember 1970.

Erna Lornsen geb. *Düring*."

Das Nachlaßgericht ist Sammelstelle für Erklärungen, von denen erbrechtliche Verhältnisse abhängen: Erbschaftsausschlagung, Anfechtung der Erbschaftsannahme oder -ausschlagung, Anfechtung eines Testaments oder Erbvertrags, Annahme, Ablehnung und Kündigung des Testamentsvollstreckeramts usw. §§ 1945, 1955, 2081, 2281, 2202, 2226, vgl. die Aufzählung in § 112 KostO. Hierbei beschränkt sich die gerichtliche Tätigkeit auf Entgegennahme der Erklärungen, Benachrichtigung der Beteiligten und Gestattung der Einsicht an Personen, welche ein „rechtliches Interesse" glaubhaft machen (§ 1953^{III} S. 2, 1957^{II} S. 2, 2010, 2081^{II} S. 2, 2146^{II}, 2228, 2264, 2384^{II}). Ein „rechtliches Interesse", das ein unbedingtes Recht auf Einsicht gewährt, liegt vor, wenn die Kenntnis auf die rechtlich geordneten Beziehungen des Einsicht Begehrenden von Einfluß ist. Daneben kann das Gericht (Ermessensentscheidung!) nach der allgemeinen Vorschrift des § 34 FGG die Einsicht jedem gestatten, der ein „berechtigtes Interesse" glaubhaft macht, d.h. ein verständiges, durch die Sachlage gerechtfertigtes Interesse, das sich nicht auf ein bereits vorhandenes Recht zu stützen braucht. Gegen die Versagung der Einsicht ist in beiden Fällen die Beschwerde nach § 19 FGG gegeben.

Ein Recht zur Nachprüfung und zur Zurückweisung unwirksamer Erklärungen steht dem Nachlaßgericht nicht zu. Doch gilt es als nobile officium, die Beteiligten zu belehren, wenn eine Ausschlagung, wie hier, infolge offenbaren Rechtsirrtums fehlerhaft ist. Verfügung des Rechtspflegers:

„Zu schreiben a) an *Johann Lornsen*,
b) an *Erna Lornsen*:

Die unter dem 4. d. M. für Frau *Erna Lornsen* sowie für die minderjährigen *Johann* und *Paula Lornsen* erklärte, am 7. d. M. bei Gericht eingegangene Erbschaftsausschlagung ist unwirksam:

1. Die Erbschaft wird für den Fall ausgeschlagen, daß bestimmte Forderungen an den Nachlaß zu Recht bestehen. Hierin liegt eine Bedingung. Ferner ist die Ausschlagung zugunsten der Frau *Klein*, d. h. unter der Bedingung erklärt, daß an Stelle der Ausschlagenden Frau *Klein* zur Erbfolge gelangt. Erbschaftsausschlagungen können aber nicht unter einer Bedingung erfolgen. § 1947 BGB."

Annahme und Ausschlagung der Erbschaft sind Willenserklärungen. Die Versäumung der Ausschlagungsfrist wird als Annahmeerklärung fingiert (§§ 1943 Halbs. 2, 1956). Diese Erklärungen sind grundsätzlich unwiderruflich, können aber wegen Willensmängel anfechtbar sein. Die Voraussetzungen der Anfechtung richten sich nach den allgemeinen Vorschriften (§§ 119ff.). Die §§ 1954/55 enthalten Sondervorschriften über die Form und Frist der Anfechtung, § 1957 über ihre Wirkung. Der Irrtum im Beweggrund ist auch hier unbeachtlich; anders der Irrtum über eine wesentliche Eigenschaft des Nachlasses als eines Vermögensinbegriffes (§ 119^{II}), wozu zwar nicht die Vorstellungen über den Wert oder die Größe des Nachlasses, wohl aber über seine Überschuldung gehören können (RG 158, 50 gegen RG 103, 21). Will ein Erbberechtigter die ihm angefallene Erbschaft einer bestimmten Person zuwenden, so muß er prüfen, wer durch seine Ausschlagung Erbe würde. Grundsätzlich wird der Ausschlagende so behandelt, als ob er vor dem Erblasser verstorben wäre (§ 1953^{II}). Es treten also bei gesetzlicher Erbfolge zunächst seine eigenen Abkömmlinge, in zweiter Linie die übrigen Miterben der gleichen Ordnung nach Stämmen, demnächst die sämtlichen Erbberechtigten der folgenden Ordnung ein. Bei testamentarischer Erbfolge ist zu prüfen, ob eine ausdrückliche oder stillschweigende Berufung von Ersatzerben vorliegt oder ob Anwachsung eintritt (§§ 2096, 2069, 2094, 2999). Wird darnach durch Ausschlagung das gewünschte Ergebnis nicht erreicht, so darf der zunächst Berufene nicht ausschlagen, muß vielmehr annehmen und seinen Erbteil dem Begünstigten übertragen, wodurch freilich, außer der Erbschaftssteuer, noch eine besondere Schenkungssteuer entsteht. Billiger kommt man beim Erbverzicht fort, der zugunsten einer bestimmten Person erklärt werden kann (§ 2350), aber nur zu Lebzeiten des Erblassers möglich ist.

Die Ausschlagung zugunsten eines Dritten kann verschieden gedeutet werden. Es ist möglich, daß sie nur die Angabe des Beweggrundes enthält, ohne daß der Erklärende die Wirksamkeit der Ausschlagung von dem vorausgesetzten Erfolge abhängig machen will. Der Wille kann aber auch dahin gehen, durch die Erklärung unter Aufgabe des eigenen Erbrechts den Begünstigten zum Erben zu machen. Eine solche Erklärung wäre, da sie nach dem Gesetz nicht zulässig ist, unwirksam. Unter anderen — ferner liegenden — Umständen könnte in der Erklärung die Annahme der Erbschaft gefunden werden unter Beifügung der Erklärung, sie an den Dritten veräußern zu wollen. Am nächsten liegt es wohl, darin eine bedingte und darum unwirksame Ausschlagung zu sehen. Wer ausdrücklich erklärt, daß er zugunsten einer bestimmten Person ausschlage, wird regelmäßig auf den Eintritt des vorausgesetzten Erfolges seiner Erklärung entscheidendes Gewicht legen (KGJ 35 A 63; KG JW 1933, 2067). Hat der Ausschlagende irrig angenommen, die Ausschlagung sei ein geeignetes Mittel, um den Erbteil einem bestimmten Dritten zukommen zu lassen, so kann die Erklärung wegen Irrtums über ihren Inhalt anfechtbar sein (§§ 119, 1954), nicht aber, wenn er sich darüber klar gewesen ist, daß die Ausschlagung unmittelbar nur seinen eigenen Vorteil herbeiführt und er nur irrtümlich angenommen hat, daß die weitere gesetzliche Folge der Eintritt einer bestimmten anderen Person in die Erbenstellung sei (KG JFG 17, 69 = JW 1938, 858).

„2. Die Vollmacht zur Erbschaftsausschlagung muß öffentlich beglaubigt sein. § 1945^{III}."

Eine der wenigen Ausnahmen von dem Grundsatz, daß Vollmachten materiellrechtlich nicht derselben Form wie das Hauptgeschäft bedürfen. Grund: Wer in die bei Gericht liegenden Urkunden später Einsicht nimmt, soll sich über die Rechtsgültigkeit der von einem Bevollmächtigten erklärten Ausschlagung nicht im Zweifel befinden.

Ebenso wie der Vormund (§ 1822^{2}) bedürfen auch die Eltern grundsätzlich der vormundschaftsgerichtlichen Genehmigung zur Ausschlagung einer Erbschaft (§ 1643^{II} S. 1). Nach der Regelung des BGB ist aber die Ausschlagung des Vaters genehmigungsfrei, falls der Anfall an das Kind erst infolge seiner eigenen Ausschlagung eintritt. Beispiel: Ein Verwandter des Vaters war verstorben und die Erbschaft dem Vater angefallen, der für sich ausschlägt. Da jetzt nach dem Grundsatz der Gleichberechtigung die Eltern die elterliche Gewalt gemeinsam ausüben, ist anzunehmen, daß die vormundschaftsgerichtliche Genehmigung entbehrlich ist, wenn der Anfall an das Kind erst infolge der Ausschlagung eines vertretungsberechtigten

Elternteils eintritt (OLGHamm, NJW 1959, 2215 = Rpfleger 1959, 351). Sind Kinder neben einem Elternteil berufen (z.B. als gesetzliche Erben der Mutter), so muß die für die Kinder erklärte Ausschlagung auch insoweit, als durch die Ausschlagung des Elternteils dessen Erbteil den Kindern anfällt, vormundschaftsgerichtlich genehmigt werden. §§ 1643^{II}.

Nach dem in § 1831 zum Ausdruck gelangten Grundsatz der Rechtsgewißheit muß eigentlich die gerichtliche Genehmigung mit der Ausschlagungserklärung dem Nachlaßgericht vorgelegt werden. Doch gestattet die Rechtsprechung ihre Nachbringung innerhalb der Ausschlagungsfrist (KGJ 50, 73; RG 118, 148).

„Darnach wird Ihnen anheimgegeben, innerhalb der gesetzlichen Ausschlagungsfrist, welche 6 Wochen seit Erlangung der Kenntnis vom Erbanfall beträgt (§ 1944^{II} S. 1), die Ausschlagung in unbedingter Form zu wiederholen und die Vollmacht beglaubigen zu lassen. Sie wollen ferner anzeigen, wann und auf welche Art Sie von dem Anfall der Erbschaft Kenntnis erlangt haben, wie hoch der Wert des reinen Nachlasses ist[1]) und welchen Personen die Erbschaft infolge der Ausschlagung anfällt."

Diese Belehrung ist keine „Verfügung" im Sinne des § 19 FGG, d. h. eine sachliche Entschließung des Gerichts. Sie ist deshalb mit der Beschwerde nicht anfechtbar (KGJ 35 A 59; Jansen, FGG, 2. Aufl. § 19 Rdn. 17).

Am 11. Dezember, also zweifellos rechtzeitig, gehen einwandfreie Ausschlagungserklärungen für Frau Lornsen und die Kinder ein. Es werden 7 Verwandte der dritten Ordnung als die nunmehr Berufenen bezeichnet. Ihnen teilt das Gericht die Ausschlagung der Familie Lornsen gemäß § 1953^{III} S. 1 mit. Alsbald schlagen auch die Vettern und Kusinen sowie deren Abkömmlinge aus. Von allen eingehenden Erklärungen wird der Pfleger jedesmal in Kenntnis gesetzt.

Der Referendar: Weshalb legen die Verwandten so großen Wert darauf, die Erbschaft auszuschlagen? Das Gesetz gibt doch dem Erben Mittel und Wege, um seine Haftung für die Nachlaßverbindlichkeiten auf den Bestand des Nachlasses zu beschränken. Also könnten sie ruhig die Erbschaft annehmen und nachher die Haftungsbeschränkung herbeiführen.

Der Richter: Wenn die Überschuldung der Erbschaft feststeht, ist es trotz der beschränkten Erbenhaftung richtig, schleunigst auszuschlagen. Denn 1. wird ein Erbe, der sich auf die Beschränkung seiner Haftung beruft, den Nachlaßgläubigern für die Verwaltung des Nachlasses wie ein Beauftragter verantwortlich (§ 1978), so daß er Gefahr läuft, wegen Verschuldens von ihnen in Anspruch genommen zu werden. 2. Der Erbe kann — sofern nicht Nachlaßkonkurs oder -Verwaltung eröffnet und seine Passivlegitimation dadurch aufgehoben ist (§§ 12 KO, 1984^{I} S. 3 BGB) — von den Nachlaßgläubigern verklagt werden. Er hat dann die Unannehmlichkeit, sich auf die Prozesse einlassen zu müssen und kann sich durch ungeschickte Prozeßführung den Nachlaßgläubigern aus § 1978 ersatzpflichtig machen. 3. Unterliegt der Erbe auf Klage eines Nachlaßgläubigers, so hat er überdies die Prozeßkosten persönlich zu tragen; der Vorbehalt der beschränkten Erbhaftung (§ 780 ZPO) bezieht sich nur auf die Verurteilung in der Sache selbst, nicht auf die Kostenlast.

Abschluß der Pflegschaft. Die Nachlaßpflegschaft erledigt sich nach § 1919 durch Wegfall ihrer Veranlassung, nämlich einer für unbekannte Erben zu verwaltenden Nachlaßmasse. Sie endet zwar nicht kraft Gesetzes, ist aber vom Gericht unverzüglich aufzuheben (RG 154, 114). Endigungsgründe sind:

---

[1]) Von diesem Wert, nicht vom Wert des Aktivnachlasses, werden die Gebühren für Beglaubigung der Ausschlagungserklärung und ihre Entgegennahme durch das Gericht berechnet. Bei überschuldetem Nachlaß Mindestgebühr (§§ 112^{II}, 45, 39, 33 KostO).

1. Sämtliche Erben sind festgestellt und haben die Erbschaft angenommen oder die Ausschlagungsfrist verstreichen lassen.

Wann sind die Erben „festgestellt"? Am vollkommensten natürlich, wenn ein Erbschein vorliegt, der ja eine Vermutung für die Richtigkeit seines Inhalts begründet (§ 2365). Doch kann das Nachlaßgericht auch ohne Erbschein auf Grund der Ermittlungen des Pflegers und etwaiger eigener Beweiserhebungen (§ 12 FGG) die Erben als ausgewiesen betrachten, die Pflegschaft aufheben und so den Beteiligten die Kosten des Erbscheins ersparen. RG 106, 46 gewährt dem Erbschaftsprätendenten Klage auf Feststellung seines Erbrechts gegen den Nachlaßpfleger, wenn dieser das Erbrecht bestritten hat. — Zum Erbscheinsantrag ist der Nachlaßpfleger nicht befugt, er hat lediglich die Erben zu ermitteln, die alsdann den Erbschein selbst beantragen müssen.

Zwischen den festgestellten Erben und dem Nachlaßpfleger wird die Schlußrechnung abgenommen, falls die Beteiligten nicht schriftlich darauf verzichten (S. 110). Der vorherigen Berichtigung der Nachlaßverbindlichkeiten durch den Pfleger bedarf es bei der gewöhnlichen Nachlaßpflegschaft (im Gegensatz zur Nachlaßverwaltung) nicht. Vielmehr übergibt der Pfleger bei Aufhebung der Pflegschaft den in seinen Händen befindlichen Aktivnachlaß den ausgewiesenen Erben zur weiteren Verwaltung, und die Nachlaßgläubiger müssen sich an die Erben halten. Ausnahme für Steuerschulden: unten S. 152. Aktiv- und Passivprozesse, die vom Nachlaßpfleger oder gegen ihn eingeleitet sind, gehen von selbst auf die nunmehr ermittelten Erben über. Auch die Teilung des Nachlasses gehört nicht mehr zum Aufgabenkreis des Pflegers. Jedoch werden Schuldenregelung und Nachlaßteilung häufig vom Pfleger auf Grund besonderen Auftrags der Erben vorgenommen.

2. Feststellung, daß der Fiskus gesetzlicher Erbe geworden ist.

Gelingt die Ermittlung des Erben nicht in einer „den Umständen entsprechenden" Frist, so erläßt das Nachlaßgericht eine öffentliche Aufforderung zur Anmeldung der Erbrechte, und wenn diese gleichfalls erfolglos bleibt, stellt es von Amts wegen durch Beschluß fest, daß ein anderer Erbe als der Fiskus des Landes, dem der Erblasser angehörte (§ 1936 BGB), nicht vorhanden ist. §§ 1964/6. Die Feststellung wirkt ebensowenig konstitutiv wie der Erbschein, von dem sie sich durch das Fehlen eines Antrags und eidesstattlicher Erklärungen unterscheidet; sie begründet lediglich eine widerlegbare Vermutung. § 1964 II BGB, § 292 ZPO. Nun setzt das fiskalische Erbrecht materiell voraus, daß Ehegatten oder Verwandte überhaupt nicht vorhanden sind (BayObLG JW 1935, 2518); jeder Erblasser wird aber Verwandte, und seien sie noch so entfernt, hinterlassen. Mithin ist die gerichtliche Feststellung des fiskalischen Erbrechts objektiv stets unrichtig, und die erbrechtlichen Verhältnisse regeln sich endgültig erst durch Verjährung des Erbschaftsanspruchs des wirklichen Erben.

3. Verbrauch der Masse durch Verwaltungskosten.

Die Masse mancher Nachlaßpflegschaften ist so gering, daß sie durch die Aufrufe des Pflegers zur Ermittlung der Erben, der Gläubiger und Schuldner des Nachlasses, durch Vergütung (§§ 1836, 1915) und Auslagen des Pflegers und die übrigen Verwaltungskosten aufgezehrt wird. Das Gericht hebt dann die Pflegschaft mangels Masse auf, ohne die Erben festzustellen.

4. Ausschüttung der Nachlaßmasse an die Gläubiger.

Hierbei hat der Pfleger genau dieselben Regeln zu befolgen wie der Erbe, als dessen Vertreter er ja handelt.

Auf diese Art wird die Düringsche Pflegschaft beendigt. Der Pfleger berichtet:

„Die in meinem vorigen Bericht namentlich aufgeführten Verwandten der dritten Ordnung haben, abgesehen von Frau *Klein*, zweifellos rechtzeitig ausgeschlagen. Die Ausschlagungserklärung der Frau *Klein* ist am 27. Januar 1971 bei Gericht eingegangen. Die amtliche Mitteilung von der Ausschlagung der Verwandten der zweiten Ordnung kann sie frühestens am 16. Dezember 1970 erhalten haben. Die Ausschlagung war daher gerade noch fristgerecht, sofern Frau *Klein* nicht schon vor dem 16. Dezember auf andere Weise Kenntnis von den Ausschlagungen erlangt hatte."

Die in §§ 1953 III S. 1, 2262 vorgeschriebenen gerichtlichen Mitteilungen haben den Zweck, die Ausschlagungsfrist einwandfrei in Lauf zu setzen. Wenn jedoch ein zur Erbfolge Berufener den Inhalt der eröffneten letztwilligen Verfügung oder die

Ausschlagung seiner Vormänner vor der amtlichen Nachricht erfahren hatte, läuft die Frist für ihn schon von dem früheren Zeitpunkt der tatsächlichen Kenntnis ab. § 1944 II. Im Prozeß wird dieser Zeitpunkt durch alle zulässigen Beweismittel festgesellt; im Erbscheinsverfahren sowie bei der nachlaßgerichtlichen Entscheidung, ob die Pflegschaft sich durch Ermittlung der Erben erledigt hat, kann er Gegenstand der Amtsprüfung nach § 12 FGG sein.

„Dafür, daß Frau *Klein* die Ausschlagungen spätestens am 13. Dezember kannte, sprechen

....

Es wird aber einer Entscheidung über die Rechtzeitigkeit der Ausschlagung nicht bedürfen, weil die Pflegschaft ohne Feststellung der Erben zu Ende geführt werden kann.

Da die Verhältnisse des Erblassers unübersichtlich waren, habe ich das Aufgebot der Nachlaßgläubiger beantragt, die Bezahlung der Nachlaßverbindlichkeiten zunächst abgelehnt, die nachgewiesenen Forderungen jedoch grundsätzlich anerkannt und die Gläubiger unter Hinweis auf die aufschiebenden Einreden (§§ 2014f. BGB) veranlaßt, von gerichtlicher Geltendmachung bis zum Erlaß des Ausschlußurteils abzusehen."

Die Verantwortlichkeit des Erben für ordnungsmäßige Verwaltung des Nachlasses bezieht sich auch auf die Berichtigung der Nachlaßverbindlichkeiten. Überschuldete Nachlässe sollen grundsätzlich im Konkursverfahren abgewickelt werden, damit die dort vorgesehene Rangordnung gewahrt und jede Bevorzugung vermieden wird. Bezahlt der Erbe, obgleich er die Überschuldung kennt oder bei Anwendung pflichtgemäßer Sorgfalt hätte erkennen müssen, einzelne Nachlaßgläubiger und kommt es später zum Konkurs, so muß er die Zahlungen aus seinem eigenen Vermögen zur Masse vertreten. §§ 1979, 1980, 1978 II. Als Fahrlässigkeit gilt es, wenn der Erbe das Aufgebot der Nachlaßgläubiger verabsäumt, obwohl er Grund hatte, mit unbekannten Nachlaßschulden zu rechnen und obwohl die Aktivmasse die Kosten eines Aufgebotsverfahrens gelohnt hätte. § 1980 II S. 2. Darum hat der Nachlaßpfleger auf Grund seines Antragsrechts aus § 991 II ZPO zunächst das Aufgebotsverfahren durchgeführt.

„Nachdem am 18. September 1971 das Ausschlußurteil ergangen ist, steht die Überschuldung des Nachlasses außer Frage. Die größten Nachlaßverbindlichkeiten sind:

1. Forderung des Sozialamts auf Erstattung von 1265 DM dem Erblasser während der Jahre 1967 bis 1970 gewährter Fürsorgeunterstützungen."

Ein Empfänger von Sozialhilfe kann unter den allerdings eng begrenzten Voraussetzungen der §§ 92 bis 92b des Bundessozialhilfegesetzes i.d.F. vom 18. September 1969 (BGBl. I 1688) zum Ersatz der Kosten verpflichtet sein, und diese Verpflichtung kann auf seine Erben übergehen (§§ 92a II, 92b II BSozHG). Der Erbe des Hilfeempfängers ist für die Kosten der Sozialhilfe mit Ausnahme der Kosten der Tuberkulosehilfe ersatzpflichtig, wenn sie innerhalb eines Zeitraums von fünf Jahren vor dem Erbfall aufgewendet worden sind und eine gewisse Höhe übersteigen (§ 92c I BSozHG). Die Ersatzpflicht gehört zu den Nachlaßverbindlichkeiten; der Erbe haftet aber nur mit dem Nachlaß (§ 92c II). Unter den Voraussetzungen des § 92c III ist der Anspruch auf Kostenersatz nicht geltend zu machen.

War die Unterstützung durch unentgeltliche Aufnahme in eine öffentliche Armenanstalt bis zum Tode gewährt worden, so hat die Anstalt, deren Vermögensträger jetzt in der Regel der Bezirksfürsorgeverband sein wird, ein gesetzliches Erbrecht auf Grund aufrechterhaltener landesrechtlicher Vorschriften (Art. 139 EGBGB, Art. 89 PrAGBGB, ALR II 19 §§ 50—54). Das Pflichtteilsrecht der Ehefrau und ehelicher Abkömmlinge bleibt gewahrt, falls sie nicht ihre Unterhaltspflicht vernachlässigt haben. Ferner hat das Waisenhaus ein gesetzliches Erbrecht an dem vom Pflegling mitgebrachten oder während des Anstaltsaufenthalts erworbenen Vermögen, wenn er nach dem Ausscheiden aus der Anstalt vor dem vollendeten 21. Lebensjahr stirbt (nicht 24., vgl. Rehbein-Reincke, ALR, 5. Aufl. II 19 § 56 Anm. 78), bei weiblichen Pfleglingen unter der Voraussetzung, daß sie noch unverheiratet waren (ALR II 19 §§ 56—58). Das Erbrecht muß bei der Aufnahme in die Anstalt zur Niederschrift bekannt gegeben werden und wird durch nachlaßgerichtlichen „Zuschlag" festgestellt. Diese Vorschriften sind noch in Geltung (str., vgl. KG JR 1950, 728; Staudinger-Boehmer, BGB. 11. Aufl. Einl. vor § 1922 § 7 Anm. 5; Bufe, JR 1953, 209). Sonderbestimmungen für Berlin auf Grund des Hof-Reskripts vom 2. Juli 1801 sehen ein Erbrecht in noch weiterem Umfange vor (vgl. Bufe a.a.O.).

„2. Rechtskräftig veranlagte rückständige Einkommen- und Umsatzsteuern in Höhe von 275 DM.

3. Wegen vorsätzlicher Steuerhinterziehung war *Düring* zu 150 DM Geldstrafe verurteilt worden. Das Urteil hat Anfang 1970 Rechtskraft erlangt, so daß Geldstrafe und Kosten bezahlt werden müssen.

Dagegen ist eine andere gegen den Erblasser erkannte Steuerhinterziehunsstrafe von 300 DM, gegen welche *Düring* Revision eingelegt hatte, durch den vor Rechtskraft eingetretenen Tod in Wegfall gekommen."

Die Geldstrafe soll, wie jede Strafe, den Schuldigen treffen, nicht seine Erben. Darum wird sie in den Nachlaß nur vollstreckt, wenn das Urteil bei Lebzeiten des Verurteilten rechtskräftig und damit der Strafanspruch verwirklicht worden war. Ob das im Zeitpunkt des Todes noch schwebende Rechtsmittel aussichtsvoll gewesen ist oder nicht, macht keinen Unterschied. Das gleiche gilt für die Kosten des Strafverfahrens. §§ 30 StGB, 465^{II} StPO. Wenn zur Sicherung von Geldstrafe und Kosten eine Vermögensbeschlagnahme (§§ 283/4) stattgefunden hatte, sind die beschlagnahmten Gegenstände nach dem Tod freizugeben.

„4. Schließlich habe ich aus dem von mir aufgefundenen Schriftwechsel über ein von *Düring* im Jahre 1970 getätigtes Geschäft ersehen, daß er eine weitere Hinterziehung von Einkommen- und Umsatzsteuer begangen hat. Ich habe den Sachverhalt dem Finanzamt unterbreitet, welches die Nachsteuer zutreffend auf 123 DM festgesetzt hat."

Erben, Nachlaßpfleger, Testamentsvollstrecker usw. sind verpflichtet, dafür zu sorgen, daß die steuerlichen Verpflichtungen des Nachlasses — und zwar sowohl vor dem Erbfall entstandene, wie Einkommen- und Umsatzsteuer, als auch die wegen der Überschuldung des Düringschen Nachlasses hier nicht in Betracht kommende Erbschaftssteuer — aus dem Nachlaß bezahlt werden. Geht durch ihr Verschulden der Steuerfiskus leer aus, so haften sie persönlich. §§ 106, 109^{I} AbgO, 15^{V} ErbStG. Wenn also der Nachlaßpfleger dem festgestellten Erben den Nachlaß übergibt, muß er jedenfalls die zur Deckung von Steuerschulden erforderlichen Beträge zurückhalten. Zur Sicherung dieser Verpflichtung hat das Gericht die Anordnung einer Nachlaßpflegschaft dem Finanzamt anzuzeigen (§ $189a^{II}$ Nr. 2 AbgO, § 12 1. ErbStDV vom 1. Juli 1952 (BGBl I, 357).

Keine entsprechende Sicherung der Steueransprüche besteht hinsichtlich der Lebensversicherungssumme, die doch, wie wir wissen, ebenfalls erbschaftssteuerpflichtig ist (S. 50). Sie wird von der Versicherungsgesellschaft ohne Abzug und ohne Sicherstellung der Steuer dem Bezugsberechtigten ausgezahlt. Ausnahme bei Zahlung ins Ausland: § 15^{VI} ErbStG; Anzeigepflicht des Versicherungsunternehmers: § $187a^{III}$ AbgO, § 7 1. ErbStDV.

Die Nachsteuer hat keinen Strafcharakter und muß deshalb — die Entstehung der Steuerschuld vor dem Todesfall vorausgesetzt — unbedingt bezahlt werden. Hierbei verpflichtet das Gesetz Nachlaßpfleger und Testamentsvollstrecker sogar, unrichtige oder unvollständige Steuererklärungen des Verstorbenen, die sie als solche erkennen, zur Vermeidung persönlicher Haftung richtigzustellen bzw. nachzuholen. Vom Erben selbst wird nicht verlangt, daß er zur Aufdeckung unbekannt gebliebener Steuerverpflichtungen des Erblassers selbst beitrage. § 117 AbgO.

„Es stehen danach einem Aktivvermögen von rund 1100 DM Verbindlichkeiten von ungefähr 2500 DM gegenüber. Ich beabsichtige, die vorhandene Nachlaßmasse in folgender Weise zu verteilen:

I. An erster Stelle soll der Vermieter, Hausbesitzer *Busch*, wegen seiner Mietforderung von 73,50 DM voll befriedigt werden."

Diese Bevorzugung rechtfertigt sich durch das dem Vermieter zustehende gesetzliche Pfandrecht (§ 559 BGB), welches ihm im Nachlaßkonkurs ein Absonderungsrecht gewähren würde (§ 49^2 KO). Die Rechtsstellung des Vermieters armer Leute wird durch den Tod des Mieters verbessert: so lange Düring lebte, waren seine Habseligkeiten durch § $811^{1,5}$ ZPO größtenteils der Zwangsvollstreckung entzogen und folglich vom Vermieterpfandrecht befreit (§ 559 S. 3 BGB). Nachdem er gestorben ist, sind sie für ihn nicht mehr „unentbehrlich", und das Pfandrecht kann nunmehr an sämtlichen eingebrachten Sachen geltend gemacht werden.

„II. Alsdann werden ebenfalls voll befriedigt die Verbindlichkeiten, die im Fall des Nachlaßkonkurses Masseschulden wären (§ 224 KO); die Beerdigungskosten, Kosten der gerichtlichen Nachlaßsicherung, der Nachlaßpflegschaft und des Aufgebots der Nachlaßgläubiger.

III. Der verbleibende Rest wird auf die übrigen im Ausschlußurteil vom 18. September 1971, von welchem ich Abschrift beifüge, vorbehaltenen Nachlaßverbindlichkeiten gleichmäßig verteilt.

Sämtliche Nachlaßgläubiger sowie Frau *Klein* haben sich mit der beabsichtigten Verteilung einverstanden erklärt."

Auf die im Ausschlußurteil nicht vorbehaltenen Nachlaßschulden braucht der Pfleger keine Rücksicht zu nehmen. Vgl. 6. Kap. „Aufgebot der Nachlaßgläubiger".

Bei Widerspruch einzelner Gläubiger hätte RA. Walter es mit der Einleitung eines Vergleichsverfahrens (§ 113 VerglO) versuchen können. Sonst wäre angesichts der für einen Konkurs ausreichenden Masse von 1100 DM nur der Weg des Nachlaßkonkurses übrig geblieben, um die beschränkte Erbenhaftung geltend zu machen und den Pfleger vor Schadensersatzansprüchen zu schützen. § 1975 BGB, § 217^{I} KO.

Zur Durchführung der beabsichtigten Ausschüttung muß der Pfleger wissen, wie viel die Gerichtskosten betragen und welche Vergütung ihm selbst nach § 1836 bewilligt wird. Seine Auslagen, zu denen auch die Gebühren etwaiger für den Nachlaß geführter Prozesse gehören (§ 1835^{II}), kann er ohne gerichtliche Festsetzung dem Nachlaß entnehmen (arg. § 1835):

„Ich beantrage:

a) mir mitzuteilen, welche Gerichtskosten erhoben werden,

b) mir eine Vergütung für die Führung der Pflegschaft zu bewilligen,

c) mir die Ermächtigung zur Abhebung des Gesamtbestandes des gesperrten Sparkassenbuchs Nr. 125001 der städtischen Sparkasse zu erteilen.

Walter, RA.
als Nachlaßpfleger."

Auch die Vergütung setzt der Rechtspfleger fest. Nach Verlauf einer Woche reicht der Pfleger die Ausgleichsquittungen der Gläubiger zum Nachweis der Ausschüttung ein. Verfügung:

„Die Nachlaßpflegschaft wird gemäß § 1919 BGB aufgehoben, da es infolge der Befriedigung der Nachlaßgläubiger an einer zu verwaltenden Masse fehlt."

Nachlaßverwaltung

„An das Amtsgericht
hier.

Grünhübel, den 3. November 1970

Der am 17. August d. J. verstorbene Fleischermeister *Hans Pander* in Lankwitz schuldete mir für geliefertes Vieh 1850 DM, die er laut beiliegendem Brief am 15. Oktober bezahlen sollte. Sein Neffe und alleiniger Erbe, Viehhändler *Kuno Adler* in Schönborn, bezahlt trotz Mahnung nicht und hat sich zu dritten Personen dahin geäußert, daß ich überhaupt nichts bekäme, wenn ich ihn drängte. Als Zeugen benenne ich den Weichensteller *Kurt Pander* in Jakobsdorf. Der Nachlaß beträgt 60 bis 70000 DM, und es sind genug Mittel zur Bezahlung der laufenden Geschäftsschulden vorhanden, da der Erblasser u. a. bei dem Bankhaus *Schilling* ein Guthaben von mehreren Tausend Mark besaß. Wahrscheinlich hat *Schilling* dem *Adler* das Konto gesperrt, weil *Schilling* beim Landgericht Berlin eine Forderung von über 4000 DM gegen *Adler* ausklagt (Aktenzeichen 5 o 145/69). *Adler* befindet sich im Vermögensverfall. Im Jahre 1968 sollte er ausweislich des Schuldnerverzeichnisses des hiesigen Amtsgerichts zur Erzwingung des Offenbarungseides verhaftet werden, hat sich aber dann mit dem Gläubiger wohl geeinigt. Seitdem er die *Pander*sche Erbschaft angetreten hat, sind die Mieten des Nachlaßgrundstücks wegen Grundsteuer und auch von anderen Gläubigern gepfändet worden, wie ich von dem Mieter, Schneider *Petermann*, weiß. Ich befürchte, daß *Adler* die Erbschaft durchbringen wird und daß ich mein Geld verliere, und beantrage deshalb:

den Nachlaß in gerichtliche Verwaltung zu nehmen.

Adolf Neugebauer,
Viehhandlung."

Die Regelung der Nachlaßverbindlichkeiten geschieht an sich außergerichtlich, doch kann auf Antrag des Erben (bei Mehrheit von Erben: sämtlicher Erben) oder eines Nachlaßgläubigers die Nachlaßverwaltung angeordnet werden. §§ 1975, 1981, 2062. Der Antrag des Erben bedarf keiner besonderen Begründung. Der Antrag des Gläubigers setzt nach § 1981 II S. 1 voraus, daß die Befriedigung der Nachlaßgläubiger aus dem Nachlaß entweder durch das Verhalten (Unzuverlässigkeit, Unwirtschaftlichkeit) des Erben oder durch seine Vermögenslage (Verschuldung) gefährdet wird. Nach Neugebauers Darstellung wäre beides der Fall. Gemäß § 12 FGG zieht das Gericht alle erreichbaren Akten heran. Eine Mitteilung der Gemeindebehörde an das Nachlaßgericht über inzwischen aufgehobene Maßnahmen zur Sicherung des Nachlasses ergibt, daß Hans Pander ohne Verfügung von Todes wegen verstorben ist und seinen Neffen Adler als alleinigen gesetzlichen Erben hinterlassen hat. Nach dem Schuldnerverzeichnis der Vollstreckungsabteilung war 1968 gegen Adler Haftbefehl ergangen. In dem seit dem Frühjahr schwebenden Prozeß des Bankhauses handelt es sich im eine Kontokorrentschuld, gegen die sich Adler mit immer neuen, nicht sehr wahrscheinlich klingenden Einwendungen verteidigt; im September hat der Kläger die Aufrechnung mit dem durch Erbfolge auf den Beklagten übergegangenen Guthaben des verstorbenen Pander erklärt und die Klage auf den Restbetrag von etwa 800 DM ermäßigt. Die Antragsbefugnis Neugebauers ergibt sich aus dem von ihm eingereichten Brief des Erblassers. Es bleibt aber noch fraglich, ob flüssige Mittel zur Deckung der Kosten in der Nachlaßmasse vorhanden sind (§ 1982 BGB). Außerdem trägt der Rechtspfleger (§ 3 Nr. 2 Buchst. c RechtspflG) im Hinblick auf den Grundsatz des rechtlichen Gehörs (Art. 103 I GG) Bedenken, eine so eingreifende Maßregel wie die Nachlaßverwaltung ohne vorherige Anhörung des Erben anzuordnen. Verfügung:

„1. Termin zur Erörterung der Sachlage wird auf den 10. November 1970, vormittags 10 Uhr bestimmt.

2. Zu laden: a) Antragsteller *Neugebauer* mit Hinweis darauf, daß die Nachlaßverwaltung nur angeordnet werden darf, wenn dem Gericht eine zur Deckung der Kosten ausreichende Masse nachgewiesen oder vom Antragsteller entsprechender Vorschuß geleistet wird. Es wird Ihnen anheimgestellt, die Zeugen *Kurt Pander* und *Petermann* zum Termin mitzubringen.
b) Viehhändler *Kuno Adler* in Schönborn mit Abschrift des Antrags."

Ferner wird RA. Walter kurzerhand zum Termin bestellt.

Im Termin erweisen sich die Behauptungen Neugebauers als richtig. Eine ausreichende Masse ist vorhanden.

„Es wurde der Beschluß verkündet:

Auf Antrag des Viehhändlers *Adolf Neugebauer* in Grünhübel wird die Verwaltung des Nachlasses des zu Lankwitz, seinem Wohnsitz, am 17. August 1960 verstorbenen Fleischermeisters *Hans Pander* angeordnet. § 1981 II BGB."

Die Anordnung der Nachlaßverwaltung wird gemäß § 16 I FGG mit der Bekanntmachung an den Verwalter wirksam (Jansen, FGG, 2. Aufl. § 76 Rdn. 8; str.). Dem Erben steht die sofortige Beschwerde zu (§ 76 II FGG), die aber keine aufschiebende Wirkung hat (§ 24 I FGG). Um die Beschwerdefrist in Lauf zu setzen, muß die Verfügung den beschwerdeberechtigten Beteiligten entweder zu Protokoll bekannt gemacht oder förmlich zugestellt werden (§ 16 II, III FGG).

Die Wirkung der Nachlaßverwaltung besteht in der vom Abwicklungszweck erforderten Trennung des Nachlasses als eines Sondervermögens vom Eigenvermögen des Erben, der aber Rechtsträger beider Vermögen bleibt (Gütersonderung, separatio bonorum), und der dadurch bedingten Haftungssonderung, nämlich der Trennung der Haftung für Nachlaßverbindlichkeiten von der Haftung für Eigenverbindlichkeiten des Erben, so daß den Nachlaßgläubigern nur der Nachlaß, den Eigengläubigern nur das Eigenvermögen des Erben haftet. Der Schutz der Nachlaßgläubiger vor einem Zugriff der Eigengläubiger des Erben auf den Nachlaß ist mit der Anordnung der Nachlaßverwaltung stets verbunden (§ 1984 II). Deshalb ist den Nachlaßgläubigern auch die Antragsberechtigung verliehen, jedoch nur, wenn wegen Vorliegens des Tatbestandes des § 1981 II ein Schutzbedürfnis für sie besteht. Zugunsten des Erben tritt jedoch der Schutz seines Eigenvermögens vor dem Zugriff der Nachlaßgläubiger nicht ein, wenn er allen Gläubigern unbeschränkbar haftet, etwa wegen Versäumung der Inventarfrist (§ 1994 I S. 2) oder Inventaruntreue (§ 2005 I). In diesem Falle ist deshalb der Erbe nicht befugt, die Nachlaßverwaltung zu beantragen (§ 2013 I) und die Nachlaßgläubiger können trotz Anordnung der Nachlaßverwaltung auch in das Eigenvermögen des Erben vollstrecken. Jedoch bleibt der Erbe befugt, Nachlaßkonkurs zu beantragen, um den Eigengläubigern den Zugriff auf den Nachlaß zu verwehren (§§ 216 I, 217 KO). Haftet der Erbe nur einzelnen Nachlaßgläubigern unbeschränkbar, etwa wegen Verweigerung des Offenbarungseides (§ 2006 III), oder wegen Versäumung oder rechtskräftiger Aberkennung des Vorbehalts der beschränkten Erbenhaftung im Urteil (§ 780 ZPO) oder durch vertraglichen Verzicht auf das Recht zur Haftungsbeschränkung (RG 146, 346), so entfällt die Haftungssonderung nur gegenüber diesen Gläubigern und der Erbe bleibt antragsberechtigt.

Ebenso wie der Erbe, der auf Grund der ihm im Urteil vorbehaltenen beschränkten Erbenhaftung (§ 780 ZPO) der Zwangsvollstreckung in sein Eigenvermögen begegnen will, ist auch der Nachlaßverwalter darauf angewiesen, seine Einwendungen gegen die Vollstreckung der Eigengläubiger in den Nachlaß mit der Abwehrklage geltend zu machen (§§ 1984 II BGB, 784 II, 785, 767 ZPO). Die Eigengläubiger des

Erben sind aber nicht gehindert, den künftigen Anspruch des Erben gegen den Nachlaßverwalter auf Herausgabe des nach Berichtigung der bekannten Verbindlichkeiten verbleibenden Reinnachlasses zu pfänden (§ 1986^{I}).

Einige Wirkungen der Gütersonderung treten kraft Gesetzes ein: Die infolge des Erbfalls durch Vereinigung von Recht und Verbindlichkeit (Konfusion) oder von Recht und Belastung (Konsolidation) erloschenen Rechtsverhältnisse leben mit rückwirkender Kraft wieder auf (§ 1976; vgl. auch § 185^{II}, Konvaleszenz). Ebenso kann eine durch den Erbfall eingetretene Aufrechnungslage durch rückwirkenden Wegfall der Gegenseitigkeit (§ 387 BGB) entfallen und das zwischen Erbfall und Gütersonderung durch Aufrechnung bewirkte Erlöschen von Forderungen wieder beseitigt werden (§ 1977). § 1977^{I} regelt den Fall, daß ein Nachlaßgläubiger seine Forderung gegen eine Eigenforderung des Erben aufgerechnet hat. Die Rückwirkung der Gütersonderung tritt hier zum Schutze des Erben ein, damit ihm die beschränkte Erbenhaftung erhalten bleibt. Die Wirkungen der Aufrechnung können hier bestehen bleiben, wenn der Erbe der Aufrechnung zugestimmt oder sie selbst erklärt hat. Denn dann hat er freiwillig sein Eigenvermögen zur Befriedigung eines Nachlaßgläubigers hingegeben, wogegen er nicht geschützt zu werden braucht. Anders, wenn ein Eigengläubiger des Erben seine Forderung gegen eine zum Nachlaß gehörende Forderung aufrechnet (§ 1977^{II}). Hier wird der Nachlaß zugunsten des Eigenvermögens des Erben geschmälert. Diese Folge wird im Interesse der Nachlaßgläubiger durch die Gütersonderung rückwirkend beseitigt. Auch die Zustimmung des Erben zur Aufrechnung ändert daran nichts (bestr., vgl. Staudinger-Lehmann, BGB, 11. Aufl. § 1977 Anm. 3).

Der Rechtspfleger verpflichtet RA. Walter als Nachlaßverwalter und erläßt folgende Verfügung:

„1. Dem Nachlaßverwalter ist eine Bestallung zu erteilen.
2. Nachricht von der Bestellung dem Antragsteller und dem Erben.
3. Nachricht von der Anordnung der Nachlaßverwaltung und der Bestellung des Verwalters dem Finanzamt (§ 189a AbgO, § 12 1. ErbStDV).
4. Öffentliche Bekanntmachung der Nachlaßverwaltung und des bestellten Verwalters im Amtsblatt.
5. Nach 2 Wochen (Nachweis der gesperrten Hinterlegung der Wertpapiere).
6. Nach 1 Monat (Belegblatt zu 4, Vermögensverzeichnis, Nachweis der Grundbucheintragung).
7. Nach 1 Jahr (Rechnungslegung)."

Die Nachlaßverwaltung ist eine Unterart der Nachlaßpflegschaft mit dem besonderen Zweck der Befriedigung der Nachlaßgläubiger. Soweit nicht der Zweck der Verwaltung Abweichungen erfordert, finden die Vorschriften über die Pflegschaft und damit über die Vormundschaft Anwendung (§§ 1975, 1962, 1915). Der Nachlaßverwalter wird daher — anders als der Konkursverwalter — vom Nachlaßgericht (Rechtspfleger) durch Handschlag an Eides Statt auf sein Amt verpflichtet (§ 1789) und erhält eine Bestallung (§ 1791). Anders als der Testamentsvollstrecker untersteht er der Aufsicht des Nachlaßgerichts (§§ 1837, 1886). Er hat ein Nachlaßverzeichnis aufzustellen und es dem Nachlaßgericht einzureichen (§ 1802). Nachlaßwerte hat er verzinslich und gesperrt anzulegen, soweit sie nicht zur Bestreitung von Ausgaben bereit zu halten sind (§§ 1806ff.). In gleichem Umfang wie ein Pfleger bedarf er zu Rechtsgeschäften der Genehmigung des Nachlaßgerichts (§§ 1812, 1821, 1822). Dem Nachlaßgericht hat er jährlich Rechnung zu legen (§ 1840). Für die Erfüllung seiner Pflichten haftet er dem Erben und den Nachlaßgläubigern (§§ 1915, 1833, 1985^{II}, 1978^{II}, 1979, 1980).

Die öffentliche Bekanntmachung der Nachlaßverwaltung (§ 1983) und ihre Eintragung im Grundbuch dienen der Verlautbarung der Gütersonderung. Über die Eintragung in das Grundbuch fehlt eine ausdrückliche Gesetzesvorschrift. Die Eintragungsfähigkeit wird jedoch nach Analogie der Konkursverwaltung (§ 113 KO), der Zwangsversteigerung (§ 19 ZVG), der Testamentsvollstreckung und des Nacherbenrechts (§§ 51, 52 GBO) allgemein bejaht. Mangels einer durch § 38 GBO erforderten auf gesetzlicher Vorschrift beruhenden Befugnis kann aber das Nachlaßgericht das Grundbuchamt nicht um die Eintragung ersuchen. Jedoch ist der Nachlaßverwalter nach § 13^{II} GBO berechtigt (und verpflichtet), die Eintragung zu beantragen. Der Bewilligung des Erben bedarf es nicht, weil das Grundbuch durch die Nichteintragung der infolge der Anordnung der Nachlaßverwaltung eingetretenen Verfügungsbeschränkung (§ 1984) unrichtig geworden ist (§ 22^{I} S. 2 GBO). Dadurch wird ein sonst auf Grund des öffentlichen Glaubens des Grundbuchs möglicher gutgläubiger Erwerb vom Erben ausgeschlossen (§§ 1984^{I} S. 2, § 7 KO, § 892^{I} S. 2 BGB). Der Schutz des gutgläubigen Dritten, der als Schuldner des Nachlasses an den Erben leistet, richtet sich nach § 8 KO. Dagegen ist ein gutgläubiger Erwerb von Fahrnis (§§ 932ff.) auch dann nicht möglich, wenn der Erwerber die Anordnung der Nachlaßverwaltung ohne grobe Fahrlässigkeit nicht gekannt hat. Jedoch wird die Auffassung vertreten, daß ein gutgläubiger Erwerb eintrete, wenn dem Erwerber die Zugehörigkeit zum Nachlaß ohne grobe Fahrlässigkeit unbekannt geblieben sei, weil der Schutzzweck des § 7 KO sich in dem Schutz der Masse vor der Unkenntnis der Verfügungsbeschränkung erschöpfe (Staudinger-Lehmann, aaO., § 1984 Anm. 7; Bartholomeyczik, Erbrecht, § 54^{III} 3 b).

Zur Verwirklichung der Güter- und Haftungssonderung geht das Recht zur Verwaltung des Nachlasses, zur Verfügung über Nachlaßgegenstände und zur Prozeßführung auf den Verwalter über (§§ 1985^{I} BGB, 7, 8 KO). Er ist berechtigt, vom Erben die Herausgabe der Nachlaßgegenstände zu verlangen, jedoch nur im Wege der Klage; das Nachlaßgericht ist nicht befugt, auf Grund des § 33 FGG die Herausgabe zu erzwingen (KG NJW 1958, 2071 = Rpfleger 1959, 189). Die Rechtsstellung des Nachlaßverwalters hat das Reichsgericht (RGZ 135, 307; 150, 190) entsprechend der Stellung des Konkursverwalters (RGZ 151, 57) dahin bestimmt, daß er ein amtliches Organ für die Durchführung der Zwecke der Verwaltung mit eigener Parteistellung ist, wobei er mit Wirkung für und gegen die Masse handelt (Amtstheorie). Im Gegensatz dazu steht die Vertretungstheorie, die den Konkursverwalter als gesetzlichen Vertreter des Gemeinschuldners mit Beschränkung auf die Konkursmasse (so Jaeger-Lent, KO, Vorbem. zu §§ 6—9), den Nachlaßverwalter also als gesetzlichen Vertreter des Erben in seiner Eigenschaft als Träger des Sondervermögens ansieht (so Kipp-Coing, Erbrecht, § 97 VI 1; Staudinger-Lehmann, § 1975 Anm. 7; Rosenberg, ZPR, § 39 II 3).

Ein Gläubiger schreibt dem Gericht:

„In der öffentlichen Bekanntmachung der *Pander*schen Nachlaßverwaltung habe ich die Bestimmung der Anmeldefrist, des allgemeinen Prüfungstermins und der ersten Gläubigerversammlung vermißt. Ich nehme an, daß diese Punkte nur versehentlich weggelassen worden sind, und bitte mir nähere Mitteilung zu machen. Mir steht an den Nachlaß eine Restforderung von 680 DM aus dem im Februar d. J. ausgeführten Umbau des Werkstattgebäudes zu, welche ich hiermit als nicht bevorrechtigte Forderung anmelde. Der Nachlaßverwalter bestreitet die Forderung, weil ich angeblich im Beisein des jetzigen Erben *Kuno Adler* dem Erblasser den Betrag mit Rücksicht auf verspätete und teilweise mangelhafte Ausführung der Arbeiten erlassen hätte. Er hat mir anheimgestellt, ihn zu verklagen und will sich im Prozesse auf *Adler* als Zeugen berufen. Gegen dieses Zeugnis protestiere ich schon jetzt, denn *Adler* ist selbst der Erbe und als solcher Partei. Ich bitte mir auf meine Forderung volles Stimmrecht zu gewähren. In der Gläubigerversammlung werde ich den Antrag auf Wahl eines anderen Verwalters sowie eines Gläubigerausschusses stellen.

R. Daumann
Maurer- und Zimmermeister."

Daumann verkennt das Wesen der Nachlaßverwaltung. Es gibt in der Nachlaßverwaltung nicht, wie im Konkurse, die Unterscheidung zwischen „bevorrechtigten" und „nicht bevorrechtigten" Forderungen, keine Anmeldung der Forderungen zur Tabelle, keinen Prüfungstermin, keine Gläubigerversammlungen mit der Befugnis zur Beschlußfassung über den Gang des Verfahrens, keine Gläubigerausschüsse. Die Nachlaßgläubiger haben nur das Recht, den Verwalter wegen ihrer Forderungen zu verklagen und das erwirkte Urteil in den Nachlaß zu vollstrecken (§ 1984 I S. 3). Auf die Führung der Verwaltung haben sie keinen Einfluß; die Wahl des Verwalters und seine Überwachung obliegt (wie bei allen Pflegschaften) ausschließlich dem Gericht.

Rechtsstreitigkeiten für den Nachlaß führt der Verwalter als „Partei kraft Amtes" im eigenen Namen. Der Erbe kann somit als Zeuge vernommen werden. Darüber, daß auch vom Standpunkt der Vertretungstheorie aus der Verwertung der Tatsachenkenntnis des Erben im Prozeß keine verfahrensrechtlichen Bedenken entgegenstehen, sei es durch Parteivernehmung nach § 455 II S. 2 ZPO, sei es als Zeuge, vgl. Jaeger-Lent, a.a.O., § 6 Anm. 17; Staudinger, a.a.O., § 1975 Anm. 7.

Daumann erhält vom Rechtspfleger entsprechenden Bescheid.

Die Nachlaßverwaltung wird gemäß § 1919 vom Gericht aufgehoben, sobald sämtliche bekannten, unstreitigen und fälligen Nachlaßverbindlichkeiten bezahlt, die streitigen oder noch nicht fälligen sichergestellt sind (§ 1986) und der Verwalter dies dem Gericht nachweist. Abnahme der Schlußrechnung nur zwischen Verwalter und Erben, ohne Mitwirkung der Gläubiger.

Weshalb kommen Nachlaßverwaltungen verhältnismäßig selten vor? 1. Da die Nachlaßverwaltung keine gleichmäßige Befriedigung und keine Rangordnung kennt, vielmehr jeder Nachlaßgläubiger sich einen Titel gegen den Verwalter beschaffen und daraus ohne Rücksicht auf die anderen in den Nachlaß vollstrecken darf, ist sie für überschuldete Nachlässe ungeeignet. Im Fall der Überschuldung hat der Nachlaßverwalter dasselbe zu tun wie ein Erbe, Testamentsvollstrecker oder Nachlaßpfleger in entsprechender Lage: Aufgebot der Nachlaßgläubiger, Geltendmachung der aufschiebenden Einreden, Versuch einer Verständigung über konkursmäßige Befriedigung, Antrag auf Vergleichsverfahren, äußerstenfalls Antrag auf Nachlaßkonkurs. § 1985 II S. 2.

2. Vom Standpunkt des Nachlaßgläubigers ist die Nachlaßverwaltung, wie wir am Fall Pander gesehen haben, ein guter Behelf, um als beneficium separationis die Nachteile rückgängig zu machen, welche sonst der Übergang eines aktiven Nachlasses auf einen verschuldeten oder unzuverlässigen Erben zur Folge hätte. Hat der Gläubiger noch keinen Schuldtitel gegen den Erben und gelingt es ihm nicht, einen Arrest zu erwirken, so bildet die Nachlaßverwaltung das einzige Mittel, um ihn vor Schaden zu bewahren. Sind aber mehrere Erben vorhanden, von denen nur einer verschuldet oder unzuverlässig ist, so braucht der Nachlaßgläubiger keine Nachlaßverwaltung: denn nach den Grundsätzen der Gesamthandsgemeinschaft, die ja auch eine separatio bonorum anderer Art herbeiführt, müssen zu Verfügungen über den Nachlaß alle Miterben zusammenwirken, und der Eigengläubiger des überschuldeten Erben kann zwar dessen Erbteil pfänden — was den Nachlaßgläubiger nicht berührt —, nicht jedoch in den Nachlaß vollstrecken.

3. Vom Standpunkt des Erben kommt Nachlaßverwaltung in Betracht, wenn einerseits nicht der Nachlaß offenbar überschuldet und daher sofortige Ausschlagung der Erbschaft das Gegebene, andererseits die Überschuldung nicht völlig ausgeschlossen ist. Die Nachlaßverwaltung beseitigt die Prozeßführungslast des Erben für Klagen der Nachlaßgläubiger mit dem daraus folgenden persönlichen Kostenwagnis und entlastet ihn außerdem von der Verantwortung aus den §§ 1978f. Indes kann sich der Erbe von der Verantwortlichkeit für die Verwaltung des Nachlasses auch durch Aufgebotsverfahren gegenüber den ausgeschlossenen Gläubigern freimachen (6. Kap. „Aufgebot der Nachlaßgläubiger").

Inventarfrist

„Detektiv- und Inkassoinstitut
'Sirius'
Inh. *Hermann Kroker*.

Lichterfelde, den 4. November 1970

An das Amtsgericht, Abt. für Nachlaßsachen,
Hier.

Namens und im Auftrage der Firma *Huber & Breuer* in Trier beantrage ich:

den Erben des am 5. Juli 1970 verstorbenen Weinhändlers *Martin Schlemmer* aus Lichterfelde gemäß § 1994 BGB eine Inventarfrist zu bestimmen.

Gesetzliche Erben sind die beiden Schwestern des Erblassers, Frau Wurstfabrikant *Martha Dollinger* geb. *Schlemmer* in Regensburg und die ledige Kassiererin *Anna Schlemmer* in Lichterfelde, Forckenbeckstraße 2.

Zur Glaubhaftmachung der Forderung meiner Auftraggeberin überreiche ich Rechnung über 3927,50 DM.

Meine Vollmacht füge ich bei.

Hermann Kroker."

Wir dürfen unbesehen annehmen, daß der Fall gerade umgekehrt liegt als bei Pander. Der Nachlaß ist überschuldet, die Erbinnen zahlungsfähig, und Huber & Breuer haben die Inventarfrist nicht beantragt, damit die Erben das Nachlaßverzeichnis einreichen und die Gläubiger sich daraus über die Verhältnisse des Nachlasses unterrichten können, sondern in der Spekulation, daß die Erben die Errichtung des Inventars unterlassen oder dabei einen Fehler begehen und dadurch die Vergünstigung der beschränkten Haftung verlieren werden. Das Gesetz verlangt die Bestimmung der Frist durch besonderen Beschluß des Nachlaßgerichts, wodurch der Erbe auf die ihm drohende Gefahr aufmerksam gemacht wird. Andrerseits sind die Vorschriften über die Erfüllung der Inventarpflicht recht verwickelt und unübersichtlich, so daß Rechtsunkundige leicht einen Fehler machen können.

Unbeschränkte Haftung: Durch Verletzung der Inventarpflicht verwirkt der Erbe die Beschränkbarkeit seiner Haftung, wenn er 1. in der gestellten Frist gar kein oder 2. ein formell ungültiges Verzeichnis einreicht (§ 1994^{I} S. 2) oder 3. in dem eingereichten Inventar absichtlich eine „erhebliche" Unvollständigkeit der Nachlaßaktiva herbeiführt oder 4. in der Absicht, die Nachlaßgläubiger zu benachteiligen, fingierte Nachlaßverbindlichkeiten aufnehmen läßt (Inventaruntreue, § 2005^{I} S. 1) oder 5. den vom Gläubiger verlangten Offenbarungseid über die Vollständigkeit des Inventars verweigert (§ 2006^{III}). Zu 1 bis 4 tritt die unbeschränkte Haftung gegenüber allen, zu 5 nur gegenüber demjenigen Nachlaßgläubiger ein, der den Eid gefordert hatte. Die Folgen der allgemein oder gegen über einem einzelnen Gläubiger unbeschränkten Haftung regelt des näheren § 2013.

Eine Nachprüfung der Motive des Antragstellers auf ihre sachliche oder moralische Berechtigung steht dem Gericht natürlich nicht zu. Der Rechtspfleger prüft lediglich, ob die Forderung des Antragstellers glaubhaft gemacht ist (§ 1994^{II} S. 1) und ob keiner der Fälle vorliegt, in denen Inventarfristen unzulässig sind (§§ 2000, 2011/12). Da keine Bedenken bestehen, ergeht die Verfügung:

„1. Beschluß. Auf Antrag der Firma *Huber & Breuer* in Trier, vertreten durch *Hermann Kroker* in Lichterfelde, die glaubhaft gemacht hat, daß ihr eine Forderung gegen den am 5. Juli 1970 verstorbenen Weinhändler *Martin Schlemmer* aus Lichterfelde zusteht, wird

a) der Frau *Martha Dollinger* geb. *Schlemmer* in Regensburg, Donaustr. 1,

b) der Kassiererin *Anna Schlemmer* in Lichterfelde, Forckenbeckstr. 2

als Erben des Verstorbenen hiermit eine Frist von zwei Monaten zur Errichtung des Inventars über den Nachlaß des Erblassers bestimmt. Die Frist beginnt mit der Zustellung dieses Beschlusses, falls jedoch die Erben die Erbschaft noch nicht angenommen haben sollten, mit der Annahme der Erbschaft.

Der Erbe muß entweder innerhalb der Frist die Aufnahme des Inventars bei dem unterzeichneten Gericht beantragen oder zu der Aufnahme des Inventars einen Notar hinzuziehen und das mit dessen Hilfe aufgenommene Inventar innerhalb der Frist bei dem unterzeichneten Gericht einreichen. Der Errichtung des Inventars bedarf es auch dann, wenn der Nachlaß wertlos ist oder Nachlaßgegenstände nicht vorhanden sind.

Kommt der Erbe dieser Aufforderung nicht nach, so haftet er für die Nachlaßverbindlichkeiten nicht nur mit dem Nachlaß, sondern auch mit seinem eigenen Vermögen. Dasselbe gilt, wenn der Erbe absichtlich eine erhebliche Unvollständigkeit der im Inventar enthaltenen Angabe der Nachlaßgegenstände herbeiführt oder in der Absicht, die Nachlaßgläubiger zu benachteiligen, die Aufnahme einer nicht bestehenden Nachlaßverbindlichkeit bewirkt oder wenn er in dem Fall, daß er die Aufnahme des Inventars durch das unterzeichnete Gericht beantragt, die Erteilung der zur Aufnahme des Inventars erforderlichen Auskunft verweigert oder absichtlich in erheblichem Maße verzögert.

Lichterfelde, den 6. November 1970.

Das Amtsgericht
Pfleger,
Justizinspektor als Rechtspfleger.

2. Zuzustellen an a) Frau *Dollinger*, b) Frl. *Schlemmer*.
3. Formlose Mitteilung an Antragstellerin z.Hd. des *Kroker*.
4. Kosten.“

Die Zustellung muß nach den Bestimmungen der ZPO über Zustellung von Amts wegen (§§ 208f.) ausgeführt werden, weil sie die Inventarfrist und die Frist für die sofortige Beschwerde (§ 77 FGG) in Lauf setzt (§ 16^{II} FGG). Die Inventarerrichtung durch Frau Dollinger kommt der Miterbin Anna Schlemmer zugute, und umgekehrt. § 2063^{I}.

Am 8. November wird der Beschluß zugestellt. Wenige Tage vor Fristablauf geht kein Inventar, sondern folgender Antrag der Frau Dollinger ein:

„An das Amtsgericht Regensburg, den 4. Januar 1971
Lichterfelde.

In der *Martin Schlemmer*schen Nachlaßsache, beantrage ich auf den mir zugestellten Fristsetzungsbeschluß vom 6. November v. J., zugleich im Einverständnis mit der Miterbin *Anna Schlemmer*, gemäß § 2003 BGB die Aufnahme des Inventars durch das Nachlaßgericht.

Martha Dollinger.“

Durch den fristgerechten Eingang des Antrags ist die Inventarfrist gewahrt, gleichgültig wie lange sich die Inventaraufnahme selbst später hinzieht. § 2003^{I} S. 2. Die Inventarpflicht des Erben geht jetzt dahin, die zur Errichtung des Inventars erforderlichen Auskünfte zu erteilen (§ 2003^{II}). Durch Verweigerung oder erhebliche Verzögerung der Auskunft verfällt er der unbeschränkten Haftung gegenüber allen Nachlaßgläubigern. § 2005^{I} S. 2. — Verfügung des Rechtspflegers:

„1. Auftrag zur Inventaraufnahme an GV. *Pfänder*.
2. 2 Wochen.“

Die Form des Gerichtsvollzieher-Inventars regelt die GeschAnw f. GV. Neben den Aktiven sind in einer besonderen Spalte die Werte zu vermerken. Die Beteiligten haben die Vollständigkeit und Richtigkeit zu versichern. Neben dem eigentlichen Inventar wird ein Protokoll über die Errichtung aufgenommen. Vom Eingang des Inventars werden Erben und Antragsteller benachrichtigt. Das Inventar verbleibt zur Einsichtnahme für alle, die ein rechtliches Interesse glaubhaft machen (§ 2010), beim Nachlaßgericht, das hierbei wieder als Sammelstelle für erbrechtlich wichtige Urkunden tätig wird (vgl. S. 147). Jeder Nachlaßgläubiger — nicht bloß die Antragstellerin

Huber & Breuer — kann nach § 2006 vom Erben den Offenbarungseid auf das Inventar verlangen und erreichen, daß durch Eidesverweigerung der Erbe ihm gegenüber unbeschränkt haftet. Ob das Inventar ordnungsmäßig errichtet, die Inventarfrist versäumt oder Inventaruntreue begangen und unbeschränkte Haftung eingetreten ist, wird nicht vom Nachlaßgericht, sondern in einem etwaigen Prozesse entschieden.

Wäre nicht der Antrag aus § 2003 gestellt worden, so hätten die Erben das Inventar selbst unter Hinzuziehung eines zuständigen Beamten aufnehmen und es innerhalb der Frist dem Nachlaßgericht einreichen müssen. Nach Bundesrecht ist zuständig der Notar (§ 20 BNotO). Die vorbehaltene landesrechtliche Regelung (Art. 148 EGBGB, § 61 I Nr. 2 BeurkG) ist buntscheckig (vgl. dazu Jansen, FGG, 2. Aufl. § 77 Rdn. 15; Keidel, FGG, 9. Aufl. § 77 Rdn. 9). Sie beschwört die Gefahr herauf, daß das Inventar wegen Hinzuziehung einer unzuständigen Amtsperson unwirksam ist. Im ehemals preußischen Gebiet z. B. kann das Nachlaßgericht im Fall des § 2003 einen Gerichtsvollzieher oder Urkundsbeamten der Geschäftsstelle, im landrechtlichen Gebiet auch das Dorfgericht beauftragen. Dagegen wäre ein vom Gerichtsvollzieher oder dem Dorfgericht im unmittelbaren Auftrag der Erben aufgenommenes Inventar ungültig und zur Wahrung der Frist ungeeignet! § 2002, dazu § 74 3 PrAGGVG; Art. 31, 108 PrFGG; RG 77, 245. Daher empfiehlt es sich für die Erben, stets einen Notar hinzuzuziehen. Liegt beim Nachlaßgericht bereits ein ordnungsmäßiges Inventar, so genügt es, wenn der Erbe vor dem Ablauf der Frist dem Gericht erklärt, daß dieses Inventar als von ihm eingereicht gelten solle (§ 2004 BGB); hierfür kommen aber die Vermögensverzeichnisse nach § 1640 nicht in Betracht, weil sie regelmäßig nur Privatinventare sind. Daß der Erbe seiner Pflicht nicht genügt, wenn er dem Gericht lediglich anzeigt, daß Nachlaß nicht vorhanden sei, liegt auf der Hand.

Testamentseröffnung

Ein Frl. Rosa Hübscher zeigt an, daß der am 13. Januar 1936 geborene, in Lichterfelde wohnhaft gewesene Kaufmann Max Lamm am 7. November 1970 verstorben ist. Nächste gesetzliche Erben sind die Eltern. Ein Testament soll der Vater besitzen. Das Nachlaßgericht muß nach dem Tode des Erblassers für die Eröffnung aller von ihm herrührenden Verfügungen von Todes wegen — Testamente und Erbverträge — sorgen, die Beteiligten von dem sie betreffenden Inhalt in Kenntnis setzen und die Verfügungen dauernd zur Einsicht verwahren (§§ 2259—2263 a, 2300; Einsichtnahme bei Testamenten: § 2264, bei Erbverträgen: § 34 FGG).

Verfügung des Rechtspflegers:

„1. Aufforderung an Fabrikbesitzer *Franz Lamm*, die von seinem Sohn *Max* errichteten Verfügungen von Todes wegen sofort dem Nachlaßgericht einzureichen.

2. Befindet sich eine Verfügung von Todes wegen des *Max Lamm* hier in besonderer amtlicher Verwahrung, oder ist von einem auswärtigen Gericht Nachricht über die Verwahrung hierher gelangt?"

Kommt der Vater seiner Ablieferungspflicht aus § 2259 nicht nach, so wird er durch Ordnungsstrafe dazu angehalten. § 83 I FGG. Leugnet er, im Besitz eines Testaments zu sein, so kann das Gericht von ihm eine eidesstattliche Versicherung verlangen (§ 83 II FGG); außerdem sind selbstverständlich die Zwangsmittel des § 33 II FGG gegeben. Wissentliche Vorenthaltung in Benachteiligungsabsicht begründet den Tatbestand der Urkundenunterdrückung (§ 274 StGB).

Auf die Anfrage zu 2 meldet die Verwahrungsstelle, daß sich laut Mitteilung des Amtsgerichts Kempten vom 22. Januar 1966 ein Testament dort in besonderer amtlicher Verwahrung befindet. Verfügung:

„Nachricht dem Amtsgericht Kempten, daß Kaufmann *Max Lamm*, von welchem sich laut Mitteilung vom 22. Januar 1966 ein Testament in besonderer amtlicher Verwahrung dort befindet, am 5. November 1970 zu Lichterfelde, seinem Wohnsitz, verstorben ist."

Wenn das Kemptener Gericht das Testament zur Eröffnung nach Lichterfelde senden würde, bestünde die Gefahr, daß die unersetzbare Urkunde vor ihrer Eröffnung auf dem Transport verloren geht. Deshalb geschieht die Eröffnung durch das verwahrende Gericht. Nachher wird das Testament nebst beglaubigter Abschrift des Eröffnungsprotokolls dem Nachlaßgericht übersandt, welches so zur Sammelstelle für alle Verfügungen des Erblassers von Todes wegen wird. Kempten behält eine beglaubigte Abschrift des eröffneten Testaments sowie die Urschrift des Eröffnungsprotokolls zurück. § 2261 BGB.

Um die Eröffnung jedes in besonderer amtlicher Verwahrung befindlichen Testaments oder Erbvertrags beim Tode des Erblassers sicherzustellen, ist folgendes Verfahren eingeführt worden: Das Amtsgericht benachrichtigt von der Verwahrung den Standesbeamten des Geburtsorts des Erblassers oder, wenn der Geburtsort sich im Ausland befindet, die Zentralkartei für Testamente beim Amtsgericht Berlin-Schöneberg (AV d. RJM u. RIM vom 15. Juni 1939, DJ 1078, jetzt landesrechtlich neu gefaßt). Der Standesbeamte macht hierüber einen Vermerk am unteren Rande der Eintragung im Geburtenbuch. Der Standesbeamte des Sterbeorts, bei dem der Tod des Erblassers zur Eintragung in das Sterbebuch angemeldet wird, benachrichtigt den Standesbeamten des Geburtsorts (§ 43^{I} Nr. 1 AVO z. PStG vom 12. August 1957 (BGBl I 1139). Dieser leitet die Todesnachricht auf Grund des Vermerks im Geburtenbuch an das Verwahrungsgericht weiter. — Um zu vermeiden, daß eine in amtlicher Verwahrung befindliche Verfügung von Todes wegen gleichwohl uneröffnet bleibt, weil das Gericht keine Kenntnis von dem Tode erhält, sehen die §§ 2263a, 2300a eine Eröffnung von Amts wegen nach mehr als 30jähriger (bei Erbverträgen 50jähriger) Verwahrung vor, wenn die vorher anzustellenden Ermittlungen das Fortleben des Testators nicht ergeben haben.

Auf die gerichtliche Aufforderung liefert der Vater Franz Lamm ein eigenhändiges Testament ab. Es wird nicht in „besondere amtliche Verwahrung" (§ 2248) genommen, sondern bis zur Eröffnung bei den anzulegenden Akten aufbewahrt (§ 27 Nr. 11 AktO). Nunmehr bestimmt der Rechtspfleger Eröffnungstermin und läßt die Eltern als gesetzliche Erben laden (§ 2060^{I}).

Eröffnungsverhandlung:

„Das Amtsgericht Lichterfelde, den 17. November 1970
4 IV 101/70

Gegenwärtig: Justizinspektor *Pfleger*
als Rechtspfleger.

In dem zur Eröffnung einer Verfügung von Todes wegen des Kaufmanns *Max Lamm* aus Lichterfelde bestimmten Termin erschien der Vater des Verstorbenen, Fabrikbesitzer *Franz Lamm* aus Lichterfelde, Kurfürstenstr. 19, durch den Personalausweis ausgewiesen, im Beistande des Rechtsanwalts *Weiß*.

Die Sterbeurkunde, nach welcher der Erblasser am 5. November 1970 gestorben ist, wurde überreicht.

Der Erschienene hatte eine verschlossene Schrift abgeliefert, die sich in einem Umschlag mit folgender Aufschrift befand:

„Testament *Max Lamm*
Lichterfelde, den 17. Juni 1970."

Der Umschlag wurde den Erschienenen vorgelegt. Der Verschluß war unversehrt.

Der Umschlag wird geöffnet. Er enthält einen Geschäftsbriefbogen der Firma Ch. F. Müller & Co. GmbH mit dem Vordruck „Lichterfelde, den ..... 197..." Der Erblasser hat den Vordruck ausgefüllt:

„17. Juni..........0..

Lieber Vater!

Ich fühle, daß ich nicht mehr lange leben werde. Dem Fräulein *Rosa Hübscher* in der Bar ‚Max und Moritz' hier vermache ich ein Viertel meines Nachlasses.

Max."

Das Testament wird verlesen. Protokoll:

„Hierauf wurde das Testament geöffnet und dem Beteiligten verkündet, auch auf Verlangen zur Durchsicht vorgelegt. Der Erschienene erklärte:

Das Testament und der Vermerk auf dem Umschlag sind von meinem Sohn eigenhändig geschrieben.

Der Wert des Nachlasses beträgt 60000 DM.

Vorgelesen, genehmigt, unterschrieben:
Franz Lamm.
Pfleger, Justizinspektor
als Rechtspfleger."

Wenige Tage später gehen aus Kempten beglaubigte Abschrift der Eröffnungsverhandlung und das dort eröffnete Testament ein. Bei der Eröffnung war niemand erschienen[1]). Das Testament ist ein vom Gemeindevorsteher nach § 2249 aufgenommenes Nottestament („Dorftestament"):

„Verhandelt
Gebirgsbauden, den 20. Januar 1966,

im Hause Nummer 39 des Gastwirts *Spätzle*, in welches sich der Gemeindevorsteher zwecks Aufnahme dieser Verhandlung begeben hatte.

Vor dem unterzeichneten Gemeindevorsteher der Gemeinde Gebirgsbauden
Johann Kluge
und den zugezogenen, dem Gemeindevorsteher von Person bekannten Zeugen, nämlich:

1. dem praktischen Arzt *Dr. Heinrich Schneider* aus Lindau,
2. dem Gastwirt *Wilhelm Spätzle* aus Gebirgsbauden,

welche ebenso wie der Gemeindevorsteher während der ganzen nachstehenden Verhandlung zugegen waren, erschien, ausgewiesen durch Vorlegung des auf ihn lautenden, mit Lichtbild versehenen Reisepasses Nummer 5387 des Polizeipräsidiums zu Berlin:

der Kaufmann *Max Lamm* aus Lichterfelde, Kurfürstenstraße 19."

Bis hierher weist das Protokoll gegenüber dem Errichtungsprotokoll des ordentlichen gerichtlichen oder notariellen Testaments keine Abweichungen auf. Das Dorftestament entspricht grundsätzlich dem notariellen mit der Maßgabe, daß an die Stelle des Notars der Bürgermeister der Gemeinde oder sein Stellvertreter tritt. Die Formen des Protokoll- und des Übergabetestaments (§ 2238 I) stehen auch hier wahlweise zu Gebote. Die Zuziehung zweier Zeugen ist hier zwingend vorgeschrieben.

Ein wesentlicher Unterschied zum notariellen Testament ergibt sich hinsichtlich des Umfangs der Amtspflichten daraus, daß beim Gemeindevorsteher keine Rechtskenntnisse vorauszusetzen sind; er arbeitet gewöhnlich nach der ihm zur Verfügung stehenden amtlichen Anleitung für die Aufnahme von Nottestamenten. Seine Verantwortlichkeit wird darauf zu beschränken sein, daß die wesentlichen Förmlichkeiten gewahrt sind. Formfehler, die bei der Abfassung der Nieder-

---

[1]) Da das Kemptener Testament nicht erst nach dem Tode des Erblassers nach § 2259 I abgeliefert und in „vorläufige" Verwahrung genommen, sondern gemäß § 2249 I S. 4 BGB, § 34 BeurkG zur „besonderen amtlichen Verwahrung" (§§ 2258a, b) gegeben und ein Hinterlegungsschein erteilt war, weicht das Kemptener Eröffnungsprotokoll von dem oben wiedergegebenen etwas ab. Falls der Vater Lamm den Hinterlegungsschein auf Erfordern eingesandt hatte, wird es etwa lauten: „Der Hinterlegungsschein und die unter Nr. .. des Verwahrungsbuch eingetragene Verfügung von Todes wegen befinden sich bei den Akten. Das nach dem Hinterlegungsschein am...... zur besonderen amtlichen Verwahrung übergebene Testament des Kaufmanns Max Lamm aus Lichterfelde war aus der Verwahrung entnommen. Das Testament befand sich in einem Umschlag, der mit folgender Aufschrift versehen war:...... Der Umschlag war mit dem Gemeindesiegel der Gemeinde Gebirgsbauden .. mal verschlossen. Es wurde festgestellt, daß der Verschluß unversehrt war usw." — Ist der Hinterlegungsschein nicht zur Stelle, so wird gleichwohl eröffnet, da ja der Tod des Erblassers dem Gericht amtlich mitgeteilt worden ist.

schrift unterlaufen, sind unschädlich, wenn mit Sicherheit anzunehmen ist, daß das Testament eine zuverlässige Wiedergabe der Erklärungen des Erblassers enthält (§ 2249^{VI}).

Das Fehlen der besonderen Feststellung nach § 2249^{II} würde der Gültigkeit des Testaments nicht entgegenstehen, da es sich um eine Sollvorschrift handelt. Voraussetzung ist aber, daß der Bürgermeister nach pflichtmäßigem Ermessen von der nahen Todesgefahr überzeugt ist, mag diese Überzeugung auch irrig sein, oder daß diese Gefahr tatsächlich besteht. Das Nottestament ist nichtig, wenn der Bürgermeister annimmt, dem Erblasser drohe keine Lebensgefahr und diese auch tatsächlich nicht besteht (RG 171, 27). Der Besorgnis einer nahen Todesgefahr ist die Besorgnis des nahen Eintritts der Testierunfähigkeit gleichzusetzen (BGH 3, 372).

„Er erklärte, daß er sein Testament errichten wolle. Es wurde festgestellt, daß an Herrn *Lamm* alsbald eine mit Lebensgefahr verbundene Bruchoperation vorgenommen werden soll und deshalb Gefahr besteht, daß die Errichtung eines Testaments vor einem Richter oder Notar nicht mehr möglich sein werde. Wie eine mit Herrn *Lamm* geführte Unterredung ergab, ist er trotz großer Schmerzen zweifellos bei klarem Verstande und geschäftsfähig.

Herr *Lamm* erklärte sodann folgendes als seinen letzten Willen:

1. Den mir vom Großvater hinterlassenen Geschäftsanteil an der Firma *Ch. F. Müller* GmbH soll derjenige meiner Neffen erben, den meine Eltern bezeichnen werden.
2. Meine goldene Uhr erhält mein Neffe *Emil* zu seiner Konfirmation.
3. Diejenigen Personen, welche mich von hier lebendig oder als Leichnam nach der nächsten Eisenbahn- oder Kraftwagenstation schaffen werden, sollen zusammen 300 DM (i.W.) erben.
4. Im übrigen sind meine Eltern die Erben meines Vermögens.

Der Erblasser wurde darauf hingewiesen, daß das Testament als nicht errichtet gilt, wenn seit der Errichtung drei Monate verstrichen sind und der Erblasser noch lebt, sowie daß Beginn und Lauf der Frist gehemmt sind, solange der Erblasser außerstande ist, ein Testament vor einem Richter oder Notar zu errichten.

Den Wert meines Vermögens gebe ich auf 60000 DM an.

Hierauf ist das Protokoll vorgelesen, von dem Erblasser genehmigt und, wie folgt, eigenhändig unterschrieben worden:

Max Lamm

Dr. Heinrich Schneider *Wilhelm Spätzle*

Johann Kluge

Gemeindevorsteher."

Benachrichtigung der Beteiligten. Der Referendar: Werden auch ungültige Testamentsbestimmungen weitergegeben?

Der Rechtspfleger: Die Beteiligten erhalten von allem Kenntnis, was in einer gerichtlich eröffneten Verfügung von Todes wegen steht und sie berührt, auch wenn die Verfügung wieder aufgehoben oder aus formellen oder materiellen Gründen unwirksam ist. Eine Prüfung der Rechtsgültigkeit der weiterzuleitenden Erklärungen steht dem Nachlaßgericht nicht zu.

Referendar: Sollen die Empfänger der Nachrichten nicht wenigstens darüber aufgeklärt werden, daß einzelne Verfügungen unwirksam sind?

Rechtspfleger: Grundsätzlich bin ich für Belehrung rechtsunkundiger Beteiligter. Im vorliegenden Fall müßte aber unsere rechtliche Belehrung so viele „Wenn" und „Aber" enthalten, daß die Beteiligten nicht viel damit anfangen könnten. Es wäre übrigens auch zum Ausdruck zu bringen, daß die Rechtsansicht des Gerichts unverbindlich ist und daß die Beteiligten sich nicht auf sie verlassen dürfen. Sonst wäre bei schuldhaft unrichtiger Auskunftserteilung — obgleich das Gericht zu ihr nicht verpflichtet ist — die Haftung aus § 839 BGB gegeben. RG 68, 278. — Entwerfen Sie also die Verfügung so, daß nur das Tatsächliche mitgeteilt wird, und legen Sie Ihre Rechtsauffassung in einer Aktennotiz nieder.

Verfügungsentwurf des Referendars:

„1. Vollständige beglaubigte Abschrift beider Testamente nebst Eröffnungsverhandlungen dem Finanzamt mit Nachricht nach Vordruck."

Vgl. § 189a Nr. 3 AbgO, § 12 1. ErbStDV.

„2. Abschrift des Testaments vom 20. Januar 1966 an *Franz Lamm* und dessen Ehefrau mit der Aufforderung, alsbald zu den Akten anzuzeigen:

a) Namen und Anschriften sämtlicher Neffen ihres verstorbenen Sohnes, insbesondere des unter 2 des Testaments bezeichneten *Emil*, bei Minderjährigen auch Name und Anschrift der gesetzlichen Vertreter,

b) wann Ihr Sohn nach Errichtung des Testaments vom 20. Januar 1966 wieder fähig geworden ist, ein Testament vor einem Richter oder Notar zu errichten,

c) durch welche Personen er von Gebirgsbauden nach der nächsten Eisenbahn- oder Kraftwagenstation geschafft worden ist.

3. Abschrift des Testaments vom 17. Juni 1970 nebst Umschlag an Frl. *Rosa Hübscher* mit Angabe, inwieweit ein Vordruck benutzt worden ist (vgl. § 27 Nr. 12 AktO).

4. Vermerk: A. Das Testament vom 20. Januar 1966 gilt als nicht errichtet, weil der Erblasser jedenfalls länger als 3 Monate nach der Errichtung gelebt hat und in der Lage war, in ordentlicher Form vor Gericht oder Notar zu testieren (§ $2252^{I, II}$ BGB)."

Die nur vorläufige Geltung der Nottestamente hat ihren Grund in der Vorstellung, daß sie in der Regel eilig und ohne reifliche Überlegung errichtet werden. Durch die Hemmung des Fristablaufs, solange der Erblasser zur Errichtung eines öffentlichen Testaments nicht in der Lage ist, soll der Erblasser zu einem eigenhändigen Testament nicht gedrängt werden, wenn ihm die Errichtung eines solchen natürlich auch nicht verwehrt ist.

Die Errichtung von Wehrmachtstestamenten beruhte auf dem Gesetz über die freiwillige Gerichtsbarkeit und andere Rechtsangelegenheiten in der Wehrmacht (WFGG) vom 24. April 1934 (RGBl. I, 335, 352) i.d.F. vom 6. September 1943 (RGBl. I, 537) mit DVO vom 3. Februar 1936 (RGBl. I, 99). Die in der Form des Testamentsgesetzes vom 31. Juli 1938 (RGBl I, 973) vor einem richterlichen Militärjustizbeamten errichteten Testamente sind ordentliche öffentliche Testamente mit unbeschränkter Gültigkeitsdauer. Sie bedurften zu ihrer Gültigkeit keiner Ortsangabe; Wehrmachtsangehörige konnten als Zeugen mitwirken, auch wenn sie minderjährig sind (Art. 1 § $2^{II, III}$ § 7 WFGG). Für Militärtestamente im eigentlichen Sinne wurden weitgehende Formerleichterungen geschaffen. Sie verloren ihre Gültigkeit mit Ablauf eines Jahres nach dem Tage, mit dem für den Erblasser das mobile Verhältnis aufgehört hatte (Art. 1 § 3^{V} WFGG).

Nottestamente Verfolgter sind geregelt in Art. 80 REGamZ, Art. 67 REGbrZ, Art. 69 REAO Berlin.

Sieht man von dem Unwirksamwerden des Dorftestaments wegen Zeitablaufs ab, so ist die Zuwendung des Geschäftsanteils an einen von den Eltern auszuwählenden Neffen auch inhaltlich unwirksam, falls das in § 1 des Testaments gebrauchte Wort „erben" im technischen Sinne verstanden wird. § 2065^{II} verbietet es nämlich, einem Dritten die Bestimmung des Empfängers einer Zuwendung zu überlassen. Hiervon macht für das Vermächtnis § 2151 die Ausnahme, daß die Auswahl des Bedachten aus einem näher bezeichneten Kreise dem Beschwerten oder einem Dritten übertragen werden kann. Die Rechtsgültigkeit der Zuwendung hängt also — ein ungewöhnlicher Fall! — davon ab, ob sie als Erbeinsetzung oder als Vermächtnis aufzufassen ist. § 2087^{II} spricht für Vermächtnis und damit für die Gültigkeit. — In § 3 des Testaments wird die Person, welche die 300 DM erhält, nicht von einem Dritten, sondern durch objektiv feststellbare Merkmale bestimmt. Das ist sowohl bei Vermächtnis wie bei Erbeinsetzung zulässig.

„B. Testament vom 17. Juni 1970: Die Benutzung des Datumvordrucks ist — im Gegensatz zum früheren Recht — nach § 2247^{II} unschädlich."

Diese durch das Testamentsgesetz eingeführte Formerleichterung hat einen der Hauptgründe für die Nichtigkeit eigenhändiger Testamente beseitigt. Doch ist die Angabe von Ort und Zeit dringend zu empfehlen (vgl. § 2247^{V}).

„Die Unterzeichnung des in Briefform errichteten Testaments mit dem bloßen Vornamen genügt als Unterschrift, da in Verbindung mit der Aufschrift des Umschlags über die Persönlichkeit des Verfassers und die Ernstlichkeit seiner Erklärung kein Zweifel besteht (§ 2247^{III})."

Das Gesetz empfiehlt zwar als Sollvorschrift die Unterzeichnung des Testaments mit Vornamen und Familiennamen des Erblassers. Es begnügt sich aber mit der Unterzeichnung „in anderer Weise", also z. B. nur mit dem Vornamen, dem Kosenamen oder mit den Worten „Euer Vater", wenn die Art der Unterzeichnung zur Feststellung der Urheberschaft des Erblassers und der Ernstlichkeit seiner Erklärung ausreicht (§ 2247^{III}). In solchem Fall ist jedoch sorgfältig zu prüfen, ob eine ernstliche, endgültige Erklärung vorliegt oder lediglich ein Entwurf oder die Ankündigung eines beabsichtigten oder anderweit errichteten Testaments (Vogels, JW 1938, 2162). Falls die letztgenannte Möglichkeit ausgeschlossen werden kann, genügt auch die Unterzeichnung mit dem Anfangsbuchstaben des Namens (str.).

Die Unterschrift muß so angebracht sein, daß sie die Erklärung deckt und dadurch erkennen läßt, daß der Erblasser die Verantwortung für seine Niederschrift übernimmt. Sie hat also nicht die Bedeutung einer Selbstbezeichnung, die auch am Anfang der Erklärung oder im Text stehen könnte, sondern einer verantwortlichen Abschlußunterschrift (RG DR 1942, 1340; DR 1945, 55; OLG Köln OLGZ 1967, 69). Sie muß deshalb in der Regel am Schluß der Erklärung stehen. Einer Umschlagsunterschrift (JFG 21, 36) oder dem Absendervermerk auf einer Postkarte (JFG 16, 91) kann diese Bedeutung zukommen.

„5. Nach 3 Wochen (Angaben zu 2a bis c)."

Sobald die Antwort der Eheleute Lamm eingeht, erhalten sämtliche zu 1 bis 3 des Kemptener Testaments in Betracht kommenden Personen bzw. ihre gesetzlichen Vertreter Testamentsabschrift. Ist ein Minderjähriger darunter, von dessen Eltern sich einer nicht mehr am Leben befindet, so gibt man wegen § 1682 auch dem zuständigen Vormundschaftsgericht Kenntnis.

Testamentsanfechtung

Ende Oktober 1971 geht zu den Max Lammschen Nachlaßakten vom Anwalt der Eltern Lamm nachstehendes Schreiben ein:

„Vollmacht meiner Auftraggeber überreichend, fechte ich namens der gesetzlichen Erben des am 5. November 1970 verstorbenen *Max Lamm*, nämlich des Fabrikbesitzers *Franz Lamm* und seiner Ehefrau *Christiane* geb. *Müller*, beide in Lichterfelde, die vom Erblasser am 17. Juni 1970 zugunsten des Fräuleins *Rosa Hübscher* errichtete letztwillige Verfügung gemäß § 2078^{II} 2082 BGB wegen Irrtums an. Der Erblasser unterhielt mit Fräulein *Hübscher* ein Liebesverhältnis und glaubte der Vater des von ihr erwarteten Kindes zu sein. Durch die Zuwendung sollte der Unterhalt des Kindes gedeckt und der Mutter die Verheiratung oder Begründung einer geschäftlichen Existenz ermöglicht werden. Das Kind ist am 15. Januar 1971 geboren worden, rührt aber nicht vom Erblasser, sondern von dem Kellner *Runge* her, der auch die Vaterschaft anerkennt hat. Der Erblasser ist also durch die irrige Annahme und Erwartung des Eintritts eines Umstandes, nämlich der Geburt eines von ihm erzeugten Kindes, zu seiner Verfügung bestimmt worden."

Nach der Darstellung der Anfechtungsschrift hat Max Lamm sich nicht über den Inhalt seiner letztwilligen Erklärung im Irrtum befunden, vielmehr seinem Willen gemäß, aber aus einem unrichtigen Beweggrund testiert. Nach dem Allgemeinen Teil des BGB wäre der Motivirrtum, wenn er nicht arglistig herbeigeführt ist, kein Anfechtungsgrund. Dagegen gestattet bei Testamenten § 2078^{II} ganz allgemein die

Anfechtung wegen Irrtums im Beweggrund. Allerdings muß der Testator über den Eintritt oder Nichteintritt der Umstände, auf die es ankommt, sich eine bestimmte — und dabei objektiv unzutreffende — Vorstellung gemacht haben (RG 86, 206; Ausnahme: § 2079). Doch wird — abgeschwächt — für genügend erachtet, daß der Erblasser die Erwartung zweifellos gehabt hat, selbst wenn er sich ihrer nicht ganz besonders bewußt gewesen sein sollte (so BGH 4, 91; dazu kritisch Kipp-Coing, Erbrecht, § 24^{II} 2 b).

Eine Nachprüfung der Anfechtung vom Standpunkt „verständiger Würdigung des Falles" (so § 119^{I}) findet in Erbrecht nicht statt. Es genügt der Nachweis, daß der Erblasser, vielleicht aus Schrullenhaftigkeit, bei Kenntnis der wahren Sachlage nicht so testiert hätte.

Wird hierdurch die Testamentsanfechtung im Vergleich zum Allgemeinen Teil wesentlich erleichtert und ausgedehnt, so wird andrerseits der Umfang ihrer Wirkung eingeschränkt. Unter der „letztwilligen Verfügung", gegen welche sich die Anfechtung richtet, ist nämlich nicht das ganze Testament, sondern nur die von dem Willensmangel betroffene letztwillige Anordnung zu verstehen. Ob mit ihr auch andere Anordnungen unwirksam werden, richtet sich nach § 2085, der für Zweifelsfälle das Gegenteil des § 139 als Norm aufstellt, nämlich die Aufrechterhaltung der übrigen Bestimmungen: „favor testamenti". Da das Testament vom 17. Juni 1970 aus einer einzigen „Verfügung" besteht, wirkt sich der Unterschied in unserem Fall nicht aus.

„Die Anfechtung geschieht lediglich vorsorglich. In erster Linie wird Nichtigkeit des Testaments aus den dem Frl. *Hübscher* bekannten Gründen geltend gemacht."

Die Geltendmachung eines Nichtigkeitsgrundes ist von der Anfechtung wohl zu unterscheiden. Der Anwalt denkt offenbar an Nichtigkeit aus § 138. Die Rechtsprechung hat Zuwendungen an eine Konkubine wiederholt für sittenwidrig und nichtig erklärt; allerdings waren dabei die Erblasser verheiratete Männer, die durch das Legat die Geliebte zur Fortsetzung des ehebrecherischen Verkehrs bestimmen wollten oder unter ihrem Einfluß die Familie in ungerechtfertigter Weise zurücksetzten (RG JW 1911, 29^{1}; JW 1929, 33^{2} mit Anm. Bendix; RG 166, 395; OGHZ 1, 249; 3, 158; BGH NJW 1968, 932 mit Anm. v. Breithaupt; BGHZ 52, 17 = NJW 1969, 1343 mit Anm. v. Reinicke; BGH NJW 1970, 1273; KG OLGZ 1967, 241; OLG Köln OLGZ 1968, 489; kritisch Müller-Freienfels JZ 1968, 441.

Max Lamm hätte klüger getan, statt des Frl. Hübscher den nasciturus zu bedenken und sich im Testament zu der Vaterschaft des Kindes zu bekennen. Damit hätte er einmal den Streitpunkt der Sittenwidrigkeit ausgeschaltet. Außerdem erben nach § 10 ErbStG i.d.F. vom 1. April 1959 (BGBl. I 187) nichteheliche, vom Vater anerkannte Kinder in der ersten, am niedrigsten besteuerten Klasse, während Frl. Hübscher der höchst besteuerten Klasse angehört. Der steuerliche Vorteil wäre in dem unterstellten Fall auch dann nicht verloren gegangen, wenn das Testament formnichtig gewesen wäre, die Eltern Lamm aber freiwillig dem Kind das ausgesetzte Viertel des Nachlasses gegeben hätten: denn erfüllt der Erbe eine wegen Formmangels nichtige letztwillige Verfügung, so wird nur die Erbschaftssteuer entrichtet, die bei Gültigkeit des Testaments zu zahlen gewesen wäre (§ 5^{III} StAnpG).

Schließlich hat der Anwalt noch mit der Möglichkeit gerechnet, daß man trotz § 2087 BGB die Zuwendung wegen des Ausdrucks „vermachen" als Vermächtnis auffaßt. Gegenüber dem Nachlaßgericht erfolgt nämlich die Testamentsanfechtung nur, wenn es sich um Erbfolge, Testamentsvollstreckung oder Auflage handelt (§ 2081$^{I, III}$). Das Vermächtnis ist ein obligatorisches Rechtsverhältnis zwischen dem Bedachten und dem Beschwerten (§ 2174) und für Dritte ohne Interesse. Deshalb wird hier, dem Grundsatz des § 143 entsprechend, außergerichtlich gegenüber dem Bedachten angefochten (RG 143, 353):

„Gleichzeitig wird die Anfechtung durch Zustellung an Frl. *Hübscher* erklärt.

Weiß, Rechtsanwalt."

Beglaubigung der Unterschrift ist für Testamentsanfechtung (anders als bei der Anfechtung der Annahme oder Ausschlagung der Erbschaft, § 1955) nicht vorgeschrieben. Für die Vollmacht gilt die allgemeine Regel des § 167 II.

Nach § 2081 II erhält Fräulein Hübscher Abschrift der Anfechtungserklärung zur Kenntnisnahme. Über die Berechtigung der Anfechtung mag sie sich mit den Eltern Lamm nötigenfalls im Prozeßweg auseinandersetzen. Das Nachlaßgericht hat dazu nur Stellung zu nehmen, wenn es bei der Ausstellung eines Erbscheins darauf ankommen sollte.

Erbschein bei gesetzlicher Erbfolge
Einziehung und öffentlicher Glaube des Erbscheins

Frau Krebs aus Festenberg läßt sich beim Rechtspfleger melden und bittet unter Vorlegung von Standesamtsurkunden, gerichtlichen Bescheinigungen, Erbteilsübertragungen und -pfändungen um Ausstellung eines Erbscheins nach ihrer in Lichterfelde verstorbenen Schwester Frau Salat: Meine Schwester hat sich bald nach dem Tod ihres Kindes vom Manne getrennt, zuerst in Neuwied und Dresden, dann 20 Jahre lang in Lichterfelde das Gewerbe als Masseurin und Heilgymnastin allein ausgeübt und schönes Geld damit verdient. Ein Testament haben wir nirgends ausfindig machen können. Der Mann meiner Schwester hat seinen Erbanteil verkauft und tut, als ob ihn die ganze Angelegenheit nichts anginge. Einem anderen Erben ist der Erbteil von einem Gläubiger gepfändet worden. Jetzt habe ich die Erbschaftsregelung in die Hand genommen und brauche den Erbschein, weil die Bank die Auszahlung des Guthabens und die Herausgabe der Wertpapiere auf Grund ihrer Geschäftsbedingungen von der Vorlegung eines Erbscheins abhängig macht.

Der Rechtspfleger: Die Erbscheinsverhandlung können Sie vor jedem Notar und jedem Amtsgericht zu Protokoll erklären (§ 2356 II BGB, § 56 III S. 2 BeurkG). Sie hätten es nicht nötig gehabt, deshalb nach Lichterfelde zu reisen. Aber zeigen Sie bitte die Urkunden.

Nach den Angaben der Krebs und den von ihr mitgebrachten Urkunden fertigt sich der Rechtspfleger zur besseren Übersicht eine Stammbaumzeichnung an:

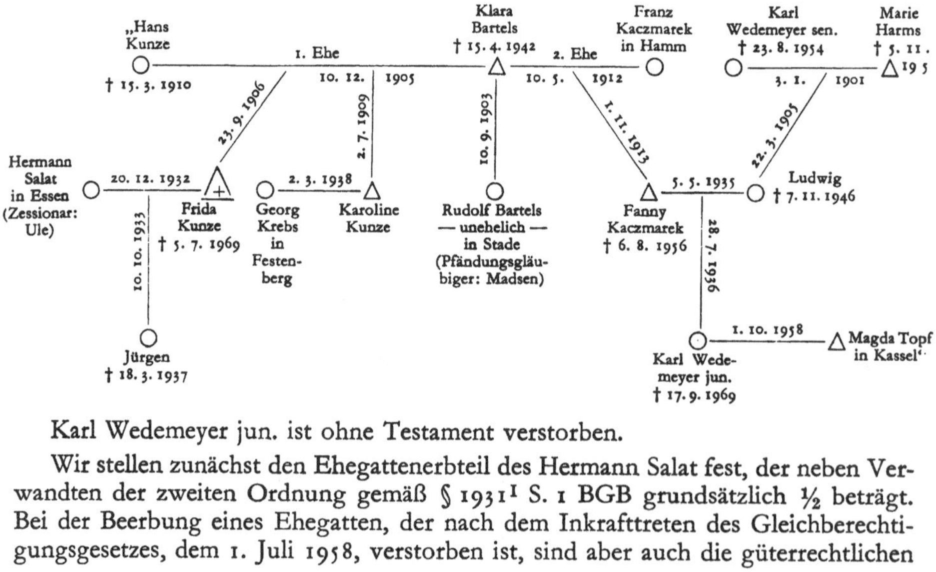

Karl Wedemeyer jun. ist ohne Testament verstorben.

Wir stellen zunächst den Ehegattenerbteil des Hermann Salat fest, der neben Verwandten der zweiten Ordnung gemäß § 1931 I S. 1 BGB grundsätzlich ½ beträgt. Bei der Beerbung eines Ehegatten, der nach dem Inkrafttreten des Gleichberechtigungsgesetzes, dem 1. Juli 1958, verstorben ist, sind aber auch die güterrechtlichen

Verhältnisse von Bedeutung. Wenn die Eheleute im gesetzlichen Güterstand der Zugewinngemeinschaft gelebt haben, wird für den Fall der Auflösung der Ehe durch Tod der Zugewinnausgleich nach § 1371 I BGB in der Weise verwirklicht, daß der gesetzliche Erbteil des überlebenden Ehegatten sich um ein Viertel erhöht (sog. erbrechtliche Lösung). Diese Erbrechtsverstärkung tritt ein ohne Rücksicht darauf, ob ein Zugewinn erzielt worden ist oder nicht. Da die Eheleute Salat die Ehe vor dem 1. April 1953 geschlossen haben, galt für sie nach den Übergangsvorschriften in Art. 8 I Nr. 3 GleichberG der gesetzliche Güterstand der Zugewinngemeinschaft, sofern sie zu dem genannten Zeitpunkt im Güterstand der Verwaltung und Nutznießung des Mannes nach BGB a. F. gelebt, inzwischen keinen anderen Güterstand durch Ehevertrag eingeführt haben und wenn keiner von ihnen bis spätestens 30. Juni 1958 die einseitige Ablehnungserklärung nach Art. 8 I Nr. 3 II GleichberG abgegeben hat. Da die Geltung des gesetzlichen Güterstandes durch Urkunden nicht nachgewiesen werden kann,begnügt sich das Gesetz in § 2356 II BGB mit der eidesstattlichen Versicherung des Antragstellers (zum Einfluß des Güterrechts auf das Erbscheinsverfahren s. Tröster, Rpfleger 1960, 38). — Frau Salat erklärt auf Befragen, daß ihr keine Tatsachen bekannt seien, durch welche der gesetzliche Güterstand ausgeschlossen würde. Der gesetzliche Erbanteil des Witwers erhöht sich also auf ¾; außerdem kann er gemäß § 1932 Hausrat und Hochzeitsgeschenke als „Voraus" beanspruchen.

Innerhalb des auf die Verwandten entfallenden Viertels entsteht die Frage, wie das Erbrecht der vollbürtigen Schwester Frau Krebs sich zu dem der halbbürtigen Geschwister bzw. Geschwisterkinder Rudolf Bartels und Karl Wedemeyer jun. verhält. Nach dem BGB werden die Halbbürtigen nicht durch die Vollbürtigen ausgeschlossen, sondern sie erben in derselben Ordnung, aber zu geringerer Quote („zur halben Hand"). Das folgt aus dem System der Erbfolge nach Stämmen und Linien. Auf Grund des Eintrittsrechts der Abkömmlinge tritt an die Stelle des vorverstorbenen Vaters Hans Kunze seine Tochter Frau Krebs, an die Stelle der vorverstorbenen Mutter Klara Kaczmarek ihre gesamte Nachkommenschaft nach Stämmen: „Das Gut rinnt wie das Blut". §§ 1925 III S. 1, 1924 III.

Weitere Folgerungen aus dem Stammes- und Liniensystem: 1. kein „Schoßfall", wenn neben Geschwistern ein Elternteil am Leben ist (§ 1925 II, III), 2. Kinder aus einer Kusinenehe erhalten die Erbteile ihrer beiden vorverstorbenen Eltern (§ 1927). Mit der dritten Erbklasse endet das Liniensystem und wird durch das Gradsystem abgelöst. §§ 1928 III, 1929 II. Freilich nur innerhalb der Parentel; ein Verwandter 7. Grades aus der 4. Ordnung geht einem Verwandten 6. Grades aus der 5. Ordnung vor. § 1930. — In unserem Fall ergibt die Berechnung für Frau Krebs $^{2}/_{12}$ (nämlich das $^{1}/_{8}$ des Vaters ganz und von dem $^{1}/_{8}$ der Mutter der dritte Teil), für Rudolf Bartels und Karl Wedemeyer jun. je $^{1}/_{24}$ (aus dem $^{1}/_{8}$ der Mutter).

Ungenau wäre es, wenn man die Erblasserin und Rudolf Bartels oder Fanny Wedemeyer als „Stiefgeschwister" bezeichnen würde. Stiefgeschwister haben keinen Elternteil gemeinsam und sind überhaupt nicht blutsverwandt.

Die weitere Beerbung des Karl Wedemeyer richtet sich nach § 1931 I S. 2. Dieser Vorschrift liegt der Gedanke zugrunde, daß der Ehegatte jedes gesetzliche Erbrecht von Verwandten dritter Ordnung mit Ausnahme der Großeltern absorbiert. Hätte Karl Wedemeyer keine Witwe hinterlassen, so hätten sein Großvater Franz Kaczmarek ½, der Onkel Rudolf Bartels und die Tante Karoline Krebs die Hälfte der vorverstorbenen Großmutter Klara Kaczmarek zu gleichen Teilen geerbt. Nunmehr entfällt auf die Witwe Magda Wedemeyer außer dem gewöhnlichen Witwenerbteil von ½ auch der Anteil von Onkel und Tante mit zusammen ¼, während das letzte Viertel dem Großvater Franz Kaczmarek verbleibt. Bei Zugewinngemeinschaft betragen die Anteile $^{7}/_{8}$ und $^{1}/_{8}$.

Erbscheinsverhandlung. Es wird folgende Verhandlung nach den §§ 2354, 2356, 2357 aufgenommen:

„Gegenwärtig: Justizinspektor *Pfleger* als Rechtspfleger. Lichterfelde, den 8. November 1969

Es erschien:

Frau Schnittwarenhändler *Karoline Krebs* geborene *Kunze* aus Festenberg, ausgewiesen durch.......... und erklärte:

Laut beiliegender Sterbeurkunde ist am 5. Juli 1969 meine Schwester, die Masseurin und Heilgymnastin Frau *Frida Salat* geborene *Kunze*, zu Lichterfelde, ihrem Wohnsitz, verstorben. Sie hat als gesetzliche Erben hinterlassen:

I. ihren Ehemann, den Naturheilkundigen *Hermann Salat* in Essen, Bismarckstraße 40, zu $^{3}/_{4}$,
II. mich, ihre vollbürtige Schwester, zu $^{2}/_{12}$,
III. ihre halbbürtigen Geschwister und Geschwisterkinder:
a) Handelsmann *Rudolf Bartels* in Stade, Lüneburgerstraße 24,
b) Buchhalter *Karl Wedemeyer* in Kassel, inzwischen am 17. September 1969 verstorben, zu a und b je zu $^{1}/_{24}$."

Der Erbschein hat die Rechtsverhältnisse so zu bezeugen, wie sie sich im Augenblick des Erbfalls gestaltet haben. Spätere Ereignisse — die Beerbung des Karl Wedemeyer jun. durch seine Frau und seinen Großvater, die Übertragung des Hermann Salatschen Erbanteils auf Ule, die Pfändung des Rudolf Bartelsschen Erbteils durch Madsen — gehören nicht hinein. Nicht einmal ein Vermerk bloß nachrichtlicher Art wäre statthaft; denn Erbschein, Grundbuch, öffentliche Register sind mit öffentlichem Glauben ausgestattet und dürfen nur solche Angaben enthalten, die des öffentlichen Glaubens fähig sind. RG 64, 173. Deshalb werden Erbscheine auch niemals mit Gründen versehen.

Damit die wirklich Berechtigten über den Nachlaß verfügen können, wird außer dem Erbschein nach Frida Salat noch ein solcher nach Karl Wedemeyer zu beschaffen, ferner die Erbteilsübertragung von Hermann Salat auf Ule und der Pfändungsbeschluß des Madsen vorzulegen sein. Den Erbschein nach Frida Salat hätten auch die Erben des Karl Wedemeyer beantragen können, ebenso Ule und (nach ausdrücklicher Bestimmung der §§ 792, 896 ZPO) der Pfändungsgläubiger Madsen.

Der Voraus des Witwers darf im Erbschein nicht erwähnt werden, weil er die Natur eines gesetzlichen Vermächtnisses (§ 1932 BGB), also eines rein persönlichen Anspruchs hat.

„Andere Personen, durch welche die Genannten von der Erbfolge ausgeschlossen oder ihre Erbteile gemindert würden, sind nicht vorhanden. Als solche Personen waren nur vorhanden:

a) der Sohn der Erblasserin *Jürgen Salat*, geboren am 10. Oktober 1933, gestorben am 18. März 1937,
b) ihr Vater *Hans Kunze*, gestorben am 15. März 1910,
c) ihre Mutter *Klara Kaczmarek*, verwitwete *Kunze*, geborene *Bartels*, gestorben am 15. April 1942,
d) ihre halbbürtige Schwester *Fanny Wedemeyer* geborene *Kaczmarek*, Mutter des Erben zu 3 b, gestorben am 6. August 1956."

Es genügt nicht, in der Erbscheinserklärung das Erbrecht derjenigen, welche Erben geworden sind, auf dem kürzesten Wege nachzuweisen. Das Gesetz verlangt außerdem Angabe der Personen, die zum Erblasser in einem zur Erbfolge berechtigenden Verhältnis gestanden haben, aber vor seinem Tode weggefallen sind, nebst urkundlichem Nachweis des Wegfalls (Sterbeurkunde, Scheidungsurteil, Erbschaftsausschlagung usw.), und es dehnt die vom Erben abzugebende eidesstattliche Versicherung auf das Nichtvorhandensein derartiger Personen aus. §§ 2354^{I} Nr. 3, Abs. II, 2356. Diese Nachweispflicht des Antragstellers ist eine Ausnahme von dem Amtsermittlungsgrundsatz der §§ 12 FGG, 2358 BGB. Das Nachlaßgericht soll nachprüfen können, ob jene Personen wirklich weggefallen sind. Dadurch werden Erben und Gericht oftmals genötigt, viel Mühe und Zeit ohne positives Ergebnis auf die „Sackgassen" der verwandtschaftlichen Beziehungen zu verwenden. Es sind z.B. Kinder, die an sich erbberechtigt gewesen wären, vor langen Jahren im zartesten Alter verstorben und niemand in der Familie kennt mehr ihre Vornamen, noch Sterbetag und -ort.

„Eine Verfügung der Erblasserin von Todes wegen ist nicht vorhanden.
Ein Rechtsstreit über das Erbrecht der bezeichneten Erben ist nicht anhängig.

Die Erblasserin hat bei ihrem Tode im gesetzlichen Güterstand der Zugewinngemeinschaft gelebt.
Sämtliche Erben haben die Erbschaft angenommen."

Vgl. §§ $2354^{4,5}$, 2357^{III} S. 1. Wäre ein Rechtsstreit anhängig, so müßte nach § 2360^{I} das Gericht vor Ausstellung des Erbscheins den Gegner des Antragstellers anhören.

„Ich überreiche 11 weitere Personenstandsurkunden und 3 gerichtliche Bescheinigungen, versichere an Eides Statt, daß mir nichts bekannt ist, was der Richtigkeit meiner Angaben entgegensteht, und beantrage, mir einen gemeinschaftlichen Erbschein über das Erbrecht der zu I bis III bezeichneten Erben zu erteilen."

Die Personenstandsurkunden sind: Heiratsurkunde der Erblasserin, Geburts- und Sterbeurkunde des Sohnes Jürgen, Geburtsurkunden der Erblasserin und ihrer 3 Geschwister, Sterbeurkunden beider Eltern und der Fanny Wedemeyer, Geburtsurkunde des Karl Wedemeyer.

Heiratsurkunden sind nur erforderlich, wenn das Erbrecht auf der Eheschließung beruht, wie beim Ehemann Salat. Die Ehelichkeit eines Kindes wird nach herrschender Ansicht schon durch die Geburtsurkunde bewiesen, in welcher die Geburt von einer Ehefrau bescheinigt ist. Noch weniger bedarf es der Heiratsurkunde, wenn sie (wie bei Frau Krebs) lediglich die Namensänderung einer durch die Geburt erbberechtigten Person belegen soll. KG JFG 21, 120.

Öffentliche Urkunden sind für die Zeit vor dem 1. Januar 1876 die Auszüge aus den damals geführten gerichtlichen Registern oder Kirchenbüchern, für die Zeit danach Auszüge aus den standesamtlichen Registern. Das Personenstandsgesetz vom 3. November 1937 (RGBl. I, 1146) i.d.F. vom 8. August 1957 (BGBl. I 1125), des Art. 8 NichtehelG vom 19. August 1969 (BGBl. I 1243) und des ÄndG-PStG vom 17. Juli 1970 (BGBl. I 1099) mit AusfVO-PStG vom 12. August 1957 (BGBl. I 1139) i.d.F. der VO vom 27. Juni 1970 (BGBl. I 1015) kennt beglaubigte Abschriften aus den Familien-, Heirats-, Geburten- und Sterbebüchern, Auszüge aus dem Familienbuch, Geburtsscheine, Abstammungsurkunden sowie Geburts-, Heirats- und Sterbeurkunden (§§ 61a—65a). Diese Urkunden haben dieselbe Beweiskraft wie die Bücher (§ 66 PStG), d.h. sie beweisen nach § 60 PStG bei ordnungsmäßiger Führung der Bücher Heirat, Geburt und Tod. Den Eintragungen im Geburten- und Sterbebuch ist damit eine noch über § 415 ZPO hinausgehende Beweiskraft beigelegt, da sie nicht nur vollen Beweis für die vor dem Standesbeamten abgegebene Erklärung, sondern für die Tatsache der Geburt oder des Todes selbst erbringen. Jedoch ist der Nachweis der Unrichtigkeit der beurkundeten Tatsachen zulässig (§ 60^{II} PStG). Beglaubigte Eintragungen im Familienstammbuch erbringen denselben Beweis wie die genannten Urkunden, wenn dabei die Vordrucke verwendet worden sind, die für die Ausstellung von Personenstandsurkunden bestimmt sind (§ 65 der AusfVO z. PStG vom 12. August 1957, BGBl. I 1139). Streitig war die Beweiskraft der vor dem 1. Juli 1938 ausgestellten Stammbücher, wenn die Eintragungen in ihnen in der Form abgekürzter sog. Geburts-, Heirats- und Todesscheine bewirkt worden waren, wie sie die VO über standesamtliche Scheine vom 14. Februar 1924 (RGBl. I, 116) durch Einfügung der §§ 15a—c in das PStG a.F. eingeführt hatte. Solche Urkunden beweisen, daß die Geburt, die Eheschließung oder der Sterbefall im Register beurkundet ist (§ 15a). Todes- und Heiratsscheinen dieser Art kann ausreichende Beweiskraft zum Nachweis der Tatsachen des § 2354^{I} Nr. 1, 2^{II} beigemessen werden (KG JR 1927, 137). Geburtsscheine nach § 61c PStG dagegen und die in § 102a der 1. AusfVO z. PStG vom 19. Mai 1938 (RGBl. I 533) vorgesehen gewesenen Geburtsbescheinigungen, die besonders im Interesse der nichtehelichen Kinder geschaffen worden sind, können den Nachweis der Abstammung nicht erbringen, weil sie keine Angaben über die Eltern enthalten. Sind jedoch abgekürzte Eintragungen dieser Art in ein Familienstammbuch aufgenommen, so erstreckt sich die Beweiskraft der

Eintragungen im Sinne der §§ 60 und 66 PStG auch auf solche näheren Angaben über die beurkundeten Personenstandstatsachen, die sich aus dem inneren und äußeren Zusammenhang des ordnungsgemäß geführten Familienstammbuches ergeben, wie durch § 107^{II} 2 der 1. AusfVO z. PStG i.d.F. der 4. AusfVO vom 27. September 1944 (RGBl. I, 219) klargestellt worden ist. Die Eintragung einer Geburt im Familienstammbuch in der Form eines Geburtsscheins, d.h. ohne ausdrückliche Bezeichnung der Eltern, beweist daher die eheliche Geburt des Kindes von den Eltern, für die das Stammbuch ausgestellt worden ist. Die gegenteilige Rechtsprechung des KG (JFG 20, 34) hat durch diese Gesetzesänderung ihre Bedeutung verloren (vgl. auch Soergel-Siebert, BGB, 10. Aufl. § 2356 Anm. 2).

In Beweisnot geraten die Beteiligten häufig, wenn die beweisbedürftigen Tatsachen bei einem Standesamt in den jetzt unter sowjetischer oder polnischer Verwaltung stehenden Ostgebieten beurkundet worden sind. Über die in diesen Fällen vorhandenen Möglichkeiten der Urkundenbeschaffung vgl. Pehe, JR 1955, 134; Gaulke, DRiZ 1961, 181, 256; StAZ 1969, 182. Notfalls kann das Gericht nach § 2356^{I} S. 2 „andere Beweismittel" zulassen, wenn die Urkunden nicht oder mit unverhältnismäßigen Schwierigkeiten zu beschaffen sind.

In den überreichten gerichtlichen Bescheinigungen bestätigen die Gerichte Essen, Neuwied und Dresden, daß Verfügungen von Todes wegen sich dort nicht in besonderer amtlicher Verwahrung befinden.

Die rein negative Fassung der eidesstattlichen Versicherung ist in § 2356^{II} S. 1 zugelassen, weil die Tatsachen, auf die sich die eidestattliche Erklärung bezieht, oft in entfernter Vergangenheit liegen und der Erbe aus eigenem Wissen über sie nicht unterrichtet sein kann. Namentlich dem Erbeserben, Erbteilserwerber oder Gläubiger wird erst durch diese abgeschwächte Formulierung die Erwirkung eines Erbscheins ermöglicht.

Gemeinschaftlicher Erbschein: § 2357^{I}.

„Ferner bitte ich:

> soweit eidestattliche Versicherungen der Miterben für erforderlich erachtet werden, die in Betracht kommenden Erben durch die für sie zuständigen Amtsgerichte über ihren Beitritt zu dieser Verhandlung vernehmen zu lassen.

Der Wert des reinen Nachlasses beträgt 29000 DM.

Hierauf ist die Verhandlung vorgelesen, von der Beteiligten genehmigt und eigenhändig, wie folgt, unterschrieben worden: *Karoline Krebs* geb. *Kunze*.

Pfleger."

Soweit das Nachlaßgericht nach § 2357^{IV} eidesstattliche Versicherungen der Miterben verlangt, hatte eigentlich die Antragstellerin diese Erklärungen zu beschaffen. Man kommt ihr aber gern entgegen, indem man die Miterben im Wege der Rechtshilfe vor die Amtsgerichte ihres Wohnorts vorladen und ihnen den Beitritt zu der Erbscheinserklärung anheimstellen läßt. Vgl. RG 95, 286; Jansen, FGG, 2. Aufl. § 2 Rdn. 9.

Weiteres Verfahren und Erbschein. Unbeschadet der Notwendigkeit des förmlichen Nachweises durch Personenstandsurkunden und eidesstattliche Versicherungen hat das Nachlaßgericht nach § 2358 BGB (entsprechend § 12 FGG) alle für die Feststellung des Erbrechts wesentlichen Tatsachen von Amts wegen zu ermitteln und alsdann nach § 2359 BGB mit freier Beweiswürdigung zu entscheiden, ob das behauptete Erbrecht als festgestellt angesehen werden kann. Da Frau Krebs schon die Bescheinigungen aller in Betracht kommenden Amtsgerichte über das Nichtvorhandensein von Testamenten beigebracht hat, bleibt für die Amtsermittlungstätigkeit nur die Heranziehung aller vormundschaftsgerichtlichen Akten der Familien Salat, Kunze, Kaczmarek und Wedemeyer. Andere als die aus der Erbscheinsverhandlung bekannten Erbberechtigten werden nicht festgestellt. Ferner läßt das Nachlaßgericht von einigen Miterben im Wege der Rechtshilfe eidestattliche Erklärungen bzw. Beitrittserklärungen zur Erbscheinserklärung der Frau Krebs aufnehmen. Zur Klärung des Güterstandes ergehen Anfragen an das Gericht, in dessen Bezirk der Mann am

30. Juni 1958 seinen Wohnsitz hatte (Art. 8 I Nr. 3 II GleichberG), sowie an das für die Führung des Güterrechtsregisters zuständige Amtsgericht (§ 1558 BGB). Alsdann wird verfügt:

„1. Gemeinschaftlicher Erbschein. Erben der zu Lichterfelde, ihrem Wohnsitz, am 5. Juli 1969 verstorbenen Masseurin und Heilgymnastin Frau *Frida Salat* geb. *Kunze* sind:

I. ihr Ehemann, der Naturheilkundige *Hermann Salat* in Essen, zu drei Vierteln,

II. ihre vollbürtige Schwester, verehelichte Schnittwarenhändler *Karoline Krebs* geb. *Kunze* in Festenberg, zu zwei Zwölfteln,

III. ihre halbbürtigen Geschwister bzw. Geschwisterkinder:

a) Handelsmann *Rudolf Bartels* in Stade,

b) Buchhalter *Karl Wendemeyer* in Kassel,

zu a und b je zu einem Vierundzwanzigstel des Nachlasses.

Lichterfelde, den 18. Dezember 1969.

Das Amtsgericht.
Pfleger, Justizinspektor
als Rechtspfleger.

2. Ausfertigung der Frau *Krebs* erteilen.

3. Begl. Abschrift mit Nachricht nach Vordruck dem Finanzamt (s. S. 165 zu 1)."

Der Grund der Berufung (Gesetz oder Verfügung von Todes wegen) ist im Erbschein nicht anzugeben (KG RJA 16, 45; JFG 5, 186; HRR 1941 Nr. 327 = DFG 1941, 27).

Kosten: Nach § 8 II KostO soll die Erledigung eines auf Antrag vorzunehmenden Geschäfts davon abhängig gemacht werden, daß ein zur Deckung der Kosten hinreichender Vorschuß gezahlt oder sichergestellt wird. Für die Erteilung des Erbscheins und für die Beurkundung der eidesstattlichen Versicherung wird je eine volle Gebühr erhoben (§§ 107 I, 49 KostO). Maßgebend ist der Wert des nach Abzug der Nachlaßverbindlichkeiten verbleibenden reinen Nachlasses im Zeitpunkt des Erbfalls (§ 107 II S. 1 KostO). Demgemäß hat Frau Krebs nach einem Geschäftswert von 29000 DM zwei volle Gebühren nach der Gebührenstaffel der Anlage zu § 32 KostO mit 180 DM kurzerhand in Kostenmarken entrichtet. Sofern weitere eidesstattliche Versicherungen von Miterben beurkundet werden, wird eine Gebühr nach dem Wert ihres Anteils am Nachlaß erhoben (§ 49 II S. 2 KostO).

Gegenständlich beschränkte Erbscheine. Ist der Erblasser nach deutschem Recht beerbt worden, so gibt es keinen gegenständlich beschränkten Erbschein, dessen Wirkungen sich nur auf einzelne Nachlaßgegenstände erstrecken. Das BGB kennt nur einen Erbschein, der sich auf die Gesamtheit des in- und ausländischen Vermögens des Erblassers bezieht (BGH 1, 15; KG OLGZ 1967, 358; OLG Hamm OLGZ 1968, 460). Nur wenn der Nachlaß einem ausländischen Erbstatut unterliegt, kann das deutsche Nachlaßgericht nach der Sondervorschrift des § 2369 BGB einen gegenständlich beschränkten Erbschein mit Beschränkung auf die in Deutschland befindlichen Nachlaßgegenstände erteilen. Ein solcher Fall liegt aber nicht vor, wenn das ausländische Recht für den im Ausland, d. h. in Deutschland befindlichen Nachlaß auf das fremde Recht zurückverweist (Art. 27 EGBGB), wie z. B. das englische und das französische Recht sowie § 300 ÖsterABGB für unbewegliche Gegenstände. Dadurch zerfällt der Nachlaß in zwei Teile, die verschiedenen Rechten unterliegen (Nachlaßspaltung). Das deutsche Nachlaßgericht hat dann unter Anwendung deutschen Rechts nicht einen gegenständlich beschränkten, sondern einen allgemeinen Erbschein zu erteilen, weil durch die Nachlaßspaltung getrennte und als selbständig zu behandelnde Vermögensmassen gebildet werden, gleichsam als ob sie von verschiedenen Erblassern herrühren (KG JFG 15, 78 = DJ 1937, 554 m. Anm. Vogels; KG JFG 16, 23 = JW 1937, 2527 m. Anm. Lewald).

Ein gegenständlich beschränkter Erbschein ist das Hoffolgezeugnis nach § 18 II S. 3 der Höfeordnung für die britische Zone, das lediglich die Hoferbfolge bescheinigt. In einem solchen Fall kann ein auf das hoffreie Vermögen allein beschränkter Erbschein erteilt werden (KG JW 1938, 3171; OLG Düsseldorf, NJW 1953, 1870).

Neuerdings sieht das Gesetz in § 181 II BEntschG einen beschränkten Erbschein vor, der einen Nachweis des Erbrechts nur für das Entschädigungsverfahren erbringt (dazu KG NJW RzW 1955, 189), ebenso § 7a BRüG i.d.F. des G vom 2. Oktober 1964 (BGBl. I 809) einen gebührenfrei zu erteilenden Erbschein nur für das Rückerstattungsverfahren.

In § 55^{II} bayerNachlaßO. die als Verwaltungsanordnung keine verbindlichen Rechtsnormen enthält, wird die Erteilung eines Erbscheins mit Beschränkung auf bestimmte Nachlaßgegenstände, z. B. ein Grundstück, zugelassen. Obwohl mit den Vorschriften des BGB nicht vereinbart, ist ein mit diesem Inhalt erteilter Erbschein doch jedenfalls nicht unwirksam (BayObLG NJW 1952, 825). Wegen seiner kostenrechtlichen Behandlung s. einerseits Roß-Wedewer, KostO, § 107^{III}, andererseits Haberstumpf-Firsching, Nachlaßwesen in Bayern, § 55 Bem. 2.

Wird ein Erbschein auf Grund sachlicher Gebührenfreiheit für begrenzte Zwecke (Rückerstattung) erteilt, so wird er zur Sicherung gegen mißbräuchliche Verwendung für weitere, kostenrechtlich nicht begünstigte Angelegenheiten mit einem Vermerk über seine begrenzte Gültigkeit versehen. Inhaltlich handelt es sich hier um einen allgemeinen Erbschein, der jedoch bei Verwendung für einen gebührenrechtlich nicht bevorzugten Zweck zurückzuweisen ist, z. B. vom Grundbuchamt (KG DNotZ 1942, 188; BayObLG a.a.O.). Unter Nachzahlung der bisher nicht erhobenen Gebühren kann der Berechtigte nach § 85 FGG eine Ausfertigung desselben Erbscheins ohne einschränkenden Vermerk beantragen (§ 107a KostO). Lediglich kostenrechtliche Bedeutung hat auch die Vergünstigung nach § $107^{III, IV}$ KostO, wonach inhaltlich unbeschränkte Erbscheine nur zur Verfügung über ein Grundstück oder ein Grundstückrecht erteilt werden können.

Einziehung des Erbscheins. Im Frühjahr 1970 stellt sich heraus, daß Frida Salat im Jahre 1963 vor einem Notar zugunsten einer Freundin testiert hatte:

„Zur alleinigen Erbin meines Nachlasses ernenne ich Fräulein *Leonore Schlosser* in Wiesbaden........ Mein Ehemann soll, falls er mich überlebt und wir bis dahin nicht gerichtlich geschieden sind, seinen Pflichtteil erhalten. Meiner Schwester, verehelichten Schnittwarenhändler *Karoline Krebs* geb. *Kunze* in Festenberg, setze ich 2000 DM (i. W.) als Vermächtnis aus."

Das Testament liegt in Wiesbaden, der Verwahrungsschein befindet sich im Besitz des Frl. Schlosser. Nachdem diese von dem Todesfall Kenntnis erlangt hat, veranlaßt sie die Eröffnung durch das Amtsgericht Wiesbaden. Das eröffnete Testament wird dem Nachlaßgericht Lichterfelde übersandt

Der Erbschein vom 18. Dezember 1969 hatte keine konstitutive Wirkung, er begründete lediglich eine Vermutung (§ 2365 BGB), die durch das aufgefundene Testament widerlegt wird. Den Entscheidungen im Erbscheinsverfahren kommt keine materielle Rechtskraft zu, vielmehr kann und muß das Gericht wie auch sonst in Angelegenheiten freiwilliger Gerichtsbarkeit seine Verfügungen grundsätzlich aufheben oder ändern, wenn es sie nachträglich für ungerechtfertigt erachtet (§ 18^{I} FGG; KG NJW 1955, 1074). Nur ausnahmsweise fällt diese Änderungsmöglichkeit fort: bei den der sofortigen Beschwerde unterliegenden Entscheidungen (§ 18^{II}); wenn durch die Verfügung die Genehmigung zu einem Rechtsgeschäft erteilt oder verweigert und die Genehmigung oder ihre Verweigerung gegenüber dritten Personen wirksam geworden ist (§ 55^{I} FGG); wenn die Verfügung einen Antrag voraussetzt, der zurückgewiesen worden ist und vom Antragsteller jetzt nicht erneuert wird (§ 18^{I}). In Übereinstimmung mit diesen Grundsätzen ordnet § 2361^{I} BGB die Beseitigung eines an sich ordnungsmäßig erteilten Erbscheins an, sobald sich seine „Unrichtigkeit" ergibt — wobei es keinen Unterschied macht, ob die Unrichtigkeit auf nachträglich eingetretenen oder bekannt gewordenen Tatsachen beruht oder nur durch eine andere rechtliche Beurteilung oder eine andere Würdigung desselben Sachverhalts begründet wird. Sachlich weicht § 2361^{I} von § 18^{I} FGG insofern ab, als der Erbschein nicht ex tunc aufgehoben, sondern es nunc eingezogen wird. Der unrichtige Erbschein wird also nur für die Zukunft aus dem Verkehr gezogen oder seiner rechtlichen Wirkung entkleidet (Kraftloserklärung, § 2361^{II}). Der von dem unrichtigen Erbschein ausgegangene Rechtsschein kann nicht rückwirkend ausgelöscht werden, weil dadurch in die Rechte Dritter, die auf den Erbschein vertraut haben, eingegriffen würde. Die Einziehung geschieht von Amts wegen.

Der Nachlaßrichter macht den Erbscheinserben vom Inhalt des Testaments Mitteilung (§ 2262 BGB) und fragt an, ob sie Einwendungen gegen die Gültigkeit vorzubringen haben. Da das nicht geschieht, verfügt er (§ 16 Nr. 7 RechtspflG):

„1. Beschluß. Gemäß § 2361 BGB wird die Einziehung des am 18. Dezember 1969 erteilten Erbscheins nach der am 5. Juli 1969 verstorbenen *Frida Salat* geb. *Kunze* angeordnet, weil sich seine Unrichtigkeit aus dem vom Amtsgericht Wiesbaden am 10. April 1970 eröffneten notariellen Testament der Erblasserin vom 6. Januar 1963 ergeben hat.

Lichterfelde, den 25. April 1970.

Das Amtsgericht.
Richter.

2. Ausfertigung des Beschlusses an sämtliche im Erbschein vom 18. Dezember 1969 bezeichneten Erben — an Stelle des *Karl Wedemeyer* an dessen Witwe und *Franz Kaczmarek* —.
3. Aufforderung an Frau *Krebs*, die erteilte Ausfertigung des Erbscheins innerhalb einer Woche seit Zustellung zur Vermeidung von Zwangsmaßnahmen gemäß § 33 FGG zurückzureichen. — Zustellen —.
4. Nachricht dem Finanzamt.
5. 10 Tage."

Frau Krebs reicht die Ausfertigung zurück. Damit ist die „Einziehung" vollzogen. Einer „Kraftloserklärung" durch öffentliche Bekanntmachung (§ 2361^{II}) bedarf es nur, sofern der eingezogene Erbschein nicht sofort erlangt werden kann. Ein neuer Erbschein entsprechend der durch das Testament geschaffenen Rechtslage wird mangels eines hierauf gerichteten Antrags vorläufig nicht ausgestellt.

Der Witwer der Erblasserin ist durch das Testament enterbt (§ 2304 BGB). Er kann nach § 1371^{II} BGB von der Testamentserbin Ausgleich des Zugewinns und den Pflichtteil verlangen, diesen aber nur nach Maßgabe des nicht erhöhten gesetzlichen Erbteils (sog. kleiner Pflichtteil), also in Höhe von ¼ des Nachlaßwerts, gleichgültig ob er den Zugewinnausgleichsanspruch geltend macht oder nicht (BGHZ 42, 182).

Muß Fräulein Schlosser, die wir jetzt als die richtige Erbin zu betrachten haben, die Verfügungen der Erbscheinserben und die gegen diese erwirkten Vollstreckungsmaßregeln zufolge des öffentlichen Glaubens des Erbscheins als wirksam anerkennen?

Der Inhalt des Erbscheins gilt zugunsten solcher Dritter als richtig, die gutgläubig Rechte an Nachlaßgegenständen erworben oder als Nachlaßschuldner Leistungen an den Erbscheinserben bewirkt haben. §§ 2366, 2367. Das trifft z. B. auf die Erwerber einzelner Nachlaßgegenstände zu. Auch die Bank, auf deren Verlangen Frau Krebs den Erbschein beantragt hatte, ist durch Leistung an die Erbscheinserben befreit worden. Dagegen können sich der Erbteilserwerber Ule und der Pfandgläubiger Madsen nicht auf den Erbschein berufen. Einmal lag ihr Erwerb zeitlich vor der Ausstellung des Erbscheins. Außerdem schützt das Gesetz nicht den Erwerber der ganzen Erbschaft oder eines Erbteils (§§ 2030, 1922^{II}), sondern nur den Einzelrechtsnachfolger. Gegen Madsen spricht noch ein dritter Grund: die Beschränkung des gutgläubigen Erwerbs auf Rechtsgeschäfte. Aus Zwangsvollstreckung oder ex lege können keine Rechte vom Nichtberechtigten hergeleitet werden. Für diese Erwerbsarten bleibt der Satz: nemo plus iuris transferre potest quam ipse habet in voller Geltung.

Der Bank wäre der Erbschein auch dann zustatten gekommen, wenn sie sich ihn von den Erbscheinserben nicht hätte vorlegen lassen, sofern er nur im Zeitpunkt der Leistung erteilt und noch in Geltung war. Entsprechend setzt der Schutz des § 892 nicht voraus, daß der Erwerber den ihm günstigen Grundbuchinhalt wirklich gekannt und sich bei der Vornahme des Geschäfts auf ihn verlassen hat. RG 86, 353 (unter ausdrücklicher Aufgabe der früheren Ansicht, daß der Erwerber positiv im Vertrauen auf die Richtigkeit des Grundbuchs gehandelt haben müsse). Beim guten Glauben an die Vollmacht wird allerdings Vorlegung der Vollmachtsurkunde verlangt, vgl. 6. Kap. „Kraftloserklärung von Vollmachten".

Dürfen Nachlaßschuldner die Leistung auch dann vom Vorhandensein eines Erbscheins abhängig machen, wenn sie nicht (wie in unserem Fall die Bank) sich das Recht dazu in den Geschäftsbedingungen vorbehalten haben? Die allgemeine Zulassung des Rechts auf Vorlegung eines Erbscheins würde zu unendlichen Schikanen führen. Andrerseits ist der Schuldner der Gefahr doppelter Zahlung ausgesetzt, wenn er ohne Erbschein zahlt. Den §§ 174, 410, 1144, 1155, 1160/1 liegt offenbar der Gedanke zugrunde, daß diejenigen Urkunden vorzulegen sind, durch die der gutgläubige Schuldner nötigenfalls geschützt wird. Hinsichtlich des Erbscheins stellt die Rechtsprechung es auf die Umstände ab, insbesondere darauf, ob das Erbrecht sonst genügend nachgewiesen ist. Z. B. wurde dem Schuldner der Einwand versagt, weil der angebliche Erbe in einem öffentlichen Testament ernannt war, für dessen Nichtigkeit oder Widerruf jeder Anhaltspunkt fehlte. RG 54, 343; JW 10, 802[9]; Staudinger-Firsching BGB 11. Aufl. § 2353 Anm. 12; Soergel zu § 2367. Jedoch ergibt sich aus § 1144 BGB mit § 35[1] BGO, daß der Grundstückseigentümer an den im Grundbuch nicht eingetragenen Erben des Hypothekengläubigers nur gegen Aushändigung eines Erbscheins zu zahlen braucht. Die Frage kann auch für den Nachlaßpfleger praktisch werden, wenn das Nachlaßgericht den Erben ohne Erbschein als festgestellt angesehen hat und der Nachlaß nunmehr ausgehändigt werden soll. Im Rechtsstreit beachte § 94 ZPO.

Erbschein bei testamentarischer Erbfolge. Beschwerde

„Mein Testament.

Erbe meines Nachlasses soll zur Hälfte meine Schwester, Witwe *Grete Knapp* geb. *Franz* in Lübeck, sein, die mit ihren 6 Kindern in sehr bedrängter Lage lebt.

Je ¼ sollen erhalten:

1. mein Bruder, Landwirt *Eduard Franz* in Dingelfingen,
2. die beiden Kinder meiner verstorbenen Schwester *Thekla Körner* geb. *Franz*, nämlich der Gutsinspektor *Oskar Körner* in Hünern, Kreis Limburg, und die Volksschullehrerin *Meta Körner* in Lübeck.

Meinem Bruder *Artur*, Fabrik- und Hausbesitzer in Kunzenhausen, vermache ich nur die Familienbilder, weil er selbst wohlhabend ist.

Lankwitz, den 1. August 1963.

Eugenie Jakobs geb. *Franz*.

Als Zeugen:

Philipp, Lehrer. *Rudolph*, Auszügler."

Antrag. Eduard Franz beantragt einen Erbschein. In der notariellen Erbscheinsverhandlung heißt es:

„Ausweislich der hiermit überreichten Sterbeurkunde ist am 15. September 1970 zu Lankwitz, ihrem Wohnsitz, die verwitwete Bäckermeister *Eugenie Jakobs* geborene *Franz* verstorben. In ihrem vom Amtsgericht Lichterfelde am 22. September 1970 eröffneten eigenhändigen Testament vom 1. August 1963 hat sie zu Erben ernannt: (folgt der Inhalt des Testaments)

Frau *Knapp* ist am 1. Februar 1964, also vor der Erblasserin, verstorben und ihr Erbteil den übrigen Erben angewachsen (§§ 1923[1], 2094[1] S. 1 BGB), so daß Erben nur geworden sind:

I. *Eduard Franz* zu ½,
II. a) *Oskar Körner*,
b) *Meta Körner*,
zu a) und b) je zu ¼.

Andere Verfügungen der Erblasserin von Todes wegen sind nicht vorhanden.

Ein Rechtsstreit über das Erbrecht der bezeichneten Erben ist nicht anhängig.

Sämtliche Erben haben die Erbschaft angenommen.

Ich versichere an Eides Statt, daß mir nichts bekannt ist, was der Richtigkeit meiner Angaben entgegensteht, und beantrage: mir einen gemeinschaftlichen Erbschein zu erteilen.

Gesetzliche Erben wären im Falle der Unwirksamkeit der Verfügung außer den Genannten die minderjährigen *Max*, *Agnes*, *Hedwig*, *Heinrich*, *Pauline* und *Artur* Geschwister *Knapp* im städtischen Waisenhaus zu Lübeck, bevormundet durch den im Testament genannten *Artur Franz*, sowie *Artur Franz* selbst.

Der Wert des reinen Nachlasses beträgt 45 000 DM."

Die für den Erbschein auf Grund gesetzlicher Erbfolge so wichtige Klarstellung der zwischen den Erben und dem Erblasser bestehenden Familienverhältnisse sowie die Angabe der weggefallenen Personen (§ 2354[3,4]) sind für Erbscheine auf Grund Verfügung von Todes wegen nicht notwendig (arg. § 2355).

Ein Richtervorbehalt besteht nach § 16 Nr. 6 RechtspflG für das Erbscheinsverfahren, wenn eine Verfügung von Todes vorliegt. Der Vorbehalt gilt auch dann, wenn die Verfügung unwirksam oder widerrufen ist oder keine Erbeinsetzung enthält; es ist auch unzulässig, daß der Richter nur zur Gültigkeit der Verfügung Stellung nimmt und das weitere Verfahren dem Rechtspfleger überläßt (Jansen, FGG, 2. Aufl. § 72 Rdn. 22, 37); Keidel, FGG, 9. Aufl. § 72 Rdn. 18; Arnold, Rpfleger 1960, 1 zu VI; a.M. Arndt, RechtspflG § 13 Anm. 17). Nur wenn trotz Vorliegens einer Verfügung von Todes wegen ein Erbschein auf Grund gesetzlicher Erbfolge zu erteilen, also auch beantragt ist, kann der Richter mit einer für den Rechtspfleger bindenden Stellungnahme zur Gültigkeit der Verfügung die Erteilung des Erbscheins auf den Rechtspfleger übertragen, sofern deutsches Erbrecht anzuwenden ist (§ 16II RechtspflG).

Gerichtliche Prüfung und Ablehnung. Wird ein Erbschein auf Grund eines eigenhändigen Testaments beantragt, so muß das Gericht denjenigen, welcher im Fall der Unwirksamkeit der Verfügung Erbe wäre, über deren Gültigkeit hören (§ 2360 II); zu diesem Zwecke hatte der Antragsteller die gesetzlichen Erben angegeben. Die Anhörung kann auch schriftlich geschehen. Artur Franz erhält daher Abschrift der Erbscheinsverhandlung mit der Anfrage, ob er für sich und seine Mündel die Gültigkeit des Testaments anerkennt. Antwort:

„Die Echtheit des Testaments, das ich in den Akten des Nachlaßgerichts eingesehen habe, ist zweifellos. Ich muß aber im Interesse meiner Mündel Einspruch gegen deren beabsichtigte Übergehung erheben. Die Erblasserin wollte den Hauptteil ihres Vermögens der *Knapp*schen Familie zuwenden, die es am meisten braucht. Wird der Erbschein nach dem gestellten Antrag erteilt, so wären die Geschwister *Knapp* noch schlechter daran, als wenn die Erblasserin überhaupt kein Testament errichtet hätte."

Der Referendar: Ich sehe, so leid es mir tut, keine Möglichkeit, den Knappschen Kindern zu dem ihrer Mutter zugedachten Erbteil zu verhelfen.

Der Richter: Hat der Erblasser einen seiner eigenen Abkömmlinge bedacht, und fällt dieser nach der Errichtung des Testaments weg, so sollen, wie § 2069 bestimmt, im Zweifel an Stelle des Weggefallenen dessen Kinder bedacht sein. Diese Auslegungsregel ist hier nicht unmittelbar anwendbar, denn Frau Jakobs hat zugunsten ihrer Geschwister und Geschwisterkinder verfügt, aber sie gibt einen Fingerzeig. Wir finden nämlich darin bestätigt, daß Verfügungen von Todes wegen frei auszulegen sind wie alle Willenserklärungen, daß der Erblasser seinen letzten Willen nicht mit ausdrücklichen Worten zu bestimmen braucht und daß bei der Testamentsauslegung Umstände, die außerhalb der Urkunde liegen, mit herangezogen werden dürfen. § 2096 gestattet die Einsetzung von Ersatzerben. Frau Jakobs konnte also anordnen, daß die Geschwister Knapp Ersatzerben hinter ihrer Mutter sein sollen. Im Fall des § 2069 sind die Kinder des weggefallenen Abkömmlings stillschweigend als Ersatzerben berufen, wobei das Gesetz eine Auslegungsregel für die Annahme der stillschweigenden Ersatzberufung gibt. Auf das Jakobssche Testament paßt die Auslegungsregel als solche nicht. Wohl aber kann sich die stillschweigende Einsetzung der Geschwister Knapp als Ersatzerben aus den gesamten Umständen ergeben. Dazu ist nicht einmal die Feststellung erforderlich, daß Frau Jakobs positiv einen solchen Willen gehabt hat. Es genügt, daß die Erblasserin, wenn sie den möglichen Wegfall des Erben bedacht hätte, die Ersatzberufung der Abkömmlinge vermutlich gewollt hätte (RG 99, 82; KG MDR 1954, 39). Es handelt sich um einen Fall der sog. ergänzenden Testamentsauslegung, die sich nicht darauf beschränkt, einem (erwiesenermaßen oder auch nur mutmaßlich) wirklichen Willen des Erblassers zur Wirksamkeit zu verhelfen, sondern die auf einem unterstellten Willen beruht, der vermutlich vorhanden gewesen wäre, wenn der Erblasser bei der Testamentserrichtung vorausschauend diese Möglichkeit bedacht hätte. Eine derartige Willensergänzung setzt allerdings voraus, daß die für die Zeit der Testamentserrichtung anhand des Testaments, gegebenenfalls unter Berücksichtigung von Umständen außerhalb des Testaments oder der allgemeinen Lebenserfahrung festzustellende Willensrichtung des Erblassers dafür eine genügende Grundlage bietet (RG 134, 280; BGH LM Nr. 7 zu § 242; KG DNotZ 1955, 408 [413]).

Mit welcher Freiheit Testamente ausgelegt werden, zeigt der Fall JW 12, 39^{33}. Der Erblasser hatte bestimmt: „Meine Nichte, die mich gepflegt hat, soll die Summe von ..... Mark erhalten, die Zinsen sollen ihr ein bescheidenes Leben ermöglichen." Die Summe selbst war nicht ausgefüllt. Im Wege der ergänzenden Auslegung wurden der Nichte 20000 Mark zugesprochen.

Referendar: Dann wird wohl dem Antragsteller aufzugeben sein, gegen die Geschwister Knapp auf Feststellung zu klagen, damit im Prozeß der Wille dei Erblasserin und die Umstände, welche für eine ergänzende Auslegung des Testaments maßgebend sind, ermittelt werden?

Richter: Das Nachlaßgericht darf sich der Aufgabe eigener Prüfung und Entscheidung nicht entziehen. Das Erbscheinsverfahren stellt neben dem Prozeß eine zweite selbständige Möglichkeit dar, einen richterlichen Ausspruch zu erlangen, wer Erbe geworden ist. Vor dem Prozeßweg hat es den Vorzug größerer Schnelligkeit und Billigkeit, außerdem verbittert es die Beteiligten nicht so sehr wie ein Rechtsstreit. Wäre Artur Franz nicht für die Geschwister Knapp eingetreten, so hätten wir nach den §§ 2358/9 BGB, 12 FGG der Frage ebenfalls nachgehen müssen. Da Frau Jakobs — überflüssigerweise — zwei „Zeugen" das Testament mit unterschreiben ließ, haben wir Auskunftspersonen, die vielleicht über ihre Absichten und Wünsche gut Bescheid wissen. Ich werde daher zunächst die Testamentszeugen vernehmen.

Der Richter der freiwilligen Gerichtsbarkeit hat grundsätzlich über alle für seine Entscheidung bedeutsamen Vorfragen selbst zu befinden, auch wenn die Beteiligten in der Lage wären, darüber eine Entscheidung im Verfahren der streitigen Gerichtsbarkeit herbeizuführen. Mitunter ist ihm ein Aussetzungsrecht eingeräumt (§§ 127, 159, 161 FGG, § 11^{III} VertragshG) oder eine Aussetzungspflicht auferlegt (§ 95 FGG). Der Erbscheinsrichter ist nicht befugt, die Beteiligten auf den Prozeßweg zu verweisen (KGJ 35 A 110; OLG 46, 245; DFG 1943, 8). Ist aber der Erbrechtsstreit bereits anhängig, so darf nach überwiegender Meinung das Nachlaßgericht nach seinem pflichtmäßigen Ermessen das Erbscheinsverfahren aussetzen (KGJ 35 A 113; DFG 1943, 8; Jansen, FGG, 2. Aufl. Vorbem. vor § 8 Rdn. 39). — Durch das Nebeneinander von Prozeßweg und Erbscheinsverfahren entsteht die Möglichkeit abweichender Entscheidungen und das Problem, ob die rechtskräftige Prozeßentscheidung den Erbscheinsrichter bindet. Gegen die Bindung besteht, abgesehen vom Amtsgrundsatz des Erbscheinsverfahrens, hauptsächlich das Bedenken, daß die Rechtskraft des Urteils subjektiv begrenzt ist (§ 325 ZPO), während der Erbscheinsrichter die Interessen aller Beteiligten zu wahren hat. Mindestens mit Hilfe des § 2362^{I} BGB wird aber letzten Endes derjenige, den das Prozeßgericht als richtigen Erben anerkennt, obsiegen. Dazu Jansen, FGG, 2. Aufl., § 12 Anm. 22; Staudinger-Firsching, BGB, § 2359 Anm. 6, 8, § 2360 Anm. 8—10; Wieczorek, ZPO, § 13 GVG Anm. C II.

Philipp und Rudolph werden vorgeladen. Der Antragsteller, Oskar und Meta Körner sowie Artur Franz erhalten Nachricht vom Termin. Denn auch im Verfahren der freiwilligen Gerichtsbarkeit ist das rechtliche Gehör (Art. 103^{I} GG) zu wahren und die Beteiligten haben gemäß § 15 FGG, § 397 ZPO das Recht, der Beweisaufnahme beizuwohnen und Fragen zu stellen (Jansen, FGG, 2. Aufl. § 12 Rdn. 85, § 15 Rdn. 8; Keidel, FGG, 9. Aufl. § 15 Rdn. 6, 8; a.M. Schlegelberger, FGG, § 15 Anm. 5). Philipp sagt aus:

„Bei Abfassung des Testaments hat die Erblasserin nicht bloß von ihren Geschwistern, sondern auch von deren Kindern gesprochen, und wie das Geld diesen einmal zugute kommen würde. Am 1. oder 2. Osterfeiertag 1964 traf ich sie vor der Kirche. Sie kam auf mich zu und sagte: „Denken Sie, Herr *Philipp*, da ist die Grete, die doch 8 Jahre jünger und viel gesünder war als ich, plötzlich gestorben und hat nichts hinterlassen. Ich freue mich, daß ich durch das Testament für die Kinder gesorgt habe.“

Der Zeuge Rudolph macht eine ähnliche Aussage. Der Antragsteller beharrt auf dem Erbscheinsantrag.

Der Referendar: Ich möchte den Erbschein dahin ausstellen, daß die Geschwister Knapp zusammen zur Hälfte, Eduard Franz zu $1/4$ und die Geschwister Körner je zu $1/8$ Erben geworden sind.

Richter: Wir können dem Antragsteller nicht einen ganz anderen Erbschein aufdrängen, als er verlangt hat. Antrag und Erbschein müssen sich inhaltlich decken. Das Nachlaßgericht ist an den gestellten Antrag gebunden und darf nur entweder den Erbschein mit dem beantragten Inhalt erteilen oder den Antrag zurückweisen. Zulässig ist es, mehrere bestimmt bezeichnete Anträge als Haupt- und Hilfsantrag miteinander zu verbinden (RG 156, 172). Dagegen ist das Gericht nicht befugt, ohne Rücksicht auf den gestellten Antrag einen Erbschein so zu erteilen, wie es ihn für richtig hält (KG DNotZ 1955, 410).

Artur Franz stellt nunmehr als gesetzlicher Vertreter der minderjährigen Geschwister Knapp den Antrag,

„zu seinen Händen einen Erbschein dahin zu erteilen, daß die Erblasserin von den Geschwistern *Knapp* zu je $1/12$, von *Eduard Franz* zu $1/4$ und von *Oskar* und *Meta Körner* zu je $1/8$ beerbt worden ist.“

Der Referendar: Ist dieser Antrag nicht wegen Formmangels unwirksam?

Der Richter: Öffentliche Beurkundung ist nur für die eidesstattliche Versicherung (§ 2356^{II}), nicht für den Erbscheinsantrag als solchen erforderlich. Der Antrag des Artur Franz ermöglicht uns daher, einen Erbschein mit dem richtigen Inhalt zu erteilen. Verfügung:

„1. Beschluß: Der Antrag des Landwirts *Eduard Franz* auf Erteilung eines Erbscheins nach der in Lankwitz, ihrem Wohnsitz, verstorbenen Witwe *Eugenie Jakobs* geb. *Franz* wird zurückgewiesen (folgt Begründung).

2. Gemeinschaftlicher Erbschein.

Erben der am 15. September 1970 in Lankwitz, ihrem Wohnsitz, verstorbenen Bäckermeisterswitwe *Eugenie Jakobs* geb. *Franz* sind:

I. Die Kinder der verstorbenen verwitweten Frau *Grete Knapp* geb. *Franz* aus Lübeck: *Max*, *Agnes*, *Hedwig*, *Heinrich*, *Pauline* und *Artur* Geschwister *Knapp*, sämtlich minderjährig, im Städtischen Waisenhaus in Lübeck, zu je einem Zwölftel,

II. der Landwirt *Eduard Franz* in Dingelfingen zu einem Viertel,

III. a) der Gutsinspektor *Oskar Körner* in Hünern Kreis Limburg,
b) die Volksschullehrerin *Meta Körner* in Lübeck,
zu a) und b) zu je einem Achtel des Nachlasses.

Lichterfelde, den 22. Dezember 1970

Das Amtsgericht.
Richter.

3. Ausf. des Beschlusses zu 1 an *Eduard Franz*.
4. Ausf. des Erbscheins an *Artur Franz*.
5. Begl. Abschrift des Erbscheins an

a) Amtsgericht (Vormundschaftsgericht) Lübeck,
b) Finanzamt mit Nachricht nach Vordruck.
6. Kosten."

Zutreffend hat der Richter aus der von ihm nach dem Ergebnis seiner Ermittlungen und seiner Rechtsauffassung gewonnenen Überzeugung die nach der Verfahrenslage gebotene Folgerung gezogen und den Erbscheinsantrag des Eduard Franz zurückgewiesen, dem des Artur Franz aber stattgegeben. Wegen des öffentlichen Glaubens des Erbscheins (§§ 2366, 2367) übernimmt der Richter damit eine erhebliche Verantwortung. Denn die Gefahr, daß der Erbschein sich später — etwa auf Grund einer anderen Beurteilung durch das Beschwerdegericht — als unrichtig erweist, ist stets gegeben. Hat der fälschlich ausgewiesene Erbe inzwischen über die Nachlaßgegenstände verfügt, so kann der Schaden unter Umständen nicht mehr beseitigt werden. Diese Erwägungen haben manche Gerichte veranlaßt, in zweifelhaften Fällen zunächst einen Beschluß zu erlassen, in welchem das Nachlaßgericht unter Beifügung einer kurzen Begründung ankündigt, es werde den beantragten Erbschein erteilen, wenn gegen diesen Beschluß binnen zwei Wochen keine Beschwerde eingelegt werde. Ein solches Verfahren ist bedenklich. Denn der Richter entzieht sich dadurch der ihm vom Gesetz auferlegten Entscheidungspflicht und wälzt sie auf die Beschwerdeinstanzen ab. Eine solche Handhabung führt praktisch zu dem Ergebnis, daß Erbscheine entgegen dem Gesetz den Verfügungen gleichgestellt werden, die erst mit der Rechtskraft wirksam werden. Auch der Nachlaßrichter muß, wie jeder andere Richter, die volle Verantwortung für seine Entscheidungen selbst übernehmen (so KG NJW 1955, 1072 m. zust. Anm. Baur; Schlegelberger, FGG, 7. Aufl. § 84 Anm. 6; Jansen, FGG, 2. Aufl. § 84 Rdn. 17, § 19 Rdn. 19; Bärmann Freiw. Gerichtsbarkeit § 19 II 1 c). Jedoch hält der BGH eine solche beschwerdefähige Vorankündigung in zweifelhaften Ausnahmefällen für statthaft (BGHZ 20, 256).

Beschwerde. Im Februar 1971 geht beim Amtsgericht folgende Beschwerdeschrift des Gutsinspektors Oskar Körner ein:

„Gegen die Anerkennung des Erbrechts der Geschwister *Knapp* und die dadurch bewirkte Schmälerung meines Erbteils um die Hälfte lege ich Beschwerde ein. Der Antrag meines Onkels *Eduard Franz* ist zu Unrecht zurückgewiesen worden.

Den Aussagen der Zeugen *Philipp* und *Rudolph* kann keine Beweiskraft beigemessen werden, *Philipp* ist mit dem Antragsteller *Eduard Franz* seit langem verfeindet, *Rudolph* ein altersschwacher und leicht beeinflußbarer Mensch. (folgen Einzelheiten mit Angabe von Beweismitteln).

Die Erblasserin hat ihre Schwester *Grete* 5½ Jahre überlebt. Wenn sie den Geschwistern *Knapp* eine Zuwendung hätte machen wollen, so hätte sie in der Zeit zwischen dem Tode der Schwester und ihrem eigenen Ableben sicherlich einen Testamentsnachtrag errichtet.

Oskar Körner."

Der Richter übersendet die Akten dem Landgericht mit folgender Verfügung:

„Der Beschwerde wird nicht abgeholfen. Wie das Testament vom 1. August 1963 zum Ausdruck bringt, wollte die Erblasserin ihre Geschwister bzw. Geschwisterkinder je nach dem Grad ihrer Bedürftigkeit in größerem oder geringerem Umfang erben lassen. Es ist daher von vornherein wahrscheinlich, daß sie nicht sowohl die im Testament bezeichneten Personen, als vielmehr die einzelnen Stämme ihrer Familie im Auge gehabt und eine ausdrückliche Einsetzung der Abkömmlinge als Ersatzerben nur deshalb nicht ausgesprochen hat. weil sie an die Möglichkeit, daß sie einen der ernannten Erben überleben könnte, nicht dachte, Unter diesen Umständen sind die Angriffe gegen die Aussagen der Zeugen *Philipp* und *Rudolph* unerheblich, weil auch bei Ausschaltung der Zeugenaussagen die Geschwister *Knapp* als Ersatzerben ihrer Mutter anzusehen sind."

Das Landgericht (Zivilkammer, § 30 FGG) prüft zunächst, ob die Beschwerde zulässig, d.h. an sich statthaft und in rechter Form und Frist eingelegt ist. Für die Statthaftigkeit des Rechtsmittels wird es darauf ankommen, gegen welche der beiden Entscheidungen des Amtsgerichts sich die Beschwerde richtet, ob gegen die Zurückweisung des Erbscheinsantrags des Eduard Franz oder gegen den dem Artur Franz als Vormund der Geschwister Knapp erteilten Erbschein. Gegen die Zurückweisung des Erbscheinsantrags ist die einfache unbefristete Beschwerde nach § 19 FGG gegeben (wegen der Form vgl. § 21 FGG). Anders ist es dagegen mit der Beschwerde gegen die Verfügung, durch welche die Erteilung des Erbscheins angeordnet wurde. Die Wiederaufhebung dieser Verfügung kann mit der Beschwerde nur verlangt werden, solange der Erbschein dem Antragsteller noch nicht ausgehändigt ist (RG 137, 222). Der Gesetzgeber hat aus den S. 174 erörterten Gründen eine Wiederaufhebung des bereits erteilten Erbscheins, sei es durch das Nachlaßgericht selbst auf Grund des § 18^{I} FGG, sei es durch das Beschwerdegericht nicht gestattet, sondern in § 2361 BGB eine besondere Art der Abhilfe geschaffen. Gegen die Erteilung des Erbscheins ist deshalb die einfache Beschwerde nur mit dem Ziel statthaft, daß das Beschwerdegericht das Nachlaßgericht anweise, den Erbschein einzuziehen (KG DFG 1936, 195; BayObLG 1950/51 Nr. 131). Vgl. auch die verwandte Vorschrift des § 71^{II} GBO über die Beschwerde gegen solche Grundbucheintragungen, an die sich ein gutgläubiger Erwerb anschließen kann.

Beschwerdebefugnis. Das Gesetz begrenzt ferner in § 20 FGG den Kreis derjenigen, die zur Einlegung der Beschwerde berechtigt sind. Die Beschwerdebefugnis hat jeder, „dessen Recht durch die Verfügung beeinträchtigt ist". Eine solche Begrenzung ist im Verfahren der freiwilligen Gerichtsbarkeit erforderlich, weil der Kreis der an einer Angelegenheit Beteiligten nicht schon, wie im Zivilprozeß, durch die Parteirolle (oder den Beitritt als Nebenintervenient) bestimmt ist. Besonders in den Fällen, in denen der Richter von Amts wegen tätig wird, bedarf es einer Begrenzung des sonst nicht absehbaren Kreises der möglicherweise an der Änderung einer Entscheidung Interessierten, da eine Popularbeschwerde nicht gut zugelassen werden konnte. Beschwerdeberechtigt ist deshalb nach § 20^{I} FGG nur derjenige, in dessen Recht durch die angefochtene Verfügung unmittelbar eingegriffen wird (Jansen, FGG, 2. Aufl. § 20 Rdn. 4, 10). Ein geringerer Grad der Beeinträchtigung begründet ein Beschwerderecht nur in den vom Gesetz besonders hervorgehobenen Fällen. So genügt in Vormundschaftssachen nach § 57^{I} Nr. 1 u. 3 ein rechtliches Interesse, nach § 57^{I} Nr. 9 schon ein berechtigtes Interesse.

Ist die angefochtene Verfügung nicht geeignet, die Beeinträchtigung eines Rechts des Beschwerdeführers herbeizuführen, wäre also ein Recht des Beschwerdeführers auch dann nicht beeinträchtigt, wenn die Verfügung ungerechtfertigt wäre, hat er etwa im Falle des § 20^{I} FGG an der Änderung der angefochtenen Entscheidung ein bloß rechtliches, berechtigtes, ideelles oder gar nur wirtschaftliches Interesse, so kann die Beschwerde schon mangels Beschwerdebefugnis keinen Erfolg haben. Sie ist dann nicht etwa, wie früher in der Rechtsprechung angenommen wurde, als unbegründet zurückzuweisen, sondern wegen Fehlens der Beschwerdebefugnis als unzulässig zu verwerfen (Schlegelberger, FGG, 7. Aufl. § 25 Anm. 1; Baur, Freiw. Gerichtsbarkeit, § 29 A^{III} 1; Bärmann Freiw. Gerichtsbarkeit § 29^{I} 2; Jansen FGG 2. Aufl. § 20 Rdn. 13; abw. Keidel FGG, 9. Aufl. § 20 Anm. 3; Pikart-Henn, Lehrbuch der freiw. Gerichtsbarkeit S. 123).

Auch die Beeinträchtigung eines Rechts genügt für die Beschwerdeberechtigung nicht, wenn eine Verfügung nur auf Antrag erlassen werden kann und der Antrag zurückgewiesen worden ist (§ 20^{II} FGG). In diesem Fall steht die Beschwerde nur dem Antragsteller zu. Demnach ist die Beschwerde des Oskar Körner ohne weiteres unzulässig, soweit sie sich gegen die Zurückweisung des Antrags des Eduard Franz richtet. Anders wäre es, wenn der von Eduard Franz beantragte Erbschein bereits erteilt gewesen und nachträglich wieder eingezogen worden wäre. Die Anordnung der Einziehung kann der Zurückweisung des Antrags im Sinne des § 20^{II} FGG nicht gleichgestellt werden. Da durch die Einziehung des gemeinschaftlichen Erbscheins auch das in ihm bezeugte Erbrecht des Miterben beeinträchtigt wird, der den Erbscheinsantrag nicht selbst gestellt hatte, ist auch dieser Miterbe zur Beschwerde berechtigt (KG DNotZ 1955, 156 unter Aufgabe der bish. Rechtspr.; zust. BGHZ 30, 220).

Gegen die Erteilung des Erbscheins vom 22. Dezember 1970 dagegen ist Oskar Körner beschwerdeberechtigt, weil er behauptet, sein Erbrecht sei in dem Erbschein nicht richtig ausgewiesen (§ 20^{I} FGG). Grundsätzlich muß zwar die Rechtsbeeinträchtigung des Beschwerdeführers, nämlich sein nachteiliges Betroffensein ohne Rücksicht auf die Rechtswidrigkeit der Verfügung, wirklich gegeben sein; ihre bloße Behauptung, mag sie mehr oder weniger substantiiert, schlüssig oder unschlüssig sein, genügt nicht (Bettermann. Die Beschwer als Klagevoraussetzung, 1970 [Recht und Staat Nr. 386/387] S. 24; Jansen, FGG, 2. Aufl. § 20 Rdn. 7). Wenn aber wie hier, die Tatsachen, welche das Betroffensein ergeben, mit den Tatsachen zusammenfallen, von denen die Begründetheit des Rechtsmittels abhängt, gilt auch für die Beschwerdebefugnis der Grundsatz, daß prozessuale Voraussetzungen keines Nachweises bedürfen, soweit sie mit den sachlichen Voraussetzungen identisch sind (Jansen a.a.O.; ders., NJW 1970, 1424.

Nachdem vom Beschwerdegericht klargestellt worden ist, daß die Beschwerde sich nur gegen den Erbschein vom 22. Dezember 1970 mit dem Ziel seiner Einziehung richtet, sieht der Beschwerdeführer nach Vernehmung weiterer Zeugen ein, daß seine Beschwerde aussichtslos ist. Darauf nimmt er die Beschwerde zurück.

Kosten: Während nach § 46^{II} GKG im Falle der Zurücknahme einer Beschwerde eine Gebühr nicht erhoben wird, tritt nach § 131^{I} S. 1 Nr. 2 KostO nur eine Ermäßigung der Gebühr auf ¼ der vollen Gebühr ein. Der Beschwerdewert bestimmt sich gemäß § 131^{II} KostO in allen Fällen nach § 30 KostO. Das bedeutet: Für den Beschwerdewert ist nicht der Geschäftswert des ersten Rechtszuges (hier § 107^{II} KostO) maßgebend, sondern der Wert ist in vermögensrechtlichen Angelegenheiten nach freiem Ermessen zu bestimmen (KG NJW 1960, 778 = Rpfleger 1960, 98; OLG Köln, Hamm, Rpfleger 1960, 96, 97). Hierbei ist die Bedeutung der Sache und das Interesse des Beschwerdeführers zu berücksichtigen.

Außergerichtliche Kosten werden in Angelegenheiten der freiwilligen Gerichtsbarkeit im allgemeinen nicht erstattet. § $13a^{I}$ S. 1 FGG gestattet es aber dem Gericht, bei Beteiligung mehrerer nach seinem Ermessen eine Kostenerstattung anzuordnen, wenn dies der Billigkeit entspricht. Dazu genügt abweichend von der Regelung der ZPO nicht schon das bloße Unterliegen oder bei Erledigung der Hauptsache das voraussichtliche Unterliegen oder die Zurücknahme eines Antrags oder Rechtsmittels, sondern die Anordnung bedarf darüber hinaus besonderer Rechtfertigung durch die Lage des Einzelfalls (KG Rpfleger 1959, 385). Nur wenn ein Rechtsmittel als unbegründet zurückgewiesen wird oder wenn ein Beteiligter Kosten durch grobes Verschulden veranlaßt, ist die Anordnung der Kostenerstattung zwingend geboten (§ $13a^{I}$ S. 2 FGG). Bei Zurücknahme eines Rechtsmittels gilt die Ermessensvorschrift des § $13a^{I}$ S. 1 (BGHZ 28, 117). Mit Rücksicht auf die bedrängte Lage der elternlosen Geschwister Knapp und die Uneinsichtigkeit des Beschwerdeführers entspricht hier die Anordnung der Kostenerstattung wohl der Billigkeit.

Die Gerichtskosten hat der Beschwerdeführer unmittelbar kraft Gesetzes zu tragen (§ 2 Nr. 1 KostO); insofern bedarf es daher keiner Kostenentscheidung (Jansen, FGG, 2. Aufl. § 20a Rdn. 4).

Die Beschwerdekammer erläßt daher folgenden Beschluß:

„Die den Geschwistern *Knapp* im Beschwerdeverfahren entstandenen Kosten werden dem Beschwerdeführer auferlegt.

Der Wert des Beschwerdegegenstandes beträgt 6000 DM."

Testamentsvollstreckerzeugnis

Hausbesitzer Fechner hat seine Töchter zu Erben eingesetzt und angeordnet:

„Bis zur Verheiratung meiner Töchter soll der Nachlaß von dem Seifenfabrikanten *Otto Metzger* in Lichterfelde als Testamentsvollstrecker verwaltet werden. Der Testamentsvollstrecker soll in der Eingehung von Verbindlichkeiten für den Nachlaß nicht beschränkt sein."

Der vom Nachlaßgericht bereits ausgestellte Erbschein lautet:

„Gemeinschaftlicher Erbschein.

Erben des am 15. April 1970 zu Bad Ems verstorbenen, in Lichterfelde wohnhaft gewesenen Hausbesitzers *Fedor Fechner* sind:

1. das volljährige Fräulein *Fanny Fechner* in Lichterfelde,
2. das volljährige Fräulein *Felizitas Fechner* in Lichterfelde,

je zur Hälfte des Nachlasses.

Es ist ein Testamentsvollstrecker ernannt, der die Erbteile bis zur Verheiratung der Erbinnen verwalten soll."

Der durch § 2364 vorgeschriebene Testamentsvollstreckerzusatz hat die negative Bedeutung: klarzustellen, daß den Erben nicht die unbeschränkte Verfügung und Verwaltung des Nachlasses zusteht. Der Erbschein erbringt, trotz des Zusatzes, einen Nachweis lediglich für die Erbfolge, nicht auch für die Befugnisse des Testamentsvollstreckers (deshalb wird im Erbschein nicht einmal der Name des Vollstreckers genannt). Will der Vollstrecker sich als solcher ausweisen, so bedarf er hierzu eines Testamentsvollstreckerzeugnisses (§ 2368). Bald erweist sich, daß Metzger mit dem Erbschein nicht auskommt und das Zeugnis beantragen muß. Da die für Erbscheine geltenden Vorschriften, also auch die Notwendigkeit einer öffentlich beurkundeten eidesstattlichen Versicherung und des urkundlichen Nachweises der wesentlichen Tatsachen, auf Testamentsvollstreckerzeugnisse entsprechende Anwendung finden (§ 2368 III), reicht Metzger eine notarielle Verhandlung ein:

„Ausweislich der bei den Erbscheinsakten befindlichen Sterbeurkunde ist am 15. April 1970 zu Bad Ems der in Lichterfelde wohnhaft gewesene Hausbesitzer *Fedor Fechner* verstorben. In seinem am 25. April 1970 eröffneten eigenhändigen Testament vom 22. Juni 1968 hat er angeordnet, daß bis zur Verheiratung der von ihm ernannten Erben *Fanny* und *Felizitas Fechner* der Nachlaß von mir als Testamentsvollstrecker verwaltet werden und daß ich in der Eingehung von Verbindlichkeiten für den Nachlaß nicht beschränkt sein soll. Beide Erbinnen sind noch unverheiratet.

Andere Verfügungen des Erblassers von Todes wegen sind nicht vorhanden.
Ich habe das Amt als Testamentsvollstrecker angenommen."

Damit das Amt des Testamentsvollstreckers beginnt, bedarf es außer der Ernennung durch den Erblasser oder eine von ihm ermächtigte Stelle der Annahme des Amtes, die durch — unbeglaubigte — Erklärung gegenüber dem Nachlaßgericht geschieht. § 2202 II. Läge sie noch nicht vor, so wäre in dem Antrag auf Ausstellung des Zeugnisses eine Annahmeerklärung und zugleich ihr urkundlicher Nachweis zu finden, denn mit ausdrücklichen Worten braucht die Annahme nicht erklärt zu werden. Schlüssige Handlungen gegenüber Dritten, z. B. die Wahrnehmung von Vollstrecker-Geschäften, reichen allerdings — im Gegensatz zur Erbschaftsannahme — nicht aus (RG 81, 166).

„Ein Rechtsstreit über meine Befugnis als Testamentsvollstrecker ist nicht anhängig.
Ich versichere an Eides Statt, daß mir nichts bekannt ist, was der Richtigkeit meiner Angaben entgegensteht, und beantrage:

mir ein Testamentsvollstreckerzeugnis nach *Fedor Fechner* zu erteilen.

Der Wert des Gegenstandes der Testamentsvollstreckung beträgt 3000 DM[1]).
(Vorlesungs- und Genehmigungsvermerk, Unterschriften)."

Da das Fechnersche Testament ein eigenhändiges ist, soll das Gericht nach der dem § 2360II entsprechenden Vorschrift des § 2368II den Erben über die Gültigkeit der Ernennung hören. Das erübrigt sich jedoch, weil die beiden Erbinnen, als sie den Erbschein beantragten, sich selbst auf dieses Testament berufen haben. Der Richter (§ 16 Nr. 6 RechtspflG) erteilt das beantragte Zeugnis in nachstehender Fassung:

„Testamentsvollstreckerzeugnis.

Testamentsvollstrecker über den Nachlaß des am 15. April 1970 zu Bad Ems verstorbenen, in Lichterfelde wohnhaft gewesenen Hausbesitzers *Fedor Fechner* ist der Seifenfabrikant *Otto Metzger* in Lichterfelde. Der Testamentsvollstrecker hat die Erbteile bis zur Verheiratung der Erbinnen zu verwalten. In der Eingehung von Verbindlichkeiten für den Nachlaß ist er nicht beschränkt."

Der Vermerk über die Befugnis zur unbeschränkten Eingehung von Nachlaßverbindlichkeiten ist in § 2368I S. 2 vorgeschrieben. Sachlich handelt es sich darum, daß der Testamentsvollstrecker im allgemeinen Verbindlichkeiten nur eingehen darf, soweit es „zur ordnungsmäßigen Verwaltung des Nachlasses erforderlich" ist. § 2206I S. 1. Infolge der nach § 2207 zulässigen Anordnung fällt diese Beschränkung seiner Verpflichtungsbefugnis fort. Die Erweiterung gilt aber nur für das Verhältnis des Testamentsvollstreckers und des Erben gegenüber Dritten. Die Verantwortlichkeit des Testamentsvollstreckers gegenüber dem Erben wird durch eine Anordnung nach § 2207 nicht berührt (§§ 2216I, 2219, 2220).

In einem wichtigen Punkt steht das Zeugnis dem Erbschein nicht gleich. Während nämlich unrichtige Erbscheine erst durch „Einziehung" und „Kraftloserklärung" ihren öffentlichen Glauben verlieren, bestimmt § 2368III BGB (zweiter Satzteil), daß Testamentsvollstreckerzeugnisse mit Beendigung des Amtes von selbst kraftlos werden. Hierin liegt eine Gefahr für den redlichen Verkehr, besonders da nach RG 81, 166 das Amt des nicht mit der dauernden Verwaltung des Nachlasses beauftragten Vollstreckers schon durch tatsächliche Abwicklung der ihm zugewiesenen Aufgaben (Auszahlung der Vermächtnisse, Erfüllung der Auflagen, Verteilung des Nachlasses unter die Erben usw.) erlischt, ohne daß es einer Niederlegungserklärung oder Anzeige ans Gericht bedürfte. Man darf sich nicht darauf verlassen, daß das Amt des Testamentsvollstreckers, der sich durch Vorlegung eines gerichtlichen Zeugnisses ausweist, nicht schon beendet ist. Anders, wenn eine vom Erblasser angeordnete Beschränkung der Amtsdauer im Zeugnis nicht vermerkt ist (RG 83, 352). Jedoch hat das Nachlaßgericht das kraftlos gewordenen Zeugnis zu den Akten zurückzufordern (KG JFG 16, 299).

Sonstige nachlaßgerichtliche Tätigkeit in Testamentsvollstreckersachen: Entgegennahme der Annahme-, Ablehnungs- und Kündigungserklärung des Vollstreckers (§§ 2202, 2226). 2. Ernennung eines Testamentsvollstreckers auf Grund der hierzu vom Erblasser testamentarisch ausgesprochenen Ermächtigung (§ 2200). Ist der im Testament ernannte Vollstrecker durch Tod, Ablehnung, Kündigung, Entlassung weggefallen und fehlt es an einer ausdrücklichen Ermächtigung des Nachlaßgerichts im Testament, so kann diese sich unter Umständen aus einer „ergänzenden Testamentsauslegung" (S. 177) ergeben, wenn die Durchführung der Testamentsvollstreckung für den Erblasser von ausschlaggebender Bedeutung war (z.B. bei exheredatio bona mente, oben S. 57). OLG 42, 128; KG DNotZ 1955, 649. Freilich muß auf der anderen Seite berücksichtigt werden, daß die Ernennung des Testamentsvollstreckers ein hohes Maß persönlichen Vertrauens

[1]) §§ 30II, 109I Nr. 2 KostO. Beim Testamentsvollstreckerzeugnis werden die Kosten nicht nach dem Nachlaßwert berechnet, sondern es ist von dem Regelwert des § 30II KostO von 3000 DM auszugehen, von dem nach Lage des Falles nach oben oder unten (Mindestwert 200 DM) abzuweichen ist. Sonst gelten die gleichen Grundsätze wie für Erbscheinskosten (S. 173).

bedingt, das der Erblasser zu einer ihm unbekannten, vom Nachlaßgericht zu ernennenden Person vielleicht nicht gehabt hätte. 3. Bestimmung einer Frist, innerhalb deren sich der ernannte Vollstrecker über die Annahme oder Ablehnung zu entscheiden hat (§ 2202^{III}). 4. Außerkraftsetzung von Anordnungen, die der Erblasser für die Verwaltung des Nachlasses gegeben hat, wegen Gefährdung des Nachlasses (§ 2216^{II}). Es ist z.B. die Anlage des Vermögens in bestimmten Werten angeordnet, die man als unsicher ansehen muß. Nicht unbedenklich ist es, wenn der Vollstrecker sich ohne förmliche Außerkraftsetzung durch das Gericht über unzweckmäßige Bestimmungen des Erblassers hinwegsetzt, selbst wenn sämtliche Beteiligten mit ihm einig sind und er dadurch vor Schadensersatzansprüchen (§ 2219) gesichert ist. 5. Entscheidung von Meinungsverschiedenheiten zwischen mehreren Mitvollstreckern (§ 2224^{I}). Vgl. dazu Jansen, FGG, 2. Aufl. § 82 Rdn. 6ff. 6. Entlassung des Testamentsvollstreckers aus „wichtigem Grunde", z.B, wegen grober Pflichtverletzung oder Unfähigkeit zur ordnungsgemäßen Geschäftsführung, auf Antrag eines Beteiligten (§ 2227). Hat das Nachlaßgericht einen Testamentsvollstrecker ernannt, obwohl ein Ersuchen des Erblassers nicht vorlag, so ist die Ernennung deswegen nicht unwirksam; jedoch ist dieser Umstand ein wichtiger Grund für die Entlassung des Testamentsvollstreckers (KG DNotZ 1955, 649). Eine Entlassung im Prozeßweg gibt es nicht. Dagegen wird der Prozeßrichter mit Streitigkeiten über die Art der Verwaltung des Nachlasses befaßt. § 2216^{I} spricht die Verpflichtung des Verwalters zur ordnungsmäßigen Verwaltung aus, und da zwischen ihm und dem Erben ein auftragsähnliches Verhältnis besteht (§ 2218), können die Erben den Testamentsvollstrecker auf Erfüllung dieser Verpflichtung verklagen (RG 73, 26).

Gemeinschaftliches Testament

In den Testamentsakten der Viehhändlersfrau Stark aus Grünhübel liegen ein eigenhändiges gemeinschaftliches Testament der Eheleute Stark und ein ebensolches Einzeltestament der Frau, beide nach deren Tod eröffnet. Bei der Eröffnung gemeinschaftlicher Testamente werden Verfügungen des überlebenden Gatten, soweit sie sich aussondern lassen, von der Verkündung ausgeschlossen (§ 2273). Demgemäß hat das Gericht das gemeinschaftliche Testament wieder versiegelt und in besondere amtliche Verwahrung gebracht, während offen bei den Akten die beglaubigte Abschrift des eröffneten und verkündeten Teiles liegt:

„Gemeinschaftliches Testament.

Hierdurch bestimmen wir, *Ernst* und *Anna Stark*, für den Fall unseres Todes folgendes:

§ 1. Ich, der Ehemann, setze meine Frau zur Universalerbin ein mit dem Recht, so lange sie lebt, frei über den Nachlaß zu verfügen. Da wir in kinderloser Ehe leben, soll das Vermögen, welches beim Tode meiner Frau vorhanden sein wird, zu $^2/_3$ an meinen Bruder, Bahnwärter *Robert Stark* in Neukirch, zu $^1/_3$ an die Schwester meiner Frau, Buchhalterswitwe *Emma Büchner* geb. *Görlich* in Nordhausen, fallen.

§ 2. Ich, die Ehefrau, ernenne meinen Mann zum Universalerben mit der Befugnis, so lange er lebt, über den Nachlaß frei zu verfügen. Das Vermögen, welches nach seinem Tode vorhanden sein wird, soll zu $^1/_3$ an meine Schwester Frau *Büchner*, zu $^2/_3$ an *Robert Stark* fallen.

§ 3. Ist von der Eröffnung ausgeschlossen worden.

§ 4. Nach meinem, der Frau, Tode erhält der Konvent der Elisabethinerinnen in Berlin 1500 DM (i. W.).

Grünhübel, den 27. Januar 1967.

Ernst Stark.

Vorstehendes soll auch mein letzter Wille sein.

Grünhübel, den 27. Januar 1967.

Anna Stark geb. *Görlich.*"

Das Einzeltestament lautet:

„Mein letzter Wille!

Hierdurch setze ich meinen Ehemann *Ernst Stark* und meine Schwester, Buchhalterswitwe *Emma Büchner* geb. *Görlich* in Nordhausen, als Erben je zur Hälfte ein, weil meine Schwester sich in großer Not befindet. Soweit das von mir mit meinem Manne gemeinschaftlich errichtete

Testament zu diesem meinem letzten Willen im Widerspruch steht, widerrufe ich es ausdrücklich.

Grünhübel, den 13. Dezember 1968

Anna Stark geb. *Görlich*."

Erklärung des Witwers in der Eröffnungsverhandlung:

„Das gemeinschaftliche Testament bis zu der Unterschrift ‚*Ernst Stark*' habe ich geschrieben. Die Worte ‚Vorstehendes' bis zu der Unterschrift ‚*Anna Stark* geb. *Görlich*' hat meine verstorbene Frau geschrieben.

Das Testament vom 13. Dezember 1958 ist vollständig von meiner Frau geschrieben und unterschrieben."

Erbschein: Der Witwer beantragt gemäß den §§ 2355/6 die Erteilung eines Erbscheins nach Anna Stark:

„und zwar in erster Linie dahin, daß ich alleiniger und unbeschränkter Erbe nach meiner Frau geworden bin, in zweiter Linie dahin, daß ich befreiter Vorerbe bin und eine Nacherbfolge auf den Überrest angeordnet ist."

Gemeinschaftliche Testamente werden häufig in der Form errichtet, daß der Mann den ganzen Text schreibt, datiert und unterschreibt und die Frau ihren Namen — ohne einen Zustimmungsvermerk und ein besonderes Datum — hinzusetzt. Solche Testamente sind jetzt seit dem Testamentsgesetz vom 31. Juli 1938 gültig (§ 2267; beachte für früher errichtete Testamente die Übergangsvorschrift des § 51 III TestG). Das gemeinschaftliche Testament der Eheleute Stark wahrt die gesetzliche Form. Es ist auch nicht durch das spätere Testament der Frau beseitigt oder eingeschränkt. Zwar unterliegen gemeinschaftliche Testamente, wie jedes Testament, zu Lebzeiten der Erblasser dem freien Widerruf. Doch kann der Widerruf wechselbezüglicher Verfügungen nur entweder durch gemeinschaftliches Testament oder durch eine dem anderen Teil zuzustellende gerichtlich oder notariell beurkundete Erklärung erfolgen, während Widerruf durch einseitiges Testament wirkungslos ist. §§ 2271 I, 2296 II. Denn selbstverständlich muß der andere Gatte von dem Widerruf Kenntnis haben, damit er nunmehr seine eigenen letztwilligen Verfügungen ohne Rücksicht auf das gemeinschaftliche Testament treffen kann. Über die Form der Zustellung der Widerrufserklärung s. Jansen, NJW 1960, 475, Hieber, DNotZ 1960, 240, Dilcher JZ 1968, 188, gegen BGHZ 31,5 = NJW 1960, 33; Palandt-Keidel BGB § 2296 Anm. 1.

Bei gemeinschaftlichen Testamenten der hier in Rede stehenden Art, durch welche Eheleute sich gegenseitig zu Erben einsetzen und bestimmen, daß der Nachlaß später dritten Personen zufallen soll, entsteht der Zweifel, ob das Vermögen des Erstversterbenden auf den überlebenden Gatten als befreiten Vorerben und nach dessen Tod auf den Dritten als Nacherben auf den Überrest (§ 2137) übergehen soll, oder ob der überlebende Teil freier und unbeschränkter Erbe des Erstversterbenden und der Dritte nur Erbe des Überlebenden sein soll. Für die zweite Gestaltungsmöglichkeit, für die sich die Bezeichnung „Berliner Testament" — wahrscheinlich zu Unrecht, vgl. Endemann, JW 1933, 1350; Kipp-Coing, Erbrecht, 11. Bearb. § 79 V Fußn. 22 — eingebürgert hat, spricht die Auslegungsregel des § 2269 I. In diesem Fall würden Robert Stark und Frau Büchner das von Frau Stark herrührende Vermögen dereinst nach dem Tode des Mannes nur deshalb erhalten, weil es durch den ersten Erbfall zu einem Teil des Vermögens des Mannes geworden ist und weil der Mann im gemeinschaftlichen Testament die beiden als seine Erben eingesetzt hatte. Die Frage ist von großer praktischer Bedeutung: 1. Stirbt Frau Büchner oder Robert Stark zwischen Anna und Ernst Stark, so haben sie als Nacherben mit dem Vorerbfall, also mit Anna Starks Tode, ein vererbliches Recht erworben (§ 2108), das auf ihre Erben übergegangen ist. Sollen sie dagegen ausschließlich Erben des überlebenden Gatten sein, so haben sie den für sie maßgeblichen Erbfall, den Tod des Letztversterbenden, nicht erlebt

(§ 1923^I), und ihre Erben würden leer ausgehen, es sei denn, daß sie im Testament als Ersatzerben berufen sind oder man auf Grund einer „ergänzenden Auslegung" aus dem Zweck des Testaments eine stillschweigende Ersatzberufung der Kinder (S. 177) herleiten kann. 2. Als Vorerbe ist Ernst Stark zu Schenkungen aus der Masse der Frau ohne Zustimmung der Nacherben nicht befugt. §§ 2113^II, 2136. Als Vollerbe kann er an sich beliebig schenken; man wendet aber, sobald das gemeinschaftliche Testament durch Annahme der testamentarischen Zuwendung für den überlebenden Ehegatten bindende Kraft erlangt hat (§ 2271^II), den für Erbverträge geltenden § 2287 entsprechend an. Die beiden künftigen Erben können daher zwar zunächst nichts gegen die Schenkung tun, haben aber nach dem Tod des Überlebenden einen Bereicherungsanspruch an den Beschenkten, falls die Schenkung in der Absicht erfolgt war, sie zu benachteiligen. RG 58, 64; BGH DNotZ 1951, 344. 3. Hat der Ehemann Stark die Stellung eines Vollerben, so dürfen seine Eigengläubiger in das von der Frau herrührende Vermögen vollstrecken, während bei Annahme einer befreiten Vorerbschaft die Befriedigung von Ernst Starks Gläubigern aus dem Nachlaß der Frau verhindert werden kann (S. 57).

Für die Erbschaftssteuer gilt der Vorerbe als Vollerbe. Beim Eintritt des Nacherbfalls haben die Nacherben den Erwerb als vom Vorerben stammend zu versteuern. Auf Antrag ist jedoch der Versteuerung das Verhältnis des Nacherben zum Erblasser zugrunde zu legen (§ 7^I, ^II ErbStG).

Eigenartige pflichtteilsrechtliche Wirkungen hat das Berliner Testament mit Einsetzung des Überlebenden zum Vollerben, falls Kinder vorhanden und zu Erben nach dem Tode des Überlebenden ernannt sind. Jedes Kind kann nach dem Tode des Erstverstorbenen den Pflichtteil fordern, bleibt aber gleichwohl Erbe des Letztversterbenden. Hatten die Erblasser durch eine Ungehorsamkeitsklausel bestimmt, daß, wer nach dem Erstverstorbenen den Pflichtteil fordert, auch nach dem Letztversterbenden nur den Pflichtteil erhalten soll, so kann das Kind zweimal den Pflichtteil fordern, nämlich nach dem Tod der Mutter von ihrem, nach dem Tod des Vaters von seinem Nachlaß. Im Nachlaß des Vaters ist aber (wenn die Mutter zuerst verstorben war) der mütterliche Nachlaß mit enthalten, so daß der Ungehorsame vom Vermögen des Erstversterbenden zweimal den Pflichtteil erhält! Das Kind, welches nach dem ersten Todesfall seinen Pflichtteilsanspruch geltend gemacht hatte, braucht sich das Erlangte nicht einmal auf den Pflichtteil nach dem Letztversterbenden anrechnen zulassen. Kipp-Coing, Erbrecht, 11. Bearb. § 79 IV 2.

Auf welche der beiden Arten soll das Starksche Testament ausgelegt werden? Nach § 2269^I BGB gilt der Dritte im Zweifel nur als Erbe des Letztversterbenden. Die Eheleute Stark haben zwar die Erbeinsetzungen nicht in der sonst üblichen Form: „wir setzen uns gegenseitig als Erben ein, was von unserem beiderseitigen Vermögen beim Tod des Überlebenden noch vorhanden sein wird....", zusammengefaßt, sondern vollständig getrennt gehalten. Aber diese äußere Form der Erklärungen ist nicht entscheidend. Inhaltlich liegt ein gegenseitiges gemeinschaftliches Testament vor, weil die Eheleute sich gegenseitig bedenken. Ferner wird dem Überlebenden „freie Verfügung" zugesprochen, was auf die Stellung eines befreiten Vorerben hinweisen könnte. Jedoch haben die Erfahrungen gezeigt, daß die Beteiligten sogar die Bezeichnung Nacherbe in einem gemeinschaftlichen Testament mitunter nicht in ihrem eigentlichen gesetzlichen Sinne verstehen, sondern in unscharfer Ausdrucksweise dahin, daß die so bezeichnete Person Erbe, und zwar des Letztversterbenden, erst werden soll, nachdem dieser das beiderseitige Vermögen in seiner Hand vereinigt hat, also nach dem Letztversterbenden (KG DR 1943, 1108; OLG München JFG 15, 246). Wichtiger für die Auslegung unseres Testaments ist, daß nach den bei den Akten befindlichen Unterlagen der Mann ein Vermögen von 34000 DM, die Frau ein solches von 18000 DM besessen hatte und daß die Verwandten des Mannes und der Frau später im Verhältnis 2:1 erben sollen. Entscheidend für die Auslegung des Testaments entweder im Sinne des § 2269 oder als Vor- und Nacherbschaft ist nämlich, ob die letztwillige Verfügung und sonstige zu ihrer Auslegung heranzuziehende

Umstände erkennen lassen, daß die Eheleute das beiderseitige Vermögen als Einheit angesehen und deshalb sowohl eine verschiedene Rechtsstellung des überlebenden Ehegatten zu den beiderseitigen ursprünglich getrennten Vermögen während seiner Lebensdauer als auch die Möglichkeit einer Trennung der beiden Vermögen nach seinem Tode haben ausschließen wollen oder nicht (RG 113, 240; KG DNotZ 1955, 408).

Im vorliegenden Fall zeigt das Testament, daß das Vermögen des Erstversterbenden nicht von dem des Überlebenden getrennt bleiben und später von jedem der beiden Vermögen je ein Bruchteil an die beiderseitigen Verwandten fallen soll, sondern daß beide Vermögen zu Lebzeiten des Überlebenden in einen Topf geworfen werden und die Verwandten an dieser Einheit später anteilmäßig so teilhaben sollen, wie es dem Einbringen jedes Ehegatten entspricht. Hieraus folgt, daß der Hauptantrag begründet ist. Der Richter verfügt:

„Erbschein.

Alleiniger Erbe der zu Grünhübel, ihrem Wohnsitz, am 12. Oktober 1969 verstorbenen Frau *Anna Stark* geb. *Görlich* ist ihr Ehemann, der Viehhändler *Ernst Stark* in Grünhübel."

Nach dem Tode des Ernst Stark wäre ein weiterer Erbschein erforderlich, wonach Robert Stark und Frau Büchner den Ernst Stark beerbt haben. Zur Verfügung über Vermögensstücke der Frau brauchen also in diesem Falle Robert Stark und Frau Büchner zwei Erbscheine, welche zusammen ihre Erbberechtigung ergeben.

Legt man das Testament als Vor- und Nacherbfolge aus, so hätte dem Erbschein ein Nacherbenvermerk des Inhalts beigefügt werden müssen, daß Emma Büchner und Robert Stark — ohne Angabe ihrer Erbteile — Nacherben auf den beim Tode des Vorerben vorhandenen Überrest sind (§ 2363). Aus der Nichterwähnung von Ersatznacherben hätte sich zugleich ergeben, daß das Anwartschaftsrecht der Nacherben nach § 2108 BGB vererblich ist (RG 154, 330). Der Nachlaßrichter muß sich also bei der Ausstellung des dem Vorerben zu erteilenden Erbscheins darüber klar werden, ob das Nacherbrecht vererblich ist, ob eine ausdrückliche oder stillschweigende (§ 2069) Berufung von Ersatznacherben vorliegt oder ob Anwachsung an die Mitnacherben (§ 2094) eintreten soll. Dadurch wird der Nachlaßrichter häufig vor schwierige Aufgaben gestellt (vgl. KG JW 1937, 2045).— Tritt später der Nacherbfall ein, so hat Ernst Stark aufgehört, Erbe seiner Frau zu sein, und Frau Büchner und Robert Stark sind ihre Erben geworden (§§ 2100, 2139). Der dem Vorerben erteilte Erbschein ist unrichtig geworden und muß nach § 2361 I von Amts wegen eingezogen werden. Ein neuer Erbschein wird auf Antrag dahin ausgestellt, daß Frau Büchner zu $1/3$ und Robert Stark zu $2/3$ Erben der Frau Anna Stark seit dem Todestage des Vorerben sind. Ferner erhalten sie auf Antrag einen Erbschein nach Ernst Stark, denn die Einsetzung als Nacherbe enthält im Zweifel auch die Einsetzung als Ersatzerbe (§ 2102), nämlich an Stelle der vorverstorbenen Frau Anna Stark.

Es kommt vor, daß die Eheleute in dem gemeinschaftlichen Testament den Überlebenden ermächtigen, anders zu verfügen. Handelt es sich um ein Testament nach § 2269 I, so entstehen keine Schwierigkeiten. Der Dritte ist Erbe des Überlebenden. Dieser kann seine eigene Verfügung von Todes wegen, also die Erbeinsetzung des Dritten, frei widerrufen, weil durch die Ermächtigung klargestellt ist, daß Wechselbezüglichkeit (§ 2270 I) nicht vorliegt, der Überlebende also seine Testierfreiheit behalten hat. Anders, wenn die Eheleute sich gegenseitig als Vorerben, den Dritten als Nacherben berufen haben. Da der Nacherbe nicht Erbe des Vorerben, sondern des erstversterbenden Erblassers ist, würde der Überlebende mit seinen eigenen auch die letztwilligen Anordnungen des Erstversterbenden ändern oder widerrufen, was gegen § 2065 zu verstoßen scheint. Die Rechtsprechung legt eine solche Ermächtigung dahin aus, daß der Dritte unter der Bedingung zum Nacherben berufen ist, daß der Überlebende keine andere Bestimmung trifft. Tritt die Bedingung ein, dann fällt die Nacherbeinsetzung fort. Das Vermögen des Erstversterbenden ist dem Überlebenden als unbeschränktem Vollerben angefallen und er kann frei verfügen (KG DNotZ 1956, 195; kritisch Endemann, JW 1933, 1349 zu 3; Herrmann, AcP Bd. 155 Heft 4/5).

Anfechtung wegen Übergehung von Pflichtteilsberechtigten. Im Dezember 1970 geht Ausfertigung einer notariellen Verhandlung ein:

„Vor dem unterzeichneten Notar usw. erscheint:

der Viehhändler *Ernst Stark* aus Grünhübel,

dem Notar von Person bekannt, und erklärt:

In § 1 Satz 2 des mit meiner verstorbenen Ehefrau *Anna* geb. *Görlich* am 27. Januar 1967 gemeinschaftlich errichteten Testaments habe ich meinen Bruder *Robert Stark* sowie die Schwester meiner Frau, Frau *Emma Büchner* geb. *Görlich*, als meine Erben eingesetzt. Inzwischen habe ich mich am 5. Februar 1970 mit der Musiklehrerin *Dora Lustig* verheiratet, welche dadurch mir gegenüber pflichtteilsberechtigt geworden ist. Da im gemeinschaftlichen Testament meine jetzige Ehefrau übergangen ist, fechte ich das gemeinschaftliche Testament hiermit gemäß den §§ 2078, 2079, 2281/2 BGB an.

(Vorlesungs- und Genehmigungsvermerk, Unterschriften)."

Einseitige letztwillige Verfügungen werden, wie wir im Falle Lamm (S. 166) gesehen haben, nicht vom Erblasser, sondern nach seinem Tode von demjenigen angefochten, dem der Wegfall der Verfügung unmittelbar zum Vorteil gereicht (§ 2080): Erbeinsetzungen vom Ersatzerben (§ 2096) oder gesetzlichen Erben, Testamentsvollstreckungen vom eingesetzten Erben, Vermächtnisse und Auflagen vom Beschwerten. Denn der Erblasser selbst kann sein Testament als „letztwillige Verfügung" (§ 1937) jederzeit frei widerrufen und bedarf dazu keines Anfechtungsrechts. Ganz anders der Erbvertrag. Hier ist der Erblasser an seine vertragsmäßigen Verfügungen gebunden; liegt also einer der Anfechtungsgründe der §§ 2078/9 vor, so muß er sich durch Anfechtung von der Verfügung lossagen können. Deshalb steht die Anfechtung von Erbverträgen in erster Linie dem Erblasser selbst zu, während das Anfechtungsrecht der in § 2080 bezeichneten Person nur subsidiär gilt, nämlich wenn der Erblasser gestorben ist, ohne sein Anfechtungsrecht verloren zu haben. §§ 2281^{I}, 2285. Der Verlust tritt im Fall des § 2079 ein Jahr nach Erlangung der Kenntnis vom Anfechtungsgrunde ein. § $2283^{I, II}$. Ferner unterscheidet sich die Erbvertragsanfechtung von der Testamentsanfechtung durch die Form, indem sie der gerichtlichen oder notariellen Beurkundung bedarf; Empfänger der Anfechtungserklärung ist nach dem Tode des Erbvertragsgegners das Nachlaßgericht. §§ 2281^{II}, 2282^{III}.

Gemäß § 2271^{II} war das von den Eheleuten Stark errichtete „Berliner Testament" für Ernst Stark dadurch bindend geworden, daß er nach dem Tod der Frau die ihm gemachte Zuwendung angenommen hat. Die Möglichkeit, das Testament wegen Übergehung von Pflichtteilsberechtigten gemäß § 2079 anzufechten, wird durch die eingetretene Bindung nicht berührt. Die Rechtsprechung wendet aber auf das bindend gewordene gemeinschaftliche Testament wegen Gleichheit der Rechtslage die Vorschriften über den Erbvertrag an. RG 87, 95; 132, 1. Deshalb hat Ernst Stark innerhalb eines Jahres, nachdem die zweite Frau pflichtteilsberechtigt geworden war, selbst in öffentlich beurkundeter Form angefochten.

In welchem Umfange eine Bindung des Stark nach § 2271^{II} an seine eigenen Verfügungen von Todes wegen besteht, hängt davon ab, inwieweit seine Verfügungen wechselbezüglich zu denen der Frau Stark sind. Wechselbezüglich ist die Verfügung der Ehefrau, durch welche sie ihren Mann als alleinigen Erben einsetzt, zu der Verfügung des Mannes, durch welche er die Schwester seiner Frau zu einem Drittel als seine Erbin beruft. Hierfür spricht die Auslegungsregel des § 2270^{II}. Dagegen ist die Verfügung der Frau zugunsten des Mannes nicht notwendig wechselbezüglich zu der Verfügung des Mannes, durch welche er seinen Bruder bedenkt. Die Wechselbezüglichkeit dieser Verfügung wird nicht nach der Auslegungsregel des § 2270^{II} vermutet. Beim Fehlen der Wechselbezüglichkeit aber kann Stark über den seinem Bruder zugewendeten Erbteil frei von Todes wegen verfügen, z.B. auch zugunsten seiner zweiten Ehefrau, ohne daß es insoweit einer Anfechtung bedarf (BGH FamRZ 1957, 129 = DNotZ 1957, 553; BGH DNotZ 1961, 417).

Der überlebende Ehegatte wird bisweilen die Anfechtung innerhalb eines Jahres seit seiner Wiederverheiratung in der rechtsirrigen Annahme unterlassen, das gemeinschaftliche Testament sei durch die Wiederverheiratung ipso iure beseitigt. Für den Lauf der Anfechtungsfrist ist ein derartiger Irrtum unerheblich, es kommt lediglich auf Kenntnis der die Anfechtung begründenden Tatsachen an. Dagegen läuft die Anfechtungsfrist noch, wenn der überlebende Gatte das gemeinschaftliche Testament aus einem anderen Grunde für unwirksam gehalten und deshalb sich über eine der Voraussetzungen der Anfechtung, das Vorhandensein eines gültigen gemeinschaftlichen Testaments, im

Irrtum befunden hat (RG 132, 1; KG JW 1937, 2976). — Da die Beseitigung bindend gewordener Testamente auf dem Umweg der Anfechtung unerwünscht ist, muß in jedem Fall streng geprüft werden, ob der Tatbestand des § 2079 vorliegt. Die Vorschrift beruht auf dem Gedanken eines zu vermutenden Motivirrtums: der Erblasser hätte sein Testament wahrscheinlich nicht so errichtet, wenn er gewußt hätte, daß der neue Pflichtteilsberechtigte z. Zt. seines Todes vorhanden sein würde. Demgemäß schließt Satz 2 die Anfechtung aus, falls der Anfechtungsgegner beweist, daß der Erblasser bei Kenntnis der Sachlage nicht anders verfügt hätte. Z. B. kann die Anfechtbarkeit verneint werden, wenn das gemeinschaftliche Testament bestimmt, daß bei Wiederverheiratung der Überlebende den gesetzlichen Erbteil behält und die übrige Erbschaft den nach seinem Tode berufenen Dritten herausgeben muß: dann haben nämlich die Erblasser den Wiederverheiratungsfall ins Auge gefaßt; von einem Irrtum des Erblassers und von Anfechtung kann nicht mehr die Rede sein. RG 59, 60. Jedoch ist bei Wiederverheiratungsklauseln der angeführten Art im Zweifel anzunehmen, daß die Erblasser für den Fall der Wiederverheiratung den überlebenden Ehegatten mindestens von der Bindung an die von ihm getroffenen letztwilligen Verfügungen haben befreien wollen, so daß dieser seine Testierfreiheit wiedererlangt, falls die Verfügungen des Überlebenden für diesen Fall nicht überhaupt als gegenstandslos zu betrachten sind (KG JFG 15, 329; KG NJW 1957, 1073 = DNotZ 1957, 557; KG FamRZ 1968, 331; Palandt-Keidel BGB 28. Aufl. § 2269 Anm. 5e; dazu Huken, DNotZ 1965, 729; Haegele, Jur. Büro 1968, 87). — Es kommt vor, daß der überlebende Ehegatte sich durch Adoption künstlich einen Pflichtteilsberechtigten schafft, aus dessen Vorhandensein die Anfechtung des bindend gewordenen Testament hergeleitet wird. Hatte die Annahme an Kindes Statt geradezu den Zweck, das Testament umstoßen zu können — ein in solchen Fall naheliegender Verdacht! —, so kann der Adoptionsvertrag nach § 1754^{II} Nr. 2 BGB nichtig sein, oder es steht wenigstens dem Anfechtungsgegner gegenüber dem Adoptivkind die exceptio doli generalis zu (JW 17, 536^{2}; RG 138, 373; BGH NJW 1952, 419).

Aus der Anfechtung kann sich die Unrichtigkeit des nach Anna Stark ausgestellten Erbscheins ergeben. Deshalb darf sich das Nachlaßgericht nicht, wie sonst, auf Weitergabe der Anfechtung an die Beteiligten beschränken. Frau Büchner und Robert Stark erhalten Gelegenheit zur Äußerung. Hierauf erläßt der Richter den

„Beschluß.

Gemäß § 2361 BGB wird die Einziehung des am 12. November 1969 erteilten Erbscheins nach der am 12. Oktober 1969 verstorbenen *Anna Stark* geb. *Görlich* angeordnet, weil er auf dem von der Erblasserin und ihrem Ehemann *Ernst Stark* errichteten gemeinschaftlichen Testament vom 27. Januar 1957 beruht und weil durch die von *Ernst Stark* nach den §§ 2078, 2079, 2281/3 BGB auf Grund seiner Wiederverheiratung am 9. Dezember 1970 erklärte Anfechtung nicht nur seine eigenen Verfügungen, sondern auch diejenigen der Erblasserin *Anna Stark* unwirksam geworden sind (§ 2270 BGB)."

In welchem Umfang das gemeinschaftliche Testament beseitigt ist, kann fraglich sein. Im allgemeinen macht die Anfechtung aus § 2079 für den übergegangenen Pflichtteilsberechtigten nur den gesetzlichen Erbteil frei (RG 59, 60; OLG Köln, NJW 1956, 1522), der für Frau Dora Stark neben Verwandten zweiter Ordnung ½ des Nachlasses beträgt (§ 1931^{I} S. 1), bei Zugewinngemeinschaft ¾ (§ 1371^{I}). Bei dem Starkschen Testament ist aber nach den Erfahrungen des Lebens wohl anzunehmen, daß der Erblasser bei Kenntnis der Sachlage die Seitenverwandten überhaupt nicht berücksichtigt hätte, so daß in vollem Umfang Kausalzusammenhang zwischen dem Irrtum und dem Inhalt des Testaments gegeben ist. Die Anfechtung ist deshalb auch auf § 2078^{II} gestützt worden. Vorsichtshalber wird Stark, falls ihm aus der neuen Ehe Kinder geboren werden, nach der Geburt jedes Kindes die Anfechtung mit entsprechender Begründung wiederholen, um die gänzliche Unwirksamkeit des Testaments außer Zweifel zu stellen. Ist seine Bindung an das gemeinschaftliche Testament durch Anfechtung beseitigt, so kann er nunmehr nach Belieben einseitig über sein Vermögen von Todes wegen verfügen. Der Nachlaß der Anna Stark wird nach dem Einzeltestament vom 13. Dezember 1958 vererbt: denn das gemeinschaftliche Testament hatte nur ihre Testierfreiheit, nicht ihre Testierfähigkeit aufgehoben, und nach Wegfall des gemeinschaftlichen Testaments liegt kein Grund mehr vor, dem Einzeltestament die Gültigkeit zu versagen.

Vermittlung der Erbauseinandersetzung

Einleitung des Verfahrens.

„An das Amtsgericht, Spandau, den 13. Januar 1970
Abt. für Nachlaßsachen,
Lichterfelde.

Durch Beschluß des Amtsgerichts Spandau vom 8. Juli 1968, 5 M 345/68, habe ich auf Grund einer mir gegen den Zimmermeister *Moritz Hentschel* in Spandau zustehenden rechtskräftigen Urteilsforderung von 5693,20 DM nebst Zinsen und Kosten den Anteil meines Schuldners am Nachlaß seines am 17. Juni 1967 zu Lichterfelde verstorbenen Vaters, des früheren Kaufmanns *Ludwig Hentschel*, in Höhe von ¼ gepfändet. Nach dem in den Akten 5 IV 803/67 des Amtsgerichts Lichterfelde eröffneten Testament sind Miterben die jetzt in Zehlendorf wohnendeKaufmannswitwe *Marie Hentschel* geb. *Gellrich*, der Agent *Leopold Hentschel* in Lichterfelde und der am 28. Februar 1957 geborene, unter elterlicher Gewalt seines Vaters, des verwitweten Uhrmachers *Fritz Martini* in Lankwitz, stehende Schüler *Ludwig Martini* in Lankwitz, je zu ¼. Eine Testamentsvollstreckung ist nicht angeordnet."

Da es zu den Aufgaben des Testamentsvollstreckers gehört, die Auseinandersetzung unter den Miterben vorzunehmen, könnte beim Vorhandensein eines Vollstreckers das gerichtliche Auseinandersetzungsverfahren nicht stattfinden. §§ 2204^{I} BGB, 86^{I} FGG.

„Meine Bemühungen, eine außergerichtliche Nachlaßteilung herbeizuführen, sind erfolglos geblieben. Ich beantrage deshalb:

nachlaßgerichtliche Vermittlung der Erbauseinandersetzung und Überweisung des Verfahrens an einen Notar.

Pfändungsbeschluß, Urteil und das von dem gerichtlich beeidigten Bücherrevisor *Adam Riese* in Lichterfelde aufgestellte Nachlaßverzeichnis vom 27. April 1968 liegen bei.

Rudolf Engel, Bankier."

Der Wert des Verfahrens nach §§ 86f. FGG wird von Außenstehenden stark überschätzt. Dem Gericht liegt lediglich die „Vermittlung" der Auseinandersetzung ob, und gegenüber einem opponierenden Erben, der seine Rechte in den Terminen vertritt, ist es machtlos. Den an baldiger Auseinandersetzung interessierten Miterben bleibt dann nichts anderes übrig, als Klage auf Auseinandersetzung aus den §§ 2042f., 749f. BGB. zu erheben, mit der aber nur die Einwilligung des Beklagten in den vom Gesetz vorgeschriebenen Teilungsmodus — Zwangsversteigerung der Grundstücke, Pfandverkauf der beweglichen Sachen, gemeinschaftliche Einziehung der Forderungen — erreicht werden kann. Oder der Miterbe beantragt, wenn alle sonstigen Versuche fehlgeschlagen sind, kurzerhand die Teilungsversteigerung (§§ 180f. ZVG), wozu er keines vollstreckbaren Schuldtitels bedarf (§ 181^{I}), und bringt so die Sache in Fluß. Die nachlaßgerichtliche Vermittlung bietet die Aussicht, daß es der Überredungskunst des Richters gelingt, eine Einigung herbeizuführen, bei der den einzelnen Erben bestimmte Nachlaßgegenstände überwiesen werden und nichts verkauft zu werden braucht, oder daß durch das noch darzustellende Säumnisverfahren der gleiche Erfolg erzielt wird.

Das Verfahren ist auf den Rechtspfleger übertragen, mit Ausnahme der in § 16 Nr. 8 RechtspflG i. d. F. vom 27. Juni 1970 (BGBl. I 911) angeführten Richtervorbehalte (§ 3 Nr. 2 Buchst. c RechtspflG).

Das Nachlaßverzeichnis weist auf: ein Grundstück in Lichterfelde, geschätzt auf 75000 DM, belastet mit 32000 DM, einen GmbH.-Anteil, eine Hypothek, Wertpapiere, ein Bankguthaben usw. Der Wert des reinen Nachlasses ist auf ungefähr 84000 DM berechnet.

Die Testamentsakten, welche der Rechtspfleger beifügen läßt, bestätigen die Angaben des Antrags über den Inhalt des letzten Willens des Ludwig Hentschel. Das Testament ist ein eigenhändiges, seine Echtheit von den bei der Eröffnung Erschienenen anerkannt. Sonstige nachlaßgerichtliche Akten nach Ludwig Hentschel sind nicht vorhanden. Das Verfahren kann also eingeleitet werden. Daß kein Erbschein ausgestellt ist, steht nicht entgegen. Das Antragsrecht des Erbteil-Pfandgläubigers spricht § 86^{II} FGG aus.

Überweisung an einen Notar. Nach dem landesgesetzlichen Vorbehalt in § 193 FGG (vgl. auch §§ 20^{IV}, 118 BNotO) ist der Landesgesetzgeber befugt zu bestimmen, daß in den Fällen der §§ 86, 99 FGG an Stelle der Gerichte oder neben diesen die Notare die Auseinandersetzung zu vermitteln haben. Hiervon ist in den Art. 21 bis 28 PrFGG (vgl. auch Art. 24ff. HessFGG, Art. 14ff. NdsFGG, Art. 6, 7, 8 BayNachlG) in der Weise Gebrauch gemacht worden, daß die Zuständigkeit der Gerichte zwar nicht ausgeschlossen, sondern beibehalten worden, dem Gericht aber die Befugnis eingeräumt worden ist, das Verfahren auf Antrag eines Beteiligten einem Notar zu überweisen, auf den alsdann die amtlichen Befugnisse des Gerichts übergehen, soweit nicht Art. 23^{II}, 26^{II} Vorbehalte zugunsten des Gerichts enthalten. Ein solcher Antrag ist hier gestellt. Das Gericht entscheidet hierüber, da die Voraussetzungen des Art. 21^{II} PrFGG, nach denen es einem solchen Antrag sogar stattgeben müßte, nicht vorliegen, nach pflichtmäßigen Ermessen. Es soll hierbei, auch unter Berücksichtigung der Gegengründe anderer Beteiligter, prüfen, ob die Überweisung den gemeinsamen Belangen aller Beteiligten dienlich erscheint (Jansen, FGG, 2. Aufl., Art. 21 PrFGG Anm. 2). Gründe dafür liegen hier deswegen vor, weil zum Nachlaß ein Grundstück gehört. Es ist deshalb damit zu rechnen, daß die Beteiligten in dem Verfahren nicht nur Erklärungen über den Erbauseinandersetzungsvertrag, sondern zugleich zu dessen dinglicher Vollziehung werden abgeben wollen, wozu bei Grundstücken die Auflassung gehört, deren Erteilung sonst auf Grund der bestätigten Auseinandersetzungsvereinbarung gegen widerstrebende Beteiligte erst noch im Wege der Zwangsvollstreckung (§§ 98 FGG, 888 ZPO) erzwungen werden müßte, während bei Aufnahme dieser Erklärung in die Auseinandersetzungsvereinbarung sogar die Auflassungserklärung eines säumigen Beteiligten durch die Bestätigung ersetzt wird (S. 198). Das ist aber seit dem 1. Januar 1970, wenn das Gericht das Verfahren durchführt, nicht mehr möglich, weil das Amtsgericht nach § 925^{I} BGB i.d.F. des § 57^{III} Nr. 3 BeurkG nicht mehr eine zur Entgegennahme der Auflassung zuständige Stelle ist (vgl. Jansen a.a.O. § 93 Rdn. 5), während beim Notar dieser Hinderungsgrund entfällt.

Für die Überweisung liegt, da es sich um eine landesrechtliche Aufgabe handelt (vgl. § 37 RechtspflG), eine Übertragung auf den Rechtspfleger nicht vor. Nach Anhörung der Beteiligten, die keine beachtlichen Gegengründe vorbringen, entscheidet der Richter wegen Sachzusammenhangs (§ 5^{I} Nr. 4 RechtspflG) zugleich über die Einleitung des Verfahrens und erläßt folgenden

„Beschluß

Auf Antrag des Bankiers *Rudolf Engel* in Spandau wird gemäß § 86 FGG das Verfahren zur Vermittlung der Auseinandersetzung über den Nachlaß des am 17. Juni 1967 in Lichterfelde, seinem letzten Wohnsitz, verstorbenen Kaufmanns *Ludwig Hentschel* eingeleitet und das Verfahren gemäß Art. 21^{I} PrFGG dem Notar *Justus Siegel* in Berlin überwiesen.

Lichterfelde, den 1. Februar 1970

Das Amtsgericht

Richter“

Der Beschluß ist, soweit die Einleitung des Verfahrens angefochten wird, mit der einfachen Beschwerde nach § 19 FGG, soweit die Überweisung angefochten wird mit der sofortigen Beschwerde nach Art. 21^{III}, 6^{I} PrFGG, § 22^{I} FGG anfechtbar. Nach Eintritt der Rechtskraft übersendet das Gericht die Akten dem Notar (Art. 21^{IV} PrFGG).

Verfahren vor dem Notar. Der Notar erläßt gemäß den §§ 89, 90^{I} FGG folgende Verfügung:

„1. Termin zur Verhandlung über die Auseinandersetzung am 15. März 1970 11 Uhr.

2. Zu laden den Antragsteller und die im Antrag aufgeführten Erben (für *Ludwig Martini* dessen Vater) mit Zusatz:

Im Termin wird ungeachtet des Ausbleibens eines Beteiligten über die Auseinandersetzung verhandelt werden. Falls der Termin vertagt oder ein neuer Termin zur Fortsetzung der Verhandlung anberaumt werden sollte, kann die Ladung zum neuen Termin unterbleiben. Als Unterlagen für die Auseinandersetzung können auf der Geschäftsstelle eingesehen werden:.........“

Die Ladungen werden nach den Vorschriften der ZPO zugestellt. § 16^{II} S. 1 FGG, Art. 26^{II} PrFGG.

Verhandlungstermin. Streitpunkte. Das Terminsprotokoll des Notars, das wegen der §§ 91^{I} S. 1, 93^{I} S. 2 FGG in der Form der §§ 6ff. BeurkG abzufassen ist, lautet:

„Verhandelt in Lichterfelde, den 15. März 1970

Vor dem unterzeichneten Notar im Bezirk des Kammergerichts zu Berlin

Justus Siegel

erschienen in dem Verfahren betreffend die Auseinandersetzung des Nachlasses des am 17. Juni 1967 verstorbenen früheren Kaufmanns *Ludwig Hentschel* aus Lichterfelde im heutigen Termin:

1. für den Antragsteller Bankier *Rudolf Engel*: Prokurist *Gustav Rodewald* aus Spandau, Registerzeugnis des Amtsgerichts Charlottenburg vom 10. Juni 1963 über die Firma *Rudolf Engel* — 3 HRA 982 — vorlegend,“

der Prokurist kann ohne besondere Vollmacht gerichtliche und außergerichtliche Geschäfte und Rechtshandlungen jeder Art vornehmen (§ 49^{I} HGB),

„2. die Witwe Frau *Marie Hentschel* geb. *Gellrich* aus Zehlendorf,

3. Zimmermeister *Moritz Hentschel* aus Spandau,

4. Agent *Leopold Hentschel* aus Lichterfelde,

5. Uhrmacher *Fritz Martini* aus Lankwitz als gesetzlicher Vertreter des minderjährigen *Ludwig Martini* kraft elterlicher Gewalt,

ausgewiesen.........

Es wurde mit ihnen über die Teilung verhandelt. Dabei ergaben sich folgende Streitpunkte:

A. Die Witwe, *Leopold Hentschel* und Herr *Martini* für *Ludwig Martini* erhoben Widerspruch dagegen, daß die Auseinandersetzung vor dem 28. Februar 1981 vorgenommen wird, weil nach dem Testament des Erblassers die Teilung des Nachlasses erst erfolgen soll, wenn *Ludwig Martini* das 24. Lebensjahr vollendet hat. Die übrigen Erschienenen erklärten die baldige Auseinandersetzung für zulässig.“

Die Widersprechenden sind im Unrecht. Durch Teilungs- oder Kündigungsbeschränkungen — sie mögen von den Teilhabern selbst vereinbart oder vom Erblasser angeordnet sein — wird den Gläubigern eines Gesellschafters oder Gemeinschafters die Möglichkeit, das Anteilsrecht des Schuldners zu ihrer Befriedigung flüssig zu machen, nicht genommen. Im Fall der Verpfändung, der Pfändung und des Konkurses treten alle Auseinandersetzungs- und Kündigungsbeschränkungen außer Kraft, und der Gläubiger bzw. Konkursverwalter kann entweder sofort oder unter Einhaltung der gesetzlichen Kündigungsfrist Teilung verlangen. §§ 725, 751 S. 2, 1258 II S. 2, 2044 I S. 2 BGB, 135 HGB, 16 II KO. Dabei gilt für Pfändungspfandrechte das besondere Erfordernis, daß der Schuldtitel nicht bloß vorläufig vollstreckbar sein darf. Daher hatte der Antragsteller Engel im Antrag die Rechtskraft seines Urteils hervorgehoben.

„B. Herr *Martini* widersprach für *Ludwig Martini* der Aufnahme des goldenen Zigarettenetuis (Titel III Nr. 4) in das Nachlaßverzeichnis, weil der Erblasser am 28. Februar 1967 es dem *Ludwig Martini* unter der Bedingung, daß dieser ihn überlebe, schenkungsweise übereignet habe. Die übrigen Erschienenen erkannten das Eigentum des *Ludwig Martini* am Zigarettenetui nicht an und bestanden auf Aufnahme ins Nachlaßverzeichnis."

Martini macht zugunsten seines Sohnes eine durch Übereignung vollzogene Schenkung von Todes wegen geltend. Nach § 2301 I BGB bedarf das noch unerfüllte Versprechen, einem Dritten etwas unter der Bedingung zu schenken, daß er den Schenker überleben wird, der für Verfügungen von Todes wegen allgemein vorgeschriebenen Form (also mindestens Testament, wenn der Erblasser sich selbst binden will: Erbvertrag). Dagegen finden nach § 2301 II auf eine vollzogene donatio mortis causa die für Schenkungen unter Lebenden geltenden Regeln Anwendung, d. h. sie ist formlos gültig. §§ 2301 II, 518 II. Es kommt also entscheidend darauf an, ob die „Vollziehung" durch Übertragung des Eigentums der geschenkten Sache, Abtretung der geschenkten Forderung usw. ordnungsmäßig erfolgt war, was bei beweglichen Sachen nicht nur mittels traditio (§ 929 S. 1) sondern auch durch brevi manu traditio (§ 929 S. 2), constitutum possessorium (§ 930) und cessio vindicationis (§ 931) geschieht. Z. B. wäre eine durch Besitzkonstitut vollzogene Schenkung von Todes wegen anzunehmen, wenn der Erblasser seinem Enkel Ludwig Martini erklärt hat, daß mit des Erblassers Tode das Etui in sein Eigentum übergehe, daß aber der Erblasser das Etui vorläufig für ihn verwahren wolle. Da das Geschäft dem Minderjährigen lediglich rechtliche Vorteile bringt, konnte er mit seinen 10 Jahren als beschränkt Geschäftsfähiger Schenkung und Übereignung ohne Zustimmung des gesetzlichen Vertreters annehmen. § 107.

„C. Die Witwe, *Leopold Hentschel* und Herr *Martini* für *Ludwig Martini* verlangten, daß dem Erben *Moritz Hentschel* außer der unstreitig empfangenen Ausstattung von 20000 DM auf seinen Erbteil weitere 39000 DM angerechnet werden, die der Erblasser ihm durch Bezahlung von Geschäftsschulden in den Jahren 1965 und 1966 mit der Bestimmung zugewendet habe, daß der Betrag auszugleichen sei. *Moritz Hentschel* und der Antragsteller *Engel* widersprachen der Anrechnung der 39000 DM, weil eine Ausgleichsanordnung s. Zt. nicht getroffen worden sei.

Über die Anrechnung der vom Erblasser seiner verstorbenen Tochter *Hermine Martini* geb. *Hentschel* gewährten Ausstattung von 25000 DM auf den Erbteil des *Ludwig Martini* sind sämtliche Erschienenen einig."

Da Ludwig Hentschel seine Kinder zu gleichen Teilen eingesetzt und die Kollation nicht ausgeschlossen hat (§ 2052), sind die ausgleichspflichtigen Zuwendungen in Anrechnung zu bringen. Hinsichtlich der Ausstattungen der Tochter und des Sohnes Moritz ist die Rechtslage klar (§ 2050 I). Ob die für Moritz bezahlten Schulden ebenfalls zu konferieren sind, hängt von der streitigen Anordnung ab, die der Erblasser nach § 2050 III zwar einseitig, aber nur unmittelbar bei der Zuwendung treffen konnte.

Bei Durchführung der Ausgleichung steht, wie wir wissen, der Witwenerbteil außerhalb der Anrechnung (S. 55). Gehen wir vom Rieseschen Verzeichnis aus, so ergibt sich nach § 2055 auf

Grund der unstreitigen Anrechnungen folgende Verteilung: Auf jeden Stamm entfallen an sich ⅓ von 63000 + 20000 + 25000 = 36000 DM. Davon gehen bei Moritz Hentschel 20000, bei Ludwig Martini 25000 DM ab. Von den vorhandenen 84000 DM erhalten mithin: die Witwe 21000, Moritz Hentschel 16000 DM, Leopold Hentschel 36000 DM, Ludwig Martini 11000 DM. — Treten die streitigen 39000 DM als ausgleichspflichtig hinzu, so lautet die Berechnung: 63000 + 59000 + + 25000 = 147000 DM. Davon ⅓ = 49000 DM. Moritz Hentschel hat aber schon mehr, nämlich 59000 DM empfangen. Nach § 2056 braucht er nichts herauszuzahlen, sondern scheidet lediglich bei der weiteren Verteilung aus. In dem unterstellten Fall wären also der Witwe 21000, Leopold Hentschel 44000 und Ludwig Martini 19000 DM zuzuteilen. — Sind die Vorausempfänge im Verhältnis zum Nachlaßbestand ganz groß, so kann sich aus pflichtteilsrechtlichen Gründen sogar eine Zuzahlungspflicht ergeben. Nehmen wir z. B. an, Moritz Hentschel hätte insgesamt 170000 DM zu konferieren. Es stehen dann jedem Stamm als Erbteil ⅓ von 63000 + 170000 + 25000 = 86000 DM zu, welcher Betrag sich bei Ludwig Martini durch Anrechnung auf 61000 DM ermäßigt. Die Pflichtteile würden 43000 bzw. 30500, zusammen 73500 DM ausmachen, so daß Moritz Hentschel 10500 DM zuzuzahlen hätte. § 2316.

Obgleich die Ausgleichung den Wert der Erbteile in einschneidender Weise — auch zum Nachteil des Erbteilerwerbers oder des Pfändungsgläubigers Engel — beeinflußt, betragen doch die Erbquoten aller vier Erben je ¼. Die Ausgleichung erscheint im Gesetz als bloße Modifikation der Teilung. Deshalb ist sie auch im Erbschein nicht zu erwähnen.

„Es wurde der Beschluß verkündet:

Das Verfahren wird bis zur Erledigung der Streitpunkte zu A bis C ausgesetzt.

Vorgelesen, genehmigt, unterschrieben."

Die aus Anlaß der Auseinandersetzung auftauchenden Streitfragen zu entscheiden, ist weder das Nachlaßgericht noch der Notar befugt, nicht einmal auf Grund einer Vereinbarung der Beteiligten. Gericht oder Notar können lediglich durch „Vermittlung" und Zureden zu ihrer Lösung beitragen. § 95 FGG.

Vereinbarung über die Art der Teilung. Säumnisverfahren. Nach 1½jähriger Dauer sind alle Prozesse rechtskräftig abgeschlossen. Die Zulässigkeit der Auseinandersetzung ist bejaht, Ludwig Martini hat auf Grund der Aussage einer Krankenpflegerin das goldene Zigarettenetui zugesprochen bekommen, die 39000 DM sind für nicht ausgleichungspflichtig erklärt. Der Notar beraumt neuen Termin auf den 11. Juli 1971 an und lädt die Beteiligten unter der gleichen Verwarnung wie das vorige Mal. Bei Aufruf erscheinen:

„1. für den Antragsteller Bankier *Rudolf Engel*: Prokurist *Gustav Rodewald* aus Spandau,
2. Zimmermeister *Moritz Hentschel* aus Spandau,
3. Agent *Leopold Hentschel* aus Lichterfelde,
4. der Uhrmacher *Fritz Martini* aus Lankwitz als gesetzlicher Vertreter des Minderjährigen *Ludwig Martini* kraft elterlicher Gewalt,

zu 1 bis 4 persönlich bekannt.

Die Miterbin Witwe *Marie Hentschel* war weder selbst erschienen noch vertreten."

Trotz des Fehlens der Witwe wird in die Verhandlung eingetreten.

Man könnte versuchen, sofort einen Auseinandersetzungsplan aufzustellen (§ 93), doch scheitert das bei nicht ganz einfachen Sachen meist an der Unmöglichkeit, alle in Betracht kommenden Werte und Summen sofort zahlenmäßig auszurechnen. Daher werden zunächst nur die allgemeinen Grundsätze, nach denen die Teilung vor sich gehen soll, festgelegt (§ 91):

„Die Erschienenen, und zwar Herr *Martini* unter Vorbehalt der vormundschaftsgerichtlichen Genehmigung," deren Notwendigkeit nicht durch die Erbteilung als solche, sondern dadurch begründet wird, daß der Auseinandersetzungsvertrag die Verpflichtung zu einer Verfügung über Grundstückseigentum (§§ 1643 I, 1821 [3] BGB) enthält,

„trafen über die Art der Teilung folgende Vereinbarung:

I. Der Auseinandersetzung wird das von dem Bücherrevisor *Riese* am 27. April 1968 aufgestellte Nachlaßverzeichnis mit den Abweichungen, die sich aus dem rechtskräftigen Urteil des Landgerichts Berlin in Sachen *Martini* gegen *Engel* und andere — Aktenzeichen 11 O 18/70 — ergeben, zugrunde gelegt.

II. An Zuwendungen haben *Moritz Hentschel* eine Ausstattung von 20000 DM, *Ludwig Martini* die Ausstattung seiner Mutter mit 25000 DM zur Ausgleichung zu bringen.

III. Als Teilungstag soll der 1. Oktober 1971 der Auseinandersetzung zugrunde gelegt werden."

Das bedeutet, daß der Wert des reinen Nachlasses zuzüglich aller Nutzungen und abzüglich der Lasten nach dem Stand vom 1. Oktober 1971 ermittelt wird, daß darnach die den einzelnen Erben zustehenden Auseinandersetzungsguthaben berechnet werden und daß die Erben die einem jeden zugewiesenen Werte ebenfalls mit Nutzungen und Lasten ab 1. Oktober 1971 übernehmen.

„IV. Das zum Nachlaß gehörende Grundstück Tulpenstraße 25 in Lichterfelde — Grundbuch von Lichterfelde Band 17 Blatt 481 — soll *Leopold Hentschel* zum Taxpreis von 75000 DM, von denen 32000 DM durch Übernahme der eingetragenen Hypotheken und der diesen zugrunde liegenden persönlichen Schuldverbindlichkeiten belegt werden, als Alleineigentümer übernehmen."

Eigentumswechsel auf Grund einer Erbauseinandersetzung ist grunderwerbsteuerfrei (S. 26).

„V. Den Geschäftsanteil im Nennbetrage von 6000 DM an der „Buttonia"-Knopffabrik G.m.b.H. in Berlin soll Frau *Marie Hentschel* zum Anrechnungswert von 9000 DM übernehmen.

VI. Die zum Nachlaß gehörende Hypothek von 15000 DM auf dem Grundstück Spandau-Stadt Band 7 Blatt 189 — Johannisstraße 33 — wird zwischen Frau *Marie Hentschel* und *Ludwig Martini* in gleichem Rang so geteilt, daß Frau *Marie Hentschel* 9000 DM, *Ludwig Martini* 6000 DM *erhält.*

VII. Von den zum Nachlaß gehörenden Wertpapieren sind die Industrieobligationen sofort nach rechtskräftiger Bestätigung der Auseinandersetzung zum Tageskurs zu verkaufen und der Erlös zur Bezahlung der Nachlaßverbindlichkeiten zu verwenden. Ein etwaiger Fehlbetrag wird dem Bankkonto entnommen. Die übrigen Wertpapiere übernimmt *Ludwig Martini* zum Tageskurse.

VIII. *Moritz Hentschel* erhält das Bankguthaben, soweit es nicht gemäß Ziffer VII verbraucht wird, und den gesamten beweglichen Nachlaß zum Taxpreis.

IX. Der Ausgleich zwischen den übernommenen Werten ist durch Zahlungen herzustellen, die *Leopold Hentschel* den übrigen Miterben zu leisten hat und die vom 1. Oktober 1971 ab mit 6% jährlich zu verzinsen sind. Die sich für *Moritz Hentschel* ergebenden Ausgleichs1beträge sowie die auf die Witwe *Marie Hentschel* und *Ludwig Martini* entfallenden Spitzenbeträge sind 2 Wochen nach rechtskräftiger Bestätigung der Auseinandersetzung, frühestens am 1. Oktober 1971, zahlbar. Die auf die Witwe *Marie Hentschel* und *Ludwig Martini* in vollen Tausend entfallenden Ausgleichsforderungen werden gegen dreimonatige Kündigung gestundet und auf dem von *Moritz Hentschel* übernommenen Nachlaßgrundstück unmittelbar im Rang hinter den gegenwärtig bestehenden Belastungen hypothekarisch eingetragen.

X. An den dem Miterben *Moritz Hentschel* zugewiesenen Ausgleichsforderungen und sonstigen Werten ist Herrn *Engel* für seine Urteilsforderung ein Pfandrecht zu bestellen.

Vorgelesen, genehmigt, unterschrieben."

Diese Gegenstände treten nicht von selbst an Stelle des gepfändeten Erbteils unter die Pfandhaftung. Engel hat aber einen persönlichen Anspruch auf die Verpfändung und könnte einem Verteilungsplan, der seine Rechte nicht berücksichtigt, die Zustimmung versagen. RG 84, 395; 90, 236; a.M. jetzt BGHZ 52, 99; dazu kritisch Wellmann NJW 1969, 1903; Palandt-Degenhart § 1258 Anm. 4.

Verfügung auf das Terminsprotokoll nach § 91^{III} FGG, Art. 24 PrFGG:

„1. Abschrift der heutigen Verhandlung an Witwe *Marie Hentschel* zustellen. Zusatz: Sie können die Urkunde in meinen Geschäftsräumen einsehen. Wenn Sie nicht binnen 3 Wochen seit Zustellung die Anberaumung eines neuen Termins beantragen, oder wenn Sie im neuen Termin weder erscheinen noch sich durch einen Bevollmächtigten vertreten lassen, wird angenommen werden, daß Sie mit dem Inhalt der Urkunde einverstanden sind.

2. 3 Wochen nach Zustellung."

Die Witwe widerspricht rechtzeitig, bemängelt die abgeschlossene Vereinbarung in mehreren Punkten und erbittet neuen Termin. Dieser wird auf den 20. September 1971 bestimmt. Die Beteiligten werden mit der bekannten Verwarnung vorgeladen. Sie erscheinen sämtlich, ausgenommen Frau Hentschel. Damit hat sie — sofern nicht der Wiedereinsetzungsfall des § 92 gegeben ist — sich endgültig verschwiegen. Sie hätte nicht bloß neuen Termin beantragen, sondern auch in dem Termin auftreten und der Vereinbarung widersprechen müssen.

Vormundschaftsgerichtliche Genehmigung. Nachlaßgerichtliche Bestätigung. Der Vater Martini sucht jetzt beim Vormundschaftsgericht die Genehmigung zur Vereinbarung vom 11. Juli 1971 nach. Nach § 1829^{II} BGB ist jeder Miterbe, vor allem Frau Hentschel, berechtigt, ihm eine 14tägige Frist zum Nachweis der Genehmigung zu stellen. Deshalb wird die Sache mit Beschleunigung betrieben.

„Beschluß.

Die in der *Ludwig Hentschel*schen Auseinandersetzungssache, 5 V 73/70 des Amtsgerichts Lichterfelde, zur Verhandlung des Notars *Justus Siegel* zu Berlin vom 11. Juli 1971 getroffene Vereinbarung wird namens des minderjährigen *Ludwig Martini* vormundschaftsgerichtlich genehmigt.

Lichterfelde, den 28. September 1971.

Das Amtsgericht.

Richter "

Um die Mitteilung der Genehmigung an die Vertragsgegner (S. 85) einwandfrei nachzuweisen, hat Martini ihnen den Beschluß durch den Gerichtsvollzieher zustellen lassen (§ 132^{I} BGB); die Zustellungsurkunden sind der Beschlußausfertigung, welche der Vater dem Notar einreicht, angeheftet.

Damit ist die Vereinbarung vom 11. Juli 1971 wirksam. Die fehlende Zustimmung der Witwe wird durch das Säumnisverfahren ersetzt, die vormundschaftsgerichtliche Genehmigung hat Wirksamkeit erlangt. Die nunmehr noch erforderliche Bestätigung (§ $91^{II,III}$ S. 4) ist dem Gericht vorbehalten (Art. 23^{II} S. 1 PrFGG), und zwar dem Richter. Denn dem Rechtspfleger ist durch § 3 Nr. 2 Buchst. c RechtspflG nur das gerichtliche, nicht das auf Landesrecht beruhende notarielle Teilungsverfahren übertragen, zumal es wenig sinnvoll ist, eine Befugnis, welche das Gesetz dem Notar vorenthält, durch den Rechtspfleger ausüben zu lassen. Das Gericht prüft nur die Förmlichkeiten des Verfahrens und die Rechtswirksamkeit der Vereinbarung, nicht ihre sachliche Richtigkeit und Zweckmäßigkeit (Jansen, FGG, 2. Aufl. § 91 Rdn. 7). Da sich keine Anstände ergeben, ergeht der

„Beschluß.

Die zur Verhandlung vom 11. Juli 1971 vor dem Notar *Justus Siegel* in Berlin von den erschienenen Beteiligten über die Art der Teilung getroffene Vereinbarung wird gemäß § 91^{III} S. 4 FGG nachlaßgerichtlich bestätigt.

Lichterfelde, den 3. Oktober 1971.

Das Amtsgericht.

Richter"

Da der Beschluß sofortiger Beschwerde unterliegt (§ 96), wird er nach den Vorschriften der ZPO zugestellt. Auch belehrt das Gericht die Witwe darüber, daß sie bei unverschuldeter Verhinderung am Erscheinen die Säumnisfolge durch Wiedereinsetzungsantrag nach § 92 abwenden kann. Mit der Rechtskraft des Bestätigungsbeschlusses ist die Vereinbarung für alle Beteiligten verbindlich geworden (§ 97).

Auseinandersetzung. Der Notar fertigt jetzt auf der Grundlage der bestätigten Vereinbarung vom 11. Juli 1971 einen Teilungsplan an, gibt den Beteiligten Abschrift und setzt Termin zur Verhandlung über den Plan auf den 15. November 1971 an. Im Termin erscheinen wiederum nur Rodewald, Moritz und Leopold Hentschel und Martini, nicht aber die Witwe.

„Die Erschienenen erklärten:

I. Wir bekennen uns zu dem Inhalt des dieser Verhandlung als Anlage beigefügten Teilungsplans vom 3. November 1971 einschließlich der darin enthaltenen Erklärungen über Auflassung des Nachlaßgrundstücks, Übertragung des „Buttonia"-Geschäftsanteils, Umschreibung der Nachlaßhypothek und Bestellung von Hypotheken für die Witwe *Marie Hentschel* und *Ludwig Martini* für ihre Ausgleichsforderungen."

Auch die Auflassungserklärung des säumigen Beteiligten wird durch die Bestätigung ersetzt (KGJ 41, 251; Keidel, FGG, 7. Aufl. § 98 Anm. 8; Jansen, FGG, 2. Aufl. § 93 Rdn. 5; a. M. Meikel-Imhof-Riedel, GBO, 5. Aufl. § 36 Anm. 18). Anlage als Teil des Protokolls s. § 9^{I} S. 2 BeurkG.

„II. Ausweislich der vorliegenden Sterbeurkunde ist am 17. Juni 1967 zu Lichterfelde, seinem Wohnsitz, der frühere Kaufmann *Ludwig Hentschel* verstorben. In seinem vom Amtsgericht Lichterfelde am 26. Juni 1967 eröffneten eigenhändigen Testament vom 3. April 1967 hat er zu Erben ernannt: . . . .

Andere Verfügungen des Erblassers von Todes wegen sind nicht vorhanden. Ein Rechtsstreit über das Erbrecht der bezeichneten Erben ist nicht anhängig. Sämtliche Erben haben die Erbschaft angenommen. Wir versichern an Eides statt, daß uns nichts bekannt ist, was der Richtigkeit unserer Angaben entgegensteht. Die Testamentserben sind zugleich die alleinigen gesetzlichen Erben. Von einer Beitrittserklärung sowie von einer Anhörung der Witwe *Marie Hentschel* gemäß § 2360^{II} BGB bitten wir abzusehen, da Frau *Hentschel* die Echtheit des Testaments in der Eröffnungsverhandlung anerkannt hat."

Die Erschienenen beantragen keinen Erbschein, haben aber durch ihre eidesstattliche Versicherung die Grundlage geschaffen, auf der jederzeit ein Erbschein ausgestellt werden könnte. Dies in Verbindung mit den in den Teilungsplan aufgenommenen dinglichen und grundbuchmäßigen Erklärungen ermöglicht später die Ausstellung des Überweisungszeugnisses (s. unten).

Der ganze Hergang des Vereinbarungsstadiums mit Vereinbarung, Widerspruch und Säumnisverfahren kann sich im Auseinandersetzungsstadium wiederholen. § 93 FGG. Praktisch beschränkt sich jedoch der Widerspruch auf Einzelheiten. Denn die bestätigte Vereinbarung über die Art der Teilung ist für die Beteiligten verbindlich, und sie könnten äußerstenfalls im Prozeßweg gezwungen werden, einem der Vereinbarung entsprechenden Auseinandersetzungsplan ihre Zustimmung zu geben.

Frau Hentschel sieht deshalb auch von einem Antrag auf neuen Termin ab.

Wiederum ist der Plan, nachdem alle Beteiligten ihm wirklich oder infolge des Säumnisverfahrens fiktiv zugestimmt haben, für den minderjährigen Ludwig Martini vormundschaftsgerichtlich zu genehmigen und nach Wirksamwerden der vormundschaftsgerichtlichen Genehmigung nachlaßgerichtlich zu bestätigen. § 93^{I} S. 3.

Vollstreckbarkeit und Überweisungszeugnis: Der nachlaßgerichtlich bestätigten Auseinandersetzung ist, um ihre Durchführung zu erleichtern, vom Gesetz die Eigenschaft eines vollstreckbaren Schuldtitels beigelegt (§ 98). Leistet also Leopold Hentschel die versprochenen Ausgleichszahlungen nicht, so brauchen die Gläubiger nicht erst gegen ihn zu klagen, sondern sie können sich vom Nachlaßgericht (vgl. Art. 27 PrFGG) eine vollstreckbare Ausfertigung der Auseinandersetzungsverhandlung geben lassen und sofort die Zwangsvollstreckung betreiben. Einer besonderen Unterwerfung unter die Zwangsvollstreckung gemäß § 794⁵ ZPO bedarf es nicht. Die Vollstreckbarkeit beruht auf der Bestätigung, richtet sich auch gegen diejenigen Beteiligten, welche nur auf Grund des Säumnisverfahrens als einverstanden gelten, und umfaßt auch Ansprüche auf nicht vertretbare Leistungen.

Der grundbuchmäßigen Durchführung dient das Überweisungszeugnis (§§ 36, 37 GBO; vgl. dazu KG JFG 14, 137). Nach der herrschenden Ansicht (Güthe-Triebel 13 zu § 37) wäre es in unserem Fall hinsichtlich der Hypothek folgendermaßen zu fassen:

„Zeugnis.

Die Witwe *Marie Hentschel* geb. *Gellrich* in Zehlendorf, der Zimmermeister *Moritz Hentschel* in Spandau, der Agent *Leopold Hentschel* in Lichterfelde und der am 28. Februar 1957 geborene *Ludwig Martini* in Lankwitz sind je zu ¼ Erben des am 17. Juni 1967 verstorbenen früheren Kaufmanns *Ludwig Hentschel* aus Lichterfelde geworden. Sie haben die im Grundbuch von Spandau-Stadt Band 7 Blatt 189 — Johannisstraße 33 — in Abt. III unter Nr. 3 für den Erblasser eingetragene Darlehnsforderung von 15000 DM nebst den Zinsen seit dem 1. Oktober 1971 in Höhe von 9000 DM (i.W.) der Erbin *Marie Hentschel*, in Höhe von 6000 DM (i.W.) dem Erben *Ludwig Martini* abgetreten und die Eintragung der neuen Gläubiger im Grundbuch bewilligt. Die Teilbeträge haben untereinander gleichen Rang.

Lichterfelde, den 5. Januar 1972.

Das Amtsgericht

Richter."

Entsprechend das Zeugnis für das an Leopold Hentschel aufgelassene Nachlaßgrundstück.

Überweisungszeugnisse können vom Nachlaßgericht — übrigens auch ohne daß ein Verfahren nach §§ 86f. FGG stattgefunden hat — erteilt werden, wenn 1. die Voraussetzungen eines Erbscheins erfüllt, bei gesetzlicher Erbfolge also u. a. die Personenstandsurkunden beigebracht, 2. die Bewilligungen der Erben entweder im Teilungsverfahren vor dem Nachlaßgericht oder dem Notar zu Protokoll gegeben oder dem Nachlaßgericht in grundbuchmäßiger Form nachgewiesen sind. Für den (hier gegebenen)Fall, daß einzelne Erben dem Auseinandersetzungsplan nicht zugestimmt und die dinglichen Erklärungen nicht abgegeben haben, sondern ihre Zustimmung lediglich durch das Säumnisverfahren ersetzt wurde, ist die Zulässigkeit des Zeugnisses streitig, aber bei der Verwandtschaft der Einrichtung mit § 894 ZPO zu bejahen. Nachweisungen bei Güthe-Triebel 11 zu § 37; Schlegelberger 6 zu § 98; Meikel-Imhof-Riedel, GBO, 5. Aufl. § 36 Anm. 18, § 37 Anm. 10.

Zuständig ist der Richter (§ 16 Nr. 6 RechtspflG). Der Rechtspfleger fertigt aber gemäß § 25 RechtspflG den Entwurf des Zeugnisses an.

Dem Grundbuchamt ersetzt das Zeugnis den Nachweis der Erbfolge und die Eintragungsbewilligungen. Sonstige Voraussetzungen der Eintragung — behördliche Genehmigung, Grunderwerbsteuerbescheinigung, Vorlegung der Hypothekenbriefe (§ 41 GBO) usw. — bleiben unberührt. Seine praktische Bedeutung liegt darin, daß der Erbschein erspart und damit eine Kostenverbilligung herbeigeführt werden kann[1]).

Die Eintragung der Hypotheken für die Ausgleichsforderungen (Abschnitt IX der Teilungsgrundsätze) hat mit dem Überweisungszeugnis nichts zu tun, weil diese Hypotheken nicht „zum Nachlaß gehört" haben.

---

[1]) Gebühr für das Zeugnis ¼ der vollen Gebühr bis zum Höchstbetrage von 15 DM (§ 111 I Nr. 1 KostO). Daher erhebliche Verbilligung gegenüber der Gebühr für den Erbschein (§ 107 KostO). Für die eidesstattliche Versicherung wird in beiden Fällen die volle Gebühr erhoben (§§ 111 III, 49 KostO), jedoch ist für das Zeugnis nicht der Wert des ganzen Nachlasses, sondern nur der Wert des betroffenen Gegenstandes maßgebend (§ 111 II KostO). Für das Auseinandersetzungsverfahren wird das Vierfache der vollen Gebühr erhoben (§ 116 KostO).

4. Kapitel

Beim Grundbuchamt

Das materielle Liegenschaftsrecht des BGB beruht auf dem Grundbuchsystem. Es gilt der „Eintragungsgrundsatz“: In der Regel gibt es keinen Erwerb, keine Aufhebung und keine Veränderung von Grundstücksrechten durch Rechtsgeschäft ohne Eintragung im Grundbuch. §§ 873, 875, 877. Doch gibt es keine formelle Rechtskraft der Grundbucheintragung in dem Sinne, daß die Eintragung unabhängig von sonstigen Voraussetzungen das dingliche Recht begründet, sondern die Eintragung ist ein selbständiges ergänzendes Tatbestandselement eines Gesamttatbestandes, der zur Verwirklichung der dinglichen Rechtsänderung erforderlich ist. Zu dem Staatsakt der Eintragung, der dem öffentlichen Interesse an der Kenntlichmachung der Rechtsverhältnisse am Grundstück dient, muß, um die dingliche Rechtsänderung herbeizuführen, ein rechtsgeschäftliches Erfordernis hinzutreten, nämlich für Begründung, Übertragung, Belastung, Veränderung von Rechten: die Einigung als abstrakter dinglicher Vertrag (§§ 873, 877), für Aufhebung: die ebenfalls abstrakte einseitige Aufgabeerklärung (§ 875). Wird eine Rechtsänderung, z.B. ein Eigentumswechsel, in das Grundbuch eingetragen, ohne daß die vom materiellen Recht verlangte Einigung vorliegt, oder fehlt es an einem sonstigen sachlichrechtlichen Erfordernis, so hat der als neuer Eigentümer Eingetragene das dingliche Recht nicht erworben. Das Grundbuch ist unrichtig, und der wahre Eigentümer kann mit dem dinglichen Rechtsbehelf des Berichtigungsanspruchs (§ 894) vorgehen. Ein Zwiespalt zwischen dem Inhalt des Grundbuchs und der wahren Rechtslage ist also möglich. Jedoch hat der Buchstand die widerlegbare Vermutung der Richtigkeit für sich (§ 891) und zugunsten redlicher rechtsgeschäftlicher Erwerber gilt er schlechthin als richtig (öffentlicher Glaube des Grundbuchs, §§ 892—893). Ein Auseinanderfallen von Buchlage und wahrer Rechtslage ist sogar nicht selten, weil nämlich der Eintragungsgrundsatz durch zahlreiche Ausnahmen durchbrochen ist, in deren Geltungsbereich die dingliche Rechtsänderung sich außerhalb des Grundbuchs vollzieht, so daß nachträgliche Buchungen, sog. „Berichtigungen“, nur rechtsbekundend sind*).

Die wichtigsten Ausnahmen vom Eintragungsgrundsatz bzw. Fälle der notwendigen Berichtigung sind: 1. alle Gesamtrechtsnachfolgen, also Erbfolge, Nacherbfolge, Gütergemeinschaft, Anwachsung im Gesellschaftsrecht, Übertragung von Erbteilen, Verschmelzung (§§ 738, 1416^{II}, 1922^{I}, 2033, 2139 BGB, 105^{II}, 161^{II} HGB, 346^{III}, 353^{V} AktG), 2. Übertragung und Verpfändung von Briefhypotheken und Briefgrundschulden (§§ 1154^{I}, 1192^{I} BGB); dagegen besteht Eintragungszwang, wenn der Inhalt der Briefhypothek durch neue Verzinsungs- und Fälligkeitsbedingungen, Auswechslung der persönlichen Forderung (§ 1180), Umwandlung der Hypothek in eine Grund-

---

*) Schrifttum: Güthe-Triebel, Grundbuchordnung, 2 Bde., 6. Aufl. 1937; Meikel-Imhof-Riedel, Grundbuchrecht, 3 Bde., 6. Aufl. 1965—1969; Henke-Mönch-Horber, GBO, 11. Aufl. 1970; Hesse-Saage-Fischer, GBO, 4. Aufl. 1958; Thieme, GBO, 4. Aufl. 1955 mit Nachtrag 1958; Brand-Schnitzler, Die Grundbuchsachen in der gerichtlichen Praxis; 9. Aufl. 1959; Haegele, Grundbuchrecht (Handbuch der Rechtspraxis Bd. 4), 4. Aufl. 1971; Kehrer-Bühler-Tröster, Notar und Grundbuch, 1970; Ripfel, Grundbuchrecht, 1961; Krämer-Illner, Die Grundbuchpraxis in Baden, 1961; außerdem die Kommentare und Lehrbücher des Sachenrechts.

schuld oder umgekehrt (§ 1198), Vorrangseinräumung (§ 880) usw. geändert werden soll, 3. gesetzlicher Übergang der Hypothek auf Eigentümer, persönlichen Schuldner oder Dritte (§§ 268, 774, 1143, 1150, 1163/4, 1168, 1170, 1173 BGB, 104 S. 1 VVG), auch bei Buchhypotheken, 4. Umstellung nach dem Umstellungsgesetz, 5. Übergang der Umstellungsgrundschuld nach dem LASG auf den Eigentümer (vgl. § 120^{III} LAG). 6. Zuschlag (§ 90 ZVG), 7. Enteignung auf Grund Bundes- oder Landesrechts (vgl. z.B. § 117^{III} des BundesbauG vom 23. Juni 1960 (BGBl I 341), § 34 der Ersten WasserverbandVO vom 3. September 1937, RGBl I 933, § 51 des LandbeschaffungsG vom 23. Februar 1957, BGBl I 134, § 44 pr. EnteignG vom 11. Juni 1874, GS 221), 8. Entscheidungen im Flurbereinigungs- und Zusammenlegungsverfahren (§§ 61, 79, 100 des FlurbereinigungsG vom 14. Juli 1953, BGBl I 591), im Umlegungs- und Grenzregelungsverfahren (§§ 72^{I}, 83^{II} des BundesbauG vom 23. Juni 1960, BGBl I 341). — Ist das einer Eintragung zugrundeliegende Kausalgeschäft nicht rechtsbeständig, dagegen die abstrakte dingliche Einigung in Ordnung, so steht dem Veräußerer kein dinglicher Rechtsbehelf, sondern nur der schuldrechtliche Bereicherungsanspruch (§ 812 BGB) zu, er kann also im Konkurs des anderen Teils nicht aussondern.

Die Grundbucheintragungen sind hiernach, was ihr Verhältnis zum materiellen Recht anlangt, entweder: a) rechtsändernde Eintragungen, wenn sie ein Tatbestandselement der dinglichen Rechtsänderung sind, oder b) Berichtigungen, die das Grundbuch mit der wirklichen Rechtslage wieder in Einklang bringen, nachdem es durch eine außerhalb des Grundbuchs eingetretene, vom Eintragungszwang befreite Rechtsänderung unrichtig geworden ist. Möglich sind ferner c) Fehleintragungen, durch die das Grundbuch unrichtig wird (Eintragung einer nicht entstehenden Hypothek) oder die eine Unrichtigkeit durch eine andere ersetzen (Umschreibung des Rechts auf den vermeintlichen Erben auf Grund eines unrichtigen Erbscheins) und schließlich d) Berichtigungen zur Rückgängigmachung fehlerhafter Buchungen.

Vom Standpunkt des formellen Grundbuchrechts aus gibt es fehlerfreie Eintragungen, durch die das Grundbuch unrichtig wird. Z. B. wird eine Darlehnshypothek auf Grund des Antrags und der Eintragungsbewilligung des Eigentümers sogleich auf den Namen des Gläubigers eingetragen, obwohl sie zunächst noch dem Eigentümer als Grundschuld zusteht, weil der Gläubiger sie erst erwirbt, wenn ihm der Brief vom Eigentümer übergeben wird und die Darlehnsvaluta ausgezahlt ist (§§ 1117^{I} S. 1, 1163^{II}, 1163^{I} S. 1, 1177). Ferner gibt es fehlerhaft zustandegekommene Buchungen, durch die das Grundbuch richtig wird, etwa wenn eine Hypothek entgegen § 35^{I} S. 2 GBO auf Grund eines eigenhändigen Testaments auf den Erben des Gläubigers umgeschrieben wird.

Die Grundakten Lichterfelde Band 1 Blatt 11 sind mit neuen Eingängen vorgelegt. Der Referendar betrachtet das unter dem Aktendeckel liegende Handblatt.

Das Handblatt ist eine mit dem Grundbuch wörtlich gleichlautende Abschrift sämtlicher Eintragungen des Grundbuchblatts. Seine Einrichtung beruht, ebenso wie die Muster des Grundbuchs und des Hypothekenbriefs, auf der AV über die Einrichtung und Führung des Grundbuchs (Grundbuchverfügung) vom 8. August 1935 (RMBl S. 637), die die Bedeutung einer Rechtsverordnung hat. Während die Eintragungen im Grundbuch, die Hypothekenbriefe und die auf die Briefe nachträglich gesetzten Vermerke nach den §§ 2, 3 der AusfVO zur Grundbuchordnung vom 8. August 1935 (RGBl I S. 1089) vom Richter (Rechtspfleger) und Urkundsbeamten unterschrieben werden müssen, bestehen für die Zeichnung der Handblattvermerke keine Bestimmungen. § 24^{IV} S. 2 GBVerf. sagt nur, daß die mit der Führung des Grundbuchs beauftragten Beamten für die Übereinstimmung des Handblatts mit dem Grundbuchblatt zu sorgen haben. Im gewöhnlichen Verkehr wird das Grundbuch vollständig durch das Handblatt ersetzt.

Wie ist die Rechtslage, wenn Grundbuch und Handblatt sich nicht decken, sei es, daß eine Grundbucheintragung gar nicht oder ungenau in das Handblatt übernommen, oder daß umgekehrt eine Eintragung in das Handblatt bewirkt und im Grundbuch vergessen wurde? Da das Gesetz dem Handblatt weder öffentlichen Glauben noch selbständige urkundliche Bedeutung beilegt, sind für die dinglichen Rechtsverhältnisse ausschließlich die Eintragungen im Grundbuch maßgebend. Der

Erwerber, der sich auf das Handblatt verlassen hat, wird nicht geschützt: denn aus dem Grundbuch, auf welches es nach § 892 BGB allein ankommt, hätte er die wirkliche Rechtslage ersehen. Ihm steht aber aus § 839 BGB Rückgriff an den Staat wegen Verschuldens der an der Nichtübereinstimmung von Handblatt und Grundbuch schuldigen Beamten zu, ohne daß der Fiskus den Einwand mitwirkenden Verschuldens (§ 254) wegen Unterlassung der Einsicht in das Grundbuch selbst erheben könnte. Grundbuchrichter, Publikum oder Notar, die sich mit der Einsicht in das Handblatt begnügen, handeln nicht fahrlässig, sondern entsprechen den Erfordernissen des ordnungsmäßigen Grundbuchverkehrs und der tatsächlichen Handhabung. Vgl. den entsprechenden Fall der Abweichung zwischen Grundbuch und Hypothekenbrief (S. 264). A. M. (für den Grundbuchrichter) Güthe-Triebel § 124 Anm. 7 und Meikel-Imhof-Riedel § 2 Anm. 20, § 12 Anm. 17.

Grundbuchblatt eines Vorortgrundstücks

Jedes Grundbuchblatt — und ebenso das Handblatt — besteht aus der Aufschrift dem Bestandsverzeichnis und den drei Abteilungen für die Eigentumsverhältnisse (I) die dinglichen Belastungen und Beschränkungen mit Ausnahme der Grundpfandrechte (II) und die Hypotheken, Grund- und Rentenschulden (III, sog. Vierteilungssystem). Das Bestandsverzeichnis enthält die zur Bezeichnung des Grundstücks erforderlichen Angaben, Vermerke über Rechte, die dem jeweiligen Eigentümer des auf dem Blatt verzeichneten Grundstücks zustehen, sowie die Eintragung von Miteigentumsanteilen nach § 3^{III}b GBO. Die Vorschriften über die Stelle, an der eine bestimmte Eintragung erfolgen soll, sind bloße Ordnungsvorschriften und ohne sachlichrechtliche Wirkung. „Das Grundbuch" im Sinne des bürgerlichen Rechts ist das Blatt dieses Grundstücks (§ 3^{I} S. 2 GBO) in der Gesamtheit seiner Eintragungen. Trägt also der Grundbuchbeamte an einer falschen Stelle, ja sogar in einer falschen Abteilung ein, so schadet das der Wirksamkeit der Eintragung nicht. Hieraus folgt für denjenigen, der beispielsweise eine Hypothek erwerben will, daß er sich nicht darauf beschränken darf, die auf diese Hypothek bezüglichen Eintragungen der dritten Abteilung nachzusehen. Vielmehr muß er das ganze Grundbuchblatt prüfen, denn wenn sich an anderer Stelle eine ihm nachteilige Eintragung findet, läge keine Unrichtigkeit des Grundbuchs vor, auf die er sich berufen könnte (§ 892). Die Einsicht der zweiten Abteilung darf schon wegen der in diese Abteilung gehörenden Verfügungsbeschränkungen (Konkursvermerke, Nacherbenvermerke, Testamentsvollstreckung!) niemals unterbleiben.

Aufschrift.

„Amtsgericht Lichterfelde.

Grundbuch
von
Lichterfelde
Band 1 Blatt 11."

Grundbuchmäßig wird das Grundstück nicht nach den häufig wechselnden Straßennamen und Hausnummern bezeichnet, sondern nach besonderen Grundbuchblattnummern. Diese Blattnummern sind unveränderlich. Wird z. B. das Grundbuchblatt 11 geschlossen und entsteht später einmal die Notwendigkeit, für ein anderes Grundstück desselben Grundbuchbezirks ein neues Blatt anzulegen, so kann dafür nicht die freigewordene Nr. 11 verwendet werden, sondern das neue Blatt erhält, um jede Verwechslungsmöglichkeit auszuschließen, die nächste fortlaufende Nummer. §§ 3^{I}, 23^{II} GBVf.

Bestandsverzeichnis.

Das Bestandsverzeichnis stellt die Verbindung von Grundbuch und Kataster her. Das Grundstück „Lichterfelde Bd. 1 Bl. 11" ist ein abstrakter Begriff; niemand wäre imstande, seine wirkliche Lage zu finden. Aus Spalte 3, Unterspalten a und b (S. 204), ersehen wir, daß es jetzt die Parzellen Kartenblatt 1 Flächenabschnitt $\frac{221}{75}$, $\frac{222}{75}$, $\frac{223}{75}$, $\frac{237}{93}$ usw. der Gemarkung Lichterfelde umfaßt. Das sind katastermäßige Bezeichnungen. Das Katasteramt besitzt Karten, in denen die Lage jeder Parzelle genau verzeichnet ist. So dient die Katastereinrichtung, ursprünglich für Zwecke der Grund- und Gebäudesteuerveranlagung geschaffen, dazu, die tatsächliche Lage des auf einem bestimmten Grundbuchblatt eingetragenen Grundstücks nachzuweisen. Hieraus folgt, daß die Katasterangaben am öffentlichen Glauben des Grundbuchs teilhaben müssen, falls im Bestandsverzeichnis Parzellen gebucht sind, die in Wahrheit zu einem anderen Grundbuchblatt gehören und nur versehentlich hierher übertragen wurden. Allerdings erstreckt sich der öffentliche Glaube des Grundbuchs nur auf die Richtigkeit und Vollständigkeit seiner Angaben über die Rechtsverhältnisse am Grundstück. Angaben dagegen, die nur über die tatsächlichen Verhältnisse Auskunft geben, sind einem gutgläubigen Erwerb nicht zugänglich, obwohl sie unzweifelhaft ebenfalls zum Inhalt des Grundbuchs gehören. Demnach besteht keine Gewähr für die Richtigkeit dessen, was das Grundbuch über Flächenmaß, örtliche Lage, Kulturart oder das Vorhandensein oder die Bestandteilseigenschaft von Gebäuden aussagt. Anders verhält es sich mit solchen Eintragungen, die angeben, welche bestimmte Grundfläche das Eigentumsrecht des als Eigentümer Eingetragenen zum Gegenstand hat. Denn das Eigentum an einem Grundstück kann man sich nicht anders vorstellen als in Beziehung auf einen bestimmten abgegrenzten Teil der Erdoberfläche. Die Angaben des Grundbuchs hierüber müssen daher für den Erwerb des Eigentums und anderer dinglicher Rechte maßgebend sein. Das erfordert die Sicherheit des Rechtsverkehrs (RG 61, 193; 73, 129; LG Frankenthal, NJW 1956, 873; Meikel-Imhof-Riedel, § 3 Anh. I Anm. 179, 180).

Eigenartig liegt der Fall der „Doppelbuchung", bei der ein und dieselbe Parzelle auf zwei verschiedenen Blättern steht. Hier kann keine der widersprechenden Eintragungen öffentlichen Glauben beanspruchen, so daß der Erwerber des Grundstücks, auf dem die Parzelle zu Unrecht gebucht ist, vor dem Eigentümer des anderen Grundstücks, dem sie rechtmäßig zusteht und auf dessen Grundbuchblatt sie ebenfalls verzeichnet ist, nicht bevorzugt werden kann; KGJ 39 A 154; KG JFG 18, 180 = JW 1938, 3046; Henke, Mönch-Horber GBO § 3 Anm. 5a; RGZ 85, 316 (Doppelbuchung bei Zwangsversteigerung). Über das Verfahren zur Beseitigung einer Doppelbuchung vgl. § 38 GBVf. und KG JFG 18, 180 = JW 1938, 3046.

Nun zu den einzelnen Eintragungen unseres Bestandsverzeichnisses:

Am 16. Juni 1900 wurde unter Nr. 1 der Bestand des bisherigen Titelblatts eingetragen. Das geschah zwecks Einführung des neuen Bestandsverzeichnisses. Das alte Titelblatt ist gleichzeitig geschlossen worden.

Am 15. März 1906 sind Sp. 3, b, e, 4 nach dem Steuerbuch berichtigt worden. Das Katasteramt übersendet dem Amtsgericht von Zeit zu Zeit Listen, in denen die durch Fortschreibung des Katasters eingetretenen Veränderungen zusammengestellt sind. Die Veränderungen werden dann — von Amts wegen — im Grundbuch vermerkt. Häufig handelt es sich um die Folgen von Neuvermessungen, Änderung der eingetragenen Grundstücksgröße, der Wirtschaftsart usw. In unserem Falle ist die bisher einheitliche Parzelle 75 in 4 Parzellen aufgeteilt worden.

Die neuen Parzellen $\frac{221}{75}$, $\frac{222}{75}$ usw. sind sog. „Bruchparzellen". Der Nenner des Bruchs bezeichnet die Herkunft aus der früheren Parzelle 75. Die Zähler 221, 222 usw. haben die Parzellen erhalten, weil auf dem Kartenblatt zur Zeit der Teilung 220 Parzellen vorhanden waren. Die Nummer der aufgeteilten Parzelle 75 darf niemals wieder zur Bezeichnung einer anderen Parzelle dieses Kartenblatts verwendet werden. — Werden durch Teilung von zwei oder mehr Parzellen neue Parzellen gebildet, so gibt der Nenner die frühere Hauptparzelle mit dem Zusatz „usw." an (sog. „usw-Par-

Bestands-

Laufende Nummer der Grundstücke	Bisherige laufende Nummer der Grundstücke	Bezeichnung der Grundstücke und der mit dem Eigentum verbundenen Rechte: Gemarkung (Vermessungsbezirk)	Karte		Steuerbücher		Wirtschaftsart und Lage	Größe		
		a	b		c	d	e	ha	a	qm
1	2	3						4		
			Karten-Blatt	Parzelle	Grd.-St. MR	Geb.-St. R				
1	—	Lichterfelde	1	75	3	27	Gärtnerstelle Nr. 8	4	63	20
~~1~~			~~1~~	221			Hofraum mit Gebäuden	—	5	80
				75 222			Garten	2	10	28
				75 223			Acker im Mittelfeld	1	13	73
				75 224			Wiese am Lohedamm	1	33	80
2	—	Lichterfelde	1	75 237	85		Acker am Wege nach Südende	—	99	20
3	1,2	Lichterfelde	1	93 usw. 221	—	27	Hofraum mit Gebäuden	—	5	80
				75 222	3	—	Garten	2	10	28
				75 223			Acker im Mittelfeld	1	13	73
				75 224			Wiese am Lohedamm	1	33	80
				75 237			Acker am Wege nach Südende	—	99	20
4	Rest von 3	Lichterfelde	1	93 usw. 221	—	27	Hofraum mit Gebäuden	—	5	80
				75 222	3	—	Garten	2	10	28
				75 223			Acker im Mittelfeld	1	13	73
				75 237			Acker am Wege nach Südende	—	99	20
4			1	93 usw. 221			Hofraum mit Gebäuden Regerstraße Nr. 8	—	5	82
5				75 237 93 usw.			Ackerstücke Südender Str. Nr. 17/29, Regerstr. Nr. 10/28	—	99	15
zu 4	—	Wegerecht an dem Grundstück Lichterfelde Kartenblatt 3 Parzelle 99 ~~*und 100,*~~ eingetragen im Grundbuch von Lichterfelde Band 1 Blatt 12 Abt. II Nr. 1								
6	5									
zu 4	zu 4	Der Inhalt des Wegerechts ist dahin geändert, daß es nur noch an dem Grundstück Kartenblatt 3 Parzelle 99 besteht.								

[1]) Nach § 6 der AV vom 20. Januar 1940 (DJ 212) ist bei der Zurückführung der Grundbuchblätter auf das Reichskataster (VO vom 23. Januar 1940, RGBl I 240) im Bestandsverzeichnis die gemeinsame Überschrift der Unterspalten 3 c und d („Steuerbücher") in „Katasterbücher" abzuändern. Ferner sind an der Stelle, an der sich im amtlichen Muster (Anlage 1 zur GBVfg) die Worte „KBl", „Parzelle", „GrdStMR" und „GebStR" befinden, die vermessungstechnischen Bezeichnungen

verzeichnis [1])

Bestand und Zuschreibungen		Abschreibungen	
Zur laufenden Nummer der Grundstücke		Zur laufenden Nummer der Grundstücke	
5	6	7	8
1	Aus dem bisherigen Titelblatt hierher übertragen am 16. Juni 1900. *Richter* *Urkund.*	3	Von Nr. 3 die Parzelle $\frac{224}{75}$ nach Bd. 1 Blatt 5 übertragen am 7. April 1926. Rest: laufende Nr. 4 *Pfleger.* *Urkund.*
1	Spalten 3 b, c, 4 nach dem Steuerbuch berichtigt am 15. März 1906. *Richter.* *Urkund.*		
1, 2, 3	Nr. 2 nach Abschreibung von Bd. 3 Blatt 90 der Nr. 1 als Bestandteil zugeschrieben und Nr. 1 mit Nr. 2 unter Nr. 3 neu eingetragen am 24. Februar 1907. *Richter.* *Urkund.*		
4	Spalten 3 c, 4 nach dem Steuerbuch berichtigt am 15. Juni 1932. *Pfleger.* *Urkund.*		
$\frac{5}{\text{zu } 4}$	Vermerkt am 10. September 1937. *Pfleger.* *Urkund.*		
$\frac{6}{\text{zu } 4}$	Vermerkt am 31. August 1939. *Pfleger.* *Urkund.*		

„Flur“ und „Flurstück“ sowie die Abkürzungen „LiegB“ (= Liegenschaftsbuch) und „GebB“ (= Gebäudebuch) einzutragen. In Bayern wird kein Gebäudebuch geführt. Desgleichen werden die Bezeichnungen „Karte“ in Spalte 3 b des Bestandsverzeichnisses sowie „Flur“ in Bayern nicht verwendet (Abschn. II Nr. 6 der JMBek vom 31. März 1952, JMBl 101).

zelle"). Vgl. die folgende Eintragung. Nach der AV d. RJM vom 15. April 1937 (DJ 604) fällt der Zusatz „usw." künftig fort.

Am 24. Februar 1907 wurde die Ackerparzelle $\frac{237}{93}$ usw. von Blatt 90 auf Blatt 11 als laufende Nr. 2 übertragen, der laufenden Nr. 1 als Bestandteil zugeschrieben und zusammen mit ihr unter laufender Nr. 3 neu eingetragen. Es gibt drei Arten, wie mehrere Grundstücke auf einem Blatt vereinigt werden können:

1. Rein äußerliche Zusammenschreibung nach § 4 GBO („Personalfolium"). Es stehen dann im Bestandsverzeichnis gleichzeitig mehrere „laufende Nummern der Grundstücke" nebeneinander (so im Bestandsverzeichnis des Musters Anlage 1 zur GBVf, Trienach Band 3 Blatt 86, die laufenden Nummern 2 und 4). Diese Zusammenschreibung ist ohne jede sachlichrechtliche Wirkung: die bisherigen Belastungen der mehreren Grundstücke bleiben gesondert bestehen, die Grundstücke können auch in Zukunft gesondert belastet werden. Denn ein Grundstück ist im Sinne des Sachenrechts ein räumlich abgegrenzter Teil der Erdoberfläche, der auf einem besonderen Grundbuchblatt allein oder auf einem gemeinschaftlichen Grundbuchblatt unter einer besonderen Nummer des Bestandsverzeichnisses gebucht ist (RG 84, 270; KGJ 53, 171). Es kommt daher weder auf die wirtschaftliche Einheit noch darauf an, ob das Grundstück aus einer oder mehreren Katasterparzellen besteht.
2. „Vereinigung" auf Antrag des Eigentümers nach § 890^{I} BGB: bestehende Belastungen bleiben unverändert, für die Zukunft werden die „vereinigten" Grundstücke zu einer rechtlichen Einheit, so daß die Begründung gesonderter Rechtsverhältnisse unmöglich ist. Die vereinigten Grundstücke werden im Bestandsverzeichnis unter neuer gemeinschaftlicher laufender Nummer eingetragen.
3. Die (hier angewandte) „Zuschreibung als Bestandteil" auf Antrag des Eigentümers nach § 890^{II}. Auch dabei werden die Grundstücke für die Zukunft zu einer Einheit verschmolzen und deshalb unter einer einzigen laufenden Nummer im Grundbuch vermerkt. An den alten Belastungen ändert sich grundsätzlich nichts, doch erstrecken sich nach der Sondervorschrift des § 1131 am Hauptgrundstück bereits bestehende Hypotheken, Grund- und Rentenschulden auf das Bestandteilsgrundstück, gehen aber den auf diesem Grundstück bereits vorhandenen Belastungen im Range nach.

Wie aus Abt. II und III des Grundbuchs hervorgeht, war die als Bestandteil zugeschriebene Nr. 2 nur mit der in Abt. II unter Nr. 2 vermerkten Grunddienstbarkeit belastet. Auf der alten Nr. 1 lastete die Darlehnshypothek Abt. III Nr. 1. Nach der Zuschreibung besteht die Hypothek als Belastung der früheren Nr. 1 fort, während die frühere Nr. 2 jetzt, außer mit der Grunddienstbarkeit, auch mit der Hypothek belastet ist. Der Grunddienstbarkeit steht vor der Hypothek der Vorrang zu, gleichgültig, welches der beiden Rechte an sich früher entstanden war. Die nach dem 24. Februar 1907 gemachten Eintragungen belasten die ganze laufende Nr. 3 gleichmäßig.

Alle drei Buchungen sollen nur erfolgen, wenn keine Verwirrung, d. h. keine Unübersichtlichkeit des Grundbuchs, zu besorgen ist. §§ 4, 5, 6 GBO. Die Zuschreibung der Nr. 2 als Bestandteil zu 1 war sicherlich unbedenklich. Aber auch in verwickelteren Fällen läßt sich, streng genommen, nicht sagen, daß eine Verwirrungsgefahr bestehe, weil Abt. II und III (in Spalte 2) bei jeder Belastung angeben, auf welche „lfd. Nr. der Grundstücke" sie sich bezieht. Trotzdem empfiehlt es sich, schon im Hinblick auf künftige Zwangsversteigerungen, mit der Vereinigung verschieden belasteter Grundstücke auf einem Blatt vorsichtig zu sein. — Die Führung eines gemeinschaftlichen Blattes nach § 4 GBO, Vereinigung nach § 890^{I} und Zuschreibung nach § 890^{II} BGB können sowohl dann vorgenommen werden, wenn die Grundstücke schon demselben Eigentümer gehören, als auch gleichzeitig mit einer Auflassung. In unserem Fall war die Zuschreibung der Nr. 2 mit einem Eigentumswechsel verbunden, vgl. die Eintragung vom 24. Februar 1907 in Abt. I.

Die folgende Eintragung (vom 7. April 1926) ist eine Abschreibung. Das Restgrundstück hat die neue lfd. Nr. 4 erhalten. Ob die Abschreibung unter Eigentumswechsel erfolgte, ist nicht aus dem Grundbuch von Blatt 11, sondern bei Blatt 5 zu ersehen, in dessen Abteilung I unter dem 7. April 1926 ein Vermerk zu suchen wäre, der dem Auflassungsvermerk vom 24. Februar 1907 auf Blatt 11 entspricht. Bei der Abschreibung sind für sämtliche damals auf Blatt 11 eingetragenen Belastungen der II. und III. Abteilung Entpfändungserklärungen beigebracht worden, so daß die Parzelle lastenfrei nach Blatt 5 übertragen werden konnte. Andernfalls wäre auf unserem Blatt der Mithaftvermerk (S. 245) gemacht worden.

Am 15. Juni 1932 endlich hat das Grundbuchamt aus der katasteramtlichen Fortschreibungsliste vermerkt, daß der Wirtschaftshof der alten Gärtnerstelle („Hofraum mit Gebäuden") die Bezeichnung Regerstraße 8, die Ackerstücke der Parzelle $\frac{237}{93}$ usw. die Bezeichnung Südender Straße 17/29, Regerstraße 10/28 erhalten haben. Durch die Neuvermessung hat sich, wie gewöhnlich, ein kleiner Größenunterschied ergeben. Es sind Straßen angelegt, das Gelände ist „der Bebauung erschlossen".

Trotz der verhältnismäßig zahlreichen Veränderungen, die unser Bestandsverzeichnis seit seiner Anlegung erfahren hat, läßt sich mit einem Blick übersehen, welche von den Eintragungen der Spalten 1 bis 4 jetzt noch Geltung haben. Das beruht darauf, daß gemäß den §§ 13, 14, 16, 17 GBVf die gegenstandslos gewordenen Eintragungen jeweils rot unterstrichen worden sind. Materiellrechtlich, auch für die Frage des guten Glaubens, kommt es aber nicht auf die Rötungen, sondern ausschließlich auf die Löschungs- und sonstigen Vermerke im Text des Grundbuchs an.

Für unser Grundstück Blatt 11 hat eine Grunddienstbarkeit an Blatt 12 bestanden. Die Begründung der Dienstbarkeit erfolgte auf dem Blatt des belasteten Grundstücks Blatt 12, und zwar in dessen Abt. II. Der Vermerk im Bestandsverzeichnis des herrschenden Grundstücks war zur Entstehung des dinglichen Rechts nicht notwendig. Er wurde — bei Bestellung der Dienstbarkeit oder nachträglich — auf besonderen Antrag des Eigentümers oder eines dinglich Berechtigten, z. B. eines Hypothekengläubigers vermerkt (§ 9 GBO). Gleichzeitig wurde die Eintragung des Vermerks auf dem Blatt des dienenden Grundstücks ersichtlich gemacht (§ 9^{III} GBO). Dadurch wird zum Ausdruck gebracht, daß das Recht nach § 96 BGB als Bestandteil des herrschenden Grundstücks gilt. Eine Grundlage für einen Erwerb kraft guten Glaubens bildet der Vermerk übrigens nicht (RG JW 1929, 745). Der Zweck dieses ziemlich seltenen Vermerks ist folgender:

Nach den §§ 876, 877 BGB sind zur Aufhebung oder Veränderung subjektiv-dinglicher Rechte — also Grunddienstbarkeiten, subjektiv-dinglicher Vorkaufsrechte (§ 1094^{II}), subjektiv-dinglicher Reallasten (§ 1105^{II}), durch vertragsmäßige Feststellung eintragungsfähig gewordener Überbau- und Notwegrenten (§§ 914^{II} S. 2, Abs. III, 917^{II} S. 2) — außer der Zustimmung des Eigentümers des herrschenden Grundstücks die Zustimmungen aller derer erforderlich, denen am herrschenden Grundstück ein Recht zusteht, namentlich der Hypothekengläubiger dieses Grundstücks. Nach § 21 GBO wird aber das Recht, wenn es beim herrschenden Grundstück nicht vermerkt ist, auf bloße Bewilligung des Eigentümers gelöscht. Durch den Vermerk im Bestandsverzeichnis sichern sich also die Hypothekengläubiger des herrschenden Grundstücks davor, bei Löschung der Dienstbarkeit, die ja möglicherweise für den Wert der Hypothek von erheblicher Bedeutung sein kann, übergangen zu werden.

Fehlt der Vermerk und löscht der Grundbuchrichter ohne Zustimmung der Hypothekengläubiger, so ist das Grundbuch unrichtig geworden, denn die Beibringung der Einwilligung der Hypothekare wird nur zur formellen „Löschung" für entbehrlich erklärt, nicht zum materiellen „Erlöschen". Die Hypothekengläubiger könnten die Wiedereintragung der Dienstbarkeit mit der Berichtigungsklage erzwingen. Das Gesetz nimmt diese Möglichkeit in Kauf, weil in der Praxis die Hypothekengläubiger derartige Rechte ihres Pfandgrundstücks, wenn sie nicht einmal im Bestandsverzeichnis vermerkt sind, gar nicht kennen, jedenfalls keinen Wert auf sie legen.

Am 31. August 1939 wurde als Veränderung vermerkt, daß das Wegerecht, soweit es an dem Flurstück Kartenblatt 3 Parzelle 100 besteht, aufgehoben worden ist.

Erste Abteilung.

Im Sinne der Einteilung S. 201 zählen die Eintragungen des Gustav Scholz, die des Gottlieb Scholz vom 27. Februar 1907 (Erwerb der lfd. Nr. 2), des Traugott Scholz vom 29. Oktober 1913 und der Firma Wolf offenbar zur Gruppe a. Die Eintragung der Erbengemeinschaft nach Gustav Scholz als Eigentümer des alten Bestandes (lfd. Nr. 1) vom 10. Januar 1901 und des Gottlieb Scholz auf Grund des Zuschlagsbeschlusses am 20. Oktober 1903 sind Beispiele einer Berichtigung nach Gruppe b. Die Eintragung der Frau Novak war eine Fehleintragung (Gruppe c), die durch Wiedereintragung des Traugott Scholz am 25. November 1922 im Berichtigungswege (Gruppe d) rückgängig gemacht wurde. S. zu Abt. II Nr 4. Gottlieb Scholz hatte das Alleineigentum am Grundstück durch eine Teilungsversteigerung zum Zwecke der Erbauseinandersetzung nach §§ 180ff. ZVG erworben.

Grundsätzlich können nur rechtsfähige Personen in das Grundbuch eingetragen werden. Natürliche Personen müssen also schon oder noch lebend sein, juristische Personen die Rechtsfähigkeit bereits erlangt und noch nicht wieder verloren haben. Ungeborene sind eintragungsfähig, soweit sie als nasciturus oder nondum conceptus Rechte durch Erbfolge (§ 1923^{II}, 2101^{I}), Vermächtnis (§ 2162^{II}), gemäß § 844^{II} S. 2 oder durch Vertrag zugunsten Dritter (KGJ 29 A 156) erwerben können. Sie sind durch namentliche Angabe der Eltern zu bezeichnen. Zu ihrer Vertretung kann ihnen ein Pfleger bestellt werden (§§ 1912, 1913 S. 2). Die Eintragung unbekannter Berechtigter kennt das Gesetz in § 126 ZVG. Sonst ist sie nur zulässig, wenn die Berechtigten nicht festzustellen sind, der Personenkreis hinreichend bestimmt und ein vertretungsberechtigtes Organ vorhanden ist (KGJ 34 A 279; 36 A 229). Verstirbt der Erwerber vor der Eintragung, so sind seine Erben einzutragen. Eine Ausnahme wird nur zugelassen, wenn der Ersteher nach dem Zuschlag vor seiner Eintragung stirbt (JFG 10, 210). Erwirbt ein Verschollener oder Vermißter durch einen Abwesenheitspfleger, so wird er zwar einzutragen sein, auch wenn keine Lebensvermutung mehr für ihn besteht (vgl. § 10 VerschG), es kann sich jedoch später ergeben, daß der Abwesenheitspfleger für die Erben des Verschollenen erworben hat, wenn der Abwesende z. Zt. der Vornahme des Rechtsgeschäfts bereits verstorben war (dazu Jansen, DNotZ 1954, 592; OLG Braunschweig, NdsRpfl. 1960, 14).

Ein Kaufmann ist nur mit seinem bürgerlichen Namen, nicht unter seiner Firma eintragungsfähig, wie jetzt durch § 15^{I}a GBVf klargestellt ist. Juristische Personen sind mit ihren Namen, Handelsgesellschaften durch ihre Firma, wie sie im Handelsregister eingetragen ist, zu bezeichnen. Das gilt auch für offene Handelsgesellschaften oder Kommanditgesellschaften, obgleich sie keine juristischen Personen sind, denn sie können „unter ihrer Firma" Eigentum und andere Rechte an Grundstücken erwerben (§§ 124^{I}, 161^{II} HGB). Eine Gesellschaft nach §§ 705ff. BGB ist auf den Namen der Gesellschafter mit dem Zusatz „als Gesellschafter bürgerlichen Rechts" einzutragen, ebenso die Mitglieder eines nicht rechtsfähigen Vereins. Bei juristischen

„Erste Abteilung

Laufende Nummer bei Eintragungen	Eigentümer	Laufende Nummer der Grundstücke im Bestandsverzeichnis	Grundlage der Eintragung
1	2	3	4
1	Bauer *Gustav Scholz* in Lichterfelde		Aufgelassen am 15. und eingetragen am 17. März 1887. *Richter.* *Urkund.*
2 a	Gärtnereibesitzer *Gottlieb Scholz* in Lichterfelde		Auf Grund des Erbscheins vom 2. Dezember 1900 eingetragen am 10. Januar 1901. *Richter.* *Urkund.*
b	Schlosser *Ernst Scholz* in Hamburg in ungeteilter Erbengemeinschaft		
3	Gärtnereibesitzer *Gottlieb Scholz* in Lichterfelde		Auf Grund des Zuschlagsbeschlusses vom 10. August 1903 eingetragen am 20. Oktober 1903. *Richter.* *Urkund.*
		2	Aufgelassen am 22. und eingetragen am 24. Februar 1907. *Richter.* *Urkund.*
4	Gärtner *Traugott Scholz* in Lichterfelde	3	Aufgelassen am 28. und eingetragen am 29. Oktober 1913. *Richter.* *Urkund.*
5	Fabrikantenwitwe *Antonie Novak* geb. *Reich* in Berlin	3	Aufgelassen am 19. Januar und eingetragen am 1. Februar 1922. *Pfleger.* *Urkund.*
6	Gärtner *Traugott Scholz* in Lichterfelde	3	Auf Grund der Berichtigungsbewilligung vom 23. eingetragen am 25. November 1922. *Pfleger.* *Urkund.*
7	Offene Handelsgesellschaft Lichterfelder Dampfziegelei *Friedr. Wilh. Wolf* Söhne in Lichterfelde	4	Aufgelassen am 15. April und eingetragen am 3. Juli 1931. *Pfleger.* *Urkund.*“

„Zweite

Laufende Nummer der Eintragungen	Laufende Nummer der betroffenen Grundstücke im Bestandsverzeichnis	Lasten und Beschränkungen
1.	2.	3.
1	1	Die Zwangsversteigerung ist angeordnet. Eingetragen am 5. März 1903. *Richter.* *Urkund.*
2	2	Folgende Belastung: 4. Der jeweilige Eigentümer von Lichterfelde Band 3 Blatt 89 ist berechtigt, die große Kiesgrube, genannt „Das Meyer-Loch", für die Zwecke seiner Wirtschaft mit zu benutzen. Unter Bezugnahme auf die Bewilligung vom 18. eingetragen am 21. August 1902, von Band 3 Blatt 90 des Grundbuchs hierher mitübertragen am 24. Februar 1907. *Richter.* *Urkund.*
	3	Altenteil für den Auszügler *Gottlieb Scholz* und Frau *Anna Scholz* geb. *Wohlgemuth* in Lichterfelde gemeinschaftlich gemäß der in Bezug genommenen Bewilligung vom 28. eingetragen am 29. Oktober 1913. *Richter.* *Urkund.*
4	3	Widerspruch gegen das Eigentum der Frau *Novak* zugunsten des Gärtners *Traugott Scholz* in Lichterfeld Auf Grund der einstweiligen Verfügung des Amtsgerichts Lichterfelde vom 20. eingetragen am 22. Februar 1922. *Pfleger.* *Urkund.*
5	3	Eine Wege- und Fahrgerechtigkeit an der Parzelle Kartenblatt 1 Nr. $\frac{224}{75}$, für den jeweiligen Eigentümer von Lichterfelde Band 2 Blatt 45 unter Bezugnahme auf das rechtskräftige Urteil des Landgerichts Breslau vom 13. Juni eingetragen am 27. Juli 1922. *Pfleger.* *Urkund.*
6	4	Die Zwangsversteigerung ist angeordnet. Eingetragen am 5. Februar 1928. *Pfleger.* *Urkund.*
7	4	Vormerkung zur Sicherung des Anspruchs auf Auflassung des Grundstücks für die Offene Handelsgesellschaft Lichterfelder Dampfziegelei *Friedr. Wilh. Wolf* Söhne in Lichterfelde. Unter Bezugnahme auf die Bewilligung vom 15. eingetragen am 17. April 1931. *Pfleger.* *Urkund.*

Abteilung

Veränderungen		Löschungen	
Lfd. Nummer der Spalte 1		Lfd. Nummer der Spalte 1	
4.	5.	6.	7.
3	Der Hypothek Abt. III Nr. 3 steht der Vorrang zu. Eingetragen am 8. April 1915. *Richter.* *Urkund.*	1	Gelöscht am 20. Oktober 1903. *Richter.* *Urkund.*
2	Das Recht ist auf dem Blatte des herrschenden Grundstücks vermerkt. Hier vermerkt am 5. April 1936. *Pfleger.* *Urkund.*	3	Anteil des *Gottlieb Scholz gelöscht am* 27. September 1917. *Richter.* *Urkund.*
		4/5	Gelöscht am 25. November 1922. *Pfleger.* *Urkund.*
		6	Gelöscht am 12. April 1928. *Pfleger.* *Urkund.*
			Gelöscht am 3. Juli 1931. *Pfleger.* *Urkund.*"

Personen des öffentlichen Rechts kann auf Antrag der Teil des Vermögens, zu dem das Recht gehört, oder die Zweckbestimmung durch einen in Klammern beigefügten Zusatz angegeben werden (§ 15 II GBVf), dagegen gehört die Bezeichnung der zur Vertretung des Fiskus berufenen Behörde — wie auch sonst die Namen der Vertretungsberechtigten — nicht in das Grundbuch, sondern in das Wohnungsblatt. Auch der Zusatz „als Treuhänder" ist in Ermangelung dinglicher Wirkung (§ 137 BGB) nicht eintragungsfähig (KG JFG 11, 273; OLG Saarbrücken OLGZ 1967, 112). Ausnahme: § 1189 BGB.[1])

Zweite Abteilung.

Die Eintragungen der zweiten Abteilung zerfallen in zwei verschiedene Gruppen. Einmal die dinglichen Belastungen des Grundstücks mit Ausnahme von Hypothek, Grund- und Rentenschuld. Sodann die eintragungsfähigen Verfügungsbeschränkungen, Vormerkungen und Widersprüche, wenn sie das Eigentum oder eine nach Abt. II gehörige Belastung betreffen. Verfügungsbeschränkungen, die sich auf eine Hypothek beziehen, gehören nach Abt. III, wo sie meist in der Spalte „Veränderungen" eingetragen werden. Die Eintragungen Nr. 2, 3, 5 unseres Blattes zählen zur ersten, Nr 1, 4, 6, 7 zur zweiten Gruppe.

Die Eintragungsfähigkeit der Verfügungsbeschränkungen steht im Zusammenhang mit dem öffentlichen Glauben des Grundbuchs. Z. B. sind relative Verfügungsbeschränkungen eintragungsfähig, weil sie durch guten Glauben geheilt werden (§§ 892 I S. 2, 135 II), während absolute Verfügungsbeschränkungen unheilbar sind und demgemäß nicht in das Grundbuch eingetragen werden dürfen. Von den beiden strafprozessualen Vermögensbeschlagnahmen macht die der §§ 283/4 StPO welche den Zweck hat, die Staatskasse wegen der möglicherweise zu erwartenden höchsten Geldstrafe und Kosten zu sichern, die Verfügungen des Angeschuldigten gegenüber der Staatskasse unwirksam (§ 284 II), wird durch guten Glauben geheilt (§§ 135 II, 136 BGB) und ist eintragungsfähig. Dagegen verliert bei der Beschlagnahme nach §§ 290f. StPO, die im Verfahren gegen Abwesende als Ersatz des Haftbefehls dient, der Angeschuldigte die Befugnis, unter Lebenden über sein inländisches Vermögen zu verfügen (§ 292 I), und es ist ihm ein Abwesenheitspfleger zu bestellen (§ 292 II; vgl. auch § 433 StPO); damit wird eine absolute gegen Gutgläubige wirksame und nicht eintragungsfähige Beschränkung geschaffen. Eine eintragbare relative Verfügungsbeschränkung ist im Hinblick auf § 325 ZPO auch die Rechtshängigkeit in Ansehung eines Grundstücks oder Grundstücksrechts (KG NJW 1955, 1233 zu III; OLG Stuttgart NJW 1960, 1109). Daß Beschränkungen der Geschäftsfähigkeit (wie Entmündigung oder vorläufige Vormundschaft) nicht eintragungsfähig sind, folgt ebenfalls aus der Unmöglichkeit, derartige Mängel durch guten Glauben zu heilen. Dasselbe gilt für die güterrechtliche Verfügungsbeschränkung bei Zugewinngemeinschaft nach § 1365 BGB.

Nr. 1 und 6: Der Versteigerungsvermerk Nr. 1 ist bei Anordnung der Teilungsversteigerung auf Ersuchen des Versteigerungsrichters eingetragen und nach der Rechtskraft des Zuschlagbeschlusses ebenfalls auf sein Ersuchen gelöscht worden (§§ 180 I, 19 I, 130 I ZVG, 38 GBO). Der Versteigerungsvermerk Nr. 6 vom 5. Februar 1928 beruhte auf einem Zwangsversteigerungsverfahren zur Beitreibung einer Geldforderung. Nach der Zurücknahme des Antrags durch den beitreibenden Gläubiger und Aufhebung des Verfahrens wurde der Vermerk am 12. April 1928 gelöscht (§§ 29, 34 ZVG). In der Zwischenzeit, am 29. März 1928 wurde in Abt. III die Hypothek Nr 7 eingetragen. Nach dem über die Wirkung eingetragener Verfügungsbeschränkungen unten zu Nr. 5 Darzulegenden war das statthaft.

Nr. 2: Übertragene Grunddienstbarkeit. Über ihren Rang vgl. oben S. 206.

Nr. 3: Altenteil (Auszug, Ausgedinge, Leibgedinge) ist eine Vereinigung von beschränkten persönlichen Dienstbarkeiten (§§ 1090f. BGB) und Reallasten (§§ 1105 f.). Beispielsweise waren im Haacke'schen Auszug (S. 23) beschränkte per-

---

[1]) Haegele, Der Treuhänder im Grundbuchrecht, KTSch 1960, 145.

sönliche Dienstbarkeit: Das Wohnrecht zu a, die Gartennutzung zu b und das Recht zum Backen unter g, während die Naturalleistungen zu c bis f und das Taschengeld zu h Reallasten darstellen. Erfahrungsgemäß werden Vereinbarungen über Altenteile besonders weitschweifig gefaßt. Um das Grundbuch zu entlasten, gestattet § 49 GBO, über § 874 BGB noch hinausgehend, die Eintragung durch Bezugnahme auf die Eintragungsbewilligung unter der einheitlichen Bezeichnung „Altenteil" (oder „Auszug" usw.), ohne daß die verschiedenartigen Berechtigungen auseinandergehalten zu werden brauchen.

Das Altenteil Abt. II Nr. 3 hat gleichen Rang mit der Kaufgeldhypothek Abt. III Nr. 2, denn beide Rechte sind am selben Tag in verschiedenen Abteilungen des Grundbuchs eingetragen. § 879 I S. 2. Später haben Altenteil und Kaufgeldhypothek durch Eintragung vom 8. April 1915 der Darlehnshypothek Abt. III Nr. 3 gemäß § 880 den Vorrang eingeräumt.

Der in § 879 aufgestellte Grundsatz, daß der Rang sich nach der Reihenfolge der Eintragungen richtet, ist nicht so selbstverständlich, wie es zunächst scheint. An sich würde aus der Regel: prior tempore, potior iure zu folgern sein, daß der Vorrang dem Recht zukommt, dessen Entstehung zuerst vollendet war, bei dem also Einigung und Eintragung zuerst vorlagen. Im Interesse der Verkehrssicherheit läßt aber § 879 für das Grundstücksrecht die Reihenfolge der Eintragung allein entscheiden, so daß der Zeitpunkt der Einigung für den Rang gleichgültig wird[1]). Nach §§ 17, 45 GBO sind wiederum die Eintragungsanträge in der zeitlichen Aufeinanderfolge ihres Eingangs zu erledigen. Geht also alles in Ordnung, so bestimmt sich der Rang letzten Endes nach dem Eingang. Daher die große Bedeutung des Eingangsvermerks, unten S. 221.

Für das Mobiliarsachenrecht verbleibt es dabei, daß der Vorrang erst durch Zusammentreffen aller Voraussetzungen für die Entstehung des Rechts erworben wird.

Nr. 4: Widerspruch. Die einstweilige Verfügung vom 20. Februar 1922, welche zur Eintragung des Widerspruchs geführt hat, sah als glaubhaft gemacht an, daß Frau Novak dem Verkäufer Traugott Scholz außer den im notariellen Kaufvertrag angegebenen Leistungen noch 100 Dollar „schwarz" gezahlt habe. Bis zur Abschreibung vom 7. April 1926 umfaßte das Grundstück mehr als 5 ha, so daß seine Veräußerung der landrätlichen Genehmigung nach der damals geltenden BRVO vom 15. März 1918 bedurfte. Die Genehmigung war erteilt, deckte aber nicht den wirklichen Inhalt des Geschäfts, da dem Landrat nur der beurkundete Vertrag vorgelegen hatte. Infolge des Schwarzkaufs fehlte es also an einer ordnungsmäßigen Genehmigung, und Kauf sowie Auflassung waren zwar nicht nichtig, aber — bis zur Nachbringung einer ordnungsmäßigen Genehmigung — „schwebend unwirksam" (vgl. § 182 BGB). Frau Novak hatte also trotz Auflassung und Eintragung noch kein Eigentum erlangt, das Grundbuch war unrichtig (RG 111, 239). Wegen der nach geltendem Recht bestehenden Genehmigungspflichten für Grundstücksveräußerungsverträge s. oben S. 20.

Hieraus rechtfertigte sich der Widerspruch, der als Hilfsmittel des Berichtigungsanspruchs die Unrichtigkeit des Grundbuchs voraussetzt. §§ 894, 899 I BGB. Der Widerspruch schützt den wahren Berechtigten (hier: Traugott Scholz) dagegen, daß zufolge des öffentlichen Glaubens des Grundbuchs gutgläubige Dritte zu seinem Nachteil Rechte am Grundstück erlangen können, da der gute Glaube unwiderleglich zerstört wird. § 892 I S. 1. Widersprüche werden eingetragen:

a) auf Grund einstweiliger Verfügung, die hinsichtlich des Arrestgrundes sowie der amtsgerichtlichen Zuständigkeit begünstigt ist (§§ 899 II BGB, 942 II ZPO),

[1]) Die häßliche und auch irreführende Bezeichnung „Lokusprinzip" hierfür unterbleibt besser, vgl. Staudinger-Seufert, BGB, 11. Aufl. § 879 Anm. 6ff.

b) oder auf Bewilligung, sog. „konsentierter Widerspruch“ (§ 899 II S. 1 BGB); einen Sonderfall des bewilligten Widerspruchs bildet der Widerspruch aus § 895 ZPO (vgl. unten zu Nr. 5),

c) ohne einstweilige Verfügung und ohne Bewilligung auf einseitigen Antrag des Berechtigten in den Fällen der §§ 1139 BGB, § 5 II 40. DVO UmstG,

d) von Amts wegen nach §§ 18, 23, 24, 53, 76 GBO,

e) auf Ersuchen von Behörden, z.B. der Genehmigungsbehörde nach § 23 III des BundesbauG vom 23. Juni 1960 (BGBl. I 341) oder nach § 7 II des GrundstücksverkehrsG vom 28. Juli 1961 (BGBl. I 1091), wenn eine Eintragung auf Grund eines nicht genehmigten Rechtsvorgangs vorgenommen worden ist (vgl. Henke-Mönch-Horber, GBO, § 38 2 A), des Entschuldungsamts gemäß Art. 2 III VO über die Veräußerung von Entschuldungsbetrieben vom 6. Januar 1937 (RGBl. I 5). Als Berechtigter des Widerspruchs ist in diesen Fällen nicht die Behörde, sondern der Gläubiger des Berichtigungsanspruchs aus § 894 BGB einzutragen.

Da der Widerspruch sich gegen das Eigentum der Frau Novak richtete, hat er in der Hauptspalte der II. Abteilung seinen Platz gefunden. Sonst gehören Widersprüche in dieselbe Abteilung wie das Recht, auf das sie sich beziehen, und zwar in die Hauptspalte, wenn die Wiedereintragung des Rechts herbeigeführt werden soll (Widerspruch gegen unbegründete Löschung einer Dienstbarkeit, einer Hypothek usw.), im übrigen in die Veränderungsspalte. Die Eintragung erfolgt dann in der linken Halbspalte, während die rechte Hälfte für die endgültige Eintragung frei bleibt, §§ 12, 19 GBVf.

Nr. 5: Grunddienstbarkeit auf Grund rechtskräftigen Urteils. Auf eine Klage des Eigentümers von Lichterfelde Blatt 45, des Gutsbesitzers Bohne, ist Frau Novak am 13. Juni 1922 verurteilt worden:

„an dem ihr gehörenden Grundstück Lichterfelde Bd. 1 Bl. 11 zugunsten des jeweiligen Eigentümers von Lichterfelde Bd. 2 Bl. 45 die Eintragung einer Grunddienstbarkeit zu bewilligen, inhalts deren der jeweilige Eigentümer von Lichterfelde Bl. 45 berechtigt ist, den am Westrand der Parzelle Kartenblatt 1 Nr. $\frac{224}{75}$ entlang führenden Weg an Werktagen zum Gehen, Fahren mit Kraftwagen, Pferdefuhrwerk und Handwagen zu benutzen.“

Auf Grund des rechtskräftigen Urteils, das nach § 894 ZPO die Bewilligungserklärung ersetzt, hat Bohne die Dienstbarkeit eintragen lassen. Er hat später, und zwar gleichzeitig mit der Bewilligung der Wiedereintragung des Traugott Scholz durch Frau Novak, die Löschung der Dienstbarkeit bewilligt. War er hierzu gezwungen, oder hätte er sich auf den öffentlichen Glauben des Grundbuchs berufen können?

Der Referendar: Durch Frau Novaks Eintragung als Eigentümerin wurde Bohne nicht geschützt, weil zu dem nach § 892 II BGB maßgebenden Zeitpunkt ein Widerspruch eingetragen war. Außerdem erfolgte die Eintragung seiner Dienstbarkeit im Wege der Zwangsvollstreckung, und es ist ein allgemeiner Grundsatz, daß guter Glaube beim Vollstreckungserwerb nicht hilft.

Der Richter: Der eingetragene Widerspruch war der einzige Grund, weshalb Bohne die Dienstbarkeit löschen lassen mußte. Was Sie über den guten Glauben in der Zwangsvollstreckung sagen, träfe zu, wenn es sich um echten Vollstreckungserwerb handelte, z. B. wenn ein Gläubiger der Frau Novak aus einem gegen sie erwirkten, auf Zahlung von Geld lautenden Schuldtitel eine Zwangshypothek gemäß § 867 ZPO hätte eintragen lassen. Bohnes Anspruch ging aber nicht auf Geld, sondern auf Bestellung der Dienstbarkeit, also auf Abgabe einer Willenserklärung, und nach § 894[I] S. 1 „gilt" mit der Rechtskraft des Erkenntnisses die Erklärung, zu welcher der Schuldner verurteilt wurde, als abgegeben. Es findet also gar keine Zwangsvollstreckung statt, sondern kraft gesetzlicher Fiktion wird die Willenserklärung als abgegeben unterstellt, und damit ist der gewünschte rechtliche Erfolg von selbst eingetreten. Folgerichtig schreibt § 898 die Anwendung der Rechtssätze vor, die bei Rechtsgeschäften den gutgläubigen Erwerber schützen: denn wir haben es ja mit einem wenn auch nur fingierten rechtsgeschäftlichen Erwerb zu tun.

Weitere, meist streitige Folgerungen aus der fingierten Willenserklärung (vgl. Kommentare zu § 894 ZPO; Güthe-Triebel 94 zu § 19): 1. Regelmäßig bedarf es keiner Vollstreckungsklausel (BayObLG NJW 1952, 28). 2. War der Schuldner zur Abgabe der Willenserklärung Zug um Zug gegen eine Leistung des Gläubigers verurteilt, so ist nach § 894[I] S. 2 eine vollstreckbare Ausfertigung erforderlich. 3. Nach § 895 hat schon die vorläufig vollstreckbare Verurteilung zur Abgabe von Grundbuchbewilligungen Fiktionswirkung, und zwar wirkt sie als Bewilligung einer Vormerkung, wenn das Urteil auf eine rechtsändernde, als Bewilligung eines Widerspruchs, wenn es auf eine Berichtigungsbewilligung lautet. Der Gläubiger spart also durch das vorläufig vollstreckbare Urteil die einstweilige Verfügung, die er sonst ohne weiteres auf Grund des Urteils erhielte. 4. Kein Vollstreckungsurteil (§ 722), wenn der Schuldner durch ein im Inland als verbindlich anerkanntes (§ 328) ausländisches Urteil zur Abgabe der Erklärung rechtskräftig verurteilt wurde (RG 88, 249). 5. Die Fiktionswirkung besteht auch dann, wenn inzwischen durch Eröffnung des Konkurses Vollstreckungssperre (§ 14 KO) eingetreten war. Die Wirksamkeit des Erwerbs gegenüber den Konkursgläubigern ist dann nach den §§ 7, 15 KO zu beurteilen (Jaeger-Lent, KO, 8. Aufl. § 14 Anm. 19). 6. Muß noch eine vormundschaftsgerichtliche Genehmigung beigebracht werden, wenn der durch seinen Vormund vertretene Mündel zu einer an sich genehmigungspflichtigen Erklärung rechtskräftig verurteilt ist? Mit der herrschenden Meinung (KGJ 31 A, 293; 45, 264; BayObLGZ 1953, 111 = MDR 1953 561; a.M. Müller, FamRZ 1956, 44; Meikel-Imhof-Riedel, § 19 Anm. 46) ist die Frage zu verneinen. Zwar gilt nur die Willenserklärung, nicht die vormundschaftsgerichtliche Genehmigung, als abgegeben. Aber wenn die Erklärung des verurteilten Minderjährigen fingiert wird, so muß man eine wirksame Erklärung fingieren. Andernfalls wäre der Partner des Minderjährigen niemals in der Lage, die Erfüllung seiner berechtigten Ansprüche zu erzwingen. Die Interessen des Minderjährigen können durch die hier vertretene Ansicht nicht Schaden leiden, denn in den wichtigsten Fällen besteht das Genehmigungserfordernis für das obliegatorische Verpflichtungsgeschäft (z.B. dem Grundstücksverkauf) in gleicher Weise wie für die Verfügung (z.B. die Auflassung). Bevor das Prozeßgericht zur Bewilligung der Verfügung verurteilt hat, muß ihm also die vormundschaftsgerichtliche Genehmigung des Grundgeschäfts nachgewiesen worden sein.

Referendar: Warum hat man nicht lieber die Eintragung der Dienstbarkeit auf Grund des gegen Frau Novak erlassenen Urteils von vornherein im Hinblick auf den eingetragenen Widerspruch abgelehnt? Dann wäre die ganze Verwirrung vermieden worden.

Richter: Widersprüche, Vormerkungen, Nacherben-, Zwangsversteigerungsvermerke, dingliche Vorkaufsrechte und eingetragene Veräußerungs- und Verfügungsverbote bewirken keine Sperre des Grundbuchs. Denn diese Rechte machen die ihnen entgegenstehenden Verfügungen im allgemeinen nicht nichtig, sondern nur relativ, bedingt oder begrenzt unwirksam; außerdem beruhen sie vielfach bloß auf vorläufiger Grundlage (einstweilige Verfügung). Soweit der Grundsatz. Allerdings gibt es Ausnahmen, bei denen Eintragungsanträge zurückzuweisen sind: 1. Ist dem Grundbuchrichter bekannt, daß gegen den Grundstückseigentümer oder sonstigen dinglich Berechtigten ein im Grundbuch nicht eingetragenes relatives Verfügungsverbot besteht, so hat er eine dem Verbot widersprechende Eintragung davon abhängig zu machen, daß entweder das Verfügungsverbot in das Grundbuch eingetragen oder die Zustimmung des Geschützten oder die Wirksamkeit der beantragten Eintragung diesem gegenüber nachgewiesen wird (KG JFG 18, 205 und NJW 1955, 1233 zu III; BayObLG NJW 1954, 1120), 2. wenn ein Amtswiderspruch nach § 53 GBO eingetragen ist und die Unrichtigkeit des Grundbuchs nicht nur, wie es für die Eintragung des Widerspruchs — abgesehen von dem Vorliegen einer Gesetzesverletzung — an sich genügen würde, glaubhaft ist, sondern feststeht. Die Zurückweisung des Antrags ist dann nicht eigentlich eine Wirkung des Widerspruchs, sondern des Tatbestandes, auf den er sich gründet (Güthe-Triebel 24 zu § 53), 3. wenn eine Löschung beantragt wird und gegen das Recht des Bewilligenden ein Widerspruch oder ein Verfügungsverbot eingetragen ist: nach der technischen Einrichtung des Grundbuchs kann nämlich die Löschung nur endgültig sein (Güthe-Triebel 22 zu § 25), 4. aus dem Grunde zu 3 auch, wenn auf Bewilligung des Vorerben ohne nachgewiesene Zustimmung des Nacherben gelöscht werden soll (unten S. 232), 5. durch Eintragung des Konkursvermerks wird das Grundbuch gegen Verfügungen des Gemeinschuldners absolut gesperrt; denn die Verfügungsbefugnis ist auf den Konkursverwalter übergegangen, und das Bestehen der Verfügungsmacht hat der Grundbuchrichter stets von Amts wegen zu prüfen (RG 71, 39). Das gilt auch dann, wenn der Gemeinschuldner die Eintragungsbewilligung schon vor der Konkurseröffnung abgegeben hatte, da die Verfügungsbefugnis noch zur Zeit der Eintragung vorliegen muß. Nur wenn der Eintragungsantrag schon zur Zeit der Konkurseröffnung beim Grundbuchamt eingegangen und die Erklärung des Gemeinschuldners nach Maßgabe des § 873 Abs 2 BGB bindend geworden war, ist die Eintragung trotz des Konkurses vorzunehmen (§§ 878 BGB, 15 S. 2 KO), 6. unterliegt das Grundstück dem — nicht eintragungsfähigen — Vorkaufsrecht des Heimstättenausgebers nach § 11 RHeimstättenG i.V. mit der AusfVO vom 19. Juli 1940 (RGBl. I 1047, so darf der neue Eigentümer nur eingetragen werden, wenn der (nicht formbedürftige) Nachweis der Nichtausübung des Vorkaufsrechts erbracht ist. Dagegen bewirkt das — nicht eintragungsbedürftige — gesetzliche Vorkaufsrecht der Gemeinde nach §§ 24 bis 26 BundesbauG vom 23. Juni 1960 (BGBl. I 341) keine Grundbuchsperre; die Eintragung einer Eigentumsänderung kann daher nicht von dem Nachweis der Nichtausübung des Vorkaufsrechts abhängig gemacht werden (KG DNotZ 1962, 555 = Rpfleger 1962, 267; BayObLGZ 1967, 77; Henke-Mönch-Horber GBO 10. Aufl. § 20 Anm. 6 L b).

Nr. 7: Vormerkung. Die Vormerkung war im Kaufvertrag vom 15. April 1931 bewilligt worden, um die Käuferin Wolf bis zur Umschreibung des Grundbuchs auf ihren Namen gegen Verfügungen des bisherigen Eigentümers Scholz zu schützen. Bei Eintragung der Firma Wolf als Eigentümerin wurde die Löschung der Vormerkung bewilligt, weil sie gegenstandslos geworden war. Ohne Löschungsbewilligung und Antrag wäre die Vormerkung — ohne Löschungsvermerk — von Amts wegen gerötet worden, um anzudeuten, daß sie durch die endgültige Eintragung ihre Bedeutung verloren hat (§ 19^{II} GBVerf). Dies ist der Fall, wenn zwischen der Eintragung der Vormerkung und der endgültigen Eintragung nichts oder nichts mehr eingetragen ist, was den vorgemerkten Anspruch vereiteln oder beeinträchtigen würde (§§ 883^{II}, 888^{I} BGB).

Vormerkungen werden an derselben Stelle des Grundbuchs eingetragen wie Widersprüche (§ 12^{II} GBVf), und zwar ebenfalls entweder auf Grund einstweiliger Verfügung mit den Erleichterungen bezüglich Arrestgrund und amtsgerichtlicher Zuständigkeit (§§ 885^{I} BGB; 942^{II} ZPO) oder als „konsentierte" Vormerkung auf Bewilligung (§ 885^{I} BGB, Sonderfall: die fingierte Bewilligung des § 895 ZPO), schließlich in den Fällen der §§ 18, 76 GBO von Amts wegen. Doch sind sie inhaltlich vom Widerspruch streng zu unterscheiden. Denn während der Widerspruch auf der Unrichtigkeit des Grundbuchs beruht, ist bei der Vormerkung das Grundbuch richtig, und es soll lediglich ein auf künftige dingliche Rechtsänderung gerichteter persönlicher Anspruch gesichert werden. Wie ist es nun, wenn versehentlich statt einer Vormerkung ein Widerspruch eingetragen wird oder umgekehrt?

Es kommt nur darauf an, daß beim Widerspruch das Recht, gegen welches er sich richtet, die Person des Geschützten und der Rechtsgrund des Widerspruchs — im Grundbuch oder der in bezug genommenen Bewilligung oder einstweiligen Verfügung — angegeben wird; entsprechend bei der Vormerkung die Person des Berechtigten, der Gegenstand der vorzumerkenden Rechtsänderung und der gesicherte schuldrechtliche Anspruch. Der Gebrauch der Worte „Widerspruch", „Vormerkung" ist kein Gültigkeitserfordernis, und demgemäß die Verwechslung unschädlich. RG 55, 340; KG RJA 7, 64; Meikel-Imhof-Riedel § 25 Anm. 17.

Zur zweifelsfreien Bezeichnung des zu sichernden Anspruchs gehört auch die Angabe des Schuldgrundes, bei der Auflassungsvormerkung also z. B. die Angabe des Kaufvertrages nach Datum, Namen und Registernummer des beurkundenden Notars. Fehlt diese Angabe auch in der in bezug genommenen Eintragungsbewilligung, so soll nach BGH in LM Nr. 1 zu § 883 BGB die Vormerkung unwirksam sein, wenn begründete Zweifel bestehen können, welcher von mehreren in Betracht kommenden Ansprüchen gesichert sein soll. Diese Auffassung ist nicht hinreichend begründet und belastet den Grundbuchverkehr mit nicht zwingend gebotenen Nichtigkeitsgründen. Der angeführte Mangel kann zwar die Erweislichkeit des gesicherten Anspruchs im Rechtsstreit mit dem Dritten, der ein vormerkungswidriges Recht erworben hat (§ 888^{I} BGB), erschweren, und der Grundbuchrichter sollte daher die Eintragung von der Behebung dieses Mangels abhängig machen. Ist die Eintragung aber ohne Angabe des Schuldgrundes vorgenommen, so hat das keine Nichtigkeit zur Folge (Jansen, DNotZ 1953, 382; Wolff-Raiser, Sachenrecht, 10. Bearb. § 48^{II} 3; a.M. Staudinger-Seufert, BGB, 11. Aufl. § 885 Anm. 10c; Meikel-Imhof-Riedel § 3 Anm. 303).

Dritte Abteilung.

Der einzutragende Geldbetrag. Der Inhalt der Hypothek, Grundschuld oder Rentenschuld geht nach den §§ 1113^{I}, 1191^{I}, 1199^{I} BGB dahin, daß ein „bestimmter Geldbetrag" aus dem Grundstück zu zahlen ist. Der hierin niedergelegte Bestimmtheitsgrundsatz erfordert nur, daß der Geldbetrag in einer bestimmten Anzahl von Währungseinheiten ausgedrückt ist. Er verlangt nicht, daß die Währung eine inländische sein müsse (JFG 14, 365). Dieses Erfordernis wird erst durch die Ordnungsvorschrift des § 28 S. 2 GBO begründet, nach der einzutragende Geldbeträge in Reichswährung anzugeben sind. Darunter ist die jeweils geltende Währung zu verstehen, jetzt also die durch die Währungsgesetze und § 14^{I} des G über die Deutsche Bundesbank vom 26. Juli 1957 (BGBl I 745) eingeführte Deutsche Mark.

Ist ein Geldbetrag noch nach dem Währungsstichtag in Reichsmark eingetragen worden, so ist diese Eintragung zwar ordnungswidrig, aber nicht inhaltlich unzulässig im Sinne des § 53^{I} S. 2 GBO (KG NJW 1954, 1686). Wenn dagegen der Geldbetrag entgegen § 28 S. 2 GBO in ausländischer Währung eingetragen worden ist, hängt die wirksame Entstehung des Rechts davon ab, daß die zur Begründung einer Fremdwährungsschuld nach § 3 S. 1 WährG erforderliche Devisengenehmigung erteilt ist. Hier käme die Eintragung eines Amtswiderspruchs nach § 53^{I} S. 1 GBO in Betracht.

Die VO über die Eintragung von Hypotheken in ausländischer Währung vom 13. Februar 1920 (RGBl I 231) war in ihrer Geltungsdauer zeitlich begrenzt und ist seit dem 31. Dezember 1929 nicht mehr in Kraft.

Wertbeständige Hypotheken. Nach dem Gesetz über wertbeständige Hypotheken vom 23. Juni 1923 (RGBl I 407) und den dazu ergangenen DurchführungsVO waren — in Durchbrechung des Bestimmheitsgrundsatzes — als Wertmesser der amtlich festgestellte Preis einer bestimmten Menge von Roggen, Weizen oder Feingold, ja sogar bestimmter Sorten von Kohle oder Kali zugelassen, zur Sicherung gewisser Anleihen auch der Kurswert des nordamerikanischen Dollars. Grundpfandrechte auf Roggen- oder Weizenbasis konnten seit dem RoggenschuldenG vom 16. Mai 1934 (RGBl I 391) nur noch aus Anlaß einer Gutsüberlassung begründet werden. Bestehende Rechte wurden kraft Gesetzes in RM-Rechte umgewandelt. Grundpfandrechte auf Kohle-, Kali- oder Dollarbasis sind seit der VO über wertbeständige Rechte vom 16. November 1940 (RGBl I 1521) nicht mehr statthaft; eine Umwandlung der bestehenden Rechte erfolgte nicht.

Bei den Grundpfandrechten auf Feingoldbasis bildete den Wertmesser eine bestimmte Gewichtsmenge Feingold (so im Beispiel Nr. 5). Zur Erleichterung des Grundbuchverkehrs konnte der Betrag auch in Feingoldmark oder in Goldmark (so Nr. 7 und 8) eingetragen werden, wobei eine Gold-

„Dritte

Laufende Nummer der Eintragungen	Laufende Nummer der belasteten Grundstücke im Bestandsverzeichnis	Betrag	Hypotheken, Grundschulden, Rentenschulden
1	2	3	4
1	1	12000	Zwölftausend Mark Darlehn, vom 1. Juli 1901 mit $4^1/_2$% jährlich verzinslich und drei Monate nach Kündigung rückzahlbar, für den Gastwirt *Wilhelm Peters* in Tinz eingetragen am 5. Juli 1901. *Richter.* *Urkund.*
2	3	8000 2000 GM.	Achttausend Mark Restkaufgeld nebst 4% Zinsen seit 1. Oktober 1913, für den Auszügler *Gottlieb Scholz* in Lichterfelde unter Bezugnahme auf die Bewilligung vom 28. brieflos eingetragen am 29. Oktober 1913. *Richter.* *Urkund.*
3	3	13000	Dreizehntausend Mark Darlehn mit 5% Zins seit dem 1. April 1915, für den Maurermeister *Otto Banke* in Nimptsch. Eingetragen mit dem Vorrang vor den Rechten Abt. II Nr. 3 und Abt. III Nr. 2 unter Bezugnahme auf die Bewilligung vom 27. März am 8. April 1915. *Richter.* *Urkund.*
4	3	1000 Ztr. Roggen — 600 Ztr. 400 Ztr.	Darlehn in Höhe des amtlich festgestellten Preises von eintausend Zentnern Roggen, mit 8% jährlich seit 1. Juli 1923 zu verzinsen und sechs Monate nach Kündigung zurückzuzahlen, für den Getreidekaufmann *Hugo Scheibler* in Berlin eingetragen am 10. Juli 1923. *Pfleger.* *Urkund.*
5	3	2 kg Feingold	Darlehn in Höhe des amtlich festgestellten Preises von zwei Kilogramm Feingold nebst 6% Jahreszinsen seit 1. Januar 1924, für den Apotheker *Max Busse* in Lichterfelde auf Grund der Bewilligung vom 13. eingetragen am 28. Dezember 1923. *Pfleger.* *Urknud.*
6	3	5000 RM.	Sicherungshypothek von fünftausend Reichsmark Bürgschaftsforderung des Gemüsegroßhändlers *Fritz Reuter* in Lankwitz mit 6% Zinsen seit 15. September 1925. Auf Grund der Bewilligung vom 12. eingetragen am 19. September 1925. *Pfleger.* *Urkund.*
7	4	8500 GM.	Achttausendfünfhundert Feingoldmark Darlehn, vom 1. April 1928 mit 6% verzinslich und bei Verkauf des Grundstücks, spätestens am 1. Juli 1931, fällig für den Gutspächter *Robert Scholz* in Heidau eingetragen am 29. März 1928. *Pfleger.* *Urkund.*
8		10000 GM.	Zehntausend Goldmark Restkaufgeld mit 6% Zinsen seit 1. Juli 1931, für den Gärtner *Traugott Scholz* in Lichterfelde unter Bezugnahme auf die Bewilligung vom 15. April eingetragen am 3. Juli 1931. *Pfleger.* *Urkund.*
9	4	20000 DM.	Zwanzigtausend Deutsche Mark Grundschuld mit 7% Jahreszinsen seit 1. Oktober 1951 für die Lichterfelder Dampfziegelei *Friedr. Wilh. Wolf* Söhne in Lichterfelde unter Bezugnahme auf die Bewilligung vom 17. eingetragen am 22. September 1951. *Pfleger.* *Urkund.*

Abteilung

Veränderungen			Löschungen		
Lfd. Nummer der Spalte 1	Betrag		Lfd. Nummer der Spalte 1	Betrag	
5	6	7	8	9	10
2	8000	Mit den Zinsen seit 1. Oktober 1914 an den Gutspächter *Robert Scholz* in Heidau abgetreten. Die Ausschließung der Bildung eines Briefes ist aufgehoben. Eingetragen am 2. Oktober 1914. *Richter.* *Urkund.*	1 3	12000 M. 13000 M.	} Gelöscht am 1. Febr. 1922. *Pfleger.* *Urkund.*
2	8000	Den 13000 Mark Abt. III Nr. 3 steht der Vorrang zu. Eingetragen am 8. April 1915. *Richter.* *Urkund.*	4	600 Ztr.	Anteil *Scheibler* gelösch am 7. April 1926. *Pfleger.* *Urkund.*
1 3	12000 } 13000 }	Die 12000 Mark Abt. III Nr. 1 mit den auf 5% erhöhten Zinsen seit 1. Januar 1916 sind an den Maurermeister *Otto Banke* in Nimptsch abgetreten. Über die beiden Posten ist ein gemeinschaftlicher Brief gebildet. Unter Bezugnahme auf die Bewilligung vom 20. eingetragen am 22. Dezember 1915. *Richter.* *Urkund.*			—
4	400 Ztr. Roggen	Teilbetrag in Höhe des Preises von 400 Ztr. Roggen mit den Zinsen seit 1. November 1923, zu gleichem Range mit dem Restbetrag, abgetreten an den Mühlenbesitzer *Konrad Brandes* in Lankwitz. Eingetragen am 4. November 1923. *Pfleger.* *Urkund.*	4 7	400 Ztr. 8500 GM.	} Anteil *Brandes* gelöscht am 3. Juli 1931. *Pfleger.* *Urkund.*"
2	8000 M. aufgewertet auf 2000 GM.	Aufgewertet auf Grund des Aufwertungsgesetzes vom 16. Juli 1925 auf zweitausend Goldmark. Eingetragen am 15. Oktober 1925. *Pfleger.* *Urkund.*			
6	5000 RM.	Umgewandelt in eine gewöhnliche Hypothek. Die Zwangsvollstreckung ist gegen den jeweiligen Eigentümer zulässig. Eingetragen am 15. Juli 1926. *Pfleger.* *Urkund.*			
2	2000 GM.	Auf Grund des Erbscheins des Amtsgerichts Neumarkt vom 23. Februar 1932 auf den minderjährigen Schüler *Richard Scholz* in Heidau umgeschrieben am 21. März 1932. *Pfleger.* *Urkund.*			
	20000 DM	Abgetreten mit Zinsen seit 1. Januar 1952 an den Bankier *Ferdinand Schilling* in Berlin. Eingetragen am 19. Dezember 1951. *Pfleger.* *Urkund.*			

mark gleich dem amtlich festgestellten Preise von 1/2790 kg Feingold war (5. DVO vom 17. April 1924, RGBl I 415). In dieser Form wurde auch die Aufwertung eingetragen, vgl. die Eintragung zu Nr. 2 vom 15. Oktober 1925 (Art. 1 DVO zum AufwG vom 29. November 1925, RGBl I 392). Während zum Zwecke der Umrechnung der Preis des Goldes zunächst nach dem Londoner Goldpreis berechnet wurde (§ 2 der 1. DVO vom 29. Juni 1923, RGBl I 482), wurde durch die VO über wertbeständige Rechte vom 16. November 1940 (RGBl I 1521) die Goldmark der Reichsmark dadurch gleichsetzt, daß der nach § 14^{II} des ReichsbankG vom 15. Juni 1939 (RGBl I 1015) für die Reichsbank geltende Goldpreis für maßgebend erklärt wurde. Diese Änderung verfolgte und erreichte den Zweck, den Anreiz zur Begründung von Grundpfandrechten auf Goldbasis auszuschalten.

Soweit hiernach die Bestimmungen über wertbeständige Grundpfandrechte noch in Geltung sind, haben sie ihre praktische Bedeutung dadurch verloren, daß Wertsicherungsklauseln nach § 3 S. 2 WährG der Devisengenehmigung bedürfen, die nur in Ausnahmefällen erteilt wird (über die Handhabung des § 3 WährG s. Fögen, NJW 1956, 1824; Mees, NJW 1957, 1261; Henn, MDR 1958, 461; Szagunn, Betriebsberater 1959, 205; Dürkes, Wertsicherungsklauseln, 7. Aufl. 1966; Mitteilung der Dt. Bundesbank Nr. 1006/69 (BAnz. Nr. 169 S. 3); über die Rechtsprechung berichten Reithmann, DNotZ 1960, 172; Pikart, WM (IV B) 1969, 1062).

Bei der Reallast (§ 1105 BGB) kann der Inhalt der Leistung nicht nur auf bestimmte Geldbeträge, sondern auch auf wiederkehrende Leistungen anderer Art, insbesondere Sachleistungen, gerichtet sein. Gegenstand der Reallast kann daher auch die Verpflichtung zur Lieferung von Roggen sein (OLG Schleswig NJW 1955, 65; vgl auch wegen der Anpassung der Leistungen aus der Reallast an eine künftige Änderung der wirtschaftlichen Verhältnisse BayObLG, DNotZ 1954, 98).

Innerhalb des feststehenden Geldbetrages können die verschiedenen Arten der Grundpfandrechte ohne Zustimmung der Nachberechtigten beliebig gegeneinander ausgetauscht werden. Aus einer Hypothek kann eine Grundschuld, aus einer Grundschuld eine Hypothek, aus der Rentenschuld eine gewöhnliche Grundschuld, aus der Verkehrs- eine Sicherungshypothek, aus dem Brief- ein Buchrecht werden und umgekehrt, ebenso ist der Ersatz der ursprünglich gesicherten Forderung durch eine andere möglich. §§ 1116, 1180, 1186, 1198, 1203 BGB: „Austauschgrundsatz". Alle diese Vorgänge bedürfen selbstverständlich der Eintragung in das Grundbuch (Beispiel: Eintragung vom 2. Oktober 1914 bei Nr. 2, vom 15. Juli 1926 bei Nr. 6). Hypotheken für die Forderung aus Inhaber- oder Orderpapieren gelten stets als Sicherungshypothek (§ 1187 S. 2).

Aus dem Grundbuch muß ferner die Erteilung eines neuen Briefes hervorgehen. § 68^{III} GBO.

Die Ausstellung eines neuen Briefes erfolgt: 1. gegen Rückgabe des alten, z. B. weil dieser schadhaft geworden ist (§ 67), 2. als „gemeinschaftlicher Brief" über mehrere demselben Gläubiger gehörende, im Range unmittelbar aufeinander folgende Posten (§ 66; Beispiel: Eintragung vom 22. Dezember 1915 zu Nr. 1, 3). Der gemeinschaftliche Brief läßt die Selbständigkeit der mehreren Hypotheken unberührt. Er ist daher nicht zu verwechseln mit dem Brief über eine „Einheitshypothek", die durch die Zusammenfassung mehrerer, im Range gleichstehender oder unmittelbar aufeinander folgender Grundpfandrechte desselben Gläubigers entstanden ist (RG 145, 47; KG JFG 20, 383). 3. wenn im Aufgebotsverfahren der frühere Brief für kraftlos erklärt oder der Hypothekengläubiger mit seinem Recht ausgeschlossen ist (§ 67), 4. wenn das Grundbuchamt feststellt, daß der Brief durch Kriegseinwirkung vernichtet worden oder abhanden gekommen ist, § 26 GBMaßnG vom 20. Dezember 1963 (BGBl. I 986). — Dagegen gilt der Teilbrief nicht als „neuer Brief" im Sinne des § 68^{III}; wir können nicht aus dem Grundbuch ersehen, ob bei Teilung der Nr. 4 (Eintragung vom 4. November 1923) ein Teilbrief gebildet wurde oder nicht. Vgl. S. 263, 266.

Falls Haupt- und Veränderungsspalte nichts Abweichendes besagen, ist die eingetragene Post immer Verkehrshypothek, Briefhypothek, und der ursprüngliche Brief noch in Kraft.

Weiterhin gibt das Grundbuch Auskunft über Gläubiger, Rechtsgrund der Forderung, Zinssatz, besondere Rangverhältnisse und Rangänderungen (Beispiel: Eintragungen vom 8. April 1915 bei Nr. 2 und 3), Unterwerfung unter die dingliche Zwangsvollstreckung (Beispiel: Eintragung vom 15. Juli 1926 bei Nr. 6). §§ 879^{III}, 880^{II} S. 1, 1115 BGB, 800^{I} S. 2 ZPO. Für Kündigungs- und Nebenbestimmungen genügt Bezugnahme auf die Bewilligung nach § 874 BGB, weil sie nur zur „näheren" Bezeichnung des Inhalts des Rechts dienen. Dagegen sind Bedingungen und Befristungen des dinglichen Rechts in das Grundbuch selbst einzutragen (JFG 13, 76; KG DNotZ 1956, 555). Bei Aufwertungsbuchungen folgten Verzinsung und Fälligkeit aus dem Gesetz, daher bedurfte es keines Hinweises im Grundbuch (Art. 1 VO vom 18. Juni 1926, RGBl. I 273).

Bestellung einer beschränkten persönlichen Dienstbarkeit

Das Märkische Elektrizitätswerk überreicht folgendes Schreiben:

„An das Amtsgericht Berlin, den 16. November 1952
Lichterfelde.

Zu den Grundakten von Lichterfelde Bd. 1 Blatt 11 überreichen wir beglaubigte Eintragungsbewilligung der Firma *Wolf* Söhne vom 14. d. M. mit dem Antrag:
die bewilligte persönliche Dienstbarkeit einzutragen.
Die Kosten bitten wir von uns einzuziehen.

Märkisches Elektrizitätswerk Aktiengesellschaft.

Pohl. *Schmidt.*"

Die Anlage lautet:

„Hierdurch bewilligen wir die Eintragung folgender beschränkten persönlichen Dienstbarkeit im Grundbuch des uns gehörenden Grundstücks Lichterfelde Bd. 1 Blatt 11:
Die Märkisches Elektrizitätswerk Aktiengesellschaft in Berlin ist berechtigt, auf dem Grundstück Kabelleitungen zu legen, die aber weder vorhandene Gebäude treffen noch die Bebauung gemäß dem bestehenden Fluchtlinienplan beeinträchtigen dürfen.
Den Wert des Rechts geben wir auf 3000 DM an.

Berlin, den 14. November 1952.

Lichterfelder Dampfziegelei *Friedr. Wilh. Wolf* Söhne.

Die vorstehende, von dem Kaufmann *Dr. Herbert Wolf* in Lichterfelde, vertretungsberechtigten Gesellschafter der offenen Handelsgesellschaft Lichterfelder Dampfziegelei *Fried. Wilh. Wolf* Söhne in Lichterfelde, vor mir gefertigte Firmenzeichnung beglaubige ich. Die Vertretungsbefugnis bescheinige ich auf Grund der heute von mir vorgenommenen Einsicht in das Handelsregister.

Nr. 601 der Urkundenrolle für 1952. Berlin, den 14. November 1952

Justus Siegel
Notar."

(Siegel)
Kostenrechnung:
....

Eingangsvermerk: Bei der Übergabe der Urkunden vermerkt der Rechtspfleger den Zeitpunkt des Eingangs auf dem Antrag:

„Eingegangen 16. November 1952, vormittags 9 Uhr 35 Minuten.

Pfleger."

Um zu vermeiden, daß Grundbucheingänge an mehreren Stellen des Gerichts gleichzeitig präsentiert und dadurch Unklarheiten über die Reihenfolge, in der die Rechte einzutragen sind, und den Rang, den sie zu erhalten haben (S. 213) entstehen, ist bestimmt, daß nur die mit der Führung des Grundbuchs über das betreffende Grundstück beauftragten Amtsträger — und zwar sowohl der Richter oder Rechtspfleger wie der Urkundsbeamte — zur Entgegennahme von Anträgen zuständig sind. § 1 AusfVO. Damit wird eine gelegentliche Aushilfe der Dezernenten, wie sie sonst vorkommt, ausgeschlossen: der zuständige Grundbuchrichter und Grundbuchführer können sich (abgesehen natürlich von den durch die Geschäftsverteilung angeordneten Vertretungsverhältnissen) nicht einmal durch den Grundbuchrichter bzw. -führer einer anderen Grundbuchabteilung bei der Entgegennahme von Anträgen vertreten lassen. Wegen seiner großen materiellen Bedeutung wird der Zeitpunkt des Eingangs sofort auf dem Schriftstück vermerkt. § 13 I S. 2 GBO.

Prüfung. Zum Zustandekommen einer dinglichen Rechtsänderung verlangen die §§ 873f. BGB Einigung der Beteiligten, welche — den Fall der Auflassung ausgenommen — an keine Form gebunden ist. Der verfügende Teil muß zur Verfügung befugt sein. Die Voraussetzungen der Grundbucheintragung weichen von diesen Regeln wesentlich ab:

a) Eine Eintragung erfolgt regelmäßig schon, wenn derjenige, dessen Recht von ihr betroffen wird, sie bewilligt (§ 19 GBO). Dem Grundbuchamt genügt also die einseitige Bewilligung des „Passivbeteiligten", ohne daß das Einverständnis des Erwerbers mit der Rechtsänderung nachzuprüfen wäre: sog. „formelles Konsensprinzip".
b) Die Bewilligung und die sonstigen Willenserklärungen, auf Grund deren die Eintragung erfolgen soll, bedürfen nach § 29 S. 1 öffentlicher Beurkundung oder mindestens öffentlicher Beglaubigung: sog. „grundbuchmäßige" Form. Soweit nicht Willenserklärungen, sondern Tatsachen, z. B. der Tod eines Beteiligten, nachzuweisen sind, ist eine öffentliche Urkunde erforderlich (§ 29 S. 2).
c) An Stelle der materiellen Berechtigung des Bewilligenden genügt das Erfordernis seiner vorherigen Eintragung im Grundbuch (§ 39 I), solange dem Grundbuchamt nicht Tatsachen bekannt sind, die für die Unrichtigkeit des Grundbuchs sprechen.

Regelmäßige Grundlage der Eintragung ist darnach: Bewilligung des im Grundbuch eingetragenen Passivbeteiligten in grundbuchmäßiger Form. Der Grundbuchrichter kennt keine materiellen Rechte, sondern nur Eintragungen, denn er kann den Eingetragenen als den wahren Berechtigten ansehen (§ 891 BGB), ihn interessiert nicht der Vertrag, sondern die Bewilligung, nicht das Erbrecht, sondern der Erbschein. Daß er die den dinglichen Verfügungen zugrunde liegenden schuldrechtlichen Grundgeschäfte nicht nachprüft, versteht sich schon nach bürgerlichem Recht. Denn die Verfügungsgeschäfte sind abstrakter Natur, sie beziehen sich lediglich auf den Eintritt der dinglichen Rechtsänderung.

Außerdem muß, soweit nicht ausnahmsweise Eintragungen von Amts wegen oder auf Ersuchen einer Behörde stattfinden, ein Antrag vorliegen, den sowohl der Passivbeteiligte wie der Erwerber stellen kann. Der Notar, der die zur Eintragung erforderliche Erklärung beurkundet oder beglaubigt hat, gilt als ermächtigt, die Eintragung namens eines Antragsberechtigten zu beantragen (§§ 13, 15). Zum Unterschied von der Bewilligung bedarf der Antrag keiner Beglaubigung (arg. § 30). An den Antrag knüpft § 2 Nr. 1 KostO die Haftung für die entstehenden Gerichtskosten. Das ist wohl der Grund, weshalb Wolf den Antrag nicht mit der Bewilligung verbunden, sondern seine Stellung dem Elektrizitätswerk als Erwerber überlassen hat.

Gegen die Eintragungsfähigkeit des Kabelrechts ist nichts einzuwenden. Beschränkte persönliche Dienstbarkeiten haben den gleichen Inhalt wie Grunddienstbarkeiten, von denen sie sich nur dadurch unterscheiden, daß das Recht nicht dem jeweiligen Eigentümer eines Grundstücks, sondern einer bestimmten Person als grundsätzlich unübertragbare und unvererbliche Befugnis zusteht (§§ 1090 I, 1092 S. 1 BGB).

Zulässiger Inhalt einer Grunddienstbarkeit (und folglich auch einer beschränkten persönlichen Dienstbarkeit) nach § 1018: 1. Der Berechtigte darf das belastete Grundstück in einzelnen Beziehungen benutzen. Hierher gehören Wege- und Weidegerechtigkeiten, Wohnrechte, Rechte auf Entnahme von Kies, Ziegelerde und sonstigen Bodenbestandteilen, und auch unser Kabelrecht. 2. Oder es dürfen auf dem belasteten Grundstück gewisse Handlungen nicht vorgenommen werden: vertragliche Baubeschränkungen, Beschränkungen in der gewerblichen Ausnutzung des dienenden Grundstücks. 3. Oder die Ausübung von Rechten, die sich aus dem Eigentum am belasteten Grundstück gegenüber dem herrschenden Grundstück ergeben, wird ausgeschlossen, z. B. die negatorische Eigentumsklage wegen unzulässiger Immissionen (§§ 906, 1004), was praktisch Immissionenfreiheit und damit Erweiterung der gewerblichen Möglichkeiten für das herrschende Grundstück bedeutet. — Hätte das Kabelrecht auch als Grunddienstbarkeit bestellt werden können? Die Grunddienstbarkeit muß „praedio utilis" sein, indem sie nicht bloß dem Eigentümer des herrschenden Grundstücks für seine persönlichen Zwecke und Bedürfnisse, sondern dem Grundstück als solchem Vorteile bietet (§ 1019). Benachbarte Lage von praedium dominans und serviens ist aber nicht erforderlich. Es wäre daher möglich gewesen, das Kabelrecht als Grunddienstbarkeit für dasjenige Grundstück zu bestellen, auf dem das Elektrizitätswerk sein Kraftwerk hat. Man hat der beschränkten persönlichen Dienstbarkeit den Vorzug gegeben, weil beschränkte persönliche Dienstbarkeiten, die einer juristischen Person zustehen, ebenso wie der Nießbrauch unter gewissen Voraussetzungen übertragbar sind (§ 1092^{II} i. V. mit §§ 1059a bis d). — Wenn es sich nicht bloß um Durchlegen von Kabeln, sondern um eigentliche „Bauwerke", wie Transformatorenhäuser, handelt, käme neben Grunddienstbarkeit und beschränkter persönlicher Dienstbarkeit auch die Bestellung eines Erbbaurechts, also einer vererblichen und übertragbaren Befugnis (§ 1^{I} ErbbVO vom 15. Januar 1919, RGBl. 72), in Betracht. Dazu hätten aber sämtliche bestehenden Rechte dem neuen Recht den Vorrang einräumen müssen (§ 10^{I} S. 1).

Der Referendar: Bedarf es nicht des Nachweises der Vertretungsbefugnis der Herren Pohl und Schmidt für das Elektrizitätswerk?

Rechtspfleger: Der Nachweis der gesetzlichen Vertretungsbefugnis, insbesondere der in § 32 GBO bezeichnete Registerausweis, ist zwar im allgemeinen auch für solche Erklärungen erforderlich, die nicht sachliche Eintragungsunterlagen, sondern reine Verfahrenshandlungen sind. Der Nachweis erübrigt sich aber, wenn feststeht, daß der Eintragungsantrag von der Handelsgesellschaft herrührt, zu deren Gunsten die Eintragung erfolgen soll (Güthe-Triebel, § 32 Anm. 33 a.E.). Daran besteht hier kein begründeter Zweifel. — Die Berechtigung des Dr. Herbert Wolf, die OHG allein zu vertreten (§ 125^{I}) wird durch die auf § 21 BNotO beruhende Bescheinigung des Notars bestätigt, welche die gleiche Beweiskraft wie ein Zeugnis des Registergerichts hat. Es muß aber noch aufgeklärt werden, ob und welche Wechsel im Mitgliederbestande der OHG seit deren Eintragung als Eigentümerin des Grundstücks stattgefunden haben. Zwar wächst beim Ausscheiden einzelner Gesellschafter deren Anteil am Gesellschaftsvermögen und den dazu gehörenden Gegenständen den verbleibenden Gesellschaftern ohne Auflassung und Grundbuchumschreibung an (§§ 738 BGB, 105^{II} HGB), und entsprechend erwerben neu eintretende Gesellschafter ohne Eintragung einen Anteil. Das findet jedoch seine Grenze an dem Fall, daß sämtliche bisherigen Gesellschafter auf einmal aus- und an ihre Stelle neue eintreten. Alsdann liegt nämlich, trotz Beibehaltung der Firma, keine Fortsetzung der früheren, sondern Begründung einer neuen Gesellschaft vor, und demgemäß ginge das Eigentum nicht von selbst auf die Gesellschaft in ihrem jetzigen Bestande über.

Vgl. Güthe-Triebel 18—20 zu § 20 mit Rechtsprechung. Anwachsung gemäß § 738 BGB findet auch statt, wenn von zwei Gesellschaftern einer ausscheidet und der andere das Geschäft allein übernimmt. RG 65, 227; 68, 410. Die Anwachsung an neu eintretende Gesellschafter ist im Gesetz nicht ausdrücklich vorgesehen, folgt aber für die OHG daraus, daß § 130 HGB offenbar die Einheit der Gesellschaft voraussetzt (HGB-RGRK 2. Aufl. § 105 Anm. 142 a.E., § 130 Anm. 14). Die Anwachsung durch Ausscheiden tritt auch bei BGB-Gesellschaften ein, dagegen muß bei ihnen der Eintritt neuer Gesellschafter immer als Abschluß eines neuen Gesellschaftsvertrages behandelt werden. Werden von einer Erbengemeinschaft Nachlaßgrundstücke auf eine von sämtlichen Miterben gebildete Personengesellschaft des Handelsrechts übertragen, so ist Auflassung erforderlich (OLG Hamm, DNotZ 1958, 416). — Die Fragen haben über das formelle Grundbuchrecht hinaus erhebliche

Bedeutung: denn soweit es einer Auflassung und Umschreibung bedarf, muß das Verpflichtungsgeschäft gemäß § 313 BGB beurkundet werden und es entsteht Grunderwerbsteuerpflicht, während in den Anwachsungsfällen alles das entfällt. RFH 12, 76 (Großer Senat).

Hierzu geht aus einem von dem Notar erforderten Registerauszug folgendes hervor: Am 3. Juli 1931 waren Friedrich Wilhelm Wolf und Wilhelm Martin Wolf die Gesellschafter. Im Oktober 1947 ist Dr. Herbert Wolf als dritter Gesellschafter eingetreten. Schließlich sind im Mai 1952 Friedrich Wilhelm Wolf und Wilhelm Martin Wolf ausgeschieden, während gleichzeitig Norbert Hirsch als neuer Gesellschafter eintrat. Da beim Ausscheiden der beiden ursprünglichen Gesellschafter Dr. Herbert Wolf in ihr verblieben war, ist trotz des Mitgliederwechsels die Kontinuität gewahrt. Dem Eintragungsantrag kann stattgegeben werden.

Eintragungsverfügung.

„1. Einzutragen in das Grundbuch von Lichterfelde Bd. 1 Blatt 11, Abt. II:

Sp. 1: 8

Sp. 2: 4

Sp. 3: Die Märkisches Elektrizitätswerk Aktiengesellschaft in Berlin ist berechtigt, auf dem Grundstück Kabelleitungen zu legen, die aber weder vorhandene Gebäude treffen noch die Bebauung gemäß dem bestehenden Fluchtlinienplan beeinträchtigen dürfen. Eingetragen am ... November 1952."

Der Wortlaut der Eintragung soll in der Verfügung angegeben werden (§ 2 AusfVO). Man hätte nach § 874 BGB die Eintragung auch wie folgt fassen können:

„Eine beschränkte persönliche Dienstbarkeit (Kabelleitungsrecht) für die Märkisches Elektrizitätswerk Aktiengesellschaft in Berlin unter Bezugnahme auf die Bewilligung vom 14. eingetragen am ... November 1952."

Wäre bei dieser zweiten Fassung der Eintragung das Wort „Kabelleitungsrecht" fortgelassen worden, so wäre die Eintragung inhaltlich unzulässig und gemäß § 53 I S. 2 GBO von Amts wegen zu löschen. Denn im Grundbuch wäre nur die Art des Rechts (beschränkte persönliche Dienstbarkeit), nicht aber sein Inhalt eingetragen. Dieser Mangel wäre auch durch die Bezugnahme auf die Bewilligung nicht gedeckt. Denn nach § 874 BGB ist eine Bezugnahme nur zur näheren Bezeichnung des Inhalts des Rechts zulässig. Der wesentliche Inhalt muß im Grundbuch selbst verlautbart sein, wenn auch nur stichwortartig durch Angaben wie „Wegerecht, Traufrecht, Wasserleitungsrecht". Nur bei Rechten, deren Inhalt im wesentlichen im Gesetz geregelt ist, wie beim Nießbrauch, Vorkaufsrecht, Erbbaurecht, Dauerwohnrecht usw. genügt diese Benennung (KG JW 1936, 3477; OLG Hamm, DNotZ 1954, 207 mit Anm. Jansen; OLG Köln, NJW 1957, 992; OLG Düsseldorf, JMBlNRW 1957, 127; BGHZ 35, 382; Henke-Mönch-Horber GBO 10. Aufl. § 44 Anh. 2 C b).

„2. Eintragungsnachricht an a) Eigentümerin, b) Elektrizitätswerk."

Auf die durch § 55 GBO vorgeschriebene Benachrichtigung können die Beteiligten verzichten. Siehe die folgenden Fälle.

Löschung auf Lebenszeit beschränkter Berechtigungen

„Eingegangen 19. November 1952, 12½ Uhr. *Urkund.*

An das Amtsgericht, Grundbuchamt, hier.

Als eingetragene Eigentümer von Lichterfelde Band 1 Blatt 11 beantragen wir:

die in Abt. II des Grundbuchs unter Nr. 3 eingetragene Belastung auf unsere Kosten zu löschen.

Sterbeurkunde nach *Anna Scholz* wird beigefügt.

Lichterfelde, den 19. November 1952.

Lichterfelder Dampfziegelei *Friedr. Wilh. Wolf* Söhne."

(Sterbeurkunde der *Anna Scholz* geb. *Wohlgemuth*, † 15. November 1941.)

Bei der beantragten Eintragung handelt es sich nicht um eine rechtsändernde Löschung, sondern um eine Berichtigung des Grundbuchs; denn wenn der auf Lebenszeit Berechtigte verstorben ist und das Altenteil bis zu seinem Tod erfüllt wurde, so hat das Recht sein Ende gefunden, und das Grundbuch ist unrichtig geworden. Welche Unterlagen verlangt das formelle Grundbuchrecht für Berichtigungen?

1. Die §§ 13, 19, 29 GBO gelten für rechtsändernde und berichtigende Buchungen in gleicher Weise. Demzufolge wird die Berichtigung in der Regel dadurch herbeigeführt, daß der Passivbeteiligte, d. h. der zu Unrecht als berechtigt Eingetragene, in beglaubigter Form in die Berichtigung willigt (oder rechtskräftig dazu verurteilt ist, § 894 ZPO) und der Berechtigte sie formlos beantragt.
2. Nach den §§ 22, 29 GBO bedarf es der Bewilligung nicht, wenn die Unrichtigkeit des Grundbuchs durch öffentliche Urkunden nachgewiesen wird. So trägt man z. B. den Erben des eingetragenen Hypothekengläubigers auf Grund seines formlosen Antrages und eines Erbscheins als Gläubiger ein.

Die überreichte Sterbeurkunde weist nur den Tod der Auszüglerin nach, schließt dagegen nicht das Vorhandensein ungetilgter Rückstände aus. Um dieser Möglichkeit willen wäre eigentlich eine Löschungsbewilligung der Anna Scholzschen Erben nebst Nachweis ihres Erbrechts erforderlich. Aber § 23^{I} bestimmt, daß die Löschung ohne Bewilligung zulässig wird, falls ein Jahr seit dem Tode abgelaufen ist und die Erben nicht inzwischen der Löschung beim Grundbuchamt widersprochen haben. Läßt man in das Grundbuch die Bestimmung eintragen, daß zur Löschung der Nachweis des Todes des Berechtigten genügt, so braucht nicht einmal die Jahresfrist abgewartet zu werden (§ 23^{II}). Dazu genügt bei der Begründung des Rechts die Bewilligung des Eigentümers; die des Berechtigten ist nicht erforderlich (Hieber, DNotZ 1961, 143; Lutter, Rpfleger 1961, 442; LG Aachen Rpfleger 1961, 440 = DNotZ 1962, 94; BayObLGZ 1965, 46; str., a.M. KGJ 44, 242; OLG Bremen und Horber, DNotZ 1961, 41; OLG Neustadt DNotZ 1962, 93).

Verfügung.

„1. Einzutragen in das Grundbuch von Lichterfelde Bd. 1 Blatt 11, Abt. II Sp. 6, 7:
3 Gelöscht am ... November 1952.
2. Eintragung Abt. II Nr. 3 in Spalten 1 bis 5 rot unterstreichen.
3. Nachricht an Eigentümerin."

An sich haben die Erben als die von der Löschung Betroffenen Anspruch auf Löschungsnachricht gemäß § 55. Mit Rücksicht darauf aber, daß der Tod der Berechtigten bereits lange Zeit zurückliegt, hat der Rechtspfleger die Ermittlung und Benachrichtigung der Erben für entbehrlich gehalten.

Hypothekenlöschungen. Währungsumstellung. Legitimationsfragen

„Eingegangen 24. November 1952, 11 Uhr. *Urkund.*

An das Amtsgericht, Grundbuchamt, hier.

Zu den Grundakten von Lichterfelde Band 1 Blatt 11 überreichen wir beifolgend 4 beglaubigte Löschungsbewilligungen bzw. Quittungen, Erbschein nach *Fritz Wohlgemuth*, Bestätigung des Bankhauses *Schilling*, beglaubigte Abschrift der Bestallung des Nachlaßpflegers *Ernst Walter*, 3 Abtretungserklärungen sowie 3 Hypothekenbriefe. Wir nehmen auf die *Fritz Reuter*schen Testaments- und Nachlaßakten des hiesigen Amtsgerichts, Aktenzeichen 5 IV 87/43 bzw. 5 VI 33/48, Bezug und beantragen als Eigentümerin des oben bezeichneten Grundstücks:

die Hypotheken Abt. III Nr. 2, 5, 6, 8 auf unsere Kosten im Grundbuch zu löschen.

Den Hypothekenbrief Abt. III Nr. 8 können wir nicht vorlegen. Wir haben diese Hypothek, wie sich aus der löschungsfähigen Quittung des Nachlaßpflegers für die unbekannten Erben des Gläubigers *Fritz Korn* ergibt, bereits am 5. Januar 1943 an den Gläubiger bezahlt. Quittung und Hypothekenbrief befanden sich in den Büroräumen unserer Gesellschaft und sind dort am 6. Oktober 1943 bei einem Luftangriff vernichtet worden, wie sich aus der beiliegenden eidesstattlichen Versicherung des früheren Mitgesellschafters *Friedrich Wilhelm Wolf* ergibt. Wir bitten, von der Beibringung eines Ausschlußurteils abzusehen und festzustellen, daß der Hypothekenbrief durch Kriegseinwirkung vernichtet worden ist. Den Erbschein erbitten wir zurück.

Lichterfelde, den 23. November 1952.

Lichterfelder Dampfziegelei *Friedr. Wilh. Wolf* Söhne.

(Beglaubigungsvermerk und Vertretungsbescheinigung nach § 21 BNotO)."

„Löschungsbewilligung.

Im Grundbuch von Lichterfelde Band 1 Blatt 11 ist für den minderjährigen Schüler *Richard Scholz* in Heidau in Abt. III unter Nr. 2 eine aufgewertete Restkaufgeldforderung von 2000 GM (i. W.) nebst Zinsen hypothekarisch eingetragen. Als gesetzliche Vertreterin des *Richard Scholz* kraft elterlicher Gewalt bewillige ich, die verwitwete Gutspächter *Martha Scholz* geb. *Fuhrmann* in Heidau, die Löschung dieser Post im Grundbuch und verzichte auf Benachrichtigung von der erfolgten Löschung.

Heidau, den 1. Oktober 1942.

Martha Scholz geb. *Fuhrmann.*

(Beglaubigungsvermerk)"

„ Für mich, den Apotheker *Max Busse* in Lichterfelde, stehen im Grundbuch von Lichterfelde Band 1 Blatt 11 in Abt. III unter Nr. 5 2 kg (i. W.) Feingold Darlehen, mit 6% verzinslich, hypothekarisch eingetragen. Diese Forderung nebst den Zinsen seit dem 1. April 1934 trete ich an den Rentner und Hausbesitzer *Alfred Frank* in Lichterfelde unter Übergabe des Briefes ab und bewillige die Umschreibung auf den neuen Gläubiger im Grundbuch.

Lichterfelde, den 28. März 1934.

Max Busse.

(Beglaubigungsvermerk)"

„Hiermit trete ich, der Rentner und Hausbesitzer *Alfred Frank* in Lichterfelde, die mir gegen die Lichterfelder Dampfziegelei *Friedr. Wilh. Wolf* Söhne zustehende, im Grundbuch von Lichterfelde Band 1 Blatt 11 in Abt III unter Nr. 5 eingetragene Darlehnsforderung von 2 kg (i. W.) Feingold mit den 6% betragenden Zinsen seit dem 1. Oktober 1937 an den Kolonialwarenhändler *Fritz Wohlgemuth* in Lichterfelde ab.

Lichterfelde, den 3. Oktober 1937.

Alfred Frank.

(Beglaubigungsvermerk)"

„Geschäftsnummer: 5 VI 135/39.

Erbschein.

Erbin des zu Lichterfelde, seinem Wohnsitz, am 30. März 1939 verstorbenen Kolonialwarenhändlers *Fritz Wohlgemuth* ist die verwitwete Kolonialwarenhändler *Frieda Wohlgemuth* geb. *Pander* in Lichterfelde.

Für den Fall des Todes oder der Wiederverheiratung der Vorerbin *Frieda Wohlgemuth* sind die Abkömmlinge des Brauereibesitzers *Franz Hopf* in Hochberg aus seiner Ehe mit *Susanne* geb. *Wilhelmi* als Nacherben eingesetzt. Die Vorerbin ist zur freien Verfügung über die Vorerbschaft berechtigt.

Lichterfelde, den 10. Mai 1939.

Das Amtsgericht.

(gez.) *Richter.*

(Ausfertigungsvermerk)"

„Löschungsfähige Quittung.

Mein Ehemann, der am 30. März 1939 verstorbene Kolonialwarenhändler *Fritz Wohlgemuth*, war Gläubiger der im Grundbuch von Lichterfelde Band 1 Blatt 11 in Abt. III unter Nr. 5 eingetragenen Darlehnsforderung von 2 kg (i. W.) Feingold. Als Erbin nach *Fritz Wohlgemuth* bekenne ich wegen Forderung, Zinsen und Kosten von der Grundstückseigentümerin, offenen Handelsgesellschaft Lichterfelder Dampfziegelei *Friedr. Wilh. Wolf* Söhne in Lichterfelde, befriedigt zu sein. Ich bewillige die Löschung der Post im Grundbuch und verzichte auf Benachrichtigung von der erfolgten Löschung.

Lichterfelde, den 4. Oktober 1952.

Frieda Wohlgemuth geb. *Pander*.

(Beglaubigungsvermerk)"

„Bankhaus *Ferdinand Schilling*. Berlin, den 30. September 1952

Firma Lichterfelder Dampfziegelei *Friedr. Wilh. Wolf* Söhne
Lichterfelde.

Wir bestätigen Ihnen hierdurch, daß wir heute zu Ihren Lasten der Vereinsbank Lichterfelde eGmbH. in Lichterfelde zugunsten des dort geführten Kontos der verw. Frau *Frieda Wohlgemuth* daselbst den Betrag von 558.— DM, val. 1. Oktober, überwiesen haben.

Ferdinand Schilling."

„Quittung und Löschungsbewilligung.

Als Testamentsvollstrecker des am 8. Juni 1948 verstorbenen Gemüsegroßhändlers *Fritz Reuter* aus Lankwitz bekenne ich, wegen der für den Erblasser im Grundbuch von Lichterfelde Band 1 Blatt 11 in Abt. III unter Nr. 6 hypothekarisch eingetragenen Bürgschaftsforderung von 5000 RM (i. W.) nebst Zinsen und Kosten von der Grundstückseigentümerin offene Handelsgesellschaft Lichterfelder Dampfziegelei *Friedr. Wilh. Wolf* Söhne in Lichterfelde befriedigt zu sein. Ich bewillige die Löschung der Post im Grundbuch und verzichte auf Benachrichtigung von der erfolgten Löschung.

Berlin, den 1. Oktober 1952.

Ernst Gumpert.

(Beglaubigungsvermerk)"

‚Für mich, den Gärtner *Traugott Scholz* in Lichterfelde, stehen im Grundbuch von Lichterfelde Band 1 Blatt 11 in Abt. III unter Nr. 8 10000 (i. W.) Goldmark Restkaufgeld, mit 6% verzinslich, eingetragen. Diese Forderung nebst den Zinsen seit dem 1. Juni 1942 trete ich unter Übergabe des Briefes an den Kaufmann *Fritz Korn* in Köln ab und bewillige die Umschreibung der Post auf den neuen Gläubiger im Grundbuch.

Lichterfelde, den 27. Juni 1942.

Traugott Scholz.

(Beglaubigungsvermerk)"

„Löschungsfähige Quittung.

Als gerichtlich bestellter Nachlaßpfleger für die unbekannten Erben des am 5. Oktober 1951 in Köln, seinem Wohnsitz, verstorbenen Kaufmanns *Fritz Korn* bekenne ich, daß der Erblasser wegen der ihm gegen die Lichterfelder Dampfziegelei *Friedr. Wilh. Wolf* Söhne in Lichterfelde zustehenden, im Grundbuch von Lichterfelde Band 1 Blatt 11 in Abt. III unter Nr. 8 eingetragenen Restkaufgeldforderung von 10000 (i. W.) Goldmark nebst Zinsen durch die genannte Grundstückseigentümerin am 5. Januar 1943 befriedigt worden ist. Ich bewillige die Löschung der Post im Grundbuch und verzichte auf Löschungsnachricht.

Köln, den 5. Oktober 1952.

Ernst Walter.

(Beglaubigungsvermerk)"

Umstellung. A. Grundsätze. Die Umstellung der auf RM, GM oder Feingold lautenden Grundpfandrechte und Reallasten auf „Deutsche Mark" richtet sich nach dem Währungsgesetz 1948, dem Umstellungsgesetz vom 20. Juni 1948 (WiGBl Beil. 5 S. 13) und der 40. DurchführungsVO zum Umstellungsgesetz (40. DVO/UmstG). Für die Umstellung von Hypotheken, Grundschulden und Rentenschulden gelten grundsätzlich die Vorschriften über die Umstellung der durch das dingliche Recht gesicherten Forderung (§ 1^{I} 40. DVO/UmstG). In der Regel findet also eine Umstellung im Verhältnis 10 : 1 nach § 16^{I} UmstG statt, dagegen im Verhältnis 1 : 1 in den Fällen des § 18^{I} UmstG. Für Grundpfandrechte kommt die bevorzugte Umstellung insbesondere in Betracht bei Verbindlichkeiten aus Altenteilen und Renten, die der Versorgung des Berechtigten dienen (§ 18^{I} Nr. 1), Verbindlichkeiten aus einer Auseinandersetzung, deren Begriff von der Rechtsprechung weit ausgelegt wird (BGH NJW 1951, 921), sowie Verbindlichkeiten, die der Übernehmer eines Gutes oder Vermögens dem anderen Vertragsteil gegenüber zur Abfindung eines Dritten eingegangen ist (§ 18^{I} Nr. 3). Restkaufgeldverbindlichkeiten gegenüber dem Veräußerer genießen also keinen Vorzug (anders in Westberlin, s. unten); als Rentenverbindlichkeiten können sie u. U. nach § 18^{I} Nr. 1 im Verhältnis 1 : 1 umgestellt sein, wenn der Kaufpreis in regelmäßig wiederkehrenden Teilzahlungen zu tilgen ist, die der Versorgung des Verkäufers zu dienen bestimmt sind (BGH DNotZ 1955, 248). Nicht zu Sicherungszwecken bestellte Fremdgrundschulden werden entweder nach § 16^{I} UmstG im Verhältnis 10 : 1 oder, wenn sie auf einem Rechtsverhältnis der in § 18^{I} UmstG bezeichneten Art beruhen, im Verhältnis 1 : 1 umgestellt (§§ 1^{II}, 2 Nr. 6a, 40. DVO/UmstG). Diese Regelung wird ergänzt durch § 2, 40. DVO/UmstG, der in den Nr. 1—6 eine Reihe von Tatbeständen aufstellt, bei deren Vorliegen das dingliche Recht im Verhältnis 1 : 1 umgestellt wird, nämlich a) Nr. 1: Grundpfandrechte, bei denen die gesicherte Forderung nicht dem Umstellungsgesetz unterliegt (z. B. eine Fremdwährungsforderung oder eine Wertschuld ist oder nach dem Währungsrecht der Sowjetzone umgestellt wird), oder nach den Vorschriften des Umstellungsgesetzes erlischt (§ 18^{III} UmstG: Forderungen zwischen Geldinstituten im Währungsgebiet) oder nicht umgestellt wird (§ 14 UmstG: Verbindlichkeiten des Reichs usw.). b) Nr. 2: Höchstbetragshypotheken und ihnen wirtschaftlich gleichstehende Grundschulden. c) Nr. 3: Grundpfandrechte, die beim Ablauf des 20. Juni 1948 dem Eigentümer zustanden oder gegen deren Geltendmachung ihm zu diesem Zeitpunkt eine nicht nur dilatorische Einrede zustand. d) Nr. 4 i.d.F. des § 102 des Gesetzes zur Durchführung des Abkommens über deutsche Auslandsschulden vom 24. August 1953 (BGBl I 1003): Grundpfandrechte, die beim Ablauf des 20. Juni 1948 Angehörigen der Vereinten Nationen zustanden oder an solche Personen verpfändet oder sicherungshalber abgetreten waren, unter bestimmten weiteren Voraussetzungen. e) Nr. 5: Hypotheken über RM-Forderungen, die dem Gläubiger für eine auf ausländische Währung lautende Forderung Sicherheit bieten sollten (dazu KG NJW 1957, 105). f) Nr. 6: Nicht zu Sicherungszwecken bestellte Fremdgrundschulden, wenn sie auf einem Rechtsverhältnis der in § 18^{I} UmstG bezeichneten Art beruhen oder wenn bei ihnen die Voraussetzungen vorliegen, unter denen eine RM-Verbindlichkeit erlischt oder nicht auf Deutsche Mark umgestellt wird (vgl. oben zu a).

B. Erfassung des Schuldnergewinns: § 16^{III} UmstG bestimmt, daß die Heranziehung der Schuldnergewinne zum Lastenausgleich der deutschen Gesetzgebung obliegt. Das geschah zunächst durch das Gesetz zur Sicherung von Forderungen für den Lastenausgleich vom 2. September 1948 (WiGBl 87) i.d.F. des Gesetzes vom 10. August 1949 (WiGBl 232). Bei Umstellung des Grundpfandrechts im Verhältnis 10 : 1 entstand unmittelbar im Range danach in Höhe von 9/10 des RM-Betrages eine der Eintragung nicht bedürftige „Umstellungsgrundschuld" der öffentlichen Hand, die nicht den Charakter einer öffentlichen Last hatte, sondern als selbständige Belastung, nicht etwa als Teilbetrag des umgestellten Rechts, eine echte Grundschuld im Sinne des bürgerlichen Rechts war (BGH DNotZ 1952, 365; BayObLG 1952, 311). Nach den Bestimmungen des § 13^{II} S. 2 1. DVO/LASG vom 7. September 1948 (WiGBl 88) und der §§ 12, 15$^{II, III}$ 2. DVO/LASG vom 8. August 1949 (WiGBl 233) war sie nur eintragungsfähig, wenn sie infolge Tilgung oder Ablösung oder Verzichts der grundschuldverwalteten Stelle auf den Eigentümer übergegangen war. Diese Regelung ist durch das Gesetz über den Lastenausgleich vom 14. August 1952 (BGBl. 446) i.d.F. vom 1. Oktober 1969 (BGBl. I 1909) überholt. Danach sind die Umstellungsgrundschulden grundsätzlich mit dem 1. September 1952 (§ 120^{I} LAG), in besonderen Fällen mit dem 31. März 1953 (§ 119^{I}) erloschen, soweit sie nicht vor dem Inkrafttreten des LAG auf den Eigentümer übergegangen sind. In diesem Falle bedürfen sie vom 1. April 1953 ab zu ihrer Wirksamkeit gegenüber dem öffentlichen Glauben des Grundbuchs der Eintragung (§ 120^{II}). — An die Stelle des Systems der Umstellungsgrundschulden ist die Hypothekengewinnabgabe getreten, die auch dann, wenn sie aus mehreren Grundpfandrechten entstanden ist, als einheitliche öffentliche Last auf dem Grundstück ruht und nach § 10^{I} Nr. 3 ZVG allen privatrechtlichen Grundstücksbelastungen im Range vorgeht. Jedoch decken sich die Fälle, in denen eine Umstellungsgrundschuld entstanden war, nicht immer mit den Fällen, in denen nach dem LAG eine öffentliche Last entsteht. Die Darstellung der Einzelheiten (vgl. dazu Henke-Mönch-Horber, GBO, 10. Aufl. Anhang zu § 22 Erl. 3) muß hier unterbleiben. Die öffentliche Last wird in Abweichung von § 54 GBO auf Ersuchen des Finanzamts in Abt. II des Grundbuchs vermerkt (§ 111a LAG); sie erlischt, wenn sie nicht bis zu einem bestimmten Zeitpunkt, im allgemeinen bis Ende des Jahres 1965, im Grundbuch eingetragen ist (§§ 111a^{II}, 111c^{II} LAG). Dadurch wird gewährleistet, daß das Bestehen der öffentlichen Last aus dem Grundbuch selbst ersichtlich ist. — Eine gewisse Verbindung zwischen privatrechtlichen Grundstückslasten und der öffentlichen Last wird dadurch hergestellt, daß Grundpfandrechte ein Befriedigungsvorrecht vor der öffentlichen Last haben können. Kraft Gesetzes besteht ein solches Vorrecht vor allem für Grundpfandrechte, die vor oder im gleichen Range mit einer der Umstellungsgrundschulden, denen die öffentliche Last entspricht, zu befriedigen gewesen wären, wenn die Zwangsversteigerung vor dem 1. September 1952 durchgeführt worden wäre (§ 113^{I} S. 1 LAG). Auf Grund einer Bewilligung der mit der Verwaltung der Hypothekengewinnabgabe beauftragten Stelle (§ 139 LAG i. V. m. § 4^{I} Nr. 8 der 4. AbgabenDV-LA vom 8. Oktober 1952, BGBl I 662) kann das Befriedigungsvorrecht solchen Grundpfandrechten bewilligt werden, die der Sicherung eines Aufbaukredits dienen (§ 116 LAG). Beide Arten von Vorrechten sind eintragungsfähig, wenn auch nicht eintragungsbedürftig (§ 117 LAG). Das eingetragene Vorrecht genießt den Schutz des öffentlichen Glaubens des Grundbuchs (§ 117^{II}).

C. Eintragung der Umstellung in das Grundbuch. Die Umstellung der Grundpfandrechte hat sich außerhalb des Grundbuchs kraft Gesetzes vollzogen. Es liegt daher hinsichtlich der Eintragung der Währungseinheit ein Fall der Unrichtigkeit des Grundbuchs vor (LG Berlin, NJW 1954, 1006; BGHZ 16, 101 = NJW 1955, 342; Henke-Mönch-Horber, a.a.O., Anhang zu § 22 Erl. 4). Das Eintragungsverfahren ist in § 5 40. DVO/UmstG besonders geregelt. Danach bedarf es zur Eintragung des Umstellungsbetrages der Bewilligung des Gläubigers und des Eigentümers. Aus den auch hier anzuwendenden allgemeinen Vorschriften des Grundbuchverfahrens ergibt sich, daß diese Erklärungen öffentlich beglaubigt sein müssen (§ 29^{I} S. 1), daß die Eintragung nur auf Antrag erfolgt (§ 13^{I}) und daß bei Briefrechten der Brief vorzulegen ist (§ 41). Soll ein das regelmäßige Umstellungsverhältnis (10 : 1) übersteigender Umstellungsbetrag eingetragen werden, so bedarf es nach § 5^{I} S. 2, 40. DVO/UmstG der Zustimmung des Finanzamts, an dessen Stelle gemäß § 139 LAG i. V. m. § 4^{I} Nr. 11, 4. AbgabenDV-LA die beauftragte Stelle, nämlich das mit der Verwaltung der Hypothekengewinnabgabe beauftragte Kreditinstitut, getreten ist. Die rechtliche Bedeutung dieser Zustimmung für das Grundbuchverfahren ist bestritten; teils wird angenommen, daß sie für das Grundbuchamt bindend sei (SchleswHolst OLG DNotZ 1950, 134; BayObLG NJW 1952, 506); richtigerweise wird man mit dem LG Berlin a.a.O. annehmen müssen, daß die Zustimmung als privatrechtliche Willenserklärung im Rahmen der Verwaltung des Finanzvermögens des Bundes (Lastenausgleichsfonds) die Bedeutung einer Berichtigungsbewilligung eines möglicherweise Betroffenen hat (ähnlich OLG Bremen, NJW 1958, 386).

Besteht über die Umstellung des Grundpfandrechts oder der Forderung, nach der sie sich richtet, Streit oder Ungewißheit, so entscheidet auf Antrag eines Beteiligten ausschließlich das Amtsgericht, in dessen Bezirk das Grundstück gelegen ist, im Verfahren der freiwilligen Gerichtsbarkeit (§ 6, 40. DVO/UmstG). Die Entscheidung ist für Gerichte und Verwaltungsbehörden bindend (§ 6^{III} S. 5). Sie ersetzt zugleich die Umstellungsbewilligung der Beteiligten und die Zustimmung der beauftragten Stelle, da der Nachweis der Unrichtigkeit im Sinne des § 22^{I} S. 1 GBO durch die Entscheidung erbracht wird.

Dem Abschluß des Umstellungsverfahrens dient das GBMaßnG vom 20. Dezember 1963 (BGBl. I 986). Danach kann der Antrag, bei einem Recht einen die Normalumstellung (10 : 1) übersteigenden Betrag einzutragen, nach dem Ende des Jahres 1964 nur noch unter den Beschränkungen des § 1 GBMaßnG gestellt werden, und nach § 3 GBMaßnG kann nach dem Ende des Jahres 1965 ein die Normalumstellung übersteigender Betrag nur noch unter den dort genannten engen Voraussetzungen eingetragen werden. Darf hiernach ein die Normalumstellung übersteigender Betrag nicht mehr eingetragen werden, so ist die Hypothek im Verhältnis 10:1 umgestellt, während die persönliche Forderung unberührt bleibt (§ 7 GBMaßnG); waren Hypothek und Forderung in Wirklichkeit in einem höheren Verhältnis umgestellt, so kann der Gläubiger verlangen, daß der Eigentümer ihm in Höhe der Minderung eine weitere Hypothek an bereitester Rangestelle bestellt (§ 10 GBMaßnG). Die Eintragung der Umstellung im Verhältnis 10:1 wird dadurch gefördert, daß das Antragsrecht erweitert und eine Berichtigung auch von Amts wegen zugelassen wird (§ 8 GBMaßnG).

In Westberlin gilt eine im wesentlichen entsprechende Regelung auf Grund der Umstellungs-VO vom 4. Juli 1948 (VOBl 374) und des Gesetzes über die Umstellung von Grundpfandrechten und über Aufbaugrundschulden (GUG) vom 9. Januar 1951 (VOBl 71) i.d.F. des Änderungsgesetzes vom 15. Januar 1953 (GVBl 61); dazu Nehlert, Grundpfandrechte und Währungsumstellung, 1951, mit Nachtrag 1953. Die hauptsächlichen Abweichungen bestehen darin, daß in Höhe von 9/10 des RM-Nennbetrages eine sog. Aufbaugrundschuld entstanden war, die zunächst von Amts wegen in das Grundbuch eingetragen wurde, dem jeweiligen Eigentümer zustand (§ 1 der 1. DVO vom 2. Mai 1951, VOBl 334) und über die nur mit Genehmigung der öffentlichen Hand verfügt werden durfte. Ferner sind in Abweichung von § 18^{I} Nr. 3 UmstG auch Restkaufgeldforderungen im Verhältnis 1 : 1 umgestellt, es sei denn, daß die Verbindlichkeit vor dem 1. September 1939 begründet worden oder durch Abtretung auf einen familienfremden Dritten übergegangen ist (§ 6 GUG). Für die Hypothekengewinnabgabe enthalten die §§ 142—160 LAG Sondervorschriften für Westberlin.

D. Veränderung und Löschung umgestellter Rechte. Ein unmittelbarer gesetzlicher Zwang, die Eintragung der Umstellung herbeizuführen, besteht für die Beteiligten nicht. Mittelbar kann der Grundsatz der Voreintragung dazu nötigen (§ 39 GBO). Da nach dem Zweck dieser Bestimmung (oben S. 676) das Recht so eingetragen sein muß, wie es der materiellen Rechtslage und der sich anschließenden neuen Eintragung entspricht, erfordert die Eintragung einer Veränderung des umgestellten Rechts die vorherige Eintragung der Umstellung (BGH NJW 1955, 342 für Abtretung; im einzelnen Kosack, JR 1956, 42 und 83). Die Löschung dagegen erfordert die Voreintragung der Umstellung nicht (BGH NJW 1955, 1877), ebensowenig die pfandfreie Abschreibung eines Grundstücksteils (BGH NJW 1955, 1878). Die mangelnde Voreintragung der Umstellung steht daher den Löschungsanträgen der Lichterfelder Dampfziegelei nicht entgegen.

Zu den allgemeinen Eintragungsvoraussetzungen treten bei der Löschung von Hypotheken zwei weitere Erfordernisse.

Einmal die Zustimmung des Grundstückseigentümers. Von dem Grundsatz, daß Grundstücksbelastungen durch einseitige Erklärung des Berechtigten nebst Eintragung aufgehoben werden (§ 875 BGB, vgl. auch § 928^{I}), gilt nämlich für Hypotheken, Grund- und Rentenschulden — sowohl Brief- wie Buchrechte — eine Ausnahme. Denn Grundpfandrechte können als Eigentümerhypotheken oder -grundschulden auf den Eigentümer übergehen (§§ 1143 I, 1163 I S. 2, 1168 I, 1170 II, 1173, 1177, 1182, 1192 I). Dem Eigentümer soll die Möglichkeit, die Hypothek zu erwerben, erhalten bleiben. Deshalb schreibt das Gesetz vor, daß die rechtsgeschäftliche Aufhebung von Hypotheken, Grund- und Rentenschulden nur mit seiner Zustimmung geschehen darf. §§ 1183 BGB. Nach formellem Liegenschaftsrecht ist darüber hinaus zu jeder auf eine Bewilligung des Gläubigers gestützten Löschung dieser Rechte die Zustimmung des Eigentümers erforderlich, auch wenn nach materiellem Recht der Löschung nicht die rechtsgeschäftliche Aufhebung, sondern die Unrichtigkeit des Grundbuchs zugrundeliegt, es sei denn, daß die Unrichtigkeit nachgewiesen wird (§ 27 GBO). Die Zustimmung ist jedoch nicht erforderlich, wenn die Löschung der Verteilung der Gesamthypothek durch den Gläubiger nach § 1132 II dient (RG 70, 93) oder wenn sie auf einem Verzicht des Gläubigers einer Gesamthypothek auf die Hypothek an einem der Grundstücke beruht (§ 1175 I S. 2, JFG 23, 322). Dem wird der Fall gleichgestellt, daß der Gläubiger die pfandfreie Abschreibung eines Grundstücksteils bewilligt (vgl. § 46 II GBO, Löschung durch Nichtmitübertragung; KG JW 1937, 1553). — Der Löschungsantrag der Firma Wolf ist also nicht nur Verfahrensantrag, sondern er enthält zugleich eine zur Eintragung erforderliche Erklärung. Er bedurfte daher der öffentlichen Beglaubigung (§§ 27, 29, 30 GBO).

Ferner bedarf es der Vorlegung der Briefe. Da Briefhypotheken, Grund- und Rentenschulden außerhalb des Grundbuchs durch schriftliche Abtretungserklärung und Briefübergabe abgetreten werden können, wird der Gläubiger durch seine Eintragung im Grundbuch allein nicht legitimiert. Zu jeder Eintragung, die „bei" einer Briefpost erfolgen soll, muß der Brief dem Grundbuchamt eingereicht werden, welches dann die erfolgte Eintragung auf dem Briefe vermerkt, um ihn in Übereinstimmung mit dem Grundbuch zu erhalten. Im Fall der Löschung ist der Brief unbrauchbar zu machen. §§ 41, 42, 62, 69, 70.

Urkundlicher Nachweis nach § 1155 BGB. Zwischeneintragung des Erben. Bewilligung des befreiten Vorerben. Die Hypothek Abt. III Nr. 5 ist vom letzten eingetragenen Gläubiger Busse an Frank, von diesem an Wohlgemuth abgetreten, alsdann von Wohlgemuth auf seine Witwe vererbt worden. Nach der Regel des § 39 I GBO (S. 676) müßten, damit dem Löschungsantrag stattgegeben werden kann, zunächst die Zwischenberechtigten eingetragen werden. Von dem Grundsatz der Voreintragung des Betroffenen bestehen aber zwei Ausnahmen:

a) Bei Briefhypotheken, -Grundschulden oder -Rentenschulden wird die Eintragung des Bewilligenden dadurch ersetzt, daß sein Gläubigerrecht durch eine dem § 1155 BGB entsprechende, auf einen eingetragenen Gläubiger zurückführende zusammenhängende Reihe mindestens öffentlich beglaubigter Erklärungen nachgewiesen ist und er sich außerdem im Besitz des Briefes befindet. § 39 II GBO. Diese Befreiung gilt für Eintragungen jeder Art.
b) Ferner ist die Zwischeneintragung des Erben entbehrlich, falls lediglich eine Übertragung des Rechts, die allerdings auch mit einer von den Erben bewilligten Inhaltsänderung verbunden sein kann (KGJ 36 A 241), oder die Löschung des Rechts eingetragen werden soll, während es für die Eintragung von Veränderungen (z.B. neuer Verzinsungs- und Kündigungsbedingungen, Umwandlung einer Grundschuld in eine Hypothek) oder abgeleiteter Rechte (Hypothekenbestellung, wenn der Erbe Grundstückseigentümer; Hypothekenverpfändung, wenn er der Hypothekengläubiger ist) bei dem Erfordernis der vorherigen Eintragung des Erben verbleibt. § 40 I.

Die beiden Befreiungsfälle können, wie in unserem Falle, miteinander verbunden werden. RG 88, 349; KGJ 36 A 242. Anders ausgedrückt: in der Reihe der Urkunden nach § 1155 BGB zählt auch der Erbschein oder sonstige grundbuchmäßige Nachweis der Erbfolge.

Für Buchhypotheken gilt § 39^{II} nicht. Doch kann bei ihnen die Eintragung der Zwischenmänner aus anderem Grunde entfallen. A hatte eine ihm gehörende Sicherungshypothek in beglaubigter Form an B abgetreten, B trat in gleicher Form an C weiter ab, und C wurde eingetragen, ohne daß B jemals im Grundbuch gestanden hätte. Mangels Eintragung war B nicht Hypothekengläubiger geworden (arg. § 1154^{III}). Er hatte demnach als Nichtberechtigter über die Hypothek verfügt. Aber Verfügungen eines Nichtberechtigten sind nach § 185^{I} wirksam, falls sie mit Einwilligung des Berechtigten erfolgen, und in der Abtretungserklärung des A wurde seine Zustimmung zu allen weiteren Verfügungen des B gefunden! Mit dieser Erwägung läßt sich auch die Eintragung eines Eigentümers ersparen, indem bei einer Kette aufeinander folgender Auflassungen nur der letzte Erwerber als Eigentümer im Grundbuch eingetragen wird. Sofern nicht im Einzelfalle besondere Umstände für das Gegenteil sprechen, wird in der ersten Auflassung die in § 185^{I} vorgesehene, nach § 873^{II} unwiderruflich bindende Einwilligungserklärung des eingetragenen Eigentümers dazu gefunden, daß der Erwerber als Nichteigentümer dem Dritten Eigentum überträgt. RG 54, 364; JW 1929, 742^{14}; KGJ 47, 158; 53, 145; Meikel-Imhof-Riedel § 39 Anm. 15, § 19 Anm. 72, § 20 Anm. 66.

Der Erbschein weist Frau Wohlgemuth als befreite Vorerbin ihres Mannes aus. §§ 35^{I} S. 1 GBO, 2137^{II}, 2363 BGB. Genügt ihre Bewilligung zur Löschung, oder muß die Zustimmung der Nacherben, d. h. des für die Hopfsche Deszendenz zu bestellenden Pflegers, in grundbuchmäßiger Form (§ 29 GBO) mit vormundschaftsgerichtlicher Genehmigung beigebracht werden?

Von den beiden in § 2113 BGB angeordneten Verfügungsbeschränkungen gilt die des Abs. I (Verfügung über Grundstücke oder Rechte an Grundstücken einschließlich Hypotheken, Grund- und Rentenschulden) nur für unbefreite, die des Abs. II (unentgeltliche Verfügungen mit Ausnahme von Anstandsschenkungen) auch für befreite Vorerben (arg. § 2136). Wenn also die Löschung eine unentgeltliche Verfügung darstellt, so braucht Frau Wohlgemuth dazu eine Genehmigung der Nacherben. Doch ist eine vom Vorerben ohne die gemäß § 2113 erforderliche Zustimmung des Nacherben vorgenommene Verfügung keineswegs nichtig, sondern lediglich bedingt, nämlich „im Fall des Eintritts der Nacherbfolge“, und nur „insoweit, als sie das Recht des Nacherben vereiteln oder beeinträchtigen würde“, also begrenzt, unwirksam. Ob der Nacherbfall überhaupt eintreten wird, läßt sich im voraus nicht übersehen; man denke an Nacherbfolge für den Fall der Wiederverheiratung der Vorerbin, oder an die Möglichkeit, daß die Nacherben die ihnen anfallende Erbschaft ausschlagen (§ 2142^{II}). Deshalb rechtfertigt das Fehlen der an sich notwendigen Zustimmung des Nacherben grundsätzlich nicht die Zurückweisung des Eintragungsantrags (S. 215). Vielmehr wird der Verfügung des Vorerben stattgegeben, aber gemäß § 51 GBO das Recht des Nacherben eintragen; dieser Vermerk bleibt bestehen und schützt dauernd die Rechte des Nacherben, da er einen etwaigen gutgläubigen Erwerb vom Vorerben ausschließt (vgl. § 2113^{III} BGB). Gerade im Fall der Löschung versagt aber dieser Ausweg, weil es grundbuchtechnisch unmöglich ist, das Recht zu löschen und den Nacherbenvermerk aufrechtzuerhalten. Folglich heißt hier die Alternative nicht: Eintragung ohne oder mit Aufrechterhaltung des Nacherbenvermerks, sondern: Löschung oder Ablehnung, und es hängt alles von der Entgeltlichkeit oder Unentgeltlichkeit ab. Der Begriff der unentgeltlichen Verfügung ist nicht gleichbedeutend mit dem der Schenkung nach § 516 BGB. Insbesondere müssen Leistung und Gegenleistung nicht unbedingt objektiv gleichwertig sein; es genügt, wenn die Leistungen von den Beteiligten für die von ihnen verfolgten Zwecke einander gleichgestellt werden und die Maßnahme des Vorerben von ihm nach den Grundsätzen einer ordnungsmäßigen Verwaltung (§§ 2120,

2130) verantwortet werden kann (RG 105, 248; KG OLGZ 1968, 337). Es ist also gleichzeitig ein objektiver und ein subjektiver Maßstab anzulegen. Nach feststehender Rechtsprechung liegt eine unentgeltliche Verfügung über einen Erbschaftsgegenstand vor, wenn der Vorerbe — objektiv betrachtet — ohne gleichwertige Gegenleistung ein Opfer aus der Erbschaftsmasse bringt und — subjektiv betrachtet — entweder weiß, daß dem Opfer keine gleichwertige Gegenleistung an die Erbschaftsmasse gegenübersteht oder doch bei ordnungsmäßiger Verwaltung der Masse unter Berücksichtigung seiner künftigen Pflicht, die Erbschaft an den Nacherben herauszugeben, das Fehlen oder die Unzulänglichkeit der Gegenleistung hätte erkennen müssen (RG 125, 245; BGH 5, 174; 7, 274; KG OLGZ 1968, 337). Dabei ist es unschädlich, wenn die ausbedungene Gegenleistung nicht dem Nachlaß, sondern dem Vorerben selbst zufließt, z.B. in Gestalt von Altenteilsleistungen als Gegenwert für die Veräußerung eines Grundstücks (BGH NJW 1955, 1354). Ein entgeltliches Rechtsgeschäft kann daher z. B. vorliegen, wenn der Vorerbe über ein streitiges Rechtsverhältnis einen Vergleich schließt, ja sogar, wenn er einen Grundstücksteil unentgeltlich als Straßenland veräußert, wenn durch die Anlegung der Straße für das Restgrundstück eine Werterhöhung zu erwarten ist (KG OLGR 23, 342).

Im Grundbuchverkehr ist der Nachweis der Entgeltlichkeit der Verfügung des befreiten Vorerben jedenfalls dann erbracht, wenn der Nacherbe in der Form des § 29 GBO die Entgeltlichkeit anerkennt oder seine Einwilligung erteilt (RG 65, 223). Die Notwendigkeit eines Nachweises entfällt aber, wenn die Unentgeltlichkeit durch die Natur der Sache oder die Sachlage ausgeschlossen wird (RG 69, 260; OLG München, JFG 18, 173). Dabei wird sich der Grundbuchrichter häufig an Stelle eines zwingenden Nachweises in freier Beweiswürdigung mit auf der allgemeinen Lebenserfahrung beruhenden Erwägungen begnügen können, um den Grundbuchverkehr nicht lahmzulegen oder zu erschweren. Der Amtsermittlungsgrundsatz (§ 12 FGG) gilt aber auch hier, wie allgemein im Grundbuchantragsverfahren, nicht. Zum Ganzen BayObLG in NJW 1956, 992; KG OLGZ 1968, 337.

Nach diesen Grundsätzen braucht die Zustimmung der Fritz Wohlgemuthschen Nacherben nicht beschafft zu werden. Die Löschung erfolgt im Rahmen einer allgemeinen Ablösung der Belastungen, besondere Beziehungen zwischen dem Grundstückseigentümer und der Vorerbin, die den Verdacht nahelegen könnten, daß die Vorerbin die Hypothek ohne wirkliche Auszahlung löschen lassen und obendrein in der Löschungsbewilligung wahrheitswidrig den Empfang des Geldes bescheinigen könnte, sind nicht zu ersehen, und schließlich weist die Grundstückseigentümerin durch die (wenn auch unbeglaubigte) Bankbestätigung die Auszahlung des auf Deutsche Mark umgestellten Betrages nach.

Grundbuchmäßiger Testamentsvollstreckerausweis. Testamentsvollstrecker und Nacherbe. In den Reuterschen Testamentsakten finden wir das 1943 notariell errichtete Testament des Erblassers, welches lautet:

„§ 1. Ich setze meine Tochter *Manon Reuter*, geboren am 3. Mai 1938, zu meiner alleinigen Erbin ein.

§ 2. Solange meine Tochter nicht das 24. Lebensjahr vollendet hat, soll die Verwaltung des Nachlasses durch meinen Schwager, Hoteldirektor *Ernst Gumpert* in Berlin, als Testamentsvollstrecker geführt werden.

§ 3. Für den Fall, daß meine Tochter vor Erreichung des 24. Lebensjahres ohne Hinterlassung ehelicher Abkömmlinge versterben sollte, substituiere ich ihr als Nacherben:

(folgt eine Reihe von Neffen und Nichten des Erblassers und seiner vorverstorbenen Ehefrau).“

Das Testament ist nach Reuters Tod eröffnet worden. Die Nachlaßakten enthalten folgende Erklärung:

„An das Amtsgericht Lichterfelde.

Der am 8. Juni 1948 zu Lankwitz, seinem Wohnsitz, verstorbene Gemüsegroßhändler *Fritz Reuter* hat mich in seinem notariell errichteten, am 20. Juni 1948 vom Amtsgericht Lichterfelde eröffneten Testament vom 21. September 1943 zum Testamentsvollstrecker ernannt. Dieses Amt nehme ich hiermit an.

Berlin, den 1. Juli 1948.

Ernst Gumpert.

(Beglaubigungsvermerk)"

Ein Testamentsvollstreckerzeugnis ist noch nicht erteilt. Bekanntlich wird der Erbe gegenüber dem Grundbuchamt regelmäßig „nur" durch Erbschein, der Testamentsvollstrecker „nur" durch Testamentsvollstreckerzeugnis ausgewiesen. § 35 I S. 1, Abs. II (erster Satzteil) GBO. Das Gericht kann sich aber nach seinem Ermessen für den Nachweis der Erbfolge auch mit einem öffentlichen Testament nebst Eröffnungsprotokoll begnügen (§ 35 I S. 2), und diese Vorschrift findet auf den Nachweis der Befugnis des Testamentsvollstreckers „entsprechende" Anwendung (Abs. II, Halbs. 2). Um vom Testamentsvollstreckerzeugnis absehen zu können, muß darnach in erster Linie ein in öffentlicher Form errichtetes, inhaltlich klares und in seiner Rechtsgültigkeit unbedenkliches Testament nebst zugehöriger Eröffnungsverhandlung vorliegen. Nach § 2202 I/BGB beginnt aber das Vollstreckeramt erst mit dem Zeitpunkt, zu welchem der Ernannte die Annahme erklärt. Mithin muß auch die Annahme in der allgemeinen grundbuchmäßigen Form des § 29 nachgewiesen sein. Die — vom materiellen Recht (§ 2202 BGB) nicht vorgeschriebene — Beglaubigung der Annahme und das öffentliche Testament ersparen mithin Gumpert die Beibringung eines Testamentsvollstreckerzeugnisses.

Zur Verwendung bei auswärtigen Grundbuchämtern stellen die Nachlaßgerichte dem Vollstrecker auf Antrag eine Bescheinigung über den Eingang der Annahmeerklärung nach Art. 31 PrFGG aus. War die Annahme unbeglaubigt erklärt, so kann das Nachlaßgericht trotzdem den Eingang der Annahmeerklärung des Testamentsvollstreckers bescheinigen, wenn es die Unterschrift kennt.

Der Referendar: Nach § 2205 S. 3 BGB darf der Testamentsvollstrecker keine unentgeltliche Verfügungen über den Nachlaß treffen. Wir müssen also denselben Entgeltlichkeitsnachweis verlangen, wie bei Verfügungen eines befreiten Vorerben. Gumpert hat zwar eine löschungsfähige Quittung ausgestellt, aber die Auszahlung der Hypothekensumme an ihn ist in keiner Weise nachgewiesen oder auch nur wahrscheinlich gemacht. Daher möchte ich diesen Teil des Löschungsantrags beanstanden, zumal die Zustimmung der Nacherben fehlt.

Der Richter: Bezüglich des Entgeltlichkeitsnachweises haben Sie grundsätzlich recht. Für die Verfügungsbefugnis des Testamentsvollstreckers gelten dieselben Grundsätze wie für den befreiten Vorerben. Nur ist zu beachten, daß eine unentgeltliche Verfügung des Testamentsvollstreckers schlechthin unwirksam ist und auch durch die Zustimmung des Erben nicht wirksam werden kann (RG 74, 218; 105, 247; OLG Düsseldorf JMBl. NRW 1966, 272; Kipp-Coing Erbrecht § 68 IV 2; a.M. Staudinger-Dittmann, BGB, 11. Aufl. § 2205 Anm. 37, Palandt-Keidel, BGB § 2205 Anm. 3, für den Fall, daß eine Schädigung anderer Nachlaßbeteiligter, wie Gläubiger oder Nacherben, nicht möglich ist und das Geschäft dem wirklichen oder mutmaßlichen Willen des Erblassers nicht widerspricht; ähnlich v. Lübtow, JZ 1960, 151). Da der Nachweis der Entgeltlichkeit regelmäßig in der Form des § 29I nicht wird geführt werden können, hat der Grundbuchrichter unter eigener Verantwortung die Verfügungsbefugnis des Testamentsvollstreckers selbständig zu prüfen. Die Rechtsprechung hat dafür folgenden Grundsatz aufgestellt: Eine entgeltliche Verfügung ist anzunehmen, wenn die dafür maßgebenden Beweggründe im einzelnen angegeben werden und verständlich und der Wirklichkeit gerecht erscheinen und wenn begründete Zweifel an der Pflichtmäßigkeit der Verfügung nicht ersichtlich sind (KG JFG 7, 284; 18, 161; KG OLGZ 1968, 215, OLG München JFG 21, 242). Hier besteht kein Anlaß, anzunehmen, daß Gumpert die löschungsfähige Quittung ohne Gegenleistung ausgestellt haben sollte. Wenn Sie aber die Zustimmung der Nacherben verlangen, so übersehen Sie, daß der Testamentsvollstrecker aus eigenem Recht und nicht im Namen des Erben verfügt. Wie es bei Vorhandensein eines mit Verwaltungsrecht ausgestatteten Vollstreckers keiner vormundschaftsgerichtlichen Genehmigung für minderjährige Erben bedarf (S. 56), so ist auch die Beschränkung des Erben durch Einsetzung von Nacherben dem Testamentsvollstrecker gegenüber ohne Bedeutung, denn er handelt für alle als Erben in Betracht kommenden Personen schlechthin (Backs, DFG 1937, 47).

Zwischeneintragung der Erbin kommt selbstverständlich nicht in Betracht, da die Hypothek gelöscht werden soll (S. 231). Vgl. außerdem über die Befreiung von der Zwischeneintragung bei Verfügungen eines Testamentsvollstreckers S. 262.

Prüfung der Vertretungsmacht des gesetzlichen Vertreters.

Der Referendar: Zu den Erklärungen des Nachlaßpflegers Walter betreffend die Hypothek Abt. III Nr. 8 fehlt noch die Genehmigung des Nachlaßgerichts.

Der Richter: Ich fürchte nur, daß das Nachlaßgericht die Erteilung der Genehmigung ablehnen wird, weil schon der Erblasser selbst durch die Entgegennahme des Hypothekenkapitals im Jahre 1943 über die Forderung verfügt hat, eine genehmigungsbedürftige Verfügung des Nachlaßpflegers also nicht vorliegt. Der Nachlaßpfleger erklärt zwar am Schluß der Urkunde vom 5. Oktober 1952, daß er die Löschung der Hypothek bewillige. Eine solche Erklärung stellt, wenn sie für sich allein abgegeben wird (wie hier im Fall der Hypothek Abt. III Nr 2), materiellrechtlich eine Aufgabeerklärung nach § 875 BGB dar. Deshalb kann auch eine reine Löschungsbewilligung nur zur Löschung der Hypothek, nicht aber zu ihrer Umschreibung auf den Eigentümer führen. Wenn die Löschung aber im Anschluß an die Erklärung des Gläubigers, wegen seiner Forderung durch den Eigentümer befriedigt zu sein, bewilligt wird, ist die Bewilligung rechtlich bedeutungslos, weil das Empfangsbekenntnis des Gläubigers beweist, daß er jetzt nicht mehr Inhaber des Rechts ist, die Hypothek vielmehr gemäß den §§ 362^{I}, 1163^{I} S. 2, 1177 BGB auf den Eigentümer als Grundschuld übergegangen ist. Die Urkunde vom 5. Oktober 1952 kommt daher nur als Nachweis der Unrichtigkeit des Grundbuchs im Sinne des § 22^{I} GBO hinsichtlich der Person des Berechtigten in Betracht. Wir müssen also prüfen, ob durch die vorgelegte Quittung das Erlöschen der Forderung und damit der Übergang der Hypothek auf den Eigentümer nachgewiesen ist. Hätte der Nachlaßpfleger bekannt, daß die geschuldete Leistung an ihn bewirkt worden ist, so wäre allerdings die Genehmigung des Nachlaßgerichts nach den §§ 1962, 1915, 1812 BGB erforderlich gewesen. Zwar ist die Erteilung einer Quittung keine Verfügung im Sinne des § 1812 BGB, sondern nur das Bekenntnis des Ausstellers über die Tatsache, daß er die Leistung empfangen hat, und damit ein Beweismittel (Staudinger, 9. Aufl. § 1812 Anm. 1b; RG 108, 55). Der Genehmigung des Gegenvormundes oder des Vormundschaftsgerichts bedarf daher an sich nur die Annahme der geschuldeten Leistung durch den Vormund oder Pfleger. Diese Genehmigung liegt aber inhaltlich regelmäßig in der Genehmigung des Empfangsbekenntnisses (KGJ 50, 220).

Die nachlaßgerichtliche Genehmigung zu der bloßen Quittung des Nachlaßpflegers wäre daher nicht erforderlich, wenn der Nachweis der Zahlung an den Erblasser in einer für das Grundbuchverfahren ausreichenden Form erbracht ist. Ein Nachweis in der Form des § 29^{I} S. 2, also durch öffentliche Urkunden, kann hier nicht verlangt werden. Der Zeitpunkt des Erlöschens der Forderung ist nur eine Vorfrage dafür, ob die nachlaßgerichtliche Genehmigung erforderlich ist. Diese Frage aber ist nicht „eine andere Voraussetzung der Eintragung" im Sinne des § 29^{I} S. 2 GBO. Denn diese Bestimmung ist einschränkend auszulegen. Sie bezieht sich nur auf solche Tatsachen, deren Beurkundung zur Zuständigkeit einer Behörde gehört und in einem behördlich geregelten Verfahren vorgesehen ist (KGJ 32 A 290). Nebenumstände, die die Wirksamkeit einer nach § 29^{I} S. 1 nachzuweisenden Erklärung begründen sollen, fallen nicht darunter (Henke-Mönch-Horber, GBO, 10. Aufl. § 29 Anm. 2 C d). Insbesondere ist der Umfang der Vertretungsmacht eines gesetzlichen Vertreters und ihre Beschränkung durch das Erfordernis einer Genehmigung des Gegenvormundes oder des Vormundschaftsgerichts vom Grundbuchamt selbst zu prüfen (RG 108, 356; KG JW 1935, 55). Soweit es dabei auf tatsächliche Verhältnisse ankommt, hat der Grundbuchrichter (Rechtspfleger) in freier Würdigung aller ihm bekannten Tatsachen und unter Berücksichtigung allgemeiner Erfahrungssätze zu entscheiden. In dieser Weise, ohne also an die Formvorschrift des § 29 gebunden zu sein, hat er z.B. darüber zu befinden, ob eine nach den §§ 1641, 1804 BGB unwirksame Schenkung aus dem Mündelvermögen vorliegt (JFG 16, 90), ob eine wirksam erteilte Vollmacht im maßgeblichen Zeitpunkt noch fortbestanden hat (JFG 1, 328; 18, 248) oder ob ein genehmigungsbedürftiges Rechtsgeschäft durch ein sog. Umgehungsgeschäft verdeckt werden soll (KG JW 1938, 887; zum Ganzen KG DNotZ 1954, 470).

Auch das Grundbuchamt hat daher, wie wir schon bei den Verfügungen der befreiten Vorerbin und des Testamentsvollstreckers gesehen haben, trotz des § 29 GBO in nicht unerheblichem Umfange nach dem Grundsatz der freien richterlichen Beweiswürdigung zu entscheiden. In unserem Fall ist noch weiter der in der Rechtsprechung des KG aufgestellte Grundsatz zu beachten, daß Erklärungen eines von der Eintragung Betroffenen — das sind hier die von dem Nachlaßpfleger vertretenen unbekannten Erben als Buchberechtigte — die ihm ungünstig sind, mangels entgegenstehender Umstände des Einzelfalles die Richtigkeit ihres Inhalts beweisen, wenn sie in der Form des § 29 abgegeben sind (KGJ 36 A 251; 40, 294; HRR 1933 Nr 199; JW 1935, 713). Auf Grund der Erklärung des Nachlaßpflegers in Verbindung mit der eidesstattlichen Versicherung des Gesellschafters Wolf kann hier die Zahlung an den Erblasser unbedenklich als nachgewiesen angesehen werden.

Das gleiche gilt für die Vernichtung des Hypothekenbriefes durch Kriegseinwirkung. Hypotheken-, Grundschuld- und Rentenschuldbriefe, die durch Kriegseinwirkung vernichtet sind, können nach § 8 der VO vom 5. Oktober 1942 (RGBl I 573) ohne Aufgebotsverfahren durch das Grundbuchamt wieder hergestellt werden. Mit der Erteilung des neuen Briefes wird der bisherige Brief kraftlos. In einigen Gebieten ist dem § 8 ein Abs. 2 angefügt worden, nach welchem die Feststellung, daß der Brief durch Kriegseinwirkung vernichtet ist, genügt, wenn das Recht gelöscht oder die Erteilung eines Briefes nachträglich ausgeschlossen werden soll (BritZ VO vom 12. Mai 1947 (VOBl. BZ 52), Baden Ges. vom 7. Juli 1948 (GVBl 127), Rheinland-Pfalz Ges. vom. 8. Oktober 1948 (GVBl. 369), Württ.-Hohenzollern Ges. vom 6. August 1948 (RegBl. 93), West-Berlin Ges. vom 11. Dezember 1952, GVBl. 1975). Inzwischen sind diese Vorschriften ersetzt durch § 26 GBMaßnG vom 20. Dezember 1963 (BGBl. I 986). Hierauf beruht die nachstehende Verfügung zu 3.

Verfügung.

„1. Einzutragen in das Grundbuch von Lichterfelde Bd. 1 Blatt 11, Abt. III Sp. 8, 9, 10:

2. 2000 GM	Gelöscht am ... November 1952.
5. 2 kg Feingold	
6. 5000 RM	
8. 10000 GM	

2. Eintragungen über die gelöschten Rechte in Sp. 1—7 rot unterstreichen.

3. Es wird festgestellt, daß der Hypothekenbrief Abt. III Nr. 8 durch Kriegseinwirkung vernichtet ist.

4. Die überreichten Briefe Abt. III Nr. 2, 5 und 6 sind unbrauchbar zu machen, die Schuldurkunden abzutrennen und an Eigentümerin zurückzugeben. (Beh.-Schein)."

§§ 69 GBO, 53 GBVf. Die Unbrauchbarmachung des Briefes geschieht, nachdem die Löschung auf dem Brief vermerkt ist, in der Weise, daß der Vermerk über die erste Eintragung des Rechts durchstrichen und der Brief mit Einschnitten versehen wird.

„5. Nachricht an Eigentümerin.

6. Beglaubigte Abschrift des Erbscheins zu den Akten fertigen. Der Erbschein ist alsdann an Eigentümerin zurückzugeben. (Beh.-Schein.)"

Nach dem seit dem 1. Juli 1970 geltenden Rechtszustand erläßt diese Verfügung der Rechtspfleger. Gemäß § 3 Nr. 1 Buchst. h RechtspflG vom 5. Nobember 1969 (BGBl. I 2065), geändert durch Gesetz vom 27. Juni 1970 (BGBl. I 911) sind die vom Richter wahrzunehmenden Geschäfte des Amtsgerichts in Grundbuchsachen in vollem Umfange auf den Rechtspfleger übertragen; die früheren Richtervorbehalte in § 17 RechtspflG 1957 sind beseitigt. Auch in Grundbuchsachen besteht aber eine Vorlegungspflicht des Rechtspflegers nach Maßgabe des § 5 RechtspflG.

Nach Ausführung der Verfügung stehen auf dem Blatt als Belastungen nur noch: die Grunddienstbarkeit Nr. 2, die kürzlich neu bestellte beschränkte persönliche Dienstbarkeit Nr. 8 sowie die Grundschuld Abt. III Nr. 9. Mit dieser „Bereinigung" des Grundbuchblatts ist eine spätere Parzellierung vorbereitet.

Parzellierung

Antrag. Mit dem Eingangsvermerk des 2. Dezember 1970 werden dem Rechtspfleger nachstehende Urkunden vorgelegt:

Verhandelt Lichterfelde, den 22. November 1970.

Vor dem unterzeichneten Notar usw. erschienen:

1. der Kaufmann *Norbert Hirsch* aus Lichterfelde, Leerbeutelstraße 15,

2. der Bauunternehmer *Emil Klose* aus Lichterfelde, Herderstraße 101,

3. der Maurerpolier *Johann Sobralla* aus Lichterfelde, Gabelsbergerstraße 9,

sämtlich dem Notar von Person bekannt.

Sie erklärten — Herr *Hirsch* namens der offenen Handelsgesellschaft Lichterfelder Dampfziegelei *Friedr. Wilh. Wolf* Söhne, deren vertretungsberechtigter Gesellschafter er ist — folgende

Auflassung:

Wir nehmen auf die vom Katasteramt unter dem 12. November 1970 ausgefertigten Haupt- und Nebenauszüge aus dem Liegenschaftsbuch nebst Karten Bezug. Wir sind darüber einig, daß das Eigentum an folgenden Flurstücken, welche bisher zu dem im Grundbuch von Lichterfelde Band 1 Blatt 11 unter laufender Nummer 4 verzeichneten Grundstück gehörten, auf die nachstehend bezeichneten Erwerber übergehen soll:

Gemarkung	Flurbuch Kar-ten-blatt	Flurbuch Par-zelle	Wirtschaftsart und Lage	Größe ha	Größe a	Größe qm	auf
Lichterfelde	1	275/237	Ackerstück Regerstraße Nr. 20	—	7	85	Bauunternehmer *Emil Klose* in Lichterfelde, Herderstraße 101,
Lichterfelde	1	276/237	Ackerstück Regerstraße Nr. 22	—	8	04	Maurerpolier *Johann Sobralla* in Lichterfelde, Gabelsbergerstraße 9.

Ich, *Norbert Hirsch*, namens der Lichterfelder Dampfziegelei *Friedr. Wilh. Wolf* Söhne bewillige und wir, *Klose* und *Sobralla*, beantragen, daß die vorbezeichneten Erwerber als Eigentümer der ihnen aufgelassenen Trennstücke unter Anlegung je eines neuen Grundbuchblatts, auf welches die Trennstücke zu übertragen sind, im Grundbuch eingetragen werden.

Der Auflassung an Herrn *Klose* liegt der Kaufvertrag vom 13., der Auflassung an Herrn *Sobralla* der Kaufvertrag vom 18. Oktober 1970 — Nr. 563 bzw. 573 der Urkundenrolle für 1970 des beurkundenden Notars — zugrunde. Die Herren *Klose* und *Sobralla* nehmen auf die in §§ 2, 6, 7 dieser Kaufverträge enthaltenen Hypothekenbestellungen Bezug und beantragen, die Hypotheken gemäß den Bewilligungen auf den ihnen nunmehr aufgelassenen Trennstücken einzutragen.

Ferner beantragt Herr *Hirsch* namens der Lichterfelder Dampfziegelei *Friedr. Wilh. Wolf* Söhne unter Bezugnahme auf die von dem Kaufmann *Julius Meyer* II hinsichtlich der Last Abt. II Nr. 2, sowie auf die von dem Bankier *Ferdinand Schilling* hinsichtlich der Grundschuld Abt. III Nr. 9 unter dem 17. November 1970 abgegebenen Entpfändungserklärungen — Nr. 605 bzw. 606 der Urkundenrolle für 1970 des beurkundenden Notars —, die Last Abt. II Nr. 2 sowie die Grundschuld Abt. III Nr. 9 auf den aufgelassenen Parzellen Nr. 275 und Nr. 276 zu löschen. Die Herren *Klose* und *Sobralla* beantragen, auf die für sie neu anzulegenden Grundbuchblätter nur die beschränkte persönliche Dienstbarkeit Abt. II Nr. 8 zu übertragen, während im übrigen die beantragte Abschreibung der aufgelassenen Trennstücke lasten- und hypothekenfrei erfolgen soll.

(Vorlesung und Genehmigung, Unterschriften, Ausfertigungsvermerk)."

Haupt- und Nebenauszug des Katasteramts sowie Katasterkarte sind mit überreicht. Darnach hat das Katasteramt die bisherige Parzelle Kbl. 1 Nr. 237 in die Parzellen Nr. 274, 275 und 276 zerlegt, von denen Nr. 274 den beim Stammgrundstück verbleibenden Rest darstellt. Alle 3 Parzellen sind mit dem Nenner „237" bezeichnet (S. 203).

In § 1 des Kaufvertrags Urk.-Rolle Nr. 563/70 verkauft die Firma Wolf an Klose:

„aus dem ihr gehörenden, im Grundbuch von Lichterfelde Band I Blatt 11 verzeichneten Grundstück einen Bauplatz an der Regerstraße von 785 qm Flächeninhalt, dessen Grenzen sich aus der dieser Verhandlung beigefügten Zeichnung ergeben, zum Preise von 11775 DM (i. W.)."

Die katasteramtliche Vermessung der abverkauften Baustellen und ihre Bezeichnung mit neuen Parzellennummern hat erst nach dem Kauf stattgefunden. Nun reicht zwar für den Kaufvertrag jede nachprüfbare Bestimmung der Grundstücksgrenzen, z. B. durch Bezugnahme auf eine dem Vertrag beigefügte Zeichnung aus. Dagegen muß in der grundbuchmäßigen Bewilligung das Flurstück entweder nach dem Grundbuch (z. B.: „Das auf Blatt . . . unter lfd. Nr. der Grundstücke 1 verzeichnete Grundstück") oder mit einer katastermäßigen Parzellennummer bezeichnet sein. §§ 28 S. 1 GBO. Darum ist bei Parzellierungen die Aufnahme der Auflassung in den Kaufvertrag meist unmöglich und eine gesonderte Auflassung erforderlich. Jedoch ist die Auflassung eines noch unvermessenen Trennstücks nicht unwirksam, wenn es zweifelsfrei bezeichnet werden kann; die Übereinstimmung des aufgelassenen mit dem später vermessenen Trennstück ist dem Grundbuchamt dann durch eine beglaubigte Erklärung nachzuweisen, wofür die Erklärung eines der Vertragsteile genügt (KG HRR 1930 Nr. 1507; RG DR 1941, 2196; OLG Hamm DNotZ 1958, 643 mit Anm. v. Hieber = Rpfleger 1958, 268 mit Anm. v. Haegele; BayObLG NJW 1966, 600 mit abl. Anm. v. Schmaltz = Rpfleger 1967, 177 mit Anm. v. Haegele; Henke-Mönch-Horber GBO 10. Aufl. § 20 Anm. 4a; Palandt-Degenhart BGB § 925 Anm. 5a).

Der Vertrag mit Sobralla stimmt mit dem Kloseschen überein, nur sind hier die Zahlen 804 qm und 12060 DM.

„§ 2. Der Kaufpreis wird dem Käufer gestundet und vom 1. Dezember 1970 an mit jährlich 5% (i. W.) in nachträglich zahlbaren Vierteljahrsraten verzinst. Er kann mit Frist von drei Monaten, das erstemal zum 1. April 1975, gekündigt werden.

(In § 3 leistet die Verkäuferin dem Käufer Gewähr dafür, daß er bis zum 1. Januar 1972 nicht zu außerordentlichen öffentlichen Lasten, wie Straßen- und Kanalisations-Anlagekosten, Beiträgen zu Brückenbauten oder Flußregulierungen herangezogen werden wird).

§ 5. Ohne Anrechnung auf den Kaufpreis übernimmt der Käufer die auf Lichterfelde Blatt 11 in Abt. II unter Nr. 8 eingetragene beschränkte persönliche Dienstbarkeit des Elektrizitätswerks.

Die Grunddienstbarkeit Abt. II Nr. 2 sowie die Grundschuld Abt. III Nr. 9 sind auf dem Kaufgrundstück zur Löschung zu bringen.

§ 6. Der Käufer verpflichtet sich, auf dem Kaufgrundstück den Bau eines Wohnhauses im Landhausstil bis zum 15. Dezember 1970 zu beginnen und bis zum 15. August 1971 zu Ende zu führen. Erfüllt er diese Verpflichtung nicht, ohne durch allgemeine Streiks oder ähnliche unverschuldete Ereignisse verhindert zu sein, so kann die Verkäuferin die sofortige Zahlung des gestundeten Kaufpreises verlangen.

§ 7. Zur Sicherheit für das in §§ 1, 2 vereinbarte Kaufgeld bestellt der Käufer der Verkäuferin an dem verkauften Grundstück eine Hypothek. Die Hypothek soll an erster Stelle eingetragen werden, so daß ihr nur die zu übernehmende Belastung Abt. II Nr. 8 im Range vorgeht. Der Käufer behält sich jedoch das Recht vor, eine Baugeldhypothek von 40000 DM (i. W.) mit bis zu 8% (i. W.) jährlich verzinslich, mit dem Rang vor der Kaufgeldhypothek eintragen zu lassen. Er verpflichtet sich gegenüber dem jeweiligen Gläubiger der Kaufgeldhypothek, die Baugeldhypothek löschen zu lassen, wenn und soweit sie sich mit dem Eigentum in einer Person vereinigt, und wird bei Eintragung der Baugeldhypothek eine Vormerkung gemäß § 1179 BGB zur Sicherung dieses Löschungsanspruchs eintragen lassen. Herr *Klose* bewilligt demgemäß für die Lichterfelder Dampfziegelei *Fried. Wilh. Wolf* Söhne in Lichterfelde die Eintragung einer Kaufgeldhypothek von 11775 DM (i. W.) nebst 5% jährlicher Zinsen seit dem 1. Dezember 1970 auf dem Kaufgrundstück mit den in §§ 2, 6 und 7 dieses Vertrages angegebenen Verzinsungs- und Rückzahlungsbedingungen und dem aus Vorstehendem sich ergebenden Rangvorbehalt, sowie die unmittelbare Aushändigung des zu bildenden Briefes an die Gläubigerin.

(Es folgt die Kostenklausel, Vorlesungs- und Genehmigungsvermerk, Unterschriften, Ausfertigungsvermerk)."

Klose und Sobralla gehören zur Klasse der Bauunternehmer, die ohne eigenes Geld bauen. Sie kaufen einen Bauplatz, bestellen dem Verkäufer für den Kaufpreis Hypothek und wollen sich das Baugeld ebenfalls auf Hypothek beschaffen. Der Baugeldgeber wird für seine Hypothek den ersten Rang, also den Vorrang vor der Wolfschen Kaufgeldhypothek, verlangen, und zwar mit gutem Recht: denn durch das Baugeld, welches in das Grundstück verbaut wird, erhöht sich der Wert des Grundstücks, während der im Kaufpreis ausgedrückte Baustellenwert bis zur tatsächlichen Bebauung eine fragwürdige Größe ist. Da Klose und Sobralla noch keinen Baugeldgeber gefunden haben, kommt die sofortige Einräumung des Vorrangs für die Baugeldhypothek nicht in Betracht, deshalb bestellen sie zunächst nur die Kaufgeldhypotheken und behalten sich gemäß § 881 BGB den Vorrang für die später aufzunehmenden Baugeldhypotheken vor.

Die Verkäuferin Wolf will mit ihren Hypotheken gegen die Baugeldhypotheken zurücktreten, weil nur so die Bebauung und damit die Wertsteigerung des Grundstücks ermöglicht werden kann. Nicht aber will sie hinter Klose, Sobralla oder einen künftigen Grundstückseigentümer zurücktreten, falls die Baugeldhypotheken nicht oder nicht in voller Höhe valutiert oder teilweise vom Eigentümer zurückgezahlt (§ 1163) oder aus anderen Gründen zur Eigentümergrundschuld werden sollten. Darum verpflichten sich die Käufer für diesen Fall zur Löschung der Eigentümergrundschuld. Durch die Löschungsvormerkung aus § 1179 wird die Verpflichtung der Käufer — und damit das Aufrücken der Kaufgeldhypotheken — gegen Verfügungen Kloses oder Sobrallas, gegen Zwangsvollstreckungsmaßnahmen ihrer Gläubiger, ja sogar gegen Verfügungen eines künftigen Grundstückseigentümers, der nicht in die Löschungsverpflichtung eingetreten ist, und Vollstreckungsmaßnahmen seiner Gläubiger gesichert (§ 883). Obwohl die Hypothek, bei der die Löschungsvormerkung gebucht werden soll, noch nicht eingetragen ist, kann sich der Gläubiger der Kaufgeldhypothek (des Vorbehaltsrechts) bereits dinglich dagegen sichern, daß die Baugeldhypothek (das Vorrangsrecht) später nicht etwa ohne die Vormerkung eingetragen wird. Die Vereinbarung kann nämlich als inhaltliche Beschränkung des Rangvorbehalts bei dessen Eintragung vermerkt werden (KGJFG 18, 40).

Über die rechtliche Natur des Rangvorbehalts besteht Streit. Nach der in der Rechtsprechung des KG entwickelten Auffassung (KGJ 40, 234; JFG 5, 340; JW 1935, 712), der der BGH gefolgt ist (BGHZ 12, 245 = NJW 1954, 954), ist er anzusehen als ein „Stück vorbehaltenen Eigentumsrechts“ mit der Wirkung der Beschränkung des vom Vorbehalt betroffenen Rechts. Dagegen mit Recht Wolff-Raiser, Sachenrecht, 10. Bearb. § 43^{2}. Nach anderer Auffassung (Jansen, ArchZivPrax 152, 508) ist er ein subjektivdingliches Gestaltungsrecht des Eigentümers, kraft dessen dieser das Recht hat, das Rangverhältnis zwischen dem Vorbehaltsrecht und dem Vorrangsrecht zu ändern; der Rangvorbehalt gilt bei dieser Beurteilung nach § 96 BGB als Bestandteil des Grundstücks. Auf der Annahme, der Rangvorbehalt sei „Teil des Eigentumsrechts“ und „Zustandsrecht“ beruht auch die Rechtsprechung des KG (KGJ 40, 234; JFG 5, 383; 6, 315; 8, 298), nach welcher der Rangvorbehalt nach dem Erlöschen des Vorrangsrechts beliebig oft weiter ausgeübt werden kann. Sieht man ihn dagegen als Gestaltungsrecht an, so findet er in Übereinstimmung mit der herrschenden Lehre durch einmalige Ausübung seine Erledigung, es sei denn, daß bei seiner Bestellung rechtsgeschäftlich etwas anderes bestimmt worden ist.

Die Entpfändungen lauten:

„Auf dem Grundstück Lichterfelde Band 1 Blatt 11 ist in Abt. II unter Nr. 2 zugunsten des jeweiligen Eigentümers von Lichterfelde Band 3 Blatt 89 eine Grunddienstbarkeit auf Benutzung der großen Kiesgrube („Meyer-Loch“) eingetragen. Als Eigentümer des herrschenden Grundstücks Blatt 89 bewillige ich die Abschreibung der Parzellen Kartenblatt 1 Nr. $\frac{275}{237}$ und Nr. $\frac{276}{237}$ von dem Grundstück Blatt 11 ohne Mitübertragung der Belastung Abt. II Nr. 2

Lichterfelde, den 17. November 1970.

Julius Meyer II.

(Beglaubigungsvermerk).“

„Auf Lichterfelde Band 1 Blatt 11 haftet für mich in Abt. III unter Nr. 9 eine Grundschuld von 20000 Deutschen Mark. Ich bewillige die Abschreibung der Parzellen Kartenblatt 1 Nr. $\frac{75}{237}$ und Nr. $\frac{276}{237}$ von dem Grundstück Blatt 11 ohne Mitübertragung der Grundschuld Abt. III Nr. 9.

Berlin, den 17. November 1970.

Ferdinand Schilling.

(Beglaubigungsvermerk).“

Der Grundschuldbrief liegt bei, ebenso die Unbedenklichkeitsbescheinigung der Grunderwerbsteuerstelle nach § $189d^{1}$ RAbgO sowie die Genehmigung nach § 19 BundesbauG (oben S. 20). Entsprechende Bescheinigungen liegen für Sobralla vor

Prüfung. Den in der Verhandlung vom 22. November 1970 gestellten mannigfachen Anträgen kann nur entweder im ganzen oder gar nicht stattgegeben werden. Das folgt aus der inneren Zusammengehörigkeit der Anträge, so daß ein stillschweigender Vorbehalt im Sinne des § 16II anzunehmen ist. Eine Umschreibung der aufgelassenen Parzellen auf Klose und Sobralla ohne gleichzeitige Eintragung der Kaufgeldhypotheken, oder die Eintragung der Hypotheken ohne gleichzeitige Entpfändung der Trennstücke, wäre wirtschaftlich sinnlos und könnte zu den schwersten Schädigungen der Beteiligten führen. Gesonderte Behandlung einzelner Anträge ist nur dann angängig, wenn die Antragsteller — von vornherein oder auf Rückfrage des Gerichts — sich mit ihr einverstanden erklären. Aber auch wenn die Erledigung nur eines von mehreren in einer Urkunde gestellten Eintragungsanträgen beantragt wird, hat das Grundbuchamt zu prüfen, ob ein anderer Antragsteller die gleichzeitige Erledigung der Anträge vorbehalten hat (KG JW 1937, 2121).

1. Eigentumswechsel: Für diesen Fall ist der Grundsatz der einseitigen Bewilligung des Passivbeteiligten (S. 222) durchbrochen. Denn mit dem Erwerb des Eigentums sind Lasten öffentlich-rechtlicher, insbesondere polizeilicher und steuerlicher Art verbunden (KGJ 25A 102). Darum wird zur Eintragung eines neuen Eigentümers der Nachweis der nach § 925 BGB erforderlichen Einigung des Berechtigten und des anderen Teils, d. h. der Auflassung, gefordert. §§ 20, 29 GBO. Auch die Eintragung eines neuen Eigentümers im Wege der Berichtigung erfolgt nur mit Zustimmung des Einzutragenden, wobei eine öffentlich beglaubigte Erklärung zum Nachweis genügt. §§ 22II, 29 S. 1. Das Erfordernis der Zustimmung fällt jedoch fort, wenn die Grundbuchberichtigung von einem Gläubiger des Einzutragenden im Vollstreckungsinteresse betrieben oder die Unrichtigkeit des Grundbuchs nachgewiesen wird. § 22II. Im Fall der Erbfolge kann also das Grundbuch auf den formlosen Antrag nur eines der Miterben durch Eintragung der Erben in ungeteilter Erbengemeinschaft berichtigt werden.

Durch die Vorlegung nur öffentlich beglaubigter Erklärungen des Veräußerers und des Erwerbers könnte die Auflassung dem Grundbuchamt nicht nachgewiesen werden. Denn § 925 BGB erfordert die Abgabe der Einigungserklärungen bei gleichzeitiger (nicht notwendig persönlicher) Anwesenheit beider Teile vor einer zuständigen Stelle. Der dem Grundbuchamt nach § 20 GBO zu erbringende Nachweis dieser Tatsache kann nur durch eine gerichtliche oder notarielle Beurkundung geführt werden. Merkwürdige Rechtsverschiedenheiten bestehen in bezug auf Erbbaurecht und Wohnungseigentum. § 20 GBO erfordert den Nachweis der Einigung auch im Falle der Bestellung, Änderung des Inhalts oder Übertragung eines Erbbaurechts. Da aber für diese Einigung nicht § 925, sondern § 873 BGB gilt (§ 11I ErbbVO), die Einigung also sachlichrechtlich formlos gültig ist, kann sie dem Grundbuchamt durch entsprechende öffentlich beglaubigte Erklärungen beider Teile nachgewiesen werden. Anders beim Wohnungseigentum. Dessen Übertragung geschieht, da es mit dem Miteigentum an einem Grundstück verbunden ist, in den Formen der Auflassung nach § 925 BGB und verfahrensrechtlich unter Beachtung des § 20 GBO. Die Einigung der Miteigentümer über die Einräumung oder Aufhebung von Sondereigentum an einer bestimmten Wohnung aber bedarf zwar sachlichrechtlich ebenfalls der für die Auflassung vorgeschriebenen Form (§ 4II S. 1 WEG). Hier fehlt es jedoch an einer dem § 20 GBO entsprechenden Vorschrift. Es gilt daher das formelle Konsensprinzip.

§ 20 GBO ist übrigens ebenso wie § 19 nur eine Ordnungsvorschrift, seine Verletzung hat also keine sachlichrechtlichen Folgen.

Die eingereichte Auflassungsverhandlung ist in Ordnung.

2. Anlegung der neuen Grundbuchblätter: Das Verlangen, die aufgelassenen Parzellen auf neue Blätter zu übertragen, ist kein verfahrensrechtlicher Antrag, sondern nur eine Anregung, da das Grundbuchamt die Abschreibung von dem bisherigen und die Übertragung auf ein besonderes Blatt schon von Amts wegen vorzunehmen hat. Das folgt daraus, daß die bisherigen Teilstücke infolge der Veräußerung selbständige Grundstücke werden (s. S. 206) und deshalb nach § 3[1] S. 1 ein besonderes Blatt erhalten müssen, sowie aus § 4, der ein gemeinschaftliches Grundbuchblatt nur für mehrere Grundstücke desselben Eigentümers zuläßt. Zur Teilung eines Grundstücks dagegen ohne gleichzeitige Veräußerung ist eine Teilungserklärung des Eigentümers in der Form des § 29 nebst Antrag erforderlich, da darin eine sachlichrechtliche Verfügung über das Grundstück liegt (KG JW 1937, 896). Anders, wenn ein realer Grundstücksteil mit einem Rechte belastet werden soll. Dann ist er von Amts wegen abzuschreiben und als selbständiges Grundstück einzutragen (§ 7).

3. Hypothekenbestellung: Es hätte schon die grundbuchmäßige Bewilligung unter Angabe der in § 1115 bezeichneten Merkmale in Verbindung mit dem formlosen Eintragungsantrag genügt. Der Ausstellung einer Schuldurkunde bedarf es nicht notwendig. Ist aber eine Schuldurkunde vorhanden, dann soll sie auch eingereicht und mit dem Brief verbunden werden, um zu verhindern, daß mißbräuchlich über die Hypothek und über die Forderung getrennt verfügt wird (§ 58 GBO; KGJ 53, 226).

4. Verfügungsbefugnis: Der Prüfung des Grundbuchamts unterliegt auch die Verfügungsbefugnis der Beteiligten. Von erheblicher Bedeutung ist hierbei die güterrechtliche Verwaltungsbeschränkung des § 1365 BGB für im Güterstande der Zugewinngemeinschaft lebende Ehegatten, nach welcher die Wirksamkeit von Verpflichtungs- und Verfügungsgeschäften eines Ehegatten über sein Vermögen im ganzen von der Zustimmung des anderen Ehegatten abhängig ist. Die Vorschrift will eine Gefährdung des Zugewinnausgleichsanspruchs des anderen Ehegatten ausschließen, aber auch verhüten, daß der ehelichen Lebensgemeinschaft die wirtschaftliche Grundlage entzogen wird. Sie gilt deshalb nicht nur für Verträge, die im Sinne des § 311 BGB auf die Übertragung oder Belastung des gesamten Vermögens abzielen (vgl. BGHZ 25, 4), sondern auch für Verträge über einzelne Vermögensgegenstände (Grundstück, Hypothek), sofern sie das ganze oder nahezu ganze Vermögen ausmachen (BGHZ 43, 174; BGH FamRZ 1967, 382), sog. Einzeltheorie im Gegensatz zur Gesamttheorie. In diesem Fall wird man zum Schutz des rechtsgeschäftlichen Verkehrs freilich die Kenntnis des Erwerbers davon fordern müssen, daß der Gegenstand im wesentlichen das ganze Vermögen des Ehegatten darstellt, ähnlich wie bei § 419 BGB (BGB-RGRK Anm. 13, Palandt Anm. 2, je zu § 1365; OLG Hamm, Frankfurt, NJW 1960, 1466, 2002; BGHZ 43, 174; dazu kritisch Braga FamRZ 1967, 652, sog. subjektive Theorie). Unter Vermögen ist der Inbegriff der geldwerten Güter einer Person, also des Aktivvermögen, zu verstehen (Enneccerus-Nipperdey, § 131 II). Stehen mithin dem Vermögen eines Ehegatten im Werte von 100000 DM Verbindlichkeiten in Höhe von 90000 DM gegenüber und veräußert er ein Grundstück im Werte von 10000 DM, so verfügt er nicht über sein Vermögen im ganzen. Unter einer Verfügung ist, wie auch sonst im bürgerlichen Recht, jedes Rechtsgeschäft zu verstehen, welches unmittelbar eine Minderung der rechtlichen Stellung herbeiführt, also nicht nur die Veräußerung oder Übertragung, sondern auch die Belastung, insbesondere Verpfändung einer Sache oder eines Rechts. Bei Belastungen, vor allem bei der Bestellung eines Grundpfandrechts an einem Grundstück, welches nahezu das gesamte Vermögen des Ehegatten ausmacht, ist jedoch nach dem Zweck der Vorschrift unter Anlegung eines wirtschaftlichen Maßstabes einschränkend zu fordern, daß die Belastung unter Berücksichtigung der Vorbelastungen den Verkehrswert des Grundstücks zum wesentlichen Teil erschöpft

(LG Berlin, FamRZ 1959, 64; OLG Hamm, NJW 1959, 104; BayObLG NJW 1960, 821; BGH FamRZ 1966, 22). Auf die Entgeltlichkeit der Verfügung kommt es nicht an; der Tatbestand des § 1365 kann auch gegeben sein, wenn der Verfügende einen ausreichenden Gegenwert erlangt. Ein Schutz des guten Glaubens an die Verfügungsbefugnis (§ 135 BGB) findet nicht statt, weil die Verfügungsbeschränkung nicht nur relativ, sondern (arg. § 1368) absolut wirkt (BGHZ 40, 218); sie kann deshalb ebenso wie der Güterstand selbst nicht in das Grundbuch eingetragen werden.

Für das Grundbuchverfahren ergeben sich aus der Vorschrift des § 1365 folgende Folgerungen: Ist die Zustimmung des anderen Ehegatten erforderlich, so bedarf sie der Form des § 29 GBO. Hat der Notar bei der notariellen Beurkundung des Rechtsgeschäfts oder im Beglaubigungsvermerk bei der Bezeichnung des Beteiligten (§§ 176^{I} Nr. 2, 183^{II} S. 2 FGG) festgestellt, daß der Beteiligte ledig, verwitwet oder geschieden ist, so hat diese Feststellung für den beurkundeten oder beglaubigten Vorgang die Beweiskraft des § 415 ZPO (KGJ 44, 208; 45, 187); ein weiterer Nachweis kann vom Grundbuchamt nicht verlangt werden. Der Nachweis der Gütertrennung oder des Ausschlusses des § 1365 durch Ehevertrag (oben S. 47) wird durch ein Zeugnis des Registergerichts (§ 33 GBO) oder durch Vorlegung einer Ausfertigung des Ehevertrages erbracht (KGJ 39 A 183). Mangels anderer Kenntnis darf das Grundbuchamt annehmen, daß der gesetzliche Güterstand besteht (KGJ 47, 195). Wird über einen einzelnen Gegenstand verfügt, so braucht die bloße Möglichkeit, daß er vielleicht das gesamte Vermögen des Verfügenden ausmacht, dem Grundbuchamt noch keinen Anlaß zu geben, den Nachweis zu verlangen, daß diese Annahme nicht zutrifft. Der Güterstand der Zugewinngemeinschaft wird von dem Grundsatz beherrscht, daß jeder Ehegatte sein Vermögen selbständig verwaltet (§ 1634), und bei den Ausschußberatungen ist es abgelehnt worden, Verfügungen über Grundstücke allgemein an die Zustimmung des anderen Ehegatten zu binden. Diese Bindung darf deshalb nicht durch eine engherzige Praxis der Grundbuchämter im Ergebnis gleichwohl herbeigeführt werden. Eine Beanstandung ist deshalb nur veranlaßt, wenn hinreichende, auf Tatsachen beruhende Anhaltspunkte dafür vorliegen, daß über das Vermögen im ganzen verfügt wird (LG Berlin, FamRZ 1959, 64; OLG Bremen, NJW 1960, 825 = Rpfleger 1960, 16; BGHZ 35, 135; BayObLGZ 1967, 87; zu weitgehend BayObLG NJW 1960, 821 = FamRZ 1960, 31, wonach bereits berechtigte Zweifel Anlaß geben sollen, die Zustimmung des Ehegatten oder den Nachweis der Verfügungsbefugnis zu verlangen). Zu einer Prüfung der wahren Rechtslage ist das Grundbuchamt nur verpflichtet, wenn ihm die Unrichtigkeit des unterbreiteten Sachverhalts bekannt oder bei gehöriger Prüfung erkennbar ist (BGHZ 30, 255; vgl. bereits KGJ 41, 201); dieser Grundsatz gilt auch für die Prüfung der Verfügungsbefugnis des Ehegatten (BGB-RGRK § 1365 Anm. 20). Wegen der Form des Nachweises dafür, daß die Verfügung nicht das gesamte Vermögen ergreift, vgl. S. 236.[1])

Für die in der hier vorgelegten Urkunde von den Erwerbern abgegebenen Erklärungen kommt eine Verfügungsbeschränkung nach § 1365 BGB nicht in Betracht. Der Erwerb eines Rechts ist keine Verfügung (Enneccerus-Nipperdey, § 143 II 1). Der Grundsatz des Vormundschaftsrechts, daß die im Zusammenhang mit einem Grundstückserwerb stehende Bestellung einer Restkaufgeldhypothek genehmigungsfrei ist (S. 522 zu 2a), gilt auch im Rahmen des § 1365 (OLG Hamm FamRZ 1959, 166; Weimar MDR 1961, 909).

5. Entpfändung: a) Bezüglich der Grunddienstbarkeit Abt. II Nr. 2 liegt beglaubigte Entpfändungserklärung des Julius Meyer II vor, der, wie der Referendar aus dem Grundbuch feststellt, als Eigentümer des herrschenden Grundstücks Blatt 89 eingetragen ist, außerdem Löschungsantrag der Eigentümerin des belasteten Grundstücks. Zustimmungserklärungen von Hypothekengläubigern oder sonstigen dinglich Berechtigten des herrschenden Grundstücks (§ 876 BGB) sind nicht beigebracht. Der Referendar ermittelt aber weiterhin, daß die Dienstbarkeit im Bestandsverzeichnis des berechtigten Grundstücks nicht vermerkt ist. Nach § 21 GBO sind die Zustimmungserklärungen also entbehrlich.

---

[1]) Übersichten über die umfangreiche Rechtsprechung und das Schrifttum bringen DNotZ 1959, 256, 602; 1960, 301; 1961, 24; Haegele, Rpfleger 1959, 4, 242; 1960, 271; 1964, 242; 1966, 232; Riedel, Der Familienschutz in der Zugewinngemeinschaft, DRiZ 1963, 182.

Der Referendar: Ich kenne die Örtlichkeit und weiß, daß das „Meyer-Loch" nicht an der Regerstraße, sondern in einem ganz anderen Teil von Lichterfelde liegt; wahrscheinlich gehört es überhaupt nicht zu Blatt 11, sondern zum Nachbargrundstück Blatt 90, von welchem im Jahre 1907 die lfd. Nr. 2 der Grundstücke mit der Dienstbarkeit überschrieben wurde. Da nach § 1026 BGB bei dem belasteten Grundstück die Teile, auf die sich die Dienstbarkeit nicht bezieht, von selbst frei werden, hätte die lastenfreie Abschreibung doch wohl auch ohne besondere Bewilligung Meyers erfolgen können?

Der Richter: Die sachlichrechtliche Vorschrift des § 1026 ändert nichts an den in der GBO festgelegten Eintragungsgrundlagen. Ist der Tatbestand des § 1026 gegeben, so mag der Eigentümer der Flurstücke, auf denen die Dienstbarkeit erloschen ist, sich die Bewilligung Meyers nötigenfalls nach den §§ 894 BGB, 894 ZPO im Klageweg verschaffen. Allerdings wäre gemäß §§ 22^{1} S. 1, 29^{1} S. 2 GBO auch Nachweis durch öffentliche Urkunden denkbar, etwa durch Katasterzeichnungen, aus denen die genaue Lage des „Meyer-Lochs" und seine Nichtzugehörigkeit zu den abzuschreibenden Parzellen 275 und 276 einwandfrei hervorgeht.

Referendar: Wäre ein Unschädlichkeitszeugnis möglich gewesen?

Richter: Unschädlichkeitszeugnisse werden nur zu dem Zweck ausgestellt, die Bewilligung von Hypotheken-, Grundschuld-, Rentenschuld- oder Reallastgläubigern zur pfandfreien Abschreibung von Teilen des belasteten Grundstücks zu ersetzen. Auch ein selbständiges Grundstück kann auf Grund eines solchen Zeugnisses lastenfrei abgeschrieben werden, wenn die Belastungen, von denen es befreit werden soll, noch auf anderen Grundstücken desselben Eigentümers ruhen (KG JFG 17, 266; BGHZ 18, 296). Die Beseitigung von Grunddienstbarkeiten auf diesem Wege ist jedoch nicht vorgesehen (Art. 120 EGBGB; Art. 20 PrAGGBO; Nachweis weiteren Landesrechts bei Palandt-Degenhart BGB Art. 120 EG Anm. 2).

b) Die Voraussetzungen der Entpfändung von der Grundschuld Abt. III Nr. 9, nämlich beglaubigte Bewilligung des Grundschuldgläubigers (§§ 19, 29^{1} S. 1 GBO) und Vorlegung des Grundschuldbriefes (§§ 42, 41) sind erfüllt. Der beglaubigten Zustimmung des Eigentümers zur Entpfändung bedurfte es nicht (Ausnahme von § 27 GBO, oben S. 231).

E i n t r a g u n g s v e r f ü g u n g. Die für Klose und Sobralla neu anzulegenden Blätter erhalten die nächsten fortlaufenden Nummern (§ 3^{1} GBVf). Demgemäß wird verfügt:

„1. Einzutragen in das Grundbuch von Lichterfelde Band 1 Blatt 11:

A. Bestandsverzeichnis:

a) Spalten Abschreibungen

4 Übertragen sind von Nr. 4 die Parzelle $\frac{275}{237}$ nach Band 12 Blatt 287, die Parzelle $\frac{276}{237}$ nach Band 12 Blatt 288 dieses Grundbuchs am . . . Dezember 1970. Rest von Nr. 4 laufende Nr. 7.

b) Spalten 1 bis 4:

7	Rest von 4	Lichterfelde	1	221/75	—	27	Hofraum mit Gebäuden Regerstraße Nr. 8		5	82
				222/75	3	—	Garten	2	10	28
				223/75			Acker im Mittelfelde	1	13	73
				274/237			Ackerstücke Südender Straße Nr. 17—29, Regerstraße Nr. 10—18, 24—28		83	26

B. Zweite Abteilung, Spalten Veränderungen:

Laufende Nummer der Spalte 1: 8

Nach Band 12 Blatt 287 und 288 zur Mithaft übertragen am ... Dezember 1970."

Von den bisherigen Belastungen des Blattes 11 wird nur Abt. II Nr. 8, nicht auch Abt. II Nr. 2 und Abt. III Nr. 9, auf die neuen Blätter übertragen. Nach § 48 GBO ist die Mitbelastung der beiden Blätter für die übertragenen Rechte von Amts wegen ersichtlich zu machen. Daß die abgeschriebenen Parzellen von der Grunddienstbarkeit und der Grundschuld entpfändet sind, die dingliche Haftung sich also auf den verringerten Bestand von Bl. 11 beschränkt, geht aus der Abschreibung der Parzellen im Bestandsverzeichnis und dem Fehlen eines Mithaftvermerks hervor.

„2. Alte Eintragungen im Bestandsverzeichnis zur lfd. Nr. der Grundstücke 4 rot unterstreichen.

3. Die pfandfreie Abschreibung der Parzellen $\frac{275}{237}$ und $\frac{276}{237}$ ist auf dem Grundschuldbrief Abt. III Nr. 9 zu vermerken. Brief sodann dem Gläubiger zurückgeben. (Beh.-Schein)."

Die pfandfreie Abschreibung der Parzellen ist Eintragung „bei" der Grundschuld und als solche auf dem Brief zu vermerken (§ 62), damit die Übereinstimmung von Brief und Grundbuch gewahrt wird. Im Grundbuch wird kein Löschungsvermerk eingetragen. Es handelt sich um einen Fall der Löschung durch Nichtmitübertragung (§ 46II).

„4. Einzutragen in das Grundbuch von Lichterfelde Band 12 Blatt 287 bzw. 288:

A. Bestandsverzeichnis a) Spalte 1—4

Blatt 287

1	—	Lichterfelde	1 $\frac{275}{237}$	93	—	Ackerstück Regerstraße Nr. 20		7	85

Blatt 288

1	—	Lichterfelde	1 $\frac{276}{237}$	94	—	Ackerstück Regerstraße Nr. 22		8	04

b) Spalte Bestand und Zuschreibungen:

1 | Von Band 1 Blatt 11 dieses Grundbuchs hierher übertragen am ... Dezember 1970.

B. Abt. I Sp. 1—4:

	Blatt 287		
1	Der Bauunternehmer *Emil Klose* in Lichterfelde	1	Aufgelassen am 22. November und eingetragen am ... Dezember 1970.
	Blatt 288		
1	Der Maurerpolier *Johann Sobralla* in Lichterfelde		

C. Abt. II Sp. 1—3:

Blatt 287, 288

1 | 1 | Die Märkisches Elektrizitätswerk Aktiengesellschaft in Berlin ist berechtigt, auf dem Grundstück Kabelleitungen zu legen, die aber weder vorhandene Gebäude treffen noch die Bebauung gemäß dem bestehenden Fluchtlinienplan beeinträchtigen dürfen. Eingetragen am 18. November 1952 auf Band 1 Blatt 11 und auf Blatt 287 und 288 zur Mithaft übertragen am ... Dezember 1960."

Die Daten der ursprünglichen Eintragung und der Hinweis, daß es sich um eine Übertragung handelt, stellen den Vorrang der übertragenen Belastung vor den am gleichen Tage in Abt. III einzutragenden Kaufgeldhypotheken (D. der Verfügung) klar.

„D. Abt. III Sp. 1—4:

Blatt 287

1	1	11775 DM	Elftausendsiebenhundertfünfundsiebzig

Blatt 288

1	1	12060 DM	Zwölftausendsechzig

Deutsche Mark Kaufgeld, vom 1. Dezember 1970 an mit fünf v. H. jährlich zu verzinsen, für die Lichterfelder Dampfziegelei *Friedr. Wilh. Wolf* Söhne in Lichterfelde. Der Eigentümer hat sich die Befugnis vorbehalten, mit dem Range vor dieser Hypothek eine Baugeldhypothek von 40000 Deutschen Mark, bis zu 8 v. H. verzinslich, eintragen zu lassen unter gleichzeitiger Eintragung einer Vormerkung zur Sicherung des Anspruchs auf Löschung der Baugeldhypothek, falls sie sich mit dem Eigentum in einer Person vereinigt. Unter Bezugnahme auf die Bewilligung vom $\frac{\text{13. Oktober 1970}}{\text{18. Oktober 1970}}$ eingetragen am ... Dezember 1970.

5. Über die Eintragungen zu 4 D ist je ein Brief zu bilden und mit der Schuldurkunde zu verbinden."

Wem sollen die Briefe ausgehändigt werden? Entsprechend dem materiellen Rechtssatz, daß der Gläubiger Briefhypotheken und -grundschulden erst durch die Übergabe des Briefes (oder Übergabeersatz) erwirbt und die Rechte bis dahin dem Eigentümer zustehen (§§ 1117, 1163^{II} BGB), schreibt § 60^{I} GBO als Regel die Aushändigung an den Eigentümer vor. Dieser kann sich damit bei der Valutierung der Hypothek sichern, indem er (bei Darlehnshypotheken) Zug um Zug gegen Auszahlung der Darlehnssumme dem Gläubiger den Brief übergibt. Bestimmt aber der Eigentümer in grundbuchmäßiger Form die alsbaldige Aushändigung an den Gläubiger, wie Klose und Sobralla es im Schlußsatz des § 7 der Kaufverträge getan haben, so ist dem zu entsprechen. §§ 60^{II}, 29^{I} S. 1. Das gleiche gilt bei Hypothekenabtretungen. Das Grundbuchamt hat den mit dem Vermerk der Abtretung versehenen Brief grundsätzlich dem bisherigen Gläubiger zurückzugeben, von welchem er eingereicht war, damit er in der Lage ist, den Brief und damit das Hypothekenrecht bis zur Auszahlung des Abtretungsentgelts zurückzuhalten. Anders, wenn der Zedent die Aushändigung an den Zessionar durch beglaubigte Erklärung bestimmt hat (KG JW 1937, 114). — Der Rechtspfleger verfügt also weiter:

„6. Briefe dem Gläubiger aushändigen. (Beh.-Schein).
7. Beglaubigte Abschriften der Schuldurkunden zu den Akten fertigen.
8. Nachricht von den Eintragungen an:
   a) Firma *Wolf* (sämtliche Eintragungen),
   b) *Klose* (betr. Bl. 287),
   c) *Sobralla* (betr. Bl. 288),
   d) *Meyer* — Eigentümer von Bl. 89 — und *Schilling* (betr. pfandfreie Abschreibung der Parzellen),
   e) Elektrizitätswerk (von den dieses betreffenden Eintragungen auf den neuen Blättern),
   f) Katasteramt (Abschreibungen und Auflassung),
   g) Finanzamt.
9. Verweisungsvermerk zu den Grundakten Bd. 12 Bl. 287 und Bl. 288."

Die Eintragungsverfügung bleibt in den Grundakten des Stammgrundstücks Bl. 11. In den Grundakten der neu angelegten Blätter muß daher angegeben werden, an welcher Stelle die Verfügung über Anlegung dieser Blätter und die ersten Eintragungen auf ihnen zu finden ist (§ $25^{II, III}$ GeschO).

Kosten. Nach § 8^{II} KostO soll die Erledigung von Geschäften, die auf Antrag vorzunehmen sind, davon abhängig gemacht werden, daß ein zur Deckung der Kosten hinreichender Vorschuß gezahlt oder sichergestellt wird. In Grundbuchsachen ist hiervon regelmäßig Gebrauch zu machen. Ausnahmen gelten, wenn dem Antragsteller das Armenrecht bewilligt ist, wenn ihm Gebührenfreiheit zusteht, wenn glaubhaft gemacht wird, daß die Verzögerung einen schwer zu ersetzenden Schaden bringen würde oder wenn das Verlangen nicht angebracht ist, z. B. wenn die Berichtigung des Grundbuchs oder die Eintragung eines Widerspruchs beantragt wird. Die Abhängigmachung wird von dem Richter (Rechtspfleger) verfügt. Sie begründet bis zur Zahlung des Vorschusses ein Eintragungshindernis, das Anlaß zum Erlaß einer Zwischenverfügung nach § 18 GBO gibt, in welcher die Höhe des Vorschusses zu bezeichnen ist und die zweckmäßig mit der etwaigen Erhebung weiterer Beanstandungen verbunden wird (KG JFG 15, 314). Der Vorschuß wird von dem Urkundesbeamten berechnet und von dem Zahlungspflichtigen besonders eingefordert. — In unserem Falle erübrigte sich dieses Verfahren, weil die Kosten bei der Einreichung des Antrags durch Kostenmarken gedeckt worden waren.

Expedition der Hypothekenbriefe: Der Wortlaut des auf den Grundschuldbrief zu setzenden Vermerks sowie der Briefe über die neuen Kaufgeldhypotheken muß aktenkundig gemacht werden. Das geschieht durch die vom Grundbuchführer zu entwerfende „Expedition“:

„Vermerk auf dem Grundschuldbrief Abt. III Nr. 9:

Von dem Grundstück ist Parzelle $\frac{275}{237}$ nach Band 12 Blatt 287, Parzelle $\frac{276}{237}$ nach Band 12 Blatt 288 pfandfrei übertragen worden. Das belastete Grundstück besteht nur noch aus den im Bestandsverzeichnis unter der lfd. Nr. 7 eingetragenen Parzellen Kbl. 1 Nr. $\frac{221}{75}$, Nr. $\frac{222}{75}$ Nr. $\frac{223}{75}$ und Nr. $\frac{274}{237}$, Hofraum mit Gebäuden Regerstraße Nr. 8, Größe 5 a 82 qm; Garten, Größe 2 ha 10 a 28 qm; Acker im Mittelfeld, Größe 1 ha 13 a 73 qm; Ackerstücke Südender Straße Nr. 17—29, Regerstraße Nr. 10—18, 24—28, Größe 83 a 26 qm; Liegenschaftsbuch Nr. 3, Gebäudebuch Nr. 27.

Lichterfelde, den . . . Dezember 1970

(Siegel) Das Amtsgericht.“

Die Löschung der der Grundschuld im Range vorgehenden Belastungen der II. und III. Abteilung gehört nicht ohne weiteres in den Vermerk, obgleich sie für den Wert der Grundschuld wesentliche Bedeutung hat. Denn diese Löschungen sind keine Eintragungen „bei“ der Grundschuld im Sinne der §§ 41, 62 GBO, konnten deshalb auch ohne Vorlegung des Grundschuldbriefs bewirkt werden. Auf Antrag wird aber die Löschung als Ergänzung des Grundbuchauszugs (§ 57^{III}) auf dem Brief vermerkt.

Der Brief über die auf Blatt 287 einzutragende Kaufgeldhypothek lautet:

„Deutscher Hypothekenbrief

über

die in dem Grundbuch von Lichterfelde Band 12 Blatt 287 Abteilung III Nr. 1 eingetragenen 11 775 Deutsche Mark.

Inhalt der Eintragung:

Nr. 1: 11775 (i. W.) Deutsche Mark Kaufgeld, vom 1. Dezember 1970 an mit fünf v. H. jährlich zu verzinsen usw.

Belastetes Grundstück:

Das im Bestandsverzeichnis unter der laufenden Nr. der Grundstücke 1 verzeichnete, in der Gemarkung Lichterfelde belegene Ackerstück Regerstraße Nr. 20, Kartenblatt 1 Parzelle $\frac{275}{237}$, Liegenschaftsbuch Nr. 93. Größe: 7a 85 qm.

Eigentümer:

Bauunternehmer *Emil Klose* in Lichterfelde.

Vorgehende oder gleichstehende Eintragungen:

Abt. II Nr. 1: ein Kabelleitungsrecht, im Range vorgehend. Es haften mit Band 1 Bl. 11 und Band 12 Bl. 288.

Abt. III: keine.

Lichterfelde, den ... Dezember 1970.

(Siegel) Das Amtsgericht."

Die Schuldurkunde wird mit dem Hypothekenbrief durch Schnur und Siegel verbunden. §§ 58 GBO, 50 GBVf. Gezeichnet werden die Hypothekenbriefe sowie der Vermerk auf dem Grundschuldbrief vom Rechtspfleger und Urkundsbeamten. Beide tragen die Verantwortung für Richtigkeit der Urkunden, sie dürfen sich nicht auf die Richtigkeit der Expedition verlassen. RG 77, 423.

Eintragung einer Hypothek auf Grund Rangvorbehalts. Zwischenverfügung. Zwangshypothek

Ausübung des Rangvorbehalts. Zu den Grundakten des Grundstücks Lichterfelde Blatt 287, das seit den soeben mitgeteilten Eintragungen keine Veränderung erfahren hat, geht nachstehendes Schriftstück ein:

„Schuldverschreibung und Hypothekenbestellung.

Hierdurch bekenne ich, der unterzeichnete Bauunternehmer *Emil Klose* aus Lichterfelde, der Baugewerbebank eingetragenen Genossenschaft mit beschränkter Haftpflicht in Berlin ein Baugelddarlehn von 40000 DM (i. W.) zu schulden, welches vom 15. Dezember 1970 mit jährlich 6% (i. W.) in Vierteljahrsbeträgen nachträglich zu verzinsen und nach dreimonatiger Kündigung zurückzuzahlen ist. Die Kündigung kann, pünktliche Zinszahlung vorausgesetzt, von der Gläubigerin frühestens zum 1. Juli 1976 erklärt werden.

Für das vorstehend bezeichnete Darlehn von 40000 DM nebst Zinsen bestelle ich der Gläubigerin Hypothek an dem mir gehörenden Grundstück Lichterfelde Band 12 Bl. 287.

Ich unterwerfe mich wegen des Darlehns nebst Zinsen der sofortigen Zwangsvollstreckung aus dieser Urkunde sowohl in mein persönliches Vermögen wie in das Pfandgrundstück Lichterfelde Bl. 287. Die Zwangsvollstreckung soll gegen den jeweiligen Eigentümer des Grundstücks zulässig sein.

Ich bewillige und beantrage die Eintragung der Hypothek und der Unterwerfung unter die sofortige Zwangsvollstreckung in das Grundbuch, und zwar mit dem Vorrang vor den in Abt. III unter Nr. 1 für die Lichterfelder Dampfziegelei *Fried. Wilh. Wolf* Söhne eingetragenen 11775 DM auf Grund des bei Nr. 1 für mich eingetragenen Rangvorbehalts. Ferner bewillige und beantrage ich die Eintragung einer Vormerkung zur Sicherung des Anspruchs, der dem jeweiligen Gläubiger der Post Nr. 1 auf Löschung der neu einzutragenden 40000 DM zusteht, wenn und soweit sie sich mit dem Eigentum in einer Person vereinigen.

Lichterfelde, den 12. Dezember 1970

Emil Klose.

(Beglaubigungsvermerk)."

Durch die beantragte Hypothekenbestellung wird Wolf als Gläubiger der Hypothek Abt. III Nr. 1 betroffen: denn während diese Hypothek, abgesehen von der übertragenen Belastung der II. Abteilung, bisher die erste Rangstelle einnimmt — der eingetragene Rangvorbehalt ist noch keine Hypothek! — soll sie sich in Zukunft das Recht der Baugewerbebank vorgehen lassen. Es liegt der Gedanke nahe, Wolf als Betroffenen zu behandeln und zwecks Eintragung des Vorrangs für die Baugeldhypothek eine von ihm auszustellende Bewilligung zu verlangen. Aber durch die Einräumung des Rangvorbehalts, zu dessen Entstehung trotz des scheinbar entgegenstehenden Wortlauts des § 881 („vorbehalten") nach dem allgemeinen Grundsatz des § 873[1] Einigung zwischen dem Eigentümer und dem Gläubiger des Vorbehaltsrechts erforderlich ist, hat die Firma Wolf dem Eigentümer das (Gestaltungs-) Recht verliehen, das Rangverhältnis zwischen ihrem Recht und dem Vorrangsrecht zu ändern. Verfahrensrechtlich kommt es auf die Streitfrage nicht an, ob zur Ausübung des Rangvorbehalts materiell außer der Eintragung die einseitige Bestimmung des Eigentümers genügt oder ob Einigung zwischen ihm und dem vortretenden Berechtigten erforderlich ist. Der Brief des zurücktretenden Rechts braucht zur Eintragung der Ausübung des Rangvorbehalts nicht vorgelegt zu werden (KGJ 36A 222).

Die Bewilligung Kloses ist jedoch nicht ordnungsgemäß. Regelmäßig genügt zwar Beglaubigung der Unterschrift (§ 29 S. 1). Geschäftsleute, die in Grundbuchsachen Bescheid zu wissen glauben, pflegen sich ihre Hypothekenbestellungen, -abtretungen, -löschungen usw. selbst auszuarbeiten und ziehen erst zur Beglaubigung den Notar zu, weil die bloße Beglaubigung geringere Kosten macht als der Entwurf durch den Notar. Die von Klose erklärte Unterwerfung unter die Zwangsvollstreckung erfordert aber öffentliche Beurkundung (§§ 794[5], 800 ZPO). Dieser Formmangel — den der Notar nicht zu beanstanden brauchte, da er mit der Prüfung der von ihm nicht entworfenen Urkunde nicht beauftragt war (S. 6) — steht der Eintragung entgegen.

Zwischenverfügung. Sind Grundbuchanträge zu beanstanden, so wird nach § 18 GBO entweder der Antrag sofort zurückgewiesen, oder dem Antragsteller zur Behebung des Hindernisses eine Frist bestimmt. Die Zurückweisung macht dem Antragsteller Kosten und bringt ihn, falls vor Stellung eines neuen ordnungsmäßigen Antrags andere Rechte beantragt werden, um die Priorität. Ferner erhöht sie die Verantwortlichkeit des Gerichts, denn der Antragsteller hat nicht, wie im Fall der Zwischenverfügung, Gelegenheit, durch Einlegung der Beschwerde einer ungerechtfertigten Abweisung seines Antrags vorzubeugen. Die Wahl zwischen den beiden Verfahrensarten darf nicht willkürlich, sondern nur nach sachlichen Gesichtspunkten getroffen werden, indem das Gericht die verschiedenartigen Interessen abwägt. Handelt es sich um behebbare Mängel, so wird im allgemeinen eine Zwischenverfügung zu erlassen sein. Daß der Antragsteller sich der Mangelhaftigkeit oder Unvollständigkeit seines Antrags bewußt war, rechtfertigt nicht grundsätzlich die Zurückweisung (RG 126, 107; Riggers, Rpfleger 1957, 181).

Die sofortige Zurückweisung des Antrags ist aber geboten:

1. wenn der Antrag keinesfalls zum Erfolge führen kann, z. B. weil der Antragsteller nicht antragsberechtigt ist oder dem Antrag eine absolute Verfügungsbeschränkung entgegensteht (Konkursvermerk); weil der Antrag auf die Eintragung eines nicht eintragungsfähigen Rechts gerichtet oder weil ein Recht mit einem unzulässigen Inhalt eingetragen werden soll; anders, wenn nur eine Nebenbestimmung eines eintragungsfähigen Rechts nicht eintragungsfähig ist.
2. wenn nach dem Grundgedanken des § 18 der Rang der beantragten Eintragung auch durch eine spätere Behebung des Mangels nicht gewahrt werden kann. Das ist der Fall: a) wenn bei einer im Wege der Zwangsvollstreckung vorzunehmenden Eintragung die Voraussetzungen der Zwangsvollstreckung noch nicht vorliegen; denn für den Rang des Antrags darf nicht ein Zeitpunkt maßgebend sein, zu dem die Zwangsvollstreckung noch nicht beginnen durfte (KG JR 1926 Nr. 2048; BayObLGZ 1956, 218 = NJW 1956, 1800 = Rpfleger 1957, 22). b) wenn bei einem auf den Nachweis der Unrichtigkeit gestützten Antrag eine Unrichtigkeit des Grundbuchs noch nicht vorliegt, etwa wenn der Antrag auf Eintragung der Pfändung einer Briefhypothek gestellt wird, bevor der Brief in den Besitz des Pfändungsgläubigers gelangt ist (§ 830[1] S. 1 ZPO), es sei denn, daß es nur an dem Nachweis dieser Tatsache fehlt (JFG 14, 445). — Wird in den Fällen zu 2 der Antrag nicht zurückgewiesen, der Mangel aber später behoben, so gilt der Antrag im Sinne des § 17 erst als im Zeitpunkt der Behebung

eingegangen (KG JFG 1, 445; JFG 17, 57; BGHZ 27, 310 = NJW 1958, 1090 = MDR 1958, 498 = DNotZ 1958, 480 = Rpfleger 1958, 216 mit Anm. v. Riggers = LM § 867 ZPO Nr. 2 mit Anm. v. Piepenbrock).

Der Rechtspfleger erläßt am 15. Dezember die Zwischenverfügung:

„1. An Klose: In der Grundbuchsache pp stehen der Erledigung Ihres Antrags vom 12. d. M. folgende Hindernisse entgegen:

a) Die sofortige Zwangsvollstreckung aus der Hypothek gegen den jeweiligen Eigentümer des Grundstücks setzt eine öffentlich beurkundete Erklärung des Grundstückseigentümers voraus (§§ 794[5], 800 ZPO), während Ihre Hypothekenbestellung lediglich öffentlich beglaubigt ist.

b) Die Erledigung des Antrags wird gemäß § 8[II] KostO von der Zahlung eines Kostenvorschusses im Betrage von 110 DM abhängig gemacht.

Zur Behebung dieser Beanstandungen wird Ihnen gemäß § 18 GBO eine Frist von zwei Wochen gesetzt. (Zust.-Urk.).

2. Am 3. 1."

Die Zwischenverfügung muß gemäß § 16[II] S. 1 FGG förmlich zugestellt werden, da sonst die Frist nicht in Lauf gesetzt wird.

Antrag auf Eintragung einer Zwangshypothek.

„Eingegangen 19. Dezember 1970 11 Uhr 35 Minuten. *Urkund.*

An das Amtsgericht hier.

In der Anlage überreiche ich vollstreckbare Ausfertigung des von mir gegen den Bauunternehmer *Emil Klose* und seine Ehefrau *Hilde* geb. *Pätzold*, beide in Lichterfelde, Herderstraße 101, am 10. Oktober d. J. beim hiesigen Amtsgericht erwirkten Urteils, Aktenzeichen 8 C 566/70, nebst Zustellungsurkunde und beantrage:

auf dem Grundbuchblatt des dem Schuldner *Emil Klose* gehörenden Grundstücks Lichterfelde, Regerstraße Nr. 20, eingetragen im Grundbuch von Lichterfelde Band 12 Blatt 287, wegen der Urteilsforderung nebst Zinsen und Kosten eine Sicherungshypothek einzutragen.

Ich bitte um Rückgabe des Schuldtitels.

Bruno Preuß
Tischlermeister."

Die Formel des überreichten Urteils lautet:

„Die Beklagten werden als Gesamtschuldner verurteilt, dem Kläger 650,60 DM (i. W.) nebst 6% Zinsen seit dem 1. Oktober 1970 zu zahlen und die Kosten des Rechtsstreits zu tragen. Das Urteil ist vorläufig vollstreckbar."

Auf der vollstreckbaren Ausfertigung befindet sich der Vermerk:

„Wegen der Urteilsforderung nebst Zinsen ist heute im Grundbuch des der Beklagten *Hilde Klose* gehörenden Grundstücks Charlottenburg Bd. 17 Blatt 418 in Abt. III unter Nr. 10 eine Sicherungshypothek eingetragen worden.

Berlin-Charlottenburg, den 20. Oktober 1970
Urkund, Justizobersekretär"

Anträge auf Eintragung einer Zwangs- oder Arresthypothek (§§ 866f., 932 ZPO) werden vom Grundbuchrichter unter zwei verschiedenen Gesichtspunkten geprüft. Einmal müssen die allgemeinen Grundlagen der Zwangsvollstreckung (vollstreckbarer Titel, Klausel, Zustellung usw.) erfüllt sein; denn es handelt sich um eine Maßnahme der Zwangsvollstreckung. Andererseits sind auch die grundbuchrechtlichen Erfordernisse zu wahren, vor allem die Voreintragung des Betroffenen gemäß § 39[I] GBO. Durch den Titel wird die Bewilligung ersetzt, aber nicht in dem Sinne, daß sie (wie bei rechtskräftiger Verurteilung zur Abgabe von Willenserklärungen) als abgegeben gilt, sondern die Eintragung erfolgt als Vollstreckungsakt „auf Grund des

Schuldtitels" (§ 866^{III} S. 2 ZPO), und die Hypothek entsteht „mit der Eintragung" ohne fingierte Einigung. § 867^{I} S. 2. Lehnt das Grundbuchamt ab, so sind Rechtsmittel und Instanzenzug der GBO (einfache Beschwerde, weitere Beschwerde bei Gesetzesverletzung) gegeben, nicht diejenigen der ZPO, weil die anzufechtende Verfügung Entscheidung in einer Grundbuchsache ist. BayObLGZ 1956, 218.

Die gegenüber dem Preußschen Antrag zunächst auftauchenden Zweifel und Bedenken erweisen sich bei näherer Untersuchung als unbegründet:

a) Daß Preuß die Hypothek in unbeglaubigter Form beantragt hat, entspricht dem § 30 GBO. Auch die Vollmacht eines Anwalts, der die Sicherungshypothek für den Gläubiger beantragt, bedarf keiner Beglaubigung.

Auch bei der zur Vermeidung der Gesamt-Zwangshypothek in § 867^{II} ZPO vorgeschriebenen Verteilung der Forderung auf mehrere Grundstücke des Schuldners durch den Gläubiger bzw. seinen Bevollmächtigten handelt es sich um keine „zur Eintragung erforderliche Erklärung" im Sinne des § 30 GBO, und demgemäß bedarf der Antrag keiner Beglaubigung. RG 71, 312. Der Gläubiger gibt nicht durch die Verteilung Rechte auf den Mehrbetrag an den einzelnen Grundstücken auf (die er ja noch gar nicht hat), sondern er stellt einen „reinen" Antrag. Das gilt auch dann, wenn die Verteilung nach Belehrung durch das Grundbuchamt erst nachträglich geschieht; darin liegt keine nach § 31 GBO formbedürftige teilweise Antragsrücknahme (Güthe-Triebel § 19 Anm. 101).

b) Ebenso ist das zu belastende Grundstück durch die Angabe „Lichterfelde Band 12 Blatt 287" im Sinne des § 28 S. 1 GBO ausreichend bezeichnet, nämlich durch Hinweis auf das Grundbuchblatt. Dagegen hätte nur die Angabe der Straße und Hausnummer nicht genügt, sie wäre keine mit dem Grundbuch, also den Angaben im Bestandsverzeichnis „übereinstimmende" Bezeichnung gewesen (KGJFG 11, 328). Das Grundbuchamt soll nicht darauf verwiesen werden können, aus dem Eigentümerverzeichnis das gemeinte Grundstück zu ermitteln.

c) Der Betrag der Forderung übersteigt die gesetzliche Mindestsumme von 500 DM (§§ 866^{III} S. 1 ZPO).

d) Wird die Sicherungshypothek dadurch ausgeschlossen, daß Preuß schon eine Zwangshypothek auf dem Grundstück in Charlottenburg erwirkt hat? § 867^{II} untersagt zwar die Gesamt-Zwangshypothek, aber doch nur auf „mehreren Grundstücken des Schuldners", d. h. desselben Schuldners. Haften dagegen mehrere Personen als Gesamtschuldner, so ist es zulässig, die ganze Urteilsforderung auf je einem Grundstück der Schuldner einzutragen.

Besteht für die Forderung bereits eine rechtsgeschäftlich bestellte Hypothek, so ist die Eintragung der Forderung als Zwangshypothek auf einem anderen Grundstück des Schuldners unter Kenntlichmachung der Mithaft nach § 48 GBO zulässig, auch wenn die erste Hypothek eine Briefhypothek ist. RG 98, 106; KG JW 1938, 2847. — Aus der rechtlichen Selbständigkeit der im Bestandsverzeichnis unter besonderer „laufender Nummer" verzeichneten Grundstücke ergibt sich, daß die Belastung aller oder mehrerer auf einem gemeinschaftlichen Grundbuchblatt verzeichneter Grundstücke mit einer Hypothek sich als Gesamthypothek darstellt. Die Zwangshypothek an derartigen Grundstücken muß also auf die verschiedenen laufenden Nummern gemäß § 867^{II} ZPO verteilt werden. RG 84, 265. Wird das, wie nicht selten, übersehen, so ist die Zwangshypothek nach § 53^{I} S. 2 GBO als inhaltlich unzulässig zu löschen (RG 163, 125). Deshalb ist bei jedem derartigen Antrag das Bestandsverzeichnis auf Mehrheit von Grundstücken sorgfältig zu prüfen. Hat der Gläubiger die Verteilung unterlassen, so hat er keinen Anspruch auf eine Zwischenverfügung nach § 18; das Grundbuchamt kann ihm statt der sofortigen Zurückweisung des Antrags einen belehrenden Hinweis geben, wodurch aber der Rang des Eingangsdatums nicht gewahrt wird (BGHZ 27, 310). Im Fall der Verteilung gilt die Mindestsumme von 500 DM nur für die Gesamtsumme, nicht für die einzelnen Teile. RG 84, 265.

e) Was die Kosten anlangt, so haftet das Grundstück für die dem Vollstreckungsschuldner zur Last fallenden Kosten der Eintragung, zu denen auch etwaige Anwaltskosten für Stellung des Eintragungsantrags gehören, kraft Gesetzes, desgleichen für die Kosten der künftigen, die Befriedigung aus dem Grundstück bezweckenden, dinglichen Rechtsverfolgung. §§ 867 I S. 3 ZPO, 1118 BGB. Diese Beträge sind daher nicht eintragungsfähig (KGJ 35A 325). Dagegen nehmen die festgesetzten Kosten des Rechtsstreits, in welchem der Schuldtitel erwirkt wurde, und die Kosten einer früheren Zwangsvollstreckung, über deren Erstattungsfähigkeit das Grundbuchamt als Vollstreckungsorgan nach § 788 ZPO entscheiden kann, nur auf Grund ihrer Eintragung an der dinglichen Sicherung teil. Dazu Löscher, Rpfleger 1960, 355.

Vormerkung aus § 18. Da die auf den Antrag vom 12. Dezember gestellte Frist noch läuft, muß gemäß § 18 II S. 1 GBO bei Eintragung der Preußschen Zwangshypothek von Amts wegen für die Baugewerbebank eine Vormerkung eingetragen werden, und zwar mit dem Range vor der Zwangshypothek. Erst dadurch erlangt der Eingangsvermerk seinen vollen Wert.

Die Vormerkung aus § 18 dient nicht dazu, einen privatrechtlichen Anspruch im Sinne des § 883 BGB, sondern den öffentlich-rechtlichen Anspruch des Antragstellers gegen das Grundbuchamt auf endgültige Bescheidung seines Antrags zu sichern (KG JFG 23, 146). § 888 BGB ist daher nicht anwendbar. Deshalb lautet die Fassung der Vormerkung nicht: „Vormerkung zur Sicherung des Anspruchs auf Einräumung einer Hypothek", sondern richtiger: „Vormerkung zur Sicherung der Eintragung einer Hypothek."

Der Rechtspfleger verfügt:

„1. Einzutragen in das Grundbuch von Lichterfelde Bd. 12 Bl. 287, Abt. III:

a) Sp. 1—3, Sp. 4 linke Hälfte:

2 | 1 | 40000 DM. Vormerkung zur Sicherung der Eintragung einer Hypothek im Betrage von vierzigtausend Deutschen Mark nebst sechs v. H. Zinsen jährlich für die Baugewerbebank eingetragene Genossenschaft mit beschränkter Haftpflicht in Berlin, von Amts wegen eingetragen am . .

b) Sp. 1—4:

3 | 1 | 650, 60DM Sicherungshypothek von sechshundertfünfzig Deutschen Mark 60 Pfennigen nebst 6 v. H. Zinsen seit dem 1. Oktober 1970 für den Tischlermeister *Bruno Preuß* in Lichterfelde aus dem vollstreckbaren Urteil des Amtsgerichts in Lichterfelde vom 10. Oktober 1970. Das Grundstück Charlottenburg Bd. 17 Blatt 418 haftet mit. Im Wege der Zwangsvollstreckung eingetragen am . . .

2. Nachricht von der Eintragung zu b zu den Grundakten von Charlottenburg Bd. 17 Bl. 418.'

Gemäß § 48 GBO soll der dortige Sachbearbeiter die Mithaft von Lichterfelde Bl. 287 von Amts wegen in seinem Grundbuch vermerken. Aus der Eintragung soll auch ersichtlich sein, daß die Sicherungshypothek im Wege der Zwangsvollstreckung entstanden ist, weil die Zwangshypothek gegenüber der rechtsgeschäftlich bestellten Sicherungshypothek Unterschiede aufweist, die sich aus den §§ 867 I S. 3, 868 ZPO ergeben. Erfolgt die Eintragung im Wege des Verwaltungszwangsverfahrens, so muß auch dies vermerkt werden, weil aus einer solchen Hypothek nach § 52 PrVO vom 15. November 1899, § 5 VerwVollstrG, § 372 AbgO ohne besonderen Titel die Zwangsvollstreckung wegen des dinglichen Anspruchs auch gegen den Rechtsnachfolger des Eigentümers zulässig ist (KGJ 49, 228).

„3. Beglaubigte Abschrift des Urteils zu den Grundakten fertigen.
4. Urteil demnächst mit Vermerk über die Eintragung an *Preuß* zurückgeben. (Beh.-Schein)"

Der Vermerk ist durch § 867 I S. 1 ZPO vorgeschrieben.

„5. Nachricht an: a) Eigentümer, b) Baugewerbebank, c) *Preuß*.
6. Vorlegung 3. 1. bleibt."

Wird der Antrag des Klose nach fruchtlosem Fristablauf zurückgewiesen, so muß die Vormerkung von Amts wegen gelöscht werden, so bald die Zurückweisung wirksam geworden ist, nämlich durch Bekanntmachung an Klose (§ 16^{I} FGG). Wird die Beanstandung noch vor der Hinausgabe des zurückweisenden Beschlusses behoben, so darf das Grundbuchamt den Beschluß nicht mehr absenden.

Die Eintragung der Vormerkung aus § 18^{II} S. 1 hätte im vorliegenden Fall nicht etwa deshalb unterbleiben können, weil zugunsten der Baugewerbebank ohnehin der Rangvorbehalt besteht. Denn der Rangvorbehalt sichert nach seinem Inhalt der Bank nur den Vorrang vor der Wolfschen Kaufgeldhypothek. Nun hat diese Hypothek allerdings den Rang vor der Zwangshypothek. Es gibt aber außer der absoluten Rangordnung auch relative Rangverhältnisse, Abweichungen von der durch die Reihenfolge der Eintragung gegebenen „natürlichen" Rangordnung, die nur relativer Natur sind. Wenn wir die Preußsche Sicherungshypothek oder irgendein sonstiges Recht, für welches kein Vorrang oder Rangvorbehalt zugunsten der Baugewerbebank bewilligt ist, eintragen, ohne die 40000 DM der Baugewerbebank wenigstens vorzumerken, so würden diese im Range zwar vor Wolf, aber hinter Preuß stehen Vgl. § 881^{IV}.

E n d g ü l t i g e E i n t r a g u n g d e r H y p o t h e k. Am 22. Dezember geht mit dem erforderten Kostenvorschuß Ausfertigung einer notariellen Verhandlung ein, in welcher Klose die Hypothekenbestellung vom 12. Dezember wiederholt. Verfügung:

„1. Einzutragen in das Grundbuch von Lichterfelde Bd. 12 Bl. 287 in Abt. III:

a) Sp. 4, rechte Hälfte, zur lfd. Nr. 2:
Umgeschrieben in eine Hypothek für ein Baugelddarlehn der Baugewerbebank eingetragenen Genossenschaft mit beschränkter Haftpflicht in Berlin von vierzigtausend Deutschen Mark, vom 15. Dezember 1970 mit 6 v. H. verzinslich. Der jeweilige Eigentümer ist der sofortigen Zwangsvollstreckung unterworfen. Unter Ausnutzung des Rangvorbehalts mit dem Range vor der Post Abt. III Nr. 1 unter Bezugnahme auf die Bewilligung vom 20. Dezember 1970 eingetragen am . . .."

Die Unterwerfung muß im Grundbuch selbst eingetragen werden, Bezugnahme auf die Eintragungsbewilligung würde nicht genügen. § 800^{I} S. 2 ZPO. Erfolgt bei der Hypothek später eine Veränderung, die den Umfang des Rechts erweitert, z. B. eine Zinserhöhung, so ist (was häufig übersehen wird) abermals eine öffentliche Urkunde mit Unterwerfung unter die Zwangsvollstreckung aufzunehmen, und bei Eintragung der Veränderung die Unterwerfung zu vermerken. KGJ 52, 190; KG DNotZ 1954, 199. Wird dagegen ein auf demselben Grundbuchblatt verzeichnetes Grundstück durch einen in der Veränderungsspalte eingetragenen Mithaftvermerk nachträglich mit Unterwerfung unter die Zwangsvollstreckung mitbelastet, so bezieht sich der Mithaftvermerk ohne weiteres auch auf die in der Hauptspalte eingetragene Unterwerfungsklausel (BGHZ 26, 344 = NJW 1958, 630 = DNotZ 1958, 252).

„b) Sp. 5—7

1	11775 DM	Der vorbehaltene Vorrang vor diesem Recht ist der Post Abt. III Nr. 2 eingeräumt. Eingetragen am . . . .

Die Eintragung über die Ausübung des Rangvorbehalts muß nicht nur zum Ausdruck bringen, daß das Recht den Vorrang vor dem Vorbehaltsrecht hat, sondern auch, daß es das Recht ist, welches den Vorbehalt in Anspruch nimmt. Der bloße Vermerk: „. . . mit dem Range vor . . ." würde eine Rangänderung nach § 880 BGB bezeichnen und, wenn Zwischenrechte vorhanden sind, das Grundbuch unrichtig machen (KGJFG 6, 309). Deshalb ist für die Eintragung bei beiden Rechten (§ 18 GBVf) die vorstehende Fassung gewählt worden.

„c) Sp. 5—7:

2	40000 DM	Vormerkung zur Sicherung des Anspruchs auf Löschung der Post Nr. 2, wenn und soweit sie sich mit dem Eigentum in einer Person vereinigt,

für den jeweiligen Gläubiger der Post Nr. 1 unter Bezugnahme auf die Bewilligung vom 20. eingetragen am ... Dezember 1970.

2. Eintragung der Vormerkung Abt. III Nr. 2 in Sp. 4 linke Hälfte rot unterstreichen.
3. Über die Eintragung Abt. III Nr. 2 ist ein Brief zu bilden, mit der Schuldurkunde zu verbinden und dem Grundstückseigentümer *Klose* auszuhändigen. (Beh.-Schein)"

§ 60^{I} GBO. Es war keine abweichende Bestimmung nach Abs. II getroffen.

„4. Beglaubigte Abschrift der Schuldurkunde zu den Akten fertigen.
5. Nachricht ...."

§ 881^{IV} BGB: Infolge der Eintragung der Vormerkung und der rechtzeitigen Beseitigung des Eintragungshindernisses haben die 40000 DM der Baugewerbebank den Vorrang nicht nur vor den 11775 DM der Wolfschen Kaufgeldhypothek, sondern auch vor der Preußschen Zwangshypothek erhalten. Wie hätten sich die Rangverhältnisse gestaltet, wenn das Grundbuchamt den Antrag vom 12. Dezember sofort zurückgewiesen hätte, oder wenn die Frist der Zwischenverfügung von Klose nicht eingehalten worden wäre?

In diesem Fall hätte Preuß die zweite Stelle endgültig für sich belegt, und die Eintragung der Baugeldhypothek wäre nur noch hinter Preuß möglich gewesen. Auch dann konnte der Baugeldhypothek auf Grund des Rangvorbehalts der Vorrang vor Nr. 1 beigelegt werden, doch durfte die Rangverschiebung zu keiner Benachteiligung des Preuß führen. In dem unterstellten Falle gehen also dem Preuß nur die 11775 DM des Wolf im Range vor, weil er der Baugeldhypothek seinerseits den Vorrang nicht eingeräumt hatte. Reicht bei der Zwangsversteigerung der Erlös nicht für alle drei Hypotheken, so ist zunächst festzustellen, wie viel Preuß bekommen kann. Mehr als 11775 DM braucht er sich nicht vorgehen zu lassen; er kommt also voll zur Hebung, sobald 12425,60 DM geboten werden. Sodann muß Wolf der über 40000 DM erzielte Erlös bis zu 51775 DM zugeteilt werden; denn er wollte sich auf Grund des Rangvorbehalts 40000 DM, nicht mehr, vorgehen lassen (§ 881^{IV}). Mithin geht die Preußsche Eintragung, wenn mehr als 11775 DM, aber weniger als die zur vollen Deckung aller drei Hypotheken erforderlichen 52425,60 DM geboten sind, zu Lasten der Baugewerbebank.

1. Beispiel. Erlös 50000 DM. Preuß erhält 650,60, Wolf 10000, für die Bank bleiben 39349,40 DM.
2. Beispiel: Erlös 10000 DM. Preuß erhält nichts, ebenso Wolf, die Bank 10000 DM.
3. Beispiel: Erlös 20000 DM. Preuß erhält 650,60, die Bank 19349,40 DM, Wolf geht leer aus.

Die (bei einer wirklichen Zwangsversteigerung sehr ins Gewicht fallenden) Zinsen- und Kostenansprüche sind in diesen Berechnungen außer Betracht gelassen.

Hätte Preuß beantragen können, seine Zwangshypothek in Ausübung des Rangvorbehalts mit dem Range vor der Wolfschen Hypothek einzutragen, unterstellt, der Rangvorbehalt sei noch nicht ausgenutzt gewesen? Die Zulässigkeit dieses Verfahrens könnte mit der Erwägung begründet werden, daß der Schuldner grundsätzlich die Vollstreckung in sein gesamtes Vermögen, insbesondere auch in ein ihm gehörendes Grundstück ohne Einschränkung zu dulden habe, also auch in den einen Bestandteil seines Vermögens bildenden Rangvorbehalt, und daß er deshalb dem Gläubiger die bestmögliche Rangstelle zur Verfügung stellen müsse; seine Bewilligung werde durch das Grundbuchamt als Vollstreckungsorgan ersetzt. Gleichwohl ist die Frage mit dem BGH (BGHZ 12, 238), Baur, § 17 C I, Rosenberg, ZPO, 8. Aufl. § 206^{II} 2 und Wolff-Raiser, Sachenrecht, 10. Bearb. § 43^{2} gegen Stein-Jonas-Schönke, ZPO, 18. Aufl. § 867 Anm. IV 2 und Staudinger-Seufert, BGB, 11. Aufl. § 881 Anm. 15d zu verneinen. Die Begründung der Entscheidung des BGH, in der im wesentlichen auf eine Abwägung der widerstreitenden Interessen der Beteiligten abgestellt wird, befriedigt allerdings nicht und die Kritik von Staudinger-Seufert aaO ist deshalb, soweit sie sich gegen die Gründe des BGH richtet, nicht ungerechtfertigt. Durchschlagend sind jedoch folgende Erwägungen (vgl. Jansen, NJW 1954, 1291): Aus den §§ 857^{I}, 810 ZPO, § 20 ZVG, § 93 BGB ist der Rechtssatz abzuleiten, daß Teile und Bestandteile eines Grundstücks nicht Gegenstand einer Sondervollstreckung sein können (Rosenberg aaO, § 189 II 1). Der zugrunde liegende Gedanke ist, daß eine wirtschaftliche Einheit nicht zerschlagen werden soll. Dieser Rechtssatz gilt auch für den Rangvorbehalt. Er steht nach § 881^{III} BGB dem jeweiligen Eigentümer zu, ist also mit dem Eigentum am Grundstück verbunden. Er „gilt" daher nach § 96 BGB als Bestandteil des Grundstücks, d. h. unbeschadet seiner Natur als Recht, die trotz der Verbindung mit dem Grundstück gewahrt bleibt, ist er den für Grundstücksbestandteile geltenden Bestimmungen unterworfen (Wolff-Raiser, aaO, § 43 I; Rosenberg, Sachenrecht, § 881 IV 3). Dies ist der tragende Grund dafür, warum der Rangvorbehalt im Wege der Sondervollstreckung nicht erfaßt werden kann, und zwar weder im Wege der Pfändung oder Hilfspfändung noch in Verbindung mit der Eintragung einer Zwangshypothek. Als Grundstücksbestandteil kann er vielmehr nur zusammen mit dem Grundstück im Wege der Zwangsversteigerung erfaßt werden und geht mit dem Zuschlag auf den Ersteher über.

Umwandlung einer Höchstbetragshypothek in eine Grundschuld

Auf dem Fabrikgrundstück der „Opta“ Fernmeldeanlagen GmbH. ist in Abt. III unter Nr. 4 eingetragen:

„120000 DM Sicherungshypothek zum Höchstbetrag von einhundertzwanzigtausend Deutschen Mark für den Bankier *Rudolf Reich* in Berlin wegen aller Forderungen aus der Geschäftsverbindung mit der „Opta“ Fernmeldeanlagen Gesellschaft mit beschränkter Haftung in Lichterfelde, eingetragen am 19. September 1962.“

Dahinter unter Nr. 5 30000 DM Darlehnshypothek des Fräulein Margarete Loening. Am 15. Dezember 1970 sind vor dem Notar Siegel erschienen:

„1. der Prokurist *Gustav Rodewald* aus Berlin,
2. der Ingenieur Direktor *Paul Knebel*,
3. der Prokurist *Bernhard Aust*,
zu 2 und 3 aus Lichterfelde,
4. das Fräulein *Margarete Loening* aus Berlin.
Die Persönlichkeit der Erschienenen .....

Herr *Rodewald* vertritt in dieser Verhandlung den Bankier *Rudolf Reich* aus Berlin auf Grund der ihm von Herrn *Reich* erteilten Prokura.

Herr *Knebel* ist Geschäftsführer, Herr *Aust* Prokurist der „Opta“ Fernmeldeanlagen Gesellschaft mit beschränkter Haftung in Lichterfelde, die laut Gesellschaftsvertrag entweder durch zwei Geschäftsführer oder durch einen Geschäftsführer in Gemeinschaft mit einem Prokuristen vertreten wird, und geben ihre Erklärungen namens der genannten Gesellschaft ab.

Herr *Reich* und die „Opta“ Fernmeldeanlagen Gesellschaft mit beschränkter Haftung vereinbarten folgendes:

Die für Herrn *Reich* auf dem Grundstück der „Opta“ Fernmeldeanlagen, Grundbuch von Lichterfelde Band 9 Blatt 221, in Abt. III unter Nr. 4 eingetragene Höchstbetragshypothek von 120000 DM (i. W.) wird in eine Grundschuld zum gleichen Betrage umgewandelt, welche vom 1. Januar 1971 ab mit jährlich 8% verzinslich und drei Monate nach Kündigung fällig ist. Die „Opta“ Fernmeldeanlagen Gesellschaft mit beschränkter Haftung unterwirft sich wegen der Grundschuld der sofortigen Zwangsvollstreckung aus dieser Urkunde in das Grundstück. Die Zwangsvollstreckung soll gegen den jeweiligen Eigentümer zulässig sein. Die Eigentümerin willigt darein, daß dem Gläubiger jederzeit auf seinen einseitigen Antrag eine vollstreckbare Ausfertigung dieser Verhandlung ohne den urkundlichen Nachweis der Tatsachen erteilt wird, von denen die Fälligkeit der Grundschuld abhängt. Die Grundschuld behält, auch wegen der Zinsen, den bisherigen Rang der Höchstbetragshypothek vor der unter Nr. 5 eingetragenen Darlehnshypothek von 30000 DM.

Herr *Reich* bewilligt, die „Opta“ Fernmeldeanlagen GmbH. bewilligt und beantragt die Eintragung der Rechtsänderung in das Grundbuch sowie die Aushändigung des zu bildenden Grundschuldbriefes an den Gläubiger.

Fräulein *Loening* erklärt ihr Einverständnis mit der Eintragung des Vorrangs der Grundschuldzinsen vor der ihr zustehenden Post Abt. III Nr. 5.

Die Kosten übernimmt die „Opta“ Fernmeldeanlagen GmbH.

(Vorlesung, Genehmigung, Unterschriften)“

Der Notar überreicht Ausfertigung der Urkunde, den Brief über die Loeningsche Darlehnshypothek und zum Nachweis der Prokura des Rodewald ein Zeugnis des

Registergerichts. Die in der Verhandlung über die Vertretungsverhältnisse der GmbH. gemachten Angaben werden durch das Handelsregister bestätigt.

Die Höchstbetragshypothek ist eine Unterart der Sicherungshypothek. Ihre Besonderheit liegt darin, daß nur der Höchstbetrag, bis zu dem das Grundstück haften soll, bestimmt und im übrigen die Feststellung der Forderung vorbehalten wird (§ 1190^{I}). Bis dahin ist die Last eine vorläufige Eigentümergrundschuld, die durch die Feststellung der Forderung auflösend bedingt ist (so Güthe-Triebel, § 22 Anm 14, 15), nach der Rechtsprechung allerdings schon durch die Entstehung der Forderung (RG GruchBeitr 58, 665; RG 125, 133; KG JFG 2, 443); jedoch erkennt auch das Reichsgericht an, daß die dem Eigentümer in Höhe des jeweils nicht ausgefüllten Teils der Hypothek zufallende Eigentümergrundschuld (§ 1163^{I} S. 2) wegen ihrer Bedingtheit nicht geltend gemacht werden kann, solange das Kreditverhältnis nicht endgültig gelöst ist (RG JW 1934, 1780). Bestimmt im Sinne des § 1113 und des Bestimmtheitsgrundsatzes des Grundbuchrechts ist nur der Höchstbetrag der Geldsumme, der nach § 1190^{I} S. 2 in das Grundbuch eingetragen werden muß. Denn im Interesse der Gläubiger nachstehender Grundpfandrechte muß der Umfang der Belastung nach oben in jedem Falle feststehen. Die Forderung aber ist innerhalb des Höchstbetrages unbestimmt und im Rahmen des gesicherten Forderungskreises frei auswechselbar (§ 1190^{IV}). Dadurch wird die Umständlichkeit einer Forderungsauswechselung nach § 1180 durch Einigung und Eintragung vermieden. Dank dieser Elastizität eignet diese Hypothekenart sich gerade als Sicherheit für Kontokorrentkredite, bei denen ja die Forderungen täglich wechseln. Sie hat aber vom Standpunkt des Gläubigers Nachteile, welche Reich durch die Umwandlung beseitigen will: 1. Sie ist stets Sicherungshypothek (§ 1190^{III}). Dem Gläubiger kommt daher für seine actio hypothecaria die Grundbuchvermutung in Ansehung der persönlichen Forderung nicht zugute (§§ 891, 1138, 1185^{II}), vielmehr muß er die Höhe seiner Forderung besonders beweisen. 2. Die Zinsen werden in den Höchstbetrag eingerechnet (§ 1190^{II}). Auf die Höchstbetragshypothek von 120000 DM darf also Reich nur diejenige Summe kreditieren, die mit Hinzurechnung der bis zur Realisierung auflaufenden Zinsen 120000 DM ergibt. Dagegen haftet das Grundstück für die Kosten der dinglichen Rechtsverfolgung auch bei der Höchstbetragshypothek über die eingetragene Hypothekensumme hinaus (§ 1118). 3. Die dingliche Unterwerfung unter die sofortige Zwangsvollstreckung gemäß den §§ 794^{5}, 800 ZPO ist regelmäßig nicht zulässig und nicht eintragungsfähig, weil die Forderung unbestimmt ist. Nur wenn innerhalb des Höchstbetrags die Forderung in Höhe einer Teilsumme bestimmt ist, kann für diesen Teilbetrag, nicht aber wegen des vollen Höchstbetrags, die Klausel eingetragen werden (BayObLG NJW 1954, 1808). Aus all diesen Gründen wird die Höchstbetragshypothek im Bankverkehr mehr und mehr durch die Grundschuld verdrängt. Die Grundschuld ist eine von dem Bestehen einer Forderung unabhängige, nicht akzessorische Belastung des Grundstücks (§ 1192^{I} BGB). Sie kann beliebig verzinslich (§ 1191^{II}) und vollstreckbar gemacht werden, gleichviel ob dem Gläubiger zur Zeit Forderungen gegen den Grundstückseigentümer in Höhe der Grundschuld zustehen oder nicht und ob diese Forderungen sich in Zukunft ändern werden. Die Banken lassen sich die Grundschuld als „verdeckte Höchstbetragsgrundschuld" bestellen, indem die Parteien für das Innenverhältnis vereinbaren, daß sie zur Sicherung aller Ansprüche aus der Geschäftsverbindung dienen soll. So erlangt die Bank eine dingliche Haftung des Grundstücks für ihre jeweiligen Ansprüche aus der Geschäftsverbindung ohne die Mängel der Höchstbetragshypothek. Durch die Umwandlung wird also die bisher bestehende akzessorische Sicherheit (weitere Beispiele: Bürgschaft, Pfandrecht) in eine fiduziarische Sicherheit (weitere Beispiele: Sicherungsübereignung, Sicherungszession) verwandelt.

Die nicht akzessorische Natur der Grundschuld bedeutet ebensowenig wie bei anderen abstrakten Rechtsverhältnissen eine völlige Loslösung vom Kausalverhältnis. In der Regel liegt der zu Sicherungszwecken bestellten Grundschuld ein Krediteröffnungsvertrag zugrunde (dazu Godin in HGB-RGRK 2. Aufl. § 349 Anm. 58; Staudinger, BGB, 11. Aufl. Vorb. 5 vor § 607). Gelangt die zu sichernde Forderung nicht zur Entstehung oder erlischt sie, so hat der Grundschuldbesteller aus der Sicherungsabrede einen vertraglichen Rückgewähranspruch, den er nach seiner Wahl auf Rückübertragung, Löschung oder Verzicht auf die Grundschuld (§§ 1192, 1169 BGB) richten kann (BGH LM Nr. 1 zu § 1169; Westermann, Sachenrecht, § 116 III 1 a; Baur, Sachenrecht, § 45 II; Dempewolf, NJW 1958, 673). Hat der Eigentümer die Grundschuld ohne rechtlichen Grund bestellt, so kann er sie vom Gläubiger nach § 812 kondizieren, und er kann die Kondiktion auch einredeweise gegenüber der dinglichen Grundschuldklage geltend machen. Im Verhältnis des Eigentümers zum ersten Grundschuldgläubiger bewirkt also die Unabhängigkeit der Grundschuld von der Forderung letzten Endes nur eine Umkehr der Behauptungs- und Beweislast. Der Zessionar der Grundschuld aber muß sich die exceptio doli entgegenhalten lassen, wenn er beim Erwerb wußte, daß der Zedent keine Rechte aus der Grundschuld geltend machen konnte. RG 91, 218. Man hat die Grundschuld den „Wechsel des Grundstücksverkehrs" genannt, und in der Tat entspricht die Behandlung der Einwendungen aus dem Kausalgeschäft durchaus dem Recht des Wechsels und der sonstigen Orderpapiere. Sogar „Gefälligkeits-Grundschulden", die eine vollständige Parallele zum Gefälligkeitsakzept und -giro darstellen, können wir im Rechtsverkehr beobachten.

Gelangt das belastete Grundstück zur Zwangsversteigerung und beansprucht der Grundschuldgläubiger nur einen Teilbetrag, so hatte die Rechtsprechung früher angenommen, daß der Rest der Grundschuld „ins Leere falle", d. h. der Nachhypothekar aufrücke. RG 78, 60 lehnt diese Ansicht ab und führt die nicht akzessorische Ausgestaltung der Grundschuld folgerichtig durch (ebenso BGH JZ 1957, 623 = MDR 1958, 24 mit Anm. v. Thieme = Rpfleger 1958, 51; dazu Wörbelauer, NJW 1958, 1705). Es muß also für den eingetragenen Gläubiger der volle Grundschuldbetrag eingesetzt werden (§ 114 ZVG), und dem Besteller der Grundschuld, dem Subhastaten also nur, wenn er mit diesem personengleich ist, steht lediglich ein Bereicherungsanspruch auf den Mehrbetrag zu, den er abtreten und der von seinen Gläubigern gepfändet werden kann. Unter Umständen entspricht aber die Erklärung des Gläubigers den Erfordernissen eines (teilweisen) Hypothekenverzichts (§ 1168 BGB): alsdann geht der auf den verzichteten Teil entfallende Anteil am Versteigerungserlös mit dinglicher Wirkung auf den Subhastaten über (BGHZ 39, 242). Der Verzicht kann auch zwischen dem Zuschlag und der Erlösverteilung erklärt werden und bedarf dann keiner Eintragung in das Grundbuch, weil die Grundschuld mit dem Zuschlag erloschen ist (§§ 52, 91^{I} ZVG; RG JW 1931, 2733).

Eine andere Seite der Grundschuld tritt in dem Institut der Eigentümergrundschuld zutage. Der romanistische Grundsatz, daß das Eigentum alle an der Sache denkbaren Befugnisse in sich schließe und deshalb dem Eigentümer an seiner Sache kein anderes dingliches Recht zustehen könne (nemini res sua servit), ist insoweit, als es sich um nachträgliches Erlöschen durch Konsolidation handelt, für Grundstücksrechte völlig aufgegeben (§ 889), für das Mobiliarpfandrecht eingeschränkt (§ 1256). Die Rechtsprechung hält auch nicht mehr daran fest, daß Rechte der zweiten Abteilung nur dann wirksam begründet werden könnten, wenn der Berechtigte und der Eigentümer des belasteten Grundstücks verschiedene Personen sind. Insbesondere ist es für zulässig erklärt worden, daß der Eigentümer zweier Grundstücke zugunsten des einen Grundstücks eine Grunddienstbarkeit an dem anderen bestellt (RG 142, 231). Daher kann die bei Parzellierungen oft notwendige Bestellung wechselseitiger Baubeschränkungen, Grenzmauer-, Wegerechte usw. für die Teilgrundstücke schon vor deren Umschreibung auf die Erwerber stattfinden. Auch die Bestellung beschränkter persönlicher Dienstbarkeiten (§ 1190 BGB) für den Eigentümer des belasteten Grundstücks wird zugelassen, wenn ein schutzwürdiges Interesse daran besteht (BGHZ 41, 209; OLG Oldenburg Rpfleger 1967, 410 mit Anm. v. Haegele; Weitnauer DNotZ 1964, 716; Riedel Rpfleger 1966, 131; Palandt-Degenhart BGB 1 b vor § 1190). Die Bedürfnisse des Siedlungswesens haben sogar dazu geführt, die Bestellung eines Erbbaurechts für den Eigentümer (Wohnungsbaugenossenschaft) zuzulassen (OLG Düsseldorf, NJW 1957, 1194 = DNotZ 1958, 423). Was die Grundpfandrechte betrifft, so muß die Eigentümerhypothek des § 1163 BGB und der verwandten Bestimmungen zunächst für einen fremden Gläubiger eingetragen gewesen sein. Nur bei der Grundschuld gestattet § 1196, daß sie von Anfang an für den Eigentümer bestellt wird. Diese Eigentümergrundschuld aus § 1196 ist sehr beliebt geworden, weil sie das Grundstück wirtschaftlich „mobilisiert" und dadurch Kreditoperationen erleichtert: im Brief der Eigentümergrundschuld verkörpert sich ein größerer oder geringerer Teil des Grundstückswertes, und es ist einfacher und billiger, mit der Grundschuld dingliche Sicherheit zu bestellen, als mit dem Grundstück selbst. Auch die Eigentümergrundschuld kann trotz des § 1197 von Anfang an verzinslich und mit Unterwerfungsklausel eingetragen werden, denn die Beschränkungen des § 1197 können später wegfallen (KG HRR 1928 Nr. 2318; BGH DNotZ 1958, 579 mit Anm. v. Hieber). Streitig ist, ob auch der Pfandgläubiger durch § 1197 BGB gehindert wird, aus einer verpfändeten oder gepfändeten Eigentümergrundschuld die Zwangsvollstreckung in das Grundstück zu betreiben. Die h.M. versagt ihm diese Befugnis mit der Begründung, er könne nicht mehr Rechte geltend machen als der Eigentümer (KG JW 1938, 2494; OLG Düsseldorf NJW 1960, 1723; Horber, NJW 1955, 184; Baur, Sachenrecht, § 46 I 4). Sie verweist den Pfandgläubiger darauf, die Umwandlung in eine Fremdgrundschuld herbeizuführen, indem der Vertragspfandgläubiger nach dem Eintritt der Pfandreife den Anspruch auf Abtretung der Grundschuld an Zahlungs Statt geltend macht (§§ 1291, 1282^{I} S. 3) oder der Pfändungsgläubiger sie sich an Zahlungs Statt überweisen läßt (§ 835 ZPO); dann gilt er jedoch wegen seiner Forderung als befriedigt, selbst wenn er später in der Zwangsversteigerung einen Ausfall erleidet. Deshalb dürfte wohl die gegenteilige Meinung den Vorzug verdienen (OLG Köln, NJW 1959, 2167; Westermann, NJW 1960, 1723; Stöber, Rpfleger 1958, 339; Staudinger-Scherübl BGB 11. Aufl. § 1197 Anm. 1 b).

Einen ähnlichen rechtlichen Erfolg wie durch die Sicherungsgrundschuld hätte Reich auch erzielen können, wenn er sich eine Verkehrs-Briefhypothek für ein Darlehn in Höhe von 120000 DM hätte bestellen lassen, und wenn gleichzeitig im Innenverhältnis vereinbart worden wäre, daß das Darlehn durch die aus der Geschäftsverbindung erwachsenden Darlehns-, Vorschuß-, Provisions- usw. Forderungen valutiert wird. Dann wäre die dingliche Vollstreckungsklausel ebenfalls möglich gewesen (sog. verdeckte Höchstbetragshypothek, vgl. RG 60, 243; 152, 219; BayObLG NJW 1954, 1808; Bedenken dagegen bei Westermann, Sachenrecht, § 111 I 3).

Die Umwandlung der Höchstbetragshypothek in eine Hypothek von festem Betrag oder in eine Grundschuld ohne Zustimmung nachstehender Berechtigter entspricht dem Grundsatz der Auswechselbarkeit der Grundpfandrechtsformen (S. 634). Eine Feststellung der Forderung setzt die Umwandlung in eine Grundschuld nicht voraus (Palandt, § 1190 Anm. 5). Ebenfalls ohne Zustimmung der Nachhypothekare darf bei einer Festhypothek oder Grundschuld, die durch Umwandlung aus einer Höchstbetragshypothek entstanden ist, über den Höchstbetrag hinaus eine 5%ige Verzinsung vereinbart werden, allerdings erst vom Tage der Eintragung der Umwandlung an (§ 1119^{I}, dazu RG 60, 243; KGJ 40, 321). Da hier mehr als 5% vereinbart worden sind, war die Zustimmung des Frl. Loening in grundbuchmäßiger Form und die Vorlegung ihres Briefes (§ 41 GBO) notwendig.

Reicht die Vertretungsmacht der auf beiden Seiten tätigen Prokuristen für die Umwandlung aus? Nach § 49 HGB darf der Prokurist alle Arten von gerichtlichen oder außergerichtlichen Geschäften und Rechtshandlungen vornehmen, die der Betrieb irgendeines Handelsgewerbes mit sich bringt (hierzu können auch Grundstücksgeschäfte gehören), doch ist er zur Veräußerung und Belastung von Grundstücken nur auf Grund besonderer Ermächtigung befugt. Das eingereichte Registerzeugnis enthält keine die gesetzlichen Befugnisse des Prokuristen erweiternde „Immobiliarklausel". Rodewald hat aber gar nicht Grundstücke veräußert oder belastet, sondern lediglich den Inhalt des seinem Vollmachtgeber zustehenden hypothekarischen Rechts abgeändert. Dagegen stellt die von dem Prokuristen Aust zusammen mit dem Geschäftsführer Knebel für die „Opta" abgegebene Erklärung in der Tat eine durch § 49 nicht gedeckte Erweiterung der Grundstücksbelastung dar. Die Vertretung einer GmbH. durch einen Geschäftsführer und einen Prokuristen ist im Gesetz nicht vorgesehen, wird jedoch entsprechend den für andere Handelsgesellschaften maßgebenden §§ 125^{III} S. 1 HGB, 78^{III} S. 1 AktG zugelassen. Wenn nun der Prokurist gewissermaßen zur Ergänzung der gesetzlichen Vertreter tätig wird, so muß seine Vertretungsmacht den gleichen Umfang haben wie diejenige eines Gesellschaftsorgans. Darum bleibt die Einschränkung des § 49^{II} außer Anwendung. Staub 5 zu § 50; RG 134, 306.

Eintragung in der Veränderungsspalte (5—7).

„4. 120000 DM. Umgewandelt in eine vom 1. Januar 1971 an mit 8 v. H. verzinsliche und drei Monate nach Kündigung fällige Grundschuld. Die sofortige Zwangsvollstreckung ist gegen den jeweiligen Eigentümer zulässig. Eingetragen am . .“

Eines Vermerks über den Vorrang der 5% übersteigenden Zinsen vor Nr. 5 bedarf es nicht, da die Eintragung in der Veränderungsspalte im Zweifel den Rang der Haupteintragung teilt. RG 132, 106. Dagegen wäre, wenn Frl. Loening nicht eingewilligt hätte, bei Nr. 4 zu vermerken gewesen, daß die Mehrzinsen den Rang nach der Post Abt. III Nr. 5 haben. Unter keinen Umständen darf die Eintragung einer Zinserhöhung deshalb abgelehnt werden, weil die Vorrangseinräumung der nachstehenden Berechtigten fehlt.

Umwandlung einer Eigentümergrundschuld in eine Hypothek. Tod des Vollmachtgebers

Die dritte Hypothek des auf den Namen des Hüttendirektors Großkopf eingetragenen, jetzt seinen Erben gehörenden Geschäftsgrundstücks Ohlauerstraße 15 ist vom Gläubiger, Gutsbesitzer Wunderlich, zur Rückzahlung am 2. Januar 1971 (§ 193 BGB) gekündigt worden. Wunderlich hoffte, mit seiner Kündigung eine Zinssteigerung zu erzielen, doch hat der Grundstücksverwalter Redlich dies abgelehnt und in der Person des Photographen Schmeichel einen neuen Geldgeber gefunden, der die Hypothek zum unveränderten Zinssatz auf mehrere Jahre fest übernimmt. Jetzt soll die Hypothekenablösung durchgeführt werden.

In der Regel werden derartige Fälle so erledigt, daß der bisherige Gläubiger gegen Zahlung des Hypothekenkapitals den Brief und eine auf den neuen Gläubiger lautende öffentlich beglaubigte Abtretungserklärung aushändigt. Wunderlich hat es aber, ärgerlich über den Mißerfolg seines Kündigungsmanövers, abgelehnt, andere Erklärungen abzugeben als diejenigen, zu denen er gesetzlich verpflichtet ist. Er ist nur zur Ausstellung einer beglaubigten („löschungsfähigen“) Quittung bereit. Ihn zur Ausstellung einer Abtretungsurkunde oder Umschreibungsbewilligung zu zwingen, fehlt die rechtliche Handhabe. Im Verhältnis zu Wunderlich erscheint die Zahlung, die Schmeichel an ihn leisten soll, als für Rechnung der Großkopfschen Erben bewirkt. Daraus folgt gemäß §§ 362, 1163^{I} S. 2, 1177^{I}, daß Wunderlichs Darlehnsforderung erloschen und die Post als Grundschuld auf die Eigentümer übergegangen ist. Die von Wunderlich auszustellende beglaubigte Quittung weist gemäß § 22^{I} S. 1 GBO die Großkopfschen Erben dem Grundbuchamt als Inhaber der Grundschuld aus, über die sie nunmehr zugunsten Schmeichels weiter verfügen können. Da aber Schmeichel keine Grundschuld, sondern eine Hypothek wünscht, muß ein neues Darlehnsverhältnis begründet und die Grundschuld in eine Hypothek für dieses Darlehn zurückverwandelt werden (§ 1198 BGB).

Welchen rechtlichen Inhalt haben Eigentümerhypothek- und -grundschuld, und wie werden sie verwirklicht? Das Gesetz bestimmt nur negativ, daß der Eigentümer keine Zwangsvollstreckung zum Zwecke seiner Befriedigung betreiben kann (§ 1197^{I}) und daß ihm Zinsen grundsätzlich nicht zustehen (§ 1197^{II}). Positiv sind folgende Möglichkeiten von Bedeutung: 1. Der Eigentümer verfügt über das durch die E. repräsentierte, dem Eigentum gegenüber verselbständigte begrenzte Recht am eigenen Grundstück, indem er es, wie hier, in eine Hypothek umwandelt und dann an einen Dritten abtritt. 2. Er tritt die E. ohne Umwandlung ab. Dann wird sie in der Hand des Zessionars Fremd-Grundschuld mit dem gewöhnlichen Inhalt. Handelt es sich nicht um eine von Anfang an für den Eigentümer eingetragene Eigentümergrundschuld (§ 1196), so richten sich Verzinsung, Fälligkeit usw. nach der früheren Forderung (§ 1177^{I} S. 2). 3. Wechselt das Grundstückseigentum ohne gleichzeitige Übertragung der E. auf den neuen Eigentümer, so verwandelt sie sich ebenfalls in eine Fremd-Grundschuld. 4. Wird in der — von einem anderen betriebenen — Zwangsversteigerung die E., die außerhalb des geringsten Gebots steht, durch das Meistgebot gedeckt, so hat der Eigentümer Anspruch auf den Kapitalbetrag der E. In der Regel machen Zessionare oder Pfändungsgläubiger des Eigentümers dieses Recht geltend. 5. In der von einem anderen betriebenen Zwangsverwaltung kann der Eigentümer Zinsen von der E. liquidieren (§ 1197 II), weil er die Nutzungen des Grundstücks nicht mehr zieht.

Im übrigen hindert die E. vor allem das Aufrücken der Nachhypotheken. Die gesetzlichen Fälle der E. beruhen wesentlich auf dem Gedanken, daß die Post dem Gläubiger einerseits nicht mehr zustehen kann und daß es andrerseits ungerechtfertigt wäre, die Nachhypothekare — die vielleicht gerade wegen der ihnen vorgehenden Post hohe Zinsen und scharfe Kündigungsbedingungen gefordert und erhalten hatten — ohne jede Gegenleistung aufrücken zu lassen. Vgl. z. B. § 1170 BGB, § 868 ZPO. Der Unterschied, ob der Eigentümer die Hypothek mit oder ohne die Forderung erwirbt („Eigentümerhypothek" und „Eigentümergrundschuld" oder nach Dernburg: „forderungsbekleidete" und „forderungslose" Eigentümerhypothek), hat, solange die Vereinigung besteht, keine praktische Bedeutung. Im zweiten Fall „verwandelt" sich die Hypothek in eine Grundschuld, für deren Verzinsung usw. die für die Forderung getroffenen Bestimmungen „maßgebend bleiben" (§ 1177 I), im ersten bleibt sie Hypothek, aber die Rechte des Eigentümers „bestimmen sich" nach den für Eigentümergrundschulden geltenden Vorschriften (§ 1177 II). Forderungsbekleidet kann die Eigentümer-Hypothek in der Regel nur sein, wenn der persönliche Schuldner nicht mit dem Eigentümer identisch ist. Anders aber z. B., wenn der Gläubiger den Eigentümer und persönlichen Schuldner beerbt hat und Nachlaßverwaltung angeordnet wird. Dann gilt die Vereinigung von Forderung und Schuld nach § 1976 als nicht eingetreten. Die durch die Nachlaßverwaltung begründete Gütersonderung bewirkt, daß es so anzusehen ist, als seien Gläubiger und Eigentümer verschiedene Personen. Der Erbe kann also trotz des § 1197 die Zwangsversteigerung des Nachlaßgrundstücks betreiben. — Tritt der Eigentümer die forderungsbekleidete Hypothek ab, so gelten die §§ 1137, 1138 BGB.

Folgende Urkunden werden aufgenommen und dem Grundbuchamt eingereicht:

„Quittung.

Für mich, den Gutsbesitzer *Emil Wunderlich* in Ochsdorf, haftet im Grundbuch von Lichterfelde Band 30 Blatt 750 in Abt. III unter Nr. 3 eine mit 8% verzinsliche Darlehnshypothek von 40000 DM (i. W.). Ich bekenne, wegen Forderung und Zinsen von den Grundstückseigentümern, nämlich dem Gutsbesitzer *Fritz Großkopf* in Karolinenhof, Kreis Hameln, und dem volljährigen Fräulein *Thea Großkopf* in Bonn, heute befriedigt worden zu sein.

Berlin, den 2. Januar 1971.

Emil Wunderlich

(Beglaubigungsvermerk)"

„Verhandelt

Lichterfelde, den 2. Januar 1971.

Vor dem unterzeichneten Notar usw. erschienen:

1. der Grundstücksverwalter *Gotthard Redlich* aus Lichterfelde, Ringstr. 47,
2. der Photograph *Hermann Schmeichel* aus Lichterfelde, Sandstr. 11.

Die Persönlichkeit der Erschienenen . . . .

Herr *Redlich* legte folgende Urkunde vor:

„Vollmacht.

Hierdurch bevollmächtige ich den Grundstücksverwalter *Gotthard Redlich*, alle mir im Bezirk des Amtsgerichts Lichterfelde gegenwärtig oder in Zukunft gehörenden Grundstücke, Rechte an Grundstücken und Wertpapiere zu verwalten und rechtsgeschäftliche Erklärungen aller Art bezüglich der vorbezeichneten Gegenstände für mich abzugeben, auch Rechtsstreitigkeiten über sie in meinem Namen zu führen. Mein Bevollmächtigter soll insbesondere befugt sein, grundbuchmäßige Bewilligungen und Eintragungsanträge aller Art bezüglich der Grundstücke und Grundstücksrechte zu erklären. Er kann Darlehen, die durch Eintragung auf einem mir gehörenden Grundstück gesichert werden sollen, in meinem Namen vereinbaren und entgegennehmen. Zur Erteilung von Auflassungen und zum Verkauf von Grundstücken ist er nicht berechtigt.

Den Wert dieser Erklärung gebe ich auf 100000 DM an.

zur Zeit Reichenhall, den 28. Juni 1966.

Maximilian Großkopf.

Die vorstehende, vor mir gefertigte Namensunterschrift des gegenwärtig in Bad Reichenhall, Sanatorium Quisisana, sich aufhaltenden Hüttendirektors *Maximilian Großkopf* aus Salzgitter beglaubige ich.

Bad Reichenhall, den 28. Juni 1966

(Siegel) *Huber*, Notar.

Er legte ferner den Erbschein nach *Maximilian Großkopf* vom 19. August 1966, Geschäftsnummer 4 VI 63/66 des Amtsgerichts Salzgitter, vor und erklärte, daß er in dieser Verhandlung die *Maximilian Großkopf*schen Erben, nämlich den Gutsbesitzer *Fritz Großkopf* in Karolinenhof, Kreis Hameln, und das volljährige Fräulein *Thea Großkopf* in Bonn, vertrete, für welche die Vollmacht vom 28. Juni 1966 fortbesteht.

Hierauf erklärten die Erschienenen, Herr *Redlich* namens seiner Vollmachtgeber:

Im Grundbuch von Lichterfelde Band 30 Blatt 750 — Ohlauerstraße 15 — ist in Abt. III unter Nr. 3 eine Darlehnshypothek von 40000 DM, zu 8% verzinslich, eingetragen, welche durch Zahlung auf die Erben des eingetragenen Eigentümers *Maximilian Großkopf* übergegangen ist.

Die *Großkopf*schen Erben haben von Herrn *Schmeichel* ein bares Darlehn von 40000 DM (i. W.) erhalten, welches vom 1. Januar 1971 ab mit jährlich 8% (i. W.) in Vierteljahrszahlungen nachträglich zu verzinsen und drei Monate nach Kündigung zurückzuzahlen ist. Das Darlehn kann frühestens zum 1. Januar 1975 gekündigt werden, jedoch ist der Gläubiger berechtigt, sofortige Rückzahlung zu fordern, wenn eine Zinsrate nicht bis zum fünften Tage nach Fälligkeit bezahlt sein sollte.

Zur Sicherheit für das gewährte Darlehn treten die *Großkopf*schen Erben die durch Zahlung auf sie übergegangene Eigentümergrundschuld Abt. III Nr. 3 von 40000 DM unter Übergabe des Briefes an Herrn *Schmeichel* ab, indem sie im Einverständnis mit dem Gläubiger die Grundschuld in eine Hypothek für das Darlehn von 40000 DM nebst 8% Zinsen seit 1. Januar 1971 umwandeln.

Die *Großkopf*schen Erben beantragen, sie im Grundbuch von Lichterfelde Band 30 Blatt 750 als Eigentümer einzutragen.

Die *Großkopf*schen Erben sowie Herr *Schmeichel* bewilligen und beantragen, den Übergang der Hypothek als Grundschuld auf die Eigentümer, ihre Abtretung an Herrn *Schmeichel* und die Umwandlung in eine Darlehnshypothek in das Grundbuch einzutragen und den Brief dem Gläubiger *Schmeichel* unmittelbar auszuhändigen. Den Erbschein bitten sie Herrn *Redlich* zurückzugeben.

Die Kosten übernehmen die *Großkopf*schen Erben.

(Vorlesungs- und Genehmigungsvermerk, Unterschriften.)"

Der gleichfalls überreichte Erbschein weist Fritz und Thea Großkopf als Erben ihres Vaters Maximilian Großkopf je zur Hälfte aus.

Der Hypothekenbrief liegt bei. — Die Einreichung der Redlichschen Vollmacht wird dadurch, daß der Notar ihren Inhalt in der Verhandlung wiedergegeben hat. ersetzt (RG 104, 361). Ihre im Protokoll bescheinigte Vorlegung begründet für Schmeichel den Schutz seines guten Glaubens, falls etwa die Vollmacht widerrufen sein sollte. Vgl. § 12 BeurkG und „Kraftloserklärung von Vollmachten" (6. Kap.).

Ist die Vollmacht durch den Tod des Maximilian Großkopf erloschen? Der Text der Urkunde besagt nichts darüber. Gemäß § 168 BGB kommt es auf das zugrunde liegende Rechtsverhältnis an. Ist dieses ein Auftrag oder, wie hier, ein Dienstvertrag mit Geschäftsbesorgungsinhalt (§§ 672, 675), so kann das Grundbuchamt grundsätzlich das Fortbestehen der Vollmacht über den Tod hinaus annehmen (KG HRR 1934 Nr. 36). Die Erklärungen des Redlich sind so zu behandeln, als hätten die Erben selbst sie abgegeben. Der Fall einer „Bewilligung des Erblassers" (§ 40^{I} GBO) liegt also nicht vor. Von der Zwischeneintragung der Erben könnte aber auch abgesehen werden, wenn es sich nur um eine Rechtsübertragung, verbunden mit einer Inhaltsänderung, handelte (S. 231). Die Erben wandeln zwar durch Redlich die Grundschuld in eine Hypothek um. Das ist aber nicht der Grund, weshalb auch die Eintragung der Maximilian Großkopfschen Erben als Eigentümer beantragt wird. Die Erben müßten nämlich gemäß § 39^{I} zuvor als Gläubiger der aus der bisherigen Hypothek des Wunderlich entstandenen Eigentümergrundschuld auch dann eingetragen werden, wenn sie bereits als Eigentümer des Grundstücks in Abt. I verzeichnet wären. Das KG hat zwar in ständiger Rechtsprechung ausgesprochen, daß die Voreintragung des Eigentümers nicht erforderlich ist, wenn er über eine ihm als Eigentümergrundschuld zugefallene Hypothek verfügen will, weil der Eigentümer stets als möglicher eingetragener Inhaber der auf seinem Grundstück lastenden Hypotheken anzusehen ist (KGJ 45, 269; JFG 1, 487). Handelt es sich aber, wie hier, um die Umwandlung der zur Grundschuld gewordenen Hypothek nach § 1198 in Verbindung mit der Abtretung des dinglichen Rechts, so genügt nicht der Abtretungs- und Umwandlungsvermerk, sondern es muß auch gebucht werden, daß die Hypothek als Grundschuld auf den Eigentümer übergegangen ist, denn andernfalls wäre der Vermerk der Abtretung unter Umwandlung in eine Hypothek unverständlich, da es die Umwandlung einer Hypothek in eine Hypothek gleicher Art nicht gibt (KGJ 45, 285; KG JW 1933, 2010; Henke-Mönch-Horber GBO 10. Aufl. § 39 Anm. 4 C a, c).

Die Voreintragung des Betroffenen verfolgt einen dreifachen Zweck: 1. Dem Grundbuchamt soll die Legitimationsprüfung erleichtert werden, da es grundsätzlich den Eingetragenen als den wahren Berechtigten ansehen kann (§ 891). 2. Die Eintragung des Berechtigten begründet für ihn einen gewissen Schutz dagegen, daß ein anderer unbefugt über das Recht verfügt. 3. Der Rechtsstand des Grundbuchs soll nicht nur im Endziel richtig, sondern in allen Entwicklungsstufen klar und verständlich wiedergegeben werden (RG 133, 383; BGH NJW 1955, 1877). Ist aber der durch die Eintragung Betroffene Erbe des eingetragenen Berechtigten und ist die Bewilligung vom Erblasser erteilt, so braucht der Erbe nicht einmal dann eingetragen zu werden, wenn Veränderungen oder neue Rechte einzutragen sind (§ 40^{I}). Die gleiche Vergünstigung genießen Bewilligungen eines Nachlaßverwalters oder sonstigen Nachlaßpflegers (§ 40^{I}) oder Testamentsvollstreckers (§ 40^{II}), die gleichsam als Fortsetzung der vermögensrechtlichen Persönlichkeit des Erblassers erscheinen. Hätte Großkopf einen Testamentsvollstrecker bestellt, so wäre die Voreintragung der Erben (die nicht unerhebliche Kosten verursacht) wegen dieser Hypothekenablösung nicht notwendig gewesen. — Der Satz, daß die Bewilligung des Bevollmächtigten wie eine von den Erben selbst erklärte aufzufassen sei, bedeutet nicht etwa, daß bei Minderjährigkeit eines Erben vormundschaftsgerichtliche Genehmigung beigebracht werden müßte. Auf Grund der Erklärung des Erblassers besitzt der Bevollmächtigte (bis zum Widerruf) die Fähigkeit, Bewilligungen mit verbindlicher Wirkung für die Erben abzugeben. RG 88, 345; KGJFG 12, 274.

Eintragungen:

„A. Abt. I Sp. 1—4:

Sp. 1: 2

Sp. 2: a) Gutsbesitzer *Fritz Großkopf* in Karolinenhof, Kreis Hameln,
b) *Thea Großkopf* in Bonn
in ungeteilter Erbengemeinschaft.

Sp. 3: 1

Sp. 4: Auf Grund des Erbscheins des Amtsgerichts Salzgitter vom 19. August 1966 — 4 VI 63/66 — eingetragen am ...

B. Abt. III Sp. 5—7:

3. 40000 DM. Als Grundschuld auf die Eigentümer übergegangen und unter Umwandlung in eine Hypothek für ein vom 1. Januar 1971 mit 8 v. H. verzinsliches Darlehn an den Photographen *Hermann Schmeichel* in Lichterfelde abgetreten. Eingetragen unter Bezugnahme auf die Bewilligung vom 2. am ... Januar 1971."

Teilabtretung. Ordnungswidrig bewirkte Eintragungen

Im Grundbuch von Lichterfelde Band 14 Blatt 403 ist seit Jahren eine Hypothek von 25000 DM für den Privatmann Blum eingetragen. Während der Gerichtsferien hat Blum über einen dem Rest von 13000 DM im Range vorgehenden Teilbetrag von 12000 DM beglaubigte Abtretungserklärung eingereicht. Eintragung in Sp. „Veränderungen“.

„3a | 12000 DM | Zwölftausend Deutsche Mark nebst Zinsen seit dem 1. Oktober 1970, dem Rest im Range vorgehend, abgetreten an den Montagemeister *Friedrich Stolze* in Lichterfelde. Eingetragen am 13. August 1970.

Schnell. *Fabrig.*“

Als das Aktenstück bei späterer Gelegenheit dem Richter in die Hand kommt, stellt er fest, daß bei der Umschreibung vom 13. August 1970 kein Brief vorgelegen hat, obgleich das Grundbuch nichts über die Ausschließung der Brieferteilung besagt (§ 1116 BGB), und ein Brief auch tatsächlich gebildet worden war. Wie ist die Rechtslage, und was soll geschehen?

Die Umschreibung von Briefhypotheken im Grundbuch hat bekanntlich keine rechtsändernde Bedeutung. Nach § 1154 ist sie zur Übertragung des Gläubigerrechts nicht notwendig, sondern es genügt Einigung über den Forderungsübergang (§ 398), schriftliche Abtretungserklärung und Übergabe des Briefes. Die Eintragung der Abtretung im Grundbuch ersetzt zwar die schriftliche Abtretungserklärung, nicht aber die Übergabe des Briefes (§ 1154^{II}). Sondervorschriften über Teilabtretungen bestehen nicht. Es wird also darauf ankommen, ob eine Übergabe oder Ersatzübergabe des Briefes stattgefunden hat. Bei Teilabtretungen „kann“ (§ 1152), nicht „muß“, ein Teilbrief hergestellt und dem Zessionar ausgehändigt werden. Hat Blum den vorhandenen Brief über 25000 DM an Stolze übergeben, so wäre die Abtretung durch Übergabe wirksam vollzogen. Hat Blum den Brief behalten und verabredet, daß er zugleich als unmittelbarer Besitzer den Brief für Stolze verwahre, so liegt darin ein zur Übertragung der Teilhypothek ausreichender Übergabeersatz durch Besitzkonstitut (§§ 1154^{I} S. 1, 1117^{I} S. 2, 930). Ja, vielleicht befindet sich sogar Stolze längst im Besitz eines ordnungsmäßigen Teilbriefes: denn Teilbriefe können, außer vom Grundbuchamt, von jedem Notar oder Richter der freiwilligen Gerichtsbarkeit ausgefertigt werden. § 61 GBO. Denkbar wäre es aber auch, daß die Parteien irrtümlich eine Besitzübertragung für überflüssig hielten und die Sache mit der Umschreibung im Grundbuch für erledigt ansahen; dann wären die 12000 DM in Wahrheit nicht auf Stolze übergegangen und das Grundbuch wäre unrichtig.

Der in § 41 aufgestellte Grundsatz der Briefvorlegung verfolgt einmal den Zweck, die Legitimation des Bewilligenden klarzustellen (die Grundbucheintragung allein reicht hierzu nicht aus, weil der Eingetragene gemäß § 1154 BGB außerhalb des Grundbuchs über die Post verfügt haben könnte). Außerdem soll im Interesse des geschäftlichen Verkehrs die dauernde Übereinstimmung von Brief und Grundbuch gewahrt werden, indem die bei der Hypothek bewirkte Eintragung alsbald vom Grundbuchamt auf dem Brief vermerkt wird. § 62 GBO. Ausnahmsweise bedarf es der Briefvorlegung nicht: 1. zur Eintragung gewisser Widersprüche (§ 41^{I} S. 2), 2. wenn der Brief im Aufgebotsverfahren für kraftlos erklärt oder durch Ausschließung des Gläubigers kraftlos geworden ist; Löschungen erfolgen dann auf Grund des Ausschlußurteils, während zu sonstigen Verfügungen zunächst ein neuer Brief gebildet werden muß, wozu es eines Antrags bedarf, vgl. §§ 41^{II} GBO, 1162, 1170^{II} S. 2, 1171^{II} S. 2 BGB, 1018 ZPO, 3. zur Löschung ausgefallener Hypotheken auf Ersuchen des Versteigerungsrichters (§ 131 ZVG), 4. zur Eintragung des Konkursvermerks auf Ersuchen des Konkursrichters (arg. § 113^{2} KO). 5. zur Eintragung des allgemeinen Veräußerungsverbots im Konkurseröffnungsverfahren (§§ 106, 113) und Vergleichsverfahren (§§ 59, 61 VerglO) auf Ersuchen des Konkurs- bzw. Vergleichsgerichts, 6. nach Landesrecht bei Eintragungen auf Grund eines Unschädlichkeitszeugnisses. Die Umschreibung vom 13. August 1970 läßt sich durch keine Sondervorschrift rechtfertigen, sie stellt ein klares Versehen des Grundbuchamts dar.

Zur Ausnahme des § 41¹ S. 2 GBO: Das Gesetz befreit den Widerspruch nur dann von der Briefvorlegung, wenn er durch einstweilige Verfügung angeordnet ist (nicht also den seltenen bewilligten Widerspruch), und wenn er sich darauf gründet, daß entweder die Hypothek oder die Forderung nicht bestehe oder einer Einrede unterliege oder daß die Hypothek unrichtig eingetragen sei. Der Widerspruch muß sich also gegen die ursprüngliche Eintragung richten, während Widersprüche gegen nachträgliche Veränderungen bei Hypotheken (z. B. Umschreibungen, Rangänderungen) nicht bevorzugt sind. Zur Eintragung von Vormerkungen bedarf es ausnahmslos des Briefes. Soweit zur Eintragung eines Widerspruchs oder einer Vormerkung der Brief gebraucht wird, ist seine Beschaffung Sache des an der Eintragung Interessierten. In der Regel wird er die Anordnung, daß der Gegner den Brief dem Grundbuchamt vorzulegen habe, durch einstweilige Verfügung leicht erwirken können; für Widersprüche gibt § 896 BGB sogar einen besonderen Hilfsanspruch. Die Vollziehung der Anordnung bereitet freilich oft erhebliche Schwierigkeiten. Gegebenenfalls Offenbarungseid aus § 883 ZPO!

Kann man sich auf den Inhalt des Hypothekenbriefs verlassen? Abweichungen zwischen Brief und Grundbuch kommen vor: I. in den oben zu 1 bis 6 aufgeführten Fällen, II infolge von Versehen, sei es daß von vornherein wesentliche Angaben des Grundbuchs nicht in den Brief aufgenommen sind, oder daß man den Vermerk nach § 62 GBO vergessen oder unvollständig gemacht, oder endlich (wie in unserem Fall) zu Unrecht eine Grundbucheintragung ohne Briefvorlegung bewirkt hat. Endlich kann III. der Brief, auf den ein gutgläubiger Erwerber vertraut, nach den unter 2 aufgeführten Bestimmungen kraftlos geworden sein. Welches sind dann die Rechtsfolgen?

a) Allerdings ist der Hypothekenbrief ein (sachenrechtliches) Wertpapier, denn die Geltendmachung des Rechts ist an die Innehabung des Papiers geknüpft (§§ 1154, 1160, 1161, 1144); er ist aber nicht Legitimationspapier, denn Eigentümer oder Schuldner können nicht ohne weiteres an den Inhaber mit befreiender Wirkung leisten, sondern müssen dessen Berechtigung prüfen. Der Hypothekenbrief ist also kein Inhaberpapier (anders der Inhabergrundschuldbrief, § 1195), sondern Rektapapier, d. h. das Recht aus dem Papier folgt nicht dem Recht am Papier, sondern die Übertragung des verbrieften Rechts zieht den Erwerb des Eigentums am Papier nach sich (§ 952). Er ist auch kein Wertpapier öffentlichen Glaubens. Nur das Grundbuch, nicht der Brief genießt öffentlichen Glauben. Aber der Brief ist geeignet, den öffentlichen Glauben des Grundbuchs zu zerstören. Die Berufung auf die Vorschriften der §§ 892, 893 ist ausgeschlossen, wenn die Unrichtigkeit des Grundbuchs aus dem Brief oder einem auf ihn gesetzten Vermerk, z. B. einer Teilquittung (§§ 1145¹ S. 2, 1150, 1167) hervorgeht oder wenn auf dem Brief ein Widerspruch gegen die Richtigkeit des Grundbuchs, der auch privaten Ursprungs sein kann, vermerkt ist (§§ 1140, 1157). In den Fällen I und II entscheidet also über die dingliche Rechtslage der Inhalt des Grundbuchs. Der kraftlose Brief (III) hat jede Wirkung verloren. Es gibt keinen Rechtssatz, der den guten Glauben an die Gültigkeit einer für kraftlos erklärten Urkunde schützt.

b) Staatshaftung gegenüber dem Geschädigten aus § 839 BGB, Art 34 GG kommt natürlich nur in Betracht, wenn die Nichtübereinstimmung des Briefes mit dem Grundbuch durch schuldhafte Außerachtlassung der Pflichten eines Grundbuchbeamten hervorgerufen war und nicht auf einem der Rechtsätze unter I oder III beruht. Hierbei entsteht die Frage, ob der Anspruch durch eigenes Verschulden des Geschädigten gemäß § 254 BGB ausgeschlossen wird, weil er ja aus dem Grundbuch die wahre Rechtslage hätte ersehen können. Mit Recht lehnt das RG in JW 1929, 772[46] das mitwirkende Verschulden ab. Hypothekenbriefe haben den Zweck, die grundbuchrechtlichen Verhältnisse zweifelsfrei kundzutun und die Einsicht des Grundbuchs selbst für den Verkehr entbehrlich zu machen. Daß ganz besonders vorsichtige Gläubiger vielleicht außer dem Brief auch das Grundbuch einsehen, muß außer Betracht bleiben.

Wie wir von der Erbscheinseinziehung (S. 174) wissen, sind fehlerhafte Akte der freiwilligen Gerichtsbarkeit von Amts wegen rückgängig zu machen. Für ordnungswidrig zustande gekommene Grundbucheintragungen ist § 53 GBO maßgebend, welcher zwei Gruppen von Fällen unterscheidet. Erweist sich die Eintragung als „nach ihrem Inhalt — in abstracto — unzulässig“, so wird sie von Amts wegen gelöscht.

Dieser Tatbestand kann vorliegen, wenn a) die Eintragung ein überhaupt nicht eintragungsfähiges Recht verlautbart, z. B. ein Mietrecht (Grundsatz der geschlossenen Zahl der Sachenrechte) oder eine nicht eintragungsfähige öffentliche Last (§ 54 GBO) oder b) wenn das Recht nicht mit dem gesetzlich gebotenen Inhalt eingetragen ist, z. B. fehlende Angabe des Berechtigten, die auch durch Bezugnahme nicht gedeckt sein würde, Eintragung eines bedingten Eigentumsübergangs (§ 925II), Eintragung eines Rechts ohne Angabe seines wesentlichen Inhalts (oben S. 224) oder c) wenn das Recht mit einem gesetzlich unzulässigen Inhalt eingetragen ist, z. B. eine Zwangshypothek als Gesamthypothek, Eintragung eines Erbbaurechts oder eines Heimstättenvermerks nicht zur ersten Rangstelle (OLG München JFG 21, 16).

Im übrigen (bei den „versehentlichen" Eintragungen) findet lediglich die Eintragung eines Widerspruchs von Amts wegen statt. Das hängt mit dem öffentlichen Glauben des Grundbuchs zusammen. Einer an sich inhaltlich möglichen Eintragung kann niemand den Mangel ihres Zustandekommens ansehen: daher wird hier zunächst nur der Widerspruch eingetragen, um für die Zukunft gutgläubigen Erwerb zu verhindern, und die endgültige Löschung dem späteren Antragsverfahren (Berichtigung auf Bewilligung des Betroffenen oder auf Grund eines gegen ihn ergangegen rechtskräftigen Urteils, § 894 ZPO) vorbehalten. Bei den inhaltlich unzulässigen Eintragungen fällt diese Rücksichtnahme fort, weil durch sie ohnehin kein Gutgläubiger Rechte zu erlangen vermag; darum werden sie alsbald gelöscht. Es darf aber nicht übersehen werden, daß nunmehr der ursprüngliche Antrag noch unerledigt ist und die Eintragung nachgeholt werden muß, sofern der jetzige Grundbuchstand es zuläßt, d.h. wenn der Bewilligende noch als Berechtigter eingetragen ist und unbeschadet inzwischen erworbener Rechte Dritter, also an jetzt bereitester Rangstelle.

Die Eintragung eines Amtswiderspruchs setzt nach § 53I S. 2 voraus, daß das Grundbuchamt unter Verletzung gesetzlicher Vorschriften eine Eintragung bewirkt hat, durch die das Grundbuch unrichtig geworden ist. Die Gesetzesverletzung muß objektiv feststehen. Sie muß für die Eintragung, wenn auch nicht für die Unrichtigkeit, ursächlich gewesen sein. Bei der Verschiedenartigkeit der Grundsätze, auf denen materielles und formelles Grundstücksrecht beruhen (S. 222), brauchen die beiden Voraussetzungen nicht zusammenzutreffen. Bisweilen wird ja das Grundbuch gerade durch Befolgung der Vorschriften der GBO mit Notwendigkeit unrichtig (z. B. § 21 GBO gegen § 876 BGB, oben S. 207, oder wenn die Briefhypothek für den Gläubiger eingetragen wird, obwohl er die Hypothek erst mit der Übergabe des Briefes erwirbt, § 1117I). Umgekehrt bleibt das Grundbuch mit der materiellen Rechtslage im Einklang, wenn unter Verletzung des § 29 GBO auf unbeglaubigte Bewilligung eine Hypothek eingetragen wurde, die Beteiligten sich aber formlos gemäß § 873 BGB geeinigt hatten, oder wenn unter Nichtbeachtung des § 35 GBO einer Verfügung des richtigen Erben stattgegeben wurde, der nur durch eigenhändiges Testament ausgewiesen ist. In den allerwenigsten Fällen kann das Grundbuchamt mit Sicherheit wissen, wie die wirkliche Rechtslage ist. Da es sich um einen vorläufigen und dabei sehr eiligen Rechtsbehelf handelt, muß es zur Anwendung des § 53 schon genügen, daß das Grundbuchamt bei gewissenhafter Prüfung die Unrichtigkeit des Grundbuchs als glaubhaft ansieht. JFG 7, 253; KG DNotZ 1956, 195. Dabei hat es seine Ermittlungspflicht (§ 12 FGG) auch darauf zu erstrecken, ob das Grundbuch nicht inzwischen durch einen möglicherweise vorliegenden gutgläubigen Erwerb richtig geworden ist (KG JW 1933, 2709). Zum Begriff der Gesetzesverletzung lies BGHZ 30, 255. Als Berechtigter des Widerspruchs ist derjenige einzutragen, dem der Grunbuchberichtigungsanspruch nach § 894 BGB zusteht (KG JFG 11, 210). Fehlt die Angabe des Berechtigten, so ist die Eintragung inhaltlich unzulässig (KG JFG 6, 319; BGH NJW 1962, 963); mithin ist sie von Amts wegen gemäß § 53I S. 2 zu löschen und ein neuer Widerspruch mit gesetzmäßigen Inhalt einzutragen.

Hiernach wäre die Eintragung eines Widerspruchs gegen die Umschreibung der 12000 DM auf Stolze in Erwägung zu ziehen, wenn nicht der Amtswiderspruch ebenfalls unter der Regel der Briefvorlegung stände (§ 53II). Der Widerspruch soll sich gegen die Eintragung einer Veränderung richten, zählt mithin nicht zu den Fällen des § 41 I S. 2. Es kommt also alles darauf an, den Brief zur Stelle zu schaffen, um die Eintragung vornehmen zu können. Nach § 62 II ist das Grundbuchamt bei Eintragungen nach § 53 I befugt, den Besitzer des Briefes zur Vorlegung anzuhalten und diese Verpflichtung mit den Zwangsmitteln des § 33 FGG (Ordnungsstrafe, gegebenenfalls unmittelbarer Zwang) zu erzwingen. Soweit in den Ausnahmefällen Widersprüche ohne Briefvorlegung einzutragen sind, hat das Grundbuchamt den Besitzer des Briefes noch nach der Eintragung zur Vorlegung anzuhalten, damit die Eintragung nachträglich auf dem Briefe vermerkt werden kann. §§ 62 II GBO, 33 FGG. Darf das gleiche Verfahren eingeschlagen werden, wenn das Grundbuchamt die Soll-Vorschrift des § 41 I S. 1 GBO übersehen hat? RG 83, 290 verneint, weil das Grundbuchwesen auf dem Parteibetrieb beruht und weil „die Interessen fahrlässiger Antragsteller und unvorsichtiger Grundbuchbeamter die Anwendung staatlichen Zwanges nicht rechtfertigen können". Die Angelegenheit muß also auf dem Prozeßweg ausgetragen werden und der Geschädigte sich äußerstenfalls an den Fiskus halten.

Um weiterzukommen, bestellt der Rechtspfleger Blum und Stolze zur Rücksprache mit der Aufforderung, den Hypothekenbrief mitzubringen:

Nachträgliche Bildung des Teilbriefs. Auf die Ladung erscheinen:

„1. der Privatmann *August Blum*,
2. der Montagemeister *Friedrich Stolze*

beide aus Lichterfelde, ausgewiesen durch............ und erklären:

Der Brief über die in Abt. III unter Nr. 3 eingetragenen 25000 DM befindet sich bis jetzt in alleiniger Verwahrung des Erschienenen zu 1 *Blum*. Eine Vereinbarung darüber, daß *Blum* den Besitz gleichzeitig für Herrn *Stolze* ausübt, ist nicht getroffen worden.

Nunmehr beantragt Herr *Blum*, über die an Herrn *Stolze* abgetretenen 12000 DM einen Teilbrief zu bilden und an Herrn *Stolze* auszuhändigen. Er überreicht den Brief über 25000 DM, den er nach Bildung des Teilbriefs an ihn zurückzugeben bittet, und übernimmt die Kosten.

Vorgelesen, genehmigt, unterschrieben:

August Blum. *Friedrich Stolze.*"

Beglaubigung des Antrags ist nicht erforderlich, weil der Teilbrief nicht zu den Voraussetzungen der Eintragung gehört und es sich daher um einen „reinen" Antrag handelt (§ 30). Ebensowenig Zustimmung des Grundstückseigentümers (§ 1152 S. 1 BGB). — Verfügung:

„1. Teilbrief bilden, mit beglaubigter Abschrift der Schuldurkunde verbinden und an *Stolze* aushändigen.
2. Bildung des Teilbriefs auf dem bisherigen Brief vermerken."

§ 61 III GBO. Kein Vermerk im Grundbuch, obgleich der Teilbrief für den abgetretenen Teil an die Stelle des Stammbriefs tritt (§ 1152 S. 2 BGB). Er ist nicht „neuer Brief" im Sinne des § 68 III GBO!

„3. Stammbrief alsdann an *Blum* zurückgeben. (Beh.-Schein)."

Expedition des Teilbriefs.

„Deutscher Teilhypothekenbrief

über 12000 DM Teilbetrag der im Grundbuch von Lichterfelde Band 14 Blatt 403 Abt. III Nr. 3 eingetragenen 25000 DM.

Der bisherige Brief über die Hypothek von 25000 DM lautet wie folgt:

Deutscher Hypothekenbrief
über
die im Grundbuch von Lichterfelde Band 14 Blatt 403 Abt. III Nr. 3 eingetragenen 25000 DM.

Inhalt der Eintragung:

Nr. 3: 25000 (i.W.) Deutsche Mark Darlehn, mit sechs vom Hundert seit dem 1. Oktober 1958 zu verzinsen usw. bis:

Lichterfelde, den 28. September 1958.

(Siegel) Das Amtsgericht.

(gez.) *Pfleger* (gez.) *Urkund.*

Die vorstehende Abschrift stimmt mit der Urschrift überein.

Von den 25000 DM sind 12000 DM (i.W.) mit den Zinsen seit 1. Oktober 1970, dem Rest im Range vorgehend, an den Montagemeister *Friedrich Stolze* in Lichterfelde abgetreten. Die Abtretung ist am 13. August 1970 im Grundbuch eingetragen.

Über die abgetretenen 12000 DM (i.W.) ist dieser Teilhypothekenbrief hergestellt worden. Die Herstellung ist auf dem bisherigen Briefe vermerkt.

Lichterfelde, den 29. Dezember 1970.

(Siegel) Das Amtsgericht."

Auf den Stammbrief über 25000 DM wird neben die Überschrift der Vermerk gesetzt:

„Noch gültig für 13000 DM.

Lichterfelde, den 29. Dezember 1970."

Ferner hinter den letzten Vermerk:

„Von den vorstehenden 25000 DM sind 12000 DM (i.W.) mit den Zinsen seit 1. Oktober 1970, dem Rest im Range vorgehend, an den Montagemeister *Friedrich Stolze* in Lichterfelde abgetreten. Die Abtretung ist am 13. August 1970 im Grundbuch eingetragen. Für den abgetretenen Betrag ist ein Teilhypothekenbrief hergestellt.

Lichterfelde, den 29. Dezember 1970.

(Siegel) Das Amtsgericht."

Gleitender Zinssatz. Beschwerde. Antragsrücknahme. Rangvertauschung

Gleitender Zinssatz. Zwischenverfügung. Eingang bei dem auf den Namen des Fuhrunternehmers Irrgang eingetragenen unbelasteten Grundstück Lichterfelde Blatt 671:

Schuldverschreibung und Hypothekenbestellung.

Als eingetragener Eigentümer des Grundstücks Lichterfelde Band 31 Blatt 671 bekenne ich, dem Rentner *Paul Pechmann* in Lichterfelde, Geranienstraße 17, ein Darlehn von 8000DM (i.W.) zu schulden, welches vom 1. Januar 1971 an mit jährlich 6½ v. H. (i.W.) in Vierteljahrsraten nachträglich zu verzinsen ist. Der Gläubiger ist jedoch berechtigt, durch schriftliche Erklärung mir gegenüber den Zinssatz von dem auf den Zugang der Erklärung folgenden Monatsersten an auf den Zinssatz zu erhöhen, den die Städtische Sparkasse in Lichterfelde für erststellige Hypotheken nimmt. Das Darlehn wird drei Monate nach Kündigung fällig. Die Kündigung kann beiderseits frühestens zum 1. Januar 1976 erklärt werden. Sollte eine Zinsrate am siebenten Tag nach Fälligkeit nicht bezahlt sein, so kann der Gläubiger sofortige Rückzahlung des Darlehns verlangen.

Zur Sicherheit für die vorbezeichnete Darlehnsforderung von 8000 DM nebst Zinsen verpfände ich dem Gläubiger mein Grundstück Lichterfelde Blatt 671. Ich bewillige und beantrage die Eintragung der Darlehnshypothek im Grundbuch und die Aushändigung des zu bildenden Briefs an Herrn *Pechmann.*

Lichterfelde, den 29. Dezember 1970.

Wilhelm Irrgang.

(Beglaubigungsvermerk)."

Zwischenverfügung des Rechtspflegers an Irrgang·

„Die von Ihnen für Herrn *Pechmann* bestellte Hypothek von 8000 DM kann so, wie sie bewilligt und beantragt ist, nicht eingetragen werden. Nach § 1115 I BGB ist bei der Eintragung im Grundbuch der Zinssatz anzugeben. Hierzu genügt die Bestimmung des Zinssatzes durch eine Sparkasse nicht (OLG Darmstadt, DNotZ 1936, 570). Auch ist die Bestimmung der Zinserhöhung in das Belieben des Gläubigers gestellt, was unzulässig ist (OLG Hamm, DNotZ 1954, 604). Es muß daher ein fester Zinssatz angegeben werden.

Zur Beseitigung des Hindernisses wird Ihnen gemäß § 18 GBO eine Frist von zwei Wochen seit dem Zugang dieser Verfügung bestimmt."

Beschwerde gegen eine Rechtspflegerverfügung.

„Lichterfelde, den 3. Januar 1971

An das Amtsgericht, Grundbuchamt, Lichterfelde.

In der Grundbuchsache von Lichterfelde Band 31 Blatt 671 lege ich gegen die Verfügung vom 30. Dezember 1970 hiermit Beschwerde ein und verlange Eintragung nach dem von mir ordnungsmäßig gestellten Antrag.

Wilhelm Irrgang."

Das Rechtsmittel des Grundbuchrechts ist die einfache Beschwerde, der das Grundbuchamt, wenn es sie für begründet ansieht, abhelfen kann. §§ 71, 75 GBO. War die angefochtene Verfügung vom Rechtspfleger erlassen, wie in unserem Fall, so ist dagegen nicht unmittelbar die Beschwerde an das Landgericht gegeben, sondern es ist die Entscheidung des Grundbuchrichters nachzusuchen. In § 11 I RechtsflG wird dieser Rechtsbehelf als Erinnerung bezeichnet. Als eine solche ist auch die vorliegende Eingabe zu behandeln. Die unrichtige Bezeichnung als Beschwerde ist unschädlich. Der Rechtspfleger hat von seiner Befugnis, der Erinnerung stattzugeben, keinen Gebrauch gemacht und die Eingabe dem Richter vorgelegt (§ 11 II RechtspflG). Der Grundbuchrichter entscheidet über die Erinnerung, wenn er sie für zulässig und begründet erachtet oder wenn gegen die Entscheidung, falls er selbst sie erlassen hätte, kein Rechtsmittel gegeben wäre. Anderenfalls legt er die Erinnerung unter Benachrichtigung der Beteiligten dem Beschwerdegericht vor; die Erinnerung gilt nunmehr als Beschwerde gegen die Entscheidung des Rechtspflegers (§ 11 II S. 3—5). Wird die Beschwerde vor einer gerichtlichen Verfügung (des Landgerichts) zurückgenommen, so wird eine Beschwerdegebühr nicht erhoben (11 VI S. 2).

Der Referendar: Ich kann nicht einsehen, warum § 1115 I BGB der Eintragung der Verzinsung nach den Sätzen der Sparkasse entgegenstehen soll. Das Gesetz verlangt nur, daß „der Zinssatz" eingetragen wird. Aber nirgends ist bestimmt, daß es eine feste Zahl sein müßte. In dem sehr häufigen Fall der Strafzinsen begnügt man sich, im Grundbuch den Höchstbetrag anzugeben, etwa in der Fassung „mit 6%, unter Umständen mit 7% verzinslich". Es ist deshalb unlogisch, gerade die Verzinsung nach den Banksätzen von der Eintragung im Grundbuch auszuschließen. Der für Hypothekenausleihungen der Sparkasse jeweils geltende Zinssatz läßt sich doch durch Nachfrage jederzeit leicht feststellen. Ich möchte die Entscheidung des Rechtspflegers abändern und die Hypothek antragsgemäß eintragen.

Der Richter: Ihre Ausführungen haben einiges für sich. Die schwankende Lage auf dem Kapitalmarkt hat schon seit langem das Bedürfnis hervorgerufen, auch die Zinssätze für langfristige Beleihungen der jeweiligen Marktlage anzupassen. Letzten Endes dient eine solche Möglichkeit auch den Belangen des Schuldners, weil dadurch Kündigungen des Kapitals nur zum Zwecke der Zinserhöhung vermieden werden. Die Rechtsprechung hat sich daher schon wiederholt mit der Frage befassen müssen, ob das geltende Recht die Eintragung sog. gleitender Zinssätze in das Grundbuch gestattet. Hierfür kommt es darauf an, wieweit die Bedeutung des Bestimmtheitsgrundsatzes geht. Die Geldsumme, die zur Befriedigung aus dem Grundstück zu zahlen ist und die nach § 1113 „bestimmt“ sein muß, wird begrenzt nicht nur durch den Geldbetrag der Forderung, sondern auch durch den Zinssatz, der deshalb nach § 1115 im Grundbuch eingetragen werden muß. Der Bestimmtheitsgrundsatz bezweckt in der Hauptsache, den Umfang, in welchem das Grundstück für das eingetragene Recht haften soll, für jeden Dritten, insbesondere für nachstehende Berechtigte, aus dem Grundbuch selbst erkennbar zu machen und so die durch das einzelne dingliche Recht eingenommene Rangstelle abzugrenzen. Deswegen muß in jedem Falle die obere Haftungsgrenze feststehen. Daran fehlt es in der Eintragungsbewilligung des Irrgang. Denn es ist zwar der zur Zeit geltende Zinssatz bestimmt, nicht aber die obere Grenze, bis zu der er erhöht werden darf. Gleichwohl dürfte aber die Zwischenverfügung des Rechtspflegers insofern nicht in vollem Umfange berechtigt sein, als sie die Angabe eines festen Zinssatzes verlangt. Denn eine Zwischenverfügung nach § 18 muß nicht nur das Hindernis bezeichnen, sondern auch die zu ihrer Beseitigung dienlichen Mittel richtig und vollständig angeben. Wir müssen daher prüfen, ob es nicht genügen würde, wenn die Bewilligung durch Angabe eines festen Höchstzinssatzes ergänzt wird. In der Rechtsprechung ist es zugelassen worden, daß innerhalb eines Höchst- und Mindestsatzes der jeweils geltende Zinssatz nach dem wechselnden Diskontsatz der Notenbank berechnet wird, z. B. „2% über dem jeweiligen Reichsbankdiskontsatz, mindestens 5%, höchstens 8%“ (OLG Karlsruhe, JFG 7, 392; KG HRR 1928 Nr. 1106; 1931 Nr. 1863; JW 1938, 1257). Eine solche Regelung wurde für ausreichend erachtet, weil der maßgebende Zinssatz anhand des amtlich bekannt gemachten Diskontsatzes jederzeit sicher bestimmbar ist. Der Diskontsatz ist aber als Maßstab für langfristige Beleihungen nicht geeignet, weil er nicht im Hinblick auf den Realkredit festgesetzt wird. Es ist deshalb die Frage aufgetaucht, ob es zulässig ist, daß der Gläubiger selbst innerhalb eines bestimmten Rahmens durch seine Erklärung den jeweils geltenden Zinssatz bestimmt. Das OLG Stuttgart hat dies in NJW 1954, 1646 für zulässig gehalten, wenn die Befugnis des Gläubigers eine allgemein eingetretene Änderung des Zinssatzes auf dem Kapitalmarkt zur Voraussetzung hat. Auch im Schrifttum wird die Auffassung vertreten, daß die Bestimmung zwar nicht in das freie Belieben des Gläubigers gestellt sein dürfe, daß aber die Bindung des Gläubigers an die Kapitalmarktlage ein objektiv nachprüfbarer und deshalb ausreichender Maßstab sei (Riedel, DNotZ 1954, 562). In unserem Falle kann man wohl Bedenken zurückzustellen, weil die Bestimmung des Gläubigers von einer Änderung der Zinssätze eines Kreditinstituts als Dritten, nämlich der Sparkasse, abhängig ist, die sich ihrerseits wieder nach der Kapitalmarktlage richten wird. Auch in der Rechtsprechung wird er für zulässig erachtet, daß der Zinssatz der Hypothek im Rahmen eines Höchst- und Mindestsatzes an den Zinssatz einer Sparkasse angelehnt wird (KG JW 1938, 1257 = DNotZ 1938, 374 mit Anm. v. Seybold; BGHZ 35, 22; BGH DNotZ 1963, 436; vgl. Meikel-Imhof-Riedel § 3 Anm. 325.

Irrgang erhält folgenden Bescheid:

„Ihre gegen die Verfügung des Rechtspflegers gerichtete Eingabe vom 3. d. M. ist dem unterzeichneten Richter zur Entscheidung vorgelegt worden. Es wird als ausreichend angesehen, wenn Sie die Verzinsung in Anlehnung an den Zinssatz der Sparkasse bestehen lassen und lediglich durch Angabe eines in das Grundbuch einzutragenden festen Höchstsatzes ergänzen. Mit dieser Maßgabe wird die Verfügung des Rechtspflegers geändert. Wird die Beschwerde im übrigen aufrecht erhalten?“

Das Verbot der Schlechterstellung gilt nicht nur im Beschwerdeverfahren nach der GBO (KG JFG 8, 239; Meikel-Imhof-Riedel § 77 Anm. 4), sondern in

Grundbuchsachen auch für das Erinnerungsverfahren nach § 11 RechtspflG (KG HRR 1941 Nr. 604; Jansen, FGG, 2. Aufl. § 19 Rdn. 52). Hält also der Richter die Zwischenverfügung für gerechtfertigt, so hat er sich auf die Weitergabe der Beschwerde an das Landgericht zu beschränken, um dem Erinnerungsführer unter Wahrung der Vorteile des § 18 II GBO die Nachprüfung der Beanstandung im Beschwerdeverfahren nach § 71 GBO zu ermöglichen.

Erfolgt die Eintragung in der vorgeschlagenen Weise, so können Gläubiger und Eigentümer ohne Zustimmung nachstehender Berechtigter an Stelle des gleitenden Zinssatzes eine feste Verzinsung bis zur Höchstgrenze vereinbaren, auch wenn der tatsächlich geltende Zinssatz die eingetragene Höchstgrenze noch nicht erreicht hatte (KG DNotZ 1931, 282). — Ist in einem vollstreckbaren Titel ein gleitender Zinssatz vorgesehen (z. B. nach dem Gesetz über Wechsel- und Scheckzinsen vom 3. Juli 1925 — RGBl I 93), dann kann der Gläubiger den bei der Zwangshypothek einzutragenden Höchstzinssatz bestimmen (OLG Karlsruhe, JFG 7, 396).

Antragsrücknahme. Am 15. Januar erscheint Irrgang auf dem Gericht und erkundigt sich, ob und in welcher Form er den gestellten Eintragungsantrag zurücknehmen könne. Er wird belehrt, daß die Rücknahme öffentlicher Beglaubigung bedarf (§ 31 GBO). Daraufhin geht am 18. Januar folgende Erklärung ein:

„An das Amtsgericht, Grundbuchamt, Lichterfelde.

In der Grundbuchsache von Lichterfelde Blatt 671 nehme ich den Eintragungsantrag vom 29. Dezember 1970 hiermit zurück.

Lichterfelde, den 17. Januar 1971.

Wilhelm Irrgang.

(Beglaubigungsvermerk)."

Daß Eintragungsanträge bis zu ihrer vollständigen Erledigung vom Antragsteller beliebig zurückgenommen werden können, wird in der GBO nicht besonders ausgesprochen, sondern in § 31, der für die Rücknahme beglaubigte Form verlangt, als selbstverständlich vorausgesetzt. Es handelt sich um eine Frage des formellen Grundbuchrechts. Gleichgültig ist es daher, ob Irrgang sich mit Pechmann über die Begründung der Hypothek geeinigt, ob er das Darlehn von ihm bereits ausgezahlt erhalten hat oder ob er durch Zurücknahme des Antrags vertragliche Verpflichtungen gegenüber seinem Geldgeber verletzt. Nach § 873 II BGB wird die an sich nicht formbedürftige Einigung „bindend", wenn gewisse Formen gewahrt sind, unter denen die Aushändigung einer den Vorschriften der GBO entsprechenden Eintragungsbewilligung die wichtigste ist. Diese „Bindung" bedeutet aber nur, daß die sachlichrechtliche Wirkung der dinglichen Einigung nicht mehr durch einseitigen Widerruf beseitigt werden kann, während sie die Befugnis des Antragstellers zur Antragsrücknahme gegenüber dem Grundbuchamt nicht berührt. Das Grundbuchamt kann und braucht sich um derartige sachlichrechtliche Tatbestände nicht zu bekümmern. Unwiderrufliche Eintragungsanträge gibt es nicht; auch ein Verzicht auf das Recht zur Rücknahme des Antrags ist für das Grundbuchamt unbeachtlich (Haegele, Rpfleger 1957, 293). Nur wenn Pechmann als Antragsteller oder Mit-Antragsteller aufgetreten wäre, wozu ihm § 13 II GBO die Möglichkeit bot, wäre zur Zurücknahme des Eintragungsantrags auch seine (beglaubigte) Erklärung erforderlich gewesen.

Welche Gefahren für den Erwerber daraus entstehen können, daß der Eintragungsantrag vom Betroffenen allein gestellt war und daß dieser zur Antragsrücknahme befugt ist, liegt auf der Hand. Die Rechtsprechung hilft, soweit möglich, wenigstens bei den durch Notare eingereichten Anträgen. Nach § 15 GBO gilt der Notar, der die zu einer Eintragung erforderliche Erklärung beurkundet oder beglaubigt hat, als ermächtigt, im Namen eines Antragsberechtigten die Eintragung zu beantragen. Der Notar hat also kein eigenes Antragsrecht, sondern er handelt als Bevollmächtigter eines Antragsberechtigten kraft gesetzlich vermuteter Vollmacht. Dieselbe Regelung besteht für Anmeldungen beim Registergericht in Handels-, Genossenschafts-, Vereins-, Güterrechts- und Schiffsregisterangelegenheiten (§§ 129, 147, 159, 161 FGG, § 25 SchiffsRegO; vgl. auch für Personenstandsregistersachen § 71 FGG). Ein Vollmachtsnachweis kann in diesen Fällen nicht verlangt werden. Das Bestehen der Vollmacht ist allerdings formlos widerlegbar, z.B. durch einfache Erklärung des vertretenen Beteiligten gegenüber dem Grundbuchamt, im Gegensatz zu der rechtsgeschäftlich erteilten Antragsvollmacht, deren Widerruf nach § 31 GBO der Form des § 29 bedarf (KGJ 24 A 91). Macht der Notar von seiner Befugnis Gebrauch, so knüpfen sich daran erhebliche verfahrensrechtliche Wirkungen: Die auf seinen Antrag ergehenden Entscheidungen (Zwischenverfügung, Zurückweisung, Eintragung) sind dem Notar selbst, nicht dem von ihm vertretenen Antragsberechtigten bekanntzumachen (KG DNotZ 1933, 372; OLG Zweibrücken Rpfleger 1968, 154 mit Anm. v. Haegele), und zwar auch dann, wenn dieser neben dem Notar den Antrag gestellt hatte; eine Bekanntmachung an den Antragsberechtigten wäre unwirksam (OLG München, JFG 18, 20). Der Notar, der auf Grund des § 15 den Eintragungsantrag für einen Antragsberechtigten gestellt hat, kann namens dieses oder eines anderen Antragsberechtigten Beschwerde einlegen (BayObLG 34, 121; KG JW 1938, 1834). Er kann schließlich formgerecht weitere Beschwerde einlegen, ohne einen Rechtsanwalt hinzuziehen zu müssen (§§ 80^{I} S. 3 GBO, 29^{I} S. 3 FGG). § 15 verschafft also dem Notar die Möglichkeit, das Verfahren bis zu seiner endgültigen Erledigung in der Hand zu behalten und seinen ordnungsgemäßen Ablauf im Interesse der Beteiligten zu überwachen. Der Notar sollte allerdings in seiner Eingabe deutlich zu erkennen geben, ob und für wen er den Eintragungsantrag stellen will. Die Befugnis dazu hat er auch dann, wenn ein Antragsberechtigter selbst den Antrag bereits in der überreichten Urkunde gestellt hat (KGJ 44, 172; BayObLG JFG 9, 201). Reicht der Notar den Rechtsanwalt hinzuziehen zu müssen (§§ 80^{I} S. 3 GBO, 29^{I} S. 3 FGG). § 15 verschafft also dem Notar Antrag der Beteiligten „zur weiteren Veranlassung“ (KG JW 1937, 114) oder „zum Vollzuge“ (KGJ 28A 312) ein, so wird angenommen, daß er nur als Bote, nicht als Willensvertreter auftreten will. Unklare Wendungen wie „mit der Bitte, den gestellten Anträgen stattzugeben“, über deren Auslegung Streit herrscht (OLG München JFG 22, 30; KG DNotZ 1933, 372) sind zu vermeiden. Mangels einer ausdrücklichen Angabe ist anzunehmen, daß der Notar den Antrag namens aller Antragsberechtigten gestellt hat (KGJ 38A 196). Den von ihm selbst gestellten Antrag kann der Notar in Abweichung von § 31 GBO in der erleichterten Form des § 24^{III} BNotO durch eine mit seiner Unterschrift und dem Amtssiegel versehene Erklärung zurücknehmen, nicht aber einen von dem Beteiligten selbst gestellten Antrag (BayObLGZ 1955, 48 = DNotZ 1956, 206; OLG Frankfurt-Rpfleger 1958, 221; OLG Schleswig, SchlHAnz. 1959, 197; a.M. Hieber, DNotZ 1956, 174). Allerdings ist anzunehmen, daß der Notar, der von seiner Antragsbefugnis aus § 15 Gebrauch macht, nur seinen eigenen Antrag dem Grundbuchamt zur Entscheidung vorlegt, nicht auch den in der Urkunde enthaltenen Antrag des Beteiligten (OLG Braunschweig NJW 1961, 1362 = DNotZ 1961, 413 mit Anm. v. Hieber). Daneben kann natürlich auch der Antragsberechtigte selbst den für ihn vom Notar gestellten Antrag in der Form des § 31 zurücknehmen. Hatte aber der Notar den Antrag für weitere Antragsberechtigte gestellt, so bleibt dieser Antrag trotz der Rücknahmeerklärung des anderen Antragsberechtigten bestehen. — Die Kehrseite dieses Verfahrens ist allerdings die Haftung aller Antragsteller für die Gerichtskosten nach § 2 Nr. 1 KostO. Zur größeren Sicherheit wird der Erwerber gut tun, lieber offen als Antragsteller aufzutreten, weil die sonst möglichen Schäden die Kostenlast bei weitem überwiegen. Andrerseits muß der Notar bei Einreichung der Urkunde vermeiden, eine Kostenhaftung des Erwerbers wider dessen Willen zu begründen.

Bis zur Vollendung der dinglichen Rechtsänderung durch die Eintragung besteht ferner die Gefahr einer Verfügungsbeschränkung des Bewilligenden (z. B. durch Konkurseröffnung). § 878 BGB bestimmt, daß nachträgliche Verfügungsbeschränkungen unschädlich sind, wenn die Einigung bereits gemäß § 873^{II} bindend geworden und der Eintragungsantrag beim Grundbuchamt gestellt war. Will also bei Hypothekenbestellungen, -abtretungen und -ablösungen der Geldgeber sicher gehen, so darf er — abgesehen von dem Erfordernis der Briefübergabe — erst dann zahlen, wenn 1. ihm oder dem Notar als seinem Treuhänder die beglaubigte Bewilligung (und zwar eine solche, die nicht — wie bei Pechmann — zu berechtigten Beanstandungen führt) ausgehändigt, 2. der Eintragungsantrag auch vom Geldgeber gestellt ist. Da es in dem Fall BGHZ 28, 104 = NJW 1958, 1532 an dem zweiten Erfordernis fehlte, ist der beklagte Justizfiskus zu Unrecht zum Schadensersatz verurteilt worden. Dazu auch Wörbelauer, DNotZ 1965, 518.

Der Antrag vom 29. Dezember 1970 wird als erledigt zu den Akten geschrieben, die in der Zwischenverfügung bestimmte Frist gelöscht und die Einziehung der entstandenen Kosten angeordnet.

Hypothekeneintragungen. Der 21. Januar bringt zwei Eingänge. Zunächst vormittags 9 Uhr:

„Als eingetragener Eigentümer von Lichterfelde Band 31 Blatt 671 bekenne ich, dem Lotterieeinnehmer *Günther Glücksmann* in Lichterfelde, Gartenstraße 22, den Betrag von 6000 DM (i. W.) als Darlehn zu schulden. Ich verpflichte mich, das Darlehn vom 1. Februar 1971 ab mit jährlich 8½% (i. W.) zu verzinsen und nach dreimonatiger, frühestens für den 1. Januar 1975 zulässiger Kündigung zurückzuzahlen. Zur Sicherheit für die bezeichnete Darlehnsforderung von 6000 DM nebst Zinsen bewillige und beantrage ich die Eintragung einer Hypothek im Grundbuch von Lichterfelde Blatt 671 und die Aushändigung des zu bildenden Briefes an den Gläubiger.

Lichterfelde, den 20. Januar 1971.

Wilhelm Irrgang.

(Beglaubigungsvermerk)."

Sodann vormittags 11 Uhr eine am 19. Januar ausgestellte, ebenfalls notariell beglaubigte Urkunde, die mit der Schuldverschreibung vom 29. Dezember 1970 wörtlich übereinstimmt, bis auf die hinter „nimmt" eingefügten Worte:

„höchstens aber auf insgesamt 7½% (i. W.) jährlich."

Der Rechtspfleger verfügt die Eintragung in Abt. III, Sp. 1—4:

„1	1	6000 DM	Sechstausend Deutsche Mark Darlehn, vom 1. Februar 1971 ab mit 8½ v. H. (i. W.) jährlich zu verzinsen, für den Lotterieeinnehmer *Günther Glücksmann* in Lichterfelde unter Bezugnahme auf die Bewilligung vom 20. eingetragen am ... Januar 1970.
2	1	8000 DM	Achttausend Deutsche Mark Darlehn, vom 1. Januar 1971 ab mit 6½ v. H. (i. W.), unter Umständen 7½ v. H. (i. W.) jährlich zu verzinsen, für den Kleinrentner *Paul Pechmann* in Lichterfelde unter Bezugnahme auf die Bewilligung vom 19. eingetragen am ... Januar 1971."

Glücksmann hat, entsprechend dem früheren Eingang des zu seinen Gunsten gestellten Antrags, den Vorrang erhalten. §§ 879^{I} S. 1 BGB, 17, 45 GBO.

Rangvertauschung. Am Tage, nachdem die Briefe und Nachrichten hinausgegangen sind, erscheinen beim Grundbuchamt Irrgang und Rechmann mit dem Inhaber des Detektiv-, Inkasso- und Immobilieninstituts „Sirius", Kroker, der die Beleihung vermittelt hat, und teilen in großer Aufregung mit, daß vereinbarungsgemäß Pechmann die erste ,Glücksmann die zweite Rangstelle zugedacht gewesen sei. Darum sei auch die Glücksmannsche Hypothek höher verzinslich und früher kündbar. Es gehe nicht an, daß Pechmann jetzt die ungünstigeren Bedingungen und den schlechteren Rang habe.

Der Referendar: Die Sache ist sehr bedauerlich, aber wir konnten nicht anders eintragen, da die Glücksmannsche Hypothekenbestellung zwei Stunden vor der Pechmannschen eingegangen ist. Hätten Sie, Herr Irrgang, nicht den Antrag vom 29. Dezember zurückgenommen, sondern eine Nachtragserklärung über den Höchstsatz der Verzinsung eingereicht, wie es das Grundbuchamt verlangt hatte, so wäre vor der Hypothek für Herrn Glücksmann zunächst eine Vormerkung für Herrn Pechmann eingetragen und ihm dadurch der Rang gewahrt worden. Jetzt können Sie das gewünschte Rangverhältnis nur noch dadurch herstellen, daß beide Gläubiger mit Ihrer Zustimmung (§ 880^{II} S. 2 BGB) in grundbuchmäßiger Form einen Rangtausch vereinbaren. Ob Herr Glücksmann zur Bewilligung der Vorrangseinräumung auf Grund der mit ihm getroffenen Abreden oder etwa durch eine von Herrn Irrgang unverzüglich zu erklärende Anfechtung der Hypothekenbestellung wegen Irrtums über den Inhalt der Erklärung gezwungen werden kann, entzieht sich meiner Beurteilung.

RG 89, 29 läßt bei Rangvertauschung die Irrtumsanfechtung zu, vorausgesetzt, daß der Eigentümer die Erklärung bei Kenntnis der Sachlage und bei verständiger Würdigung des Falles nicht abgegeben hätte. Aber welche Erklärung soll Irrgang anfechten? Die Hypothekenbestellung entsprach seinem wahren Willen, lediglich die verkehrte Einreichung der beiden Urkunden, also ein rein tatsächlicher Vorgang, enthält das Irrtumsmoment. Außerdem erscheint es unbillig, die Hypothek dem Glücksmann, der wahrscheinlich bereits Valuta für sie bezahlt hat, wieder zu entziehen.

Kroker: Eine Anfechtung wird nicht nötig sein. Am 21. Januar kurz vor 11 Uhr vormittags habe ich gemeinschaftlich mit Herrn Pechmann in der Geschäftsstelle das Grundbuch eingesehen und festgestellt, daß das Grundbuchblatt vollkommen unbelastet war. Erst daraufhin hat Herr Pechmann die 8000 DM ausgezahlt. Das kann ich jederzeit beeiden. Pechmann muß also mindestens nach § 892 BGB den Vorrang bekommen, weil er hinsichtlich der Glücksmannschen Hypothek in gutem Glauben war.

Referendar: Gegenüber einer bereits beantragten Eintragung versagt jede Berufung auf den öffentlichen Glauben des Grundbuchs. Sie hätten nicht nur das Grundbuch, sondern auch die Grundakten einsehen sollen. Dann wäre Ihnen der kurz vorher eingereichte Antrag für Glücksmann nicht entgangen, und Sie hätten daraus ersehen, daß Glücksmann die Priorität hat.

Die Einrichtung des Grundbuchs beruht darauf, daß im Verhältnis zwischen den Beteiligten der Zeitpunkt, zu welchem der Antrag in den Mechanismus des Grundbuchs eintritt, der Eingangsvermerk, der vollzogenen Eintragung gleichgesetzt wird: §§ 17, 18, 45 GBO, 878, 892 II BGB. Könnte sich eine Partei darauf berufen, daß, als sie während des Schwebens eines unerledigten Antrags ihrerseits Anträge stellte, das früher beantragte Recht noch nicht im Grundbuch eingetragen war, so hätte nicht der frühere, sondern der spätere Antrag immer den Vorzug und das ordnungsmäßige Funktionieren des Grundbuchs wäre in Frage gestellt. Folglich ist § 892 dahin einzuschränken, daß die Unkenntnis des späteren Antragstellers von einem älteren Antrag, der nach den Regeln des formellen Grundbuchrechts vorher erledigt werden muß, nicht geschützt wird. RG 62, 377. Nicht im Widerspruch zu diesem Rechtsgrundsatz steht RG 57, 277: das Grundbuchamt hatte die in §§ 17, 45 GBO vorgeschriebene zeitliche Reihenfolge nicht beachtet, und es wurde nachher der Versuch gemacht, das der ordnungsmäßigen Behandlung entsprechende Ergebnis durch Annahme einer Bösgläubigkeit des zweiten Antragstellers zu begründen. Hier wurde ausgesprochen, daß es für den guten Glauben auf das Grundbuch selbst, nicht auf das Eingangsregister bzw. auf schwebende Anträge ankommt.

Kroker: Glücksmann ist aber jedenfalls nach den Vorschriften über ungerechtfertigte Bereicherung (§ 812 BGB) zur Vorrangseinräumung verpflichtet, denn er hat den besseren Rang ohne rechtlichen Grund auf Pechmanns Kosten erlangt.

Referendar: Hierüber zu entscheiden, ist nicht Aufgabe des Grundbuchamts.

§ 812 setzt voraus daß der eine Teil „auf Kosten" des anderen „etwas" „ohne rechtlichen Grund" erlangt hat. In dem hier nicht vorliegenden Fall, daß die Rangvertauschung auf einer Verletzung der §§ 17, 45 GBO durch das Grundbuchamt beruht, könnte ein solches „etwas" eine durch § 45 GBO rechtlich gesicherte Anwartschaft auf Eintragung des Rechts an bereitester Rangstelle sein. Allerdings ist das Merkmal der unmittelbaren Vermögensverschiebung zwischen den Parteien, welches das Gesetz mit den Worten „auf Kosten" bezeichnet, nicht unzweifelhaft. Der zu Unrecht bevorzugte Hypothekengläubiger hat seinen guten Rang nicht aus dem Vermögen des Benachteiligten, sondern von dem Eigentümer erworben. Aber die Anwartschaft für den Zurückgesetzten, die mit dem Eingang des Antrags beim Grundbuchamt entstand, ist ihm verloren gegangen, und zwar unmittelbar durch dasselbe Ereignis, das dem anderen Teil die bessere Rangstelle verschaffte, nämlich durch die Eintragung. Jedoch wird in der Rechtsprechung angenommen, daß die Verschiebung nicht „ohne rechtlichen Grund" eingetreten sei. Die Rechtsfolge des § 879 BGB stelle einen die Bereicherung ausschließenden Rechtsgrund dar. RG 69, 246; 88, 287; BGHZ 21, 98; BGH NJW 1958, 1532; ebenso Baur, Sachenrecht, § 17 B I 2; a.M. Lent, NJW 1957, 177; Baumann, JR 1957, 415; Westermann, Sachenrecht, § 81 II 7; dazu Hoche, JuS 1962, 60. In unserem Fall können schuldrechtliche Beziehungen zwischen Irrgang als Eigentümer und Glücksmann bestehen, kraft deren dieser in die Rangänderung zu willigen hat (Staudinger-Seufert, BGB, 11. Aufl. § 879 Anm. 8d; Baur, § 17 B II 2).

Auflassungsvormerkung

Eintragung auf Ersuchen des Prozeßgerichts.

„Eingegangen 30. November 1970 13 Uhr 50 Minuten. *Urkund.*

Geschäftsnummer: 8 G 148.69. Lichterfelde, den 30. November 1970

Zu den Grundakten von Lichterfelde Band 4 Blatt 97 wird gemäß § 941 ZPO Ausfertigung des in Sachen *Strietzel* gegen *Ganter* ergangenen Beschlusses vom heutigen Tage übersandt mit dem Ersuchen um Eintragung der darin angeordneten Vormerkung. Es wird gebeten, von dem Geschehenen hierher Nachricht zu geben.

(Siegel) Das Amtsgericht.
Richter."

„Beschluß.

In Sachen des Bäckermeisters *Adolf Strietzel* in Lichterfelde, Hopfenweg 38,
Antragstellers,
Prozeßbevollmächtigter: RA. *Schwarz* in Lichterfelde,
gegen den Textilgroßhändler *Robert Ganter* in Lichterfelde, Karlstraße 56,
Antragsgegner,

wird im Wege der einstweiligen Verfügung angeordnet:

1. Im Grundbuch von Lichterfelde Band 4 Blatt 97 — Hopfenweg 38 — ist eine Vormerkung zur Sicherung des dem Antragsteller aus dem Kaufvertrag vom 17. November 1970 zustehenden Anspruchs auf Übertragung des Eigentums an dem Grundstück einzutragen.
2. Das Grundbuchamt soll um die Eintragung der Vormerkung ersucht werden.
3. Die Kosten des Verfahrens hat der Antragsgegner zu tragen.

(Gründe, Datum usw., Ausfertigungsvermerk)."

Auflassungsvormerkungen werden meist auf Grund einer vom Verkäufer erteilten Bewilligung (als „konsentierte" Vormerkung) eingetragen. Strietzel hat es offenbar unterlassen, sich eine solche Bewilligung von seinem Verkäufer geben zu lassen. Nachträglich ist er wegen der Wahrung seiner Rechte ängstlich geworden und hat den Weg der einstweiligen Verfügung beschritten. Da einstweilige Verfügungen, welche eine Vormerkung oder einen Widerspruch anordnen, ohne Glaubhaftmachung eines Arrestgrundes erlassen werden (§§ 885 I S. 2, 899 II S. 2 BGB), brauchte er hierzu nur den Kaufvertrag vorzulegen, um den Anspruch auf Übertragung des Eigentums an dem Grundstück (§ 883 I S. 1) dem Prozeßgericht glaubhaft zu machen.

Grundsätzlich erfolgt die Vollziehung von Arresten und einstweiligen Verfügungen im Parteibetrieb. Das Prozeßgericht kann jedoch bei einstweiligen Verfügungen, die Eintragungen in das Grundbuch, Schiffsregister oder Schiffsbauregister anordnen, zur Abkürzung des Verfahrens das Grundbuchamt (Registergericht) unmittelbar um die Eintragung ersuchen (§ 941 ZPO), unbeschadet der Befugnis des Antragstellers, die Eintragung auf Grund der einstweiligen Verfügung selbst zu beantragen. Von dieser Möglichkeit ist hier Gebrauch gemacht worden. In den Fällen des Ersuchens wird „auf Grund des Ersuchens der Behörde" eingetragen (§ 38 GBO), d.h. die Rechtmäßigkeit des Ersuchens ist vom Grundbuchamt nicht nachzuprüfen, vielmehr trägt die ersuchende Behörde hierfür die alleinige Verantwortung. Das im Rahmen der Zuständigkeit der Behörde liegende, formell ordnungsgemäße Ersuchen ersetzt für das Grundbuchamt Antrag und Bewilligung. Sonstige Erfordernisse der Eintragung — Voreintragung des Betroffenen, Vorlegung des Hypothekenbriefs (soweit nicht gerade für Eintragungen auf Ersuchen Befreiungen bestehen, S. 263), Nachweis des Erbrechts gemäß § 35 — bleiben unberührt.

Nach JFG 7, 328 bedarf es keiner Voreintragung des Erben, wenn eine vom Erben bewilligte (oder gegen ihn durch einstweilige Verfügung angeordnete) Auflassungsvormerkung eingetragen werden soll. Das entspricht nicht dem Wortlaut, wohl aber dem Sinn des § 40[1]: denn die Vormerkung hat nur vorläufigen Charakter, und die durch sie vorbereitete endgültige Eintragung — die Umschreibung des Grundstücks auf den Käufer — ist als einfache Rechtsübertragung von der Voreintragung befreit.

Abgesehen von § 941 ZPO finden sich Eintragungen auf Ersuchen hauptsächlich im Zwangsversteigerungs-, Zwangsverwaltungs-, Konkurs- und Vergleichsverfahren. Die Eintragung von Zwangs- und Arresthypotheken (§§ 867, 932 ZPO) geschieht nicht auf Ersuchen, sondern auf Antrag des Gläubigers. Ebenso natürlich Eintragungen auf Grund fingierter Bewilligung (§§ 894, 895 ZPO). Die im Verwaltungszwangsverfahren vorkommenden Eintragungen nähern sich der Eintragung auf Ersuchen insofern, als das Erfordernis des vollstreckbaren Schuldtitels fortfällt, doch handelt es sich formell um „Anträge" der Vollstreckungsbehörde (§ 372 AbgO, § 7 der Justizbeitreibungsordnung, § 5 des Verwaltungs-VollstreckungsG vom 27. April 1953 (BGBl. I 157), § 51 pr. VO vom 15. November 1899, GS 545, dazu § 1 des Gesetzes über die Zulässigkeit des Verwaltungszwangsverfahrens vom 12. Juli 1933 (GS S. 252).

Die dritte Gruppe neben den auf Antrag und auf Ersuchen stattfindenden bilden die Eintragungen von Amts wegen. Hauptfälle: Veränderungen im Bestandsverzeichnis auf Grund der Fortschreibungsverhandlungen des Katasteramts (S. 203), Vormerkung und Widerspruch im Fall des § 18 GBO (S. 252), Löschung und Amtswiderspruch bei ordnungswidrig zustande gekommenen Eintragungen gemäß § 53 (S. 265), die „Nebenbuchungen" bei Mithaftung anderer Grundstücke, Vorerbschaft, Testamentsvollstreckung (§§ 48, 51, 52) und gewisse Buchungen im Berichtigungszwangsverfahren (§ 82a) und zur Löschung gegenstandsloser Eintragungen (§ 84).

Ganter ist als Eigentümer des Grundstücks eingetragen. Abt. II weist nur eine belanglose nachbarrechtliche Eintragung, Abt. III zwei Hypotheken von zusammen 43000 DM auf. Die prozessualen Voraussetzungen für die Vollziehung der einstweiligen Verfügung sind in Ordnung. Die Vormerkung wird in Abt. II Sp. 1—3 des Grundbuchs mit nachstehendem Wortlaut eingetragen:

„2 | 1 | Vormerkung zur Sicherung des Anspruchs auf Übertragung des Eigentums aus dem Kaufvertrag vom 17. November 1970 für den Bäckermeister *Adolf Strietzel* in Lichterfelde auf Grund der einstweiligen Verfügung des Amtsgerichts Lichterfelde vom 30. November 1970 eingetragen am 1. Dezember 1970."

Eintragung von bewilligten und Zwangshypotheken. Konkursvermerk. Nach Eintragung der Vormerkung gehen in kurzem Abstand zwei Hypothekeneintragungsanträge ein, der erste auf Grund einer Bewilligung Ganters, der andere aus einem gegen ihn vollstreckbaren Schuldtitel. Alle erforderlichen Unterlagen der Eintragung sind vorhanden. Wie wir bereits wissen (S. 215), steht die Strietzelsche Auflassungsvormerkung den beantragten Eintragungen nicht entgegen. In Abt. III Sp. 1—4 wird daher vermerkt:

„3 | 1 | 20000 DM Zwanzigtausend Deutsche Mark Darlehn, vom 1. Januar 1971 an mit 7½ v.H. (i.W.) jährlich zu verzinsen, für die offene Handelsgesellschaft *August Georg Roland & Co.* in Aachen unter Bezugnahme auf die Bewilligung vom 5. eingetragen am 7. Januar 1971.

4 | 1 | 26000 DM Sicherungshypothek von sechsundzwanzigtausend Deutschen Mark nebst 7 v.H. (i.W.) Zinsen seit dem 3. September 1970 für die ‚Textilia' Aktiengesellschaft in Bielefeld auf Grund des Urteils des Landgerichts in Bielefeld vom 8. Dezember 1970 im Wege der Zwangsvollstreckung eingetragen am 8. Januar 1971."

Eingang vom 10. Januar:

„Amtsgericht. Lichterfelde, den 9. Januar 1971

Geschäftsnummer: 7 N 1/71.

Zu den Grundakten von Lichterfelde Band 4 Blatt 97 wird in der Anlage beglaubigte Abschrift des Beschlusses übersandt, durch welchen das Konkursverfahren über das Vermögen des Textilgroßhändlers *Robert Ganter* in Lichterfelde, Karlstr. 56 am heutigen Tage eröffnet worden ist. Wir ersuchen um Eintragung des Konkursvermerks gemäß § 113 KO.

(Siegel) *Pfleger*, Justizinspektor

Rechtspfleger

Das Ersuchen erläßt der Rechtspfleger (§ 3 Nr. 2 Buchst. e, § 18 RechtspflG).

Darauf verfügt der Urkundsbeamte der Geschäftsstelle, der hierfür als solcher, nicht in seiner etwaigen Eigenschaft als Rechtspfleger, zuständig ist (§ 4^{II} Buchst. c AusfVO), die Eintragung in Abt. II Sp. 1—3:

„3 | 1 | Über das Vermögen des Textilgroßgändlers *Robert Ganter* in Lichterfelde ist das Konkursverfahren eröffnet. Eingetragen am 12. Januar 1971."

Von allen Eintragungen erhält auch Strietzel Nachricht, da seine Vormerkung durch sie „betroffen" wird (§ 55 GBO).

Strietzel hat das Grundstück von Ganter für 75000 DM gekauft, wovon 43000 DM durch Übernahme der beiden alten Hypotheken belegt werden, 17000 DM bereits gezahlt sind, 15000 DM als Restkaufgeld gegen Hypothek stehen bleiben sollen. Die Last Abt. II Nr. 1 hat er ohne Anrechnung auf den Kaufpreis übernommen. Jetzt beträgt die Hypothekenbelastung 89000 DM. Gelingt es Strietzel nicht, die Hypotheken von Roland und „Textilia" zur Löschung zu bringen und seine Anzahlung zu retten, so würde ihn, selbst bei gänzlichem Wegfall der Kaufgeldhypothek, das Grundstück 106000 DM kosten! Nun unterliegen die beiden neuen Hypotheken möglicherweise der Anfechtung des Ganterschen Konkursverwalters aus §§ 30f. KO. Dagegen könnte Strietzel — ohne die Vormerkung — aus eigenem Recht ihre Beseitigung nicht herbeiführen, weil zur Zeit der Eintragung Ganter Eigentümer und in der Verfügung über sein Vermögen noch nicht beschränkt war, während Strietzel lediglich einen schuldrechtlichen Anspruch auf Übereignung hatte. Ebenso wäre Strietzel, wenn wir von der Vormerkung absehen, außerstande, den Konkursverwalter zur Erteilung der Auflassung zu zwingen: der Kaufvertrag vom 17. November 1959 stellt sich konkursrechtlich als ein noch von keiner Seite vollständig erfüllter gegenseitiger Vertrag dar, so daß der Verwalter gemäß § 17 das Wahlrecht zwischen Erfüllung und Nichterfüllung hat. Entscheidet er sich, wie zu erwarten, für Nichterfüllung, so erhält Strietzel weder die Auflassung, noch sind ihm die angezahlten 17000 DM aus der Masse zurückzugewähren, sondern er muß den ihm durch Nichterfüllung des Kaufs entstehenden Schaden — Anzahlung, Kaufkosten und, falls der vereinbarte Preis hinter dem wirklichen Wert zurückbleibt, den Wertunterschied — als gewöhnliche Konkursforderung (§ 26) anmelden und darauf die Quote nehmen.

Wie wirkt die Vormerkung auf diese Rechtslage ein?

Nachträgliche Verfügungen sind insoweit unwirksam, als sie den vorgemerkten Anspruch vereiteln oder beeinträchtigen würden (§ 883^{II} S. 1 BGB). Folglich ist die Rolandsche Hypothek zu beseitigen, denn Strietzels Anspruch geht auf Verschaffung des Eigentums an dem mit nicht mehr als 43000 DM belasteten Grundstück. Das gleiche gilt von der Zwangshypothek der „Textilia" als „Verfügung im Wege der Zwangsvollstreckung" (§ 883^{II} S. 2). Auch Verfügungen, die etwa Ganters Konkursverwalter über das Grundstück trifft (Auflassung an einen Dritten, neue Hypothekenbestellungen) müßten gelöscht werden (§ 883^{II} S. 2: „Verfügung durch den Konkursverwalter"). Weiterhin schreibt § 24 KO vor, daß der Vorgemerkte vom Konkursverwalter die Befriedigung seines Anspruchs durch Einräumung des ihm zustehenden dinglichen Rechts verlangen kann. Damit wird sowohl das Wahlrecht des Verwalters aus § 17 als auch die in § 69 vorgesehene Umwandlung der nicht auf Geld gerichteten Ansprüche („Individualansprüche") der Konkursgläubiger in Geldforderungen ausgeschlossen. Der Verwalter muß den Auflassungsanspruch Strietzels erfüllen und dabei die angezahlten 17000 DM sich anrechnen lassen. Endet aber der Gantersche Konkurs durch Zwangsvergleich, so braucht sich Strietzel die Herabsetzung seiner Ansprüche auf die Vergleichsquote nicht gefallen zu lassen, sondern dank der Vormerkung behält er auch gegenüber dem vormaligen Gemeinschuldner seinen Anspruch auf Eigentumsverschaffung gemäß den Bedingungen des Kaufvertrages (§ 193 S. 2). Entsprechend für den Zwangsvergleich im Vergleichsverfahren § 82^{II} VerglO.

Wirkung der Vormerkung. Mit der Eintragung des Konkursvermerks ist das Grundbuch gegen Eintragungen auf Bewilligung des Gemeinschuldners oder aus einem gegen ihn ergangenen Schuldtitel gesperrt. Dieser in der Rechtsprechung aufgestellte Grundsatz (RG 71, 38) läßt sich mit der grundbuchmäßigen Behandlung anderer relativer Verfügungsbeschränkungen (S. 215) schwer in Einklang bringen, hat jedoch den praktischen Vorzug, daß einer Verwirrung der Grundbuchverhältnisse durch Eintragungen, die den Konkursgläubigern gegenüber unwirksam wären (§ 7^{I} KO), vorgebeugt wird. Sogar wenn eine vor der Konkurseröffnung zwischen Ganter und Strietzel vollzogene Auflassung jetzt eingereicht würde, dürfte das Grundbuchamt daraufhin nicht eintragen. Das entspricht der sachlichrechtlichen Regelung des § 878 BGB: die Erklärung der zweiseitigen Einigung zu notariellem Protokoll ist zwar eine der vier Formen, durch welche die Einigung nach § 873^{II} „bindend" wird, aber es fehlt das weitere Erfordernis der Einreichung des Eintragungsantrags vor Konkurseröffnung.

Der Verwalter gibt das Grundstück aus der Masse frei, weil es angesichts der Vormerkung Strietzels keinen Zweck hätte, Anfechtungsprozesse gegen Roland und „Textilia" zu führen. Auf Ersuchen des Konkursgerichts (§ 114 KO) Eintragung in Abt. II Sp. „Löschungen":

„Gelöscht am 17. April 1971."

Strietzel klagt jetzt gegen Ganter auf Erteilung der Auflassung und läßt sich, nachdem Ganter aufgelassen hat, als Eigentümer eintragen. Außerdem muß er gegen Roland und die „Textilia"-Aktiengesellschaft Prozesse auf Zustimmung zur Löschung ihrer Hypotheken führen, da es nicht Aufgabe des Grundbuchrichters sein kann, die in § 883^{II} BGB angeordnete relative Unwirksamkeit der Eintragungen von sich aus nachzuprüfen, vielmehr der Bewilligungsgrundsatz des § 19 GBO maßgebend bleibt. Die Grundlage der Klage Strietzels gegen die beiden Hypothekengläubiger ist § 888 BGB. Die Hypothekengläubiger können gegen den durch die Vormerkung gesicherten Anspruch alle Einwendungen erheben, die dem Schuldner zustehen, selbst wenn er darauf verzichtet hat: Formmangel, wucherische Ausbeutung der Notlage des Verkäufers, Rücktritt wegen Nichterfüllung vertraglicher Verpflichtungen usw. Daß Ganter selbst zur Erteilung der Auflassung rechtskräftig verurteilt ist, ändert nichts: denn Roland und die „Textilia" sind in Ansehung des Anspruchs aus § 888 nicht Ganters „Rechtsnachfolger" (§ 325 ZPO). RG 53, 28; 113, 403; OLG Celle, NJW 1958, 385).

Ist die Vormerkung ein dingliches Recht? Außer den oben S. 276 festgestellten hat die Vormerkung noch die Wirkung, daß sie den Rang wahrt (§ 883^{III} BGB), beim Tode des Vormerkungsschuldners den Vorgemerkten vor der beschränkten Erbenhaftung schützt (§ 884) und in der Zwangsversteigerung wie ein endgültig eingetragenes dingliches Recht behandelt wird (§ 48

ZVG). Trotzdem kommt ihr die Eigenschaft eines dinglichen Rechts, auch eines bedingten dinglichen Rechts, nicht zu. Sie begründet auch kein „Recht zur Sache" (ius ad rem) nach dem Vorbild des preußischen Rechts, denn sie gewährt gegen den Dritten kein Forderungsrecht auf Sachleistung. Nach RGZ 129, 184 ist sie ein besonders geartetes Sicherungsmittel, das dem geschützten Recht in gewissem Umfange dingliche Wirkung verleiht. Die Wirkungen der Vormerkung macht am besten verständlich ihre Kennzeichnung als negatives Herrschaftsrecht, dessen Wesen darin besteht, daß der ihm Unterworfene etwas nicht tun kann, nämlich die Rechtsstellung des Berechtigten nicht mehr beeinträchtigen kann (Wolff-Raiser, Sachenrecht, 10. Bearb. § 48 VII 2). Die Gefahr, der man durch Eintragung der Vormerkung begegnen will und um deretwegen es der Glaubhaftmachung eines besonderen Arrestgrundes nicht bedarf (§ 885I S. 1 BGB), liegt darin, daß der Gläubiger vorläufig nur einen persönlichen Anspruch hat und der Schuldner dinglich voll berechtigt ist. Infolge der Vormerkung aber kann die Erfüllbarkeit dieses Anspruchs nicht mehr gefährdet werden. Wegen der verschiedenen Einordnungsversuche vgl. im übrigen Staudinger-Seufert, BGB, 11. Aufl. § 883 Anm. 39. Aus der Ablehnung der dinglichen Rechtsnatur der Vormerkung ergeben sich als Folgerungen: 1. Die Abtretung des vorgemerkten Anspruchs unterliegt nicht den Formen des § 873, sondern geschieht formlos; die Rechte aus der Vormerkung gehen als Nebenrecht von selbst auf den Zessionar über (arg. § 401). 2. Ein vorgemerkter Anspruch kann verjähren (§ 886 gegen § 902I S. 1). 3. Erweist sich der vorgemerkte Anspruch als nicht bestehend, so verwandelt sich die Vormerkung nicht — wie die Zwangshypothek in dem verwandten Fall des § 868 ZPO — in ein Eigentümerrecht, sondern sie ist zu löschen, und die Nacheingetragenen rücken auf. KG JFG 13, 418. 4. Die Möglichkeit, wirksame Vormerkungen durch die Bewilligung eines eingetragenen Nichtberechtigten zu erwerben, läßt sich nicht aus § 892 BGB herleiten („Recht an einem Grundstück"). Trotzdem erkennt die Rechtsprechung diese Möglichkeit an, weil die Bestellung der Vormerkung eine Verfügung über das Grundstück im Sinne des § 893 enthalte. KG JFG 2, 409; RG 118, 230; Staudinger-Seufert, a.a.O., § 883 Anm 56; Furtner NJW 1963, 1484; Roloff, NJW 1968, 484. Deshalb ist auch die Eintragung eines Amtswiderspruchs nach § 53 GBO bei der Vormerkung zulässig, soweit sie einen Rechtserwerb auf Grund des öffentlichen Glaubens des Grundbuchs ermöglicht (BGHZ 25, 16 = NJW 1957, 1229 = Rpfleger 1958, 310). 5. Wird gegen den Veräußerer ein Verfügungsverbot erlassen, nachdem die Bewilligung der Vormerkung im Sinne des § 873II BGB bindend geworden und der Eintragungsantrag gestellt worden ist, so findet auch die Vorschrift des § 878 BGB auf die Vormerkung entsprechende Anwendung (BayObLG NJW 1954, 1120; BGHZ 28, 182). Wenn der nachträgliche Erlaß des Verfügungsverbots nach Maßgabe des § 878 BGB für den Rechtserwerb unschädlich ist, kommt es entgegen der Meinung des BGH (a.a.O.) auf eine Prüfung des guten oder bösen Glaubens des Vormerkungsberechtigten nicht mehr an (Rahn, NJW 1959, 97; Schönfeld, JZ 1959, 140 und NJW 1959, 1417; Baur § 19 B III 2d; a.M. Seufert, NJW 1959, 527). 6. Streitig ist, ob die Rechte aus einer unwirksamen Vormerkung durch Abtretung des (wirklich bestehenden) Auflassungsanspruchs gutgläubig erworben werden können; verneinend Baur, Sachenrecht, § 20 V; bejahend Westermann, Sachenrecht § 85 IV; Wunner NJW 1969, 113. 7. Vermietung und Verpachtung sind einer Verfügung über das Grundstück im Sinne des § 883 Abs. 2 BGB nicht gleichzustellen; der Inhaber des Auflassungsanspruchs tritt also nach dem Erwerb des Grundstücks gemäß § 571 BGB in den inzwischen abgeschlossenen Mietvertrag ein, da der soziale Schutz, den diese Bestimmung bezweckt, dem Vormerkungsschutz vorgeht; so BGHZ 13, 1 = NJW 1954, 953; Baur Sachenrecht 6. Aufl. § 20 IV 1 d; Staudinger-Seufert BGB 11. Aufl. § 883 Anm. 49; a.M. Reinicke NJW 1954, 1236; Palandt-Degenhart BGB 30. Aufl. § 883 Anm. 5 a. 8. Der Käufer eines Grundstücks haftet gemäß § 419 BGB, wenn das Grundstück das gesamte oder nahezu gesamte Vermögen des Verkäufers ausmacht. Voraussetzung der Haftung ist aber, daß der Käufer dies weiß (BGH NJW 1965, 1174). Maßgebender Zeitpunkt für diese Kenntnis ist die Vollendung des Rechtserwerbs; ist aber für den Vermögensübernehmer eine Auflassungsvormerkung eingetragen, so ist maßgebend der Zeitpunkt der Stellung des Antrags auf Eintragung der Vormerkung; vgl. Baur Sachenrecht § 20 IV 1 f.; Reinicke NJW 1967, 1249 zu III; ebenso jetzt BGH NJW 1971, 505 = Rpfleger 1971, 100.

Besondere Bedeutung hat die Auflassungsvormerkung, wenn die Auflassung ausnahmsweise nicht unmittelbar im Anschluß an den Kaufvertrag erfolgt. Aber auch bei alsbaldiger Erklärung der Auflassung kann die Vormerkung zur Sicherung des Käufers notwendig sein, besonders wenn dieser eine Anzahlung geleistet hat: Denn zwischen die Auflassung und ihre Einreichung beim Grundbuchamt schiebt sich häufig wegen Beschaffung der Grunderwerbsteuerbescheinigung, der behördlichen

Genehmigung, der Entscheidung über das Vorkaufsrecht des Siedlungsunternehmens usw. ein kürzerer oder längerer Zeitraum. Die Zulässigkeit der Vormerkung nach erklärter Auflassung steht fest, nur muß dann als gesichert nicht ein Anspruch auf Auflassung, sondern „auf Übertragung des Eigentums" bezeichnet werden. JFG 7, 328. Anerkannt ist auch, daß es zur Eintragung von Auflassungsvormerkungen keiner Genehmigung nach dem Bundesbaugesetz (JFG 14, 123), keiner Devisengenehmigung (KG JW 1938, 1037; a. A. BayObLG DNotZ 1952, 578, dagegen Hieber ebenda S. 581) keiner Grunderwerbsteuerbescheinigung und keiner katastermäßigen Parzellenbezeichnung für das veräußerte Trennstück bedarf (KG JW 1937, 110; BayObLGZ 1956, 409 = Rpfleger 1957, 49 mit Anm. v. Bruhn). Mit Recht wird dem Notar die Verpflichtung auferlegt, bei Abschluß des Kaufvertrags die Beteiligten über Möglichkeit und Zweckmäßigkeit der Auflassungsvormerkung zu belehren, wenn sonst eine naheliegende Gefährdung des Käufers zu besorgen wäre. RG JW 1928, 1862", dazu Oberneck ebenda S. 2127[5]; Jansen, FGG, 2. Aufl. § 17 BeurkG Rdn. 9.

Erwerbsverbot. Auf Grund der §§ 935, 938 Abs. 2 ZPO ist es möglich, die Stellung eines Eintragungsantrags (oder die Aufrechterhaltung eines bereits gestellten Antrags) durch einstweilige Verfügung zu verbieten. Diese Maßnahme kommt namentlich in Betracht, wenn es darauf ankommt, die Vollendung eines nur noch von der Eintragung abhängigen Rechtserwerbs zu hemmen, z.B. wenn der Verkäufer, der bereits die Auflassung erklärt hat, von dem Kaufvertrage zurückgetreten ist oder ihn angefochten hat. Das Verbot wird wirksam mit der innerhalb der Vollziehungsfrist (§§ 929, 936 ZPO) zu bewirkenden Zustellung an den Betroffenen (RGZ 117, 290; KG Rpfleger 1962, 177). Es beschränkt die Befugnis des Erwerbers; sich das Eigentum zu verschaffen, und begründet deshalb ein vom Grundbuchamt zu beachtendes Eintragungshindernis. Wegen dieser sachlichrechtlichen Bedeutung entfaltet die einstweilige Verfügung Wirkungen auch dann, wenn der Erwerber sich durch die angedrohte Strafe nicht davon abhalten läßt, seine Eintragung zu betreiben (KG JFG 1, 379 u. 383; 2, 320; 18, 192; KG Rpfleger 1962, 177; OLG Hamm OLGZ 1970, 438).

5. Kapitel

Beim Registergericht

Einzelfirma. Registerzwang. Prokura

Ordnungsstrafverfahren. Die Industrie- und Handelskammer zeigt gemäß § 126 FGG an:

„daß der Kaufmann und Schneider *Ignaz Schick* in Lichterfelde, Gartenstraße 57, ohne im Handelsregister eingetragen zu sein, unter der Firma *Ignaz Schick* ein Handelsgewerbe betreibt, welches nach Art und Umfang einen in kaufmännischer Weise eingerichteten Geschäftsbetrieb erfordert."

Wie die Grundstücksrechte im Grundbuch, so werden die Rechtsverhältnisse der Unternehmen des Handelsstandes im Handelsregister aufgezeichnet. Aber während im Grundbuchrecht auf Grund des dort herrschenden Eintragungsgrundsatzes (S. 200) Rechtsänderungen regelmäßig nur im Wege einer rechtsbegründenden (konstitutiven) Eintragung zustande kommen können, so daß die Beteiligten im eigenen Interesse darauf angewiesen sind, zur Herbeiführung der Eintragung die erforderlichen Anträge zu stellen und die Unterlagen zu beschaffen, kennt das Registerrecht*) nur eine verhältnismäßig geringe Zahl rechtsbegründender Buchungen. Der weitaus größte Teil der Eintragungen ist rechtsbezeugender (deklaratorischer) Art. Um die Eigenschaft eines Kaufmanns zu erlangen, eine Firma zu führen, Prokura zu erteilen und zu entziehen, offene Handels- und Kommanditgesellschaften zu errichten, die Vorstände von Aktiengesellschaften oder Gesellschaften mit beschränkter Haftung zu wechseln, bedarf es im allgemeinen nicht der Eintragung dieser Tatsachen in das Register. Die Beteiligten haben nicht immer Anlaß, sie von sich aus zur Eintragung zu bringen. Ferner ist das Handelsregister — ebenfalls ein wesentlicher Unterschied zum Grundbuchwesen — öffentlich: es soll dem geschäftlichen Verkehr eine sichere Grundlage geben, indem es die Rechtsverhältnisse der Unternehmen des Handelsstandes in zuverlässiger Weise zusammenstellt, und zwar zur Einsicht für jedermann und ohne den sonst nach § 34 FGG erforderlichen Nachweis eines berechtigten Interesses (§ 9[1]). Deshalb werden die Eintragungen auch von Amts wegen bekanntgemacht (§ 10 HGB). Die Rücksichtnahme auf den Verkehr erfordert mithin, daß die Übereinstimmung des Registers mit der wirklichen Rechtslage nötigenfalls zwangsweise herbeigeführt wird. Das Gesetz legt daher den Beteiligten die Pflicht auf, Firmen, Prokuren, Gesellschaften usw. zwecks Eintragung zum Register anzumelden, und § 14 weist dem Registergericht neben seiner eigentlichen registrierenden Tätigkeit die rechtpolizeiliche Aufgabe zu, die Anmeldung durch Ordnungsstrafen zu erzwingen, sobald es durch Organe des Handelsstandes oder, wenn ein handwerkliches Unternehmen in Betracht kommt, des Handwerksstandes (§ 126 FGG), durch Polizei-, Gemeinde- oder Steuerbehörden oder in sonstiger Weise von solchen Fällen erfährt, insbesondere durch die gewissen Behörden sowie den

---

*) Schrifttum: Keidel-Schmatz, Registerrecht (Hdb. d. Rechtspraxis Bd. VII), 3. Aufl. 1971; Brand-Marowski, Die Registersachen, 4. Aufl. 1956; Sternberg-Siehr, Registerrecht, 1930; Krieger-Lenz, Firma und Handelsregister, 1938; zum Verfahren die Kommentare zum FGG von Schlegelberger, 7. Aufl. 1956; Keidel, 9. Aufl. 1967; Jansen, 2. Aufl. (3 Bände) 1969 bis 1971; im übrigen ist auf das bei Keidel-Schmatz, a.a.O. S. XX angeführte Schrifttum zu verweisen.

Notaren durch § 125a^{I} FGG auferlegte Mitteilungspflicht. Auch sonst hat das Registergericht — meist von Amts wegen, bisweilen auf Antrag — in mannigfacher Weise bei der Aufrechterhaltung der kaufmännischen Rechtsordnung und der Gestaltung der handelsrechtlichen Verhältnisse mitzuwirken. Vgl. das Einschreiten gegen unbefugte Firmenführung; Erzwingung der Einreichung von Schriftstücken, z. B. der Niederschrift über die Hauptversammlung bei der AG (§ 130^{V} AktG); der Bekanntmachung des Jahresabschlusses bei der AG (§ 177^{II} AktG) und, soweit dort vorgeschrieben (§ 41^{IV} GmbHG), bei der GmbH und der Genossenschaft (§ 33^{III} GenG); Entscheidung über den Widerspruch gegen die Auswahl der Abschlußprüfer bei der AG (§ 163^{II} AktG); Einreichung der Bescheinigung des Prüfungsverbandes, daß die Prüfung stattgefunden hat, bei der Genossenschaft (§§ 59^{I}, 89 GenG); die gerichtliche Ernennung und Abberufung von Liquidatoren und die weiteren, in §§ 145, 148 FGG zusammengestellten Fälle. Eine allgemeine Disziplinar- oder Aufsichtsgewalt über die Kaufleute seines Bezirks ist dem Registergericht jedoch nicht beigelegt. Für die Erzwingbarkeit von Verpflichtungen gilt also der Enumerationsgrundsatz (Jansen, FGG^{2} § 132 Rdn. 45).

Der Rechtspfleger (§§ 3 Nr. 2 Buchst. d, 17 RechtspflG) verfügt:

„1. An *Schick*: Es ist zur Kenntnis des Registergerichts gelangt, daß Sie in Lichterfelde, Gartenstraße 57, unter der Firma *Ignaz Schick* ein Handelsgewerbe betreiben, welches nach Art und Umfang einen in kaufmännischer Weise eingerichteten Geschäftsbetrieb erfordert. Nach § 29 HGB sind Sie verpflichtet, Ihre Firma zur Eintragung in das Handelsregister anzumelden und zur Aufbewahrung bei dem Gericht zu zeichnen. Hierzu wird Ihnen eine Frist von 2 Wochen bestimmt.

2. Nach 2 Wochen."

Der Form nach erfolgt die Eintragung auf „Anmeldung", also auf Antrag. In unserem und in vielen anderen Fällen wird aber der Kaufmann zur Anmeldung vom Gericht genötigt, so daß die Freiwilligkeit eine nur scheinbare ist. In Wahrheit handelt es sich um ein verkleidetes Amtsverfahren.

Nach Fristablauf wiederholt der Rechtspfleger seine Aufforderung. Schick rührt sich nicht. Nunmehr erläßt der Rechtspfleger, der auch Ordnungsstrafen in Geld androhen und verhängen kann (§ 4 RechtspflG), nachstehende Verfügung:

„1. An *Schick*: Gemäß den §§ 14, 29 HGB, 132 FGG wird Ihnen aufgegeben, bei Vermeidung einer Ordnungsstrafe von 50 DM (i. W.) innerhalb von 2 Wochen seit der Zustellung dieser Verfügung die Firma, unter der Sie Ihr Handelsgewerbe betreiben, und den Ort Ihrer Niederlassung zur Eintragung in das Handelsregister bei dem unterzeichneten Gericht anzumelden und die Firma zur Aufbewahrung bei dem Gericht zu zeichnen, oder die Unterlassung mittels Einspruchs gegen diese Verfügung zu rechtfertigen.

2. Zustellen.

3. 2 Wochen nach Zustellung."

Beschwerde ist gegen die Verfügung nicht gegeben (§ 132^{II} FGG). Vielmehr bleibt die Sache, wenn Schick den Einspruch einlegt, in der Instanz, damit der Rechtspfleger, der seine Verfügung auf Grund einseitiger Angaben der Handelskammer erlassen hatte, ihre Berechtigung nachprüft. Denn die Verfügung setzte nur „glaubhafte Kenntnis" von einem das Einschreiten rechtfertigenden Sachverhalt voraus (§ 132^{I} FGG). Läßt Schick die Einspruchsfrist verstreichen, so wird die Ordnungsstrafe gegen ihn festgesetzt und dieses Verfahren so oft wiederholt, bis er entweder sich zur Anmeldung bequemt oder Einspruch einlegt (§ 133 FGG). Auch dieses Einspruchsverfahren ist auf den Rechtspfleger übertragen (KG NJW 1959, 1829 = Rpfleger 1959, 221; Jansen FGG^{2} § 132 Rdn. 58).

Schick erhebt rechtzeitig Einspruch, wird zur Erörterung der Sache mit dem Hinweis vorgeladen, daß im Fall seines Nichterscheinens nach Lage der Sache entschieden werden könne (§ 134^{II}), und erklärt im Termin:

„Ich betreibe mein Schneidergeschäft in Lichterfelde seit ungefähr 13 Jahren als Herren-Maßgeschäft, nachdem ich früher in Wien und anderen österreichischen Städten gearbeitet hatte. Zeitweise habe ich ohne Gehilfen, nur mit einem Lehrling gearbeitet. Seit 1962 beschäftige ich ständig mindestens 6 Gehilfen und 2 Lehrlinge. Seit 1964 handle ich mit Stoffen und Futterartikeln, die ich teils an meine Maßkundschaft, teils an kleinere Schneider abgebe. Von der Kundschaft gelieferte Stoffe verarbeite ich nur noch selten. Im Jahre 1968 habe ich dreimal, im Jahre 1969 einmal größere Posten Herrenkonfektion an rheinische Warenhäuser geliefert; diese hatte ich teils während der stillen Geschäftszeit in meiner Werkstatt, teils durch 8 bis 10 Heimarbeiter anfertigen lassen. Bei den Maßkunden nehme ich meist selbst Maß und schneide zu, beschäftige aber auch einen Gehilfen mit dem Zuschneiden. Mein jährlicher Umsatz betrug 1957 48000 DM, 1968 69000 DM, 1969 98000 DM. Die entnommenen Waren bezahle ich in der Regel mit Dreimonatswechseln. Meine Kundschaft bezahlt teils in bar oder durch wöchentliche Abzahlungen (Maßkunden), teils in Wechseln (Warenhäuser und Käufer der Stoffe und Futterartikel), welche ich meinen Lieferanten weitergebe. Ich halte mein Geschäft für ein handwerksmäßiges, welches einen kaufmännischen Betrieb, insbesondere eine kaufmännische Buchführung, nicht erfordert. Ich führe nur ein Kassenbuch und notiere mir die ein- und ausgehenden Wechsel sowie die Zahlungen der Abzahlungskunden in einem Buche. Bisweilen arbeitet bei mir die Stundenbuchhalterin *Ellen Feder*, besonders zur Vorbereitung der Steuererklärungen. Vom hiesigen Finanzamt bin ich zuletzt mit einem Betriebsvermögen von 15000 DM und nach einem Jahreseinkommen von 16500 DM veranlagt worden. Ich beantrage:

die angefochtene Verfügung aufzuheben."

Warum mag Schick sich gegen seine Eintragung so sehr sträuben? Bisweilen versuchen umgekehrt Geschäftsleute, die keine Vollkaufleute sind, aus Gründen des geschäftlichen Prestiges ihre Firma eintragen zu lassen. Schick scheut die Eintragung wohl wegen der damit verbundenen Mehraufwendungen und Rechtsnachteile: 1. Gerichtsgebühren der Registereintragungen (§ 79 KostO), dazu die nicht unbeträchtlichen Kosten der jedesmaligen Bekanntmachung als Auslagen, 2. Nach dem Gesetz zur vorläufigen Regelung des Rechts der Industrie- und Handelskammern vom 18. Dezember 1956 (BGBl. I 920) sind jetzt zwar auch die zur Gewerbesteuer veranlagten Minderkaufleute kammerzugehörig, jedoch haben sie nur einen Grundbeitrag, keine Umlage zu leisten. 3. Buchführungspflicht (§§ 38f., 4^{I} HGB), deren Verletzung nach Eintritt des Konkurses oder der Zahlungseinstellung zur Bestrafung wegen betrügerischen (§ 239^{4} KO) oder einfachen (§ 240^{3}) Bankerotts führen kann, 4. kein Recht, die Herabsetzung übermäßig hoher Vertragsstrafen zu verlangen (§§ 343 BGB, 348, 351 HBG), 5. Fortfall der Einrede der Vorausklage (§§ 349, 351), 6. Verbindlichkeit mündlicher Bürgschaften, Schuldversprechen und Schuldanerkenntnisse (§§ 350, 351), 7. „Termingeschäftsfähigkeit" (§ 53^{I} S. 2 BörsG).

Weitere Unterschiede zwischen Voll- und Minderkaufleuten, die man nicht unbedingt als Nachteile ansehen kann: Der Minderkaufmann führt keine Firma, kann keine Prokura erteilen, und eine Vereinigung von Minderkaufleuten stellt keine OHG oder Kommanditgesellschaft, sondern eine Gesellschaft bürgerlichen Rechts dar (§ $4^{I, II}$ HGB). Soweit nicht vorstehend Ausnahmen aufgeführt sind, gelten alle handelsrechtlichen Bestimmungen, insbesondere der erhöhte gesetzliche Zinsfuß von 5% (§ 352 HGB) und die Rügepflicht des § 377, auch für Minderkaufleute. Ihre Prozesse können vor die Kammer für Handelssachen gebracht werden (§ 95 GVG). Ihre kaufmännischen Angestellten sind Handlungsgehilfen (§ 59 HGB).

Für das Gericht sind die Wünsche des Beteiligten natürlich weder im einen noch anderen Fall maßgebend, vielmehr hat es den Sachverhalt gemäß § 12 FGG von Amts wegen zu erforschen und darnach seine Entscheidung zu treffen. Hierbei kommt ihm die Auskunftspflicht der Steuerbehörden nach § $125a^{II}$ FGG zustatten. Schick scheint einer jener Handwerker zu sein, die es verstehen, Umfang und Art ihres Geschäfts zu erweitern, und die so allmählich in die Kategorie der „kleinkapitalistischen Unternehmer" hineinwachsen. Soweit Schick Maß- oder Konfektionsarbeit aus selbst eingekauften Stoffen herstellt, betreibt er ein Grundhandelsgeschäft und ist ohne Rücksicht auf den Umfang seines Betriebes Kaufmann kraft dieser Betätigung nach § $1^{II\,1}$; soweit er für seine Kunden Lohnarbeit verrichtet, wird die Kaufmannseigenschaft nur begründet, sofern das Gewerbe nicht handwerksmäßig betrieben wird (§ $1^{II\,2}$). Aber auch der erste offenbar durchaus überwiegende Teil seiner Tätigkeit macht ihn erst unter der Voraussetzung zum registerpflichtigen Vollkaufmann, daß sein Gewerbebetrieb „nach Art und Umfang einen in kaufmännischer Weise eingerichteten Geschäftsbetrieb" erfordert (§ 4^{I}). Liegt diese Voraussetzung vor, so besteht die Registerpflicht seit der Änderung der §§ 1, 2 und 4 HGB durch das Gesetz über die Kaufmannseigenschaft von Handwerkern vom 31. März 1953 (BGBl I 106) auch dann, wenn der Inhaber Handwerker ist (zum Begriff des Handwerks vgl. Krömer, DVBl. 1957, 257; Meyer-Hentschel, NJW 1958, 1321). Auch wenn nur Lohnarbeit handwerksmäßig verrichtet wird und deshalb keine Grundhandelsgeschäfte betrieben werden (§ $1^{II\,2}$), das Erfordernis eines in kaufmännischer Weise eingerichteten Geschäftsbetriebes aber erfüllt ist, besteht Registerpflicht nach § 2 HGB (sog. „Registerkaufmann", mit Rücksicht auf den nach § 2 S. 2 auch hier ausgeübten Eintragungszwang besser als „Sollkaufmann"). Im Fall des § 2 haben wir das Beispiel einer rechtsbegründenden Eintragung: Erst die Eintragung macht den Inhaber zum Kaufmann, das Gewerbe zum Handelsgewerbe. Folgen wir Schicks eigenen Angaben, so hat er sowohl nach dem Umfang wie nach der Art der Geschäftsführung die Grenzen der Registerfreiheit bereits überschritten. Die ordnungsmäßige Abwicklung seiner Geschäfte erfordert eine kaufmännische Betriebsart (dazu Groschuff, JW 1934, 3033). Ausschlaggebend ist vor allem der nicht unbedeutende Wechsel- und Abzahlungsverkehr, welcher — entgegen der von Schick vertretenen Auffassung — ohne ordnungsmäßige kaufmännische Buchführung und Organisation nicht zuverlässig ablaufen kann. Seine gegenwärtige primitive Buchführung wäre niemals imstande, eine schnelle und richtige Übersicht über den Vermögensstand zu vermitteln, besonders wenn einmal eine Reihe geschäftlicher Maßnahmen nicht glatt verläuft und es zu Wechselprotesten, Prozessen usw. kommt. Auf die Höhe des Umsatzes allein kommt es allerdings nicht an. Auch ein Handlungsagent mit einem Jahreseinkommen von 50000 DM ist nicht eintragungspflichtig, wenn sein Geschäftsbetrieb in seiner Art so einfach ist, daß Buchführung, Hilfskräfte, Büroeinrichtung nicht erforderlich sind (KG JW 1936, 1684; NJW 1959, 1829 = Rpfleger 1959, 221).

Nachdem auch die Handwerkskammer gutachtlich gehört worden ist (§ 23 HRegVfg), aber keine Bedenken gegen die Registerpflicht erhoben hat, entscheidet der Rechtspfleger:

„Beschluß:

1. Der Einspruch wird verworfen.
2. Gemäß § 135^{II} S. 2 FGG wird von der Festsetzung der angedrohten Ordnungsstrafe abgesehen.
3. Dem Kaufmann und Schneider *Ignaz Schick* wird nach den §§ 14, 29 HGB, 132, 135^{III} FGG aufgegeben, bei Vermeidung einer Ordnungsstrafe von 150 DM (i. W.) innerhalb von 2 Wochen seit der Rechtskraft der heute beschlossenen Verwerfung seines Einspruchs die Firma, unter der er sein Handelsgewerbe betreibt, zur Eintragung in das Handelsregister anzumelden (usw. wie S. 281).

Gründe:

(folgt Begründung)."

Rechtsmittel. Gegen die Verwerfung seines Einspruchs hat Schick anstelle der sofortigen Beschwerde (§ 139) die befristete Erinnerung an den Richter (§ 11^{I} S. 2 RechtspflG), der, wenn er den Rechtsbehelf nicht für begründet erachtet, die Eingabe dem Landgericht als sofortige Beschwerde zuleitet (§ 11^{II} RechtspflG), über welche die Kammer für Handelssachen entscheidet (§ 30^{I} S. 2 FGG). Gegen die Entscheidung des Beschwerdegerichts ist die sofortige weitere Beschwerde als Rechtsbeschwerde (§ 27 FGG) gegeben. Wird dem Einspruch stattgegeben, so muß die aufhebende Verfügung der Industrie- und Handelskammer, auf deren Antrag das Verfahren eingeleitet worden war, bekannt gemacht werden, da ihr nach § 126 FGG die einfache Beschwerde zusteht (Jansen, FGG² § 134 Rdn. 2, § 135 Rdn. 3, § 139 Rdn. 6).

Firmenanmeldung und -eintragung. Schick gibt jetzt seinen Widerstand auf. Er erscheint vor dem Registergericht, erfährt dort aber zu seiner Überraschung, daß dieses die Anmeldung zwar erzwingen, aber nicht beurkunden kann. Nach dem bis zum 31. Dezember 1969 geltenden Rechtszustand konnten Anmeldungen zum Handelsregister nach § 12 HGB außer in öffentlich beglaubigter Form auch zur Niederschrift des Richters (Rechtspflegers) und gemäß § 128 FGG zum Protokoll der Geschäftsstelle des Registergerichts vorgenommen werden; dasselbe galt für die Zeichnung von Firmen und Namensunterschriften. Infolge der Änderung des § 12 HGB durch § 57^{VIII} Nr. 1 BeurkG und der Streichung des § 128 FGG durch § 57^{V} Nr. 2 BeurkG ist jetzt nur noch die Form der öffentlichen Beglaubigung zulässig. Auch für Anmeldungen zum Genossenschafts-, Vereins- und Güterrechtsregister ist nur noch diese Form vorgesehen (§ 157^{I} GenG, § 77 BGB, § 1560 S. 2 BGB). Schick begibt sich mithin zu einem Notar, der unter Beachtung der §§ 40, 41 BeurkG die Unterschrift unter der Anmeldung und die Firmenzeichnung öffentlich beglaubigt:

„Zur Eintragung in das Handelsregister melde ich an, daß ich unter der Firma ‚*Wiener Moden Ignaz Schick*' in Lichterfelde ein Handelsgewerbe betreibe, nämlich das Herrenmaß- und -Konfektionsgeschäft sowie den Handel mit Stoffen und Futterartikeln. Ich zeichne meine Firma wie folgt:

Wiener Moden Ignaz Schick

Die Geschäftsräume befinden sich Gartenstraße 57.

Ignaz Schick

(Beglaubigungsvermerk)"

Der Rechtspflegeranwärter: Die angemeldete Firma ist eine Sachfirma und widerspricht daher dem „Grundsatz der Firmenwahrheit", der für Einzelkaufmann, OHG und KG die Personenfirma ,für AG, KG auf Aktien und Genossenschaft die Sachfirma vorschreibt. §§ 18, 19 HGB, 4, 220 AktG, 3 GenG (GmbH-Firma s. unten S. 299).

Der Rechtspfleger: Die Worte „Wiener Moden" machen Schicks Firma nicht zur Sachfirma. Sie stellen lediglich einen unterscheidenden Zusatz im Sinne des § 18^{II} HGB dar. Auf den Gedanken, daß es sich um die Sachfirma einer Kapitalgesellschaft handle, kann man schon deshalb nicht kommen, weil Kapitalgesellschaften kraft zwingender Vorschrift die Gesellschaftsform („Aktiengesellschaft" usw.) in der Firma angeben müssen. §§ 4 AktG, 4 GmbHG usw. Auch sonst wird durch den von Schick gewählten Zusatz zu seinem Namen nicht die Gefahr einer Täuschung der Öffentlichkeit begründet. Da Schick in Wien und anderen österreichischen Städten gearbeitet hat, entspricht es der Übung, daß er sich als „Wiener" Schneider bzw. sein Geschäft als „Wiener" Moden bezeichnet. Der Grundsatz der Firmenwahrheit ist somit nicht verletzt. Beispiele für täuschende Firmenbestandteile: KG NJW 1955, 1426; BGH NJW 1956, 1873; OLG Hamm OLGZ 1967, 471; KG OLGZ 1968, 95. Auch der Grundsatz der Ausschließlichkeit und Unterscheidbarkeit der Firma (§ 30 HGB) ist gewahrt, da es, wie ich mich überzeugt habe, hier keine gleich oder ähnlich lautende Firma gibt.

Nachdem Handels- und Handwerkskammer von der Anmeldung Kenntnis erhalten und keinen Widerspruch erhoben haben (§ 23 HRegVfg), verfügt der Rechtspfleger:

„1. Einzutragen in das Handelsregister Abt. A unter nächster offener Blattnummer:
Sp. 1: 1.
Sp. 2: a) *Wiener Moden Ignaz Schick*,
b) Lichterfelde,
Sp. 3: *Ignaz Schick*, Kaufmann und Schneider in Lichterfelde."

Maßgebend für Einrichtung und Führung des Handelsregisters ist die Handelsregisterverfügung (HRV) d. RJM vom 12. August 1937 (DJ 1251), in der geltenden Fassung abgedruckt bei Jansen, FGG, Anl. 3. Sie ist auf Grund der gesetzlichen Ermächtigung des § 125^{III} FGG ergangen und enthält allgemeinverbindliche Rechtsvorschriften (KG JW 1938, 2282). Danach besteht das Handelsregister aus zwei Abteilungen. In Abteilung A werden eingetragen Einzelkaufleute, die juristischen Personen der §§ 33, 36 HGB, OHG und KG; in Abteilung B: AG, KG auf Aktien, GmbH und VVaG (§ 3 HRV). Ein Handblatt (entsprechend dem Handblatt des Grundbuchamts) ist für jedes Registerblatt der Abt. B zu führen (§ 9^{III} HRV). Für die Abt. A kann der Oberlandesgerichtspräsident die Führung von Handblättern anordnen (§ 24^{II} AktO).

„2. Öffentliche Bekanntmachung."

Die Bekanntmachungen erscheinen im Bundesanzeiger und mindestens einem anderen Blatt, das jährlich im Dezember vom Gericht bezeichnet wird (§§ 10, 11 HGB).

„3. Nachricht an a) *Schick*, b) Handelskammer, c) Handwerkskammer, d) Finanzamt."

Vgl. § 130^{II} FGG, § 37 HRV. Nachdem der Registerführer die Verfügung ausgeführt hat, sieht das neue Registerblatt folgendermaßen aus:

„Abteilung A — Nummer der Firma: HR A 8251

Nummer der Eintragung	a) Firma b) Ort der Niederlassung (Sitz der Gesellschaft) c) Gegenstand des Unternehmens (bei juristischen Personen)	Geschäftsinhaber Persönlich haftender Gesellschafter Vorstand Abwickler	Prokura	Rechtsverhältnisse	a) Tag der Eintragung und Unterschrift b) Bemerkungen
1	2	3	4	5	6
1	a) Wiener Moden *Ignaz Schick* b) Lichterfelde	*Ignaz Schick*, Kaufmann und Schneider in Lichterfelde			a) 16. Januar 1971 *Urkund.*"

Nach § 17^{I} HGB ist die Firma der Name, unter dem der Kaufmann im Handel seine Geschäfte betreibt und die Unterschrift abgibt. Sie ist also nicht, wie Kaufleute vielfach meinen, eine besondere, vom Jnhaber verschiedene Rechtspersönlichkeit. Das Vermögen des Kaufmanns, gleichviel ob er es im Geschäft oder woanders angelegt hat, bildet für das bürgerliche Recht eine Einheit, und seine Gläubiger — Geschäfts- wie Privatgläubiger — können sich unterschiedslos sowohl an das Geschäfts- wie an das Privatvermögen halten.

Steuerrechtlich ist dagegen die Unterscheidung von „Betriebs"- (Geschäfts-) und Privatvermögen von Wichtigkeit. Wertveränderungen des Betriebsvermögens rechnen nämlich bei Steuerpflichtigen mit kaufmännischer Buchführung als Einkommen bzw. als Einkommensminderung, während Wertveränderungen des Privatvermögens für die Ermittlung des Einkommens belanglos sind. §§ 4, 5 EinkStG i.d.F. vom 12. Dezember 1969 (BGBl. I 2266). Es gibt Vermögensstücke, die notwendig zum Betriebsvermögen, und solche, die (wie Schmuck, Wäsche, Einrichtungsgegenstände, selbst wenn sie aus Geschäftsmitteln angeschafft sind) notwendig zum Privatvermögen gehören. Im übrigen, z.B. bei Miethäusern oder Wertpapieren eines Warenkaufmanns, ist die Zugehörigkeit zum Betriebsvermögen relativ, von der Aufnahme in die geschäftliche Buchführung und somit vom Willen des Geschäftsinhabers abhängig (gewillkürtes Betriebsvermögen). Bei OHG und KG deckt sich das Betriebsvermögen mit dem Gesellschaftsvermögen im bürgerlichrechtlichen Sinne.

Darauf, daß die Firma lediglich ein zweiter Name ist, beruht ihre Behandlung im Grundbuch (S. 208). Alles das gilt freilich nur von der Firma des Einzelkaufmanns. Eine erhöhte Bedeutung besitzen die Gesellschaftsfirmen der OHG und KG, weil diese Gesellschaften Vereinigungen zur gesamten Hand sind und ihr Vermögen als Gesamthandsvermögen vom Privatvermögen der Gesellschafter rechtlich gesondert ist. Anders als unter der Firma kann die Gesellschaft überhaupt nicht im Rechtsverkehr auftreten.

Über die Bedeutung eines bloßen Namens geht auch die Wirkung hinaus, welche die Fortführung einer (Einzel- oder Gesellschafts-) Firma auf die Haftung für die früher von anderen unter der Firma begründeten Verbindlichkeiten hat (S. 293).

Die Eintragung Schicks soll nicht rechtsbegründend sein, sondern nur den Rechtszustand zum Ausdruck bringen, der nach Ansicht des Registergerichts ohnehin gegeben war. Eintragungen in Abteilung A haben nur in seltenen Fällen gewollte rechtsbegründende Wirkung wie die rechtsändernde Grundbucheintragung: Eintragung des „Registerkaufmanns" („Sollkaufmanns"), der kein Handelsgewerbe nach § 1 HGB betreibt und daher nicht schon kraft seiner Betätigung Kaufmannseigenschaft besitzt (§ 2); Eintragung eines „Kann-Kaufmanns" (§ 3); Entstehung einer OHG oder KG, die kein Grundhandelsgewerbe betreibt, durch Eintragung nach §§ 2, 6^{I}. Hat sich nun das Gericht bei der Eintragung Schicks geirrt und war er in Wahrheit überhaupt nicht Kaufmann oder nur Minderkaufmann, so gilt er jetzt gleichwohl als Vollkaufmann und kann sich nicht mehr darauf berufen, daß er Minderkaufmann sei (§ 5). Die zunächst nur rechtsbezeugende Eintragung hätte dann in gewissem Sinne ähnliche Wirkungen wie eine rechtsbegründende. Nur in zwei Punkten kann sich der zu Unrecht ins Register eingetragene Minderkaufmann noch darauf berufen, daß ihm die sachlichen Voraussetzungen der Vollkaufmannseigenschaft fehlen: hinsichtlich seiner Fähigkeit zum Abschluß von Börsentermingeschäften und in einem Strafverfahren wegen einfachen oder betrügerischen Bankerotts, begangen durch unterlassene oder nicht ordnungsmäßige Buchführung. Ersteres ist in § 53^{I} S. 2 BörsG bestimmt, letzteres folgt daraus, daß der Strafrichter die materielle Wahrheit zu erforschen hat.

Der Rechtspflegeranwärter: Wie kann Schick aus dem Handelsregister wieder herauskommen?

Der Rechtspfleger: In der Regel durch Anmeldung, etwa weil er sein Geschäft aufgegeben oder weil es durch Zurücksinken auf den Umfang des Kleingewerbes die Eintragungsfähigkeit verloren hat. §§ 14, 31^{II} S. 1 HGB. Ist ein Geschäftsbetrieb eingegangen, so erweist sich der Zwang zur Anmeldung oft als undurchführbar, und dann kann die Firma von Amts wegen gelöscht werden. § 31^{II} S. 2. Schließlich gibt es eine Amtslöschung solcher Eintragungen, die wegen des Mangels einer wesentlichen Voraussetzung der Eintragung von Anfang an unzulässig waren (§ 142 FGG, entsprechend für das Genossenschafts-, Vereins-, Güterrechtsregister: §§ 147, 159, 161^{I}). Dieses Verfahren ist auch anwendbar, wenn die Eintragung erst nachträglich unzulässig geworden ist (RG 169, 147). In seiner Bedeutung ist es der Einziehung eines Erbscheins und dem Verfahren nach § 53 GBO vergleichbar. Daß die in der GBO gemachte Unterscheidung zwischen der Eintragung eines Widerspruchs und der Löschung als unzulässig hier wegfällt, hängt mit dem Fehlen einer positiven Funktion des öffentlichen Glaubens der Registereintragungen (S. 288) zusammen.

Einschreiten gegen unbefugte Firmenführung.

„An das Amtsgericht, Abt. für Registersachen

hier.

Das Gericht bitte ich um Schutz in folgender Angelegenheit. Ich betreibe seit 18 Jahren am hiesigen Platze unter der Firma ‚*Wiener Chic*' ein Herrenschneidergeschäft. Seit einiger Zeit versendet mein Konkurrent, der Schneider *Schick*, Prospekte, welche außer seiner handelsgerichtlich eingetragenen Firma ‚*Wiener Moden Ignaz Schick*' in großen roten Buchstaben die Worte ‚*Wiener-Schick*' tragen. Er will dadurch im Publikum den Anschein erwecken, als ob er mein bekanntes und angesehenes Geschäft erworben hätte. Sein Verhalten ist um so ungerechtfertigter, als *Schick* gar nicht von Wien, sondern von Nikolsburg in Mähren gebürtig ist und nicht einmal die Meisterprüfung bestanden hat.

Lichterfelde, den 10. Februar 1971.
Karl Nadel, Schneidermeister
in Firma Modenhaus *Wiener Chic*."

Nadel selbst ist nicht im Handelsregister eingetragen, er betrachtet sich wohl als Handwerker. Die Worte „Wiener Chic" können also nicht als Firma (§ 4^{I} HGB), sondern höchstens als besondere Bezeichnung eines Erwerbsgeschäfts (§ 16 UWG, sog. „Etablissementsname") geschützt werden. Zur Abgrenzung von Firma und Geschäftsbezeichnung als Unternehmenskennzeichen Droste, Betrieb 1957, 573; Jansen, FGG 2. Aufl. § 140 Rdn. 4.

Gegen mißbräuchliche Führung von Firmen und sonstigen Geschäftsbezeichnungen sind drei Rechtsbehelfe gegeben. Nach §§ 37^{II} HGB, 1, 3, 16 UWG, 24, 25 WZG, 823 BGB kann der Verletzte 1. Unterlassung, 2. bei Verschulden auch Schadensersatz verlangen, und 3. hat das Registergericht nach § 37^{I} HGB, § 140 FGG von Amts wegen durch Ordnungsstrafen einzuschreiten. In dem letzten Fall wird, entsprechend dem rechtspolizeilichen Charakter des Verfahrens, nur ein nach dem öffentlichen Firmenrecht der §§ 17f. HGB unbefugter Firmengebrauch verfolgt. Ein solcher läge z.B. vor, wenn Schick nicht der wirkliche Inhaber des Geschäfts und lediglich seines Namens wegen vorgeschoben wäre. Dagegen machen Unterlassungs- und Schadensersatzanspruch vor der formell rechtmäßig erworbenen Firma nicht halt, wenn deren Benutzung die Gefahr der Verwechslung mit älteren Firmen oder Etablissementsnamen begründet oder sonst eine Unlauterkeit darstellt. Nach der umstrittenen Rechtsprechung (RG 110, 234; 111, 66; 116, 209; JW 1931, 468^{42}; dazu Breit JW 1928, 321) kann bei Verwechslungsgefahr sogar die Aufnahme des eigenen Familiennamens in eine Gesellschaftsfirma objektiv widerrechtlich und daher unstatthaft sein, weil sie hier ohne zwingenden Grund geschieht: sog. „Enteignung des Firmennamens". Anders beim Einzelkaufmann, dem der Grundsatz der Firmenwahrheit den Gebrauch seines Familiennamens als Firma ja sogar zur Pflicht macht (§ 18). BGH LM Nr. 15 zu § 12 BGB. Aber auch hier besteht nach Wettbewerbsrecht die Pflicht, alles Erforderliche und Zumutbare zu tun, um die durch Gleichnamigkeit hervorgerufene Verwechselungsgefahr möglichst einzudämmen (BGH 4, 96).

Nadel wird dahin beschieden, daß auf Grund seines Vorbringens kein Anlaß zur Einleitung eines Ordnungsstrafverfahrens besteht.

Hat Nadel ein Beschwerderecht? Es kommt darauf an, ob durch die angefochtene Verfügung ein „Recht" Nadels beeinträchtigt wird (§ 20^{I} FGG). Nun könnte ein etwaiges Ordnungsstrafverfahren gegen Schick seinen Grund nicht in einer Schädigung der Rechte des Nadel, sondern nur in der Ordnungswidrigkeit der Firmenführung Schicks haben. Der Unterlassungaanspruch des Wettbewerbers begründet kein Beschwerderecht, wie in RG 132, 311 für einen Fall entschieden worden ist, in welchem der Konkurrent beanstandete, daß von einem Unternehmen mittleren Umfangs die irreführende Firma Eisen-„Werke" geführt wurde.

Dagegen gibt die Bezeichnung, deren Nadel selbst sich für sein Unternehmen bedient, dem Registergericht Anlaß zur Pfüfung, ob ein Einschreiten wegen unbefugten Firmengebrauchs gegen ihn nach § 37 Abs. 1 HGB, § 140 FGG geboten ist. Bezeichnungen wie „Modenhaus (Tuchhaus, Elektrohaus)" sind wegen ihrer Form stets firmenähnlich und deshalb, wenn sie nicht Bestandteil einer eingetragenen Firma sind, in der Werbung ebenso unzulässig wie im sonstigen kaufmännischen Verkehr

(KG JW 1934, 3072; JFG 15, 55; OLG Hamm JMBlNRW 1959, 136; BayObLGZ 1960, 350; Würdinger in HGB RGRK² § 17 Anm. 7; Jansen FGG² § 140 Anm. 6).

Prokura.

„An das Amtsgericht, Abt. für Registersachen
hier.

Ich, der unterzeichnete Kaufmann und Schneider *Ignaz Schick*, bin im Handelsregister des hiesigen Amtsgerichts Abt. A Nr. 8251 als Inhaber der Firma *Wiener Moden Ignaz Schick* eingetragen. Ich habe der Buchhalterin Fräulein *Ellen Feder* in Lichterfelde Prokura erteilt. Fräulein *Feder* wird die Firma und ihre Unterschrift wie folgt zeichnen:

Wiener Moden Ignaz Schick
ppa. *Feder.*

Gemäß § 53 HGB melde ich die Erteilung der Prokura hiermit zur Eintragung in das Handelsregister an.

Lichterfelde, den 8. April 1971.
Ignaz Schick

(Beglaubigungsvermerk zu Firmenzeichnung und Unterschrift, vgl. S. 39).“

Der Referendar erinnert sich eines Rechtsstreits, in welchem ein von Frl. Feder bereits im Februar gezeichneter Wechsel eine Rolle spielte, und wundert sich, daß die Erteilung der Prokura erst jetzt angemeldet wird.

Der Rechtspfleger: Die in § 53 HGB vorgeschriebene Anmeldung der Prokura hat keine rechtsbegründende Wirkung. Erteilt wird die Prokura, wie alle rechtsgeschäftlichen Vertretungsverhältnisse („Vollmachten“), entweder durch Erklärung gegenüber dem Bevollmächtigten oder gegenüber dritten Personen oder gegenüber der Öffentlichkeit. §§ 167, 171 BGB. Bei der Prokura tritt nur die Besonderheit hinzu, daß sie einer ausdrücklichen Erklärung bedarf (§ 48 HGB). Es ist also sehr wohl möglich, daß Frl. Feder schon im Februar Prokura hatte.

Auch der Widerruf einer Prokura erfolgt nach bürgerlichem Recht durch Erklärung gegenüber dem Prokuristen oder dem Dritten oder der Öffentlichkeit (§ 168 S. 3 BGB), und die Registereintragung (§ 53^{III} HGB) ist lediglich rechtsbezeugend. Sie hat aber infolge des öffentlichen Glaubens des Registers hier weit größere Tragweite als bei der Erteilung. Der öffentliche Glaube des Grundbuchs (§ 892 BGB) besitzt eine positive und eine negative Seite: man darf sich auf die Richtigkeit und auf die Vollständigkeit der Eintragungen, auf das Reden und auf das Schweigen des Grundbuchs verlassen. Dem Handelsregister fehlt die positive Funktion gänzlich. Nur dem Schweigen des Registers darf man trauen. § 15 HGB i.d.F. des Art. 1 Nr. 2 des Gesetzes zur Durchführung der Ersten Richtlinie des Rates der Europäischen Gemeinschaften zur Koordinierung des Gesellschaftsrechts vom 15. August 1969 (BGBl. I 1146) behandelt in Abs. 1 die Wirkung der Nichteintragung einer Tatsache, in Abs. 2 die Wirkung der Eintragung einer richtigen Tatsache, er behandelt aber nicht die Wirkung einer unrichtigen Eintragung. Auf die Richtigkeit einer Eintragung kann sich mithin ein Dritter nicht verlassen. Wird also eine wegen Geschäftsunfähigkeit nichtige Prokura eingetragen, so genießt derjenige, der sich auf die Richtigkeit des Registers verlassen hatte, grundsätzlich keinen Schutz (RGZ 127, 153). Anders, wenn die Prokura widerrufen, der Widerruf aber nicht im Handelsregister eingetragen war. Dann kann der Dritte sich auf § 15^{I} HGB berufen. Denn das Erlöschen der Prokura ist eine einzutragende Tatsache (§ 53^{III} HGB). Dies gilt auch dann, wenn die Erteilung der Prokura selbst gar nicht eingetragen war, da die Prokura auch ohne Eintragung wirksam wird. — Anders als im Grundbuch ist zur Wirkung einzutragender Tatsachen gegenüber Dritten außer der Eintragung die Bekanntmachung erforderlich, es sei denn, daß der Dritte die Tatsache ohnehin kennt, wofür derjenige beweispflichtig ist, der sich auf dieses Kennen beruft; Kennenmüssen genügt nicht. Aber auch für eingetragene und bekanntgemachte Tatsachen gilt eine gewisse Schonfrist: Bei Rechtshandlungen, die innerhalb von 15 Tagen nach der Bekanntmachung vorgenommen werden, braucht der Dritte die eingetragene und bekanntgemachte Tatsache nicht gegen sich gelten zu lassen, sofern er beweist, daß er die Tatsache weder kannte noch kennen mußte (§ 15^{II} S. 2 HGB n.F.); hier ist also die Beweislast umgekehrt und es ist auch auf Fahrlässigkeit beruhende Unkenntnis schädlich. Besteht zwischen der Bekanntmachung und der Eintragung ein wesentlicher Widerspruch, so ist die Bekanntmachung unwirksam; die einzutragende Tatsache kann einem Dritten nicht entgegengesetzt werden, es sei denn, daß sie ihm bekannt war (HGB-RGRK² § 10 Anm. 3; Jansen FGG² § 130 Rdn. 17). Andererseits kann sich der Dritte auf die Bekanntmachung berufen, wenn eine einzutragende Tatsache richtig eingetragen, aber unrichtig bekanntgemacht ist, es sei denn, daß er die Unrichtigkeit der Bekanntmachung kannte (§ 15III HGB n.F.).

RG 125, 228 schützte den gutgläubigen Erwerber einer Hypothek an einem OHG-Grundstück, die von einem auf Grund Scheinvertrags zu Unrecht ins Handelsregister als Gesellschafter Eingetragenen bestellt war, mit der Begründung: die Angabe der wirklichen Gesellschafter gehöre zu den nach § 15I HGB ins Register einzutragenden Tatsachen, darum dürfe sich die Gesellschaft gegenüber dem Gutgläubigen nicht darauf berufen, daß andere als die wahren Gesellschafter eingetragen gewesen seien. Diese Begründung war nicht haltbar. Aus dem Satz, daß die Gesellschaft keinem Gutgläubigen entgegenhalten kann, die wahren (nicht eingetragenen) Gesellschafter seien Gesellschafter (§ 15I), folgt nämlich noch nicht, daß sie die im Handelsregister Eingetragenen als Gesellschafter gegen sich gelten lassen muß. Das träfe nur dann zu, wenn das Handelsregister auch in dem Sinne öffentlichen Glauben genösse, daß die positiven in ihm eingetragenen Tatsachen Dritten gegenüber als wahr gelten. In RG 142, 105 ist deshalb die Entscheidung RG 125, 228 aufgegeben worden; gleichwohl war sie im Ergebnis, aber mit anderer Begründung, richtig: Wer eine unrichtige Eintragung im Handelsregister veranlaßt oder ihre Beseitigung unterläßt, muß sich auf Grund dieser an die Öffentlichkeit gerichteten Erklärung nach Treu und Glauben so behandeln lassen, als sei die eingetragene Tatsache richtig (Flechtheim und Jacobi, JW 1929, 2943; Richert, NJW 1959, 1805). — Wird im Handelsregister für einen minderjährigen Geschäftsinhaber eine Prokura eingetragen, der die vormundschaftsgerichtliche Genehmigung fehlt, so versagen derartige Erwägungen: die Prokura ist trotz guten Glaubens unwirksam. RG 127, 154.

Zur Eintragung des Erlöschens der Prokura genügt Anmeldung durch den Firmeninhaber in beglaubigter Form (§ 53III HGB). Zu Registereintragungen bedarf es nicht, wie im Grundbuch, der beglaubigten Bewilligung bzw. Anmeldung des von der Eintragung Betroffenen. Außerdem sind Prokuren, gleichviel welches Rechtsverhältnis ihnen zugrunde liegt, jederzeit für den Geschäftsherrn frei widerruflich, unbeschadet natürlich des Anspruchs auf die vertragliche Vergütung (§ 52I). — Die Verschiedenheit der Unterlagen von Grundbuch- und Registereintragung zeigt sich ferner, wenn Geschäftsführer einer GmbH abberufen worden sind und die Nachfolger eingetragen werden sollen: hier genügt Anmeldung durch die neuen Geschäftsführer unter Beifügung der Urschrift oder einer öffentlich beglaubigten Abschrift der (nicht formbedürftigen) Niederschrift über die Gesellschafterversammlung, in der die Veränderung beschlossen wurde (§ 39II GmbHG). Nicht einmal die ordnungsmäßige Einberufung der Versammlung ist dem Registergericht nachzuweisen. Sind die in der Niederschrift aufgeführten Gesellschafter mit den Gründern nicht personengleich, so bedarf es gegenüber dem Registergericht keines Nachweises, wie die neuen Gesellschafter ihre Geschäftsanteile erworben haben. Das gilt sogar bei Anmeldung und Eintragung satzungsändernder Beschlüsse (KGJ 39 A 122). Ausnahme für die Einmann-GmbH: Staub-Hachenburg 14 zu § 54, 9 zu § 16.

Eintragungsverfügung:

„1. Einzutragen in das Handelsregister Abt. A Nr. 8251:
Sp. 1: 2.
Sp. 4: Der Buchhalterin *Ellen Feder* in Lichterfelde ist Prokura erteilt.
2. Öffentliche Bekanntmachung.
3. Nachricht an: a) *Schick*, b) Frl. *Feder*."

Zweigniederlassung. Umschreibung auf den Erben

Zweigniederlassung.

Der Kaufmann und Schneider Ignaz Schick erscheint, begleitet von seiner Prokuristin Ellen Feder, bei dem Notar und erklärt in öffentlich beglaubigter Form (§§ 12, 13, 53II HGB, §§ 40, 41 BeurkG):

„Als Inhaber der im Handelsregister des Amtsgerichts Lichterfelde, Abteilung A Nr. 8251, eingetragenen Firma *Wiener Moden Ignaz Schick* melde ich zur Eintragung in das Handelsregister an, daß ich in Hannover eine Zweigniederlassung unter der Firma *Wiener Moden Ignaz Schick*, Filiale Hannover, errichtet habe. Die Geschäftsräume der Zweigniederlassung befinden sich in Hannover, Ringstr. 12. Geschäftszweig ist das Herrenkonfektionsgeschäft sowie der Handel mit Stoffen.

Ich zeichne die Firma zur Aufbewahrung bei dem Gericht der Zweigniederlassung wie folgt:

Wiener Moden Ignaz Schick.

Die Prokuristin *Ellen Feder* zeichnet die Firma und ihre Unterschrift zur Aufbewahrung bei dem Gericht der Zweigniederlassung wie folgt: (wie S. 288)."

Die Zweigniederlassung eines Kaufmanns (einer Handelsgesellschaft) ist ein von der Hauptniederlassung räumlich getrennter Geschäftsbetrieb, der mit den erforderlichen äußeren Einrichtungen (Geschäftsräume, Buchführung) versehen ist und in dem auf eine gewisse Dauer im wesentlichen gleichartige Geschäfte wie in der Hauptniederlassung unter einem Leiter mit der Befugnis zu selbständiger Entschließung in nicht nur ganz untergeordneten Dingen abgeschlossen werden. Die Zweigniederlassung hat keine eigene Rechtspersönlichkeit und keine besonderen gesetzlichen Vertreter. Träger des Vermögens und der Verbindlichkeiten ist der Inhaber des Unternehmens. Die Rechtsverhältnisse und Eintragungen im Handelsregister der Hauptniederlassung, wie die Prokura des Frl. Feder, erstrecken sich ohne weiteres auf die Zweigniederlassung.

Abweichungen zwischen Haupt- und Filialfirma sind zulässig. So könnte Schick, wenn er in Hannover das selbständige Geschäft des Kaufmanns August Müller mit Firmenrecht erworben und zu seiner Zweigniederlassung gemacht hat, dort firmieren „Wiener Moden Ignaz Schick, Zweigniederlassung Hannover, vormals August Müller". Sogar bei Handelsgesellschaften — die doch grundsätzlich nur eine einzige Firma führen dürfen — sind derartige Filialfirmen möglich. RG 113, 213, dazu Breit JW 26, 1961[5]; KG JFG 8, 146; Richert, MDR 1957, 339; Jansen GmbHRdsch. 1963, 163. Notwendig ist ein Zusatz zu der Firma der Hauptniederlassung, wenn der Grundsatz der Unterscheidbarkeit (§ 30^{III}) dies erfordert oder wenn eine Filialprokura erteilt werden soll (§ 50^{III}). Der Kaufmann kann wegen der Geschäfte der Zweigniederlassung unter deren Firma klagen und verklagt werden, letzteres auch im besonderen Gerichtsstand der Niederlassung (§ 21 ZPO), und eine solche Klage kann ihm auch in den Geschäftsräumen der Zweigniederlassung zugestellt werden (BGH 4, 65).

Zweigniederlassungen entstehen nicht erst durch Eintragung, sondern durch tatsächliche Errichtung. Erst nachträglich sind sie zur rechtsbekundenden Eintragung bei dem Gericht der Hauptniederlassung (des Sitzes) anzumelden, das die Eintragung beim Registergericht der Zweigniederlassung vermittelt. Dieses prüft unter Anhörung der Industrie- und Handelskammer, ob die Zweigniederlassung errichtet und § 30 beachtet, d. h. die Firma „frei" ist (§ 13), verfügt, wenn insoweit keine Beanstandungen zu erheben sind, die Eintragung, veranlaßt ihre Veröffentlichung und teilt sie dem Gericht der Hauptniederlassung von Amts wegen mit. Dieses vermerkt, ebenfalls von Amts wegen, die Errichtung der Zweigniederlassung in Sp. 1, 2b:

„3. In Hannover ist eine Zweigniederlassung unter der Firma........ errichtet."

Eine Bekanntmachung dieses Vermerks, der keine Eintragung im Sinne des § 10 HGB darstellt, findet nicht statt.

Für die mit der Zweigniederlassung getätigten Geschäfte kommt es ausschließlich auf die Eintragungen des dortigen Registers an (§ 15^{IV} HGB). In Zukunft müssen alle registerpflichtigen Vorgänge beim Gericht der Hauptniederlassung angemeldet werden, welches die Prüfung, Eintragung und Veröffentlichung in vollem Umfange übernimmt (Grundsatz der Zentralisierung), dem Gericht der Zweigniederlassung unter Mitteilung der Nummer des Bundesanzeigers, in der die Bekanntmachung erfolgt ist, Nachricht von der Eintragung im Register der Hauptniederlassung (des Sitzes) gibt und die notwendigen Unterlagen beifügt. Das Gericht der Zweigniederlassung übernimmt die Eintragung ohne jede Nachprüfung in sein Handelsregister (§ 13a; im einzelnen vgl. Groschuff und Lenz, JW 1937, 2425, 2632).

Umschreibung auf den Erben.

„Mein Ehemann, der Kaufmann und Schneider *Ignaz Schick*, Inhaber der im Handelsregister A des hiesigen Amtsgerichts unter Nr. 8251 eingetragenen Firma „*Wiener Moden Ignaz Schick*" mit Zweigniederlassung in Hannover, ist am 9. August d. J. verstorben und laut seinem in den Akten 5 IV 38/71 des hiesigen Amtsgerichts verkündeten eigenhändigen Testament von mir beerbt worden. Ich habe die Erbschaft angenommen und werde das Geschäft unter unveränderter Firma fortführen. Dies melde ich zur Eintragung an.

Ich werde die Firma, wie folgt, zeichnen:

„*Wiener Moden Ignaz Schick.*"

Von der Beibringung eines Erbscheins bitte ich wegen der damit verbundenen Verzögerung Abstand zu nehmen.

Lichterfelde, den 12. August 1971

Hedwig Schick geb. *Enke.*

(Beglaubigungsvermerk bezüglich Firmenzeichnung und Unterschrift)."

Was die verfahrensrechtliche Seite des Falles anlangt, so müssen nach § 12 II Vollmachten, die als Grundlage von Eintragungen gebraucht werden, immer beglaubigt sein, und Rechtsnachfolger sich „soweit tunlich" durch öffentliche Urkunde ausweisen. An den Nachweis der Erbfolge sind also weniger strenge Anforderungen als in § 35 GBG gestellt. Das Registergericht kann sich mit anderen Nachweisen begnügen. Was es für genügend hält, bleibt seinem pflichtmäßigen Ermessen überlassen.

Grundsätzlich soll der Registerrichter, wo öffentliche Urkunden zum Nachweis der Rechtsnachfolge beigebracht werden können, ihre Vorlegung verlangen. Nur dann, wenn ihre Beschaffung auf Schwierigkeiten stößt und ein Aufschub der Eintragung erhebliche Nachteile für die Beteiligten befürchten läßt, soll der Registerrichter sich mit anderen Nachweisen begnügen dürfen (Schlegelberger HGB[3] § 12 Anm. 18; Würdinger in HGB-RGRK[2] § 12 Anm. 8; Jansen FGG[2] § 128 Rdn. 29). — Die Vorlegung von Urkunden wird ersetzt durch Bezugnahme auf die Akten desselben Gerichts, in denen sie enthalten sind (KGJ 20 A 289; OLG München JFG 20, 373).

Die Eintragung lautet:

„Sp. 1: 4.
Sp. 3: Die Kauffrau *Hedwig Schick* geb. *Enke* in Lichterfelde."

Der Name des verstorbenen Firmeninhabers wird rot unterstrichen. Die Eintragung der Veränderung im Register der Zweigniederlassung veranlaßt das Gericht von Amts wegen gemäß § 13a III HGB.

Die Prokura des Frl. Feder wird durch den Todesfall nicht berührt (§ 52 III HGB), deshalb erübrigt sich eine Eintragung in der Prokurenspalte (KG JFG 19, 82 = JW 1939, 565). Nur wenn der Prokurist Miterbe des Geschäftsinhabers wird, erlischt die Prokura (KG a.a.O.; BGHZ 30, 391 = NJW 1959, 2114). Ferner erlischt nach herrschender Meinung die Prokura bei Veräußerung des Geschäfts unter Lebenden oder Umwandlung einer Einzelfirma in eine OHG oder KG, sofern nicht der Erwerber ausdrücklich das Weiterbestehen der Prokura erklärt. Man nimmt sogar an, daß selbst im letzten Fall die alte Prokura gelöscht und eine neue eingetragen werden müsse. OLG 11, 378 (KG); BayObLG Rpfleger 1971, 109; Schlegelberger-Hildebrandt HGB[4] Anm. 8, HGB-RGRK[3] Anm. 7, je zu § 53. Dagegen wird durch den Eintritt eines neuen Gesellschafters in eine OHG das Fortbestehen der Prokura nicht berührt (LG Düsseldorf DNotZ 1968, 759).

Persönliche Haftung der Erbin für die unter der Firma begründeten Verbindlichkeiten: S. 293. Sind mehrere Erben vorhanden, so entsteht nach feststehender Rechtsprechung durch die gemeinschaftliche Fortführung des Handelsgeschäfts nicht ohne weiteres eine OHG. Denn die Fortführung gehört zu der nach § 2038 I S. 1 BGB den Erben gemeinschaftlich obliegenden Verwaltung des Nachlasses. Es bedarf vielmehr auch in diesem Fall des Abschlusses eines Gesellschaftsvertrages (KG in st. Rspr., insbes. JFG 19, 82; 21, 168; Wertpapier-Mitt. 1956, 583; BayObLG JFG 7, 160; BGH NJW 1951, 312). Bei Fortführung des Geschäfts in ungeteilter Erbengemeinschaft haften aber die

Erben für die von ihnen selbst begründeten neuen Verbindlichkeiten als „Nachlaß-Eigenschulden" unbeschränkbar mit Nachlaß und Eigenvermögen (KG JW 1937, 2599). Hatte der Erblasser Testamentsvollstreckung angeordnet, so ist es unzulässig, daß der Testamentsvollstrecker kraft seines Vollstreckeramtes das Handelsgeschäft in der Weise fortführt, daß die Erben als Inhaber und die Testamentsvollstreckung als Beschränkung in das Handelsregister eingetragen werden. Denn der Testamentsvollstrecker kann durch seine Geschäfte die im Handelsverkehr unerläßliche persönliche Haftung der Erben als Geschäftsinhaber nicht begründen (KG a. a. O.; neuerdings wird im Schrifttum angenommen, der TV könne das Handelsgeschäft mit auf den Nachlaß beschränkter Haftung fortführen, vgl. die Nachweise bei Jansen FGG² § 125 Fn. 32.

Kommanditgesellschaft

Umwandlung einer Einzelfirma in eine Kommanditgesellschaft. Anmeldung bei der Firma „Globus-Lichtspiele Artur Rauch", Inhaber Artur Rauch:

„In das Geschäft sind der Kaufmann *Bruno Nebel* aus Berlin als persönlich haftender Gesellschafter und die verwitwete Frau *Laura Pohl* geb. *Lorenz* aus Köln als Kommanditistin mit einer Einlage von 20000 DM (i. W.) eingetreten.

Die Firma wird unverändert weitergeführt.

Die Gesellschaft ist eine Kommanditgesellschaft mit dem Sitz in Lichterfelde und hat ihre Geschäfte am 1. Januar 1971 begonnen. Die Geschäftsräume befinden sich in Lichterfelde, Markt 1.

Herr *Nebel* und Herr *Rauch* zeichnen die Firma und ihre Namensunterschrift wie folgt:

Globus-Lichtspiele *Artur Rauch*
Bruno Nebel.

Globus-Lichtspiele *Artur Rauch*
Artur Rauch.

Lichterfelde, den 16. Januar 1971.

Artur Rauch. *Bruno Nebel.* *Laura Pohl* geb. *Lorenz.*

(Beglaubigungsvermerk)."

Vgl. §§ 106, 108, 162 I HGB. Die Kommanditistin meldet mit an, reicht aber keine Firmenzeichnung ein, weil sie nicht zur Vertretung der Kommanditgesellschaft berechtigt ist (§§ 164, 170). Die Gesellschaft konnte ihre Geschäfte schon vor der Anmeldung und Eintragung eröffnen, weil Kommanditgesellschaften, die ein vollkaufmännisches Handelsgewerbe betreiben, ebenso wie offene Handelsgesellschaften durch Abschluß des Gesellschaftsvertrages und nicht durch Eintragung entstehen. Nach § 176 gilt aber bis zur Eintragung die Gesellschaft im Verhältnis zu gutgläubigen Dritten als offene Handelsgesellschaft, so daß der verfrühte Geschäftsbeginn der Kommanditistin leicht verhängnisvoll werden kann. Die Eintragung der Kommanditgesellschaft ist insofern, als sie der sonst gegenüber gutgläubigen Geschäftsfreunden bestehenden unbeschränkten Haftung des Kommanditisten ein Ende macht, rechtsändernd.

Eintragung auf dem alten Registerblatt der Firma Rauch:

„Sp. 1: 3.
Sp. 3: *Bruno Nebel*, Kaufmann in Berlin.
Sp. 5: Kommanditgesellschaft. Die verwitwete Frau *Laura Pohl* geb. *Lorenz* in Köln ist Kommanditistin mit einer Einlage von 20000 DM.
Die Gesellschaft hat am 1. Januar 1971 begonnen."

Von der öffentlichen Bekanntmachung sind der Name des Kommanditisten und der Betrag der Kommanditeinlage ausgeschlossen. § 162 II. Die Veröffentlichung lautet also nur:

„In das Geschäft sind der Kaufmann *Bruno Nebel* in Berlin als persönlich haftender Gesellschafter und ein Kommanditist eingetreten. Die Firma ist eine Kommanditgesellschaft, die am 1. Januar 1971 begonnen hat."

Anfechtung des Eintritts.

„Köln, den 10. März 1971

An das Registergericht

Lichterfelde.

Am 1. Januar d. J. bin ich in die Firma Globus-Lichtspiele *Artur Rauch* als Kommanditistin mit einer Einlage von 20000 DM eingetreten. 10000 DM habe ich sofort gezahlt, dann sollte ich 5000 DM bis 1. April 1971, den Rest nach Bedarf zahlen. Jetzt hat mich die Film-Verleih- und Kino-Apparate GmbH in Berlin-Halensee auf Zahlung von 16200 DM verklagt, welche aus der Geschäftsverbindung *Rauchs* vor meinem Eintritt herrühren und in den mir s. Zt. vorgelegten Handelsbüchern nicht als Schuld aufgeführt waren. *Rauch* hat mich also arglistig getäuscht. Ich habe den Gesellschaftsvertrag und meinen Eintritt in die Firma sofort nach Entdeckung des Betrugs angefochten.

Zur Glaubhaftmachung überreiche ich.........

Ich bitte:

mich sofort im Handelsregister zu löschen,

damit ich nicht gezwungen bin, die mir von *Rauch* verschwiegenen alten Schulden zu bezahlen.

Laura Pohl geb. *Lorenz*."

Der Referendar entwirft die Verfügung:

„Eilt!

1. Urschriftlich mit Anlagen Herrn Prozeßrichter für „R" zur weiteren Erledigung.
2. An Frau *Pohl:*

Auf die Eingabe vom 10. d. M.

Ihre Löschung im Handelsregister kann nur erfolgen, wenn entweder sämtliche Beteiligten, also auch *Rauch* und *Nebel*, Ihr Ausscheiden in öffentlich beglaubigter Form angemeldet haben oder ein vollstreckbares Urteil, zum mindesten eine einstweilige Verfügung, vorliegt. §§ 12, 16 HGB. Für die einstweilige Verfügung ist die Kammer für Handelssachen des hiesigen Landgerichts als Prozeßgericht zuständig. Außerdem kann, allerdings nur bei Dringlichkeit, das Amtsgericht eine einstweilige Verfügung erlassen unter gleichzeitiger Bestimmung einer Frist, innerhalb welcher zur Verhandlung über die Rechtmäßigkeit der einstweiligen Verfügung vor das Prozeßgericht geladen werden muß. § 942 ZPO. Da sich Ihre Eingabe auch als Gesuch um Erlaß einer einstweiligen Verfügung auffassen läßt, haben wir sie wegen der Dringlichkeit der Sache kurzerhand an die Prozeßabteilung abgegeben. Wir machen jedoch darauf aufmerksam, daß zweifelhaft sein kann, ob das Gesuch nach den bisherigen Unterlagen begründet ist, und daß es sich bei der Schwierigkeit und der Bedeutung des Falles für Sie empfehlen dürfte, einen Rechtskundigen zuzuziehen."

Kann Frau Pohl sich der Haftung für die Verbindlichkeit noch entziehen?

An die Übernahme von Handelsgeschäften knüpft das HGB eine Haftung für die Schulden des bisherigen Inhabers, ausgehend von dem Gedanken, daß der neue Geschäftsinhaber sich der Öffentlichkeit gegenüber zu den Verpflichtungen der Firma bekannt hat: 1. Bei Übernahme des Geschäfts eines Einzelkaufmanns wird die Haftung durch Fortführung der Firma — mit oder ohne „Nachfolgezusatz" — begründet. Sie kann durch Vereinbarung ausgeschlossen werden, doch wirkt der Ausschluß nur, wenn er in das Handelsregister eingetragen und bekanntgemacht oder dem Gläubiger besonders mitgeteilt war (§ 25). Im übrigen trifft den Geschäftsübernehmer, der auf diese Art die unbeschränkte Haftung vermieden hat, die unabdingbare beschränkte Haftung aus § 419 BGB, wenn das Handelsgeschäft das ganze oder nahezu ganze Vermögen des Veräußerers ausmacht. 2. Führt der Erbe das Geschäft des Erblassers unter der bisherigen Firma (ebenfalls mit oder ohne Nachfolgezusatz) fort, so haftet er für die Geschäftsschulden persönlich und unbeschränkt. Ausschluß durch Vereinbarung kann nach Lage der Sache hier nicht in Betracht kommen; wohl aber kann der Erbe in entsprechender Anwendung des § 25 II durch einseitige Erklärung und unverzügliche Eintragung in das Handelsregister nebst Bekanntmachung die unbeschränkte Haftung für die Geschäftsschulden des Erblassers ausschließen (KG DR 1940, 2007). Ferner wird die Haftung durch Einstellung des Geschäftsbetriebs binnen drei Monaten seit Kenntnis vom Erbfall beseitigt (§ 27 HGB). Wer also ein überschuldetes Geschäft geerbt und die Ausschlagungsfrist versäumt hat, kann während weiterer sechs Wochen die Haftung für die Geschäftsschulden abwenden, indem er das Geschäft schließt. Nach Ablauf der drei Monate nützt ihm die Beschränkung der Erbenhaftung nur noch gegenüber den Nicht-Geschäftsgläubigern des Nachlasses. 3. Wird eine Einzelfirma durch Hinzutritt anderer Gesellschafter zu einer OHG oder KG erweitert, so haftet die Gesellschaft für die alten Geschäftsschulden auch, wenn sie die Firma nicht fortführt. Ausschluß durch Vereinbarung und Registereintragung bzw. Mitteilung ist möglich (§ 28). In diesem Fall greift auch die Haftung aus § 419 BGB nicht ein, weil OHG oder KG als Gesamthandsgemeinschaften nicht „das Vermögen" übernehmen (BGH BB 54, 700); anders bei der Einbringung des Vermögens in eine Kapitalgesellschaft (RG 148, 257). 4. Wenn endlich in eine bereits bestehende OHG oder KG ein neuer Gesellschafter eintritt, so ist die Haftung ebenfalls von der Beibehaltung der Firma unabhängig; eine Ausschließung der Haftung wird für diesen Fall überhaupt nicht vorgesehen (§§ 130, 161 II, 173).

Die von Frau Pohl behauptete arglistige Täuschung vermag hieran nichts zu ändern. Die Rechtsprechung des RG hat zwar zunächst die Anfechtung des Gründungsvertrages einer Personengesellschaft wegen Willensmängel im Innenverhältnis zugelassen, ihr jedoch nach dem Vollzuge der Gesellschaft die Wirkung nach außen gegenüber den Gläubigern der Gesellschaft versagt, weil die Eintragung in das Handelsregister eine an die Öffentlichkeit gerichtete Erklärung ist, aus welcher der Eintretende im Hinblick auf § 28 HGB selbständig haftet (RG 51, 39; 76, 441). In RG 89, 335 wurde sodann ausgesprochen, daß ein Rücktritt vom Gesellschaftsvertrage, wenn die Gesellschaft ins Leben getreten ist, durch die Sonderbestimmung des § 133 HGB ausgeschlossen wird. Später wurde auch der Anfechtung die rückwirkende Kraft überhaupt versagt und ihr nur noch die Wirkung einer Kündigung aus wichtigem Grunde beigelegt, die die Gesellschaft für die Zukunft auflöst, so daß sie sowohl im Innen- wie im Außenverhältnis bis zur Kündigung als fortbestehend gilt (RG 165, 199; 170, 98; BGH 3, 285; 26, 330 = NJW 1958, 669).

Der Verkehrsschutz geht so weit, daß sogar der in das überschuldete Geschäft eines Geisteskranken eingetretene Gesellschafter an seiner Haftung für die alten Geschäftsschulden festgehalten wird: die Nichtigkeit der Willenserklärung des Geschäftsunfähigen aus §§ 104, 105 ist unerheblich, weil es allein auf die von dem Eintretenden abgegebene Erklärung an die Öffentlichkeit ankommt (RG 89, 98). Beim Eintritt in das Geschäft des Geisteskranken wird dem Getäuschten unter Umständen insofern geholfen, als aus Rechtsgeschäften des alten Firmeninhabers, sofern er bei ihrem Abschluß bereits geschäftsunfähig war, natürlich keine Vertragshaftung entsteht und der neue Gesellschafter daher nur auf die Bereicherung haftet (RG 93, 228). Beim Eintritt in eine bereits bestehende Gesellschaft (§§ 130, 173 HGB) ist man eher geneigt, die Anfechtung des Aufnahmevertrages gegenüber Altgläubigern durchgreifen zu lassen, weil diese nicht im Vertrauen auf die Person des neuen Gesellschafters mit der Gesellschaft in Geschäftsverbindung getreten sind (RGRKomm. z. HGB § 130 Anm. 18). Auch bei den Kapitalgesellschaften führt der Gesichtspunkt des Gläubigerschutzes und der Kundgabe an die Öffentlichkeit dazu, daß der Gesellschaft nach ihrer Eintragung im Handelsregister die Kapitalgrundlage nicht durch Anfechtung der Gründungs- und Beitrittserklärungen entzogen werden darf (RG 82, 375; 127, 191; BGHZ 13, 320 = NJW 1954, 1562). Das gleiche gilt für die Genossenschaft (RG 57, 297; 69, 368).

Frau Pohl muß daher die Forderung der Film-Verleih- und Kinoapparate-GmbH als Schuld der Kommanditgesellschaft gelten lassen. Bis zur Höhe seiner

Einlage haftet der Kommanditist den Gesellschaftsgläubigern unmittelbar; soweit er die Einlage geleistet hat, ist die Haftung ausgeschlossen. § 171^{I} HGB. Da von der Kommanditeinlage von 20000 DM 10000 DM bezahlt sind, wird Frau Pohl zu 10000 DM verurteilt werden, während die Mehrforderung von 6200 DM abzuweisen ist. Einstweilige Verfügungen und ähnliche Maßnahmen können nur verhüten, daß Rauch in Zukunft durch weitere Geschäftsführung das Gesellschaftsvermögen schädigt und entwertet.

Die Gläubigerin wird allerdings von ihrem Standpunkt aus gut daran tun, sich auf den unmittelbaren Anspruch gegen die Kommanditistin aus § 171^{I} allein nicht zu verlassen, sondern außerdem den Anspruch der Gesellschaft gegen die Kommanditistin auf Leistung der Pflichteinlage zu pfänden. Denn da die Leistung der Einlage an die Gesellschaft von der Haftung aus § 171^{I} befreit und dieser Fall auch nach der Klagerhebung eintreten kann, könnte der Klage nachträglich die Grundlage entzogen werden, wenn Frau Pohl den Rest ihrer Einlage an die Gesellschaft oder an einen anderen Gläubiger zahlt, für den der Anspruch der Gesellschaft auf die Pflichteinlage gepfändet worden ist (vgl. Fritze, NJW 1956, 975).

Frau Pohl (und in gleicher Weise Nebel) hätten sich nach dem hier anzuwendenden § 28 dadurch schützen können, daß die Haftung für die Schulden des Rauch ausgeschlossen und dies ins Register eingetragen und bekannt gemacht worden wäre. Wird der Ausschluß der Haftung zur Eintragung angemeldet, aber vom Gericht nicht eingetragen oder bekanntgemacht, so ist ein Ersatzanspruch gegen den Justizfiskus gegeben (§ 839 BGB, Art. 34 GG). Jedoch entfällt der Anspruch auf Grund des § 839^{III} BGB, falls der neue Firmeninhaber aus der ihm zugegangenen Nachricht des Registergerichts hätte ersehen können, daß nur der Eintritt in die Firma, nicht der Haftungsausschluß eingetragen war (RG JW 1931, 1186). Man muß also in Registersachen sorgfältig prüfen, ob Eintragungsnachricht und Anmeldung sich decken.

Noch besser wäre es gewesen, wenn Frau Pohl sich als stille Gesellschafterin, statt als Kommanditistin, beteiligt hätte. Denn der stille Gesellschafter wird von den Gläubigern der Firma niemals unmittelbar in Anspruch genommen (§ 335^{II} HGB), und im Konkursfall kann er sogar unter gewissen Voraussetzungen Ansprüche als Konkursgläubiger geltend machen (§ 341^{I}), was beim Kommanditisten eine rechtliche Unmöglichkeit wäre. Bisweilen lassen sich stille Gesellschafter zu ihrer größeren Sicherheit Vermögensgegenstände der Firma übereignen und haben dann — vorausgesetzt, daß die Abmachung keiner Anfechtung unterliegt — sogar ein Widerspruchsrecht. Will der Geldgeber, gleichviel ob Kommanditist oder stiller Gesellschafter, sich vollen Einblick in die Verhältnisse des Geschäfts verschaffen, so kann er sich nebenher zum Prokuristen bestellen lassen (RG 31, 39), was übrigens auch beim Kommanditisten zugelassen wird (BGH 17, 394). Auch die Bestellung eines von der Geschäftsführung und Vertretung ausgeschlossenen OHG-Gesellschafters (§§ 114, 125) zum Prokuristen ist unbedenklich (BGHZ 30, 391; vgl. HGB-RGRK^{2} § 125 Anm. 12, § 170 Anm. 8).

Eintragung auf Grund gerichtlicher Entscheidung.

„Als Gesellschafter der Kommanditgesellschaft in Firma „*Globus*-Lichtspiele *Artur Rauch*“ in Lichterfelde melden wir zur Eintragung in das Handelsregister an:

Der Gesellschafter *Artur Rauch* ist durch vollstreckbares Urteil des Landgerichts Berlin, II. Kammer für Handelssachen, vom 30. April 1971 von der Vertretung der Gesellschaft ausgeschlossen.

Berlin,/Köln, den 2./3. Mai 1971

Bruno Nebel. *Laura Pohl* geb. *Lorenz.*

(Beglaubigungsvermerk).“

Das in vollstreckbarer Ausfertigung mit Zustellungsurkunde beigefügte, auf Klage des Nebel und der Frau Pohl gegen Rauch ergangene Urteil lautet:

„Der Beklagte wird von der Vertretung der Kommanditgesellschaft in Firma „*Globus*-Lichtspiele *Artur Rauch*“ in Lichterfelde ausgeschlossen und verurteilt, dies zur Eintragung in das Handelsregister bei der genannten Firma anzumelden.

Der Beklagte hat die Kosten des Rechtsstreits zu tragen.

Das Urteil ist vorläufig vollstreckbar.“

Die Entziehung der Vertretungsbefugnis aus „wichtigem Grunde“ erfolgt durch richterliches Urteil (§ 127), welches rechtsgestaltend ist und daher erst mit der Rechtskraft in Wirksamkeit tritt. Nach § 16[1] S. 1 wird jedoch die Anmeldung zum Handelsregister schon durch die vollstreckbare Verurteilung eines Beteiligten ersetzt, also auch durch ein vorläufig vollstreckbares Urteil, ja sogar durch eine einstweilige Verfügung, selbst wenn es sich um eine erst mit der Rechtskraft wirksam werdende rechtsgestaltende Entscheidung handelt (RGRKom HGB, 2. Aufl. § 16 Anm. 3, 4). Wenn die übrigen Beteiligten anmelden und sich dadurch mit dem Spruch des Prozeßgerichts einverstanden erklären, muß der Registerrichter die Anmeldung des Beklagten als durch das vollstreckbare Urteil ersetzt ansehen (Schlegelberger, HGB, 3. Aufl. § 16 Anm. 8; Jansen, FGG, 2. Aufl. § 127 Rdn. 23).

Eintragungsverfügung:

„Sp. 1: 4.
Sp. 5: Durch vollstreckbares Urteil des Landgerichts Berlin, II. Kammer für Handelssachen, vom 30. April 1971 ist der Kaufmann *Artur Rauch* von der Vertretung der Gesellschaft ausgeschlossen.“

Gläubiger-GmbH.

Gesellschaftsvertrag.

„Verhandelt

Lichterfelde, den 8. Januar 1971

Vor dem unterzeichneten Notar usw. erschienen:

1. der Architekt *Hugo Friese*,
2. der Bankier *Ferdinand Schilling*,
3. der Ziegeleibesitzer *Robert Heckner*,
4. der Ingenieur *Detlev Dinter*,
5. der Direktor *Emil Fischer*,
6. das volljährige Fräulein *Anna Friese*,

sämtlich aus Lichterfelde, dem Notar von Person bekannt.

Herr *Dinter* legte beglaubigte Vollmacht der offenen Handelsgesellschaft *Josef Claudius & Co.* Eisenhandlung in Freistadt vom 20. Dezember 1969, Urkundenrolle Nr. 555/69 des Notars Urban in Freistadt, vor und erklärte, daß er in dieser Verhandlung als Vertreter der Firma *Claudius* auftrete.

Hierauf schlossen die Erschienenen — Herr *Dinter* namens der öffenen Handelsgesellschaft *Josef Claudius & Co.* Eisenhandlung in Freistadt, Herr *Fischer* als vertretungsberechtigter Geschäftsführer der Berliner Gerüstbau-Gesellschaft mit beschränkter Haftung in Berlin — folgenden

Gesellschaftsvertrag:

§ 1. Herr *Hugo Friese*, Herr *Schilling*, Herr *Heckner*, die offene Handelsgesellschaft *Josef Claudius & Co.* Eisenhandlung in Freistadt, die Berliner Gerüstbau-Gesellschaft mit beschränkter Haftung in Berlin und Fräulein *Anna Friese* errichten unter der Firma

„*Hugo Friese* Gesellschaft mit beschränkter Haftung“

eine Gesellschaft mit beschränkter Haftung mit dem Sitz in Lichterfelde.

§ 2. Gegenstand des Unternehmens ist die Übernahme und Ausführung von Bauarbeiten jeder Art, der Handel mit Baumaterialien und die Verwertung der deutschen Reichspatente Nr. 125 863 und Nr. 125 864 betreffend fugenlose Dachdeckung.

Die Errichtung von Zweigniederlassungen ist zulässig.

§ 3. Das Stammkapital der Gesellschaft beträgt 183 500 DM (i.W.).

§ 4. Auf das in § 3 bezeichnete Stammkapital haben die Gesellschafter folgende Stammeinlagen zu leisten:

Herr *Friese*	60000 DM (i. W.)
Herr *Schilling*	35000 DM (i. W.)
Herr *Heckner*	28000 DM (i. W.)
Claudius & Co.	25000 DM (i. W.)
Gerüstbau-GmbH	22000 DM (i. W.)
Fräulein *Friese*	13500 DM (i. W.)
zusammen	183500 DM

§ 5. Herr *Friese* bringt als seine Einlage ein:

a) das von ihm unter der Firma „*Hugo Friese*" in Lichterfelde betriebene Baugeschäft mit allen Aktiven und Passiven sowie dem Firmenrecht nach dem Stand vom 31. Dezember 1970, dergestalt, daß das Geschäft vom 1. Januar 1971 ab als für Rechnung der Gesellschaft geführt gilt. Das Grundstück Breslauer Straße 23 in Lichterfelde, eingetragen im Grundbuch von Lichterfelde Band 15 Blatt 425, mit den darauf ruhenden Lasten wird mit eingebracht, während der übrige im Eigentum des Herrn *Friese* stehende Grundbesitz und die darauf ruhenden Belastungen von der Einbringung ausgeschlossen sind.

Der Gesamtwert dieser Einlage wird nach Abzug der Belastungen und Verbindlichkeiten auf . . . . 51375 DM (i. W.) festgesetzt,

b) die ihm gehörenden deutschen Bundespatente Nr. 125836 und Nr. 125864 betreffend fugenlose Dachdeckung, deren Wert auf zusammen . . . . . 8625 DM (i. W.) festgesetzt wird.

zusammen 60000 DM

§ 6. In Anrechnung auf ihre Stammeinlagen bringen die nachbenannten Gesellschafter folgende ihnen gegen Herrn *Hugo Friese* zustehenden Forderungen ein:

Herr *Schilling* seine Forderung von	29618 DM (i. W.)
Herr *Heckner* seine Forderung von	28000 DM (i. W.)
Claudius & Co. ihre Forderung von	19400 DM (i. W.)
Gerüstbau-GmbH ihre Forderung von	19250 DM (i. W.)
zusammen	96268 DM

§ 7. An baren Einlagen haben zu leisten:

Herr *Schilling*	5382 DM (i. W.)
Claudius & Co.	5600 DM (i. W.)
Gerüstbau-GmbH	2750 DM (i. W.)
Fräulein *Friese*	13500 DM (i. W.)
zusammen	27232 DM

§ 8. Die Haftung der Gesellschafter beschränkt sich auf die von ihnen übernommenen Stammeinlagen. Nachschüsse werden nicht erhoben.

§ 9. Das Geschäftsjahr ist das Kalenderjahr.

§ 10. Die Gesellschaft hat einen oder mehrere Geschäftsführer. Sind mehrere Geschäftsführer bestellt, so können je zwei von ihnen gemeinschaftlich die Gesellschaft vertreten. Die Geschäftsführer sind von der Beschränkung des § 181 BGB befreit.

§ 11. Als erste Geschäftsführer werden die Gesellschafter *Hugo Friese* und *Robert Heckner* bestellt.

Als Vergütung erhält Herr *Friese* das Eineinhalbfache der höchsten tarifmäßigen Bezüge eines kaufmännischen Angestellten sowie eine Tantieme von 5% (i. W.) vom Reinertrage der Gesellschaft.

Herr *Heckner* erhält als Vergütung monatlich 300 DM (i. W.).

§ 12. Die Gesellschaft hat einen Aufsichtsrat, welcher aus drei oder mehr von der Gesellschafterversammlung gewählten Personen besteht. Die Amtsdauer der Aufsichtsratsmitglieder beträgt drei Jahre.

Zu Mitgliedern des ersten Aufsichtsrats werden die Herren *Schilling, Fischer* und *Anton Claudius* (in Firma *Josef Claudius & Co.* Eisenhandlung) gewählt.

§ 13. Die Gesellschafterversammlung findet alljährlich im Monat Februar in Berlin unter Leitung des Vorsitzers des Aufsichtsrats statt.

§ 14. Zur Übertragung und zu sonstigen Verfügungen über Geschäftsanteile ist die Zustimmung der Gesellschaft erforderlich.

§ 15. Herr *Hugo Friese* kann jederzeit von den übrigen Gesellschaftern die Übertragung ihrer Geschäftsanteile zum Nennwert verlangen. Der Kaufpreis erhöht sich, falls in den beiden letzten Geschäftsjahren Dividenden verteilt worden sind, für je ein halbes Prozent Dividendendurchschnitt dieser beiden Jahre um je 8% (i. W.) des Nennbetrags.

§ 16. Jeder Gesellschafter kann die Gesellschaft spätestens am 31. Dezember 1980 durch eine an die Geschäftsführer zu richtende eingeschriebene Erklärung zum 31. Dezember 1981 kündigen. Die Geschäftsführer haben die Kündigung sofort allen Gesellschaftern mitzuteilen. Alsdann sind die Gesellschafter, welche nicht gekündigt haben, berechtigt, den Geschäftsanteil des Kündigenden am 31. Dezember 1981 zum Buchwert zu übernehmen. Die Übernahmeerklärung muß bis zum 30. Juni 1981 abgegeben werden; soweit einzelne Gesellschafter sich an der Übernahme nicht beteiligen wollen, steht das Übernahmerecht den übrigen allein zu. Kommt keine Übernahme zustande, so ist die Gesellschaft mit dem 31. Dezember 1981 aufgelöst.

Erfolgt keine Kündigung, so verlängert sich die Gesellschaft stillschweigend um je zwei weitere Jahre.

§ 17. Für den Fall, daß die Eintragung der Gesellschaft beanstandet werden sollte, ermächtigen sämtliche Gesellschafter Herrn *Heckner*, in ihrer aller Namen die zur Herbeiführung der Eintragung erforderlichen Änderungen oder Ergänzungen des Gesellschaftsvertrags zu beschließen und zur Eintragung anzumelden.

§ 18. Bekanntmachungen der Gesellschaft erfolgen nur durch den Bundesanzeiger."

Die GmbH vereinigt die Vorzüge der AG mit denen der OHG. Auf der einen Seite beschränkte Haftung der Gesellschafter, wie bei der AG. Auf der anderen niedrigeres Stammkapital, Vereinfachung des organisatorischen Apparats, erleichterte Sachgründung, keine Veröffentlichung des Jahresabschlusses (Ausnahme: § 41^{IV} GmbHG), kein kunstvolles System von Minderheitsrechten, dagegen eine Reihe steuerlicher Vergünstigungen. Die Erleichterungen hängen damit zusammen, daß die Geschäftsanteile nur in der umständlichen Form des § 15 GmbHG übertragen werden und nicht, wie Aktien, in das große Publikum gelangen. Der kleine Kreis der Gesellschafter bedarf nach Auffassung des Gesetzgebers nicht des besonderen Schutzes durch Publizitätsvorschriften und sonstige „Garantien der Reellität", und die Gläubiger der Gesellschaft sollen sich selber helfen. Die GmbH kann zu jedem gesetzlich zulässigen Zweck, mag er ideeller oder wirtschaftlicher Art sein, errichtet werden (§ 1). Typische Anwendungsfälle: 1. Die Erben eines Kaufmanns oder Fabrikanten führen das ererbte Geschäft als GmbH weiter, an der sie sämtlich als Gesellschafter kapitalistisch beteiligt sind, während einer oder einige außerdem als Geschäftsfühter das Unternehmen leiten. 2. Die „Familien-GmbH": mehrere (verwandte oder nicht verwandte) Kaufleute vereinigen sich zu einem geschäftlichen Unternehmen in Form der GmbH, um ihr Wagnis von vornherein auf eine bestimmte Summe zu begrenzen; sie sind dann in der Regel zugleich Gesellschafter und Geschäftsführer. 3. Die „Einmann-GmbH" entsteht dadurch, daß ein Kaufmann zusammen mit einer zweiten, gering beteiligten Person eine Gesellschaft gründet, sich zum Geschäftsführer bestellen läßt und später den Anteil des anderen erwirbt. Die einmal von der erforderlichen Zahl von Gesellschaftern errichtete GmbH (oder AG) verliert durch nachträgliche Vereinigung sämtlicher Anteile in einer Hand die einmal erworbene Rechtspersönlichkeit nicht wieder. So kann der Kaufmann, indem er die verschiedenen Zweige seiner geschäftlichen Unternehmungen in je eine GmbH verwandelt, verhindern, daß geschäftlicher Mißerfolg des einen Unternehmens ihm auch die Vorteile der gutgehenden entzieht; er „parzelliert" sich selbst in mehrere juristische Personen. 4. Das „gemischt-wirtschaftliche Unternehmen" („gemeinnützige GmbH") faßt die

Mittel von privaten Geldgebern und öffentlich-rechtlichen Körperschaften zusammen. 5. GmbH zu Treuhandzwecken. 6. GmbH als Organisationsform von Kartellen, Syndikaten, Trusts. 7. Die „Gläubiger-GmbH" dient zur Sanierung eines notleidend gewordenen Geschäftsmanns. Die Hauptgläubiger wandeln ihre Forderungen in Anteilsrechte um, das Geschäft wird unter Leitung des sachkundigen Schuldners, aber unter weitgehender Kontrolle der Gläubiger für gemeinschaftliche Rechnung fortgeführt, neues Betriebskapital eingebracht, der Rückerwerb der Anteile durch den Schuldner und (für den Fall des Mißlingens der Sanierung) die Auflösung der GmbH geregelt. Eine solche Gesellschaft haben wir hier vor uns.

Form des Gesellschaftsvertrags: Sowohl GmbH- wie Aktiengründung erfordern notariell beurkundeten Abschluß. § 2^{I} GmbHG, § 23^{I} AktG. Darüber hinaus ist die Beglaubigung von Vollmachten als Form des sachlichen Rechts vorgeschrieben (§ 2^{II}). Wenn die Vollmacht Dinters unbeglaubigt wäre, so würde nicht nur die Eintragung in das Handelsregister beanstandet werden (§ 12 HGB), sondern der Gesellschaftsvertrag wäre auch unter den Gründern schwebend unwirksam, bis der Mangel durch Genehmigung in gehöriger Form geheilt wird.

Firma: Die GmbH vereinigt auch insofern die Vorteile der AG und OHG, als § 4 die Wahl zwischen Sach- und Personenfirma freistellt. Die Firma „Hugo Friese GmbH" ist sowohl als abgeleitete Firma (§ 4^{I} S. 3) gerechtfertigt (weil die Gesellschaft das Friesesche Geschäft übernommen hat) wie als Personenfirma (weil Friese selbst zu den Gründern zählt). Wäre neben der Firma „Hugo Friese GmbH" der Fortbestand der alten Einzelfirma „Hugo Friese" beabsichtigt, so würde die Gesellschaftsfirma wahrscheinlich wegen Verletzung des § 30^{I} HGB abzulehnen sein. Da Friese seine Firma in die Gesellschaft einbringt (§ 5 zu a) und sie demgemäß als Einzelfirma gelöscht wird, erledigt sich dieses Bedenken.

Gegenstand des Unternehmens: Die Rechts- und Geschäftsfähigkeit der Gesellschaft beschränkt sich nicht auf den in § 2^{I} angegebenen Geschäftszweig. Ist ein hinreichend bestimmter Geschäftsbereich angegeben und daraufhin die juristische Person in das Handelsregister eingetragen worden, so kann sie nunmehr — ohne Satzungsänderung — Geschäfte jeder Art machen. Die Ultravireslehre, nach der Rechtsgeschäfte unwirksam sind, die eine juristische Person durch ihre Organe außerhalb ihres durch Gesetz oder Satzung bestimmten Wirkungskreises vornimmt, gilt nur für juristische Personen des öffentlichen Rechts (BGHZ 20, 119; dazu Fuß, DÖV 1956, 566; Klotz, DÖV 1964, 181). Die Bedeutung der statutarischen Vorschrift beschränkt sich auf die Nachprüfbarkeit der Erlaubtheit des Zweckes und auf das Innenverhältnis der Gesellschafter. Ähnlich ist es bei der Errichtung von Zweigniederlassungen, die als Maßnahme der Verwaltung durch die Geschäftsführer jederzeit zulässig wäre, auch wenn der Vertrag sie nicht besonders vorgesehen hätte. Ihre Zulässigkeit wird im Vertrag nur deshalb ausgesprochen, damit kein Gesellschafter einwenden kann, daß die Begründung von Zweigniederlassungen aus dem Rahmen des gemeinschaftlichen Unternehmens herausfalle.

Die Erwähnung der Zweigniederlassung im Gesellschaftsvertrage hat aber eine eigenartige Nebenwirkung. Die Zweigstellenleiter sind nämlich, weil in der Satzung erwähnt, „verfassungsmäßig berufene Vertreter" der GmbH im Sinne des § 31 BGB, so daß die GmbH einem nicht im Vertragsverhältnis zu ihr stehenden Dritten, der durch Verschulden des Zweigstellenleiters an Gesundheit oder Vermögen beschädigt wird, ohne die Möglichkeit eines Entlastungsbeweises haftet. Denn der unter den „allgemeinen Vorschriften" des Vereinsrechts stehende § 31 gilt für alle juristischen Personen körperschaftlicher Struktur, nicht nur für den eingetragenen Verein. RG 91, 1; 94, 318; Flechtheim JW 1918, 84^{1}. Darüber hinaus wendet die Rechtsprechung den Gedanken des § 31 sogar auf OHG und KG an, obgleich sie bekanntlich keine juristischen Personen sind (BGH MDR 1952, 285); dabei werden nur die vertretungsberechtigten Gesellschafter, nicht auch Prokuristen, als verfassungsmäßig berufene Vertreter anerkannt; für Prokuristen wird nach § 831 gehaftet. RG JW 1932, 722^{4}.

Den Registerrichter interessiert am „Gegenstand des Unternehmens" vor allem, daß die Gesellschaft sich nicht mit Bankgeschäften befassen will. Wäre dies nämlich der Fall, so müßte sie wie die Aktiengesellschaft (§ 177^{II} AktG) ihren Jahresabschluß in den Gesellschaftsblättern bekanntmachen und ein Belegblatt zum Register einreichen (§ 41^{IV}). Ferner ist die Rechtsform der GmbH unzulässig für Versteigerer, Hypothekenbanken, Schiffspfandbriefbanken und die wichtigsten Versicherungsunternehmen, statthaft dagegen für Bausparkassen (§ 1 G über das Versteigerungsgewerbe vom 16. Oktober 1934, RGBl. I 974; § 2 HypothekenbankG; §§ 1, 2 SchiffsbankG; § 7 PrVUG).

Stammkapital: Mindestbetrag 20000 DM gegen 100000 DM bei der AG (§ 5^I GmbHG, § 7 AktG). Die einzelne Stammeinlage muß mindestens 500 DM betragen und durch 100 teilbar sein.

Geld- und Sacheinlagen: Gläubiger-Gesellschaften sind immer vorwiegend Sachgründung. Die Bilanz des Frieseschen Geschäfts weist (wenn wir unterstellen, daß die an der Gründung beteiligten vier Gläubiger die einzigen sind) 147643 DM Aktiva auf, denen an Passiven 96268 DM gegenüberstehen, woraus sich der Nettowert der Einlage zu a von 147643 — 96268 = 51375 DM ergibt. Da die vier Hauptgläubiger ihre Forderungen von 96268 DM ebenfalls einbringen, so tritt in der Person der GmbH Konfusion ein, und es bleibt der Wert der Aktiva mit 147643 DM als Nettovermögen. Dazu kommt dann der Wert der Patente mit 8625 DM, und die in § 7 aufgeführten Geldeinlagen mit 27232 DM. Vgl. Scholz, Die Sacheinlagen der GmbH, GmbHRdsch. 1957, 65.

Das Gesetz will verschleierte Sachgründungen verhindern. Die Gläubiger der Gesellschaft sollen sich darauf verlassen dürfen, daß alle Einlagen, von denen nicht aus dem Gesellschaftsvertrag das Gegenteil ausdrücklich hervorgeht, in barem Geld in die Gesellschaftskasse geleistet werden. Deshalb wird ein Gesellschafter, der eine nicht im Gesellschaftsvertrag festgelegte Sachleistung an die GmbH bewirkt, dadurch von seiner Stammeinlageschuld nicht befreit, auch nicht auf dem Wege der Aufrechnung. §§ 5^IV, 19^III, übereinstimmend für die AG § 27 AktG. Überhaupt ist Aufrechnung gegenüber Einlageverpflichtungen unzulässig. § 19^II S. 2; für AG und KG auf Aktien: §§ 66^I S. 2, 278^III AktG., für Genossenschaften: § 22^V GenG. Das Verbot trifft nur die einseitige, gegen den Willen der Gesellschaft vorgenommene Aufrechnung. Dagegen darf seitens der Gesellschaft oder mit ihrer Zustimmung aufgerechnet werde, um das zwecklose Hin- und Herschieben von Geld zu ersparen; vorausgesetzt wird dabei allerdings, daß die Gesellschaft z. Zt. der Aufrechnung aktiv und flüssig und die Gesellschafterforderung vollwertig ist. RG 85, 351; 98, 276; JW 26, 1153^1; BGHZ 15, 57; 28, 77.

Das Registergericht ist trotz des Fehlens besonderer Sicherungsbestimmungen für Sachgründungen bei der GmbH befugt, bei Scheinverdacht oder Verdacht der Überbewertung den Wert der Sacheinlagen von Amts wegen (§ 12 FGG) nachzuprüfen (KG HRR 1937 Nr. 1647; RGZ 155. 211 = JFG 16, 78 = JW 1937, 2838; Vogel, DNotZ 1950, 445; Scholz, GmbHRdsch. 1957, 65), und bei unangemessen hoher Bewertung die Eintragung abzulehnen (Jansen, FGG 2. Aufl. § 125 Rdn. 25). Nichtig ist das Sacheinlageversprechen wegen Überbewertung nur, wenn ein offensichtlicher grober Verstoß gegen gesunde kaufmännische Grundsätze vorliegt (BGHZ 29, 300).

Beschränkte Haftung und Nachschüsse: Die „Beschränktheit" der Haftung ist bei der GmbH nicht unbedingt: 1. Kann die Stammeinlage von einem Gesellschafter nicht eingezogen werden, so haften für den Zahlungsunfähigen außer den Rechtsvorgängern, die den Geschäftsanteil an ihn abgetreten und damit die Angelegenheit als für sie erledigt betrachtet hatten, subsidiär auch die Mitgesellschafter! §§ 22, 24. Diese Vorschriften wendet man sogar auf die durch Kapitalerhöhung geschaffenen neuen Stammeinlagen an (RG 132, 392). Auch wer einen Geschäftsanteil im Wege der Sicherungsübereignung erwirbt, haftet nach § 16^III neben dem Veräußerer für die auf den Geschäftsanteil rückständigen Leistungen. RG 138, 108; Flechtheim, JW 1931, 1963; Goldschmit, JW 1933, 100. 2. Es besteht zwar keine gesetzliche Nachschußpflicht, aber durch besondere Bestimmung des Gesellschaftsvertrags kann die Erhebung von Nachschüssen vorgesehen werden. Wird später auf Grund der Klausel ein Nachschußbeschluß gefaßt und war die Nachschußpflicht im Gesellschaftsvertrag a) der Höhe nach unbeschränkt, so haben die Gesllschafter Abandonrecht; b) war sie von vornherein auf eine bestimmte Summe begrenzt, so müssen sie im Rahmen dieser Summe unweigerlich zahlen. §§ 26—28. Fehlt die Klausel im ursprünglichen Vertrag, so kann sie nachträglich nicht mehr im Wege der einfachen Satzungsänderung mit Stimmenmehrheit, sondern nur noch einstimmig eingeführt werden (§ 53^III). 3. Nicht selten geben GmbH-Gesellschafter (und Aktionäre kleinerer „Familien-" Aktiengesellschaften) den Vorteil der beschränkten Haftung gerade gegenüber den größten Gläubigern (Banken, Hauptlieferanten usw.) freiwillig wieder auf, indem sie sich persönlich verbürgen, Hypothek mit ihren Privatgrundstücken bestellen u. dgl. 4. Hat der Gesellschafter gleichzeitig die Stellung eines Geschäftsführers, so haftet er der Gesellschaft für den durch seine nachlässige oder unredliche Geschäftsführung entstandenen Schaden (§ 43). 5. Dem Steuerfiskus haften die Geschäftsführer sogar unmittelbar, falls durch ihr Verschulden steuerliche Verpflichtungen der Gesellschaft aus dem von ihnen verwalteten Vermögen nicht berichtigt werden. §§ 103, 109 AbgO (dazu Gericke, GmbHRdsch. 1961, 66). 6. Auch die Einmann-Gesellschaft bleibt juristische Person und kann nicht ihrem alleinigen Gesellschafter gleichgesetzt werden (RGZ 129, 53). Eine Haftung des Gesellschafters für die Schulden der Einmann-Gesellschaft wird aber angenommen, wenn die Berufung auf die förmliche Verschiedenheit gegen Treu und Glauben verstößt (RGZ 169, 248; BGHZ 22, 230).

7. Wer zur Gründung einer GmbH einen Strohmann benutzt, ist nach BGHZ 31, 258 hinsichtlich der §§ 30, 31, 24, 29^{II} GmbHG wie ein Gesellschafter zu behandeln; auf ihn soll auch § 39^{V} (jetzt § 46) AktG entsprechend anwendbar sein (zust. Baumbach-Hueck GmbHG 12. Aufl. § 2 Anm. 2E; Bedenken äußert Ballerstedt JZ 1960, 513).

Über die Voraussetzungen, unter denen die Abtretung (oder Pfändung) der Einlageschuld an einen Gesellschaftsgläubiger zulässig ist, so daß zwischen diesem und dem Gesellschafter eine unmittelbare Haftung hergestellt wird, vgl. RGZ 135, 55; 149, 293, 295; 156, 23, 25; Buchwald, GmbHRdsch. 1959, 254; Schuler, NJW 1960, 1423. Die Gesellschaft muß (ähnlich wie bei der Aufrechnung, vgl. oben) ein vollwertiges Entgelt erhalten, es sei denn, daß die Erhaltung der Kapitalgrundlage zugunsten der Gesellschaft oder der Gesellschaftsgläubiger nicht mehr erforderlich ist, weil die Gesellschaft als vermögenslos ihren Geschäftsbetrieb eingestellt hat (BGH NJW 1963, 102), und im Fall der Abtretung müssen sämtliche Gesellschafter gleichmäßig behandelt werden. Über Verpfändung Schuler, NJW 1956, 689. Dagegen können Genossenschaften den Anspruch auf die Geschäftseinlage ihrer Genossen wegen des personenrechtlichen Charakters dieser Gesellschaftsform nicht abtreten. Vgl. aber §§ 88a, 108a GenG.

Geschäftsführer: § 35^{II} S. 2 stellt den Grundsatz der Gesamtvertretung auf. Nach der Rechtsprechung genügt es aber schon, wenn ein Geschäftsführer handelt und der andere zustimmt, ohne daß die Zustimmung nach außen in die Erscheinung zu treten braucht. RG 81, 325; 112, 216. Die Außerkraftsetzung des § 181 BGB ist für Organe juristischer Personen — anders als für familienrechtliche Vertreter (S. 99) — anerkannt (RG 68, 180) und wäre in unserem Fall schon wegen der Einbringung Frieses (§ 5) gar nicht zu entbehren. Die Befreiung von den Beschränkungen des § 181 muß jedoch in einer Satzungsbestimmung enthalten sein (BGHZ 33, 189; Winkler DNotZ 1970, 476; a.M. Boesebeck NJW 1961, 481; Baumbach-Hueck GmbHG 12. Aufl. Anh. § 34 Anm. 3B); in das Handelsregister wird sie nicht eingetragen (OLG Karlsruhe NJW 1963 = Rpfleger 1964, 81).

Im Verhältnis zur Gesellschaft hat der Geschäftsführer nicht die Stellung eines Handlungsgehilfen oder überhaupt eines Arbeitnehmers, genießt auch für seine rückständigen Bezüge nicht das Konkursvorrecht des § 61^{1} KO (RG 120, 300) und keinen Kündigungsschutz nach dem G über die Fristen für die Kündigung von Angestellten vom 9. Juli 1926, RGBl I 399, (BGH 12, 1) und dem KündigungsschutzG vom 10. August 1951, BGBl I 499 (§ 12 KSchG). Demgemäß gehört er an sich nicht vor das Arbeitsgericht (§ 5^{I} S. 3 ArbGG); indessen sieht § 3^{II} ArbGG die Vereinbarung der arbeitsgerichtlichen Zuständigkeit vor. Die Regelung des Innenverhältnisses geschieht nicht immer im Gesellschaftsvertrag, weil sie dadurch unerwünschterweise zur Kenntnis Außenstehender gelangt. Man bevorzugt privatschriftliche Anstellungsverträge zwischen Geschäftsführer und GmbH, die häufig eine sehr weitgehende Versorgung der Geschäftsführer und ihrer Hinterbliebenen für den Krankheits- und Todesfall vorsehen. Diese Sicherung ist um so notwendiger, als sonst der Geschäftsführer durch Mehrheitsbeschluß entlassen werden könnte und bei den kleinen „Familien"-Gesellschaften der Hauptteil des Verdienstes nicht als Dividende, sondern als Geschäftsführergehalt ausgeschüttet wird. Hier bei der Gläubiger-Gesellschaft hat man gerade auf die Festlegung im Gesellschaftsvertrag Gewicht gelegt. Zur rechtlichen Beurteilung des Anstellungsvertrages als Dienstvertrag vgl. BGH 10, 187; BSozG NJW 1961, 1134; Grothus, Goerdeler, Kremer, GmbHRdsch. 1959, 93, 198, 233.

Aufsichtsrat: Er ist bei der GmbH grundsätzlich nicht (wie bei der AG) zwingend vorgeschrieben (§ 52), aber gerade bei der Gläubiger-GmbH zweckmäßig. Da die §§ 46 bis 52 nachgiebiges Recht enthalten (§ 45^{II}), braucht die Wahl der Mitglieder nicht der Gesellschafterversammlung übertragen zu sein und kann vom Mehrheitsgrundsatz losgelöst werden. Z.B. steht bei den „gemischt-wirtschaftlichen" Unternehmungen vielfach einer Behörde das Präsentationsrecht zu.

Ein Zwang zur Bildung eines Aufsichtsrats besteht nunmehr nach § 77 des Betriebsverfassungsgesetzes vom 11. Oktober 1952 (BGBl. I 681), wenn die GmbH mehr als fünfhundert Arbeitnehmer beschäftigt. Der Aufsichtsrat muß zu einem Drittel aus Arbeitnehmervertretern bestehen, die grundsätzlich die gleichen Rechte und Pflichten wie die übrigen Mitglieder haben. Ferner müssen Kapitalanlagegesellschaften in der Rechtsform der GmbH einen Aufsichtsrat bilden (§ 3 d. Ges. über Kapitalanlagegesellschaften i.d.F. vom 14. Januar 1970, BGBl. I 128).

Gesellschafterversammlung: Die Beschlüsse bedürfen notarieller Beurkundung nur im Fall der Satzungsänderung (§ 53^{II}). Sind die Gesellschafter einig, so genügt an Stelle der Abhaltung einer Versammlung sogar schriftliche Abstimmung (§ 48^{II}).

Übertragung der Geschäftsanteile: Durch § 14 des Vertrags sind die Anteile „vinkuliert", um das unerwünschte Eindringen Fremder zu verhindern. Kraft Gesetzes besteht die Vinkulation nur für Teilabtretungen (§ 17). Die nach Gesetz oder Vertrag (§ 15 V GmbHG) erforderliche Genehmigung „der Gesellschaft" ist von den Geschäftsführern zu erklären; deren Erklärung bindet die Gesellschaft, auch wenn sie einen Beschluß der Gesellschafter (§§ 45, 46 Nr. 4) nicht herbeigeführt hatten (BGHZ 14, 25 = NJW 1954, 1401). In manchen Gesellschaftsverträgen findet sich aber auch das Erfordernis der Zustimmung sämtlicher Mitgesellschafter. Ein Recht auf Zustimmung haben Veräußerer oder Erwerber nicht. Da nun Pfändungen im allgemeinen nur unter denselben Voraussetzungen wie Veräußerungen statthaft sind (§§ 851, 857 ZPO), entsteht die Frage, ob auch der Gläubiger eines Gesellschafters zur Pfändung der Zustimmung der GmbH bedarf und wie er sie erzwingen kann. Die Rechtsprechung (RG 70, 64; 142, 373) nimmt an, daß das Erfordernis der Zustimmung für Maßnahmen der Zwangsvollstreckung überhaupt nicht gilt, weil ja sonst der Schuldner sein Vermögen durch Umwandlung in einen GmbH-Anteil dem Zugriff der Gläubiger entziehen könnte.

Anteilscheine: Sie können von der Gesellschaft über die Geschäftsanteile ausgegeben werden, und zwar auch ohne Ermächtigung durch die Satzung. Ein Anspruch auf Ausstellung besteht jedoch nur auf Grund einer Satzungsbestimmung oder eines Gesellschafterbeschlusses. Der Anteilschein ist lediglich eine Beweisurkunde. Übergabe oder Ersatzübergabe des Anteilscheins ist deshalb zur Veräußerung nicht erforderlich; es gilt § 952 Abs. 2 BGB. Die Satzung kann jedoch die Wirksamkeit der Abtretung über § 15 III GmbHG hinaus von der Übergabe des Anteilscheins abhängig machen (RGZ 98, 278). Ist der Geschäftsanteil vinkuliert, ohne daß die Satzungsbestimmung in den Anteilschein aufgenommen ist, so wird der gutgläubige Erwerber sich auf § 405 BGB berufen können (Schuler, NJW 1956, 689 zu III). Ein Aufgebotsverfahren findet nicht statt. Die Gesellschaft kann jederzeit einen Ersatzschein ausstellen.

Kündigung: Bei der AG gibt es weder Kündigung noch Auflösung aus wichtigem Grund, so daß nur Auflösung durch qualifizierten Mehrheitsbeschluß (§ 262 I Nr. 2 AktG) übrig bleibt. Für die OHG gewährt § 132 eine Kündigungsmöglichkeit. Die GmbH steht in der Mitte: enthält der Vertrag über die Dauer nichts Besonderes, so kann die Gesellschaft nicht gekündigt, sondern nur durch Beschluß der Gesellschafter mit ¾ Mehrheit (§ 60²) aufgelöst werden; daneben besteht aber die Auflösung aus „wichtigem Grunde" oder wenn die Erreichung des Gesellschaftszwecks unmöglich wird durch Urteil des Gerichts (§ 61). Ein wichtiger Grund liegt beispielsweise vor, wenn bei einer aus wenigen Personen bestehenden GmbH durch tiefgehende Zerwürfnisse unter den Gesellschaftern die gedeihliche Fortentwicklung der Gesellschaft erheblich gefährdet ist (RG 98, 66; 164, 260), sofern nicht Ausschließung des Störenfrieds durch rechtsgestaltendes Urteil (BGHZ 9, 157) genügt. Bei der Gläubiger-GmbH kommt man ohne Kündigungsvorschriften schon darum nicht aus, weil die Gläubiger ihre in Anteile umgewandelten Forderungen nach Ablauf einer gewissen Zeit unbedingt realisieren wollen.

Redaktionsklausel (§ 17): Nicht selten erhebt der Registerrichter Beanstandungen, an die der Notar bei der Abfassung des Vertrages nicht dachte. Ob dann ohne Redaktionsklausel die Gesellschafter verpflichtet wären, die vom Registergericht geforderten Abänderungen oder Ergänzungen des Gesellschaftsvertrags zu beschließen, könnte zweifelhaft sein (vgl. dazu RG 132, 26). Jedenfalls ginge viel kostbare Zeit verloren, wenn man genötigt wäre, an jeden heranzutreten.

Bekanntmachungsorgan: § 18 bezieht sich auf die von der GmbH selbst ausgehenden Veröffentlichungen. Die hiervon zu unterscheidenden Bekanntmachungen des Registergerichts über die Gesellschaft erfolgen gemäß § 10 HGB.

Das Gründungsprotokoll schließt mit einer Belehrung über güterrechtliche Verfügungsbeschränkungen (S. 38, 242) und über die Kapitalverkehrsteuer ab (§§ 17, 19 BeurkG):

„Die Erschienenen wurden gemäß den §§ 1365, 1423 BGB sowie gemäß § 189d RAO belehrt. Herr *Friese* erklärt, daß er im Güterstand der Gütertrennung lebe."

Manchmal vereinbaren die Gesellschafter, daß sie der Gesellschaft neben dem eigentlichen Stammkapital weiteres Kapital durch Gewährung von Darlehen od. dgl. zuführen wollen. Solche „inoffiziellen" Beteiligungen sind kapitalverkehrsteuerpflichtig. Bei den Sacheinlagen kommt es auf den wirklichen, nicht auf den im Vertrag angegebenen Wert an. §§ 2—10 KapVStG.

„Hieraus ist die Verhandlung den Beteiligten vorgelesen, von ihnen genehmigt und, wie folgt, eigenhändig unterschrieben worden:

Hugo Friese. *Ferdinand Schilling.* *Robert Heckner.* *Detlev Dinter.*
Emil Fischer. *Anna Friese.*
Justus Siegel, Notar."

Anmeldung. Gemäß §§ 7, 8, 78 GmbHG, § 7 KapVStDVO wird angemeldet:

„Zur Eintragung in das Handelsregister überreichen wir als Geschäftsführer der
‚*Hugo Friese* Gesellschaft mit beschränkter Haftung'
mit dem Sitz in Lichtferfelde

1. Ausfertigung des Gesellschaftsvertrages vom 8. Januar 1971, der auch unsere Bestellung zu Geschäftsführern enthält,
2. notariell beglaubigte Vollmacht der offenen Handelsgesellschaft *Josef Claudius & Co.* Eisenhandlung in Freistadt auf Herrn *Dinter*,
3. die Liste der Gesellschafter,
4. Unbedenklichkeitsbescheinigung des Finanzamts.

Die Vertretungsberechtigung des Herrn *Fischer* für die Berliner Gerüstbau GmbH ergibt sich aus dem beigefügten Handelsregisterauszug, die Verfügungsbefugnis des Herrn *Friese* aus beiliegendem Auszug aus dem Güterrechtsregister.

Wir versichern, daß von jeder Stammeinlage ein Viertel des in bar zu entrichtenden Betrages eingezahlt ist und daß die eingezahlten Beträge sowie die von den Gesellschaftern gemachten Sacheinlagen sich in unserer freien Verfügung befinden.

Wir melden die Gesellschaft sowie unsere Bestellung zu Geschäftsführern zur Eintragung in das Handelsregister an.

Sind mehrere Geschäftsführer bestellt, so vertreten je zwei von ihnen die Gesellschaft gemeinschaftlich.

Wir zeichnen unsere Namensunterschrift wie folgt:

Hugo Friese *Robert Heckner*

Die Geschäftsräume der Gesellschaft befinden sich in Lichterfelde, Breslauer Straße 23.

Gleichzeitig melde ich, *Hugo Friese*, als Inhaber der gleichnamigen Einzelfirma zur Eintragung in das Handelsregister an, daß das von mir unter der Firma *Hugo Friese* betriebene Handelsgeschäft mit dem Firmenrecht auf die neugegründete Gesellschaft mit beschränkter Haftung übergegangen und die Firma demgemäß als Einzelfirma erloschen ist.

Lichterfelde, den 15. Januar 1971.

Hugo Friese. *Robert Heckner.*

(Beglaubigungsvermerk.)"

Bei allen registerpflichtigen juristischen Personen ist der vollständige Gesellschaftsvertrag einzureichen. (AG und KG a. A.: §§ 37^{II}, 278^{III} AktG, Genossenschaft: § 11^{I} GenG, e. V.: § 59^{I} BGB). Die gerichtliche Prüfung erstreckt sich darauf, ob der Vertrag formell ordnungsgemäß errichtet ist (wozu hier auch die Vertretungsbefugnis Dinters und Fischers gehört), ob die in § 3 Ges. bezeichneten Punkte geregelt sind, ob keine Verstöße gegen zwingende gesetzliche Vorschriften, etwa eine Mantelgründung oder eine verschleierte Sachgründung, vorliegen, ob keine Unklarheiten und Widersprüche bestehen und ob die sonstigen förmlichen Voraussetzungen der Eintragung gewahrt sind. Nach §§ 8^{III}, 10^{I} S. 2 GmbHG i. d. F. des Art. 3 KoordG vom 15. August 1969 (BGBl. I 1146) ist in der Anmeldung anzugeben und in das Handelsgerister einzutragen, welche Vertretungsbefugnis die Geschäftsführer haben (ebenso nach §§ 37^{II}, 39^{I} S. 2, 282 S. 2 AktG i. d. F. des Art. 2 KoordG). Hierunter ist nicht die konkrete Vertretungsmacht des jeweiligen Geschäftsführers zu verstehen, sondern die im Gesetz (§ 35^{II} S. 2 GmbHG) oder davon abweichend im Gesellschaftsvertrag enthaltene Regelung der Vertretungsbefugnis (OLG Köln OLGZ 1970, 265 = Rpfleger 1970, 172; OLG Frankfurt OLGZ 1970, 404 = DNotZ 1970, 431 = Rpfleger 1970, 171 = Betr. 1970, 552 = BB 1970 mit Anm. v. Gustavus; Groß Rpfleger 1970, 156; a. M. Bokelmann NJW 1969, 2120; Gustavus BB 1969, 1355; Lappe GmbHRdsch. 1970, 9).

Zur Behebung von Mängeln ist dem Anmelder durch Zwischenverfügung eine Frist zu setzen (§ 26 S. 2 HRV). Gegen die Verweigerung der Eintragung einer GmbH haben nur die Geschäftsführer, nicht die Gesellschaft oder die Gesellschafter als solche ein Beschwerderecht (RJA 17, 109; Jansen, FGG, 2. Aufl. § 20 Rdn. 63, § 128 Rdn. 33).

Mantelgründung nennt man eine an sich formgerechte Gründung, bei der nicht ein Unternehmen mit dem in der Satzung festgesetzten Zweck und Gegenstand ins Leben gerufen, sondern nur „die Hülle für ein beliebiges anderes Unternehmen" geschaffen werden soll, das später einmal in der Rechtsform der GmbH oder AG in den Verkehr treten soll. Solche Vorratsgründungen werden auf steuerlichen Gründen vorgenommen oder um den wirklichen (unerlaubten) Zweck des Unternehmens zu verschleiern. Von einem Mantelkauf spricht man, wenn zur Gründung eines Unternehmens ein leerer Mantel verwendet wird, d.h. die äußere Rechtsform einer als juristische Person bestehenden Kapitalgesellschaft, die in Ermangelung eines von ihr noch betriebenen Unternehmens und eines zur Wiederaufnahme geeigneten Vermögens keine wirtschaftliche Bedeutung mehr hat. Beides ist als Gesetzesumgehung nichtig (KG HRR 1933 Nr. 833 = DNotZ 1933, 661; LG Ravensburg NJW 1964, 597). Solche Mantelkäufe kann der Registerrichter verhindern, indem er gegen die vermögenslose Gesellschaft das Löschungsverfahren nach § 2 des Gesetzes über die Auflösung und Löschung von Gesellschaften und Genossenschaften vom 9. Oktober 1934 (RGBl. I 914) einleitet. Beuck, Der Mantelkauf, GmbHRdsch. 1957, 69; Pape, Der Erwerb eines Gesellschaftsmantels, BB 1957, 179; dazu auch Brincker, Die Einmann-GmbH, MittRheinNotK 1970, 163, 179. Dagegen bietet nach feststehender Rechtsprechung das geltende Recht keine Handhabe, eine in das Handelsregister eingetragene Gesellschaft deshalb für rechtlich unwirksam zu erklären, weil sich „Strohmänner" an der Gründung beteiligt haben (KG JW 1934, 986; KG OLGZ 1968, 477; BGH NJW 1957, 19; Scholz, NJW 1951, 847). Die Strohmanngründung dient entweder dem Zweck, alsbald nach der Gründung alle Geschäftsanteile in einer Hand zu vereinigen (RGZ 167, 184) oder den Namen des Strohmanns bei der Bildung der Gesellschaftsfirma verwenden zu können (JFG 10, 119) oder das Interesse des Hintermanns an der Gründung nach außen hin zu verdecken (RGZ 84, 17); in den seltensten Fällen werden von vornherein unredliche oder gesetzwidrige Absichten verfolgt. Ob die Strohmanngründung ein Eintragungshindernis bildet, ist streitig. Zum Ganzen Crisolli, Scheingründungen und Mantelverwertung, JW 1934, 936; Schilling, JZ 1957, 92; Gottschling, GmbHRdsch. 1959, 134; Schönle, Einmann- und Strohmanngesellschaft, 1957; Ottmar Kuhn, Strohmanngründung bei Kapitalgesellschaften, 1964.

Eintragung. Nach Einholung des Gutachtens der Industrie- und Handelskammer (§ 23 HRV) und nach Eingang des Kostenvorschusses (§ 8 KostO) verfügt der Richter (§ 17 Nr. 1 Buchst. a RechtspflG):

„1. Einzutragen in das Handelsregister Abt. B unter nächster offener Blattnummer:
(folgen die in § $10^{I, II}$ GmbHG vorgeschriebenen Angaben)."

Ferner muß das Blatt der Frieseschen Einzelfirma gemäß § 42 HRV geschlossen werden:

„2. Einzutragen in das Handelsregister Abt. A Nr. 5287, Sp. 6:
vgl. HRB Nr. 1701.
3. Sämtliche Eintragungen in Abt. A Nr. 5287 rot unterstreichen.
4. Öffentliche Bekanntmachung der Eintragungen sowie der §§ 5, 6, 18 des Gesellschaftsvertrags."

§ 10^{III} GmbHG schreibt die Veröffentlichung aller Bestimmungen über Sacheinlagen und die Bekanntmachungsart vor. Die Veröffentlichung muß deshalb umfassender sein als die Eintragung. Die Namen der Gesellschafter werden weder ins Register eingetragen noch, von dem Fall der Sacheinlage abgesehen, bekanntgemacht. Auch die Namen der Aufsichtsratsmitglieder werden nicht eingetragen, weil der Aufsichtsrat nicht das Vertretungsorgan der Gesellschaft ist. Auf den ersten Aufsichtsrat, falls der Gesellschaftsvertrag ihn vorsieht (§ 52), sind aber die Vorschriften der §§ 37^{II} Nr. 3, 40^{I} Nr. 4 AktG anwendbar, d.h. die Geschäftsführer haben den

Aufsichtsrat anzumelden und das Gericht ihn zu veröffentlichen, wenn nicht der Gesellschaftsvertrag anders bestimmt (Scholz, GmbHG, § 52 Anm. 19; Brand-Marowski S. 326).

„5. Nachricht..............

6. Am 31. Januar 1972."

Die Vorlegung geschieht zur Kontrolle des Eingangs der alljährlich im Januar von den Geschäftsführern einzureichenden Gesellschafterliste (§ 40).

Für den Erwerb des Geschäftsanteils ist die Liste ohne Bedeutung. Sie besitzt auch keinen öffentlichen Glauben, sondern soll nur das Gericht und diejenigen, welche die Registerakten einsehen, über die Person der Gesellschafter unterrichten.

Das neue Registerblatt sieht nach Ausführung der Verfügung so aus:

„Abteilung B — Nummer der Firma: HR B 1701

Nummer der Eintragung	a) Firma b) Sitz c) Gegenstand des Unternehmens	Grund- oder Stamm-kapital	Vorstand Persönlich haftende Gesellschafter Geschäftsführer Abwickler	Prokura	Rechtsverhältnisse	a) Tag der Eintragung und Unterschrift b) Bemerkungen
1	2	3	4	5	6	7
1	a) *Hugo Friese* Gesellschaft mit beschr. Haftung. b) Lichterfelde. c) Übernahme und Ausführung von Bauarbeiten, Handel mit Baumaterialien, Verwertung von Patenten betr. fugenlose Dachdeckung.	183 500 DM	Architekt *Hugo Friese* in Lichterfelde. Ziegeleibesitzer *Robert Heckner* in Lichterfelde.		Gesellschaft mit beschränkter Haftung. Der Gesellschaftsvertrag ist am 8. Januar 1971 festgestellt. Die Gesellschaft kann am 31. Dezember 1980 zum 31. Dezember 1981 gekündigt werden (§ 6 des Gesellschaftsvertrages). Sind mehrere Geschäftsführer bestellt, so vertreten je zwei die Gesellschaft gemeinschaftlich.	a) 18. Januar 1971 *Urkund.* b) Gesellschaftsvertrag Bl. 2ff. s. AG Lichterfelde HR A 5287."

Damit ist die Gründung abgeschlossen. Im Verhältnis der Gesellschafter untereinander war die GmbH bereits mit dem Gesellschaftsvertrag vom 8. Januar 1971 errichtet, da der Vertrag sie obligatorisch verpflichtete, bei seiner Durchführung mitzuwirken. Die Rechtsnatur der im Werden begriffenen GmbH wird nicht als bürgerlichrechtliche Gesellschaft, sondern als eine Organisation bestimmt, die einem Sonderrecht untersteht, das aus den im Gesetz oder im Gesellschaftsvertrag gegebenen Gründungsvorschriften und dem Recht der rechtsfähigen Gesellschaft, soweit es nicht die Eintragung voraussetzt, besteht (BGHZ 21, 242). Aber die Gesellschaft „als solche", d. h. als neues Rechtssubjekt, ist erst mit der Eintragung entstanden (§ 11^{I}), welche somit konstitutive Bedeutung hat. Sind im Zwischenstadium schon Geschäfte namens der „Vorgesellschaft" („Gründungsgesellschaft") getätigt worden, so tritt die gleiche Rechtslage ein, wie wenn für einen nicht rechtsfähigen Verein rechtsgeschäftlich gehandelt wird: die Handelnden haften persönlich und als Gesamtschuldner. § 11^{II} Ges.; vgl. § 54 S. 2 BGB, ferner § 41^{I} AktG. Unmittelbar berechtigende und verpflichtende Wirkung für die GmbH haben die im Gründungsstadium abgeschlossenen Geschäfte nur insoweit, als sie notwendig waren, um die GmbH zur Entstehung zu bringen. Im übrigen bedarf es einer Genehmigung der Gesellschaft (d. h. der Geschäftsführer) nach erfolgter Eintragung. RG 134, 121; BGHZ 17, 385; s. u. 51, 30; 53, 210, dazu kritisch Riedel, NJW 1971, 351; Kuhn, Die Vorgesellschaft, Wertpapier-Mittlg. Sonderbeil. Nr. 5/1956; Horn, Die Vorgesellschaft in der höchstrichterlichen Rechtsprechung, NJW 1964, 86; Sudhoff, Die Haftung im Gründungsstadium, GmbH-Rdsch. 1965, 107.

GmbH & Co. Ein eigenartiges Gebilde ist die GmbH & Co. Diese Gesellschaftsform erfreut sich seit einigen Jahren aus steuer- und haftungsrechtlichen Gründen wachsender Beliebtheit (vgl. Paulick, Der Einfluß des Steuerrechts auf die Wahl der Gesellschaftsform, JuS 1967, 181). Sie ist entweder eine oHG oder eine KG, bei welcher eine GmbH persönlich haftender Gesellschafter ist. Die Fähigkeit von Kapitalgesellschaften, Mitglied einer Personengesellschaft des Handelsrechts zu sein, ist zwar grundsätzlich anzuerkennen und kann durchaus einem wirtschaftlichen Bedürfnis entsprechen (RGZ 105, 101; BGH GmbHRdsch. 1957, 41). Oft ist aber die GmbH & Co. als KG in der Weise organisiert, daß sie aus einer GmbH als Komplementär und mehreren Kommanditisten besteht, die wiederum mit den Gesellschaftern der GmbH personengleich sind, und die GmbH ist lediglich zu dem Zweck errichtet, in ihrer Eigenschaft als Komplementär der GmbH & Co durch ihren Geschäftsführer deren Geschäfte zu führen. Die beteiligten natürlichen Personen haften mithin sowohl in ihrer Eigenschaft als GmbH-Gesellschafter wie als Kommanditisten summenmäßig beschränkt. Für die Gesellschaftssteuer gelten die Anteile der Kommanditisten an der GmbH & Co als Gesellschaftsrechte an einer Kapitalgesellschaft (§ 6[I] Nr. 4 KVStG). Steuerumgehungen kann durch § 6 StAnpG begegnet werden, der dem Mißbrauch von Formen und Gestaltungsmöglichkeiten des bürgerlichen Rechts entgegentritt (RFH 10, 65; 17, 90; 21, 104; BFH BStBl 1958 III 462). Zivilrechtlich ist ein Durchgriff auf die persönliche Haftung der hinter der GmbH & Co. stehenden natürlichen Personen bei mißbräuchlichem Vorschieben der juristischen Person nicht ausgeschlossen (BGHZ 20, 13; 22, 230). Bei ersichtlicher Irreführung der Allgemeinheit wird auch der Registerrichter in der Lage sein, die Eintragung abzulehnen (Weipert in HGB-RGRK, 2. Aufl., § 105 Anm. 26).

Die Firma der GmbH & Co wird nach § 19[II] HGB gebildet; sie muß also die (unveränderte) Firma der GmbH als den „Namen" des persönlich haftenden Gesellschafters und einen auf eine Gesellschaft hinweisenden Zusatz enthalten. Die demnach denkbaren Firmenbildungen X-GmbH & Co.; X-GmbH & Co. KG; KG X-GmbH & Co. genügen aber nicht dem Erfordernis der Unterscheidbarkeit nach § 30 Abs. 1 HGB, weil der bloße Gesellschaftszusatz keine hinreichende Individualisierungskraft besitzt (BGHZ 46, 7 = NJW 1966, 1813 mit Anm. v. Jansen; BayObLG Rpfleger 1969, 95). Das Höchstmaß an Tarnung wird erreicht, wenn die GmbH & Co. das Handelsgeschäft einer oHG erwirbt oder wenn eine GmbH als einziger Komplementär in eine bestehende KG eintritt, weil dann die bisherige Firma der oHG oder KG nach den §§ 22, 24 HGB fortgeführt werden kann, wenn man die in diesen Vorschriften enthaltene Durchbrechung des Grundsatzes der Firmenwahrheit (KG DNotZ 1936, 966 = HRR 1937 Nr. 319) so weit erstrecken will. Scheidet eine GmbH als persönlich haftende Gesellschafterin aus der Kommanditgesellschaft aus, so darf die Gesellschaft gemäß § 24 HGB gleichwohl die Sachfirma der GmbH (ohne den Zusatz GmbH) fortführen; die Kommanditgesellschaft ist also nicht gehalten, nunmehr den Namen des neuen persönlich haftenden Geschafters in ihre Firma aufzunehmen (OLG Frankfurt OLGZ 1970, 259 = DNotZ 1970, 433; Heinemann, BB 1970, 563. Schrifttum: Henze, Die GmbH & Co. KG, 7. Aufl. 1965; Hesselmann, Die GmbH & Co., 11. Aufl. 1970; Ders., GmbHRdsch. 1958, 67; 1959, 99, 239; 1960, 200; 1963, 31; 1965, 13 u. 38; ders., BB 1964, 1351; Wiethölter, Aktuelle Probleme der GmbH & Co., 1967; Böttcher, GmbH & Co., 3. Aufl. 1970.

Sanierung einer Aktiengesellschaft durch Herabsetzung des Grundkapitals, verbunden mit Ausgabe neuer Aktien

Hauptversammlungsprotokoll.

„Verhandelt Berlin, den 25. Februar 1970.

Vor dem unterzeichneten Notar usw. erschienen zwecks Abhaltung einer Hauptversammlung der

,*Metallum*' Eisengießerei und Maschinenfabrik
Aktiengesellschaft in Berlin-Lichterfelde

1. vom Aufsichtsrat der Gesellschaft: . . . .
2. vom Vorstand der Gesellschaft: . . . .
3. verschiedene Aktionäre und Vertreter von Aktionären.
4. als Abschlußprüfer Wirtschaftsprüfer Dipl.-Kfm. Dr. *Prüfer*, Berlin.

Um 10 Uhr vormittags eröffnete Herr Bankdirektor *Fritz Behrens* als Vorsitzer des Aufsichtsrats die Hauptversammlung. Er stellte fest, daß die Berufung der Versammlung im zweiten Beiblatt des Bundesanzeigers vom 8. Januar 1971 erfolgt ist, und legte dieses Blatt vor, welches folgende Bekanntmachung enthält:

‚Metallum' Eisengießerei und Maschinenfabrik AG.
Berlin-Lichterfelde.

Einladung zur Hauptversammlung für Donnerstag, den 25. Februar 1971, vormittags 10 Uhr nach Berlin ...... in den Geschäftsräumen des Notars *Justus Siegel.*

Tagesordnung:

I. Vorlegung des Geschäftsberichts und des Berichts des Aufsichtsrats für das Geschäftsjahr 1970.
II. Vorlegung des Jahresabschlusses für das Geschäftsjahr 1970. Vorstand und Aufsichtsrat schlagen vor, den vom Vorstand aufgestellten Jahresabschluß durch die Hauptversammlung festzustellen.
III. Gewinnverteilung. Vorstand und Aufsichtsrat schlagen vor, zu beschließen, daß eine Gewinnverteilung nicht in Betracht kommt.
IV. Entlastung des Vorstandes und des Aufsichtsrats für das Geschäftsjahr 1970. Vorstand und Aufsichtsrat schlagen vor, dem Vorstand und dem Aufsichtsrat Entlastung zu erteilen.
V. Beschlußfassung über Auflösung der Rücklagen, Herabsetzung des Grundkapitals in vereinfachter Form von 4000000 DM auf 2000000 DM durch Herabsetzung des Nennbetrages der auf 1000 DM lautenden Aktien auf 500 DM zwecks Beseitigung einer Unterbilanz unter gleichzeitiger Erhöhung des auf 2000000 DM herabgesetzten Grundkapitals durch Ausgabe von 2400 neuen Inhaberaktien im Nennbetrage von je 500 DM und Umtausch der alten gegen neue Aktien unter Ausschluß des gesetzlichen Bezugsrechts der Aktionäre. Vorstand und Aufsichtsrat schlagen vor, so zu beschließen.

Der Jahresabschluß, der Geschäftsbericht und der Bericht des Aufsichtsrats liegen in den Geschäftsräumen der Gesellschaft in Berlin-Lichterfelde ..... zur Einsicht der Aktionäre aus. Zur Teilnahme an der Hauptversammlung und zur Ausübung des Stimmrechts sind alle Aktionäre berechtigt, die bis zum 18. Februar 1971 16 Uhr ihre Aktien oder den Hinterlegungsschein einer Bank bei der Gesellschaft oder ihre Aktien bei einem deutschen Notar oder einer Wertpapiersammelbank hinterlegen.

Berlin-Lichterfelde, den 6. Januar 1971.
Fritz Behrens
als Vorsitzer des Aufsichtsrats."

Alsdann stellte der Vorsitzende durch Aufforderung zur Meldung die erschienenen Aktionäre und Aktionärvertreter fest. Ein Verzeichnis der Teilnehmer an der Hauptversammlung wurde auf Grund der Meldungen aufgestellt, vom Vorsitzenden unterzeichnet und dieser Verhandlung als Anlage beigefügt. Das Verzeichnis ist vor der ersten Abstimmung zur Einsicht ausgelegt worden.

Die Vollmachten der im Aktionärverzeichnis aufgeführten Aktionärvertreter wurden vorgelegt und alsdann dem Vorstand der Gesellschaft zur Verwahrung ausgehändigt."

Vgl. §§ 118, 119, 121, 123, 124, 129, 130^{III}, 175^{II}, 176 AktG. Von der genauen Beachtung der Förmlichkeiten hängt die Ordnungsmäßigkeit der Hauptversammlung ab. Z. B. sind alle in der Versammlung gefaßten Beschlüsse unwirksam, wenn das Aktionärverzeichnis nicht nach Vorschrift aufgestellt war; vgl. den Fall RG 114, 202. Bei Mängeln der Einberufung kann jeder Aktionär die Beschlüsse durch Klage anfechten, während sonst dieses Recht in der Regel nur dem Aktionär zusteht, der in der Versammlung Widerspruch zur Niederschrift erklärt hat (§ 245^{I} Nr. 1 und 2).

Bei Einmann- und Familien-Aktiengesellschaften, deren Aktien sich in wenigen festen Händen befinden, ist die sog. „Universal-Versammlung" („improvisierte Hauptversammlung") üblich geworden, welche ohne förmliche Einberufung abgehalten wird, dafür aber die Zustimmung sämtlicher Aktionäre voraussetzt. Wäre die „Metallum"-Versammlung eine solche Universalversammlung, so würde der Protokolleingang nach Aufzählung der Erschienenen etwa lauten: „Die Herren ...... erklärten: Wir sind die alleinigen Aktionäre und Vertreter von Aktionären der ‚Metallum' usw. und beabsichtigen heute eine Hauptversammlung dieser Gesellschaft mit folgender Tagesordgung abzuhalten: ..... Eine Berufung der Hauptversammlung nach den Vorschriften des Aktiengesetzes und der Satzung sowie eine Auslegung der in § 125^{VI} AktG bezeichneten Vorlagen hat nicht stattgefunden, doch verzichten wir auf Befolgung dieser Vorschriften. Dem Notar wurde die dieser Verhandlung als Anlage beigefügte Bescheinigung des Bankhauses Ferdinand Schilling vom..... vorgelegt, nach welcher die sämtlichen Aktien der ‚Metallum' usw. für die darin aufgeführten Personen hinterlegt sind. Ferner wurden ..... Vollmachten vorgelegt. Hierdurch erlangte der Notar die Überzeugung, daß das gesamte Aktienkapital der Gesellschaft vertreten ist. Die Vollmachten wurden dem Vorstand der Gesellschaft zur Verwahrung ausgehändigt. Hierauf eröffnete um 10 Uhr vormittags Herr Bankdirektor Fritz Behrens als Vorsitzer des Aufsichtsrats die Hauptversammlung. Ein Verzeichnis der Teilnehmer an der Hauptversammlung wurde aufgestellt, vom Vorsitzenden unterzeichnet und dieser Verhandlung als Anlage beigefügt. Das Verzeichnis ist vor der ersten Abstimmung zur Einsicht ausgelegt worden."

Es folgt der sachliche Teil der Hauptversammlung. Zunächst werden die sog. „Regularien" erledigt:

„Hierauf wurde in die Tagesordnung eingetreten.

Zu Punkt I der Tagesordnung lagen der Geschäftsbericht des Vorstandes für das Geschäftsjahr 1970 und der Bericht des Aufsichtsrats vor. Der Vorsitzende des Vorstandes erläuterte den Geschäftsbericht, der Vorsitzende des Aufsichtsrats den Bericht des Aufsichtsrats. Der Geschäftsbericht wurde einstimmig gebilligt.

Zu Punkt II der Tagesordnung lagen die Jahresbilanz und die Gewinn- und Verlustrechnung (Jahresabschluß) für das Geschäftsjahr 1970 mit dem Bestätigungsvermerk des Abschlußprüfers und dem Bericht des Aufsichtsrats vor. Der Vorsitzende des Vorstandes erläuterte den Jahresabschluß und nahm zu dem ausgewiesenen Bilanzverlust Stellung. Der Jahresabschluß wurde von der Hauptversammlung einstimmig festgestellt."

Vgl. §§ 148, 160, 162, 167, 170 bis 173, 175^{II}, 176 AktG. Die Anwesenheit des Abschlußprüfers (Erschienener zu 4), ohne dessen Prüfung der Jahresabschluß nicht festgestellt werden kann (§ 162^{I}), ist nach § 176^{II} notwendig, weil der Jahresabschluß erst von der Hauptversammlung festgestellt werden soll (§ 172). Wenn die Hauptversammlung bei der Feststellung von dem vorgelegten geprüften Jahresabschluß abweicht, besteht so die Möglichkeit, daß der anwesende Abschlußprüfer die durch die Änderung erforderte Nachtragsprüfung (§ 173^{III}) sofort in der Hauptversammlung vornimmt und einen entsprechenden Bestätigungsvermerk erteilt.

Die Bilanz lautet (nach Zusammenziehung der Einzelposten auf der Aktiv- und Passivseite):

„Aktiva:			Passiva:	
Grundstücke, Maschinen, Außenstände usw.		3 941 000 DM	Grundkapital	4 000 000 DM
Verlust:			Rücklage . .	235 000 DM
a) Vortrag aus 1969 . .	337 000		Schulden . .	1 822 000 DM
b) Verlust des Geschäftsjahrs 1970	1 779 000	2 116 000 DM		
		6 057 000 DM		6 057 000 DM."

Der Referendar: Der in der Bilanz angegebene Verlust mit 2 116 000 DM übersteigt die Hälfte des Grundkapitals. Nach den §§ 92^{I}, 121^{I} AktG hätte der Hauptversammlung Anzeige von dem Verlust gemacht und die Anzeige in die öffentliche Bekanntmachung der Einberufung aufgenommen werden müssen.

Der Richter: Wenn wir feststellen wollen, ob das halbe Grundkapital verloren ist, so kommt es nicht nur auf den als „Verlust" bezeichneten Posten der Bilanz an, sondern es wird das gesamte bilanzmäßige Reinvermögen der Gesellschaft berücksichtigt, also auch der Reservefonds (BGH BB 1958, 1181). Nach Abzug des Reservefonds sind nur 1 881 000 DM, also weniger als die Hälfte, verloren.

Welchen Zweck hat die „Verlustanzeige-Hauptversammlung"? Vielfach wird angenommen, daß im Fall des § 92^{I} AktG (sowie des entsprechenden § 49^{III} GmbHG) unter allen Umständen

Konkurs- oder Vergleichsverfahren beantragt oder wenigstens die Auflösung der Gesellschaft beschlossen werden müßte. Konkurs und Vergleichsverfahren sind aber unzulässig, so lange keine Zahlungsunfähigkeit oder Überschuldung vorliegt. §§ 207 KO, 1 VerglO. Im übrigen kann die Hauptversammlung die verschiedenartigsten Maßnahmen beschließen: Auflösung und Liquidation der Gesellschaft, Kapitaländerungen, Aufnahme von Anleihen, Erhebung einer Regreßklage gegen Vorstand und Aufsichtsrat usw. Sie kann aber auch von jedem besonderen Beschluß absehen und die weitere Entwicklung der Dinge abwarten. Bisweilen wird man sogar durch anderweite Bilanzierung den Verlust oder doch die Voraussetzungen des § 92 I AktG aus der Welt schaffen. Gut fundierte Gesellschaften legen nämlich im allgemeinen Wert darauf, ihre Aktiven in der Bilanz möglichst niedrig zu bewerten, gewisse Posten, wie Büroutensilien und Maschinen, werden häufig bis auf 1 DM abgeschrieben. Ferner gehört es zum geschäftlichen guten Stil, die aus der Vorbilanz übernommenen Aktiva manchmal mit einer niedrigeren, keinesfalls aber mit einer höheren Summe einzusetzen, als sie im Vorjahr zu Buch gestanden hatten. Ein handelsrechtlicher Zwang zu solcher „Bilanzkontinuität" besteht jedoch nicht, vielmehr schreibt das Gesetz im wesentlichen nur vor, daß Gegenstände des Anlagevermögens mit dem Anschaffungs- oder Herstellungspreis, Gegenstände des Umlaufsvermögens ebenfalls mit diesem Preis, höchstens jedoch mit dem niedrigeren Börsen- oder Marktpreis zu bewerten sind (§§ 153 bis 155 AktG). Die Verlustbilanz kann nun den Anlaß geben, stille Reserven früherer Jahre, die in der niedrigeren Bewertung einzelner Aktivposten lagen, aufzulösen, indem der abgeschriebene Posten innerhalb der zulässigen Grenzen wieder erhöht wird. Soweit es sich übrigens um die Frage handelt, ob das halbe Kapital verloren ist, dürfen die Werte grundsätzlich ohne Rücksicht auf die §§ 153, 155 und auf frühere Bilanzen so beziffert werden, wie die voraussichtliche Verwertung sich gestalten würde: „Abwicklungs-" oder „Schmelzbilanz" im Gegensatz zur normalen „Ertragsbilanz" (vgl. § 270 Abs. 3 AktG).

Das Steuerrecht verlangt Bilanzkontinuität, weil andernfalls der Jahresgewinn willkürlich beeinflußt werden könnte. Die Folge dieses vom Handelsrecht abweichenden Grundsatzes ist, daß viele Unternehmen, die aus handels- und kreditpolitischen Erwägungen handelsrechtlich zulässige Bewertungen vornehmen, besondere sog. Steuerbilanzen errichten müssen, die wiederum nur für steuerliche Zwecke bestimmt sind, also auch nicht veröffentlicht werden. Der Begriff der Bilanzkontinuität ergibt sich aus § 6 EStG. Diese Vorschrift ist nach den §§ 6 KStG, 7 GewStG auch im Körperschaftsteuerrecht und im Gewerbesteuerrecht anzuwenden. Darnach sind Wirtschaftsgüter am Beginn des Jahres mit dem Wert anzusetzen, mit dem sie in der Schlußbilanz des Vorjahres ausgewiesen werden. Die eingesetzten Werte sind dann im Laufe des Jahres je nach der Art des Wirtschaftsgutes entweder unverändert fortzuführen oder aber um die Absetzung für Abnutzung zu mindern.

Der nächste Punkt der Tagesordnung, die Beschlußfassung über Gewinnverteilung, ist nicht so überflüssig, wie es angesichts der Verlustbilanz den Anschein hat. Denn die maßgebliche Bilanz soll ja erst von der Hauptversammlung festgestellt werden (§ 173 I AktG), die theoretisch die Möglichkeit hat, die Bilanz zu verbessern und so eine Gewinnverteilung zu ermöglichen:

„Zu Punkt III der Tagesordnung wurde einstimmig beschlossen, daß eine Gewinnverteilung nicht in Betracht kommt.

Zu Punkt IV der Tagesordnung wurde den einzelnen Mitgliedern des Vorstandes und sodann den einzelnen Mitgliedern des Aufsichtsrats in getrennten Abstimmungen Entlastung für das Geschäftsjahr 1970 erteilt. Die Aktionäre, denen Entlastung erteilt werden soll, haben hierbei nicht mitgestimmt."

Vgl. § 136 I AktG. — Nunmehr wird über die außerordentlichen Maßnahmen zur Beseitigung des Verlustes verhandelt:

„Zu Punkt V der Tagesordnung faßte die Hauptversammlung einstimmig folgenden Beschluß:

1. Die Rücklage wird zum teilweisen Ausgleich des Verlustes aufgelöst.
2. Das Grundkapital der Gesellschaft wird in vereinfachter Form von 4000000 DM auf 2000000 DM herabgesetzt und zwar in der Weise, daß der Nennbetrag der Aktien von 1000 DM auf 500 DM herabgesetzt wird.
3. Die Aktionäre haben zum Zweck der Herabsetzung des Nennbetrages ihre Aktien nebst Gewinnanteil- und Erneuerungsscheinen innerhalb einer vom Aufsichtsrat zu bestimmenden und bekannt zu machenden Frist einzureichen.

4. Die Herabsetzung des Grundkapitals dient der Verringerung der Unterbilanz.
5. Das Grundkapital der Gesellschaft soll um 1 200 000 DM (i. W.) durch Ausgabe von 2 400 auf den Inhaber lautenden Aktien zum Nennbetrag von je 500 DM (i. W.) erhöht werden. Die jungen Aktien werden zum Parikurs ausgegeben. Sie sind vom 1. Januar 1971 ab am Gewinn beteiligt.
6. Das gesetzliche Bezugsrecht der Aktionäre wird ausgeschlossen.
7. Die jungen Aktien werden zunächst den gegenwärtigen Aktionären zwecks Umtausches ihrer alten Aktien zum Kurs von 50% unter Zuzahlung von 50% des Nennwerts angeboten. Die bis zum 31. März 1971 nicht eingetauschten jungen Aktien erhält das Bankhaus *Ferdinand Schilling*, welches sich zur Abnahme verpflichtet hat, gegen Barzahlung des Nennwerts.
8. Die in § 1 vorgeschriebene Herabsetzung des Nennbetrages betrifft diejenigen alten Aktien nicht, welche gemäß § 7 in junge Aktien gegen Zuzahlung von 50% umgetauscht werden.
9. Auch der durch Eintausch alter Aktien gegen Zuzahlung gemäß § 7 erzielte Gewinn wird zur Verringerung der Unterbilanz verwendet.
10. Der Aufsichtsrat wird ermächtigt, nach Durchführung der Zusammenlegung den § 2 der Satzung der veränderten Ziffer des Grundkapitals gemäß zu fassen."

Vgl. §§ 186^{III}, 222, 229—233 AktG. Der Beschluß bedurfte einer ¾Mehrheit des vertretenen Grundkapitals. Der gesetzlich zulässige Mindestbetrag der Aktie ist 50 DM (§ 8^{I} AktG).

Der Referendar: Ich sehe den Nutzen der Kapitalherabsetzung nicht ein. Die geschäftlichen und finanziellen Schwierigkeiten der AG werden doch in keiner Weise durch sie gebessert. Die Gesellschaft hätte sich damit begnügen sollen, durch Ausgabe der neuen Aktien frisches Geld hereinzubekommen. Ist die Kapitalherabsetzung nicht auf ganz andere Fälle berechnet?

Der Richter: Kapitalherabsetzungen werden aus zwei wirtschaftlich entgegengesetzten Gründen vorgenommen. Entweder braucht die Gesellschaft nicht mehr ihr ganzes Kapital und will einen Teil davon zurückzahlen; das geschieht z. B. bei Terraingesellschaften, die einen Teil ihres Grundbesitzes versilbert haben und neue Erwerbungen nicht machen wollen (effektive Herabsetzung). Oder aber es geht der Gesellschaft schlecht, und die Herabsetzung soll der Sanierung des Unternehmens dienen (nominelle Herabsetzung). Aktiengesellschaften und andere Kapitalgesellschaften müssen nämlich nach zwingender Gesetzesvorschrift den Betrag ihres Stammkapitals sowie etwaige Rücklagen als sog. „unechte Passiva" auf der Passivseite der Bilanz einstellen und dürfen Gewinne erst verteilen, wenn die Bilanz einen Gewinn aufweist. §§ 151^{I} Passivseite I, II AktG, $42^{4,5}$ GmbHG, $33d^{I}$ B I, II, $33f^{II}$ GenG. „Gewinn" der juristischen Person ist der Überschuß des gegenwärtigen Reinvermögens über die unechten Passiva. Nach der „Metallum" bilanz beträgt das Reinvermögen der Gesellschaft 3 941 000 — 1 822 000 = 2 119 000 DM, also reichlich die Hälfte des Grundkapitals. Werden nun im nächsten Jahr beispielsweise 400 000 DM verdient, so könnte dieser Betrag nicht als Gewinn verteilt werden, weil bis zur Erreichung des vollen Grundkapitals von 4 Millionen immer noch etwa 1½ Millionen fehlen. Bei gleichbleibenden Geschäftserträgen würde es 5 Jahre dauern, bis der buchmäßige Verlust beseitigt und eine Gewinnverteilung statthaft wird. Nach Durchführung der Kapitalherabsetzung beträgt das als unechtes Passivum einzustellende Grundkapital nur 2 Millionen, während effektiv etwas über 2 Millionen als Gesellschaftsvermögen vorhanden sind, und jeder in Zukunft erzielte Gewinn kann alsbald zur Verteilung gebracht werden, soweit er nicht nach den §§ 150, 232 AktG in die gesetzliche Rücklage einzustellen ist.

Referendar: Warum gibt der Beschluß nicht näher an, in welcher Weise der Reservefonds flüssig gemacht wird?

Richter: Weil der Reservefonds keine besonders angelegte Masse, sondern nur ein rechnerisch und rechtlich besonders qualifizierter Teil des Gesellschaftsvermögens ist. Er dient zum Ausgleich von Verlusten (§ 150^{III} AktG) und darf nicht unter die Aktionäre verteilt werden. Die realen Werte, die dem Betrag von 235000 DM entsprechen, stecken mit in den 3941000 DM Aktiven.

Die aktienrechtliche Bilanzierung und Gewinnermittlung unterscheidet sich grundlegend von derjenigen des Einzelkaufmanns, der OHG und KG Letztere stellen in ihre Bilanz als Aktiva die vorhandenen Vermögenswerte, als Passiva die Schuldverpflichtungen der Firma ein. Übersteigen die Aktiva die Passiven, so wird der Unterschiedsbetrag, da jede Bilanz auf beiden Seiten mit gleichen Summen abschließen muß, als „Kapitalkonto" auf die Passivseite geschrieben. Wäre die „Metallum" eine Einzelfirma, so würde die Bilanz lauten:

Aktiva:		Passiva:	
Grundstücke usw.	3941000 DM	Schulden	1822000 DM
		Kapitalkonto	2119000 DM
	3941000 DM		3941000 DM

Das bedeutet, daß der Inhaber ein Reinvermögen in Höhe des Kapitalkontos im Geschäft hat. Das Kapitalkonto der Firmen des A-Registers ist ein beweglicher Faktor, es ändert sich alljährlich, einerseits durch Gewinn und Verlust, andrerseits durch Entnahmen. Dagegen verlangen bei den juristischen Personen die angeführten gesetzlichen Bestimmungen, daß die Gesellschaft ihr Stammkapital als Passivum in die Bilanz setzen muß. Vermehrt sich das Vermögen der Gesellschaft über das Stammkapital, so geschieht der Ausgleich durch einen Posten „Reservefonds", „Gewinn", „Erneuerungskonto" od. dergl. Sinkt das Effektivvermögen unter den Betrag des Stammkapitals, so wird der Ausgleich durch einen Posten „Verlust" unter den Aktiven bewirkt, wie wir das bei der „Metallum" gesehen haben.

Der oben entwickelte „Gewinn"begriff der juristischen Person (Gewinn = Überschuß des Reinvermögens über Stammkapital + etwaige Reservefonds u. dgl.) gilt nur handelsrechtlich für die Gewinnverteilung. Steuerrechtlich ist „Einkommen" der im letzten Geschäftsjahr eingetretene Vermögenszuwachs, vermehrt um den Wert der Entnahmen und vermindert um den Wert der Einlagen, gerade wie bei den Firmen des A-Registers. §§ 6^1 KStG, 4, 8 EStG; Barth, NJW 1959, 2233.

Ein Gegenstück zu der nominellen Kapitalherabsetzung zwecks Sanierung einer notleidenden AG ist die Kapitalerhöhung aus Gesellschaftsmitteln nach dem Gesetz vom 23. Dezember 1959 (BGBl. I 798) i.d.F. des § 33 EG-AktG vom 6. September 1965 (BGBl. I 1185); für die AG und die KGaA gelten insofern jetzt die §§ 207ff. AktG 1965. Durch sie fließt der Gesellschaft kein neues Kapital zu, sondern als freie Rücklagen vorhandene Mittel der Gesellschaft werden in gebundenes Nennkapital umgewandelt. Der Form nach liegt eine Erhöhung des Nennkapitals vor, der Sache nach eine Kapitalberichtigung in Anpassung an die gute Vermögenslage der Gesellschaft. Da der Aktionär durch seine Aktie am gesamten Vermögen der Gesellschaft beteiligt war und diese Beteiligung an dem unverändert bleibenden Gesamtvermögen nicht beeinträchtigt werden soll, sorgt das Gesetz in § 9 (§ 212 AktG) dafür, daß der Aktionär nach der Kapitalerhöhung mit seinen in der Anzahl oder im Nennwert entsprechend erhöhten Aktien au dem erhöhten Nennkapital beteiligt ist. Diese Art der Kapitalerhöhung ist zulässig bei AG, KGaA und GmbH. Da sich die Vermögenslage der Gesellschaft und der Gesellschafter nicht ändert, hat der Vorgang auch keine steuerlichen Folgen (Gesetz vom 30. Dezember 1959, BGBl. I 834). Vgl. dazu Keidel-Schmatz, Registerrecht, 2. Aufl. S. 105a; Geßler, BB 1960, 6; Zintzen, GmbHRdsch. 1960, 2; Wilhelmi, NJW 1960, 169; Schippel, DNotZ 1960, 353.

Nach dem zweiten die Ausgabe der neuen Aktien betreffenden Teil des Beschlusses haben die alten Aktionäre die Wahl, entweder den Nennbetrag ihrer Aktien im Verhältnis 2 : 1 herabsetzen zu lassen, oder aber für eine Stammaktie von 1000 DM und eine bare Zuzahlung von 500 DM zwei junge Aktien über je 500 DM zu beziehen. Eine solche Verbindung der Herabsetzung des Nennbetrages (oder der Zusammenlegung, vgl. § 222 Abs. 4 AktG) der Aktien mit dem Umtausch der herabgesetzten

Aktie gegen eine neue bei Zuzahlung eines gewissen Betrages ist zulässig, wenn das Opfer der die Zuzahlung verweigernden Aktionäre nicht größer ist als das Opfer, das die andern in Gestalt der Barzahlung bringen. Dabei kommt es auf den Nennbetrag der Aktie an. Dieser Grundsatz ist hier gewahrt. Dagegen würde ein Beschluß, der nur den nicht zuzahlenden Aktionären die Herabsetzung ihrer Aktien oder eine schärfere Herabsetzung als den zur Zuzahlung bereiten gewissermaßen als Strafe androht, gegen den Grundsatz verstoßen, daß alle Aktionäre nach Maßgabe der Satzung gleichmäßig zu behandeln sind und keiner zu Leistungen über die Aktie hinaus gezwungen werden darf (§§ 11, 54^{I} AktG). RG 52, 287; 80, 86.

Je nachdem mehr oder weniger Aktionäre Gebrauch vom Umtauschrecht machen, kann sich nach Durchführung des Beschlusses eine verschiedene Höhe des Grundkapitals ergeben. Daher bedarf der die Höhe des Grundkapitals festsetzende § 2 des Gesellschaftsvertrags einer neuen Fassung. Die Delegation an den Aufsichtsrat wird durch § 179^{I} S. 2. zugelassen.

Gelingt es, sämtliche neuen Aktien durch Umtausch unterzubringen, so bleiben zum Schluß 1400000 DM; wird überhaupt nichts eingetauscht, 2000000 DM alte Aktien. Hierzu treten in beiden Fällen die 1200000 DM neuen Aktien. An neuem Geld erhält die Gesellschaft im ersten Fall nur 600000 DM, im zweiten dagegen 1200000 DM.

Abschluß des Protokolls:

„Sämtliche Beschlüsse wurden einstimmig durch Zuruf gefaßt und vom Vorsitzer festgestellt und verkündet."

Wenn die Art und das Ergebnis der Abstimmung sowie die Feststellung des Vorsitzers über die Beschlußfassung in der Niederschrift fehlen, droht Nichtigkeit (§§ 130^{II}, 241 Nr. 2 AktG).

„Um 11 Uhr 55 Minuten vormittags wurde die Hauptversammlung geschlossen.

Die Verhandlung ist vorgelesen, von den Beteiligten genehmigt und von dem Vorsitzenden der Versammlung eigenhändig, wie folgt, unterschrieben worden:

Fritz Behrens.

Geschlossen: *Justus Siegel,*

Notar."

Obgleich das Protokoll einstimmig gefaßte Beschlüsse beurkundet, liegt doch notariatstechnisch keine Verhandlung über ein Rechtsgeschäft vor. Der Notar hat vielmehr den Verlauf der Hauptversammlung als bloße Tatsache beurkundet, ähnlich wie wenn er den Hergang einer Verlosung, einer Versteigerung, das Angebot einer Leistung od. dgl. beurkunden würde. Hieraus folgt die Unanwendbarkeit der nur für die Beurkundung von Willenserklärungen geltenden Vorschriften der §§ 6ff. BeurkG und auch die Vorschriften der §§ 36ff. BeurkG über die Beurkundung nicht rechtsgeschäftlicher Vorgänge werden gemäß § 59 BeurkG durch § 130 AktG ersetzt. Beispielsweise bedarf es keiner Vorlesung, Genehmigung und Unterschrift; in der Praxis ist jedoch die Vorlesung sowie die Unterzeichnung durch den Vorsitzenden der Hauptversammlung üblich.

Anmeldung und Eintragung. Hätte die Hauptversammlung der „Metallum" nur die Regularien erledigt, so wären nach § 130^{V} AktG beglaubigte Abschrift des Hauptversammlungsprotokolls nebst Belegblatt über die Veröffentlichung der von der Hauptversammlung genehmigten Bilanz und etwaige Aufsichtsratswahlen (§§ 106, 177^{II}) dem Registergericht einzureichen, ebenso der Geschäftsbericht nebst dem Bericht des Aufsichtsrats (§ 177^{I}). Bei Satzungsänderungen findet eine förmliche Anmeldung statt, die im Fall einer Änderung des Grundkapitals durch die Vorstandsmitglieder in der vertretungsberechtigten Zahl und den Vorsitzer des Aufsichtstats oder seinen Stellvertreter zu bewirken ist (§§ 184^{I}, 195^{I}, 207^{II}, 223 AktG). Denn bei AG, KG a. A., GmbH, Genossenschaft und e. V., also bei allen juristischen Personen, erlangen Statutenänderungen erst durch konstitutive Eintragung in das Register Wirksamkeit, gleichgültig ob der Gegenstand der Satzungsänderung an sich zu den in das Register aufzunehmenden Bestimmungen (§ 39) gehört oder nicht. Man soll aus dem Register und den Registerakten das jeweils maßgebende Statut zuverlässig feststellen können. §§ 181^{III} AktG, 54 GmbHG, $16^{III,IV}$ GenG, 71 BGB.

Wegen der durch Ausgabe der neuen Aktien entstehenden Gesellschaftssteuer (§§ 2 Nr. 1, 6^{I} Nr. 1, 10^{I} KapVStG) wird der Anmeldung des Beschlusses die Unbedenklichkeitsbescheinigung des Finanzamts beigefügt.

Es handelt sich um eine Kapitalherabsetzung in vereinfachter Form (§§ 229—236), die sich von der ordentlichen Kapitalherabsetzung (§§ 222—228) durch den Wegfall der dem Schutz der Gläubiger dienenden Sperrfrist von 6 Monaten (§ 225) unterscheidet. Die vereinfachte Kapitalherabsetzung ist nur unter den Voraussetzungen des § 229 statthaft. Sie beruht auf dem Gedanken, daß bei einer Kapitalherabsetzung zum Zweck der Sanierung eine Abschwächung des Gläubigerschutzes tragbar ist, weil die Gläubiger bei der bloßen Anpassung des Grundkapitals an die bereits eingetretene Senkung des Vermögensstandes weniger gefährdet sind als bei einer zu einer Vermögensminderung führenden Herabsetzung. Dem Schutz der Gläubiger dienen die §§ 230 bis 233 AktG, die vor allem verhindern sollen, daß die Gesellschaft die aus der Kapitalherabsetzung und der Auflösung der Rücklagen gewonnenen Beträge statt für den Ausgleich von Wertminderungen, die Deckung sonstiger Verluste oder die Auffüllung der gesetzlichen Rücklage zu Ausschüttungen an die Aktionäre verwendet. Der Registerrichter hat noch die besonderen Voraussetzungen des § 229^{II} zu prüfen. Nachdem er die Anmeldung als ordnungsgemäß befunden hat, verfügt er:

„Sp. 1: 37.
Sp. 6: Die Hauptversammlung vom 25. Februar 1971 hat die Erhöhung des Grundkapitals um 1 200 000 DM beschlossen. Gleichzeitig findet eine Herabsetzung des Grundkapitals in vereinfachter Form durch den Umtausch alter Aktien zum Kurse von 50% gegen neue Aktien unter Zuzahlung von 50% und durch Herabsetzung des Nennbetrages der nicht eingetauschten Aktien im Verhältnis 2 : 1 statt.“

Nachdem der Vorstand die Herabsetzung und Erhöhung des Grundkapitals durchgeführt hat (§§ 188, 227, 229^{III} AktG), wird auf Grund weiterer Anmeldung eingetragen:

„Sp. 1: 38.
Sp. 3: 2 805 000 DM.
Sp. 6: Die Herabsetzung und Erhöhung des Grundkapitals sind durchgeführt. Das Grundkapital beträgt jetzt 2 805 000 DM. Durch Beschluß des durch die Hauptversammlung vom 25. Februar 1971 dazu ermächtigten Aufsichtsrats vom 30. April 1971 ist § 2 der Satzung (Höhe und Einteilung des Grundkapitals) geändert.“

Der bisherige Betrag des Grundkapitals in Spalte 3 wird gerötet.

Gleichzeitig mit dieser Anmeldung hat der Notar gemäß § 181^{I} S. 2 AktG i. d. F. des Art. 2 Nr. 9 KoordG den vollständigen Wortlaut der geänderten Satzung eingereicht. Der Wortlaut muß mit einer Bescheinigung des Notars versehen sein, daß die geänderten Bestimmungen mit dem Beschluß über die Satzungsänderung und die unveränderten Bestimmungen mit dem zuletzt zum Handelsregister eingereichten vollständigen Wortlaut übereinstimmen. Dadurch soll sichergestellt werden, daß der neueste Stand der Satzung stets aus einer einzigen, bei den Registerakten befindlichen Urkunde für jedermann ersichtlich ist.

Liste der Genossen

Warum führt das Registergericht keine Listen der Aktionäre oder GmbH-Gesellschafter, aber eine Liste der Genossen?

Den Gläubigern der AG und GmbH haftet nur die Gesellschaft mit ihrem ein für alle Mal feststehenden Kapital. Eine unmittelbare Inanspruchnahme der Gesellschafter durch die Gesellschaftsgläubiger ist ausgeschlossen. Durch Wechsel der Gesellschafter wird das Gesellschaftskapital nicht berührt. Folglich genügt es für diese reinen Kapitalgesellschaften, wenn wir aus dem zu den Registerakten einzureichenden Gesellschaftsvertrag die Namen der Gründer und die Höhe der Einzelbeteiligungen erfahren. Für die Schulden der Genossenschaft haften dagegen die Genossen dieser persönlich (§ 2 GenG), wenn auch bei der Genossenschaft mit beschränkter Haftpflicht unter Beschränkung auf eine im Statut festgesetzte Haftsumme, und diese Haftung bildet eine wesentliche Grundlage des Genossenschaftskredits. Die Genossenschaft ist auf Wechsel der Mitglieder angelegt (§ 1). Mit jedem Eintritt oder Ausscheiden eines Genossen, mit jeder Übernahme oder Kündigung eines weiteren Geschäftsanteils vergrößert oder verringert sich die Summe der Geschäftsanteile, also die Kapitalbasis der Genossenschaft, außerdem selbstverständlich die persönliche Haftung der Genossen. Aus diesen Gründen macht das Gesetz die Begründung und Beendigung der Mitgliedschaft von einer konstitutiven Eintragung in der Liste der Genossen abhängig (§§ 15^{III}, 70^{II}, 137^{III}). — Zum Genossenschaftsregister, welches über die Rechtsverhältnisse der Genossenschaft als solche Auskunft gibt und dem Handelsregister B entspricht, verhält sich die Genossenliste wie eine Art Nebenregister. Die „Einreichungen" zur Liste der Genossen müssen durch den Vorstand geschehen (§§ 15, 69, 77^{II}, 137). Sie brauchen nicht beglaubigt zu sein, während für „Anmeldungen" zum Genossenschaftsregister dieselben Vorschriften gelten wie im Handelsregisterrecht (§§ 157 GenG); sie müssen also öffentlich beglaubigt sein (vgl. Jansen, FGG, 2. Aufl. § 147 Rdn. 5). Eintragungen in der Liste der Genossen kommen naturgemäß weit häufiger vor, als im Genossenschaftsregister.

Beitritt. Übernahme weiterer Geschäftsanteile. Kündigung. Todesfall.

„An das Amtsgericht

Lichterfelde.

Zwecks Eintragung in die Liste der Genossen überreichen wir beifolgend:

1. Beitrittserklärungen der Genossen *Ackermann, Baum, Conrad*......
2. Erklärungen der Genossen *Deutsch, Eisner, Garbe* (Liste der Genossen Nr. 25, 39, 47)...... betreffend Übernahme je eines weiteren Geschäftsanteils, indem wir versichern, daß die bisherigen Geschäftsanteile dieser Genossen erreicht sind",

Bei der eingetragenen Genossenschaft mit beschränkter Haftpflicht beschränkt sich die persönliche Haftung des Genossen auf seine „Haftsumme". Die Haftsumme wird statutarisch festgesetzt und muß mindestens ebenso hoch sein wie der Geschäftsanteil (§§ 2^2, 131; Ausnahme: § 139a). Nach den §§ 134f. dürfen sich bei einer eGmbH die Genossen nach näherer Bestimmung des Statuts mit mehreren Geschäftsanteilen beteiligen, sofern der erste Geschäftsanteil voll eingezahlt ist. Durch Übernahme weiterer Anteile erhöht sich auch die persönliche Haftung des Genossen auf das entsprechende Vielfache der Haftsumme (§ 135). Dagegen behält er einfaches Stimmrecht (§ 43^{II}): denn die Genossenschaft ist mehr Personal- als Kapitalgesellschaft.

„3. die vor dem 1. Januar 1971 eingegangenen Kündigungserklärungen der Genossen *Hönig Janz, Kümmel* (Nr. 13, 68, 83)...... zum 31. März 1971."

Vgl. § 65. Das Geschäftsjahr der Genossenschaft läuft vom 1. April bis zum 31. März.

„4. Sterbeurkunde des Genossen *Georg Schröter* (Nr. 101) vom 5. Januar 1971. Erbe des *Schröter* ist sein Vater, Gärtner *Ernst Schröter* in Südende, geworden.

Südende, den 12. Januar 1971.

Südender Spar- und Vorschußverein eGmbH.

Der Vorstand.

Bithorn. *Thieme.*"

Vgl. § 77. Die Eintragung des Ausscheidens im Todesfall ist ausnahmsweise rechtsbekundend. Daß überhaupt die Mitgliedschaft durch Tod endigt, hängt wiederum mit dem stark personenrechtlichen Charakter der Genossenschaft zusammen, denn bei den reinen Kapitalgesellschaften sind die Anteilsrechte übertragbar und vererblich, und der Tod ist auf die Mitgliedschaft ohne Einfluß. Der verstorbene Genosse scheidet aber nicht, wie es eigentlich sein müßte, sofort, sondern erst am Schluß des laufenden Geschäftsjahrs aus (wobei es selbstverständlich gleichgültig ist, ob mehr oder weniger als drei Monate zwischen Tod und Ende des Geschäftsjahrs liegen). Für den Rest des laufenden Geschäftsjahrs wird die Mitgliedschaft durch die Erben „fortgesetzt". Grund: es müßte sonst für die Auseinandersetzung mit den Erben jedesmal eine besondere Bilanz auf den Todestag aufgestellt werden.

Genossen können nicht nur natürliche Personen, sondern auch Handelsgesellschaften aller Art und eingetragene Genossenschaften sein (vgl. § 9^{II} S. 2). Besonders der letzte Fall ist wichtig. Die Kreditgenossenschaften z. B. sind in ein System von Ober- und Untergenossenschaften eingegliedert. Wird nun die einer Genossenschaft angehörige Untergenossenschaft oder Handelsgesellschaft aufgelöst, so wird wegen Gleichheit der Rechtslage § 77 entsprechend angewandt. RG 122, 253.

Aus dem Genossenschaftsregister stellt der Rechtspfleger fest, daß Bithorn und Thieme den Vorstand des Spar- und Vorschußvereins bilden. Die Unterschriftszeichnung unter der Einreichung stimmt mit der zu den Registerakten überreichten (§§ 11^{III}, 28^{II}) überein. Den Formerfordernissen der §§ 15, 131a GenG, § 7 GenRegVO ist genügt. Bedenken gegen die Echtheit der Unterschriften und die Wirksamkeit der Beitrittserklärungen sind nicht erkennbar (§ $29^{III, IV}$ GenRegVO). — Verfügung des Rechtspflegers:

„1. Einzutragen in die Liste der Genossen des Südender Spar- und Vorschußvereins eGmbH.

a) Sp. 1—4:

518	15. Januar 1971	*Ackermann, Richard,* Bahnarbeiter .	Südende
519	15. Januar 1971	*Baum, Max,* Kaufmann	Lankwitz
520	15. Januar 1971	*Conrad, Adolf,* Schlosser	Südende

....

b) Sp. 5—6, zur lfd. Nr. 25, 39, 47:
Sp. 5: 15. Januar 1971.
Sp. 6: 1.

c) Sp. 7—9, zur lfd. Nr. 13, 68, 83:
Sp. 7: 15. Januar 1971.
Sp. 8: Aufkündigung zum 31. März 1971.
Sp. 9: 31. März 1971.

d) Sp. 7—9, zur lfd. Nr. 101:
Sp. 7: 15. Januar 1971.
Sp. 8: gestorben am 5. Januar 1971.
Sp. 9: 31. März 1971."

Das Formular der Liste beruht auf der GenRegVO vom 22. November 1923 (RGBl. I 1123), abgedruckt bei Jansen, FGG, Anl. 4. Sp. 1 enthält die laufende Nummer, Sp. 2—4 die Neueintragungen von Genossen, Sp. 5/6 die weiteren Geschäftsanteile, Sp. 7—9 das Ausscheiden, Sp. 10 Bemerkungen.

„2. Nachricht an Vorstand und Genossen, zu 1d an Gärtner *Ernst Schröter* in Südende."

Eine Bekanntmachung der Eintragungen in die Liste der Genossen findet (zum Unterschied von den Eintragungen ins Genossenschaftsregister, §§ 156 GenG) nicht statt; man begnügt sich mit der Bekanntmachung des Gesamtbestandes der Genossen bzw. Geschäftsanteile durch die Genossenschaft (unten S. 318).

Für die Eintragungen in das Genossenschaftsregister und die Liste der Genossen werden keine Gebühren erhoben, um das Genossenschaftswesen zu fördern (§ 83 KostO).

Vormerkung. Eingang vom 12. Februar 1971:

„Ich bin Genosse des Südender Spar- und Vorschußvereins eGmbH. und als solcher in der Liste der Genossen unter Nr. 128 mit 2 Geschäftsanteilen eingetragen. Da ich meine Mitgliedschaft zum 31. März ds. Js. kündigen wollte, habe ich am 31. Dezember 1970 mittags gegen ½ 1 Uhr meinen Lehrling *Hans Kratzer* mit dem Kündigungsschreiben in das Geschäftslokal des Vereins geschickt. *Kratzer* traf dort den Direktor *Bithorn* eben im Begriffe, zur Bahn zu gehen. *Bithorn* sagte, daß er zu einer wichtigen Konferenz nach Berlin müsse, und daß *Kratzer* gegen Abend ins Geschäftslokal oder in seine Wohnung kommen solle. Als *Kratzer* zwischen 5 und 6 Uhr nachmittags wiederkam, war Direktor *Bithorn* noch nicht zurückgekehrt. Nach 9 Uhr suchte er ihn mit dem Schreiben in seiner Privatwohnung auf, darauf erklärte *Bithorn*: ‚Herr *Unverricht* soll mich wenigstens am Abend ungeschoren lassen, die Sache wird wohl so wichtig nicht sein,' und nahm den Brief nicht ab. Am 3. Januar 1971 habe ich dann die Kündigung der Genossenschaft durch den Gerichtsvollzieher zustellen lassen.

Der Vorstand weigert sich, meine Kündigung als rechtzeitig anzuerkennen, und hat sie nicht zur Eintragung in die Liste der Genossen eingereicht. Daher beantrage ich:

gemäß § 71 GenG in der Liste der Genossen vorzumerken, daß ich durch Kündigung zum 31. März d. J. ausgeschieden bin.

Kündigung mit Zustellungsurkunde und eidesstattliche Versicherung des *Hans Kratzer* anbei.

Gotthold Unverricht, Friseur"

Geht eine Kündigung oder sonstige empfangsbedürftige Willenserklärung dem Empfänger infolge eines von ihm verschuldeten Umstandes nicht rechtzeitig zu, so darf sich der Empfänger auf die Verspätung nicht berufen, weil das gegen Treu und Glauben verstieße. RG 58, 408; JW 1919, 569[2]. Die Genossenschaft muß also die am 3. Januar gemäß § 132[I] BGB zugestellte Kündigung so gegen sich gelten lassen, als wäre sie ihr bereits am 31. Dezember, mithin fristgerecht (§ 65[II] S. 2 GenG), zugegangen. Obgleich Unverricht hiernach sich sachlich im Recht befindet, bliebe er doch weiter Genosse, wenn sein Ausscheiden nicht vor dem 31. März 1971 in der Liste vermerkt wird, und zur Einreichung der Kündigung kann er den Vorstand nur mit Hilfe eines langwierigen Prozesses zwingen. Die Hinausschiebung der Eintragung ist für ihn um so gefährlicher, als das Ausscheiden nach § 75 GenG als nicht erfolgt gilt, wenn die Genossenschaft binnen sechs Monaten nach dem Ausscheiden des Genossen aufgelöst wird, und er unter Umständen im Genossenschaftskonkurse nachschußpflichtig bleibt, wenn das Konkursverfahren innerhalb von achtzehn Monaten nach dem Ausscheiden eröffnet worden ist (§ 115b). Hier hilft die „Vormerkung", deren Wirkung darin besteht, daß das Ausscheiden des Genossen, falls es später auf Grund beglaubigter Anerkennung des Vorstandes oder rechtskräftigen Urteils festgestellt wird, als am Tage der Vormerkung eingetragen gilt (§ 71[II]). Vormerkungen sind auf einfachen Antrag des Genossen — ohne Erlaß einer einstweiligen Verfügung und ohne Glaubhaftmachung — einzutragen (§ 35 GenRegVO), so daß es der Einreichung des Kündigungsschreibens und der eidesstattlichen Versicherung nicht bedurfte. Es erübrigt sich daher auch die vorherige Anhörung des Vorstandes. — Eintragung zur lfd. Nr. 128:

„Sp. 7: 14. Februar 1971.
Sp. 8: Vorgemerkte Kündigung zum 31. März 1971."

Schließlich hat Unverricht seinen Prozeß gewonnen und reicht das rechtskräftige Urteil ein. Eintragung zur lfd. Nr. 128:

„Sp. 7: 20. Januar 1972.
Sp. 8: Rechtskräftig festgestellt. Urteil des Landgerichts Berlin vom 20. Dezember 1971.
Sp. 9: 31. März 1971."

Ausschließung eines Genossen. Bei den Kapitalgesellschaften interessiert der Gesellschafter nur als Inhaber seines Anteils, nicht als Person, daher wäre die Ausschließung eines Aktionärs undenkbar (wegen der Ausschließung aus der GmbH vgl. allerdings S. 302). Dagegen läßt § 68 GenG die Ausschließung von Genossen aus persönlichen Gründen zu. Ehrverlust und Mitgliedschaft in einer Konkurrenzgenossenschaft sind gesetzliche Ausschließungsgründe. Das Statut kann noch andere Gründe festsetzen; am beliebtesten ist die dehnbare Formel „Schädigung der Interessen der Genossenschaft".

Der Vorstand überreicht zwecks Herbeiführung der Eintragung Abschrift eines Ausschließungsbeschlusses der Generalversammlung aus dem Protokollbuch der Genossenschaft (§§ 47, 69^{II} GenG).

„Südende, den 18. April 1971

An der heute im *Exner*schen Gasthaus abgehaltenen außerordentlichen Generalversammlung des Südender Spar- und Vorschußvereins eGmbH. nahmen die in der anliegenden Abstimmungsliste aufgeführten 133 Genossen teil. Auf der Tagesordnung stand als einziger Punkt der Antrag des Vorstandes auf Ausschließung des Genossen *Wilhelm Rother*. Mit 87 gegen 40 Stimmen bei 6 Stimmenthaltungen wurde der

Beschluß

gefaßt:

Genosse *Wilhelm Rother* (Liste der Genossen Nr. 66) wird gemäß § 17 des Statuts wegen Schädigung der Interessen der Genossenschaft zum 31. März 1972 aus der Genossenschaft ausgeschlossen, weil er die Geschäftsführung des Vorstands und Aufsichtsrats ohne Grund verdächtigt, im Publikum gegen die Genossenschaft Stimmung gemacht und versucht hat, den Lichterfelder Vorschußverein eGmbH zur Einrichtung einer unter seiner Leitung stehenden Zweigstelle in Südende zu veranlassen, wodurch die Genossenschaft auf das Schwerste geschädigt worden wäre.

(Unterschriften.)"

Gleichzeitig ist ein Schreiben des Rother eingegangen, in welchem er gegen seine Ausschließung protestiert, sie für einen Racheakt des Vorstands erklärt und darlegt, daß er stets nur das Beste der Genossenschaft gefördert habe. Bereits in der Generalversammlung habe er seinen Widerspruch erklärt, doch sei dieser vom Vorstand nicht zu Protokoll genommen worden. Er werde nunmehr klagen und bitte das Registergericht, das Ergebnis des Prozesses abzuwarten. — Verfügung:

„1. Einzutragen in die Liste der Genossen zu Nr. 66:
Sp. 7: 25. April 1971.
Sp. 8: Ausschließung zum 31. März 1972.
Sp. 9: 31. März 1972.

2. Bekanntmachung:
a) an Vorstand,
b) an *Rother*. Zusatz: Daß Genossen, welche die Interessen der Genossenschaft schädigen, durch Beschluß der Generalversammlung ausgeschlossen werden, läßt § 17 des Statuts zu. Da der Ausschließungsbeschluß entsprechend der Vorschrift des Statuts begründet, auch der Form nach in Ordnung ist, mußte Ihre Ausschließung zum 31. März 1972 eingetragen werden. Eine Prüfung, ob die Ausschließung sachlich gerechtfertigt war, steht dem Registergericht nicht zu. Sie haben die Möglichkeit, im Prozeßweg die Unwirksamkeit Ihrer Ausschließung feststellen zu lassen."

Die Klage des ausgeschlossenen Genossen auf Feststellung der Fortdauer seiner Mitgliedschaft ist — wenn auch die Ausschließung, die statutarisch dem Vorstand oder anderen Stellen übertragen werden kann, durch die Generalversammlung selbst ausgesprochen war — nicht die Anfechtungsklage des § 51 GenG. Für diese sind, entsprechend der aktienrechtlichen Anfechtungsklage der §§ 246f. AktG, gewisse Förmlichkeiten, Fristen und die ausschließliche Zuständigkeit des Landgerichts vorgeschrieben. Diese Besonderheiten gelten hier nicht, denn es handelt sich um einen Eingriff in die eigene Rechtsstellung des Genossen, zu dessen Abwehr er keines besonderen Rechtsbehelfs bedarf. Also kommt es z.B. auf den Widerspruch zu Protokoll nicht an, die Klage ist auch nach Ablauf eines Monats zulässig, und die sachliche Zuständigkeit (damit auch die Zulässigkeit der Revision) hängt von der Höhe des Streitwerts ab. Die Mitgliedschaft bei einer Genossenschaft ist in der Regel ein vermögensrechtlicher Streitgegenstand. §§ 3, 546 ZPO; RGZ 51, 91; 89, 336; JW 1937, 1997. Wenn jedoch nach den Umständen des Einzelfalls der Betroffene durch die Ausschließung vornehmlich in seiner Persönlichkeit, seiner Ehre, Achtung und Geltung im Rahmen der Allgemeinheit berührt wird, kann der dadurch begründete personenrechtliche Einschlag die Annahme einer nichtvermögensrechtlichen Streitigkeit rechtfertigen (RG 163, 202). Die wichtige Frage, ob das Prozeßgericht nur die formelle Zulässigkeit der Ausschließung und das Verfahren oder auch die sachliche Berechtigung des Ausschlusses nachzuprüfen hat, wird zugunsten der sachlichen Nachprüfung entschieden. RGZ 129, 45; JW 1932, 1010; BGHZ 27, 297.

Bilanzveröffentlichung. Haftung der Genossen: In den Registerakten finden wir das Belegblatt mit der vom Genossenschaftsvorstand gemäß §§ 33, 139 GenG veranlaßten Veröffentlichung des Jahresabschlusses (Bilanz nebst Gewinn- und Verlustrechnung) und des Genossenbestandes vom 31. März 1971. Am Schluß der Bilanz befinden sich die durch §§ 33^{III}, 139 GenG vorgeschriebenen Angaben über die Mitgliederbewegung in dem abgelaufenen Geschäftsjahr:

	„Zahl der Mitglieder	Anzahl der Geschäftsanteile	Haftsumme DM
Bestand am Anfang des Geschäftsjahrs	295	372	111600
Zugang	45	94	28200
Abgang	11	18	5400
Bestand am Schluß des Geschäftsjahrs	329	448	134400

Die Geschäftsguthaben sämtlicher Mitglieder haben sich im Laufe des Geschäftsjahrs um 13900 DM, die Haftsummen um 22800 DM vermehrt. Die rückständigen und fälligen Pflichteinzahlungen auf die Geschäftsanteile betragen 1250 DM. Die Höhe des einzelnen Geschäftsanteils beträgt 200 DM, die Höhe der Haftsumme je Geschäftsanteil 300 DM."

Die Geschäftsguthaben sind keine Schuld der Genossenschaft, sondern stellen deren Eigenkapital dar, sie entsprechen als „unechtes Passivum" dem AG- und GmbH-Kapital (S. 311). Da der Geschäftsanteil laut Statut 200 DM beträgt, müßten als Geschäftsguthaben $448 \times 200 = 89600$ DM vorhanden sein; mit 1250 DM befinden sich die Genossen im Rückstand.

Die Haftsummen gehören nicht in die Bilanz, weil sie erst im Konkursfall in die Erscheinung treten. Sie sind aber für die Gläubiger der Genossenschaft von größter Bedeutung und werden deshalb ebenfalls veröffentlicht. Außerhalb des Konkurses beschränken sich die Verpflichtungen der Genossen auf die Geschäftsanteile. Erst im Konkurse sind „Nachschüsse" zur Deckung der Unterbilanz von ihnen zu leisten. Das geschieht zunächst indirekt, indem der Konkursverwalter eine „Vorschußberechnung" (§ 106) und eine „Nachschußberechnung" (§ 114) aufstellt, die vom Konkursgericht in einem vereinfachten Verfahren für vollstreckbar erklärt und vom Verwalter zur Masse eingezogen werden. Bei der Genossenschaft mit beschränkter Haftpflicht darf ein Genosse durch Vorschußberechnung und Nachschußberechnung insgesamt nicht zu mehr als seiner Haftsumme herangezogen werden, die keinesfalls niedriger als der Geschäftsanteil sein darf und hier 300 DM je Geschäftsanteil beträgt (§§ 141 S. 1, 131^{I}). Erfahrungsgemäß können die Haftsummen niemals annähernd voll beigetrieben werden, deshalb bestimmt § 140, daß über eine eGmbH. Konkurs — außer im Fall der Zahlungsunfähigkeit — auch dann eröffnet wird, wenn die Überschuldung $\frac{1}{4}$ der Gesamthaftsumme übersteigt.

Die Genossen einer Kreditgenossenschaft stehen gewöhnlich zugleich als Geldeinleger oder Geldnehmer mit ihrer Genossenschaft in Geschäftsverbindung. Entsprechend den für AG und GmbH geltenden Vorschriften (S. 300) beschränkt das Gesetz die Aufrechnung. Hieraus ergibt sich im Konkurs der Genossenschaft folgende Rechtslage: 1. Ihre Geschäftsguthaben können die Genossen nicht zur Tabelle anmelden, weil sie durch die Einzahlung nur ihre Mitgliedschaftspflicht erfüllt haben. 2. Rückständige Geschäftsguthaben sind zur Masse zu leisten. 3. Darüber hinaus haben die Genossen Nachschüsse bis zur Höhe der Haftsumme zu leisten. 4. Soweit einem Genossen ein Sparguthaben oder eine sonstige Forderung an die Genossenschaft zusteht, hat er die Stellung eines Konkursgläubigers, kann die Forderung zur Tabelle anmelden und erhält die Konkursdividende. 5. Gegenüber der Pflicht zur Zahlung rückständiger Geschäftsanteile gibt es keine Aufrechnung (§ 22^{V}). 6. Gegenüber der Nachschußpflicht (d. h. den Haftsummen) dürfen die Genossen insoweit aufrechnen, als sie in ihrer Eigenschaft als Konkursgläubiger selbst Befriedigung aus den Nachschüssen verlangen können (§ 105^{V}). 7. Zwischen Schulden der Genossen an die Genossenschaft (z. B. Darlehnsverpflichtungen) und Forderungen aus Sparguthaben u. dgl. findet die Aufrechnung unbeschränkt statt.

Eintragung eines Vereins in das Vereinsregister

Anmeldung. Vereinssatzung. Bei dem Registergericht geht folgende Anmeldung in öffentlich beglaubigter Form (§ 77 BGB) ein:

„Als Vorstand des Vereins ‚Mittelstandsfreunde' in Lichterfelde überreichen wir:

1. die von 7 Mitgliedern unterzeichnete Urschrift der Satzung vom 5. Januar 1971,
2. eine Abschrift der Satzung,
3. Abschrift des Protokolls der Hauptversammlung vom 3. Januar 1971, aus welchem sich unsere Bestellung als Vorstand ergibt,

und melden den Verein und uns selbst als Vorstandsmitglieder zur Eintragung in das Vereinsregister des hiesigen Amtsgerichts an.

Hans Dannenberg. *Adam Riese.* *Hermann Denke.*

(Beglaubigungsvermerk)"

„Satzung.

§ 1. Der Verein führt den Namen ‚Mittelstandsfreunde'. Sein Sitz ist Lichterfelde. Er hat den Zweck, die Lage des Mittelstandes zu fördern und hierzu insbesondere eine Zeitung ‚Mittelstandsfreund' herauszugeben. Die dadurch etwa erzielten Gewinne werden zu Propagandazwecken verwandt.

§ 2. Der Verein soll in das Vereinsregister des Amtsgerichts Lichterfelde eingetragen werden. Nach der Eintragung erhält der Name den Zusatz ‚eingetragener Verein'.

§ 3. Das Geschäftsjahr ist das Kalenderjahr.

§ 4. Mitglied kann jede unbescholtene volljährige Person werden, die sich zu den Zwecken des Vereins bekennt. Die Aufnahme neuer Mitglieder erfolgt durch den Ausschuß (§ 8), der Anmeldungen nach seinem freien Ermessen zurückweisen kann.

§ 5. Der Jahresbeitrag beträgt mindestens 12 DM.

§ 6. Organe des Vereins sind:
a) der Vorstand,
b) der Ausschuß,
c) die Hauptversammlung.

§ 7. Der Vorstand besteht aus 3 Mitgliedern, nämlich dem Vorsitzenden, dem Schatzmeister und dem Schriftwart, und wird für jedes Jahr von der ordentlichen Hauptversammlung gewählt. Er vertritt den Verein gerichtlich und außergerichtlich. Es genügt zu jeder Rechtshandlung die Unterschrift oder Mitwirkung von 2 Vorstandsmitgliedern, zu Quittungen über Mitgliederbeiträge die Unterschrift des Schatzmeisters. Der Vorstand hat die Beschlüsse des Ausschusses und der Mitgliederversammlung zur Ausführung zu bringen."

Die Vorschrift des § 26^{II} S. 1 BGB ist bei einem mehrgliedrigen Vorstand im Sinne der Gesamtvertretung zu verstehen; jedoch ist eine abweichende Satzungsbestimmung zulässig (str., wie hier Staudinger-Coing, BGB, 11. Aufl. § 26 Anm 13; Richert, NJW 1956, 364 zu 3; Sauter-Schweyer, Der eingetr. Verein, 7. Aufl., S. 83).

„§ 8. Der Ausschuß besteht aus 6 Mitgliedern, die jedes Jahr von der ordentlichen Hauptversammlung gewählt werden. Er führt in Gemeinschaft mit dem Vorstand die laufenden Geschäfte des Vereins. Einberufen wird der Ausschuß vom Vorsitzenden des Vereins, bei dessen Behinderung von einem anderen Vorstandsmitglied. Bei der Beratung und Beschlußfassung haben die Mitglieder des Vorstandes im Ausschuß Sitz und Stimme. Ausgeführt werden die Beschlüsse des Ausschusses durch den Vorstand, welcher das Vertretungsorgan des Vereins nach außen bildet."

Alle Anmeldungen zum Vereinsregister, namentlich Änderungen in der Person der Vorstandsmitglieder, sind vom Gesamtvorstand zu bewirken (§§ 67, 77). Auf die Regelung der Vertretungsbefugnis kommt es hierbei nicht an; denn die Vorstandsmitglieder handeln bei der Anmeldung nicht namens des Vereins als dessen Vertreter, sondern in Erfüllung einer ihnen selbst obliegenden organschaftlichen Pflicht (KG DR 1942, 725; Jansen, FGG, 2. Aufl. § 159 Rdn. 13; a.M. Stöber, Rpfleger 1967, 342). Eine Wiederwahl der bisherigen Vorstandsmitglieder braucht aber nicht angemeldet zu werden (§ 67^{I} BGB). Um den Verkehr mit dem Registergericht und das rechtsgeschäftliche Handeln nach außen zu erleichtern, hat man die sachliche Leitung der Vereinsgeschäfte einem erweiterten Vorstand übertragen und gleichzeitig bestimmt, daß nur ein Teil der Mitglieder dieses Vorstands, der engere Vorstand, den „Vorstand" des Vereins im Sinne des BGB, nämlich das gesetzliche Vertretungsorgan des Vereins, bildet. Da die Vertretungsbefugnis das Wesen des Vorstands ausmacht, sind hiergegen Bedenken nicht zu erheben, obschon die zum Handeln nach außen berufenen Vorstandsmitgileder den vom Ausschuß zu fassenden Beschlüssen unterworfen sind (str.; Richert a.a.O.).

„§ 9. Die ordentliche Hauptversammlung findet alljährlich im November statt und wird vom Vorsitzenden des Vereins, bei dessen Behinderung von einem anderen Vorstandsmitglied, durch Anzeige im ‚Mittelstandsfreund' und den ‚Lichterfelder Nachrichten' berufen und geleitet. Jedes Mitglied hat eine Stimme. Die Mitglieder können nur in Person abstimmen.

Über die Beschlüsse der Versammlung ist ein Protokoll aufzunehmen, das vom Vorsitzenden, dem Schriftwart und mindestens 3 weiteren Mitgliedern des Vorstandes oder Ausschusses zu unterzeichnen ist. Außerdem werden die Beschlüsse im ‚Mittelstandsfreund' veröffentlicht.

Außerordentliche Hauptversammlungen sind zu berufen, wenn der Ausschuß oder mindestens der zehnte Teil der Mitglieder es verlangen.

§ 10. Die Mitgliedschaft kann 3 Monate vor Ablauf eines Geschäftsjahres zum Schlusse des Geschäftsjahres gekündigt werden. Sie erlischt ferner durch Tod, Entmündigung, vorläufige Vormundschaft, Konkurs. Außerdem können Vorstand und Ausschuß ein Mitglied, welches

a) mit der Beitragszahlung 1 Monat nach eingeschriebener Zahlungsaufforderung des Schatzmeisters im Rückstand bleibt,
b) oder den Zwecken des Vereins vorsätzlich und beharrlich zuwiderhandelt und die Interessen des Vereins schädigt,

durch gemeinschaftlichen Beschluß mit $^{2}/_{3}$ Mehrheit ausschließen. Die Ausschließung wird durch eingeschriebenen Brief mitgeteilt. Im Falle zu b kann der Ausgeschlossene Berufung an die nächste aus irgendeinem Grunde stattfindende Hauptversammlung einlegen.

Scheidet ein Mitglied aus, so kann es keinen Anspruch auf das Vereinsvermögen erheben."

Gesetzliche Ausschließungsgründe (wie bei der Genossenschaft S. 317) sind im Vereinsrecht nicht vorgesehen. Ob und unter welchen Voraussetzungen Vereinsmitglieder mangels ausdrücklicher Satzungsbestimmung ausgeschlossen werden können, ist streitig. Das Reichsgericht hat den fristlosen Austritt eines Mitglieds aus „wichtigem Grunde" für statthaft erklärt (RG 130, 375; Riezler, JW 1931, 1024). Dieses Austrittsrecht kann durch die Satzung nicht ausgeschlossen werden (BGH NJW 1954, 953). Im Schrifttum wird auch beim Fehlen einer Satzungsbestimmung die Ausschließung aus wichtigem Grunde überwiegend für zulässig gehalten (vgl.

Staudinger-Coing, BGB, 11. Aufl. § 35 Anm. 7). Im übrigen vgl. wegen des Inhalts der Satzung die §§ 57, 58 BGB.

„§ 11. Im Fall der Auflösung des Vereins bestimmt die Hauptversammlung, wem das Vereinsvermögen zufallen soll."

Vgl. § 45 II, III. Die Auflösung erfolgt entweder durch Beschluß der Mitgliederversammlung mit $^{3}/_{4}$ Mehrheit (§ 41) oder nach öffentlichem Vereinsrecht (VereinsG vom 5. August 1964, BGBl. I 593) durch die Verwaltungsbehörde. Auflösung im Verwaltungsweg ist nach § 3 VereinsG möglich, wenn Zweck oder Tätigkeit des Vereins den Strafgesetzen zuwiderlaufen, ferner nach Art. 9 II GG, wenn seine Tätigkeit sich gegen die verfassungsmäßige Ordnung oder gegen den Gedanken der Völkerverständigung richtet. Die Auflösungsverfügung kann im Verwaltungsstreitverfahren angefochten werden. Die Verfassungswidrigkeit einer politischen Partei kann niemand vor der Entscheidung des BVerfG nach Art. 21 Abs. 2 GG rechtlich geltend machen (BVerfGE 12, 296). Die Verwirkung des Grundrechts der Vereinigungsfreiheit (Art. 9 GG) kann nur durch konstitutive Entscheidung des BVerfG nach Art. 18 GG mit Wirkung ex nunc ausgesprochen werden (Maunz-Dürig GG Art. 18 Rdn. 64, 67, 68).

Von der Auflösung zu unterscheiden ist der Verust der Rechtsfähigkeit, der eintritt, wenn die Mitgliederzahl dauernd unter drei herabsinkt (§ 73 BGB) oder die Eintragung des Vereins im Register wegen Fehlens der gesetzlichen Voraussetzungen später gelöscht wird oder die Verwaltungsbehörde nach § 43 wegen Gefährdung des Gemeinwohls eingreift. Ein Verein, der alle seine Mitglieder verliert, sei es auch ohne förmlichen Austritt, etwa indem sie den Vereinszweck preisgeben, so daß das Vereinsleben erstirbt, erlischt, ohne daß eine Liquidation stattfinden kann. Ist eine Abwicklung und die Übertragung des Vereinsvermögens auf einen Anfallsberechtigten erforderlich, so geschieht dies durch einen nach § 1913 BGB zu bestellenden Pfleger (OLG München JFG 18, 186; BGHZ 19, 51; str. vgl. Jansen FGG 2. Aufl. § 159 Fn. 66).

„§ 12. Alle Bekanntmachungen des Vereins werden im ‚Mittelstandsfreund' und in den ‚Lichterfelder Nachrichten' veröffentlicht.

Vorstehende Satzung ist in der Hauptversammlung am 3. Januar 1971 beschlossen worden.

Albin Noack. Fritz Augustin. Max Brandler. Heinrich Dünnebier. Georg Schwerdtfeger. Leo Polster. Adolf Schoppe."

Die (nicht beglaubigten) Unterschriften unter der Satzung sollen den Beweis liefern, daß die gesetzliche Mindestzahl von 7 Mitgliedern (§ 56) erreicht ist. Ob noch mehr Mitglieder vorhanden sind und wie sie heißen, interessiert das Registergericht nicht, da die Mitglieder eines eingetragenen Vereins den Gläubigern niemals haften. Glaubt das Registergericht, daß wegen zu geringer Mitgliederzahl das Löschungsverfahren einzuleiten sei, so läßt es sich vom Vorstand eine Bescheinigung über die Zahl der Mitglieder geben (§ 72).

Das in unbeglaubigter Abschrift beigefügte Protokoll der Hauptversammlung ergibt die Wahl von Dannenberg, Denke und Riese in den Vorstand. Weiterhin geht aus dem Protokoll hervor, daß der Verein mehrere Jahre als nicht eingetragener bestanden hatte, bis in dieser Versammlung die Herbeiführung der Eintragung beschlossen und die Satzung mit den Erfordernissen eines eingetragenen Vereins (§§ 57/8 BGB) in Einklang gebracht worden ist. Vereine können entweder von vornherein mit dem Ziel der Eintragung gegründet werden, oder aber nachträglich die Erlangung der Rechtsfähigkeit beschließen. Umgekehrt wird ein rechtsfähiger Verein durch Verlust der Rechtsfähigkeit (s. oben) zum nicht rechtsfähigen.

Verein ohne Rechtsfähigkeit: Auf ihn finden grundsätzlich die Vorschriften über die Gesellschaft des BGB Anwendung (§ 54 S. 1). Besonderheiten: 1. Der nicht rechtsfähige Verein ist passiv parteifähig; wird er als solcher verklagt, so hat er in dem Rechtsstreit die Stellung eines rechtsfähigen Vereins (§ 50^{II} ZPO), kann also Widerklage erheben. Dagegen ist ihm die aktive Parteifähigkeit vor den ordentlichen Gerichten versagt. Folglich ist nur eine Klage der (durch den Vorstand vertretenen) sämtlichen Mitglieder in notwendiger Streitgenossenschaft möglich. Wechsel der Mitgliedschaft nach der Klagerhebung hat nach dem Grundsatz des § 265^{II} S. 1 ZPO auf den Rechtsstreit keinen Einfluß (Rosenberg, Zivilprozeßrecht, 9. Aufl. § 42 II 2 a). Vor den Arbeitsgerichten sind Vereinigungen von Arbeitgebern und Arbeitnehmern ohne Rücksicht auf ihre Rechtsfähigkeit parteifähig (§ 10 ArbGG). Das hängt damit zusammen, daß hinsichtlich der Tarifvertragsfähigkeit zwischen rechtsfähige- und nicht rechtsfähigen Vereinen kein Unterschied gemacht wird. Nichtrechtsfähige Personenvereinigungen können auch Beteiligte im Verfahren vor den Kartellbehörden und den Beschwerdegerichten (OLG, BGH) sein (§ 76 d. Ges. gegen Wettbewerbsbeschränkungen i. d. F. vom 3. Januar 1966 (BGBl. I 37). 2. Zur Zwangsvollstreckung in das Vereinsvermögen bedarf es nicht (wie bei der Gesellschaft, § 736 ZPO) eines Urteils gegen sämtliche Mitglieder, sondern es genügt ein gegen den Verein unter seinem Namen ergangener Titel (§ 735). 3. Über das Vermögen des nicht rechtsfähigen Vereins kann ein Konkursverfahren stattfinden (§ 213 KO). 4. Aus einem für den Verein vorgenommenen Rechtsgeschäft haftet der Handelnde (in der Regel ein Vorstandsmitglied) persönlich, mehrere als Gesamtschuldner (§ 54 S. 2 BGB). Diese Haftung ist zum Schutz des Geschäftsgegners geschaffen, der die inneren Verhältnisse des nicht rechtsfähigen Vereins nicht nachprüfen kann. Sie kann — ausdrücklich oder stillschweigend — ausgeschlossen werden, doch ist ein stillschweigender Ausschluß im Zweifel nicht zu unterstellen. RG 82, 294. JW 1937, 392; BGH NJW 1957, 1186 = JR 1957, 417 mit Anm. v. Denecke. Haften gemäß § 427 auch die übrigen Vereinsmitglieder persönlich? Im allgemeinen umfaßt die Vertretungsmacht des Vorstands eines nicht eingetragenen Vereins nach der Verkehrsanschauung nicht die Befugnis, die Mitglieder mit ihrem Privatvermögen zu verpflichten, so daß man auf diesem Wege nur zur Haftung der Mitglieder mit ihrem Anteil am Vereinsvermögen, also zur Haftung des Vereinsvermögens, gelangt, doch kann im Einzelfall auch die persönliche Haftung eintreten. RG 63, 62; 90, 173 (Vereinigung von Jagdliebhabern); 143, 216; BGH a.a.O. Für Verschulden des Vorstands haften die Mitglieder vertraglich zwar nicht nach § 31, wohl aber nach § 278, aus unerlaubter Handlung nach § 831 gesamtschuldnerisch mit ihrem gesamten Vermögen (RG 143, 212). 5. Daß der Verein durch Tod oder sonstiges Ausscheiden oder Konkurs von Mitgliedern nicht aufgelöst wird und daß der Ausscheidende nicht Auszahlung seines Anteils am Vereinsvermögen verlangen kann (gegen §§ 727, 728, 738), dürfte nach der Verkehrsauffassung selbstverständlich sein, weil jeder Verein, auch der nicht eingetragene, auf eine dauernde, vom Wechsel der Mitglieder unabhängige körperschaftliche Personenvereinigung mit selbständigem Vermögen und einem Gesamtnamen angelegt ist (Fenn JuS 1965, 179). Zur Vermeidung von Streitigkeiten kann man es in der Satzung ausdrücklich bestimmen. 6. Im Grundbuch dürfen für einen nicht eingetragenen Verein keine Rechte eingetragen werden. Ist eine solche Eintragung versehentlich erfolgt, so ist sie nicht als Eintragung für die unter dem Vereinsnamen zusammengefaßten Mitglieder aufrechtzuerhalten, weil das Grundbuch unbedingt Klarheit erfordert, sondern muß nach § 53 GBO gelöscht werden. RG 127, 309. — Solange ein Verein nicht genötigt ist, zu klagen oder Grundstücksrechte zu erwerben, kann er hiernach ohne Eintragung auskommen. Wirtschaftliche Verbände, die sich das Recht zum (zivil- oder strafrechtlichen) Vorgehen wegen unlauteren Wettbewerbs sichern wollen, müssen aktiv parteifähig, also eingetragen sein; §§ 13^{I}, 22 UWG. In der Praxis behelfen sich nicht rechtsfähige Vereine bisweilen damit, daß sie bestimmte natürliche Personen oder eine besonders geschaffene juristische Person (GmbH, Genossenschaft) als Treuhänder für die Erledigung ihrer Vermögensangelegenheiten bestellen. Dazu OLG Frankfurt NJW 1952, 792 mit Anm. Lent (Vorstand als Treuhänder). Den nicht rechtsfähigen Gewerkschaften hat die Rechtsprechung im Hinblick auf ihre Stellung im Sozialgefüge (Art. 9 Abs. 3 GG) volle Parteifähigkeit zugebilligt (BGH NJW 1968, 1830 = BGHZ 50, 325 in Erweiterung von BGHZ 42, 210). Zum Ganzen Habscheid, Der nicht rechtsfähige Verein zwischen jur. Person und Gesellschaft, AcP 155, 375.

Prüfung und Eintragung. Nächst den förmlichen Voraussetzungen wird vor allem die Eintragungsfähigkeit des Vereins geprüft. Was bedeutet es, wenn § 21 BGB die Eintragung auf solche Vereine beschränkt, „deren Zweck nicht auf einen wirtschaftlichen Geschäftsbetrieb gerichtet" ist? Vereine, welche die allgemeinen wirtschaftlichen Belange ihrer Mitglieder wahren wollen, ohne einen wirtschaftlichen Geschäftsbetrieb zu unterhalten (wie Haus- und Grundbesitzervereine und ähnliche Berufs- und Standesvereine), sind eintragungsfähig. Aber auch wenn ein Verein mit idealer Tendenz einen wirtschaftlichen Betrieb hat (Suppenküchenverein, Vereinshaus, Buchvertrieb einer Bibelgesellschaft), läßt die Rechtsprechung seine Eintragung zu. Nur wenn auf die Erlangung wirtschaftlicher Vorteile gerichtete Betätigung und wirtschaftlicher Geschäftsbetrieb zusammentreffen, liegt ein nicht eintragungsfähiger wirtschaftlicher Verein im Sinne des § 21 vor. RG 83, 231; 85, 256; 95, 91; 154, 343; BGHZ 45, 395; OLG Stuttgart OLGZ 1967, 475; Jansen FGG 2. Aufl. § 159 Rdn. 4. Der Verein „Mittelstandsfreunde" ist Idealverein, denn er will seine Zeitung aus wirtschaftspolitischen Motiven herausgeben und schließt die Erzielung von Gewinn ausdrücklich aus (§ 1 Satz 4 der Satzung).

Der Name des Vereins soll sich entsprechend dem für die Firma geltenden Grundsatz des § 30^{I} HGB von den Namen der in derselben Gemeinde bereits bestehenden eingetragenen Vereine deutlich unterscheiden (§ 57^{II}). Auch darf er, entsprechend dem firmenrechtlichen Grundsatz des § 18^{II} HGB, nicht zur Täuschung geeignet sein (KG JFG 3, 259; BayObLGZ 1959, 287).

Verfügung des Rechtspflegers (§ 3 Nr. 1 Buchst. a RechtspflG) nach § 61^{I}:

„1. Die Anmeldung des Vereins wird zugelassen.
2. Mitteilung von 1) an Ortspolizeibehörde unter Beifügung einer Abschrift der Anmeldung und der Satzung (Empfangsbekenntnis).
3. Nach 6 Wochen."

§ 61^{II} BGB gab in seiner ursprünglichen Fassung der Verwaltungsbehörde die Möglichkeit, Einspruch gegen die Eintragung des Vereins und damit gegen die Erlangung der Rechtsfähigkeit zu erheben, ohne weiteres dann, wenn der Verein einen politischen, sozialpolitischen oder religiösen Zweck verfolgte. Insoweit war die Vorschrift schon durch Art. 124^{II} WeimRVerf aufgehoben. Die jetzige Fassung beruht auf Teil I Art. 1 Nr. 3 des Gesetzes zur Wiederherstellung der Gesetzeseinheit auf dem Gebiete des bürgerlichen Rechts vom 5. März 1953 (BGBl I 33). Das Gesetz sieht aber weiterhin den Widerspruch der Verwaltungsbehörde aus dem Grunde vor, daß der Verein nach öffentlichem Vereinsrecht unerlaubt ist oder verboten werden kann. Als Rechtsgrundlage dafür kommen in Betracht § 3^{I} VereinsG und Art 9^{II} GG. Ob ein Verein unerlaubt ist und verboten werden kann, hat nicht das Registergericht, sondern die für ein Vereinsverbot nach § 3 Abs. 2 VereinsG zuständige Verbotsbehörde zu entscheiden. Diese muß ein Vereinsverbot innerhalb eines Monats nach Einspruchserhebung aussprechen, sonst wird der Einspruch unwirksam und die Eintragung kann erfolgen (§ 63 Abs. 2 BGB i.d.F. des § 24 Nr. 3 VereinsG). Die Verbotsverfügung ist im Verwaltungsrechtsweg anzufechten. Wird nach rechtzeitigem Einspruch fristgemäß eine Verbotsverfügung erlassen, so bleibt das Verfahren des Registergerichts ausgesetzt, bis die Verbotsverfügung rechtskräftig oder unanfechtbar aufgehoben wird (vgl. Jansen FGG 2. Aufl. § 159 Rdn. 20). Deshalb muß nach wie vor jede Anmeldung eines nach § 21 eintragungsfähigen Vereins der Polizei mitgeteilt werden. Politische Parteien sind aber von der Anwendung des Verfahrens nach §§ 61 bis 63 BGB ausgenommen (§ 37 ParteienG v. 24. April 1967, BGBl. I 773).

Vor Ablauf der Sechswochenfrist (§ 63) erklärt die Polizeibehörde, daß kein Einspruch gegen die Eintragung erhoben wird. Nunmehr wird die Eintragung im Vereinsregister unter der nächsten offenen Nummer verfügt. Inhalt der Eintragung: § 64 BGB; §§ 159, 130 FGG, dazu Bestimmungen des Bundesrats über das Vereinsregister und das Güterrechtsregister vom 3. November 1898, abgedr. bei Keidel, FGG 9. Aufl. Anh. Nr. 7 und Jansen, FGG, Anl. 5.

Das ausgefüllte Registerblatt sieht so aus:

„Nummer des Vereinsregisters: 541.

1	2	3	4	5	6
Nummer der Eintragung	Name und Sitz des Vereins	Satzung	Vorstand	Auflösung, Entziehung der Rechtsfähigkeit, Konkurs, Liquidation	Bemerkungen
1	Mittelstandsfreunde, Lichterfelde.	Die Satzung ist am 3. Januar 1971 errichtet. Zwei Vorstandsmitglieder vertreten den Verein gerichtlich und außergerichtlich.	*Hans Dannenberg*, Schriftsteller, Lichterfelde. *Hermann Denke*, Gärtnereibesitzer, Südende. *Adam Riese*, Bücherrevisor, Lichterfelde.		Satzung Bl. 2ff., Eintr.Vfg. Bl. 7.
		22. Januar 1971. *Urkund.*"			

Die weitere Verfügung lautet:

„2. Öffentliche Bekanntmachung."

Vgl. § 66[I] BGB. Soweit es sich um Änderungen des Vorstands handelt, schützt § 68 den gutgläubigen Dritten entsprechend § 15 HGB. Jedoch kommt es beim Vereinsregister auf die Eintragung selbst, nicht auf ihre Bekanntmachung, an.

„3. Die erfolgte Eintragung ist auf der Urschrift der Satzung zu bescheinigen und die Urschrift demnächst dem Vorstand mit Nachricht von der Eintragung zurückzugeben.

4. Die Abschrift der Satzung ist zu beglaubigen und zu den Registerakten zu nehmen.

5. Kosten[1])."

Mit der Eintragung hat der Verein die Rechtsfähigkeit erworben (§ 21). Aber wie bei den meisten Akten der freiwilligen Gerichtsbarkeit und insbesondere den verwandten Eintragungen im Handelsregister, besteht auch hier die Möglichkeit der nachträglichen Löschung im Amtsverfahren, wenn sich ergibt — auf Grund neuer Tatsachen oder zufolge anderer Würdigung oder veränderter rechtlicher Beurteilung der schon früher bekannten —, daß die Eintragung wegen Mangels einer wesentlichen Voraussetzung unzulässig war. §§ 142, 143, 159 FGG. Wird von dem Löschungsverfahren Gebrauch gemacht, so endet damit die Rechtsfähigkeit des Vereins. Solange er aber eingetragen ist, kann ihm seine Rechtsfähigkeit von niemandem streitig gemacht werden, auch nicht wenn der Verein einen wirtschaftlichen Geschäftsbetrieb verfolgt: denn rechtsgestaltende Staatsakte sind wirksam gegenüber jedermann, und ihre Wirkung kann ohne Rücksicht darauf, ob ihre gesetzlichen Voraussetzungen erfüllt waren, nur in dem dazu bestimmten Verfahren beseitigt werden (Jansen, FGG, 2. Aufl. § 159 Rdn. 6).

Die Rechtsmittel in Vereinssachen richten sich ausschließlich nach dem FGG, nachdem die Vorschrift des § 60 Abs. 2 BGB, nach der in gewissen Fällen die Beschwerde nach der ZPO stattfand, durch § 24 Nr. 1 VereinsG v. 5. August 1964 (BGBl. I 593) aufgehoben und durch § 160a FGG ersetzt worden ist. Gegen Eintragungen in das Vereinsregister gibt es keine Beschwerde mit dem Ziel der Löschung (KG RJA 13, 119; KG OLGZ 1967, 97 zu II 3). Grundsätzlich ist die Beschwerde nach § 19 FGG unbefristet. Die sofortige Beschwerde nach § 22 FGG findet statt im Ordnungsstrafverfahren gegen die Verwerfung des Einspruchs oder die Festsetzung der Strafe (§§ 159, 132, 139 FGG), im Amtslöschungsverfahren gegen die Zurückweisung des Widerspruchs (§§ 159, 142 Abs. 2, 143, 141 Abs. 3 Satz 2 FGG), gemäß § 160 FGG gegen die Entscheidung über die Ermächtigung zur Einberufung einer Mitgliederversammlung nach § 37 BGB, gemäß § 160a Abs. 2 BGB gegen die Verfügung, durch die dem Verein nach § 73 BGB die Rechtsfähigkeit entzogen wird, und gemäß § 160a FGG gegen die Zurückweisung der Anmeldung eines Vereins oder einer Satzungsänderung. Gegen die Beschwerdeentscheidung des Landgerichts ist gemäß § 27 FGG die auf Ge-

---

[1]) Zu erheben sind die Eintragungsgebühr (§ 80[I] Nr. 1 KostO), deren Geschäftswert sich nach § 30[II] KostO bestimmt, und als Auslagen die Bekanntmachungskosten (§ 133 Nr. 2 KostO).

setzesverletzung beschränkte weitere Beschwerde an das OLG statthaft; auch der BGH kann auf Grund der Vorlegungspflicht nach § 28 Abs. 2 FGG mit weiteren Beschwerden in Vereinssachen befaßt werden. Vgl. Jansen, FGG, 2. Aufl., § 159 Rdn. 39, § 160 Rdn. 4, § 160a mit Bem. Soweit aber der Rechtspfleger entscheidet, findet statt der Beschwerde die (befristete oder unbefristete) Erinnerung an den Amtsrichter statt, der sie als Beschwerde dem Landgericht vorlegt, wenn er sie für unzulässig oder unbegründet erachtet (§ $11^{I, II}$ RechtspflG).

Ermächtigung zur Einberufung einer Mitgliederversammlung

Kaufmann Augustin, Architekt Dix, Seifenfabrikant Metzger und 27 andere Mitglieder des Vereins „Mittelstandsfreunde e. V." stellen unter Berufung auf § 37^{II} BGB und § 9^{III} der Satzung den Antrag, sie zur Einberufung einer außerordentlichen Hauptversammlung zu ermächtigen:

„Wir gehören zu den Gründern des Vereins. In letzter Zeit ist es wiederholt zu Auseinandersetzungen mit dem Vorstand gekommen, weil wir die Mißwirtschaft der Herren *Dannenberg* und *Denke* bekämpft haben.

(wird näher dargelegt)

Am 13. April 1971 erhielten wir durch Einschreibbrief die Mitteilung, daß Vorstand und Ausschuß in gemeinschaftlicher Sitzung vom 10. April 1971 unsere Ausschließung aus dem Verein auf Grund des § 10 Buchst. b der Satzung beschlossen hätten. Wir haben erwidert, daß wir gegen die Ausschließung als grundlos und widerrechtlich protestieren und Berufung an eine sofort einzuberufende Hauptversammlung einlegen. Der Vorstand lehnt aber die Einberufung einer besonderen Hauptversammlung ab und will die Sache bis zur ordentlichen Hauptversammlung im November hinziehen. Wir beantragen deshalb uns zur Einberufung der Versammlung zu ermächtigen, und schlagen als Leiter der Versammlung das Vorstandsmitglied *Riese* vor."

Die Befugnis, mit gerichtlicher Ermächtigung die Einberufung einer Mitgliederversammlung zu erzwingen, ist das einzige beim eingetragenen Verein bestehende Minderheitsrecht. Entsprechend § 122^{III} AktG für die AG und die KGaA, § 36 VAG für den VVaG, § 45^{III} GenG für die Genossenschaften. Bei der GmbH kann die Minderheit sich selbst helfen, indem sie die von den Geschäftsführern zu Unrecht verweigerte Gesellschafterversammlung ohne besondere gerichtliche Ermächtigung einberuft (§ 50^{III} GmbHG).

Gemäß § 160 S. 1 FGG wird der Vorstand gehört. Er widerspricht, weil die Antragsteller nicht mehr Mitglieder seien und weil § 10 der Satzung kein Recht auf eine besondere Hauptversammlung gewähre. Verfügung:

„1. Beschluß: Auf den Antrag 1. des Kaufmanns *Fritz Augustin*, 2. des Architekten *Bernhard Dix*, 3. . . . .
werden die Antragsteller nach Anhörung des Vorstands gemäß § 37^{II} BGB, § 9^{III} der Satzung vom 3. Januar 1971 ermächtigt, eine Hauptversammlung des Vereins ‚Mittelstandsfreunde eingetragener Verein' in Lichterfelde einzuberufen mit der Tagesordnung:

Entscheidung über die von den Antragstellern gegen ihre Ausschließung aus dem Verein eingelegte Berufung.

Den Vorsitz in der Versammlung führt das Vorstandsmitglied *Adam Riese*.

Gründe.

Grundsätzlich wird zwar der Ausschluß aus einem Verein bereits mit der Beschlußfassung des nach der Satzung zur Entscheidung berufenen Organs, mindestens mit der Mitteilung des Beschlusses an den Betroffenen, wirksam (Staudinger-Coing, BGB, 11. Aufl. § 35 Anm. 9). Gegen die Rechtsbeständigkeit des Ausschlusses der Antragsteller bestehen aber erhebliche Bedenken, weil der Beschluß lediglich auf § 10 Buchst. b der Satzung Bezug nimmt, ohne eine Begründung zu enthalten, aus welcher ersichtlich ist, in welchen besonderen Handlungen und auf Grund welcher tatsächlichen Annahmen Verstöße gegen die genannte Satzungsbestimmung gefunden worden sind. Die Aufnahme einer solchen Begründung in den Beschluß ist aber erforderlich, wenn die Satzung die Ausschließung eines Mitglieds an bestimmte sachliche Voraussetzungen knüpft (RG 147, 11). Abgesehen hiervon muß die dem Ausgeschlossenen durch die Satzung verliehene Befugnis, Berufung an die Mitgliederversammlung einzulegen, dazu führen, daß dem Ausgeschlossenen bis zu einer Entscheidung der Mitgliederversammlung diejenigen Mitgliedschaftsrechte verbleiben, deren er bedarf, um diese Entscheidung herbeizuführen.

Unbedenklich kann eine Hauptversammlung lediglich zur Entscheidung über die gegen Ausschließungen eingelegte Berufung einberufen werden, zumal § 10^{I} S. 5 der Satzung ausdrücklich bestimmt, daß die Ausgeschlossenen Berufung an die nächste „aus irgend einem Grunde" stattfindende Hauptversammlung haben. Daß die Antragsteller ein Zehntel der gesamten Mitgliederzahl bilden, hat der Vorstand nicht bestritten.

Lichterfelde, den 28. April 1971.

Das Amtsgericht.

Pfleger, Justizinspektor, als Rechtspfleger.

2. Zuzustellen: a) dem Vorstand, b) den Antragstellern."

Gegen den Beschluß ist statt der sofortigen Beschwerde die befristete Erinnerung gegeben; doch tritt die Ermächtigung bereits mit der Bekanntmachung an die Antragsteller in Kraft (§§ 16^{I}, 24^{I}, 160 S. 2 FGG, § 11 RechtspflG). Die Versammlung kann daher schon vor der Rechtskraft wirksam einberufen werden, sofern nicht das Beschwerdegericht (nicht der Rechtspfleger oder der Amtsrichter) nach § 24^{III} FGG eine einstweilige Anordnung erläßt (vgl. Jansen, FGG, 2. Aufl. § 24 Rdn. 7, 9, 15). Das Beschwerderecht gegen die Ermächtigung (§ 20^{I} FGG) steht dem Vorstand zu; ihm muß daher die Verfügung nach § 16^{II} S. 1 FGG förmlich zugestellt werden, weil die Erinnerungsfrist in Lauf gesetzt wird. Dagegen hängt das Wirksamwerden der Verfügung nicht davon ab, daß sie auch den Antragstellern statt einer formlosen Bekanntmachung förmlich zugestellt wird; denn ihnen gegenüber wird keine Frist in Lauf gesetzt (Jansen a.a.O. § 16 Rdn. 25; a.M. BayObLGZ 1970, 120). Um aber diese Streitfrage von vornherein auszuräumen, hat der Rechtspfleger die förmliche Zustellung auch an die Antragsteller verfügt.

Wenn die Hauptversammlung die Ausschließung der 30 Antragsteller bestätigen sollte, so können diese gegen den Verein Klage auf Feststellung, daß ihre Mitgliedschaft nicht durch Ausschließung erloschen ist, erheben (§ 256 ZPO). Anders als in dem entsprechenden Fall der Klage des ausgeschlossenen Genossen (S. 318) handelt es sich hier in der Regel um eine nichtvermögensrechtliche Streitigkeit, woraus die erstinstanzliche Zuständigkeit des Landgerichts (§§ 23, 71^{I} GVG) und die Unzulässigkeit der Revision folgt, wenn das Oberlandesgericht sie in dem Urteil nicht zugelassen hat (§ 546^{I} ZPO; RG 88, 332). Wenn das ausgeschlossene Vereinsmitglied mit seiner Feststellungsklage jedoch im wesentlichen wirtschaftliche Ziele verfolgt, liegt eine vermögensrechtliche Streitigkeit vor, auch wenn der Zweck des Vereins nicht auf einen wirtschaftlichen Geschäftsbetrieb gerichtet ist (BGHZ 13, 5 = NJW 1954, 833). Die Gerichte haben anfangs nur die formelle Ordnungsmäßigkeit des Ausschließungsverfahrens nachgeprüft, nicht dagegen die sachliche Frage, ob der Ausgeschlossene sich eine den Ausschluß rechtfertigende Verfehlung hat zu schulden kommen lassen (RG 49, 150). In einem Fall, wo die Zugehörigkeit zum Verein für das Mitglied nicht bloß eine ideelle Angelegenheit, sondern zugleich eine wirtschaftliche Lebensfrage war (Kassenarztverein), hat jedoch das Reichsgericht die — sonst als „Eingriff in die innere Autonomie des Vereins" abgelehnte — sachliche Nachprüfung unter dem Gesichtspunkt der „offenbaren Unbilligkeit" zugelassen. RG 107, 386. Hieraus hat sich der Grundsatz entwickelt, daß ein förmlich und sachlich auf satzungsgemäßer Grundlage beruhender Beschluß zwar nicht auf seine Richtigkeit, wohl aber daraufhin nachgeprüft werden kann, ob die Ausschließung eine gesetzwidrige, sittenwidrige oder offenbar unbillige Maßnahme darstellt (RG 147, 11; BGHZ 47, 381). Das gilt auch für die Ausschließung aus einem nicht rechtsfähigen Verein (BGHZ 13, 5). Zum Vereinsstrafrecht s. ferner BGHZ 21, 370; 29, 352; Schopp, Rpfleger 1959, 335; Scheyhing, JZ 1958, 343; Meyer-Cording, JZ 1959, 649; Beuthien, BB 1968, Heft 33 Beil. 1.

Kommt das Mitglied durch freiwilligen Austritt der drohenden Ausschließung zuvor und wird es trotzdem ausgeschlossen, so kann auf Feststellung der Unwirksamkeit des Ausschlusses geklagt werden (RG 122, 266; 143, 1). Erklärt der Ausgeschlossene im Lauf des Rechtsstreits seinen Austritt, so wird dadurch sein Interesse an der Feststellung, daß die Ausschließung unwirksam gewesen sei, nicht beseitigt (RG 80, 189).

Läßt sich die gerichtliche Nachprüfung dadurch vermeiden, daß der Verein für alle Streitigkeiten mit seinen Mitgliedern, insbesondere Ausschlußstreitigkeiten, die Zuständigkeit eines Schiedsgerichts statutarisch festlegt? An sich ist nichts einzuwenden (§ 1048 ZPO), nur darf nicht ein Vereinsorgan (Vorstand, Ausschuß, Mitgliederversammlung) als solches zum Schiedsrichter bestellt werden. Die Bestellung einzelner Vorstands- oder sonstiger Vereinsmitglieder zu Schiedsrichtern wird anerkannt. RG 88, 395; 90, 307; 93, 288; 113, 321. Die besondere Formvorschrift des § 1027[1] für den Schiedsvertrag findet auf durch die Satzung berufene Schiedsgerichte keine Anwendung (RG 153, 267; 165, 143).

Entziehung der Schlüsselgewalt

Antrag auf Eintragung in das Güterrechtsregister. Der Notar überreicht dem Registergericht folgende, von ihm beglaubigte Erklärung mit der Bitte, dem gestellten Antrage stattzugeben:

„Ich, der unterzeichnete Theaterkassierer *Leo Däubler* aus Lichterfelde, Stettiner Straße 4, beantrage in das Güterrechtsregister einzutragen, daß das Recht meiner Ehefrau *Helene*, geb. *Krause*, innerhalb ihres häuslichen Wirkungskreises Geschäfte mit Wirkung für mich zu besorgen, ausgeschlossen ist. Ich überreiche meine Heiratsurkunde sowie die Nr. 223 der ‚Lichterfelder Nachrichten' vom 3. August 1970.

Zur Begründung führe ich an, daß meine Frau verschwenderisch ist und einen Toilettenaufwand treibt, der außer Verhältnis zu meinem geringen Einkommen steht. Bereits im Februar v. J. wurde ich von Lieferanten auf Grund der mir unbekannt gewesenen Einkäufe meiner Frau verklagt. Ich habe damals die Schulden in Raten bezahlt und meiner Frau gesagt, daß ich ihr die Schlüsselgewalt entziehe. Außerdem habe ich in der Zeitung bekannt gemacht, daß ich für weitere Schulden meiner Frau nicht aufkomme. Nunmehr hat mich die Modistin *Camilla Orlowska* sowie eine zweite Firma auf Bezahlung von Kleidern, Kostümen, Hüten, Strümpfen und Wäsche in Anspruch genommen. Die Gläubiger wenden ein, mein Inserat nicht gelesen zu haben. Ich bitte daher um größte Beschleunigung.

Leo Däubler.

(Beglaubigungsvermerk)"

Die Schlüsselgewalt der Frau (§ 1357 BGB) ist eine unabhängig vom Güterstand eintretende vermögensrechtliche Wirkung der Ehe. Die Frau führt nach § 1356[1] S. 1 den Haushalt in eigener Verantwortung. Das bedeutet, daß die Frau in diesem Wirkungskreis selbständig und nicht den Weisungen des Mannes unterworfen ist. Zur Verwirklichung der Haushaltsführung ist ihr die Schlüsselgewalt gegeben. Die Frau hat kraft Gesetzes das Recht, im Rahmen ihres Wirkungskreises mit Wirkung für und gegen den Mann zu handeln. Diese Befugnis kann auch durch Ehevertrag nicht abgeändert werden. Im Innenverhältnis zum Mann wurde früher Auftragsrecht angewandt. Da aber die Frau jetzt aus eigenem Recht tätig wird, werden die Rechtsbeziehungen der Ehegatten zueinander unmittelbar dem Familienrecht (§§ 1353, 1356, 1360, 1360a BGB) entnommen werden müssen (Arnold, FamRZ 1958, 193 zu III B; Eißer, FamRZ 1959, 177 zu III 2). Im Verhältnis zu Dritten handelt die Frau als gesetzliche Vertreterin des Mannes; es handelt sich um eine besondere, familienrechtlich gestaltete Vertretungsmacht ohne Weisungsbefugnis des Vertretenen (Erman-Finke, § 1357 Anm. 2; Eißer, a.a.O., str., a.M. BGB-RGRK § 1357 Anm. 8). Die Frau muß nicht notwendig stets von diesem Recht Gebrauch machen. Handelt sie im eigenen Namen, so wird nur sie allein, nicht der Mann, berechtigt und verpflichtet. Handelt sie aber in Ausübung der Schlüsselgewalt, so berechtigt und verpflichtet sie unmittelbar nur den Mann, nicht sich selbst. Die Frau kann aber auch zugleich im eigenen Namen und in Ausübung der Schlüsselgewalt handeln; dann werden beide Eheleute berechtigt und verpflichtet. Nach der allgemeinen Regel des § 164 II wird Handeln im eigenen Namen vermutet. Handelt eine Ehefrau im Rahmen des häuslichen Wirkungskreises, so gilt das Gegenteil: aus solchen Rechtsgeschäften wird der Mann berechtigt und verpflichtet, wenn sich nicht aus den Umständen etwas anderes ergibt, d.h. wenn die Frau nicht erkennbar gemacht hat, daß sie sich selbst und nicht den Mann berechtigen und verpflichten will.

Das Gleichberechtigungsgesetz hat diese Befugnis der Frau beibehalten; Art 3 II GG steht nicht entgegen. Denn die Vertretungsbefugnis der Frau in häuslichen Angelegenheiten ist ein unabweisbares Bedürfnis des Ehe- und Familienlebens. Der Regierungsentwurf sah vor, die Schlüsselgewalt in der Weise zu erstrecken, daß durch die Handlungen eines Ehegatten beide berechtigt und verpflichtet werden. Demgegenüber hat sich in den Gesetzesberatungen die Meinung durchgesetzt, daß die Schlüsselgewalt kein Vorrecht der Frau, sondern ein Korrelat ihrer in der Regel bestehenden Verpflichtung ist, den Haushalt zu führen (§ 1356 I S. 1), und eine Folge der im allgemeinen bestehenden Verpflichtung des Mannes, den Unterhalt der Familie zu bestreiten (Hagemeyer, NJW 1953, 603; Peterseim, FamRZ 1956, 169). Zum Schutz der Gläubiger ist jedoch nunmehr in § 1357 I S. 2 Halbs. 2 eine Mitverpflichtung der Frau für den Fall begründet, daß der Mann nicht zahlungsfähig ist. Diese Regelung entspricht der Ausgestaltung des Unterhaltsrechts in § 1360 n.F. Es handelt sich um einen gesetzlichen Schuldbeitritt (Arnold, FamRZ 1958, 193 zu IV). Maßgebend für die Zahlungsunfähigkeit des Mannes ist der Zeitpunkt des Vertragsschlusses (Baur, FamRZ 1958, 252 zu I 3 und FamRZ 1962, 508; BGB-RGRK § 1357 Anm. 13, str.). Durch Minderjährigkeit der Ehefrau wird die Schlüsselgewalt nach § 165 BGB nicht eingeschränkt; sich selbst kann die minderjährige Ehefrau aber auch bei Zahlungsunfähigkeit des Mannes wohl schwerlich verpflichten (Weimar MDR 1961, 745; Palandt § 1357 Anm. 3b).

Der Mann darf aber einem Mißbrauch der Schlüsselgewalt nicht schutzlos ausgeliefert sein. Der Stellung der Frau entspräche es, wenn hierüber das Vormundschaftsgericht auf Antrag des Mannes zur Entscheidung berufen wäre. Das GleichberG hat es jedoch bei der einseitigen Befugnis des Mannes, die Schlüsselgewalt auf Grund eigener Entschließung ohne gerichtliche Mitwirkung aufzuheben oder zu beschränken, belassen (Bedenken dagegen bei Bosch, FamRZ 1958, 291; BGB-RGRK § 1367 Anm. 16). Wie dies zu geschehen hat, sagt das Gesetz nicht. Die Vorschriften der §§ 168 S. 3, 167 I über den Widerruf der rechtsgeschäftlich erteilten Vollmacht durch formfreie, einseitige Willenserklärung gegenüber dem Vertreter oder dem Dritten können nicht ohne weiteres entsprechend angewendet werden. Denn der Widerruf der allgemeinen Vertretungsmacht könnte durch Erklärung gegenüber einem einzelnen oder mehreren Dritten nur diesen gegenüber wirken, wäre aber ungeeignet, das Erlöschen der Schlüsselgewalt allgemein herbeizuführen. Der Widerruf durch Zeitungsinserat nach § 171 BGB ist nur vorgesehen, wenn auch die Erteilung der Vollmacht in derselben Weise kundgegeben war, woran es bei der kraft Gesetzes eingetretenen Schlüsselgewalt fehlt. Die Unanwendbarkeit dieser Vorschrift auf die Schlüsselgewalt muß sich schon daraus ergeben, daß die öffentliche Bekanntmachung des Widerrufs einer durch Kundgabe an die Öffentlichkeit erteilten Vollmacht jedem Dritten gegenüber wirkt, auch wenn er von der Bekanntmachung des Widerrufs schuldlos keine Kenntnis erlangt hat (Staudinger-Coing, BGB, §§ 171, 172 Anm. 10a). Die Vorschrift des § 173 besagt in Bezug auf § 171 II nur, daß der Dritte sich auf das Unterbleiben der öffentlichen Bekanntmachung des Widerrufs nicht berufen kann, wenn er das Erlöschen der Vertretungsmacht kennt oder kennen muß. Eine so weitgehende Wirkung eines Zeitungsinserats widerspricht aber der Regelung des § 1357^{II} S. 2, wonach die Beschränkung oder Ausschließung der Schlüsselgewalt einem gutgläubigen Dritten nur entgegengehalten werden kann, wenn sie in das Güterrechtsregister eingetragen ist. Das Zeitungsinserat könnte daher nur gegenüber einem Dritten wirken, der es beim Abschluß des Rechtsgeschäfts kennt, was der Mann beweisen müßte. Außerdem können Zeitungsanzeigen dieser Art sich wegen der damit verbundenen Bloßstellung der Frau oft als Eheverfehlung im Sinne des § 43 EheG darstellen (RG Warn. 1929, 26). Dem Wesen der ehelichen Lebensgemeinschaft entspricht es mehr, wenn die Eheleute über eine so einschneidende Maßnahme miteinander verhandeln, ehe sie sie in die Außenwelt tragen. Mit allgemeiner Wirkung, wie eine Eintragung in das Güterrechtsregister sie voraussetzt, kann deshalb die Schlüsselgewalt nur durch Erklärung gegenüber der Frau ausgeschlossen werden (so KGJ 32 A 34; 45, 192; OLG Braunschweig OLG 26, 260; BGB-RGRK § 1357 Anm. 18; a.M. — auch durch Erklärung gegenüber der Öffentlichkeit — überwiegend das Schrifttum).

Die Eintragung in das Güterrechtsregister ist hiernach zu einer wirksamen Entziehung der Schlüsselgewalt weder erforderlich noch ausreichend. Sie hat aber die Wirkung, daß der gute Glaube Dritter nicht mehr geschützt wird. §§ 1357^{II}, 1412.

Der Eintragungsantrag muß öffentlich beglaubigt sein (§§ 1560 S. 2, 129 BGB). In der Regel wird ein Antrag beider Ehegatten gefordert (§ 1561^{I}). Bei Entziehung der Schlüsselgewalt genügt der einseitige Antrag des Mannes (§ 1561^{III}). Der Nachweis, daß der Mann die Entziehung der Schlüsselgewalt — die ja als bereits geschehen im Register beurkundet werden soll — wirksam ausgesprochen hat, braucht (entgegen KGJ 45, 192) nicht erbracht zu werden. Eintragungen in das Güterrechtsregister haben keine rechtserzeugende, sondern nur rechtsbekundende Bedeutung. Das Registergericht hat zu prüfen, ob es örtlich zuständig ist (§ 1558), ob die Eheschließung erfolgt ist, ob der Antrag formgerecht (§ 1560) und von einem Antragsberechtigten (§ 1561) gestellt und ob die Eintragung rechtlich zulässig ist. Das Registergericht hat aber nicht zu prüfen, ob die abgegebene Erklärung der Wahrheit entspricht, wenn es ihre Unrichtigkeit nicht geradezu kennt oder begründete Zweifel hat, ebenso wie im Fall der Anmeldung des Widerrufs einer Prokura die Prüfung sich nicht darauf erstreckt, ob die Prokura wirklich widerrufen ist (KGJ 45, 187 [191]; BGB-RGRK 10./11.Aufl. § 1558 Anm. 21). Die Vorlegung des Zeitungsinserats war daher ebenso überflüssig wie die dem Antrag beigegebene Begründung. Das Registergericht hat nicht zu prüfen, ob die Entziehung berechtigt ist. Die Frau kann nur beim Vormundschaftsgericht die Aufhebung der Entziehung beantragen, wenn hierfür kein ausreichender Grund bestand. Hat die Frau beim Vormundschaftsgericht Erfolg, so tritt die Schlüsselgewalt erst mit Rechtskraft der vormundschaftsgerichtlichen Entscheidung wieder in Kraft. § 1357^{II} BGB, §§ 53, 60^{I} Nr. 6 FGG. Der Rechtspfleger (§ 3 Nr. 1 Buchst. e RechtspflG) verfügt die Eintragung:

„Seite 1200.

Bezeichnung der Ehegatten: *Däubler*, *Leo*, Theaterkassierer in Lichterfelde und Frau *Helene* geb. *Krause*.

Nummer der Eintragung	Rechtsverhältnisse	Bemerkungen
1	Der Mann hat das Recht der Frau, innerhalb ihres häuslichen Wirkungskreises Geschäfte mit Wirkung für ihn zu besorgen, ausgeschlossen. 15. Januar 1971. *Urkund.*“	Eintr.Vfg. Bl. 4

Nach § 1562 BGB wird die Eintragung veröffentlicht. Den guten Glauben Dritter zerstört aber schon die Eintragung, nicht erst die Veröffentlichung. Für die Zukunft ist Däubler nun geschützt, wenn er im Streitfall die Entziehung der Schlüsselgewalt durch Erklärung gegenüber der Frau oder dem Gegner beweisen kann. Dagegen nützt ihm die Eintragung nichts, soweit es sich um vorher begründete Forderungen handelt. Hier muß er vielmehr beweisen, daß die Entziehung der Schlüsselgewalt dem klagenden Geschäftsmann bekannt war oder daß die Bestellungen der Frau über das nach den Verhältnissen der Eheleute angemessene Maß hinausgegangen und deshalb die objektiven Voraussetzungen des § 1357 nicht gegeben sind. Der letzte Einwand bietet keine guten Aussichten: denn verschwenderische Frauen pflegen ihre Einkäufe auf eine größere Zahl von Firmen zu verteilen, und es kommt nur darauf an, ob die bei einem einzelnen Kaufmann gemachte Bestellung, nicht ob die Gesamtheit der Bestellungen übermäßig war. Maßgebend ist die tatsächliche Lebensführung des Ehepaars, nicht sein Vermögen und Einkommen. RG 61, 78. Auch zu Teilzahlungsgeschäften ermächtigt die Schlüsselgewalt (Waldeyer, NJW 1971, 20, str.).

Von geringerer Bedeutung als die Eintragung des Ausschlusses der Schlüsselgewalt ist die Eintragung von Eheverträgen in das Güterrechtsregister. Daß die Eintragung nicht rechtsändernd wirkt, die Änderung des Güterstandes vielmehr schon mit formgerechtem Abschluß des Ehevertrags eintritt, wissen wir bereits (S. 49). § 1412 beantwortet die Frage, inwieweit ein Dritter eine Änderung des ordentlichen gesetzlichen Güterstandes gegen sich gelten lassen muß. Geschützt wird der gutgläubige Dritte im Vertrauen auf die Geltung des gesetzlichen Güterstandes (Abs. 1) und auf den unveränderten Fortbestand des im Güterrechtsregister eingetragenen Güterrechtsverhältnisses (Abs. 2). — Die allgemeinen Vorschriften über den Schutz des guten Glaubens (§§ 892, 932, 936) gehen der Eintragung im Güterrechtsregister vor. Haben die Eheleute z. B. allgemeine Gütergemeinschaft vereinbart und in das Güterrechtsregister eintragen lassen und veräußert der Mann ein im Grundbuch noch auf seinen Namen eingetragenes Grundstück, so wird der Erwerber trotz des § 1424 Eigentümer, wenn er den Ehevertrag nicht kennt. Das gilt jetzt entsprechend auch für Veräußerungen der Ehefrau, da § 1404 BGB a. F. nicht mehr gilt, vielmehr die unbeschränkte Verfügungsmacht der Ehefrau über ihr Vermögen die Regel ist (Staudinger-Seufert, BGB, 11. Aufl. § 892 Anm. 80a).

Die wichtigste Wirkung der Eintragung oder Nichteintragung von Eheverträgen ist die, daß der Inhalt des Registers einen Ausweis gegenüber Grundbuchamt (§ 33 GBO), sonstigen Behörden und Gerichten sowie im allgemeinen Verkehr schafft und eine Art Vermutung begründet.

Geschmacksmustereintragung

Anmeldung. Die Knopffabrik „Buttonia" in Berlin-Wedding überreicht 8 Knopfmodelle länglicher Form, in der Mitte eingekerbt, in verschiedenen Farben und Zeichnungen gemustert, auf der Rückseite mit dem „Elefanten"-Zeichen versehen, und meldet dazu an:

„*Buttonia* Knopffabrik GmbH.
Gegründet 1878.
Spezialmarke: Elefantenknöpfe.

Schutz- Marke

unter Nr. 83 900 in die Zeichenrolle
des Patentamts eingetragen.

Berlin-Wedding, den 23. Januar 1971

An das Amtsgericht

Berlin-Charlottenburg.

Hierdurch melden wir als Urheber 8 Muster für plastische Erzeugnisse zur Eintragung in das Musterregister mit einer Schutzfrist von 3 Jahren gemäß dem Reichsgesetz über das Urheberrecht an Mustern und Modellen vom 11. Januar 1876 (RGBl. 11) an. Wir überreichen je ein Exemplar dieser Muster unverschlossen, bezeichnet mit den Fabriknummern 1283 bis 1290 und unserer patentamtlich geschützten „Elefanten"-Marke, zwecks Niederlegung beim Gericht und beantragen die Eintragung des Musterrechts im Register.

Buttonia Knopffabrik GmbH.
E. Knopf."

Wie bei allen gewerblichen Schutzrechten, spielt auch beim Geschmacksmuster der Zeitpunkt der Anmeldung eine wichtige Rolle (§§ 7, 8 G). Der Urkundsbeamte versieht daher die Anmeldung mit dem Eingangsvermerk nach Tag und Stunde (§ 3 II der Bestimmungen über die Führung des Musterregisters, abgedr. bei Jansen, FGG, Anl. 6) und legt dann die Sache dem Rechtspfleger vor (§ 3 I Nr. 1 Buchst. c RechtspflG).

Anträge auf Eintragung in das Musterregister können schriftlich oder mündlich zu Protokoll des Urkundsbeamten der Geschäftsstelle gestellt werden (§ 5 MBest.). Unterschriftsbeglaubigung war also nicht erforderlich. Auch kann die GmbH ein Musterrecht erwerben, denn die Rechtsfähigkeit juristischer Personen umfaßt zweifellos die Urheber- und gewerblichen Schutzrechte.

Wie weit reicht die Rechtsfähigkeit juristischer Personen?

Auf vermögensrechtlichem Gebiet stehen ihnen grundsätzlich alle Rechte offen. Sie können Mitglieder (Gesellschafter) von Aktiengesellschaften, Gesellschaften mit beschränkter Haftung, eingetragenen Genossenschaften (vgl. § 9 II S. 2 GenG), offenen Handels- und Kommanditgesellschaften (RG 105, 101) werden, nach Maßgabe der Satzung auch von rechtsfähigen oder nicht rechtsfähigen Vereinen. Als Prozeßbevollmächtigte kommen sie nach § 79 ZPO nicht in Betracht, ebenso wenig nach herrschender Ansicht als Prokuristen. Im übrigen kann man eine juristische Person zum Beauftragten oder Bevollmächtigten bestellen, was besonders für Treuhandgesellschaften Bedeutung hat. Das Amt des Vormunds, Pflegers oder Beistands ist augenscheinlich den natürlichen Personen vorbehalten (vgl. § 1779 II BGB). Die Amtsvormundschaft des Jugendamts ist keine Ausnahme hiervon, da Vormund das Jugendamt als Behörde, nicht der Gemeindeverband ist, der das Jugendamt errichtet hat; bei der Vereinsvormundschaft nach § 53 JWG n.F. wird allerdings der Verein als solcher zum Vormund bestellt. Auch wird die Möglichkeit, juristische Personen zu Testamentsvollstreckern zu ernennen, in § 2210 S. 3 vorausgesetzt. Anerkannt ist, daß juristische Personen Mitglieder von Gläubigerausschüssen im Konkurs und Vergleichsverfahren sein dürfen (Jaeger, KO, § 87 Anm. 5). Auch als Abwickler von Handelsgesellschaften und rechtsfähigen Vereinen werden sie zugelassen (KG JW 1930, 1410; Staudinger-Coing, BGB, 11. Aufl. § 48 Anm. 2). Die Bestellung einer juristischen Person zum Abwickler einer Aktiengesellschaft ist sogar im Gesetz ausdrücklich vorgesehen (§ 265 II S. 2 AktG). Dagegen ist die juristische Person unfähig, Vorstand einer Aktiengesellschaft (§ 76 III AktG), persönlich haftender Gesellschafter einer KGaA (Pflug NJW 1971, 345) oder Geschäftsführer einer GmbH (OLG Hamburg, OLG 33, 388) zu sein. Im allgemeinen hält man die juristische Person zur Übernahme von Funktionen, die mit strafrechtlicher Verantwortung verknüpft sind (Konkursverwalter, Vergleichsverwalter, Zwangsverwalter, Nachlaßverwalter, Vorstand, Aufsichtsratsmitglied) für ungeeignet (OLG Hamburg, JW 1931, 2155; Jaeger, KO § 78 Anm. 7; Bley, VerglO, 2. Aufl. § 38 Anm. 2a, 10a). Ihre Bestellung zum Verwalter einer Wohnungseigentumsgemeinschaft (§§ 20, 26 WEG) ist jedoch unbedenklich (KG NJW 1956, 1679).

Der Rechtspfleger hat indessen ein anderes Bedenken und legt deshalb die Anmeldung gemäß § 5 I Nr. 2 RechtspflG dem Richter zur Entscheidung vor:

„Die Besonderheit der Knöpfe scheint darin zu liegen, daß sie durch ihre eigentümliche Form einen besseren Verschluß des Kleidungsstücks, an dem sie angebracht werden, gewährleisten sollen. Die Knöpfe dienen also dem Arbeits- oder Gebrauchszweck durch eine neue Gestaltung, so daß nur die Eintragung eines Gebrauchsmusters in Frage kommen dürfte."

Der Referendar: § 1 GeschmMG spricht allgemein von „gewerblichen Mustern oder Modellen". Nun schützt das Gebrauchsmustergesetz vom 5. Mai 1936 (RGBl. II 130) i.d.F. vom 2. Januar 1968 (BGBl. I 24) Arbeitsgerätschaften oder Gebrauchsgegenstände oder Teile davon, die „dem Arbeits- oder Gebrauchszweck durch eine neue Gestaltung, Anordnung oder Vorrichtung dienen"; das Gebrauchsmuster muß also den praktisch-technischen Zweck fördern. Hieraus folgt, daß die Besonderheit der nach dem Geschmacksmustergesetz zu schützenden Muster und Modelle nur im Nicht-Praktischen, im Ästhetischen, liegen kann, daß sie sich an den Formensinn des Betrachters wenden, daher die allgemein übliche Bezeichnung als „Geschmacksmuster“. Ich trete dem Rechtspfleger darin bei, daß die Knöpfe, soweit sie technisch etwas Besonderes bieten wollen, nicht nach dem Geschmacksmustergesetz, sondern nur als Gebrauchsmuster geschützt werden können. Außer dem besseren Verschluß ist aber auch eine Einwirkung auf das Auge beabsichtigt, sowohl durch die Eigenart der Form wie durch die Färbung und Musterung. Deshalb halte ich die Eintragung ins Geschmacksmusterregister für zulässig (vgl. BGH MDR 1965, 808 = WRP 1965, 375). — Mir fehlt nur noch eine Darlegung, daß die Anmelderin „Urheber“ der Knöpfe im Sinne des § 1 ist und daß die Knöpfe überhaupt neue und eigentümliche Erzeugnisse darstellen. Allerdings scheint das Gesetz keinen Nachweis der Urheberschaft und Neuheit zu erfordern. Die Eintiagung eines längst bekannten Musters, welches die „Buttonia“ vielleicht sogar einem fremden nachgebildet hat, wäre jedoch ungerechtfertigt. Müssen wir trotz dieses Bedenkens eintragen?

Der Richter: Nur bei Patenten sieht das Gesetz wegen ihrer großen Bedeutung eine Prüfung der „Neuheit“ vor; allerdings ist durch das am 1. Oktober 1968 in Kraft getretene PatÄndG vom 4. September 1967 (BGBl. I 953) zur Entlastung des Patentamts das System der „aufgeschobenen“ Prüfung eingeführt worden, nach welchem die Anmeldung, wenn sie nicht wegen offensichtlicher Mängel sogleich zurückgewiesen wird, von der Offenlegung an einen zunächst beschränkten einstweiligen Schutz genießt und eine Prüfung der Patentfähigkeit nur auf Antrag stattfindet mit der Maßgabe, daß die Anmeldung als zurückgenommen gilt, wenn der Prüfungsantrag nicht binnen 7 Jahren seit der Einreichung der Anmeldung gestellt wird (§§ 24 Abs. 5, 26, 28, 28b, 35 Abs. 3 PatG i.d.F. der Bek. vom 2. Januar 1968, BGBl. I 2). Beim Gebrauchsmuster muß der Anmeldende die Neuheit seines Musters zwar in der Anmeldung darlegen; sobald aber dieser Formvorschrift genügt ist, verfügt das Patentamt die Eintragung in die Gebrauchsmusterrolle, gleichviel ob tatsächlich Neuheit gegeben war oder nicht. §§ 2^{II}, 3^{I} GebrMG. Das Geschmacksmusterrecht schreibt nicht einmal die Substantiierung vor. Die sachliche Entscheidung trifft ausschließlich das ordentliche Gericht im Verletzungs- oder Feststellungsprozeß. Das Registergericht kann den Antrag allenfalls zurückweisen, wenn das Muster offensichtlich nicht geschmacksmusterfähig ist und die Eintragung sich deshalb als Mißbrauch darstellen würde (BPatG Rpfleger 1964, 47; Tetzner, Rpfleger 1963, 363). Verfügung:

„1. Bedenken gegen die Eintragung eines Geschmacksmusterrechts bestehen nicht.
2. Herrn Rechtspfleger zur weiteren Verfügung.“

Eintragung und Bekanntmachung. Der Rechtspfleger verfügt jetzt die Eintragung sowie die in § 9^{VI} GeschmMG vorgeschriebene Bekanntmachung. Die einzelnen Eintragungen des Musterregisters haben keine besonderen Blätter, sondern folgen einander unter fortlaufender Nummer und werden nicht gezeichnet. In unserem Fall lautet die Eintragung:

„1	2	3	4	5	6	7	8	9
Laufende Nummer	Name bzw. Firma des Anmeldenden	Tag und Stunde der Anmeldung	Bezeichnung des angemeldeten Musters oder Modells	Angabe, ob das Muster für Flächenerzeugnisse oder für plastische Erzeugnisse bestimmt ist	Schutzfrist	Verlängerung der Schutzfrist	Akten über das Musterregister	Bemerkungen
2385	*Buttonia* Knopffabrik GmbH. in Berlin-Wedding	24. Januar 1971 vormittags 10 Uhr 10 Minuten	8 Muster für Knöpfe offen, Fabriknummer 1283—1290	Plastische Erzeugnisse	3 Jahre		80 MR. 2385.“	

Welche rechtliche Bedeutung hat die Eintragung?

Das Gesetz geht von der urheberrechtlichen Natur des von ihm geschützten Rechts aus. Geschützt sind aber nur „gewerbliche" Muster und Modelle. Das Geschmacksmusterrecht wird damit in die Gruppe der gewerblichen Schutzrechte eingereiht. Die Notwendigkeit geschmacklicher Wirkung stellt dieses Recht jedoch in einen gewissen Gegensatz zu den technischen Schutzrechten und verbindet es mit dem Recht an Werken der bildenden Künste, mag auch für das Geschmacksmuster schon eine verhältnismäßig geringe schöpferische Leistung ausreichend sein (vgl. Wenzel, GRUR 1958, 421). Der Unterschied zwischen Geschmacksmusterschutz und Kunstschutz für Gebrauchsgegenstände (vgl. § 2 KunstUrhG) ist nur ein gradmäßiger, wobei die Grenze zwischen beiden Schutzbereichen nicht zu niedrig abgesteckt werden darf (RG 155, 206; BGH NJW 1957, 220). Das Gesetz beschränkt sich bewußt auf die Regelung der vermögensrechtlichen Belange des Urhebers. Persönlichkeitsrechtliche Ansprüche ähnlich denen des literarischen oder künstlerischen Urheberrechts können aus dem Geschmacksmusterrecht nicht hergeleitet werden. Das Geschmacksmusterrecht ist also ein reines Vermögensrecht urheberrechtlichen Ursprungs. Es entsteht bereits mit der Schaffung eines neuen und eigentümlichen Musters und ist ein „sonstiges" Recht im Sinne des § 823[I] BGB. Seine rechtswidrige und schuldhafte Verletzung begründet einen Anspruch auf Schadensersatz und Unterlassung. Vor der Anmeldung zum Musterregister aber ist dieses Recht noch unvollkommen. Durch Nachbildung kann das noch nicht angemeldete Recht nicht verletzt werden, weil nach der Regelung des GeschmMG (§§ 1, 5, 7) der Schutz vor Nachbildung von der Anmeldung abhängig gemacht ist. Die Anmeldung und Niederlegung (nicht erst die Eintragung) hat also die rechtsgestaltende Wirkung, daß das zunächst unvollständige Geschmacksmusterrecht sich zum Vollrecht entwickelt. Dadurch unterscheidet sich die rechtliche Bedeutung der Anmeldung eines Geschmacksmusters von der eines Patents, Gebrauchsmusters oder Warenzeichens. Patente entstehen durch hoheitliche Verleihung (§ 17[I] S. 1 PatG). Beim Gebrauchsmuster und beim Warenzeichen knüpft sich die rechtsgestaltende Wirkung an die Eintragung (§ 5 GebrMG, § 15 WZG). Die Eintragung in das Musterregister ist also nur ein Beweis für das Vorliegen einer formell ordnungsgemäßen Anmeldung und Niederlegung.

Anmeldung und Niederlegung begründen ferner eine widerlegbare Vermutung, daß der Anmelder der Urheber sei (§ 13). Die Vermutung der Urheberschaft umfaßt auch die Neuheit und Eigentümlichkeit, dagegen nicht die Geschmacksmusterfähigkeit, die Modellfähigkeit, d.h. die Fähigkeit, Vorbild für die Erzeugung weiterer Gegenstände zu sein und die gewerbliche Verwertbarkeit. Ist also ein Geschmacksmuster zu Unrecht eingetragen so kann der wegen Verletzung des eingetragenen Musters mit der negatorischen Unterlassungsklage (§§ 1, 5), auf Schadensersatz oder im Strafverfahren (§ 14 mit den dort angeführten Vorschriften des früheren LitUrhG) Belangte einwenden, daß dem Muster die Neuheit oder die Schutzfähigkeit fehle, daß der Inhaber nicht Urheber sei, daß die Verbreitung schon vor der Anmeldung, begonnen habe (§ 7) usw. Vgl. JW 1887, 236[10], RGSt. 30, 143; BGH NJW 1958, 1489; BGHZ 50, 340.

Kann das zu Unrecht eingetragene Geschmacksmuster durch Löschung wieder beseitigt werden? Für Patente besteht das besonders geregelte Nichtigkeitsverfahren (§§ 13, 37, 39, 42 PatG: 1. Instanz Patentgericht, Berufungsinstanz der Bundesgerichtshof). Über den Antrag auf Löschung eines Gebrauchsmusters entscheidet die Gebrauchsmusterabteilung des Patentamts, gegen dessen Entscheidung die Beschwerde an den Beschwerdesenat des Patentgerichts gegeben ist; gegen dessen Beschluß ist die Beschwerde an den BGH statthaft, wenn das Patentgericht sie zugelassen hat (§ 4, 7, 8, 10 GebrMG i.d.F. vom 2. Januar 1968, BGBl. I 24). Die Löschung eines Warenzeichens kann ein

Dritter beim Patentamt anregen (Amtsverfahren!), wenn die Eintragung des Zeichens hätte versagt werden müssen (§ 10^{II} Nr. 2 WZG), oder aus den Gründen des § 11^{I} Nr. 1—4 WZG durch Klage im ordentlichen Rechtswege betreiben. In das Musterregister dagegen werden nur die Anmeldung und die Verlängerung der Schutzfrist eines Musters eingetragen. Eine Löschung findet nicht statt (Furler, GeschmMG 3. Aufl. § 10 Anm. 1; v. Gamm, GeschmMG § 8 Anm. 5), da die Eintragung nur eine Registrierung der erfolgten Anmeldung ist und die Tatsache der Anmeldung, an die allein sich Rechtsfolgen knüpfen, durch die Löschung nicht beseitigt wird. Nur wenn keine oder keine wirksame Anmeldung vorliegt, kann die Eintragung von Amts wegen nach den §§ 142, 143 FGG gelöscht werden (Jansen, FGG, 2. Aufl. § 125 Rdn. 29).

Die Bekanntmachung geschieht in der nachstehenden Fassung:

„In das Musterregister ist für die Firma *Buttonia* Knopffabrik GmbH in Berlin-Wedding unter Nr. 2385 auf Grund der am 24. Januar 1971 10 Uhr 10 Minuten eingegangenen Anmeldung ein Musterrecht für 8 Muster für Knöpfe, offen, Fabriknummern 1283—1290, plastische Erzeugnisse, Schutzfrist 3 Jahre, eingetragen worden."

Eine nähere Beschreibung der geschützten Muster wird nicht veröffentlicht; wer von den Interessenten sich darüber unterrichten will, muß die auf der Geschäftsstelle verwahrten Originalmuster einsehen (§ 11). Das Gesetz gestattet aber sogar die Anmeldung versiegelter Muster, die dann verschlossen aufbewahrt und erst im Streitfall, spätestens nach Verlauf von 3 Jahren, geöffnet werden (§§ $9^{IV, V}$, 11 S. 2). Die Übersicht über die bestehenden Schutzrechte wird schon dadurch, daß die Geschmacksmuster nicht beim Patentamt zentralisiert sind, sondern von den zahlreichen Amtsgerichten geführt werden, außerordentlich erschwert; infolge der Möglichkeit versiegelter Aufbewahrung ist selbst der gewissenhafteste Unternehmer nicht in der Lage, zuverlässig festzustellen, ob seine eigenen Erzeugnisse mit einem eingetragenen Geschmacksmuster kollidieren.

Musterschutz und Warenzeichen. Wie verhält sich das Geschmacksmusterrecht zu dem eingetragenen Warenzeichen, das die „Buttonia" für ihre Fabrikate führt?

Die beiden Schutzrechte haben nichts miteinander zu tun. Das Geschmacksmuster begründet, ebenso wie Patent und Gebrauchsmuster, die ausschließliche Befugnis, Sachen mit bestimmten Eigenschaften herzustellen und in den Verkehr zu bringen. Dagegen ist Warenzeichen das Monopol, Waren einer bestimmten Gattung (z.B. Knöpfe), aber von beliebiger Beschaffenheit, unter dem Warenzeichen zu vertreiben. Es steht also dem Namens- und Firmenrecht nahe und gehört zum Betrieb als solchem; deshalb kann es (wie die Firma, § 23 HGB) nur mit dem Geschäft auf einen anderen übertragen werden und ist bei Einstellung des Betriebes zu löschen (§§ 8^{I} S. 2, 11^{I} Nr. 2^{IV} WZG). Unter dem Warenzeichen werden patentierte oder in der Gebrauchsmusterrolle oder dem Geschmacksmusterregister eingetragene Waren in gleicher Weise vertrieben wie ungeschützte Erzeugnisse. Besondere Bedeutung hat das Warenzeichen dann, wenn der Schutz des Fabrikats als solcher abgelaufen oder wenn er, wie bei kosmetischen und Heilmitteln, überhaupt nicht möglich ist.

Höchstdauer des Patents 18 Jahre (§ 10 PatG), des Gebrauchsmusters 6 Jahre (§ 14 GebrMG), des Geschmacksmusters 15 Jahre (§ 8 GeschmMG). Das Warenzeichen ist zeitlich ebenso unbegrenzt wie Name und Firma, muß aber von zehn zu zehn Jahren verlängert werden (§ 9 WZG). Die Erteilung von Sachpatenten auf Erfindungen von Nahrungs-, Genuß- und Arzneimitteln sowie von Stoffen, die auf chemischem Wege hergestellt werden, ist seit der Aufhebung des § 1^{II} Nr. 2 PatG a.F. durch das PatÄndG vom 4. September 1967 (BGBl. I 953) nicht mehr ausgeschlossen (Benkard, PatG 5. Aufl. Einl. Rdn. 25). Bei den Kosmetika kommt es fast immer nur auf die Zusammensetzung, nicht auf die Herstellungsweise an. Daher die vielen bekannten Warenzeichen, meist Wortzeichen auf „ol" oder „in", für derartige Präparate.

Warenzeichen werden stets unter Beschränkung auf bestimmte Waren oder Gruppen von Waren verliehen (§ 2[I] S. 3 WZG). Wenn die „Buttonia“ den Elefanten als Warenzeichen für Knöpfe führt, so kann er einem anderen für Textilerzeugnisse, einem dritten für Liköre, Schokolade usw. geschützt sein. Denn Warenzeichenschutz setzt Warengleichartigkeit voraus (BGHZ 19, 23; 50, 77); bei starker Verkehrsgeltung und überragender Kennzeichnungskraft kann allenfalls ein Schutz aus § 12 BGB, § 1 UnlWG unter dem Gesichtspunkt der „Verwässerung“ verlangt werden (BGHZ 19, 23).

6. Kapitel

Aufgebotsverfahren

Todeserklärung

Das Aufgebot ist „eine öffentliche gerichtliche Aufforderung zur Anmeldung von Ansprüchen oder Rechten mit der Wirkung, daß die Unterlassung der Anmeldung einen Rechtsnachteil zur Folge hat" (§ 946^{I} ZPO). Gegenstand des Aufgebotsverfahrens ist der Erlaß dieses Aufgebots und die Verwirklichung der darin angedrohten Rechtsnachteile in einer gerichtlichen Entscheidung. Seinem Wesen nach gehört es ebenso wie das Entmündigungsverfahren eher zur freiwilligen als zur streitigen Gerichtsbarkeit (RG 121, 21; Blomeyer, Zivilprozeßrecht § 123 I 1), weil es sein Ziel ohne streitige Verhandlung auf Grund einer Verschweigung erreicht, während ein etwa entstehender Streit zwischen dem Aufbieter und einem Anmelder entweder dazu führt, daß das Aufgebotsverfahren bis zur Entscheidung des Streits im ordentlichen Verfahren ausgesetzt wird, oder zu einem Vorbehalt des angemeldeten Rechts im Ausschlußurteil (§ 953 ZPO). Doch vollzieht sich das Verfahren nach der positiven gesetzlichen Regelung in den Formen des Zivilprozesses (§§ 946—1024 ZPO). Wird dem Aufgebot stattgegeben, so ergeht die Entscheidung durch in öffentlicher Sitzung zu verkündendes Ausschlußurteil (§ 952^{I}), andernfalls wird der Antrag auf Erlaß des Ausschlußurteils durch Beschluß zurückgewiesen (§ 952^{IV}).

Nur das früher in den §§ 960ff. ZPO geregelte Aufgebotsverfahren zum Zwecke der Todeserklärung ist in die freiwillige Gerichtsbarkeit eingeordnet seit dem Gesetz über die Verschollenheit, die Todeserklärung und die Feststellung der Todeszeit vom 4. Juli 1939 (RGBl I 1186), jetzt in der Fassung des Verschollenheitsgesetzes vom 15. Januar 1951 (BGBl I 63). In dem Gesetz sind die sachlichrechtlichen Vorschriften (§§ 1—12) und das Verfahrensrecht (§§ 13—52) zusammengefaßt. Die Entscheidung ergeht stets durch Beschluß, mag sie die Todeserklärung aussprechen oder ablehnen (§§ 23, 25 VerschG):

„Beschluß.

In dem Aufgebotsverfahren zum Zwecke der Todeserklärung des verschollenen Kochs *Hans Dampf* aus Lichterfelde hat das Amtsgericht in Lichterfelde am 25. Januar 1971 beschlossen:

Der am 12. Juni 1927 geborene Koch *Hans Dampf* wird für tot erklärt und der 7. November 1963, vormittags 4 Uhr, als Zeitpunkt seines Todes festgestellt.

Die Kosten des Verfahrens fallen dem Nachlaß zur Last.

Gründe:

Der Bruder des am 12. Juni 1927 geborenen Kochs *Hans Dampf*, Zahntechniker *Hermann Dampf* aus Köln, hat die Todeserklärung des *Hans Dampf* mit der Behauptung beantragt, daß dieser am 5. November 1963 in Lübeck als Hilfsheizer an Bord des schwedischen Dampfers „Sigurd", bestimmt nach Gotenburg, in See gegangen und daß das Schiff am 7. November 1963 morgens zwischen 3 und 4 Uhr mitteleuropäischer Zeit nahe der Küste von Schonen auf eine treibende Mine gelaufen und gesunken sei, ohne daß sich von der Besatzung trotz der Nachforschungen der schwedischen Behörden etwas habe ermitteln lassen, und daß *Hans Dampf* seitdem vermißt sei. Diese Angaben sind durch die vom Antragsteller eingereichten Auskünfte des Polizeipräsidiums in Lübeck, der Marineinspektion für die Ostsee in Kiel und des deutschen Generalkonsulats in Gotenburg, die von Amts wegen eingeholte Auskunft des Polizeipräsidenten in Berlin und die weiterhin vom Gericht erforderten eidesstattlichen Versicherungen des Antragstellers und der Ehefrau des Verschollenen (Bl. ..... d. A.) zur Überzeugung des Gerichts erwiesen."

Den Begriff der Verschollenheit bestimmt § 1 VerschG. Verschollen ist jemand, wenn sein Aufenthalt seit längerer Zeit unbekannt ist, ohne daß Nachrichten darüber vorliegen, ob er in dieser Zeit noch gelebt hat oder gestorben ist, sofern nach den Umständen hierdurch ernstliche Zweifel an seinem Fortleben begründet werden. Bloße Nachrichtenlosigkeit genügt also nicht, wenn sich jemand unter Umständen entfernt hat, die darauf schließen lassen, daß er sich verborgen halten will, oder wenn es ihm nicht möglich ist, Nachrichten zu geben (Schweigelager), es sei denn, daß im Einzelfall aus andern Umständen ernstliche Zweifel an seinem Fortleben hergeleitet werden können (BGHZ 3, 230). Für den Grad des Zweifels am Fortleben reicht es aber nicht aus, daß Leben und Tod gleichermaßen ungewiß sind (so Palandt-Danckelmann, BGB, § 1 VerschG Anm. 2), sondern eine tatsächliche Todeswahrscheinlichkeit ist Bestandteil des Verschollenheitstatbestandes (Strebel, Die Verschollenheit als Rechtsproblem, 1954, S. 86). Dagegen liegt Verschollenheit im Rechtssinne nicht vor, wenn der Tod nach den Umständen unzweifelhaft ist (§ 1^{II} VerschG). Für Fälle dieser Art ist das besondere Todeszeitfeststellungsverfahren der §§ 39ff. VerschG vorgesehen.

Das Gesetz unterscheidet die allgemeine Verschollenheit (§ 3) und die besonderen Fälle der Kriegs-, See-, Luft- und Gefahrverschollenheit (§§ 4—7) mit jeweils verschiedenen Voraussetzungen für die Zulässigkeit der Todeserklärung. In unserem Falle handelt es sich um Seeverschollenheit (§ 5^{I}), und zwar infolge Untergangs eines Schiffes. Für diesen Fall sieht § 15^{II} VerschG den besonderen Gerichtsstand des Heimathafens oder des Heimatortes vor, wenn das Schiff in einem deutschen Schiffsregister eingetragen war, um so die Ermittlungen hinsichtlich aller bei diesem Ereignis verschollenen Personen bei einem Gericht zusammenzufassen. Auf demselben Gedanken beruht der Gerichtsstand der Sammelzuständigkeit nach § 15 d. Da Hans Dampf sich auf einem schwedischen Schiff befand, verbleibt es bei dem allgemeinen Gerichtsstand des letzten inländischen Wohnsitzes nach § 15^{I}.

Die Zulässigkeit des Antrags hängt davon ab, daß der Antragsteller die zur Begründung des Antrags erforderlichen Tatsachen, nämlich seine Antragsberechtigung (§ 16) und die die Todeserklärung begründenden Tatsachen, glaubhaft macht (§ 18). Aussprechen darf der Richter die Todeserklärung aber nur, wenn er auf Grund der von Amts wegen anzustellenden Ermittlungen (§§ 13^{I} VerschG, 12 FGG) die Überzeugung davon erlangt hat, daß der Verschollenheitstatbestand vorliegt.

„Es steht mithin fest, daß *Hans Dampf* auf einer Fahrt auf See, und zwar infolge Untergangs eines Schiffes, verschollen ist und daß seitdem mehr als sechs Monate verstrichen sind (§ 5^{I} VerschG). Die Umstände begründen eine tatsächliche Todeswahrscheinlichkeit, so daß die Todeserklärung mit der Maßgabe erfolgen kann, daß als Zeitpunkt des Todes der 7. November 1963, morgens 4 Uhr festzustellen ist (§§ 9^{III} Buchst. c, 23 VerschG).

Da der Antragsteller als Bruder zu den gesetzlichen Erben des Verschollenen gehört, hat er an der Todeserklärung ein rechtliches Interesse (§ 16^{II} Buchst. c VerschG) und ist zum Antrag berechtigt.

Das Aufgebot ist am 10. September 1970 durch Einrückung in das „Lichterfelder Tageblatt" sowie durch Anheftung an die Gerichtstafel bekannt gemacht worden (§ 20 VerschG).

Der Verschollene hat sich nicht gemeldet.

Der Antragsteller und der Staatsanwalt sind gehört worden (§ 22 VerschG).

Dem Antrag ist daher stattzugeben. Die Kosten des Verfahrens fallen nach § 34^{II} VerschG dem Nachlaß zur Last.

Pfleger,

Justizinspektor als Rechtspfleger."

Verschollenheitssachen sind in vollem Umfange auf den Rechtspfleger übertragen, § 3 Nr. 1 Buchst. g RechtspflG i. d. F. vom 5. November 1969 (BGBl. I 2065).

Der Beschluß wird, ebenso wie das Aufgebot, durch eine Tageszeitung und durch Anheftung an die Gerichtstafel bekanntgemacht (§§ 24, 20). Er wird ferner dem Antragsteller und dem Staatsanwalt zugestellt (§ 24^{II}) und ist anstelle der sofortigen Beschwerde mit der befristeten Erinnerung (§ 11 I S. 2 RechtspflG) anfechtbar. Die Beschwerdefrist beträgt, abweichend von § 22^{I} FGG, einen Monat und beginnt nicht mit der Zustellung, sondern mit der ersten öffentlichen Bekanntmachung (§§ 26^{I}, 24^{III}). Mit dem Eintritt der Rechtskraft wird der Beschluß wirksam (§ 29^{I}).

Die rechtskräftige Todeserklärung wird mitgeteilt: Dem Standesamt I in Berlin, welches sie in ein besonderes Buch für Todeserklärungen einträgt (§ 40 PStG, § 31^{II} S. 2 AusfVO z. PStG vom 12. August 1957 (BGBl I 1139), dem Nachlaßgericht, dem Vormundschaftsgericht, wenn der Verschollene minderjährige Kinder hinterläßt, ohne daß der andere Elternteil die elterliche Gewalt erlangt (§ 50 FGG), und dem Finanzamt (§ 11 ErbStDV). Wegen weiterer Vorschriften über Mitteilungen bei Todeserklärung s. MiZi XVI/3.

Aufhebung der Todeserklärung: Im Jahre 1971 geht folgender Brief ein:

„Am 5. November 1963 ging ich als Hilfsheizer an Bord des Dampfers ‚Sigurd' von Lübeck nach Gotenburg in See. Am 7. November lief der Dampfer in der Nähe der schwedischen Küste auf eine Mine. Ich wurde durch einen Fischer gerettet und nach Schweden gebracht. Da ich einige Monate vorher in eine Messerstecherei mit tödlichem Ausgang verwickelt worden war und keine Zeugen hatte (diese Sache war der Anlaß gewesen, daß ich zur See ging), so hielt ich mich verborgen und habe unter falschem Namen teils in Dänemark, teils in Schleswig-Holstein und Mecklenburg gelebt. Nach Hause habe ich nicht geschrieben, um Nachforschungen zu vermeiden. Als ich dann erfuhr, daß in meiner Sache der richtige Messerstecher gefaßt und abgeurteilt worden war, kehrte ich vor 10 Tagen nach Lichterfelde zurück und stellte hier fest, daß ich für tot erklärt worden bin, daß mein Vermögen von meiner Frau und meinem Bruder in Besitz genommen worden ist und daß meine Frau sich wieder zu verheiraten beabsichtigt. Ich bitte deshalb die Todeserklärung aufzuheben oder mir einen Weg anzugeben, wie ich die Todeserklärung umstoßen kann.

Hans Dampf."

Die Wirkung der Todeserklärung besteht in der Vermutung, daß der Verschollene in dem festgestellten Zeitpunkt gestorben ist (§ 9^{I} VerschG). Diese Vermutung hat zugleich eine Lebensvermutung und eine Todesvermutung zum Inhalt: Es wird vermutet, daß der Verschollene bis zu dem festgestellten Zeitpunkt gelebt und es wird vermutet, daß er nach diesem Zeitpunkt nicht mehr gelebt hat (RG 93, 109). Ohne Todeserklärung besteht nur die Lebensvermutung des § 10, die den Tatbestand der Verschollenheit voraussetzt, aber keine Todesvermutung. Die Vermutung des § 9^{I} ist absolut und wirkt für und gegen alle (KGJ 45, 151). Sie muß daher überall und von jeder Behörde beachtet werden: Vom Nachlaßgericht, das das Testament des Verschollenen eröffnen oder einen Erbschein nach ihm erteilen soll, vom Standesbeamten, vor dem die Ehefrau sich wieder verheiraten will usw. Wird von der Ehefrau des Verschollenen später als 302 Tage nach dem festgestellten Todeszeitpunkt ein Kind geboren, wenn auch vor der Rechtskraft des Todeserklärungsbeschlusses, so gilt es als unehelich (RG 60, 196; OLG Neustadt, NJW 1952, 940; BVerfGE 9, 210). Ist die Ehe rechtskräftig geschieden worden, wird der Ehemann aber später zu einem vor der Rechtskraft des Scheidungsurteils liegenden Zeitpunkt für tot erklärt, so ist die Ehefrau trotz der Scheidung als erbberechtigte Witwe anzusehen. Denn das Urteil, das eine schon durch Tod aufgelöste Ehe scheidet, ist wirkungslos (Rosenberg, Zivilprozeßrecht, 8. Aufl. § 73^{IV} 2 c). Die Todeserklärung erbringt jedoch, was vielfach verkannt wird, keinen **Beweis** für den Tod oder die festgestellte Todeszeit. Die Bedeutung der Vermutung geht dahin, daß der Richter bei der Rechtsanwendung die vermutete Tatsache seiner Entscheidung zugrunde zu legen hat, nicht als eine bewiesene, sondern ohne daß sie bewiesen und obwohl sie nicht bewiesen ist (Rosenberg, Beweislast, 4. Aufl. § 15^{II}2a, ^{III}; KG DNotZ 1954, 377 = NJW 1954, 1652). Die Vermutung ist aber durch den Beweis des Gegenteils widerlegbar (§ 292 ZPO), der in jedem Verfahren, auch im Erbscheinsverfahren, geführt werden kann (OLG Hamburg, NJW 1952, 147; BayObLGZ 1953, 120; KG a.a.O.; Jansen, FGG, 2. Aufl. § 12 Rdn. 12).

Hans Dampf könnte also die Todesvermutung in jedem Einzelfall durch den Beweis, daß er noch lebt, widerlegen, z.B. in dem Rechtsstreit, in welchem er als „Scheinerblasser" gegen seine Ehefrau und seinen Bruder den Anspruch auf Herausgabe seines Vermögens nach den für den Erbschaftsanspruch geltenden Vorschriften erhebt (§ 2031 BGB). Haben seine Angehörigen allerdings bereits über sein Vermögen verfügt, so wird der gutgläubige Dritte, der auf die Richtigkeit der Todeserklärung vertraut hat, geschützt (§ 2370). Ebenso erbringt Hans Dampf durch sein Wiedererscheinen den Beweis dafür, daß seine Ehe noch fortbesteht. Wenn aber seine Ehefrau sich inzwischen wieder verheiratet hätte, wäre seine Ehe zwar nicht durch die Todeserklärung, aber mit der Schließung der neuen Ehe aufgelöst (§ 38^{II} EheG).

Nach dem früheren Verfahren hätte Hans Dampf keine Möglichkeit mehr gehabt, die durch die Todeserklärung begründete Vermutung mit allgemeiner Wirkung ein für allemal zu beseitigen. Denn ein Rechtsmittel fand gegen das Ausschlußurteil nicht statt (§ 957^{I} ZPO), und die nach den §§ 957, 958, 973, 976 ZPO zugelassene Anfechtungsklage setzte entweder förmliche Mängel des Aufgebotsverfahrens voraus (§ 957^{II}) oder war, soweit sie auf die Unrichtigkeit der Todeserklärung oder der Todeszeit gestützt wurde (§ 973), innerhalb einer Frist von einem Monat zu erheben, die ohne Rücksicht auf die Kenntnis mit dem Erlaß des Ausschlußurteils begann (§ 976). Das Verschollenheitsgesetz gibt dem Verschollenen (und dem Staatsanwalt) das Recht, die Aufhebung der Todeserklärung zu beantragen (§ 30). Der Verschollene muß die Todeserklärung, d. h. den Zeitpunkt überlebt haben, in dem die Todeserklärung wirksam geworden ist (§ 29). Es ist zwar nicht erforderlich, daß er zur Zeit der Einleitung des Aufhebungsverfahrens, die etwa auf Antrag des Staatsanwalts erfolgt, noch lebt. Jedoch genügt es nicht, daß der Verschollene nur den festgestellten Todeszeitpunkt, nicht aber den Zeitpunkt der Rechtskraft des Beschlusses überlebt hat. Wird nur geltend gemacht, daß ein anderer als der festgestellte Todeszeitpunkt anzunehmen sei, so kann jeder, der ein rechtliches Interesse an einer anderen Todeszeit hat, die Änderung der Todeszeitfeststellung beantragen (§ 33a). Die bisherige Todeszeitvermutung wird dann durch eine andere ersetzt.

Hans Dampf wird also mit seinem Antrag, über den der Rechtspfleger befindet, Erfolg haben, wenn seine Identität mit dem Verschollenen erwiesen wird.

Sondervorschriften für Verschollenheitsfälle aus Anlaß des Krieges 1939 bis 1945 enthält Art. 2 des Gesetzes zur Änderung von Vorschriften des Verschollenheitsrechts vom 15. Januar 1951 (BGBl I 59). Nach diesen Vorschriften kann für tot erklärt werden, wer vor dem 1. Juli 1948 im Zusammenhang mit den Ereignissen oder Zuständen des letzten Krieges vermißt worden und seitdem unter Umständen, die ernstliche Zweifel an seinem Fortleben begründen, verschollen ist (Art. 2 § 1 VerschÄndG). Darunter fallen auch in Zwangslager verbrachte Deportierte (BayObLG NJW 1953, 1788). Das Verfahren ist in mancher Hinsicht vereinfacht. Da der Antragsteller sehr oft ein Interesse nur an der Todeserklärung überhaupt, nicht an der Feststellung des genauen Todeszeitpunktes hat, ist bestimmt, daß Ermittlungen über den Todeszeitpunkt nur auf Antrag anzustellen sind. Als Todeszeitpunkt ist dann grundsätzlich der 31. Dezember 1945 anzunehmen (Art. 2 § 2 $^{I, III}$). Diese Vorschrift enthält eine Ausnahme von dem Amtsermittlungsgrundsatz des § 12 FGG. Ohne diesen Antrag ist das Gericht zur Feststellung eines anderen als des allgemeinen Todeszeitpunkts nach Art. 2 § 2^{III} VerschÄndG auch dann nicht befugt, wenn es meint, daß ein anderer Todeszeitpunkt nach der Sachlage wahrscheinlicher sei (KG NJW 1956, 1075). Ergibt sich nachträglich ein rechtliches Interesse an der Feststellung des wahrscheinlichsten Todeszeitpunktes, so kann eine Änderung der Feststellung begehrt werden (Art. 2 § 3). Öffentliche Bekanntmachungen erfolgen in diesem Verfahren nicht in der Tageszeitung, sondern in einer zu diesem Zweck besonders herausgegebenen Verschollenheitsliste (Art. 2 § 5).

In Sondergesetzen finden sich abweichende Vorschriften über die Verschollenheit. Im Steuerrecht gilt als Todestag der Tag der Rechtskraft des Todeserklärungsbeschlusses (§ 3^{IV} StAnpG). Im Sozialversicherungsrecht wird die Verschollenheit von den Versicherungsbehörden selbständig festgestellt (§§ 1271, RVO, § 48 AVG), wenn eine gerichtliche Todeserklärung noch nicht vorliegt (BSozG FamRZ 1960, 440). Besondere Todesvermutungen (regelmäßig 8. Mai 1945) gelten ohne Todeserklärung kraft Gesetzes im Rückerstattungsverfahren nach Art. 51 REGamZ, Art. 43 REGbrZ und Art. 44 REAO Berlin (dazu BGHZ 1, 9) sowie im Entschädigungsverfahren nach § 180 BEG (dazu KG NJW RzW 1955, 189; 1958, 115).

Kraftloserklärung von Vollmachten

Herr Kroker vom Detektiv-, Inkasso- und Immobilieninstitut „Sirius" erscheint zusammen mit Gerbermeister Feller aus Lankwitz auf der Rechtsantragsstelle und erklärt dem dort amtierenden Referendar Klug: Herr Feller hat mir vor zwei Jahren Generalvollmacht zur Verwaltung eines ihm gehörenden Hausgrundstücks, welche auch Verkauf, Auflassung und Grundbuchbewilligung jeder Art umfaßte, in notariell beglaubigter Form erteilt. Er hat jetzt die Vollmacht zurückgezogen. Dabei stellte sich heraus, daß die Vollmachtsurkunde bei mir verloren gegangen ist, so daß ich nicht in der Lage bin, sie Herrn Feller zurückzugeben. Er befürchtet, daß die Urkunde noch in meinem Besitz sein und daß ich sie — woran natürlich gar nicht zu denken ist — benutzen könnte, um mit dritten Personen, die von dem Widerruf nichts wissen, Rechtsgeschäfte in seinem Namen vorzunehmen.

War die erloschene Vollmacht nur durch Erklärung gegenüber dem Bevollmächtigten erteilt (erste Alternative des § 167^{I} BGB), so wird dem gutgläubigen Dritten nicht geholfen, weil der für den Schutz des guten Glaubens wesentliche Zusammenhang mit dem Publizitätsgrundsatz fehlt. Hat dagegen der Vollmachtgeber dem Dritten die Vollmacht mitgeteilt oder öffentlich kundgegeben oder ist dem Dritten eine Vollmachtsurkunde vorgelegt worden, so bleibt sie gegenüber Gutgläubigen so lange in Kraft, bis der Widerruf in gleicher Form erfolgt (§§ 170/2). Abweichend von anderen Fällen gutgläubigen Erwerbs macht dabei schon leicht fahrlässige Unkenntnis bösgläubig (§ 173 mit § 122^{II}: „kennen müssen"). Das Erfordernis der Vorlegung wird streng gehandhabt. Hat sich der Bevollmächtigte im Besitz der Urkunde befunden und sich sogar zur Vorlegung erboten, schließlich aber nicht vorgelegt, so bleibt der Vertragsgegner ungeschützt! RG 56, 63. Aus diesem Grunde soll der Notar, wenn in einer Verhandlung ein Bevollmächtigter auftritt, die Vorlegung der Vollmacht im Protokoll beurkunden, vgl. § 12 BeurkG. „Vollmachtsurkunde" im Sinne des § 172 ist nur die vom Vollmachtgeber unterzeichnete Urschrift, gleichviel ob sie einen Beglaubigungsvermerk trägt oder nicht, nicht dagegen einfache und beglaubigte Abschriften. Von Vollmachten in Verhandlungsform muß eine Ausfertigung vorgelegt werden.

Der Schutz des Gutgläubigen beschränkt sich nicht auf die Frage des Erlöschens einer an sich rechtswirksam bestellten Vollmacht. Dem Geschäftsgegner kann auch nicht entgegengehalten werden, die Vollmacht sei nichtig oder mit anderem Inhalt erteilt oder anfechtbar und wirksam angefochten (RG 108, 125; RG HRR 1937 Nr. 548). Waren der Vollmachtgeber oder der Bevollmächtigte aber geschäftsunfähig, so hilft der gute Glaube nichts, selbst wenn eine Vollmachtsurkunde vorgelegt war (RG Warn 1936 Nr. 2).

Um Herrn Feller zu beruhigen, habe ich ihm geraten, ein Aufgebotsverfahren einzuleiten. Allerdings finde ich über Kraftloserklärung von Vollmachten keine besonderen Vorschriften. Ich nehme deshalb an, daß lediglich die allgemeinen Bestimmungen des Aufgebotsverfahrens in §§ 946—959 ZPO, und außerdem die Bestimmungen der §§ 1003 f. über Urkundenaufgebot zu beachten sind. Durchschlag der Vollmachtsurkunde haben wir da. Ich bin bereit, über den Verlust der Urschrift eine eidesstattliche Versicherung abzugeben. Wird sonst noch etwas gebraucht?

Der Referendar: Vollmachten können überhaupt nicht im Aufgebotsverfahren für kraftlos erklärt werden, weil das Gesetz ein derartiges Verfahren nicht vorsieht.

Ein Aufgebot kann nur in den durch Gesetz bestimmten Fällen ergehen (§ 946^{I}). Das Aufgebot zur Kraftloserklärung von Urkunden ist zugelassen für: Schuldverschreibungen auf den Inhaber, § 799 BGB; Wechsel, Art. 90 WG; Schecks, Art. 59 ScheckG; die in § 363 HGB genannten kaufmännischen Orderpapiere, § 365^{II} HGB; Aktien und Interimsscheine, § 66 AktG; qualifizierte Legitimationspapiere (hinkende Inhaberpapiere), § 808 BGB; Hypotheken-, Grundschuld- und Rentenschuldbriefe, §§ 1162, 1192, 1195, 1199 BGB. Für Postsparbücher ist ein Postaufgebot in § 18 PostsparkassenO vorgesehen. Weitere Aufgebotsfälle außer der bereits behandelten Todeserklärung: Die Ausschließung des Grundstückseigentümers, des Eigentümers eines eingetragenen Schiffes oder Schiffsbauwerks, des Vorkaufsberechtigten, Reallastgläubigers, Hypotheken-, Grundschuld-, Rentenschuldgläubigers, Schiffshypothekengläubigers, Vorgemerkten (§§ 927, 1104, 1112, 1170/1, 887 BGB, §§ 6, 78, 66, 67 SchiffsRG), der Nachlaß- oder Gesamtgutsgläubiger (§§ 1970f., 1489^{II}), der unbekannten Schiffsgläubiger (§§ 765 HGB, 110 BinnSchiffG). — Von den hypothekenrechtlichen Aufgeboten geht dasjenige des Briefes (§ 1162) vom Gläubiger aus, der seinen Brief verloren hat. Nach §§ 1170/1 betreibt dagegen der Eigentümer die Ausschließung des Gläubigers, doch haben auch diese Verfahren die Nebenwirkung, daß der erteilte Brief kraftlos wird (§§ 1170^{II} S. 2, 1171^{II} S. 2). Von den beiden Fällen der Ausschließung des Gläubigers ist § 1170 darauf berechnet, daß die Post in Wahrheit nicht besteht, also Surrogat der Berichtigungsklage, § 1171 darauf, daß sie besteht, also Surrogat der Erfüllung und den §§ 372 S. 2, 378, 382 verwandt. Man sollte erwarten, daß das Grundbuchamt Nachricht von der Einleitung und Durchführung der Aufgebote erhält und daß die Einleitung des Verfahrens, die Ausschließung des Gläubigers und die Kraftloserklärung der Briefe im Grundbuch vermerkt werden. Doch schreibt das Gesetz nichts derartiges vor. Erst wenn der Berechtigte auf Grund des Ausschlußurteils an Stelle des kraftlos erklärten sich einen neuen Brief erteilen läßt, wird die Bildung des neuen Briefes gemäß §§ 67, 68^{III} GBO im Grundbuch vermerkt.

Feller: Gibt es keinen Weg, um die Vollmacht unschädlich zu machen?

Referendar: Sogar einen viel einfacheren und schnelleren, als das Aufgebotverfahren. Sie können nämlich selbst die Urkunde für kraftlos erklären, indem Sie die Erklärung nach den für die öffentliche Zustellung von Ladungen geltenden Vorschriften der ZPO veröffentlichen lassen; damit verliert die Vollmacht jede Wirkung und kann keinen gutgläubigen Rechtserwerb mehr begründen (§§ 172^{II}, 176 BGB). Zwecks Bewilligung und Ausführung der öffentlichen Zustellung müssen Sie sich an das Gericht wenden, wobei Sie zwischen Ihrem allgemeinen Gerichtsstand und dem für eine Klage auf Rückgabe der Vollmacht zuständigen Gericht die Wahl haben (§ 176^{II}).

Die Bewilligung der Veröffentlichung der Kraftloserklärung nach § 176^{II} ist ebenso wie die Bewilligung der öffentlichen Zustellung nach § 132^{II} eine Angelegenheit der freiwilligen Gerichtsbarkeit. Eine Übertragung auf den Rechtspfleger liegt — eine der vielen Unstimmigkeiten des Rechtspflegergesetzes — nicht vor. Einen Monat nach dem letzten Inserat (§ 204^{II} S. 2 ZPO) wird die Vollmacht kraftlos.

Kraftloserklärung verzinslicher Inhaberschuldverschreibungen

Antrag. Wartefrist.

Lichterfelde, den 27. Januar 1966

Wie aus der beiliegenden Bescheinigung des Bankhauses *Ferdinand Schilling* hervorgeht, kaufte ich dort im April 1960 verschiedene 6%ige Hypothekenpfandbriefe der Rheinischen Bodenkreditbank AG. Die Papiere nebst Zinsscheinen bewahrte ich in meiner Wohnung Breslauer Str. 17 im Wäscheschrank meines Schlafzimmers auf. Am 25. Januar 1966 brach Feuer aus. Mit Hilfe meiner Angehörigen und mehrerer fremder Personen, die dazukamen, brachte ich meine Habe, darunter auch den Inhalt des Wäscheschranks, in Sicherheit. Als wir die geretteten Sachen ordneten, fehlten die Pfandbriefe sowie die Zinsscheinbogen. Ob sie verbrannt oder von den Helfern entwendet sind, habe ich nicht feststellen können.

Ich überreiche zur Glaubhaftmachung die eidesstattliche Versicherung meiner Ehefrau, erbiete mich zur Versicherung der Wahrheit meiner Angaben an Eides statt und beantrage:

gemäß den §§ 799 BGB, 1005 ZPO das Aufgebotsverfahren zum Zwecke der Kraftloserklärung der 6%igen Hypothekenpfandbriefe der Rheinischen Bodenkreditbank AG.

in Köln Serie V Lit. B Nr. 9495, 9496, 9497, 9498, 9499 über je 100 Deutsche Mark, Serie V Lit. C Nr. 2371, 2372, 2373, über je 200 Deutsche Mark nebst den vom 31. März 1966 bis einschließlich 31. März 1974 fälligen Zinsscheinen und den Erneuerungsscheinen über die Zinsscheinreihe vom 30. September 1974 bis einschließlich 31. März 1984 anzuordnen.

Um zu verhindern, daß etwa ein gutgläubiger Dritter an den abhanden gekommenen Papieren Rechte erlangt, bitte ich um beschleunigten Erlaß des Aufgebots und Ansetzung eines möglichst nahen Aufgebotstermins.

An
das Amtsgericht
Abt. für Aufgebotssachen, hier.

Paul Pechmann
Rentner."

So leicht, wie Pechmann es sich vorstellt, wird er die Kraftloserklärung nicht erreichen.

Zunächst ist Kraftloserklärung von Zins- und Erneuerungsscheinen („Kupons" und „Talons") überhaupt unzulässig (§ 799^{I} S. 2 BGB).

Sodann hat er die bei verzinslichen Inhaberpapieren einzuhaltende „Wartefrist" nicht beachtet. Bei abhanden gekommenen Inhaberpapieren besteht die Möglichkeit, daß sie entweder vernichtet oder noch vorhanden und im Umlauf sind. Im zweiten Fall erlangt gewöhnlich sehr bald ein Gutgläubiger an ihnen das Eigentum. Es wäre nun unerwünscht, wenn dem neuen Eigentümer — der doch keinen Anlaß hat, die amtlichen Bekanntmachungen dauernd zu verfolgen — sein Recht auf dem formalen Wege des Aufgebotsverfahrens wieder entzogen würde. Deshalb erschwert das Gesetz das Aufgebot in der Weise, daß grundsätzlich zwischen dem Verlust des Papiers und dem Aufgebotstermin die Ausgabe einer neuen Zinsscheinserie liegen und 6 Monate seit Fälligkeit des ersten Scheines der neuen Serie abgelaufen sein müssen (§ 1010 ZPO). Waren aber Zinsscheine für mehr als 4 Jahre ausgegeben, so genügt es statt dessen, wenn vom Tage des Verlustes bis zum Aufgebotstermin Zinsscheine für 4 Jahre fällig geworden und 6 Monate seit Fälligkeit des letzten Zinsscheins verstrichen sind (§ 1011). Andrerseits darf der Aufgebotstermin nicht länger als ein Jahr hinausgerückt werden, und solange im Hinblick auf die Wartefrist ein so naher Termin nicht bestimmt werden darf, ist der Erlaß des Aufgebots unzulässig (§ 1015 S. 2); dafür kann in solchem Fall das Gericht schon vor Einleitung des Aufgebotsverfahrens die „Zahlungssperre" verfügen (§ 1020). Von den Pechmannschen Papieren waren z. Z. des Verlustes die Zinsscheine vom 30. September 1964 bis 31. März 1974 ausgegeben. Es ist also § 1011 anzuwenden, und der 1. Oktober 1970 der früheste mögliche Termin, während das Aufgebot nicht vor 1. Oktober 1969 erlassen werden darf.

Die Frist von 4 Jahren hat das Gesetz gewählt, weil die Vorlegungsfrist für Zinsscheine 4 Jahre beträgt (§ 801^{II} BGB). Im Fall des § 1010 ZPO muß der Antragsteller vor Erlaß des Ausschlußurteils noch durch eine Bescheinigung des Ausstellers nachweisen, daß das Papier nicht zwecks Aushändigung der neuen Zinsscheinserie vorgelegt worden ist; im Fall des § 1011 bedarf es der Bescheinigung, daß die Zinsscheine für die 4 Jahre nicht zur Einlösung präsentiert worden sind. Der Verlierer wird also mit dem Aufgebotsverfahren nur dann Glück haben, wenn das Stammpapier oder die Zinsscheine nicht mehr vorhanden sind, oder der Dieb es nicht gewagt hat, den Erneuerungsschein bzw. die Kupons vorzulegen, oder wenn sonst die Vorlegung aus zufälligen Gründen unterlassen wurde. § 799 BGB wird dadurch praktisch stark eingeschränkt.

Zahlungssperre. Der Rechtspfleger (§ 20 Nr. 2 RechtspflG) faßt seine Bedenken in einer Aktennotiz zusammen. Pechmann wird in die Rechtsantragsstelle vorgeladen, dort über die Rechtslage belehrt und erklärt:

„Meinen Antrag vom 27. Januar d. J. nehme ich hinsichtlich der Zins- und Erneuerungsscheine zurück.

Im übrigen soll das Aufgebot erst für den Zeitpunkt erlassen werden, zu dem es unter Berücksichtigung der Vorschriften über die Wartefrist zulässig geworden sein wird.

Ich beantrage ferner Erlaß der Zahlungssperre."

Verfügung:

„1. Der Antrag wird zugelassen.

2. Zahlungssperre.

Auf Antrag des Rentners *Paul Pechmann* in Lichterfelde ... wird gemäß §§ 1007, 1019, 1020, 1015 S. 2 ZPO an die Rheinische Bodenkreditbank AG. in Köln als Ausstellerin der 6%igen Hypothekenpfandbriefe

(folgen die genauen Nummernbezeichnungen)

das Verbot erlassen, an den Inhaber der vorbezeichneten Papiere eine Leistung zu bewirken, insbesondere neue Zins-, Renten- oder Gewinnanteilscheine oder einen Erneuerungsschein auszugeben, weil die sofortige Einleitung des Aufgebotsverfahrens nach § 1015 Satz 2 ZPO zur Zeit unzulässig ist, die übrigen Erfordernisse für die Einleitung des Verfahrens jedoch dargelegt sind.

Lichterfelde, den 3. Februar 1966.

Das Amtsgericht.
Pfleger, Justizinspektor,
als Rechtspfleger."

3. ....

(folgen Anordnungen über die Zustellung an Antragsteller und Aussteller gemäß § 329^{III} ZPO, die öffentliche Bekanntmachung gemäß §§ 1020 S. 3, 948, 204, sowie die Einziehung der Kosten)."

Da neue Zinsscheine bis zum voraussichtlichen Aufgebotstermin nicht auszugeben sind, wird das in der Zahlungssperre ausgesprochene richterliche Verfügungsverbot (§§ 135, 136 BGB) nur dann praktisch werden, wenn eines der Papiere ausgelost und die Leistung dadurch fällig wird. Dann darf der Aussteller weder an den Inhaber noch an Pechmann leisten. Zweckmäßiger ist die Regelung des Wechsel- und Scheckrechts und des Rechts der kaufmännischen Orderpapiere. Dort kann der Verlierer nach Einleitung des Aufgebotsverfahrens Zahlung an sich gegen Sicherheitsleistung verlangen (Art. 90 WG, 59 ScheckG, § 365^{II} HGB).

Über die Bedeutung der Zahlungssperre nach § 367 HGB vgl. S. 344/345.

Aufgebot. Nach dem 30. September 1969 stellt Pechmann den Antrag auf Erlaß des inzwischen zulässig gewordenen Aufgebots, das gemäß §§ 947^{II}, 1008 in folgender Fassung ergeht:

„Geschäftsnummer: 7 F 25.66.

Aufgebot.

Der Rentner *Paul Pechmann* in Lichterfelde hat das Aufgebot der angeblich abhanden gekommenen oder vernichteten 6%igen Hypothekenpfandbriefe der Rheinischen Bodenkreditbank AG. in Köln....... beantragt. Die Inhaber der Urkunden werden aufgefordert, spätestens in dem auf den 10. Oktober 1970 vormittags 10 Uhr vor dem unterzeichneten Gericht anberaumten Aufgebotstermin ihre Rechte anzumelden und die Urkunden vorzulegen, widrigenfalls ihre Kraftloserklärung erfolgen wird.

Lichterfelde, den 20. Dezember 1969.

Das Amtsgericht.
Pfleger, Justizinspektor,
als Rechtspfleger."

Bekanntmachung nach § 1009.

Aufgebotstermin.

„Öffentliche Sitzung des Amtsgerichts. Lichterfelde, den 10. Oktober 1970
Gegenwärtig: AGRat *Richter* als Richter,
Justizsekretär *Urkund* als Urkundsbeamter der Geschäftsstelle.

In dem Aufgebotsverfahren zum Zweck der Kraftloserklärung usw. erschien nach Aufruf der Sache im Aufgebotstermin:

der Antragsteller *Pechmann.*

Er überreichte Bescheinigung der Rheinischen Bodenkreditbank AG in Köln vom 1. Oktober 1970, wonach ihr die seit dem 25. Januar 1966 fällig gewordenen Zinsscheine der den Gegenstand des Verfahrens bildenden Hypothekenpfandbriefe nicht vorgelegt worden sind, und beantragte:

die 6%igen Hypothekenpfandbriefe Serie V Lit. B Nr. 9495, 9496, 9497, 9498, 9499 über je 100 Deutsche Mark und Serie V Lit. C Nr. 2371, 2372, 2373 über je 200 Deutsche Mark der Rheinischen Bodenkreditbank AG. in Köln für kraftlos zu erklären.

Vorgelesen, genehmigt."

Daß Pechmann den Antrag auf Ausschlußurteil im Termin stellt, entspricht dem Grundsatz der notwendigen mündlichen Verhandlung, der im Aufgebotsverfahren nach der ZPO gilt (§ 952^{I}). Statt in der Sitzung hätte er den Antrag nach § 952^{II} auch vorher schriftlich oder zu Protokoll anbringen können. Liegt der Antrag nicht spätestens im Termin vor, so bleibt noch die Möglichkeit, daß der Antragsteller in den folgenden sechs Monaten einen neuen Aufgebotstermin erbittet, der nicht bekannt gemacht zu werden braucht (§§ 954/5). Sonst muß ein völlig neues Aufgebot erlassen werden.

„Anmeldungen von Rechten lagen nicht vor, wurden im Termin auch nicht erklärt."

Anmeldungen sind bis zum Aufgebotstermin, spätestens bis zur Verkündung des Ausschlußurteils zulässig (§§ 947^{2}, 951 ZPO). Erfolgt eine Anmeldung, so darf der Aufgebotsrichter nicht selbst über ihre Rechtmäßigkeit entscheiden. Er hat vielmehr je nach der Lage des Falles entweder das Verfahren bis zur endgültigen Entscheidung über das angemeldete Recht auszusetzen oder das Ausschlußurteil zu erlassen und das angemeldete Recht darin vorzubehalten (§ 953). Beim Aufgebot der Nachlaßgläubiger und anderen Gläubigeraufgeboten kommt nur der Vorbehalt im Ausschlußurteil in Betracht. Der Streit zwischen dem Antragsteller und dem Anmelder ist im ordentlichen Klageverfahren auszutragen. Nach welchen Grundsätzen wäre, wenn sich ein Inhaber der aufgebotenen Papiere gemeldet hätte, der Prozeß zu entscheiden?

Den Ausgangspunkt bildet die Eigentumsvermutung des § 1006 BGB. Sie gehört (mit Grundbuch- und Erbscheinsvermutung sowie praesumtio Muciana, §§ 891, 2365, 1362) zu den unmittelbar auf ein Rechtsverhältnis, nicht auf eine Tatsache gerichteten Vermutungen. Das bedeutet, daß dem Besitzer nicht nur die Beweislast (§ 292 ZPO), sondern auch die Last der Substantiierung seines Eigentumserwerbs abgenommen wird und der Gegner (hier: Pechmann) aufklären muß, wie der jetzige Inhaber in den Besitz der Papiere gelangt und daß er nicht Eigentümer geworden ist (Rosenberg, Zivilprozeßrecht, 8. Aufl. § 113^{I} 4 b und Beweislast § 16). Die Vermutung spricht zugunsten des gegenwärtigen Besitzers (§ 1006^{I} S. 1 BGB), also gegen Pechmann; denn die für abhanden gekommene Sachen aufgestellte Ausnahme (Abs. I S. 2) wird gerade bei Geld und Inhaberpapieren durchbrochen und damit die Regel des ersten Satzes wiederhergestellt. Das hängt mit der Regelung des Eigentumserwerbs zusammen. Bei Inhaberpapieren (ebenso bei Geld und bei öffentlich versteigerten Sachen) ist der Umstand, daß sie dem Berechtigten unfreiwillig abhanden gekommen sind, unerheblich (§ 935^{II}). Sobald also ein Gutgläubiger das Papier gemäß §§ 932/4 erworben hat, geht das Eigentum des Verlierers unter. Nach der bekannten Definition des § 932^{II} wird guter Glaube durch Kenntnis oder grob fahrlässige Unkenntnis ausgeschlossen. Bei Bankiers wird jedoch der böse Glaube vermutet, wenn der Verlust des Papiers im Bundesanzeiger bekannt gemacht und seit dem Ablauf des Kalenderjahrs der Veröffentlichung bis zum Erwerb durch den Bankier nicht mehr als ein Jahr abgelaufen war (§ 367 HGB); ob der Bankier oder seine Leute die Veröffentlichung wirklich gekannt haben, ist unerheblich. Nur wenn der Bankier beweist, daß er die Veröffentlichung infolge besonderer Umstände ohne grobe Fahrlässigkeit nicht kannte, ist die Vermutung des § 367^{I} ausgeräumt (§ 367^{II}).

Nach Art. 6 pr. AG zum HGB steht dem Verlierer das Recht zu, daß die Polizeibehörde auf seine Kosten die Bekanntmachung erläßt. Im übrigen entspricht auch die vorgeschriebene Bekanntmachung der Zahlungssperre (S. 754) den Erfordernissen des § 367 und macht damit den Verkauf gestohlener oder abhanden gekommener Stücke an einen Bankier unmöglich. Der Verlierer muß nur dafür sorgen, daß die amtliche Veröffentlichung innerhalb der gesetzlichen Frist bis zum Erlaß des Ausschlußurteils immer wiederholt wird! Der Bankier kann aber bösgläubig sein, ohne daß die Voraussetzungen des § 367 vorliegen, sofern er aus besonderen Gründen am Eigentum seines Veräußerers hätte zweifeln müssen (z. B. weil dieser einen verdächtigen Eindruck machte, weil Zins- oder Erneuerungsscheine fehlten u. dgl.).

Hiernach wird im Streit um das Eigentum fast immer der Antragsteller unterliegen, wenn nicht gerade der anmeldende Inhaber des aufgebotenen Papiers Bankier und der Tatbestand des § 367 nachweisbar ist.

Das Gericht prüft die Glaubhaftmachung des Verlustes der Papiere, die Bekanntmachung des Aufgebots, die überreichte Bescheinigung der Bodenkreditbank, die Einhaltung der Wartefrist und die sonstigen förmlichen Voraussetzungen des Ausschlußurteils nach. Es ergeben sich keine Bedenken:

„Es wurde das anliegende Ausschlußurteil verkündet.

Richter. *Urkund.*"

Das Ausschlußurteil lautet auf Kraftloserklärung entsprechend dem von Pechmann gestellten Antrag. Die Formel wird von Amts wegen bekannt gemacht (§§ 1017^{II}, 1009^{III} ZPO). Die Begründung ist eine rein formale; sie stellt die Glaubhaftmachung des Verlustes, den ordnungsmäßigen Erlaß des Aufgebots, die Einhaltung der Aufgebotsfrist usw. fest. Das Urteil hat rechtsgestaltende Wirkung: Pechmann kann nunmehr gegenüber der Bodenkreditbank die Rechte aus den kraftlos erklärten Pfandbriefen geltend machen (§ 1018^{I}) und sich auf seine Kosten von der Bank neue Pfandbriefe ausstellen lassen (§ 800 BGB). Die kraftlos erklärten alten Stücke haben jede rechtliche Bedeutung verloren und können nicht mehr Grundlage eines gutgläubigen Rechtserwerbs sein.

Aller Wahrscheinlichkeit nach sind die Papiere beim Brande vom 25. Januar 1966 vernichtet worden. Wie gestaltet sich aber die Rechtslage, wenn sie damals entwendet und in die Hand gutgläubiger Erwerber gelangt sind, die lediglich aus Nachlässigkeit die Vorlegung der Zinsscheine bei der Bank und die Anmeldung im Aufgebotsverfahren versäumt haben?

1. Ein ordentliches Rechtsmittel gegen das Ausschlußurteil findet nicht statt, sondern nur die Anfechtungsklage (§§ 957, 958), die aber nur auf Verletzung von Verfahrensvorschriften und auf Restitutionsgründe gestützt werden kann, dagegen nicht auf die sachliche Unrichtigkeit des Urteils oder darauf, daß die Urkunde sich wieder angefunden habe.
2. § 1018^{I} ZPO besagt über die Wirkung des Ausschlußurteils, daß der Aufbieter dem aus der Urkunde Verpflichteten gegenüber berechtigt ist, die Rechte aus der Urkunde geltend zu machen. Das Ausschlußurteil tritt also an die Stelle des Wertpapiers (RG 49, 132). Der Schuldner braucht nur gegen Aushändigung des Urteils zu leisten. Er kann nicht einwenden, daß ein Dritter und nicht der Aufbieter der wahre Berechtigte sei. Denn mit dem Ausschlußurteil hat der Besitzer des Wertpapiers das Recht aus dem kraftlos gewordenen Papier ein-

gebüßt, auch wenn er gutgläubig war. Der Aufbieter hat nicht nur die formale Befugnis zur Geltendmachung des Rechts gegenüber dem Verpflichteten, sondern die sachliche Berechtigung aus dem Wertpapier selbst erlangt. Er allein ist allen aus der Urkunde Verpflichteten gegenüber der Berechtigte (Staub-Stranz, WG, Art. 90 Anm. 9; RGR Komm. z. HGB, 2. Aufl. § 365 Anm. 13; Schlegelberger, HGB, 3. Aufl. § 365 Anm. 30).

3. Damit ist aber nicht gesagt, daß auch das bessere Recht eines Dritten gegenüber dem Aufbieter durch das Ausschlußurteil vernichtet wird. Für eine so weitgehende Wirkung des Urteils fehlt es an einer gesetzlichen Grundlage. Die Feststellungswirkung des Ausschlußurteils hat nur Bedeutung für das Verhältnis zum Verpflichteten, nicht aber zu Dritten. Wer bis zur Kraftloserklärung das Eigentum an dem Wertpapier redlich erworben hat, kann sein besseres Recht zwar nicht gegenüber dem aus der Urkunde Verpflichteten, wohl aber gegenüber dem Aufbieter geltend machen. Er kann die Abtretung der Rechte aus dem Ausschlußurteil und, wenn die Forderung schon eingezogen ist, die Herausgabe der ungerechtfertigten Bereicherung nach § 816 II BGB verlangen (RG 168, 9 für Konnossemente; Staub-Stranz, aaO.; Stranz, Wechselrecht, 14. Aufl. Art. 90 Anm. 15; RGR Komm. z. HGB, aaO.; Schlegelberger, HGB, aaO.; Stein-Jonas-Schönke, ZPO, 18. Aufl. § 1018 I 2).

Ein ähnliches Problem ergibt sich, wenn zufolge sachenrechtlicher Vorschriften Eigentum und sonstige wohlbegründete Rechte untergehen, ohne daß ein dies rechtfertigendes schuldrechtliches Geschäft vorliegt: 1. Beruht der Rechtsverlust auf den Vorschriften über gutgläubigen Erwerb, so haftet der Erwerber nach § 816 I S. 2 dem früheren Berechtigten mit der Bereicherungsklage, falls sein Erwerb unentgeltlich war. 2. Für den Fall der Verbindung, Vermischung, Verarbeitung gewährt § 951 einen Bereicherungsanspruch auf den Geldwert. 3. Auch beim Funderwerb besteht ein bereicherungsähnlicher Anspruch (§ 977). 4. Bei Ersitzung wurde die Bereicherung früher verneint, teils wegen des argumentum e contrario zu §§ 951, 977, teils weil das Gesetz durch die Ersitzung eine endgültige Ordnung der Rechtsverhältnisse schaffen wolle („ut aliquis litium finis esset"). Im Fall der unerkannt geisteskranken Nichte des Malers Menzel, welche der Münchener Pinakothek eine Anzahl wertvoller Originalgemälde geschenkt hatte, die dann, nachdem die Ersitzungsfrist abgelaufen war, der inzwischen bestellte Vormund zurückforderte, hat das Reichsgericht die condictio des Eigenbesitzes und der durch ihn vermittelten Ersitzung zugelassen (RG 130, 69), aber wohl zu Unrecht; dagegen Haymann, JW 1931, 1030; Staudinger-Berg, BGB, 11. Aufl. § 937 Anm. 4.

4. Im übrigen bleibt dem früheren Eigentümer das Recht, Rückgriff an seinem Verkäufer zu nehmen. Wer ein bereits für kraftlos erklärtes Papier verkauft, haftet aus § 437 I, weil das verkaufte Recht nicht bestand. Außerdem haftet nach § 437 II, wer ein aufgebotenes Papier verkauft hat. Der Schaden bleibt also innerhalb der Käuferreihe auf demjenigen sitzen, der bei Bekanntmachung des Aufgebots vom 20. Dezember 1969 Eigentümer war: denn er hätte das Aufgebot beachten und die Rechte anmelden müssen. Ebenso haftet der Verkäufer, wenn zur Zeit des Kaufs eine Zahlungssperre erlassen war. Denn der Verkäufer steht dem Käufer auch dafür ein, daß er ihm die Befugnis zur Geltendmachung des verbrieften Rechts verschafft (RG 109, 297).

Was wird aus den abhanden gekommenen Zinsscheinen und Erneuerungsscheinen? Den Ausstellern verzinslicher Inhaberschuldverschreibungen und den bei der Kuponeinlösung tätig werdenden Banken ist nicht zuzumuten, daß sie jeden Zinsschein daraufhin prüfen, ob er zu einem aufgebotenen oder für kraftlos erklärten Stammpapier gehört. Daher gibt es kein Aufgebot der Zinsscheine, vielmehr bleiben die umlaufenden Kupons trotz Kraftloserklärung des Stammpapiers in Kraft und müssen von der Bodenkreditbank eingelöst werden (§ 803). Wer einen Zinsschein verliert, hat grundsätzlich den Anspruch verloren. Erst vom 30. September 1974, an welchem die neue Zinsscheinserie zu laufen beginnt, bezieht Pechmann wieder Zinsen von den aufgebotenen Schuldverschreibungen. Da aber, wie die beigebrachte Bescheinigung ergibt, die verloren gegangenen Kupons bei der Bank nicht zur Einlösung vorgekommen waren, erhält er nach §§ 801 II, 804 I den Betrag ausgezahlt, wenn er den Verlust vor Ablauf der vierjährigen Vorlegungsfrist der Bank gemeldet hatte.

Besser ist seine Rechtslage bezüglich der Erneuerungsscheine. Hier braucht er nichts weiter zu tun, als der Ausgabe der neuen Zinsscheinreihe an den Inhaber des Erneuerungsscheins bei der Bank zu widersprechen und ihr seine Stammpapiere (bzw. das sie nach § 1018 I ZPO ersetzende Ausschlußurteil) vorzulegen. Daraufhin werden ihm die neuen Zinsscheine ausgehändigt (§ 805 BGB).

Banknoten sind vom Aufgebot ausgeschlossen (§ 799 I S. 2: „auf Sicht zahlbare unverzinsliche Schuldverschreibungen"). Nach § 14 III des G über die Deutsche Bundesbank vom 26. Juli 1957 (BGBl I 745) muß die Bank für beschädigte Noten Ersatz leisten, wenn der Inhaber entweder Teile einer Note vorlegt, die insgesamt größer sind als die Hälfte der Note, oder den Nachweis führt, daß der Rest der Note, von der er nur die Hälfte oder einen geringeren Teil vorlegt, vernichtet ist. Für verlorene, gefälschte, verfälschte, ungültig gewordene oder gänzlich vernichtete Noten besteht keine Ersatzpflicht.

Wertpapierbereinigung. Bei dem Zusammenbruch des Jahres 1945 geriet der größte Teil des deutschen Wertpapierbestandes, der sich auf Grund der durch § 5 des Depotges. zugelassenen Sammelverwahrung im Hauptsammeldepot in Berlin oder sonst im Besitz Berliner Banken befand, in die Hand der sowjetischen Besatzungsmacht. Dieser und andere Vorgänge der Kriegs- und Nachkriegszeit machten eine Klärung der Rechtsverhältnisse zur Behebung der im Wertpapierwesen eingetretenen Verwirrung erforderlich. Zunächst wurde auf Grund eines Beschlusses des Finanzrats der Börsen der am. u. brit. Zone zur Abwehr des Eindringens unrechtmäßig erworbener Stücke in den Bank- und Börsenverkehr die Bescheinigung der Lieferbarkeit (Affidavit) eingeführt. Wertpapiere waren vom 1. Oktober 1947 an nur noch mit dieser von einem dazu ermächtigten Kreditinstitut ausgestellten Bescheinigung lieferbar. Ihre rechtliche Bedeutung besteht darin, daß sie den Erwerber der Pflicht zur weiteren Prüfung der Berechtigung des Veräußerers enthebt, also gutgläubigen Erwerb möglich macht (BGH BB 1955, 778). Ihr Fehlen machte eine Veräußerung im Bank- und Börsenverkehr unmöglich und begründete im sonstigen Rechtsverkehr die tatsächliche Vermutung schlechten Glaubens (Duden, BB 1949, 545). Die endgültige Klärung brachte das Wertpapierbereinigungsgesetz vom 19. August 1949 (WiGBl 295) mit Änderungen vom 29. März 1951 (BGBl I 211) und vom 20. August 1953 (BGBl I 940). Alle nicht mit Lieferbarkeitsbescheinigung versehenen Wertpapiere i. S. des Depotgesetzes, die bis zum 8. Mai 1945 von Schuldnern ausgestellt waren, die ihren Sitz im Bundesgebiet hatten oder bis zum 1. Oktober 1953 dorthin verlegt haben, wurden mit dem 1. Oktober 1949 kraftlos. Demnach war an abhanden gekommenen Stücken ohne Lieferbarkeitsbescheinigung kein gutgläubiger Rechtserwerb mehr möglich. In einem besonderen Verfahren, in dem eine bei einem Kreditinstitut errichtete Prüfstelle, die Kammer für Wertpapierbereinigung beim Landgericht und auf sofortige Beschwerde das OLG, diese im Verfahren der freiwilligen Gerichtsbarkeit, entscheiden, werden die anzumeldenden Rechte geprüft und festgestellt. Der Anmelder hat nachzuweisen, daß er, gegebenenfalls seine Vormänner, seit dem 1. Januar 1945 Eigentümer des Wertpapiers oder Miteigentümer eines Sammeldepots war. Die Vorschriften über den Schutz des guten Glaubens gelten für diesen Nachweis nicht (§ 21 I Nr. 4 WGB). Die Anmelder der anerkannten Rechte werden mit der Gutschrift der Anmeldestelle Miteigentümer an einer von dem Aussteller hinterlegten Sammelurkunde (§ 13 WBG). Für Wertpapiere, die dem Wertpapierbereinigungsgesetz unterliegen, findet ein Aufgebotsverfahren nach den allgemeinen Vorschriften nicht statt (§ 63 WBG). Vgl. auch BGHZ 23, 86 und das Wertpapierbereinigungsschlußgesetz vom 28. Januar 1964 (BGBl. I 237).

Aufgebot eines Sparkassenbuchs

Antrag. Möbeltransporteur Wälzer gibt auf der Geschäftsstelle zu Protokoll:

„Ausweislich der hiermit überreichten Bescheinigung der hiesigen Sparkasse bin ich Inhaber des Kontos Nr. 125637, welches bis zum 1. Januar 1969 einschließlich zugeschriebener Zinsen einen Bestand von 367 DM erreicht hatte. Von August bis November 1969 bewohnte ich bei der Witwe *Bolle* in Lichterfelde, Danziger Straße 48, mit dem Kellner *Hermann Sperling* ein gemeinschaftliches Zimmer. Das Sparkassenbuch befand sich am Boden meines unverschlossenen Koffers. Als ich es vor einigen Wochen suchte, um den genauen Bestand festzustellen, konnte ich das Buch nicht finden. Durch Nachfrage bei der Sparkasse erfuhr ich, daß Anfang Januar d. Js. 100 DM von einem Unbefugten abgehoben worden sind. Ich bat, daß das Buch sofort gesperrt und daß mir die Verfügung über das Konto eingeräumt werden sollte, doch erklärten mir die Beamten, daß dazu ein gerichtliches Aufgebotsverfahren bzw. eine gerichtliche Zahlungssperre notwendig sei."

Bei den Urkunden des § 808 BGB, zu denen das Sparkassenbuch zählt, wird zwar der Schuldner durch Leistung an den Inhaber befreit (Abs. I S. 1), sofern er nicht die Nichtberechtigung des Inhabers kennt (RG 89, 403); grob fahrlässige Unkenntnis würde nicht genügen (str.). Doch steht dem Inhaber als solchem kein Recht auf die Leistung zu (Abs. I S. 2). Vielmehr kann der Schuldner vom Inhaber den Nachweis seiner Berechtigung fordern. Rechtlich wäre also die Sparkasse in der Lage, dem Wunsch Wälzers zu entsprechen und kurzerhand dem Inhaber des Buches Auszahlungen zu verweigern, doch will sie sich begreiflicherweise nicht gern auf Grund unbewiesener Behauptungen eines Beteiligten zu einer solchen privaten Sperrmaßnahme verpflichten, deren Durchführung in ihrem großen Betrieb Schwierigkeiten bereitet. Wälzer muß deshalb nach den §§ 808 II S. 2 BGB, 1019, 1023 ZPO vorgehen

„Ich nehme an, daß *Sperling*, der ein leichtsinniger und unzuverlässiger Mensch ist, mir das Buch entwendet hat.

Ich versichere die Richtigkeit meiner vorstehenden Angaben an Eides Statt und beantrage:

1. das Aufgebotsverfahren zwecks Kraftloserklärung des über das Konto Nr. 125637 ausgestellten Sparkassenbuchs der hiesigen Sparkasse einzuleiten,
2. die Zahlungssperre zu erlassen."

Aufgebot. Zahlungssperre. Der Rechtspfleger verfügt:

„1. Aufgebot: Der Möbeltransporteur *Konrad Wälzer* in Lichterfelde hat das Aufgebot des angeblich abhanden gekommenen Sparkassenbuchs Nr. 125637 der städtischen Sparkasse in Lichterfelde beantragt. Der Inhaber der Urkunde wird aufgefordert, spätestens in dem auf den 13. April 1970 vormittags 9 Uhr vor dem unterzeichneten Gericht anberaumten Aufgebotstermin seine Rechte anzumelden und die Urkunde vorzulegen, widrigenfalls ihre Kraftloserklärung erfolgen wird.

2. Zahlungssperre: Auf Antrag des Möbeltransporteurs *Konrad Wälzer* in Lichterfelde wird gemäß §§ 1007, 1009, 1019, 1023 ZPO an die Städtische Sparkasse in Lichterfelde als Ausstellerin des auf den Namen des Antragstellers lautenden Sparkassenbuchs Nr. 125637 das Verbot erlassen, an den Inhaber der vorbezeichneten Urkunde eine Leistung zu bewirken.

Lichterfelde, den ... usw.

3....... (folgen Anordnungen über Veröffentlichung, Zustellung usw. vgl. S. 343)."

Beim Aufgebot von Sparkassenbüchern sind die landesrechtlichen Vorschriften zu beachten, die auf Grund der landesrechtlichen Vorbehalte in § 1023 S. 2 ZPO, Art. 102 II EGBGB ergangen sind.

Diese Vorschriften können abweichende Bestimmungen über die Aufgebotsfrist und die Art der Bekanntmachung enthalten (Art. 30 BayAGZPO, Art. 54, 90, 111 BayAGBGB; Bremen § 2 AG-ZPO-KO-ZVG vom 19. März 1963 (GBl. 51); § 7 PrAGZPO; Niedersachsen § 2 d.G. vom 18. Dezember 1959, GVBl. 149) oder die Kraftloserklärung durch Beschluß des Vorstandes der Sparkasse zulassen, so Baden-Württemberg SparkassenG vom 4. Juli 1967 (GBl. 104) § 33; Hessen SparkassenG vom 2. Januar 1969 (GVBl. 15) § 12; Berlin SparkassenG i.d.F. vom 22. Januar 1969 (GVBl. 217) mit § 9 der Satzung (gerichtliches Aufgebot); Rheinland-Pfalz § 15 d. SparrkassenG vom 12. März 1958 (GVBl. 47) i.d.F. vom 15. Juni 1970 (GVBl. 208); Schleswig-Holstein § 24 d. SparkassenG v. 6. Mai 1958 (GVBl. 191). Das SparkassenG Nordrhein-Westfalen vom 10. Juli 1970 (GVBl. 604) sieht kein Aufgebot durch den Vorstand mehr vor.

Anmeldung von Rechten. Aussetzung des Verfahrens.

„Lichterfelde, den 5. April 1970

An das Amtsgericht hier.

Zu den Aufgebotsakten 7 F 29.70 überreiche ich mit Bitte um Rückgabe das Sparkassenbuch Nr. 125 637 der hiesigen städtischen Sparkasse, lautend auf den Möbeltransporteur *Konrad Wälzer*, das mir durch die beiliegende Urkunde von dem Kellner *Hermann Sperling* übereignet worden ist. *Sperling* hatte die Haftung für die Mietsschuld der Frau *Lonny Lewald* übernommen. Er hat mir versichert, daß *Wälzer* ihm das Buch als Gegenwert für irgendwelche Leistungen zum Eigentum überlassen und daß er das hierüber von *Wälzer* ausgestellte Schriftstück verloren habe. Da *Wälzer* und *Sperling* mir als gute Freunde bekannt waren, trug ich kein Bedenken, das Buch als Sicherheit anzunehmen. Als *Sperling* die am 2. Januar d. J. fällige Rate nicht bezahlt hatte, habe ich 100 DM abgehoben. Zum 1. April hat er wieder nicht bezahlt. Ich wollte deshalb heute den Restbestand des Buches abheben, wurde jedoch von der Sparkasse unter Hinweis auf die vom Gericht erlassene Zahlungssperre abgewiesen. Dadurch bin ich auf das Aufgebotsverfahren und den demnächst anstehenden Aufgebotstermin aufmerksam gemacht worden. Ich widerspreche der weiteren Durchführung des Aufgebotsverfahrens.

Franz Dickert, Pfandleiher und Hausbesitzer."

„Hierdurch erkenne ich an, daß das mir von Herrn *Konrad Wälzer* übereignete Sparkassenbuch Nr. 125 637 in seinem vollen Bestande Herrn *Franz Dickert* in Lichterfelde gehört. Falls ich die Mietschuld der geschiedenen Frau *Lonny Lewald* nicht mit 100 DM am 2. Januar 1970 und mit 280 DM am 1. April 1970 begleiche, ist Herr *Dickert* berechtigt, sich die ihm zustehenden Beträge von dem Sparkassenbuch abzuheben.

Lichterfelde, den 25. November 1969.

Hermann Sperling."

Wenn es zwischen Wälzer und Dickert jetzt zum Prozeß kommt, so bleibt dabei die Rechtsvermutung des § 1006 BGB außer Anwendung. Denn die Legitimationspapiere des § 808 — und überhaupt sämtliche unter § 952 fallenden Urkunden — können als quasi-Zubehör der Forderung nicht Gegenstand besonderer Rechte sein. Dickert hat nachzuweisen, daß sein Vormann Sperling von Wälzer, und daß er selbst von Sperling den Anspruch auf das Sparguthaben abgetreten erhalten hat. Ob dabei das Gericht aus dem Besitz Sperlings am Sparbuch folgern will, daß nach den Erfahrungen des Lebens eine Abtretung durch Wälzer an ihn erfolgt sein müsse, ist eine Frage der Beweiswürdigung. Gelingt Dickert nur der zweite Teil des Beweises, so muß er im Rechtsstreit unterliegen: denn es handelt sich um eine bloße Forderungsübertragung, und Forderungen kann man — außerhalb der Inhaber- und Orderpapiere — nicht durch guten Glauben vom Nichtberechtigten erwerben (RG 156, 333).

Eben weil es keinen gutgläubigen Erwerb von Rechten an qualifizierten Legitimationspapieren gibt, kann das Ausschlußurteil hier niemals dazu führen, daß der Aufbieter das Recht aus dem Sparguthaben erwirbt. Angenommen, Dickert sei der wirklich berechtigte Inhaber des Sparguthabens, und er hätte die Anmeldung seiner Rechte im Aufgebotsverfahren versäumt, so könnte er auf Grund der §§ 952, 985 BGB von dem Aufbieter Wälzer die Herausgabe des Ausschlußurteils oder des etwa bereits ausgestellten Ersatz-Sparbuchs verlangen. Umgekehrt haftet Dickert, wenn Sperling nicht berechtigt war, ihm das Guthaben abzutreten, dem Wälzer aus § 816 II auf die vor der Zahlungssperre abgehobenen 100 DM.

Der Rechtspfleger braucht sich mit diesen Rechtsfragen nicht zu befassen:

„**Beschluß.**

Das auf Antrag des Möbeltransporteurs *Konrad Wälzer* in Lichterfelde zwecks Kraftloserklärung des Sparkassenbuchs Nr. 125 637 der Städtischen Sparkasse in Lichterfelde eingeleitete Aufgebotsverfahren wird gemäß § 953 ZPO bis zur endgültigen Entscheidung über das von dem

Pfandleiher *Franz Dickert* in Lichterfelde am 5. April 1970 an dem Buch angemeldete Recht ausgesetzt."

Je nach dem Ergebnis des Rechtsstreits wird später das Sparkassenbuch für kraftlos zu erklären oder aber der Erlaß des Ausschlußurteils abzulehnen sein.

Aufgebot der Nachlaßgläubiger

Aufgebotsverfügung:

1. Aufgebot. Die verwitwete Frau *Christine Goldemund* geb. *Banke* in Lankwitz, der Hochofenmeister *Joachim Goldemund* in Bochum und der Kaufmann *Albrecht Goldemund* in Lankwitz haben als Erben des am 8. Dezember 1969 verstorbenen Kolonialwarenhändlers *Siegfried Goldemund*, Inhabers der Firma „*Heinrich Goldemund* Nachfolger", in Lankwitz das Aufgebot der Nachlaßgläubiger beantragt. Die Nachlaßgläubiger des *Siegfried Goldemund* werden hiermit aufgefordert, ihre Forderungen spätestens in dem auf den 13. April 1970 vormittags 9½ Uhr vor dem unterzeichneten Gericht anberaumten Aufgebotstermin unter Angabe des Gegenstandes und des Grundes sowie unter Beifügung der urkundlichen Beweisstücke in Urschrift oder Abschrift anzumelden, widrigenfalls folgende Rechtsnachteile eintreten:
   I. Gläubiger, welche die Anmeldung ihrer Forderung unterlassen, können — unbeschadet des Rechts, vor den Verbindlichkeiten aus Pflichtteilsrechten, Vermächtnissen und Auflagen berücksichtigt zu werden — von den Erben nur insoweit Befriedigung verlangen, als sich nach Befriedigung der nicht ausgeschlossenen Gläubiger noch ein Überschuß ergibt."

Vgl. §§ 1973 BGB, 995 ZPO. Lohnt diese Ausschlußfolge die Durchführung des Aufgebotsverfahrens, da doch der Erbe nach den §§ 1975 f. BGB den Nachlaßgläubigern ohnehin nur mit der Möglichkeit der Haftungsbeschränkung haftet?

Wir wissen, daß der Erbe, wenn er die Beschränkung seiner Haftung geltend macht, den Gläubigern für die Verwaltung des Nachlasses wie ein Beauftragter Rechenschaft abzulegen hat und daß ihm insbesondere die Befriedigung einzelner Gläubiger aus dem Nachlaß zum Verschulden angerechnet wird, wenn mit dem Vorhandensein unbekannter Nachlaßverbindlichkeiten zu rechnen war und der Erbe gleichwohl kein Gläubigeraufgebot betrieben hat (S. 151). Schon das wäre für den Erben — oder für den an seiner Stelle handelnden Nachlaßpfleger, Nachlaßverwalter oder Testamentsvollstrecker — ein ausreichender Anlaß, das Aufgebot zu beantragen. Ferner hat der Erbe den im Aufgebotsverfahren ausgeschlossenen Gläubigern den vorhandenen Nachlaßrest zum Zwecke der Befriedigung im Wege der Zwangsvollstreckung „nach den Vorschriften über die Herausgage einer ungerechtfertigten Bereicherung" herauszugeben (§ 1973^{II} BGB). Nun schließt § 818^{III} bei Bereicherungsansprüchen die Verpflichtung zur Herausgabe oder zum Wertersatz aus, soweit der Empfänger nicht mehr bereichert ist, ohne daß es auf die Ursachen des Wegfalls der Bereicherung ankäme. Auf unseren Fall angewandt, heißt das: der Erbe kann sich gegenüber einem im Aufgebotsverfahren ausgeschlossenen Gläubiger darauf berufen, daß der Nachlaß erschöpft ist, auch wenn die Erschöpfung des Nachlasses darauf beruht, daß der Erbe den Nachlaß schlecht verwaltet und daß er schuldhafterweise einzelne Nachlaßgläubiger voll ausgezahlt hatte. Durch das Ausschlußurteil wird mithin der Erbe von seiner unangenehmen Verantwortung wenigstens im Verhältnis zu ausgeschlossenen Gläubigern befreit. Die Ausschlußeinrede ermöglicht es dem Erben, einen objektiv zureichenden Nachlaß (§ 1980^{II}) ohne Nachlaßsonderung (Nachlaßverwaltung, Nachlaßkonkurs) gefahrlos selbst abzuwickeln. Das Aufgebotsverfahren führt jedoch nicht eine allgemein, gegenüber allen Nachlaßgläubigern, beschränkte Haftung herbei.

Da Siegfried Goldemund Inhaber einer Firma war, finden die Wirkungen des Gläubigeraufgebots an denen der Firmenfortführung (oben S. 293) ihre Grenze. Der handelsrechtliche Satz, hier § 27 HGB, geht wie immer dem erbrechtlichen vor. Sind also die Erben dadurch, daß sie das Geschäft mit der Firma während dreier Monate weitergeführt haben, der unbeschränkten Haftung für die geschäftlichen Schulden verfallen, so kommt ihnen die Ausschlußeinrede nur noch gegenüber den Privatgläubigern des Erblassers zustatten.

II. Den Gläubigern, die ihre Forderung nicht angemeldet haben, haftet nach der Teilung des Nachlasses jeder Erbe nur für den seinem Erbteil entsprechenden Teil der Verbindlichkeit.

Lichterfelde, den 30. Januar 1970

Pfleger

Vgl. §§ 2060 I BGB, 997 I S. 2 ZPO. Sind mehrere Erben vorhanden, so entspricht es ordnungsmäßiger Verwaltung, wenn die Nachlaßverbindlichkeiten vor der Teilung aus dem Nachlaß berichtigt werden. Um die Erben hierzu anzuhalten, läßt § 2058 BGB grundsätzlich die Miterben gesamtschuldnerisch haften. Solange der Nachlaß ungeteilt ist, wird in § 2059 I die Solidarhaftung dadurch gemildert, daß der in Anspruch genommene Miterbe die Haftung auf seinen Anteil am Nachlaß beschränken darf, so daß dem Gläubiger in diesem Stadium praktisch nur zweierlei übrig bleibt: entweder den Erbteil des Miterben zu pfänden und zu verwerten, oder auf Grund eines gegen sämtliche Erben ergangenen Schuldtitels (§ 747 ZPO) in den ungeteilten Nachlaß selbst zu vollstrecken (§ 2059 II BGB). Die Einrede aus § 2059 I fällt mit der Nachlaßteilung fort. Den im Aufgebotsverfahren ausgeschlossenen Nachlaßgläubigern haftet aber der Erbe nach der Teilung nur noch für den seiner Erbquote entsprechenden Teilbetrag der Forderung.

„2. Öffentliche Bekanntmachung gemäß § 948 ZPO.

3. Zustellung an die Antragsteller sowie an die Bl....... verzeichneten Nachlaßgläubiger."

Die Wirkung des § 1973 BGB ist rein formal, von der Kenntnis oder Unkenntnis des Erben und des Gerichts unabhängig. Damit nur möglichst keine berechtigten Ansprüche verkürzt werden, legt § 992 ZPO dem Antragsteller die Verpflichtung auf, dem Aufgebotsgericht ein Verzeichnis der ihm bekannten Nachlaßgläubiger einzureichen. Diesen Gläubigern wird dann das Aufgebot von Amts wegen zugestellt (§ 994 II). Unterlassen die benachrichtigten Gläubiger gleichwohl die Anmeldung, so werden sie vom Ausschlußurteil betroffen, doch könnte sich der Erbe nach den §§ 823 II, 826, 249 BGB hierauf nicht berufen, falls er einzelne Gläubiger dem Gericht absichtlich verschwiegen hat.

Verschweigungseinrede: Ein Nachlaßgläubiger, der seine Forderung später als 5 Jahre nach dem Erbfall dem Erben gegenüber geltend macht, steht einem im Aufgebotsverfahren Ausgeschlossenen gleich, allerdings nur wenn die Forderung dem Erben unbekannt war (§§ 1974, 2060 2). Nach Ablauf der Fünfjahresfrist besteht also gegenüber unbekannten Gläubigern, auch wenn kein Aufgebot stattgefunden hatte, nur noch Bereicherungshaftung und Teilhaftung.

Die Teilhaftung kann sich jeder Miterbe sogar schon dadurch verschaffen, daß er im Bundesanzeiger sowie im Amtsblatt ein Privataufgebot an die Nachlaßgläubiger erläßt (§ 2061).

Sachverzeichnis

(Die Zahlen bedeuten die Seiten)

FSC
www.fsc.org
MIX
Papier | Fördert gute Waldnutzung
FSC® C083411

Kolibri 360 GmbH
Ferdinand-Jühlke-Straße 7
99095 Erfurt, Deutschland
produktsicherheit@kolibri360.de